Beck'sche Elementarbücher

RUDOLF PFEIFFER

Geschichte
r Klassischen Philologie

Von den Anfängen
bis zum Ende des Hellenismus

Zweite, durchgesehene Auflage

VERLAG C. H. BECK MÜNCHEN

Aus dem Englischen übertragen von Marlene Arnold
Der Übersetzung liegt folgende Ausgabe zugrunde:
History of Classical Scholarship, © Oxford University Press 1968
Die erste Auflage der deutschen Ausgabe dieses Werks erschien 1970
im Rowohlt Taschenbuch Verlag, Reinbek bei Hamburg

CIP-Kurztitelaufnahme der Deutschen Bibliothek

Pfeiffer, Rudolf:
Geschichte der klassischen Philologie: von d.
Anfängen bis zum Ende d. Hellenismus. – 2.,
durchges. Aufl. – München: Beck, 1978.
(Beck'sche Elementarbücher)
Einheitssacht.: History of classical scholar-
ship ‹dt.›
ISBN 3 406 03751 8

ISBN 3 406 03751 8

Einbandentwurf: Walter Kraus München

Satz und Druck: C.H. Beck'sche Buchdruckerei Nördlingen
Printed in Germany

INHALTSVERZEICHNIS

VXORI CARISSIMAE SACRVM

AUS DEM VORWORT
ZUR ENGLISCHEN ORIGINALAUSGABE

Ein Unternehmen wie die vorliegende *Geschichte der klassischen Philologie*, so abenteuerlich und langwierig es auch sein mag, bedarf nur eines kurzen und bescheidenen Prologs. Das Ganze muß sich aus sich selbst rechtfertigen, ohne einleitende Empfehlungen und vorbereitende Argumente; es würde zu keinem Ende führen, wollte man seine Mängel verteidigen.

Niemand wird der Philologie, sei es nun in ihren höchsten oder in ihren bescheidensten Formen, ihr Recht streitig machen, und solange man die tägliche Arbeit der Interpretation, der Textkritik, der historischen Rekonstruktion fortführt, darf man auf Zustimmung rechnen; daß man sich aber von dieser Tätigkeit weg dem Nachdenken über die Vergangenheit der Philologie und über die Philologen vergangener Zeiten zuwendet, das wird vielleicht als unangebracht und unnötig verurteilt werden. Aber wenn ein solcher Skeptizismus überhaupt durch irgend etwas bekehrt werden kann, dann sicherlich nur durch die Gegenüberstellung mit den nackten historischen Tatsachen. Und eben dies: die wichtigen Tatsachen in ihrem historischen Zusammenhang sichtbar werden zu lassen, ist unsere Absicht. Denn erst im Laufe der Zeiten, in der Abfolge der Völker und Geschlechter enthüllten sich die Natur und die vielfältigen Formen der Philologie. Geschichte der klassischen Philologie ist daher klassische Philologie in ihrem Werden. Und ein Buch, das ihre Geschichte mit dem Blick hierauf nachzeichnet, kann Anspruch darauf erheben, als wesentlicher Bestandteil der Philologie angesehen zu werden. Wir sagen ‹wichtige Tatsachen›, denn es ist klar, daß wir nicht wissen wollen, was überholt und für immer vorbei ist, sondern was andauert; wir wollen den lebendigen Zusammenhang des Wissens erforschen, die *philologia perennis*.

Dieser Zusammenhang wurde nicht nur durch die geistige Kraft der großen Philologen aufrechterhalten, sondern im gleichen Maß durch ihre moralischen Prinzipien der unbedingten Ehrlichkeit und der unermüdlichen Geduld in der Verfolgung der Wahrheit. Aus dem Gefühl der Verpflichtung diesen Prinzipien gegenüber habe ich es mir zur Aufgabe gemacht, alle direkten Zeugnisse aus den originalen Quellen zu sammeln und zu interpretieren; die wichtigsten Stellen wird man im Text, nicht in den Anmerkungen finden. Aus diesem und anderen Gründen wird dies kaum eine leicht eingängige Lektüre über Leben und Werk der Philologen sein, durch Anekdoten und Späße belebt. Biographische Daten sind, wenn auch keineswegs geringgeachtet, in gehörigen Grenzen gehalten. Es war nicht zu vermeiden, daß ich nur eine begrenzte Auswahl der modernen Sekundärliteratur angeben konnte, und oft habe ich sicher die falschen Arbeiten ausgewählt; aber ich bin nicht ganz ohne Kenntnis all der Bücher, die ich nicht zitiert habe. Ferner habe ich nicht in jedem Fall versucht, das, was man den ‹Hintergrund› nennt, darzustellen, sondern nur dann, wenn die bestimmenden Ideen und Ereignisse einer Zeit einen starken Einfluß auf die Philologen ausübten oder sogar den geschichtlichen Weg der Philologie änderten.

Eine Geschichte der Philologie sollte die Aufmerksamkeit auf das lenken, was neu und fruchtbar war, Irrtum von Wahrheit unterscheiden, die vergängliche Tagesmeinung von der Kenntnis, die für immer bleibt, die wir ‹perennis› genannt haben. Aber es erweist sich als Hindernis für die Erreichung eines so anspruchsvollen Zieles, daß auf beweiskräftige Zeugnisse gegründete vorbereitende Untersuchungen zu einzelnen Problemen fehlen. Ich werde dort warnen, wo ich mich gänzlich inkompetent fühle; und da ich im ersten Satz dieses Vorworts das Adjektiv ‹abenteuerlich› gebrauchte, hoffe ich sicher, daß man das Buch in diesem Lichte verstehen und ihm seine Berechtigung zuerkennen wird.

Natürlich gab es auf diesem Gebiet ältere Versuche seit den Tagen Henri Étiennes, der 1587 *De criticis veteribus Graecis et Latinis* schrieb. Es gibt aber nur *ein* wirklich umfassendes Werk: J. E. Sandys, *A History of Classical Scholarship*, in drei Bänden von 1629 Seiten. Bewunderung mischt sich mit Neid, wenn man von Sandys' Biographen[1] erfährt, daß er seine *History* am 1. Januar 1900 zu schreiben begann, den ersten Band 1903 in der Cambridge University Press herausbrachte (zweite Aufl. 1906, dritte Aufl. 1921), den zweiten und dritten Band 1908; alle drei Bände wurden 1958 in Boston neu gedruckt. Wenn auch in mancher Hinsicht überholt, wird dieses Standardwerk doch immer ein Nachschlagewerk bleiben, auf das man nicht verzichten kann, und kein künftiger Autor über dieses Thema wird versäumen, für den Umfang und die Gründlichkeit des hier gebotenen Materials dankbar zu sein. Aber im ganzen ist Sandys' Buch eher ein Katalog klassischer Philologen, Jahrhundert für Jahrhundert, Nation für Nation, Buch für Buch, als eine wirkliche Geschichte der Philologie; es hat keine Leitidee, keine zusammenhängende Struktur, keine nüchterne Unterscheidung zwischen Vorübergehendem und Bleibendem. G. Funaioli, ‹Lineamenti d'una storia della filologia attraverso i secoli›,[2] ist sogar noch stärker zusammengedrängt als Sandys' *Short History*, aber das

---

1 N. G. L. Hammond, *Sir John E. Sandys (1844–1922)*, Cambridge 1935, S. 80ff. Sandys faßte für den Studierenden der Altertumswissenschaft und den gebildeten Laien das Wesentliche seines monumentalen Werkes in einem Band zusammen, der *Short History of Classical Scholarship*, 1915.

2 *Studi di Letteratura antica* I (1948) 185–364.

Material wird in einem lebendigen persönlichen Stil dargeboten. A. Gudemans *Outlines of the History of Classical Scholarship* (letzte Aufl. Boston 1902), wesentlich erweitert in der deutschen Ausgabe *Grundriß der Geschichte der klassischen Philologie* (2. Aufl. 1909), ist nur bibliographisch; auf den neuesten Stand gebracht und von seinen Ungenauigkeiten gereinigt, könnte es noch ein brauchbares Hilfsmittel für künftige Forschungen sein.

Neben diesen Material-Überblicken gibt es noch einige Skizzen großer Philologen, deren Stärke gerade da liegt, wo Sandys' Schwäche liegt: sie tragen allgemeine Ideen vor, besitzen Unterscheidungsvermögen, Überzeugungskraft, sind anregend. A. Böckh, der gleichzeitig ein klassischer Philologe, ein profunder Philosoph und ein weitblickender Historiker war, brachte eine sehr eindrucksvolle Skizze von ein paar Seiten in seiner *Enzyklopädie und Methodologie der philologischen Wissenschaften* (nach seinem Tod veröffentlicht, 2. Aufl. 1886, S. 300-9). Einen sehr eigenständigen und brillanten Überblick, ‹Geschichte der Philologie›, steuerte 1921 Wilamowitz zur *Einleitung in die Altertumswissenschaft* bei (3. Aufl. 1927, Nachdruck 1960); er läßt darin auf eine sehr persönliche Weise die klassischen Philologen Revue passieren: ein großer Meister ruft die toten Helden der Vergangenheit aus der anderen Welt und preist oder tadelt sie. Wilamowitz bekennt, daß er sich den Vorlesungen Otto Jahns verpflichtet fühlt, aber er scheint einen großen Teil seiner *Geschichte* aus dem Gedächtnis geschrieben zu haben, einem außerordentlichen, aber nicht unfehlbaren Gedächtnis. So sollte man mehr Gewicht auf die antiken und modernen Philologen gewidmeten Stellen seiner vielen Bücher über griechische Autoren legen als auf diesen kurzen allgemeinen Bericht von achtzig Seiten.

Ich muß hier – *pace* Wilamowitz – doch auch Nietzsche erwähnen, Ritschls Lieblingsschüler; im Alter von vierundzwanzig Jahren erwog er ernsthaft, ‹Eine Geschichte der literarischen Studien im Altertum und in der Neuzeit› zu schreiben. Er wollte den allgemeinen Ideen auf die Spur kommen, die das Studium der Antike beeinflußt hatten, und die Verbindungsglieder zwischen der klassischen Philologie und der herrschenden Philosophie in jedem Zeitalter aufzeigen. Es gibt in seinen Briefen und Aufsätzen zwischen 1867 und 1871 einige bemerkenswerte Notizen zu diesem Gegenstand;[3] aber er hat sie, natürlich, nicht ausgearbeitet, sondern ging seinen Weg zu seiner eigenen verhängnisvollen Philosophie. Ungefähr zur selben Zeit hatte ein englischer klassischer Philologe seine eigenen Gedanken über die Philologie und die Funktionen einer Universität, Mark Pattison, der den Plan faßte, eine Geschichte der Wissen-

---

3 F. Nietzsche, *Werke und Briefe, Historisch-kritische Gesamtausgabe*; *Werke* 1 (1934) S. CXXf; 3 (1935) 319ff; 440, mit Verweisen auf Handschriften und frühere Ausgaben.

schaft von der Renaissance an zu schreiben.[4] Letztlich brachte er nur Fragmente zustande; aber trotz seiner wohlbekannten religiösen Vorurteile sind diese Fragmente, besonders die über die großen französischen Philologen des sechzehnten und siebzehnten Jahrhunderts, exemplarisch, weil seine Detailstudien immer durch das Bewußtsein der Geschichte der Philologie als ganzer kontrolliert sind. In unseren Tagen hat niemand den Problemen der klassischen Studien mehr Gedanken und mehr Arbeit gewidmet als Arnaldo Momigliano. Wenn auch sein Hauptaugenmerk natürlich auf das Studium der alten Geschichte gerichtet ist und die meisten seiner Beiträge sich mit den Philologen und Schriften der Neuzeit befassen, rechtfertigt doch der universelle Rang der Ideen und Kenntnisse des Verfassers den Titel seiner gesammelten Aufsätze: *Contributo alla storia degli studi classici*.[5]

Das ist eine persönliche Auswahl von Büchern, die ich nicht nur instruktiv, sondern anregend fand; Vorlesungen, Reden und Aufsätze sind nicht berücksichtigt.

Der vorliegende Band befaßt sich mit den Grundlagen, die griechische Dichter und Philologen während der letzten drei Jahrhunderte v. Chr. für die ganze künftige Philologie legten. Er beginnt mit einem kurzen Überblick über die vorhellenistische Zeit in Griechenland und einigen Hinweisen auf den orientalischen Hintergrund. Aber dann wird von den verfügbaren Belegen voll Gebrauch gemacht, besonders von den Papyri, um den Neubeginn durch die hellenistischen Dichter nach 300 v. Chr. und die wesentlichen Errungenschaften der fünf Generationen schöpferischer Philologen in Alexandria und ihrer Epigonen bis zum Zeitalter des Augustus zu zeigen. Durch das besondere Entgegenkommen von Mr. P. M. Fraser erhielt ich Gelegenheit, Teile seines eben erscheinenden umfangreichen Werkes über *Ptolemaic Alexandria* im Manuskript zu lesen; ich danke ihm aufs wärmste für dieses Vorrecht, das mich vor verschiedentlichen Irrtümern bewahrt hat.

Die alexandrinischen Dichter-Philologen sind unsere Ahnherren, und wir sollten wenigstens versuchen, dieser edlen Ahnen nicht unwürdig zu sein. Es war eine von Rankes Überzeugungen, daß der Geschichtsschreiber alt werden müsse, um seine Kunst voll zu entwickeln; dies trifft besonders auf den Geschichtsschreiber der Philologie zu. Nur jemand, der die Philologie sein ganzes Leben lang praktisch ausgeübt hat, sollte es wagen, über ihre Geschichte zu schreiben. Gleich als der zweite Band des Callimachus 1953 in der

---

4 *Memoirs* (1885) 319ff, *Essays* (1889) über die Stephani, Scaliger, etc.

5 ‹Contributo alla storia degli studi classici [ab ‹Terzo contributo›: e del mondo antico]› (1955); ‹Secondo contributo . . .› (1960); ‹Terzo contributo . . .› (2 voll., 1966); ‹Quarto contributo . . .› (1969), *Storia e letteratura* 47; 77; 108–109; 115; bes. Secondo contributo 463–80 ‹L'eredità della filologia antica e il metodo storico› (mit Bibliographie).

Clarendon Press erschienen war, unterbreitete ich den Delegates den Vorschlag einer Geschichte der klassischen Philologie.

‹De non interrumpendo per aetatem studio› ist der Gegenstand eines der letzten und sympathischsten ‹Lettere senili›[6] von Petrarca. Boccaccio war besorgt darüber, daß Petrarca für sein Alter zuviel arbeite; aber sein alter Freund und Lehrer antwortete, daß es keinen Grund gebe, des Alters wegen seine Studien aufzugeben, und erinnerte ihn an Ecclesiasticus 18,6: ‹Cum consummaverit homo tunc incipiet.› Ich habe zumindest versucht, diesen Rat zu beherzigen, und werde immer zutiefst dankbar sein, daß der Verlag sogleich wohlwollend auf meine Anregung antwortete. Aber ich kam nur ‹*testudineo gradu*› vorwärts, bis ich mich in eine Art *clausura* zur Arbeit zurückziehen konnte und die benötigte Hilfe eines Sekretärs bekam. Ich hatte das Glück, die Hilfe eines jungen klassischen Philologen, S. E. Arnold, zu finden; unermüdlich und erfolgreich half er mir in vieler Hinsicht: er ordnete das außergewöhnlich umfangreiche Material, das sich im Lauf von Jahrzehnten angesammelt hatte, verfertigte ein sorgfältiges Manuskript und prüfte die zahllosen Zitate nach. Die Bayerische Akademie der Wissenschaften und die British Academy waren so freundlich, mir jährliche Zuschüsse zu den beachtlichen Ausgaben zu gewähren, die aus einer solchen dauernden Hilfe entstehen. Drei Münchener Bibliotheken, die Bayerische Staatsbibliothek, die Universitätsbibliothek und die Bibliothek des Seminars für klassische Philologie, ebenso die Bodleian Library während meines alljährlichen Aufenthalts in Oxford, gewährten mir in großzügiger Weise jede Erleichterung. Es ist unmöglich, all die Oxforder und Münchener Freunde namentlich zu nennen, aus deren Gesprächen ich während all der Jahre Gewinn hatte; einem aber, Eduard Fraenkel, verdanke ich mehr, als man mit Worten ausdrücken kann. Jeder, dem seine Bücher und Aufsätze bekannt sind, weiß, wie genau er mit der philologischen Tradition vertraut ist; freigebig mit seinem Rat, wann immer danach gefragt, war er auch eine beständige treibende Kraft hinter der Szene.

Meine erste Veröffentlichung im Jahr 1914 trägt die Widmung ‹Uxori carissimae sacrum›. Ich erneuere diese Widmungsworte mit noch tieferem Gefühl für alles, was sie im Laufe von mehr als einem halben Jahrhundert für mich getan hat.

---

6 *Rer. sen. Libr.* XVII 2; abgedruckt in Petrarca ‹Prose›, *La Letteratura Italiana, Storia e Testi* 7 (1955) 1156.

ZUR DEUTSCHEN ÜBERSETZUNG

Bei der vorliegenden deutschen Ausgabe wurde im Einverständnis mit dem Verfasser die Gelegenheit benützt, Nachträge und Verbesserungen, die seit dem Erscheinen der englischen Originalausgabe sich angesammelt hatten, einzuarbeiten. Die Nachträge und Zusätze sind durch ihre Stellung in eckige Klammern kenntlich gemacht. Die Addenda der Originalausgabe sind schon vorhandenen Anmerkungen angefügt oder als neue Anmerkungen eingeschoben worden. Einiges, was nur für das englische Original sinnvoll ist, wurde in der deutschen Übersetzung entweder weggelassen oder entsprechend leicht abgeändert. In einigen wenigen Fällen wurde statt der jeweiligen englischen Ausgabe bestimmter Werke die deutsche Ausgabe oder Übersetzung zitiert.

ERSTER TEIL

VORGESCHICHTE DER GRIECHISCHEN PHILOLOGIE

I

DICHTER, RHAPSODEN UND PHILOSOPHEN VOM ACHTEN BIS ZUM FÜNFTEN JAHRHUNDERT

Philologie ist die Kunst, die literarische Tradition zu verstehen, zu erklären und wiederherzustellen. Sie entstand als selbständige wissenschaftliche Disziplin im dritten vorchristlichen Jahrhundert dadurch, daß Dichter sich bemühten, ihr literarisches Erbe, die ‹Klassiker›, zu bewahren und zu nutzen. So begann die Philologie wirklich als ‹klassische› Philologie.

Mindestens drei Jahrhunderte hatten den Weg bereitet, und ihr Beitrag sollte nicht zu gering veranschlagt werden. Es gab bedeutsame Versuche, die Sprache zu erforschen, gelehrtes Material zu sammeln und eine gewisse Art literarischer Kritik zu üben. Aber sie gehören zur Geschichte der Dichtkunst, der Geschichtsschreibung, der Philosophie oder der Pädagogik. Erst die neue hellenistische Kultur veränderte das Bild auch auf diesem Gebiet, so daß jene verschiedenartigen, früher unverbundenen Bestrebungen nun in eine ihrer selbst bewußte Disziplin zusammenflossen. So gesehen, beginnt die Geschichte der klassischen Philologie nicht vor dem dritten Jahrhundert.[1] Was ich besonders herausheben möchte, ist dies: eine neue, von den Dichtern selbst vertretene Auffassung von Dichtung führte hin zur wissenschaftlichen Behandlung der alten Texte; die Hinwendung zur reinen Gelehrsamkeit kam später.

Ein kurzer Überblick über die vorbereitenden Stadien ist nichtsdestoweniger unerläßlich; die frühen griechischen Vorläufer der hellenistischen Gelehrten verdienen aufmerksame Betrachtung.

Die epischen Dichter waren von den Musen inspiriert; und der Dichter, der den Kern der *Ilias* schuf, ist der größte Dichter aller Zeiten. Es ist oft gesagt worden, daß Homer sein eigener Interpret sein müsse; dies trifft auch in einem ganz besonderen Sinne zu. Er hat seine eigene kraftvolle Sprache nicht nur geschaffen, sondern sie auch immer wieder im Verlauf seines Gedichtes selbst ‹interpretiert›. Die früheste griechische Dichtung, die wir kennen, enthält daher eine Art von ‹philologischem Element›; die Dichtung selbst bahnte den Weg zu ihrem eigenen Verständnis. Das ist, wie wir später sehen werden, bedeutungsvoll für Ursprung und Entwicklung

---

1 Siehe unten S. 115ff.

der Philologie.[2] Andererseits sollte man nicht von ‹Homer als Philologe›[3] sprechen. Wenn die epischen Dichter gern zu mehrdeutigen Ausdrücken oder zu Eigennamen erklärende Worte, Halbverse oder Verse hinzufügen, so mag das einem Bedürfnis nach Klarheit entspringen, aber nicht weniger dem Vergnügen am Spiel mit Worten oder der Freude an Klangähnlichkeit. Dies ist sicher ein ursprünglicher Bestandteil ihrer überlieferten poetischen Technik, nicht eine Verbindung von Gelehrsamkeit und Dichtkunst.

Der Dichter der *Odyssee* fordert die Muse auf: ‹Von dem Mann erzähle mir, Muse, dem weit verschlagenen, der sehr viel umhergeirrt ist› ἄνδρα μοι ἔννεπε, Μοῦσα, πολύτροπον ὃς μάλα πολλά / πλάγχθη. Das Attribut zu ἄνδρα wird sozusagen durch den folgenden Relativsatz ‹erklärt›[4]: es bedeutet nicht den Mann von beweglichem Sinn (versutum, πολύμητιν, πολυμήχανον), sondern einen Mann vieler Irrfahrten πολλὰς τροπὰς ἔχοντα (versatum, πολύπλαγκτον). Der Doppelsinn von πολύτροπος (cf. *K* 330) wurde in der Antike und in der Neuzeit viel erörtert.[5] Das Prooemium der *Odyssee* hängt hier von den Eingangsversen der *Ilias* ab; dort folgt ἣ μυρί' Ἀχαιοῖς ἄλγε' ἔθηκε auf μῆνιν . . . οὐλομένην ‹der verfluchte Zorn, der unermeßliches Leid den Achaiern brachte›. Die genaue Parallelität der gesamten Struktur zeigt, daß der Relativsatz auch in der *Odyssee* als ein erklärender gedacht ist.[6]

Der Klang der alten Götter- und Heroennamen entzückte nicht nur das Ohr des epischen Dichters, sondern erinnerte ihn auch an ähnliche Klänge in wohlbekannten Wörtern: viele lautliche Anspielungen und sogar ‹Etymologien› waren die Folge.[7]

Das berühmteste Beispiel ist der Name ‹Odysseus›, aus dem man ὀδύρομαι (α 55 etc.) ebensowohl wie ὀδύσσομαι (α 62, cf. τ 407–9 und Soph. fr. 965 P.) heraushören konnte; so wies derselbe Name auf das beklagenswerte Geschick des πολύτλας wie auf den ‹Mann des Zornes›

---

2 Siehe unten S. 176 und 187. [Cf. Poetica Pre-Platonica. Testimonianze e frammenti . . . a cura di G. Lanata, *Bibl. di studi superiori* 43 (1963) und Rosemary Harriott, *Poetry and Criticism before Plato* (London 1969)].

3 L. Ph. Rank, *Etymologiseerung en verwante Verschijnselen bij Homerus* (Diss. Utrecht 1951) 74–100 ‹Homerus als philoloog›. (Mit Bibliographie; vgl. bes. die außerordentlich nützliche Sammlung von Belegstellen).

4 S. auch Rank S. 78f.

5 Von Antisthenes an (Schol. α 1; p. 9,16 Dind.); s. unten S. 57.

6 Ähnliche ‹epexegetische› Sätze α 299f; γ 383; λ 490 und in der *Ilias* passim. Über andere ‹erklärende Verse› siehe J. Forsdyke, *Greece before Homer* (1956) 26.

7 Ungefähr 50 Namen in *Ilias* und *Odyssee*, s. Rank 35ff. Eine Liste von Etymologien und Wortspielen von Homer bis Aischylos bei O. Lendle, *Die Pandorasage bei Hesiod* (Diss. Marburg 1953, veröff. Würzburg 1957) 117–21.

hin. Spätere epische Dichter folgten derselben Richtung: Hesiod[8] pries im Prooemium seiner *Werke und Tage* Zeus, δεῦτε Δία ἐννέπετε . . . ὅν τε διὰ βροτοὶ ἄνδρες (*Op.* 2f), wo das wiederholte ΔΙΑ an derselben Stelle des Hexameters offensichtlich nicht spielerisch, sondern feierlich klang. Aischylos folgte Hesiod an einer lyrischen Stelle von priesterlicher Feierlichkeit, *Ag.* 1485ff: ἰὼ ἰή, διαὶ Διὸς παναιτίου πανεργέτα· τί γὰρ βροτοῖς ἄνευ Διὸς τελεῖται; ebenso leitete Aischylos eine andere Form des Namens ‹Zeus› von ζῆν ab[9]: φυσιζόου γένος τόδε / Ζηνός ἐστιν ἀληθῶς ‹dieser (Epaphos) ist in Wahrheit der Spross des lebenspendenden Zeus› (*Suppl.* 584), und nahm damit eine im vierten und dritten Jahrhundert weitverbreitete gelehrte ‹Etymologie› voraus.[10]

Neben solchen erklärenden und etymologischen Ansätzen scheint es in der epischen Dichtung auch ein sehr altes ‹allegorisches› Element gegeben zu haben. Dies tritt in der einzigartigen Λιταί-Passage *Ilias* I 502ff zutage;[11] hier haben wir, wie die Epitheta 503 deutlich zeigen, keine einfache Personifizierung der ‹Bitten›, der Töchter des Zeus, vor uns: Λιταί . . . Διὸς κοῦραι μεγάλοιο / χωλαί τε ῥυσαί τε παραβλῶπές τ' ὀφθαλμώ. Antike und moderne Interpreten haben richtig erkannt, daß diese Epitheta, die eigentlich die Haltung des Büßenden sinnfällig machen,[12] auf die ‹Bitten› übertragen sind. Die Λιταί-Stelle sollte nicht als αἶνος[13] bezeichnet werden; dieser bedeutet immer eine fiktive *Geschichte*, die ihre besondere Bedeutung in den jeweils gegenwärtigen Umständen hat wie etwa in *Odyssee* ξ 508. Von den Λιταί wird aber keine Geschichte erzählt. Man kann kaum leugnen, daß diese Stelle eine echte Allegorie ist. Archilochos und Alkaios folgten auf dieser Linie. Als Rhapsoden des 6. Jahrhunderts ‹verborgene Bedeutungen› in vielen Partien der homerischen Gedichte zu entdecken begannen,[14] brachten sie auf diesen wie

8 E. Risch, ‹Namensdeutungen und Worterklärungen bei den ältesten griechischen Dichtern›, *Eumusia, Festgabe für E. Howald* (Zürich 1947) 72ff: bei Hesiod sind solche ‹Etymologien› nicht spätere Zutaten, sondern ursprünglich; S. 89 Unterschiede zwischen ‹Homer› und Hesiod.

9 *Sitz. Ber. Bayr. Akad.* 1938 H. 2, S. 9,2; vgl. E. Fraenkel, Aesch. *Ag.* (1950) zu V. 1485 und allgemein zu V. 687.

10 Plat. *Crat.* 396 B δι' ὃν ζῆν . . . ὑπάρχει. – Der platonische Sokrates scheint der erste gewesen zu sein, der von dem Spielen mit der Ähnlichkeit des Klanges abkam; s. C. J. Classen, ‹Sprachliche Deutung als Triebkraft platonischen und sokratischen Philosophierens›, *Zetemata* 22 (1959) bes. 127ff. Vgl. unten S. 86.

11 Über den Aufbau des 9. Gesanges der *Ilias* und seine Stellung im Ganzen der *Ilias* s. *DLZ* 1935, 2129ff. Über seinen allegorischen Charakter s. Leaf ad loc. und E. R. Dodds, *The Greeks and the Irrational* (1951), 6; K. Reinhardt, ‹Personifikation und Allegorie› in *Vermächtnis der Antike* (1960) 37f.

12 [Heraclit.] *Quaest. Homer.* c. 37, ed. Bonn., p. 54,7 = ed. Buffière (1962) p. 44.

13 Wie Reinhardt möchte, loc. cit.

14 S. unten S. 26f.

auf anderen Gebieten lediglich etwas zur Entfaltung, was die Vorstellungskraft eines großen Dichters einst geschaffen hatte.

Gegen Ende des achten vorchristlichen Jahrhunderts waren *Ilias* und *Odyssee* im wesentlichen vollendet. Sie waren in einer gemeingriechischen Sprache geschrieben, und sozusagen auf der Grundlage dieser epischen Dichtung als einem unschätzbaren nationalen Besitz begann das Gesamtvolk der Griechen, die Πανέλληνες, sich als Einheit zu begreifen, allen Unterschieden der Stämme und Stände zum Trotz und ungeachtet der wechselnden politischen und sozialen Verhältnisse. Von daher verstehen wir, wie die Rhapsoden ihre Tätigkeit in der ganzen griechischen Welt auch über das ‹epische Zeitalter› hinaus erfolgreich fortführen konnten. Sie hatten, wie vorher auch, manche Schwierigkeiten mit alten oder seltenen Einzelausdrücken oder deren ungewöhnlichen Verbindungen; deshalb änderten sie manchmal deren originale Form oder gaben ihnen sogar eine neue Bedeutung. Dieses Umgestalten mag uns heute recht willkürlich oder sogar verfehlt erscheinen; dennoch kann man darin einen frühen Versuch erblicken, den überlieferten Text zu interpretieren.[15] Es muß aber eine Grenze gegeben haben, jenseits derer die Rhapsoden nicht weiter die Freiheit hatten, eigene Zusätze zu machen oder den Text der Epen zu ändern.

Wir können annehmen, daß die Griechen, die in der ersten Hälfte des sechsten Jahrhunderts, wenn nicht schon früher, lebten, die schöpferische Epoche der epischen Dichtung als abgeschlossen ansahen. Wir haben keine zuverlässigen Zeugnisse, geschweige denn schlüssige Beweise[16] für eine Sammlung der Epen oder für eine Festlegung des Textes von *Ilias* und *Odyssee* zu dieser Zeit an irgendeinem bestimmten Ort. Die endlose Diskussion von Möglichkeiten und Wahrscheinlichkeiten gehört der Geschichte der Philologie in der nachklassischen Antike und noch mehr in moderner Zeit an. Wir werden uns mit diesen Fragen beschäftigen, wenn wir zu diesen Zeiten kommen.

Hier brauchen wir nur auf die wohlbekannte Tatsache zu verweisen, daß die Tradition, nach der Peisistratos die vordem ‹zerstreuten› Gedichte des Homer ‹gesammelt› haben soll, nicht weiter als bis ins erste Jahrhundert v. Chr. zurückverfolgt werden kann.[17]

---

15 M. Leumann, ‹Homerische Wörter›, *Schweizerische Beiträge zur Altertumswissenschaft* 3 (1950) passim, bes. 157–261 und 323; s. unten, S. 28f und 106.

16 S. unten S. 43f.

17 Cic. *de or.* III 137 ‹qui primus Homeri libros confusos antea sic disposuisse dicitur, ut nunc habemus›; Ciceros Quelle war wahrscheinlich Asklepiades von Myrlea Περὶ γραμματικῶν, s. G. Kaibel, ‹Die Prolegomena Περὶ κωμῳδίας› *AGGW* Phil.-hist. Kl. N. F. II 4 (1898) 26 und über Asklepiades s. unten S. 329f. *Adesp. AP* XI 442 Πεισίστρατον ὃς τὸν Ὅμηρον / ἤθροισα σποράδην τὸ πρὶν ἀειδόμενον. Die Testimonia abgedruckt von R. Merkelbach in *Rh. M.* 95 (1952) 23ff und J. A. Davison, *TAPA* 86 (1955) 1ff. Vgl. Dorothea Gray in John L. Myres, *Homer and his Critics* (1958) 290ff.

Nicht nur in den späteren Ausschmückungen, sondern in der ganzen Vorstellung von einem mächtigen Staatsmann als Sammler literarischer Texte, als frühestem Gründer einer griechischen ‹Bibliothek›, als Haupt einer Gemeinschaft von Gelehrten haben wir, wie es scheint, eine Zurückverlegung von Verhältnissen der Ptolemäerzeit in das sechste Jahrhundert vor uns. Selbst in neuerer Zeit, von d'Aubignac[18] und Bentley bis zu Lachmann, wurde diese späte antike Überlieferung für glaubwürdig gehalten. 1838 ging Ritschl[19] sogar so weit, daß er in einen offensichtlich lückenhaften Text des megarischen Geschichtsschreibers Dieuchidas (bei Diog. L. I 57) einen Satz über Peisistratos als ‹Kompilator der homerischen Gedichte› interpolierte ‹ὅσπερ συλλέξας τὰ Ὁμήρου κτλ.›. Tatsächlich aber sprachen die megarischen Geschichtsschreiber, Dieuchidas[20] wie auch Hereas,[21] nur davon, daß sie einige Verse bei Homer für Interpolationen hielten, die von Athenern, entweder Solon oder Peisistratos, gegen die Interessen der Megarer eingeschoben worden seien. Auf einen ‹Sammler› Peisistratos findet sich kein Hinweis bei Dieuchidas, und ebensowenig reicht die Einschaltung einiger Verse in die Katalogpartien von *B* (546) und λ (631) dazu aus, das Vorhandensein eines verbindlichen attischen Homertextes im 6. Jahrhundert zu beweisen. Trotzdem wurden Ritschls willkürlicher Zusatz von 1838 und seine zweifelhaften Folgerungen von vielen Gelehrten[22] als neuer Beweis aus dem vierten Jahrhundert, der Zeit der megarischen Chronik, freudig aufgegriffen. Wenig später (1846) veröffentlichte George Grote die ersten Bände seiner *History of Greece*, die er in den zwanziger Jahren zu schreiben begonnen hatte; hier fand sich die erste durchgreifende Kritik[23] des traditionellen Glaubens an die Peisistratos-Legende (T. I, Kap. 21). Karl Lehrs, einer der ersten deutschen Bewunderer des hervorragenden Historikers,[24]

---

18 *Dissertation sur l'Iliade*, ed. V. Magnien (Paris 1925) 46f, ‹La composition de Pisistrate: elle est reçue parmi les savants comme certaine, et donne un grand poids à l'opinion que j'ai mise en avant.› W. Schmid, *Geschichte der griechischen Literatur* I 1 (1929) 161, bringt einen falschen Hinweis auf d'Aubignac.

19 *Die Alexandrinischen Bibliotheken unter den ersten Ptolemaeern und die Sammlung der homerischen Gedichte durch Pisistratus nach Anleitung eines Plautinischen Scholions* (nachgedruckt in *Opusc. Philol.* I [1866] 54); über das sogen. ‹Scholion Plautinum› s. unten S. 129. Leafs Ergänzung ist gleichfalls irreführend (Homer, *Ilias* I [^{2}1900] XVIII, mit einer leichten Abwandlung von Merkelbach, S. 29, übernommen).

20 *FGrHist* 485 F 6, vol. III B p. 450, *Kommentar* I 392, II 232.

21 ibid. 486.

22 Noch von W. Schmid, *Geschichte der griech. Lit.* I1 (1929) 160, 6.

23 Siehe L. Friedländer, *Die homerische Kritik von Wolf bis Grote* (Berlin 1853) 12ff; die Bedeutung von Grotes Vorstoß wurde mit Recht von G. Finsler, *Homer* I 1 (^{3}1924) 109, hervorgehoben.

24 *Grote's Geschichte von Griechenland* (1852) = *Populäre Aufsätze* (^{2}1875) 447ff.

schritt auf dem gleichen Weg weiter,[25] indem er neue Argumente beibrachte, und andere folgten ihm; aber gegen Ende des 19. Jahrhunderts setzte eine Gegenbewegung ein,[26] und die Kontroverse dauert bis heute an.

Es überrascht kaum, daß derselbe Peisistratos zusammen mit Polykrates von Samos an der Spitze einer Liste griechischer Büchersammler stand, die mit Ptolemaios II. endet; denn das Exzerpt in der Epitome des Athenaeus I 3a scheint mir viel Ähnlichkeit zu besitzen mit solchen Verzeichnissen berühmter Gründer und Erfinder wie den sog. *Laterculi Alexandrini*[27] oder den Katalogen in *P. Oxy.* X 1241. Wenn Gellius, *N. A.* VII 17, auf Varro, *de bibliothecis*,[28] zurückgeht und Isidor. *etym.* VI 3, 3–5 auf Sueton,[29] dann haben angesehene Grammatiker dem Peisistratos zugetraut, der erste Gründer einer öffentlichen Bibliothek in Athen gewesen zu sein: ‹*bibliothecam . . . deinceps ab Atheniensibus auctam Xerxes ... evexit ..., Seleucus Nicanor* (sic; v. *RE* II A 1233) *rursus in Graeciam rettulit. Ptolemaeus . . . cum studio bibliothecarum Pisistratum aemularetur*› etc. (Isidor. loc. cit.). Neuerdings wurde argumentiert,[30] daß die Entdeckung orientalischer Bibliotheken, die umfangreiche literarische Texte vom zweiten vorchristlichen Jahrhundert an enthielten, sowie unsere Kenntnis von der allgemeinen Kulturpolitik mächtiger griechischer Herrscher diese kärgliche Überlieferung stützen. Es gibt aber noch kein einziges voralexandrinisches Zeugnis dafür, und wir dürfen vermuten, daß jene frühen Büchersammler[31] Erfindungen nach dem Muster hellenistischer Könige waren.[32] Wenn man die

---

25 ‹Zur homer. Interpolation› *Rh. M.* 17 (1862) 481ff = *De Aristarchi Studiis Homericis* (2. ed. 1865) 442ff (3. ed. 1882, 438ff); Verweis auf Grote 440, Anm. 275.

26 O. Seeck, *Die Quellen der Odyssee*, 1887 (s. Finsler, I 117f).

27 H. Diels, *Abh. Berl. Akad.*, 1904, Abh. 2.

28 H. Dahlmann, ‹Terentius Varro›, *RE* Suppl. 6 (1935) 1172ff, bes. 1221.

29 Sueton, *de vir. ill.* fr. 102, p. 130 R. Cf. Tertull. *apol.* 18, 5 und Hieronym. *ep.* 34, 1.

30 C. Wendel, ‹Buchbeschreibung› 19f; G. Zuntz, *The Text of the Epistles, Corpus Paulinum* (London 1953) 270 und *Zeitschrift der DMG* 101 (1951) 193ff, erwägt die Möglichkeit, daß babylonische Methoden, die nötig waren, um die Erhaltung von Literaturwerken zu sichern, ebensowohl frühe Verbindungen mit dem archaischen Griechenland wie späteren Einfluß auf Alexandria hatten; vgl. unten S. 132f und 160.

31 S. unten S. 44.

32 Alle Zeugnisse hat F. Schmidt, ‹Pinakes›, 4ff: ‹Zeugnisse über griechische Bibliotheken› aufs sorgfältigste zusammengetragen, vgl. S. 30f. [S. auch Jenö Platthy, *Sources on the earliest Greek libraries.* With the Testimonia (Amsterdam 1968).] – ‹May be little more than mythical› lautet das Urteil Kenyons, *Books and Readers*, 2nd ed. (Oxford 1951) 24. – Über griechische und römische Bibliotheken siehe C. Wendel und W. Göber, ‹Das griechisch-römische Altertum› in *Handbuch der Bibliothekswissenschaft* 2. Aufl. III 1 (1955) 51–145; vgl. Wendels kürzeren Artikel ‹Bibliothek› in *RAC* II (1954) 231–74, bes. 238–46.

Einstellung der frühen Griechen zum Buch[33] bedenkt, erscheint die Existenz öffentlicher Bibliotheken im sechsten Jahrhundert unwahrscheinlich.

Eine sichere Tatsache scheint jedenfalls aus all diesen verschiedenartigen und zweifelhaften Stellen hervorzugehen: die lebendige Aktivität sogenannter ῥαψῳδοί als Rezitatoren epischer Dichtung im sechsten Jahrhundert, häufig im Rahmen von Wettkämpfen. Einige verstreute und einander widersprechende Hinweise[34] stimmen in einem Punkt überein: diese Wettkämpfe waren für das Fest der Panathenaeen eingeführt worden; und es gab eine Regel, nach der ein Rhapsode dort beginnen mußte, wo der vorangehende Rezitator aufgehört hatte (ἐξ ὑπολήψεως ἐφεξῆς [Plat.] *Hipparch.* 228 B, ἐξ ὑποβολῆς Diog. Laert. I 57). Für unsere Zwecke spielt es keine Rolle, wer eine solche Regel aufstellte; wo es um die homerischen Gedichte geht, weisen die Zeugnisse auf die Zeit der Peisistratiden hin, während ein Perikleischer[35] Erlaß von 442 (Plut. *Per.* 13,4) auf einen viel umfassenderen μουσικῆς ἀγών, einen Wettstreit für alle Arten dichterischer und musikalischer Darbietungen hinzudeuten scheint. Es muß also im sechsten Jahrhundert ein verbindlicher Text vorgelegen haben, an den die Rhapsoden sich zu halten hatten: sie wurden nun berufsmäßige Rezitatoren festliegender dichterischer Werke, die ‹Homer› zugeschrieben wurden. In dem neuen, dem lyrischen Zeitalter wurden diese epischen Gedichte als klassisch anerkannt; die Leute aber, von denen man weiß, daß sie diese nicht nur rezitiert, sondern auch von ihrem eigenen Standpunkt aus erklärt und kritisiert haben, waren wiederum Rhapsoden. Diese oft übersehene Tatsache ist besonders bezeichnend. Sie zeigt nämlich, daß es selbst dichterisch begabte oder zumindest mit dem Sinn für Dichtung bedachte Männer waren, die den ersten Versuch machten, das Erbe des epischen Zeitalters zu interpretieren; man kann darin sogar eine Fortsetzung der früheren Selbstinterpretation der Dichter sehen.[36]

Als ein hochangesehener Rhapsode wanderte Xenophanes von Kolophon (geboren 565?)[37] durch die griechische Welt vom Osten bis Süditalien und Sizilien. Er trug seine eigenen Gedichte vor (ἀλλὰ καὶ αὐτὸς ἐρραψῴδει τὰ ἑαυτοῦ, *Vors.* 21 A 1), und er griff Homer und Hesiod an, weil sie ‹alles . . . den Göttern . . . angehängt› hätten,

---

33 S. unten S. 34.

34 Siehe J. A. Davison, *TAPA* 86 (1955) 7 und *JHS* 78 (1958) 38f.

35 H. T. Wade-Gery, *The Poet of the Iliad* (Cambridge 1952) 77, Anm. 77 zu S. 30.

36 S. oben S. 18f.

37 *Vors.* 21 B 8,4 Anm.; für Xenophanes als Rhapsoden siehe K. Reinhardt, *Parmenides* (1916) 132ff. H. Thesleff, *On Dating Xenophanes*, Helsinki 1957, versucht zu beweisen, daß Xenophanes um 540 oder noch später geboren ist und Kolophon um 515 verließ; wenn dies zutrifft, setzt dies auch die Lebensdaten von Theagenes und anderen herunter. Es wird aber nicht leicht sein, Thesleffs Argumente anzunehmen.

‹was nur bei Menschen Schimpf und Tadel ist› (*Vors.* 21 B 11), ‹ungesetzliche Taten: ... Stehlen und Ehebrechen und einander Betrügen› (B 12, cf. 10; 13–16). Wir haben kein eindeutiges Zeugnis dafür, daß Xenophanes ‹Homer› vortrug; man kann aber die Möglichkeit kaum von der Hand weisen, daß er seine lange Laufbahn als Wanderpoet und Philosoph mit dem Vortrag ‹homerischer› Gedichte begann. Im Lauf der Zeit mag er erkannt haben, daß ihre Auffassung von den Göttern – Vielzahl, Anthropomorphismus, Moralität – ein gefährlicher Irrtum war. Jeder Vers von Xenophanes' eigenen Gedichten zeigt, wie tief seine Liebe zu der großen Dichtung der Vergangenheit war und wie gut er mit ihrem Stil und ihren Gedanken vertraut war.[38] Wie sein älterer Zeitgenosse, der Lyriker Stesichoros von Himera, seinen ‹homerischen› Irrtum über Helena[39] ‹widerrufen› hatte, so verwarf auch Xenophanes seine bisherige Einstellung vollständig und griff sein früheres Idol aufs heftigste an.[40] Es liegt etwas Paradoxes darin, daß der Protest eines selbstbewußten,[41] religiös gesinnten Rhapsoden der Ausgangspunkt der Homerkritik in der Antike sein soll; es blieb das Vorrecht der Philosophen,[42] dem Beispiel des Xenophanes zu folgen und die Art und Weise von Homers Götterdarstellung zu kritisieren, bis Platon ihn, aus diesen und anderen Gründen, aus seinem Idealstaat verbannte.[43]

Auf der anderen Seite mußte eben die Tatsache, daß Homer, nach dem ‹von Anfang an alle ... gelernt haben› (Xenophan. B 10 ἐξ ἀρχῆς καθ' Ὅμηρον ἐπεὶ μεμαθήκασι πάντες), im sechsten Jahrhundert abgelehnt wurde, andere Rhapsoden veranlassen, ihn zu verteidigen und Mittel und Wege zu finden, um seine alte Autorität aufrechtzuerhalten. Es ist ausdrücklich gesagt, daß der erste dieser

---

38 S. *Anth. Lyr. Gr.* fasc. I (^{3}1949) S. 63ff, Anmerkungen.

39 *PMG* fr. 192ff = Stesich. 15f (zwei Palinodien).

40 Timon fr. 60. 1 D. nannte Xenophanes Ὁμηροπάτης ‹Homerbetrampler›; vgl. Zoilos Ὁμηρομάστιξ unten S. 96; diese Parallele scheint die Lesart Ὁμηροπάτης in Diog. L. IX 18 (–απάτης v. l.) zu stützen, obwohl E. Vogt, *Rh. M.* N. F. 107 (1964) 295ff, sich sehr für den Genetiv Ὁμηραπάτης ἐπικόπτην ‹Zensor des homerischen Betruges› einsetzt (vgl. *Vors.* 21 A 35). Timon übertrieb und entstellte in seiner parodistischen Art Xenophanes' Angriffe gegen Homer.

41 21 B 2, 12: ἡμετέρη σοφίη, das heißt, ‹unsere Kenntnis und Praxis der Dichtung›.

42 Heraklit. *Vors.* 22 A 22, B 42 etc.; über Pythagoras' sog. ‹Kritik› siehe H. Schraders Verweise in Porphyr. *Quaest Hom. ad Il.* (1880) 383 und *in Od.* (1890) 2, 6. W. Burkert, ‹Weisheit und Wissenschaft, Studien zu Pythagoras, Philolaos und Platon›, *Erlanger Beiträge zur Sprach- und Kunstwissenschaft* 10 (1962), hat ganz recht, wenn er auf keinerlei pythagoreische ‹Homerinterpretation› verweist; siehe auch S. 258, 13 über die *Odyssee.*

43 S. unten S. 83.

Verteidiger Theagenes von Rhegion war,[44] noch zu Lebzeiten des Xenophanes. Porphyrios' Erklärung des ‹Götterkampfes› in dem Scholion zu *Ilias Y* 67[45] ist offenbar aus einer stoischen Quelle abgeleitet und muß mit größter Vorsicht benutzt werden. Ausdrücke wie τὸ ἀπρεπές, was soviel wie ‹Mythen von den Göttern, die nicht zu ihrer göttlichen Natur passen› (οὐ πρέποντας τοὺς ὑπὲρ τῶν θεῶν μύθους) bedeutet, oder ἀλληγορία, die ‹verborgenen Bedeutungen› (ὑπόνοιαι) solcher Mythen, sind wahrscheinlich hellenistisch; dennoch mag ein Körnchen Wahrheit in der Überlieferung liegen, daß diese Art von ‹Apologie› sehr alt ist und mit Theagenes begann, ‹der zuerst über Homer schrieb› (ἀπὸ Θεαγένους τοῦ Ῥηγίνου, ὅς πρῶτος ἔγραψε περὶ Ὁμήρου). Zumindest im vierten Jahrhundert, lange bevor die allegorische Ausdeutung als Methode von stoischen Philosophen voll entwickelt worden war, kannte Platon Erklärungen des ‹Götterkampfs› durch ‹verborgene Bedeutungen›; er allerdings lehnte θεομαχίας überhaupt ab, sei es ἐν ὑπονοίαις πεποιημένας oder ἄνευ ὑπονοιῶν (*Rep.* II 378 D). Die philosophische Quelle des langen Scholion zu *Ilias Y* 67 sieht in der paarweisen Gegenüberstellung der Götter durch den Dichter den Antagonismus dreier Paare der natürlichen Elemente, τὸ ξηρὸν τῷ ὑγρῷ καὶ τὸ θερμὸν τῷ ψυχρῷ μάχεσθαι καὶ τὸ κοῦφον τῷ βαρεῖ; weiterhin identifiziert sie die Gottheiten mit menschlichen Fähigkeiten: Athene mit φρόνησις, Ares mit ἀφροσύνη, Aphrodite mit ἐπιθυμία und Hermes mit λόγος. Solche Naturallegorien wären im sechsten Jahrhundert nicht ohne Parallele gewesen; in den wenigen Fragmenten des Pherekydes von Syros und in den Berichten über ihn stellen die Gottheiten kosmische Kräfte dar; ein Zug zur bewußten ‹Allegorie› läßt sich feststellen (*Vors.* A 8,9; B 4 eine Art Götterkampf). Über die genaue Lebenszeit des Pherekydes herrscht keine Einigkeit, weder unter den antiken Chronographen[46] noch unter den modernen Gelehrten. Wenn es richtig ist, daß er ‹schwerlich lange vor dem *Ende* des 6. Jahrhunderts gelebt haben kann›[47], dann wurde die Allegorie wahrscheinlich von Rhapsoden wie Theagenes erfunden, um anstößige Stellen im Homer gegen Moralisten zu verteidigen, und sie wird später von philosophischen und theologischen Schriftstellern

---

44 *Vors.* 8 A 1 κατὰ Καμβύσην 529–522 v. Chr.; 8 A 2 πρῶτος. Vgl. Buffière, *Les Mythes d'Homère et la pensée grecque* (1956) 103f, und H. J. Rose, *JHS* 78 (1958) 164f. P. Lévêque, ‹Aurea catena Homeri, Une étude de l'allégorie grecque›, *Annales littér. de l'Université de Besançon* 27 (1959).

45 Schol. B Y 67, H. Schrader, Porphyr. *Quaest. Hom. ad Il.* 240, 14 = *Vors.* 8 A 2.

46 Wilamowitz, ‹Pherekydes›, *Sitz. Ber. d. Preuß. Akad.* (1926) 126f = Kleine Schriften V 2 (1937) 128f; K. v. Fritz, *RE* XIX (1938) 2025ff.

47 So nachdrücklich W. Jaeger, *Die Theologie der frühen griechischen Denker* (Stuttgart 1953) 82.

wie Pherekydes zu deren eigenen Zwecken benützt worden sein,[48] ohne Rücksicht auf anstößige oder nicht anstößige Stellen. Es kann aber gut auch umgekehrt gewesen sein, falls Pherekydes um die Mitte des sechsten Jahrhunderts oder davor gelebt hat; eine endgültige Klärung können nur neue Zeugnisse bringen.[49]

Es unterliegt keinem Zweifel, daß in den Listen der Homer-Erklärer Theagenes immer obenan stand; da es auch in späterer Zeit (siehe Platon *Ion* passim, Xenoph. *Symp.* III 6) die Aufgabe der Rhapsoden war, Homer nicht nur vorzutragen, sondern auch zu erklären, liegt der Schluß mehr als nahe, daß er ein prominentes Mitglied dieser alten Gilde war.[50] Abgesehen von seiner ‹allegorischen› Erklärung des Götterkampfes wird sein Interesse am Text selbst bezeugt durch eine Lesart in *A* 381, für die er[51] angeführt wird; das grammatische Schrifttum über Homers korrekten Gebrauch der griechischen Sprache soll mit ihm begonnen haben (ἡ γραμματική ... ἡ περὶ τὸν ἑλληνισμόν[52] ... ἀρξαμένη ἀπὸ Θεαγένους *Vors.* 8, 1 a). Schließlich wird er an der Spitze der Autoren genannt, ‹die als erste Homers Dichtung, Leben und Zeit erforschten› (περὶ τῆς Ὁμήρου ποιήσεως γένους τε αὐτοῦ καὶ χρόνου καθ' ὃν ἤκμασεν προηρεύνησαν πρεσβύτατοι μὲν Θεαγένης τε ὁ Ῥηγῖνος, gefolgt von Stesimbrotos und Antimachos, *Vors.* 8, 1). Es ist schwer zu sagen, was mit γένος und ἀκμή gemeint ist; es kann aber gut der erste Versuch gewesen sein, durch Zusammenstellung von Nachrichten über Herkunft, Geburtsort, Familie und Lebenszeit eine skizzenhafte Darstellung von Homers Leben zu geben. Dieses gewöhnlich vernachlässigte Zeugnis stimmt überein mit modernen Untersuchungen über den zeitlichen Ansatz der βίοι Ὁμήρου und des Ἀγὼν Ὁμήρου καὶ Ἡσιόδου. So wie sie uns überliefert sind,[53] sind sie Erzeugnisse der Spätantike, aber die frühesten Formen dieser Bücher, die das Leben Homers und seinen Wettkampf mit Hesiod erzählen, gehen ins sechste Jahrhundert zurück,[54] also auf die Zeit des Theagenes. Sie enthalten eine Sammlung recht amüsanter Geschichten

---

48 Dies scheint die Meinung von F. Wehrli, *Zur Geschichte der allegorischen Deutung Homers im Altertum* (Diss. Basel 1928) 89, zu sein.

49 Diels-Kranz, *Vors.* 8 hatten wahrscheinlich recht, als sie Theagenes unmittelbar nach Pherekydes setzten; die Priorität des Pherekydes vertritt J. Tate, *Cl. R.* 41 (1927) 214; vgl. *Cl. Qu.* 28 (1934) 105–14 ‹On the history of allegorism›.

50 Wilamowitz, *Der Glaube der Hellenen* II (1932) 215, 2; vgl. F. Wehrli 91.

51 *Vors.* 8, 3 καὶ Θεαγένης οὕτως προφέρεται; vgl. A. Ludwich, *Aristarchs homerische Textkritik* I 113 Anm. 128, zu προφέρεται.

52 Siehe R. Laqueur, *Hellenismus* (1925) 25; vgl. unten, S. 198.

53 Homerus, ed. T. W. Allen, vol. V, und Wilamowitz, *Vitae Homeri et Hesiodi*, 1916.

54 Wilamowitz, *Ilias und Homer* (1916) 367; 439; vgl. E. Vogt, *Rh. M.* 102 (1959) 220f (s. unten S. 73 Anm. 187 über Alkidamas). Βίοι früher lyrischer Dichter, Alkaios und Sappho, entstanden auch im Laufe des sechsten Jahrhunderts v. Chr.

von den Abenteuern eines fahrenden Dichters; in dieser Hinsicht unterscheiden sie sich stark von den rein genealogischen und chronologischen Berichten eines trockenen γένος.

Beide, γένος und βίοι, sind Zeugnisse der weitgespannten Aktivität der Rhapsoden in bezug auf alles, was Homer betraf. Eine Gruppe unter ihnen wurde Ὁμηρίδαι[55] genannt; sie wurden von manchen für direkte Abkömmlinge Homers gehalten[56]; für unseren Zweck ist es bedeutsam, daß sie nicht nur Vortragende, sondern auch Interpreten der Gedichte waren.[57] Wieweit sie auch eigene Gedichte hervorbrachten[58] oder ob beispielsweise die Urform der sogenannten homerischen βίοι dichterisch[59] war, das bleiben offene Fragen; es ist keinesfalls unwahrscheinlich, daß einige von ihnen wenig bedeutende Dichter waren. In Indien gaben die Rezitatoren alter Dichtung allmählich das Schreiben von neuen Gedichten auf; sie boten nur noch die alten dar und erklärten sie. Sicher ist auf jeden Fall, daß Pherekydes und Theagenes selbst nur Prosa schrieben.

Es ist uns nicht überliefert, ob die Rhapsoden des sechsten Jahrhunderts irgendwelche technischen Hilfsmittel zum besseren Verständnis der alten epischen Gedichte besaßen; möglicherweise benutzten sie geschriebene Zusammenstellungen von seltenen und ungebräuchlichen epischen Wörtern, γλῶσσαι, wie sie vom fünften Jahrhundert an genannt wurden;[60] Aristoteles erkennt in seiner Poetik (1459a 9f) Glossen ausdrücklich als der epischen Dichtung zugehörig an. Man ist versucht anzunehmen, daß die Erklärungen homerischer Eigennamen und dunkler Ausdrücke durch ‹Etymologie› von den Rhapsoden weiterentwickelt, gesammelt und tradiert wurden, viel-

55 W. Schadewaldt, *Von Homers Welt und Werk* (³1959) 55f; siehe auch ders., *Die Legende von Homer, dem fahrenden Sänger* (1942) 101, 72; H. T. Wade-Gery, *The Poet of the Iliad* (1952) 19ff, versuchte nachzuweisen, daß die Homeridai, Mitglieder einer Familie aus Chios, die einzigen waren, die in früher Zeit Homers Werke vortrugen, bis im fünften Jahrhundert Rezitations-‹Stars› neben ihnen aufkamen.

56 Akusilaos *FGrHist* 2 F 2, Hellanic. 4 F 20 und Jacobys Kommentar. Über *Dichterfamilien* in Indien s. Steinthal, *Geschichte der Sprachwissenschaft bei den Griechen und Römern* I (²1890) 30 (aber sie waren auch Priester).

57 Zeugnisse für ihre ‹Gelehrsamkeit› in dem Artikel ‹Homeridai› von Rzach, *RE* VIII 2147f. – Das Wort ῥαψῳδός (das uns hier nicht beschäftigt), seine Bildung und Bedeutung behandelt erneut H. Patzer, *Hermes* 80 (1952) 314–25 (ῥαψῳδός = ‹Reihsänger›).

58 Kynaithos, Schol. Pind. *N.* II 1c, und Wade-Gery, loc. cit. (oben Anm. 55).

59 Siehe Th. Bergk, *Griechische Literaturgeschichte* I (1872) 930f; E. Rohde, *Rh. M.* 36 (1881) 220 = *Kleine Schriften* I 104; W. Schmid, *Griechische Literaturgeschichte* I 1 (1929) 85,2.

60 *JHS* 75 (1955) 72 = *Ausgewählte Schriften* (1960) 154. S. oben S. 21 und unten S. 105f; K. Latte, *Philol.* 80 (1925) 147ff.

leicht im Zusammenhang mit den Glossen. Es überrascht uns daher nicht, wenn wir unter den spärlichen Prosafragmenten des sechsten Jahrhunderts finden, daß Pherekydes den Κρόνος der alten Theogonien etymologisierend als Χρόνος (*Vors.* 7 A 9) erklärt. Nur wenn wir solche Vorläufer annehmen, können wir uns erklären, warum im fünften Jahrhundert die Etymologie so üppig gedieh: Hekataios von Milet versuchte historische Tatsachen aus der ‹wahren Bedeutung› von Personen- und Ortsnamen herzuleiten, und Philosophen dachten seit Heraklit angestrengt über Namen (ὀνόματα) nach mit dem Ziel, Natur oder Wesen der Dinge zu ergründen.

Es ist aber ein großer Fehler moderner Sprachforscher, den Ioniern des sechsten Jahrhunderts ein grammatisches System von ‹casus› zuzutrauen. Es lohnte kaum, von dieser abwegigen Ansicht Kenntnis zu nehmen, wenn nicht E. Schwyzer sie kritiklos in seine *Griechische Grammatik*[61] aufgenommen hätte. In einer rhetorischen Schrift Περὶ σχημάτων (unter dem Namen Herodians)[62] werden drei Zeilen von Anakreon (fr. 3 D.^{2} = fr. 14 *PMG*) als Beispiel eines πολύπτωτον zitiert, der ‹Anwendung desselben Wortes in verschiedenen Casus›:

Κλευβούλου μὲν ἔγωγ' ἐρέω,
Κλευβούλῳ δ' ἐπιμαίνομαι,
Κλεύβουλον δὲ διοσκέω.

Es findet sich hier nicht nur eine vollkommene Parallelität dreier Sätze, sondern auch eine dreifache Variation desselben Themas und eine Aufeinanderfolge des Namens Kleobulos erst im Genetiv, dann im Dativ und zuletzt im Akkusativ. Dies wurde als ein klarer Beweis für ein Drei-Casus-System[63] betrachtet, das die Ionier im sechsten Jahrhundert gekannt hätten und das der Dichter hier anwandte.

Die interessante Stelle in Περὶ σχημάτων geht von einer Definition

---

61 *Griechische Grammatik* I (1939) 6,2.

62 *Rhet. Gr.* VIII 599f, Walz = III 97, 20 Spengel.

63 E. Sittig, ‹Das Alter der Anordnung unserer Kasus›, *Tübinger Beiträge zur Altertumswissenschaft* 13 (1931) 26. Gegen Sittig s. K. Barwick, *Gnomon* 9 (1933) 587f, ‹Stoische Sprachlehre› 46; Schwyzer nahm keine Notiz von diesen schwerwiegenden Einwänden, die von M. Pohlenz, *NGGW*, Phil.-hist Kl., N. F. III 6 (1939) = *Kleine Schriften* I (1965) 87ff, von R. Hiersche, ‹Entstehung und Entwicklung des Terminus πτῶσις «Fall»›, *Sitz. Ber. d. Deutschen Akad. d. Wiss. Berlin* 1955, Nr. 3, 5ff, und schließlich von Barwick selbst wiederholt und vermehrt wurden; ohne auf diese Artikel einzugehen H. Koller, ‹Die Anfänge der griechischen Grammatik›, *Glotta* 37 (1958) 5, 2 und 34ff, gegen Sittig. Noch schlimmer als Sittig G. H. Mahlow, *Neue Wege durch die griechische Sprache und Dichtung* (1926) 212: ‹Die Grundlagen der Grammatik waren längst Allgemeinbesitz . . . Anakreon . . . macht sich den Scherz zu deklinieren; der erste Vers mit dem Nominativ ist leider nicht erhalten.› Diese reichlich allgemeine Behauptung wird durch nichts belegt; die Annahme, daß vor Κλευβούλου μὲν ἔγωγ' ἐρέω ein Vers fehlt, ist offensichtlich falsch: der Anfang der Strophe wird zitiert.

des Begriffs πολύπτωτον aus: ὅταν ἤτοι τὰς <ἀντ>ονομασίας[64] ἢ τὰ ὀνόματα εἰς πάσας τὰς πτώσεις μεταβάλλοντες διατιθώμεθα τὸν λόγον ὡς παρὰ Κλεοχάρει; Kleochares wird dann dafür zitiert, daß er den Namen Demosthenes in der gebräuchlichen Reihenfolge der fünf Casus des griechischen Nomens gebraucht habe; zwei weitere Beispiele werden dann angefügt. ἔστι δὲ τοιοῦτον σχῆμα καὶ παρά τισι τῶν ποιητῶν ὡς παρ' Ἀρχιλόχῳ καὶ Ἀνακρέοντι. παρὰ μὲν οὖν Ἀρχιλόχῳ ... (fr. 70 D.³); in zwei trochäischen Tetrametern des Archilochos wird der Name eines Leophilos viermal wiederholt; trotz der Verderbnisse und unterschiedlichen Lesarten in den Handschriften[65] ist die begründetste Annahme die, daß der Name in vier verschiedenen Casus auftrat, möglicherweise in der Reihenfolge -ος, -ου (sc. -εω), -ῳ, -ον. Die schon zitierten Verse des Anakreon werden eingeführt mit den Worten: παρὰ δὲ Ἀνακρέοντι ἐπὶ τριῶν. Der Autor von Περὶ σχημάτων war offensichtlich sehr stolz darauf, diese zwei seltenen Beispiele gefunden zu haben.

Nun mag dem Rhetor Kleochares in der ersten Hälfte des dritten Jahrhunderts v. Chr. eine *theoretische* Reihenfolge der fünf Casus des griechischen Nomens, wie stoische Grammatiker und Philosophen[66] sie festgelegt haben, bekannt gewesen sein; dies ist aber keineswegs sicher. Wenn man nun gar so kühn ist, dem Anakreon die Kenntnis eines Casus-Systems in der zweiten Hälfte des sechsten Jahrhunderts zuzutrauen, wäre es ungereimt, eine solche Kenntnis bei Archilochos in der ersten Hälfte des siebenten Jahrhunderts nicht anzunehmen, denn nach dem Autor Περὶ σχημάτων wandten beide Dichter einen Eigennamen in verschiedenen Casus an, Archilochos viermal und Anakreon dreimal. Doch so weit ist niemand gegangen. Und niemand scheint bei Archilochos ein anderes mögliches Beispiel eines ‹Poly-

64 Wilamowitz, *Antigonos von Karystos* (1881) 52, 12 änderte das ‹sinnlose ὀνομασίας› der Handschriften in ἀντωνυμίας und verwies dabei auf Spengel III 34, 23; er hätte auch auf III 139, 1 verweisen können; aber vielleicht sollte man ἀντονομασίας wieder einsetzen, das bei Dionys. Hal. *de comp. verb.* 2 p. 7, 7 Us.-Rad. ‹Pronomen› bedeutet (ἀντωνυμίας nur in Cod. V); ebenso in Ap. Dysc. *de pron.* 4, 18; 5, 10 Schn., wo der Grammatiker diese von einem anderen Grammatiker gebrauchte Form verwirft, und in Pap. Yale 446, 1. Jh. n. Chr. (no. 2138 Pack²) ed. Hubbell, *Cl. Phil.* 28 (1933) 189ff.

65 E. Lobel, ‹Questions without answers›, *Cl. Qu.* 22 (1928) 115f, bringt die genauen Lesarten der Handschriften; F. Lasserre wiederholt diese korrekt in seinem kritischen Apparat, *Archiloque* (Paris 1958) fr. 122, p. 40 (nur teilweise bei Diehl, *Anth. Lyr. Gr.*³ fasc. 3 [1952] zu fr. 70), doch scheint bisher kein Herausgeber Lobels Annahme, was den Text des Dichters betrifft, übernommen zu haben.

66 S. unten S. 297f; J. Wackernagel, *Vorlesungen über Syntax* I (²1926) 312, spricht nur von der Möglichkeit; F. Blass in Kühner-Blass, *Griechische Grammatik* I 1, 363, K. Barwick, *Gnomon* 9 (1933) 594, sind zu zuversichtlich.

ptoton›, nicht des Substantivs, sondern des Pronomens,[67] bemerkt zu haben. Dies erscheint im hymnischen Stil der Lobpreisung in dem Gebet an Zeus.[68] So sehen wir, daß es eine poetische Figur in der ionischen Dichtung ist; das bisher früheste Beispiel findet sich in den zwei Fragmenten des Archilochos, gefolgt von Anakreons Kleobulos-Gedicht. Solche Figuren entstehen aus dem spontanen Vergnügen der Dichter, in spielerischer Weise die verschiedenen Formen desselben Wortes zu gebrauchen; das bekannteste Beispiel ist das Prooemium von Hesiods *Werken und Tagen*, und man hat von der Hesiodstelle wegen ihrer Anaphern und Antithesen bisweilen geglaubt, daß sie ‹rhetorisch› beeinflußt sei.

Dieses Mißverständnis schwand mit der Erkenntnis, daß der literarische Prosastil vom fünften Jahrhundert an Formen und Figuren der Rede aus der frühen Dichtung aufnahm. Es ist ein ähnlicher Fehler, eine bestimmte grammatische Theorie hinter der Artistik des ionischen Verses zu vermuten.[69] Tatsache ist, daß die schöpferische Poesie die technischen Regeln künftiger Jahrhunderte[70] vorausahnte, und sie mag wohl die Entwicklung späterer Theorien damit beeinflußt haben.

Die Dichter haben jahrhundertelang eigene Ausdrücke und Gedanken oder die ihrer Vorgänger mehr oder weniger ‹interpretiert›. Homer blieb immer der Hauptgegenstand,[71] und wir können annehmen, daß seine Gedichte eine außerordentlich wichtige Rolle in der Erziehung spielten. Wir kennen keine Tradition über den Kanon der Schulschriftsteller in Athen oder sonstwo im sechsten und fünften

---

67 In den verschiedenen späten Exzerpten Περὶ σχημάτων spricht der sog. Herodian über das ‹Polyptoton› des Pronomens und Nomens wie Alexander Numenii fil. (III 34, 23 Sp.) und der Anonymus (III 139, 1 Sp.), verweist aber nur auf die drei bereits genannten Stellen mit Eigennamen; die beiden anderen Autoren zitieren nur Beispiele für das Pronomen. Wilamowitz, *Antigonos*, 52, Anm. 12, ist geneigt, ‹Herodian› mit Alexander zu identifizieren; s. auch *RE* I 1456 Alexandros no. 96.

68 Archilochos fr. 94 D.[3] ὦ Ζεῦ, πάτερ Ζεῦ, σὸν μέν . . ., σὺ δ' . . ., σοὶ δέ . . . ist die Lesart aller Handschriften; ich neige zu der Annahme, daß Archilochos im ersten Vers den Genetiv des Personalpronomens σέο (σεῦ) schrieb, gefolgt vom Nominativ σύ und dem Dativ σοί (für den prädikativen Gebrauch des Genetivs des Personalpronomens vgl. [Hom.] *hy. Ap. Pyth.* 89); aber auch das Possessivpronomen würde für die Form eines Polyptoton genügen. Archilochos spielte auch mit der Etymologie des Namens Apollon, s. u. S. 87 Anm. 21.

69 Im sechsten Jahrhundert gab es keinen ‹Kanon› ausgewählter Autoren; s. u. S. 32 Anm. 72.

70 Man vergleiche, was über ‹Etymologien› oder Allegorie in der epischen Dichtung gesagt wurde; oben S. 20f.

71 Es sollen hier keine Einzelheiten über die lyrische und tragische Dichtung gegeben werden (s. aber z. B. E. Fraenkel, Aesch. *Ag.* 358f, wo Aischylos offensichtlich *E* 487ff interpretiert).

Jahrhundert.[72] Aber völlig singulär ist uns in den Fragmenten zu Aristophanes' frühester Komödie, den Δαιταλῆς (427 v.Chr.) die Prüfung eines ungezogenen Buben in Homer-Glossen erhalten (fr. 222 K.): λέξον Ὁμήρου γλώττας· τί καλοῦσι κορύμβα; (*I* 241)... τί καλοῦσ' ἀμενηνὰ κάρηνα; (κ 521). Der Knabe, der nur modernen Plunder im Kopf hat, hat keine Ahnung von der ἀρχαία παιδεία, die so köstlich in Aristophanes' *Wolken* 961 ff durch den δίκαιος λόγος geschildert wird (zuerst gespielt 423 v.Chr.). Es war die sogenannte Sophistik, die – wenigstens nach Aristophanes' Ansicht – das ganze Gebäude der traditionellen griechischen Erziehung in Gefahr brachte.

72 W. Schmid, *Geschichte der griechischen Literatur* I 4 (1946) 212: ‹der Kanon der Schulschriftsteller in der Grammatikerschule des 6. und 5. Jahrhunderts›; diese Bemerkung ohne irgendeinen weiteren Beleg muß ein Versehen sein. – Die äußerst spärlichen Zeugnisse für das frühe fünfte Jahrhundert bespricht Marrou 68f, ‹Literarische Erziehung›. – Zu Aristophanes fr. 222 s. auch die Bemerkungen von J. D. Beazley, *AJA* 54 (1950) 319 und H. Erbse, *Herm.* 81 (1953) 170; 178, 2.

II

DIE SOPHISTEN, IHRE ZEITGENOSSEN UND SCHÜLER IM FÜNFTEN UND VIERTEN JAHRHUNDERT

Die sophistische Bewegung des 5. Jahrhunderts nimmt eine einzigartige Stellung in der Geschichte der alten Welt ein; sie wiederholte sich nicht, und man sollte im geschichtlichen Sinn nicht von einer ‹zweiten Sophistik› in römischer Zeit sprechen. In der Frühgeschichte (oder Vorgeschichte) der klassischen Philologie spielte sie eine vermittelnde Rolle. Die Sophisten waren mit der Vergangenheit insoweit verbunden, als sie ihre Gedanken aus Ansätzen in der älteren Literatur entwickelten; wir müssen daher immer zurückblicken, auf die Dichtung ebenso wie auf die Philosophie und auf die Geschichte. Andererseits waren sie die ersten, die durch ihre Theorien nicht nur die Prosa – die Rhetorik und vor allem die Dialektik – beeinflußten, sondern auch die zeitgenössische und die spätere Dichtung; dadurch lenken sie unseren Blick nach vorn.

In gewissem Sinne kann man die Sophisten als Erben der Rhapsoden betrachten. Auch sie kamen aus allen Teilen der hellenischen Welt und wanderten durch alle griechisch sprechenden Länder, aber in der Zeit nach der Vertreibung der Tyrannen und dem Sieg über den persischen Eindringling trafen ihre Wege natürlicherweise in Athen zusammen, dem führenden demokratischen Stadtstaat, wo sie ihre besten Schüler um sich sammeln konnten. Die Sophisten erklärten epische und archaische Dichtung und verbanden ihre Erklärungen mit linguistischen Beobachtungen, Definitionen und Klassifizierungen und hielten sich dabei auf der von vorausgegangenen Philosophen festgelegten Linie; ihr Interesse an der homerischen oder der lyrischen Dichtung sowie an der Sprache hatte aber immer den praktischen Zweck, ‹Menschen zu erziehen›, wie Protagoras Plat. *Prot.* 317 B (= *Vors.* 80 A 5) sagt: ὁμολογῶ σοφιστὴς[1] εἶναι καὶ παιδεύειν ἀνθρώπους. Ihre Absicht war es nicht, Dichtung um ihrer selbst willen zu erklären oder grammatische Regeln aufzuspüren, um den Bau der Sprache zu verstehen. Sie strebten nach Korrektheit des Ausdrucks

1 Das Wort σοφιστής (s. *Vors.* 79) wird hier nicht in der allgemeinen Bedeutung für einen gewandten oder weisen Mann (Aesch. *Pr.* 944, Hdt. I 29; IV 95) gebraucht; Protagoras legt offensichtlich Wert darauf, als Mitglied dieser σοφισταί genannten modernen Berufsgruppe von Lehrern und Erziehern angesehen zu werden.

und nach korrekter Aussprache der richtigen Form des richtigen Wortes; die großen Schriftsteller der Vergangenheit sollten die Muster abgeben, von denen man zu lernen hatte. Hierin wurden sie die Vorfahren der Virtuosen auf literarischem Gebiet. Wenn Philologie nichts weiter als eine Technik wäre, dann wären sie in der Tat ihre Wegbereiter gewesen,[2] denn sie erfanden und lehrten eine Anzahl äußerst brauchbarer Kunstgriffe und glaubten, daß mit derlei technischen Anweisungen alles getan wäre. Aber aus eben diesem Grunde verdienen sie nicht den Namen ‹Philologen› – sie hätten auch gar keinen Wert darauf gelegt. Noch weniger sollte man sie ‹Humanisten› nennen;[3] den Sophisten lagen nicht die Werte, die des Menschen Haltung mit ‹humanitas› durchdringen, sondern die Brauchbarkeit ihrer Lehre oder Technik für den einzelnen, besonders im politischen Leben, am Herzen.

Einige Beispiele aus den einzelnen Bereichen ihrer Tätigkeit folgen später; wir werden die sophistische Praxis der Interpretation und Sprachanalyse, die literarische Kritik, die Überlieferung antiquarischen Wissens und die Vielwisserei der Sophisten betrachten.

Einen Dienst allerdings haben sie der künftigen Philologie geleistet, bei dem wir etwas länger verweilen müssen; deshalb beschäftigen wir uns zuerst mit ihm. Die bloße Existenz der Philologie hängt ab vom Buch,[4] und Bücher scheinen im Lauf des fünften Jahrhunderts, besonders als Mittel sophistischer Schriftstellerei, in allgemeinen Gebrauch gekommen zu sein. Die frühe griechische Literatur mußte sich auf mündliche Überlieferung stützen, sie mußte vorgetragen und gehört werden; noch im fünften und vierten Jahrhundert gab es eine starke Gegenbewegung gegen den unvermeidlichen Übergang vom gesprochenen zum geschriebenen Wort; erst die Kultur des dritten Jahrhunderts kann – und auch sie nicht ohne eine gewisse Übertreibung – als eine ‹Bücherkultur› bezeichnet werden.[5]

Damit dürfte der Augenblick gekommen sein, einen Blick auf den ‹orientalischen Hintergrund› zu werfen, vor dem die gesamte griechische Kultur erstand, wenigstens soweit er für die griechische Philologie von Bedeutung ist. Dieser geschichtliche Ablauf ist mir bekannt; doch zögere ich etwas, darüber zu reden, weil ich nicht die geringste Kenntnis der in Frage kommenden Sprachen habe und so gezwungen bin, mich auf die Angaben und Deutungen der Fachgelehrten zu ver-

---

2 P. B. R. Forbes, ‹Greek Pioneers in Philology and Grammar›, *Cl. R.* 47 (1933) 105ff, gibt einen brauchbaren kurzen Überblick über einige Errungenschaften der Sophisten; sie waren jedoch keine ‹Pioniere› der Philologie im strengen Sinne des Wortes, wie es hier gebraucht wird.

3 W. Jaeger, *Paideia* I (1934) 377; 380f [W. K. C. Guthrie, ‹The first humanists›, *Proceed. of the Classical Association* 65 (1968) 13–25].

4 Der ältere Plinius ging noch weiter, als er sagte (*h. n.* XIII 68: ‹cum chartae usu maxime humanitas vitae constet, certe memoria›; so weit wäre kaum ein Grieche gegangen (s. u. S. 52).

5 S. unten S. 132.

lassen und mit der gebotenen Zurückhaltung Schlüsse daraus zu ziehen.

Ausgrabungen in Mesopotamien[6] zeigten nicht nur das frühe Vorhandensein von Archiven mit Tontafeln, sondern auch von ‹Bibliotheken› mit literarischen Texten. Seit etwa 2800 v. Chr., so werden wir belehrt, unterhielten die sumerisch sprechenden Einwohner Staatsarchive wie auch Bibliotheken und Schulen im Zusammenhang mit den Tempeln ihrer Götter. Die Hüter der Tontafeln, die die kostbaren Texte zu bewahren hatten, wachten über den genauen Wortlaut der Originale und versuchten, Fehler der Abschreiber zu verbessern; zu diesem Zweck stellten sie sogar eine Art ‹Glossare› zusammen. Gegen Ende des dritten Jahrtausends übernahmen semitische Eindringlinge aus dem Norden (die Babylonier, wie sie später genannt wurden) die sumerischen Methoden und fertigten gleichfalls Listen an, die die sumerischen Wörter und ihre akkadischen Entsprechungen enthielten. Im Lauf des zweiten Jahrtausends eroberten die Hettiter große Teile Anatoliens; in ihrer Hauptstadt Boğazköy wurden Keilschrifttafeln gefunden, die in drei parallelen Kolumnen die einander entsprechenden Wörter in Hettitisch, Sumerisch und Akkadisch enthielten.[7] Ähnliche Funde aus der zweiten Hälfte des zweiten Jahrtausends wurden bei den Ausgrabungen von Ugarit (Ras-Shamra) in Nordsyrien gemacht. Im siebenten Jahrhundert v.Chr. wurde vieles aus der älteren, besonders der ‹babylonischen› Tradition für die Palastbibliothek des großen assyrischen Königs Assurbanipal abgeschrieben, der auf seine Schreibfähigkeit nicht weniger stolz war als auf seine Eroberungen. Im British Museum gibt es davon mehr als 20000 Tafeln und Fragmente.

Assurbanipals gelehrte Schreiber hatten eine schon sehr verfeinerte Technik ererbt und entwickelten sie noch weiter in den beschreibenden Anmerkungen am Ende jeder Tafel.[8] Ohne romantische Über-

---

6 Eduard Meyer, *Geschichte des Altertums* I 2 (^{5}1926) 334ff (§§ 312ff) (bes. S. 335f; 340; 342f). Einen neueren Überblick mit einer neuen Chronologie und ausführlicher Bibliographie gibt A. Moortgat, ‹Geschichte Vorderasiens bis zum Hellenismus›, in A. Scharff und A. Moortgat, *Ägypten und Vorderasien im Altertum* (München 1950) 93–535, bes. 315ff; 471ff. – *Handbuch der Bibliothekswissenschaft*^{2} hsg. v. G. Leyh, III 1 (1955) 1–50: F. Milkau und F. Schawe, ‹Der alte Vorderorient›, über Bibliotheken in Ägypten und im Nahen Osten; über die Schrift s. a. Bd. I (^{2}1952) 1–105. Über den Gebrauch der Schrift in Mesopotamien s. Kenyon, *Books and Readers* 6f. – Über die frühe anregende Wirkung der mesopotamischen Schrift auf Ägypten s. H. Frankfort, *The Birth of Civilization in the Near East* (London 1951) 106f. [M. C. Astour, *Hellenosemitica*. An ethnic and cultural study in the West Semitic impact on Mycenaean Greece (1965); zu Danaos, Kadmos, Kumarbi S. 217ff.]

7 Über neue Ausgrabungen von Tontafeln mit wichtigen Texten in Akkadisch mit hettitischer Übersetzung s. K. Bittel, ‹Ausgrabungen in Boğazköy› (1952–7) in *Neue deutsche Ausgrabungen im Mittelmeergebiet und im Vorderen Orient* (Berlin 1959) 108.

8 Alle Einzelheiten bietet C. Wendel, ‹Buchbeschreibung› 2ff.

treibung können wir sagen, daß diese Schreiber ein geradezu ‹religiöses› Verantwortungsbewußtsein für die unverderbte Bewahrung der Texte hatten, deren jeder in gewissem Sinne als heilig galt.[9] Ihre komplizierte Methode der ‹Katalogisierung› war speziell für ihr Schreibmaterial, die Tontafeln, erfunden, und die Verzeichnisse von Wörtern aus verschiedenen Sprachen waren das Ergebnis der einmaligen geschichtlichen Umstände in Mesopotamien und den umliegenden Ländern. Aber aus all den beschreibenden Anmerkungen und Parallelglossaren, die nur den praktischen Bedürfnissen der Archive, Bibliotheken und Schulen der Tempel dienten, entstand keine Philologie. Wir finden vielfach dasselbe auf anderen Gebieten: die ausgedehnte orientalische Annalenliteratur führte zu keiner methodischen Geschichtsschreibung. George Sarton[10] betont in seiner *History of Science* mit Recht die Bedeutung einer kontrollierten Sprache für die Entstehung der ‹Babylonischen Wissenschaft›, die ‹linguistisches Rüstzeug von ausreichender Exaktheit› brauchte. Es ist aber doch wohl irreführend, von einer ‹Geburt der Philologie›[11] um 3000 v. Chr. zu sprechen. Sarton versuchte auch gar nicht, eine Verbindungslinie von dieser orientalischen ‹Philologie› (womit er offenbar eine bestimmte Art von linguistischen Studien meint) zum frühen Griechenland zu ziehen. C. Wendel, der erwägt, wie technische Anweisungen für das Schreiben und Bewahren schriftlicher Tradition zu den Ioniern in Kleinasien gekommen sein könnten, bringt andererseits überzeugende Argumente dafür vor, daß diese aus dem Osten, nicht aus Ägypten kamen;[12] man kann aber nach dem gegenwärtigen Stand unserer Kenntnisse kaum mehr als Vermutungen über die möglichen Berührungspunkte anstellen. Es ist nicht unwahrscheinlich, daß die griechischen Bewohner der Westküste Kleinasiens und der Inseln auf Tierhäute schrieben, bevor sie den ägyptischen Papyrus benutzten, und daß sie das gelegentlich auch später noch taten. Obwohl es literarische Zeugnisse für den Ge-

9 Cf. E. Meyer, loc. cit. 462f; 583ff; 597f (Religion und Literatur); C. Wendel 11 (aber die Könige waren keine Götter wie in Ägypten).

10 G. Sarton, *A History of Science* (1952) I. Ancient science through the golden age of Greece 67, mit zahlreichen Hinweisen auf Texte und neuere Bücher über mesopotamische Ausgrabungen; s. a. S. N. Kramer, *From the Tablets of Sumer* (Indian Hills, Colorado 1956), Kap. 24, das einen ‹Bibliothekskatalog› beschreibt (etwa 50000 sumerische Tafeln im Museum in Philadelphia).

11 W. von Soden, ‹Leistung und Grenze sumerischer und babylonischer Wissenschaft›, *Welt als Geschichte* 2 (1936) 411ff; 509ff, stellt die Grenzen dieser sumerisch-akkadischen ‹Listenphilologie› in einem sehr gelehrten Artikel heraus; aber übereinstimmend mit der Mode der dreißiger Jahre kann er ‹wahre Wissenschaft› nur von der ‹nordischen Rasse› eingeführt sehen; vgl. *Sitz. Ber. d. Österr. Akad.* 235 (1960) 1.

12 C. Wendel, loc. cit. 85ff. – Kenyon 44f.

brauch von Lederrollen durch orientalische, besonders aramäische Schreiber nicht nur in Persien, sondern auch in Mesopotamien, Phoinikien und Palästina gab,[13] waren wirkliche Exemplare davon sehr selten, bis 1954 die aramäischen Pergamente aus dem fünften Jahrhundert v.Chr. (jetzt in der Bodleian Library) veröffentlicht wurden.[14] Herodots Behauptung (V 58) in seinem viel diskutierten ‹Exkurs› (der zeitweise sogar für eine Interpolation gehalten wurde) findet vollkommene Bestätigung insoweit, als sie besagt, daß Lederrollen in ‹barbarischen› Ländern in Gebrauch waren; wir sind folglich nicht berechtigt, an dem anderen Teil seiner Bemerkung über die Ionier zu zweifeln (V 58, 3); καὶ τὰς βύβλους διφθέρας καλέουσι ἀπὸ τοῦ παλαιοῦ οἱ Ἴωνες, ὅτι κοτὲ ἐν σπάνι βύβλων ἐχρέωντο διφθέρῃσι αἰγέῃσί τε καὶ οἰέῃσι· ἔτι δὲ καὶ τὸ κατ' ἐμὲ πολλοὶ τῶν βαρβάρων[15] ἐς τοιαύτας διφθέρας γράφουσι.

In dem berühmten vorausgehenden Abschnitt spricht Herodot vom ‹Alphabet›, das die Griechen von den Phoinikern übernahmen und der griechischen Sprache anpaßten (V 58, 1; 2): οἱ δὲ Φοίνικες οὗτοι οἱ σὺν Κάδμῳ ἀπικόμενοι ... ἐσήγαγον ... καὶ γράμματα, οὐκ ἐόντα πρὶν Ἕλλησι ὡς ἐμοὶ δοκέειν ... Ἴωνες, οἳ παραλαβόντες διδαχῇ παρὰ τῶν Φοινίκων τὰ γράμματα, μεταρρυθμίσαντές σφεων ὀλίγα ἐχρέωντο, χρεώμενοι δὲ ἐφάτισαν, ὥσπερ καὶ τὸ δίκαιον ἔφερε ἐσαγαγόντων Φοινίκων ἐς τὴν Ἑλλάδα, Φοινικήια κεκλῆσθαι. Die Griechen waren also in früherer Zeit ‹schriftlos›, so schien es dem Herodot. Er muß aber aus einer seiner Hauptquellen, Hekataios[16] von Milet, mit dem zwei andere milesische Autoren, Anaximander[17] und Dionysios,[18] übereinstimmten, eine andere Überlieferung gekannt haben: nämlich daß ‹Danaos vor Kadmos Buchstaben herüberbrachte› πρὸ Κάδμου Δαναὸν μετακομίσαι αὐτά (τὰ στοιχεῖα). Danaos war aus Ägypten (nicht aus Phoinikien) nach der Argolis gesegelt: die Rivalität zwischen Ägypten und dem Nahen Osten auf diesem Gebiet ist von

---

13 S. unten S. 38 Anm. 19.

14 Gekürzte und revidierte Ausgabe von G. R. Driver, *Aramaic Documents* (1957) 1ff; vgl. C. H. Roberts, ‹The Codex›, *Proc. Brit. Acad.* 40 (1954) 172, 1; 182.

15 Cf. Ktesias, 688 *FGrHist* 5 (vol. III C 450, 17 Jacoby, 1958) ἐκ τῶν βασιλικῶν διφθερῶν, ἐν αἷς οἱ Πέρσαι τὰς παλαιὰς πράξεις ... εἶχον συντεταγμένας; so wenig zuverlässig Ktesias von Knidos auch als Verfasser der persischen Geschichte sein mag, sein Hinweis auf die διφθέραι kann nicht länger übergangen werden; s. a. Driver, loc. cit., und H. Hunger, in *Geschichte der Textüberlieferung* I (1961) 30 (und 34 über die Zubereitung des Pergaments, s. a. unten S. 288).

16 1 *FGrHist* 20; s. a. Jacobys Anmerkungen 11–13 zum Kommentar zu 489 *FGrHist* (1955).

17 9 *FGrHist* 3.

18 687 *FGrHist* 1; das Zeugnis dieser drei Geschichtsschreiber hat Apollodor zusammengefaßt 244 *FGrHist* 165.

Anfang an sichtbar und dauert bis heute an.[19] Nachdem C. W. Blegen (1939) Hunderte von Tontafeln, die mit der sogenannten Linear-B-Schrift bedeckt waren (wie sie zuvor nur von Knossos bekannt war) in der Nähe von Pylos und an anderen Orten des griechischen Mutterlandes gefunden hatte, zeigte es sich, daß Herodot unrecht hatte, als er, wenngleich mit großer Vorsicht (ὡς ἐμοὶ δοκέειν), die Meinung äußerte, daß Griechenland vor der Einführung des phoinikischen Alphabets schriftlos gewesen sei. Die Tafeln sollen zwischen dem fünfzehnten und dem zwölften Jahrhundert v.Chr. im späthelladischen oder, wie Furtwängler es genannt hat, mykenischen Zeitalter geschrieben worden sein (die vollständigsten Aufzeichnungen für Pylos stammen aus dem dreizehnten Jahrhundert)[20]. Wir können diese Epoche die ‹heroische› nennen in der Annahme, daß sie die Welt jener Heroen war, deren Geschichte in den homerischen Gedichten erzählt wird. Die überkommenen Beispiele dieser mykenischen Schrift (im Augenblick mehr als tausend Tafeln) gehen nicht über ‹Waren- und Personallisten› hinaus; es gibt keine Schreibernamen, keine Kontrollzeichen oder Änderungen eines Korrektors wie auf den bereits erwähnten Tafeln aus Akkad oder Ugarit. Inhalt und Methode sind sehr primitiv im Vergleich mit denen der früheren oder gleichzeitigen orientalischen ‹Bibliotheken›. Wenn Michael Ventris' geniale Entzifferungstheorie für diese Silbenschrift richtig ist,[21] stehen wir hier einer fremdartigen und primitiven ‹griechischen› Sprache gegenüber, in einer Schrift, die zahllose Mehrdeutigkeiten impliziert. Man kann sich kaum vorstellen, daß diese schwerfällige Schrift für literarische Texte hätte verwendet werden können.[22] Was immer schließlich dabei herauskommen mag, wir wissen jetzt, daß etwas Wahres ist an dem, was Herodots milesische Vorgänger behaupten, nämlich daß Danaos dem Kadmos zuvorgekommen sei.

---

19 S. oben S. 37, und über Ägypten Siegfried Schott, ‹Hieroglyphen, Untersuchungen zum Ursprung der Schrift›, *Akademie der Wissenschaften und der Literatur in Mainz, Abhandlungen der geistes- und sozialwissenschaftlichen Klasse*, 1950, Nr. 24, S. 63; 86, über die wahrscheinliche Beziehung zwischen Hieroglyphen, semitischer Schrift und dem griechischen Alphabet; vgl. S. 9.

20 Ich habe nicht sehr viel Vertrauen zu der späteren Datierung der Tafeln von Knossos durch L. R. Palmer, *Mycenaeans and Minoans* (London 1961) und ‹The Find-Places of the Knossos Tablets› in *On the Knossos Tablets* (Oxford 1963); meine Zweifel werden verstärkt durch die überzeugenden Argumente, die J. Boardman in dem von ihm bearbeiteten Teil desselben Buches ‹The Date of the Knossos Tablets› vorbringt, wo er gegen Palmer die frühere Datierung durch Evans vertritt (etwa 250 Jahre früher).

21 *JHS* 73 (1953) 84–103, ‹Evidence for Greek Dialect in the Mycenaean archives›.

22 Selbst John Chadwick, Ventris' getreuer Mitarbeiter, war ziemlich reserviert (*The Decipherment of Linear B* [Cambridge 1959] 130) im Gegensatz zu Alan Wace's überschwenglichem Optimismus (s. *Documents in Mycenaean Greek* [Cambridge 1956], Vorwort XXIX).

Lokalschriftsteller von Κρητικά[23] machten den Anspruch der Insel Kreta (gegen Kadmos) geltend, der Ort zu sein, wo Buchstaben schon in ältester Zeit erfunden wurden, und Antiquare περὶ εὑρημάτων[24] erwähnen noch andere Orte, die diesen Anspruch erhoben; aber all diese verschiedenen Geschichten weisen in *eine* Richtung: sie stellen die Priorität des ‹Phoinikischen› Alphabets in Frage und deuten auf eine frühere griechische Schrift hin; und darin werden sie nun überraschend bestätigt.

Die phoinikische Herkunft des ‹Alphabets›, wie es im Griechenland der historischen Zeit in Gebrauch war, ist niemals ernstlich in Frage gestellt worden. Herodot ist keineswegs die älteste Autorität dafür,[25] einige der eben erwähnten milesischen Schriftsteller lebten um ein halbes Jahrhundert früher; die älteste Inschrift von Teos (ὃς ἂν ... Φοινικήια ἐκκόψει) wurde bald nach Mykale (479 v.Chr.) geschrieben,[26] und selbst Sophokles' Ποιμένες können nun mit Wahrscheinlichkeit in die sechziger Jahre des fünften Jahrhunderts (463 v.Chr.?) datiert werden[27]: 'Φοινικίοις γράμμασι'[28]. Die Glaubwürdigkeit dieser literarischen Tradition – die, wie wir sehen, keineswegs auf Herodot beschränkt, sondern vielmehr in der ersten Hälfte des fünften Jahrhunderts weit verbreitet war – wird erhärtet durch einen Vergleich griechischer Inschriften des ausgehenden achten Jahrhunderts mit semitischen Schriftzeugnissen desselben und des vorangehenden Jahrhunderts: die Ähnlichkeit der Buchstaben-

---

23 Dosiades, 458 *FGrHist* 6, und Diod. V 74,1 = 468 *FGrHist* 1 (III B 411, 13ff).

24 Skamon von Mytilene (wahrscheinlich frühes viertes Jahrhundert) 476 *FGrHist* 3. Vollständigere Zeugnisse gibt H. Erbse, *Attizistische Lexica* (1950) 218, 28; cf. Andron von Halikarnass, 10 *FGrHist* 9; Ephoros 70 *FGrHist* 105 und 106 nannte Kadmos den wirklichen Erfinder, nicht nur Bringer wie Herodot V 58, Aristoteles fr. 501 R. oder Zenon von Rhodos 523 *FGrHist* 1 vol. III B p. 498, 20ff (= Diod. V 58,3).

25 Wie Pearson in seiner Anmerkung zu Soph. fr. 514 sagt.

26 *SIG* ³38,38 (W. Ruge, *RE* V A [1934] 545,60ff).

27 *P. Oxy.* XX (1952) 2256, fr. 3, 4, Hypothesis zu Aischylos' *Supplices*; Sophokles war Zweiter, und in der ziemlich verworrenen Reihe von Titeln ist Ποι]μέσιν so gut wie sicher.

28 Hesych. v. ‹Φοινικίοις γράμμασι›. Σοφοκλῆς Ποιμέσιν (fr. 514 P). ἐπεὶ δοκεῖ Κάδμος αὐτὰ ἐκ Φοινίκης (ἐν φοίνικος cod.) κεκομικέναι. Aus derselben Quelle (Diogenian) Ael. Dionys. (fr. 318 Schw. = p. 148,8 Erbse) bei Eust. p. 1757,58 Φοινίκια γράμματα, ἐπεί φασι δοκεῖ Κάδμος ἀπὸ Φοινίκης αὐτὰ κομίσαι; obwohl die Namen von Dichter und Stück ausgelassen sind, sollte diese Stelle im Apparat zu dem Sophokles-Fragment zitiert werden. Die Mythen-Chronologie setzt Kadmos 300 Jahre vor dem Trojanischen Krieg an; der Stoff des Stückes waren Ereignisse, die der Landung der Griechen an der Küste vor Troja folgten. Die Eingeborenen sowohl als auch die Eindringlinge konnten nach dieser Chronologie die phoinikischen Buchstaben gekannt haben (bemerkenswerterweise bedienen sich die epischen Helden in der Tragödie der Schrift oder sprechen wenigstens davon).

formen zeigt, daß das phoinikische Vorbild zu dieser Zeit nachgeahmt und abgewandelt wurde.[29] Aus derselben Gegend des Nahen Ostens scheinen die Ionier gelernt zu haben, wie man Häute als Schreibmaterial zubereitet, und, da der ägyptische Papyrus in Griechenland βύβλος genannt wurde,[30] nach der Stadt Byblos, können wir annehmen, daß er zuerst von den Phoinikern importiert wurde, bevor die Gründung von Naukratis im siebenten Jahrhundert eine direkte Berührung zwischen Ägypten und Griechenland herstellte. So führt – nach dem derzeitigen Stand unseres Wissens – alles zu dem Schluß, daß die Einführung von Buchstaben und Papyrus im frühen achten oder ausgehenden neunten Jahrhundert anzusetzen ist;[31] der Weg[32] mag entlang der Südküste von Kleinasien nach Rhodos geführt haben[33].

Ganz am Ende der Antike erhob Nonnos seine Stimme zum Preis von Kadmos' Gaben (4,259ff): ὁ πάσῃ / Ἑλλάδι φωνήεντα καὶ ἔμφρονα δῶρα κομίζων / γλώσσης ὄργανα τεῦξεν ὁμόθροα, συμφυέος δὲ / ἁρμονίης στοιχηδὸν ἐς ἄζυγα (Vokale) σύζυγα (Konsonanten) μείξας / γραπτὸν ἀσιγήτοιο τύπον τορνώσατο σιγῆς. Aber diese sogenannte ‹Gabe› verdient nicht nur den Dank der Alten Welt, sondern den eines großen Teiles der Menschheit zu allen Zeiten. Die phoinikische Schrift war

---

29 G. R. Driver, *Semitic Writing* (1948) 178; J. Forsdyke, *Greece before Homer* (1956) 20f; T. J. Dunbabin, ‹The Greeks and their Eastern Neighbours›, *Society for the Promotion of Hellen. Studies, Suppl. Paper No.* 8 (1957) 59ff; Dorothea Gray in John L. Myres, *Homer and his Critics* (1958) 266ff; A. G. Woodhead, *The Study of Greek Inscriptions* (1959) 13f ‹Criterion of close approach› zwischen frühgriechischen und phoinikischen Buchstabenformen; G. Klaffenbach, *Griechische Epigraphik* (Göttingen 1957) 34f. Die vollständigen Belege bis 1960 bietet L. H. Jeffery, ‹The Local Scripts of Archaic Greece. A Study of the Origin of the Greek Alphabet and its Development from the Eighth to the Fifth Centuries B.C.› *Oxford Monographs on Classical Archaeology* (1961) 12ff, zum Zeitpunkt der Einführung des Alphabets und Addenda s. S. 374f.

30 Hdt. V 58,3 (oben S. 37), cf. Aesch. *Suppl.* 946f, s. unten S. 45 Anm. 48.

31 Wilamowitz setzte 1884 die Einführung des neuen Alphabets ‹spätestens in das 10. Jahrhundert› (*Homerische Untersuchungen* 287) und hat seine Meinung nie geändert, s. *Geschichte der griechischen Sprache* (1928) 9; A. Rehm, *Handbuch der Archäologie* I (1939) 197, sagt sogar ‹das XI. (sc. Jahrhundert) ist nicht ausgeschlossen›; cf. Schwyzer, *Griechische Grammatik* I (1939) 141.

32 Historiker, Archäologen und Epigraphiker sind geneigt, diese Hypothese anzunehmen, s. besonders L. H. Jeffery S. 5ff (Ort der Einführung) und Addenda S. 374. Vielleicht kam der schreckliche Gott ‹Kumarbi› eines churritischen Epos, der dann Hesiods Kronos-Geschichte beeinflußt hat, desselben Weges: s. U. Hölscher, *Hermes* 81 (1953) 405f; Dunbabin 56f.

33 Man sollte die antike Lokaltradition in Ῥοδιακά, daß Kadmos von Phoinikien über die Insel Rhodos nach Griechenland fuhr, nicht übersehen: Zenon von Rhodos 523 *FGrHist* 1 (= Diod. V 58,2; 3) Κάδμος ὁ Ἀγήνορος ... κατέπλευσεν εἰς τὴν Ῥοδίαν ... καὶ τὴν Λινδίαν Ἀθηνᾶν ἐτίμησεν ἀναθήμασιν, ἐν

weder eine Keilschrift noch eine reine Silbenschrift, sie bestand aus einzelnen Zeichen, aber nur für die Konsonanten. Als die Griechen diese Buchstabenformen übernahmen, taten sie den entscheidenden Schritt, sie für *alle* ‹Elemente› ihrer Sprache, die sie στοιχεῖα nannten,[34] Vokale sowohl als auch Konsonanten, zu verwenden. Nun konnte man zum erstenmal die Quantität der Silben und insbesondere die Struktur des quantitierenden Verses darstellen. Ein richtiges Alphabet[35] war entstanden. Es war eine der großen Schöpfungen des griechischen Genius. Da es nun ins neunte oder achte Jahrhundert v.Chr. datiert werden kann, gehört es dem *epischen Zeitalter* an. Charakteristisch für diese beiden Jahrhunderte waren die epischen Dichtungen; *Ilias* und *Odyssee* offenbaren uns noch immer, wie in diesem geschichtlichen Augenblick der griechische Genius seiner selbst inne wurde und zu seinem eigenen Wesen fand. Eine neue Weltsicht entstand, die wahrhaft griechische. Ich pflegte in meinen Vorlesungen über Homer die Bedeutung der Tatsache hervorzuheben, daß die Übernahme der phoinikischen Schriftzeichen und die endgültige Form der großen Epen derselben Zeit angehören. Daß das Alphabet ‹als Notation für den griechischen Vers erfunden sein könnte›, ist ein recht anziehender Gedanke,[36] und man wünschte, er könne bewiesen werden; unsere ältesten alphabetischen Inschriften aus dem achten Jahrhundert, die *nicht* alle in Versen sind,[37] helfen hier kaum. Aber zweifellos war hier ein Neubeginn, kein einfacher Übergang aus dem heroischen ins epische Zeitalter. Es ist absurd, eine geschichtliche Bewertung der kürzlich entdeckten mykenischen Schriftzeugnisse zur Grundlage für Folgerungen über eine allmähliche Entwicklung der griechischen Kultur vom drei-

---

οἷς ἦν χαλκοῦς λέβης ... οὗτος δ' εἶχεν ἐπιγραφὴν Φοινικικοῖς γράμμασιν, ἅ φασιν πρῶτον ἐκ Φοινίκης εἰς τὴν 'Ελλάδα κομισθῆναι; cf. Polyzelos von Rhodos 521 *FGrHist* 1.

34 H. Diels, *Elementum* (Leipzig 1899); ibid. p. 58,3, die prophetische Anmerkung, daß wir eines Tages das ‹alte System› der Schrift finden werden. A. Evans hatte seine Entdeckung zum erstenmal 1894 in Oxford angekündigt.– Zum Terminus στοιχεῖα s. unten S. 85 und *Exkurs III*.

35 Plat. *Crat.* 431 E τό τε ἄλφα καὶ τὸ βῆτα καὶ ἕκαστον τῶν στοιχείων; cf. Diels loc. cit. 18ff, 58ff; Suet. *Div. Iul.* 56,6 *quarta elementorum littera* ‹der vierte Buchstabe des Alphabets›.

36 Wade-Gery, *The Poet of the Iliad* (1952) 11–14; eine abweichende Meinung über das Datum einer ‹written copy› vertritt D. L. Page, *History and the Homeric Iliad* (Berkeley 1959) 260.

37 *Epigrammata, Greek Inscriptions in Verse from the Beginnings to the Persian War* by P. Friedländer and H. B. Hoffleit (Berkeley 1948) 7. Zwei wichtige Versinschriften von etwa 700 v.Chr. wurden später veröffentlicht: fragmentarische Hexameter, auf einer in Ithaka bemalten Oinochoe, *BSA* 43, (1948) 80ff, pl. 34; Jeffery S. 230; 233, pl. 45,1; 2; der vereinzelt dastehende Vers-Graffito, drei Verse im phoinikischen Zeilenumkehr-Stil, in Ischia gefunden, *Rend. Linc.* 1955 215ff, pls. 1–4, Jeffery S. 45; 235f; 239, pl. 47,1.

zehnten bis zum neunten Jahrhundert zu machen.[38] Ganz im Gegenteil: ein Vergleich dieser Silbenschrift auf den Tafeln mit den ersten alphabetischen Schriftzeugnissen zeigt mehr als irgend etwas sonst eine ‹revolutionäre› Umwandlung, einen vollkommenen Neubeginn. Nach diesem Neubeginn muß τὸ τέλος, das Ziel eines echten alphabetischen Systems, in ganz kurzer Zeit erreicht worden sein. Es gab noch kleinere Änderungen und geringfügige Verbesserungen, aber es gab keinen ‹Fortschritt› darüber hinaus, weder in griechischer noch in nachgriechischer Zeit.[39] Das Alphabet war ‹vollkommen›, es hatte in der epischen Zeit zu seiner eigenen Natur gefunden, ἔσχε τὴν ἑαυτοῦ φύσιν. Dasselbe geschah auf anderen Gebieten der griechischen Kultur, in der Literatur und in der bildenden Kunst.

Ein neues Instrument war geschaffen worden; es war einmal wichtig für die Wiedergabe genauer Nuancen der Sprache in Dichtung und Philosophie, zum anderen unerläßlich für die gelehrte Interpretation und Analyse. In diesem Sinne nannte Kritias in der zweiten Hälfte des fünften Jahrhunderts in einem elegischen Gedicht über die verschiedenen Erfindungen von Völkern und Städten die übernommenen phoinikischen Zeichen ‹Helfer hin zum Logos›: Φοίνικες δ' εὗρον γράμματ' ἀλεξίλογα[40] (*Vors.* 88 B 2, 10), ‹die Phoiniker erfanden Schriftzeichen, die den Menschen zum Denken und zum

---

38 Alan J. B. Wace, *Documents in Mycenaean Greek* XXVIIff, plädiert sehr für eine allmähliche Entwicklung und spricht mit Spott von dem entgegengesetzten ‹klassizistischen› Vorurteil. Mit dem Bild, das M. P. Nilsson, *Homer and Mycenae* (London 1933) 206–11, entwirft, der an den Ursprung der griechischen Epen im ‹glorreichen mykenischen Zeitalter› und an eine Wiedergeburt des Epos in ionischer Zeit glaubt, stimme ich in keinem Punkt überein. – Die neuen Tafeln enthalten – soweit bisher feststellbar – keinen literarischen Text noch irgendeinen Hinweis auf die Dichtung; trotzdem haben sie Professor T. B. L. Webster (mit dem ich in einigen Einzelheiten übereinstimme) dazu verlockt, *From Mycenae to Homer* (London 1958) zu schreiben, worin er – erfolglos, aber mit ungeheurer Gelehrsamkeit und kühner Einbildungskraft – versucht, Lieder aus mykenischen Palästen zu rekonstruieren. Andererseits bringt J. A. Notopoulos, ‹Homer, Hesiod and the Achaean Heritage of oral Poetry›, *Hesperia* 29 (1960) 177ff, Gründe vor für das Bestehen einer ‹achaischen› mündlichen *epischen* Dichtung, welche auf dem Festland (‹Hesiod› etc.) ebenso wie in Ionien (‹Homer› etc.) fortlebte.

39 Der beste Kenner der ‹Grammatology›, I. J. Gelb, *A Study of Writing, The Foundation of Grammatology* (London 1952) 239 (cf. 184), stellte fest: ‹*In spite of the tremendous achievements of the Western civilization in so many fields of human endeavour, writing has not progressed at all since the Greek period ... The complex causes for this conservative attitude may very well be beyond our capacity to comprehend.*› Aber unter dem Aspekt von τέλος und φύσις können wir wohl imstande sein, es zu begreifen (s. unten S. 94).

40 Dieses ἅπαξ λεγόμενον wird nicht nur von Eusthatios, der drei verschiedene Bedeutungen zur Wahl stellt, bezeugt und erklärt, sondern bereits in der Συναγωγὴ λέξεων χρησίμων p. 74, 7 Bachm. und in Phot. Berol. p. 73, 3 Reitzenstein zitiert; L–S sollte es nicht als ‹dubious› verzeichnen.

Sprechen verhelfen› (βοηθοῦντα εἰς λόγον Eust. p. 1771,44). In der archaischen Periode, die auf die epische folgte, galt das erste Bemühen der Griechen der Schönheit der Schrift; zum Beweis brauchen wir nur die frühen erhaltenen Steininschriften anzusehen. Dieser Zug zu Harmonie und sogar zu ‹geometrischen› Normen wurde von späteren Schriftstellern festgehalten: Πυθαγόρας αὐτῶν (sc. τῶν γραμμάτων) τοῦ κάλλους ἐπεμελήθη, ἐκ τῆς κατὰ γεωμετρίαν γραμμῆς ῥυθμίσας ... αὐτὰ γωνίαις καὶ περιφερείαις καὶ εὐθείαις[41] (Schol. Dionys. Thr. *Gr. Gr.* III 183,32). Das archaische Griechenland setzte seinen Stolz in das Schreiben als Kunstwerk, man strebte nach dem καλόν, wie die Inschriften zeigen, und es ist kaum zu bezweifeln, daß Schriftkenntnis ziemlich verbreitet war; die wichtigen Fragen sind nun, wieweit zunächst Dichtung und dann Philosophie schriftlich fixiert wurden und ab wann eine Art gewerbsmäßiger Veröffentlichung schließlich stattfand.

Die Entwicklungslinien im vorgeschichtlichen Griechenland werden erst vor dem orientalischen Hintergrund deutlich; so waren wir gezwungen, unseren Weg für eine kleine Weile zu verlassen. Wir finden nun in Griechenland keine Schreiberzunft, keine Priesterkaste, der die Schriftkenntnis vorbehalten war, keine heiligen Bücher,[42] deren Überlieferung ihr besonderes Privileg war. Die griechische Buchstabenschrift war jedermann zugänglich, und im Laufe der Zeit wurde sie das gemeinsame Erbteil aller Bürger, die eine Feder (oder einen Pinsel) führen und lesen konnten; die Erreichbarkeit von Schreibmaterial schon in früher Zeit wurde bereits erwähnt, besonders der Import des Papyrus aus Ägypten, wo er bis ins dritte Jahrtausend zurück in Form kleinerer oder größerer Rollen für rituelle oder literarische Zwecke benutzt worden war. So scheinen alle Voraussetzungen für die Herstellung griechischer Bücher vom achten oder neunten Jahrhundert an gegeben gewesen zu sein. Wenn wir versuchen, die beiden im vorigen Abschnitt gestellten Fragen zu beantworten, müssen wir vier Perioden unterscheiden. Am Anfang wurde Dichtung wahrscheinlich nur mündlich geschaffen und tradiert. Die zweite Stufe begann, wie wir ohne weiteren Nachweis annehmen, mit der Einführung der Buchstabenschrift. Epische Dichter, Erben der alten mündlichen Tradition, begannen ihre großen Gedichte in dieser neuen Schrift niederzulegen;[43] als Erzeugnis

41 A. Rehm, ‹Inschriften als Kunstwerke› (s. o. S. 40 Anm. 31) 216,3; Jeffery, Photographien archaischer Inschriften auf 72 Tafeln.

42 Außer vielleicht für kleine mystische Sekten.

43 Den gegenteiligen Standpunkt nimmt E. R. Dodds ein in dem sehr klaren Kapitel ‹Homer as Oral Poetry› in *Fifty Years of Classical Scholarship* (Oxford 1954) 13–17; er wurde durch Milman Parrys Sammlung von Formelmaterial vollkommen überzeugt. Aber dies beweist nur, daß die griechischen Epen das Resultat einer langen mündlichen Tradition und für die fernere mündliche Weitergabe bestimmt waren; ein entscheidendes Argument gegen

dieses schöpferischen epischen Zeitalters besitzen wir die beiden ‹homerischen› Epen. Die Weitergabe blieb mündlich: die Dichter selbst und die ihnen folgenden Rhapsoden trugen ihre Werke einem Zuhörerkreis vor, und diese mündliche Weitergabe wurde durch die Schrift gesichert; das muß, bis zu einem gewissen Grad, unter besonderer Kontrolle geschehen sein. Es findet sich bisher kein Nachweis für eine Buchproduktion in großem Stil, für die Verbreitung von Abschriften oder für ein lesendes Publikum im lyrischen Zeitalter. Die Leistungsfähigkeit des Gedächtnisses wurde nicht in Zweifel gezogen, und die Weitergabe der Dichtung und der frühen Philosophie blieb mündlich. Aus der Geschichte der Schrift und des Buches erhalten wir keine Bestätigung für die Legende von der peisistratischen Rezension der homerischen Gedichte oder für die Annahme, daß Peisistratos und Polykrates Büchersammler und Gründer öffentlicher Bibliotheken gewesen seien.

Bis zum fünften Jahrhundert[44], dem Beginn der dritten Periode, in der nicht nur die mündliche Gestaltung, sondern auch die mündliche Weitergabe anfing, ihre Bedeutung zu verlieren, ist keine weitere Änderung wahrnehmbar. Das erste Anzeichen dafür ist das plötzliche Auftauchen wiederholter Hinweise auf das Schreiben und Lesen in der Dichtung und der bildenden Kunst von den siebziger Jahren des fünften Jahrhunderts an; das Bild des Schreibers und des Lesers bemächtigte sich offensichtlich erstmals der Vorstellungskraft der Dichter sowie der Vasenmaler. Es kann kaum ein Zufall sein, daß alle großen Dichter das neue Symbol des *geschriebenen* Wortes für die geistige Tätigkeit des sich Erinnerns, der μνήμη, zu gebrauchen begannen; dies ist um so bemerkenswerter, wenn wir die Rolle bedenken, die das Erinnerungsvermögen in der Vergangenheit gespielt hatte. In Aischylos' *Prometheus* 460f sagte der Gott, der stolz darauf war, γραμμάτων τε συνθέσεις / μνήμην ἁπάντων, μουσομήτορ' ἐργάνην erfunden zu haben, zu Io: πλάνην φράσω / ἣν ἐγγράφου σὺ μνήμοσιν δέλτοις φρενῶν (ibid. 788f)[45]; Sophokles wiederholte dieses Bild ausdrücklich in seinem frühesten Stück *Triptole-*

die schriftliche Gestaltung von *Ilias* und *Odyssee* findet sich hier nicht. Parrys sogenannte ‹negative Kontrolle› ist ganz und gar irreführend: Apollonios Rhodios folgte der hellenistischen Theorie der Variation und vermied bewußt Formeln, Wiederholungen und dergleichen. Ein bedeutender Teil von M. Parrys wertvoller Sammlung der *Serbocroatian Songs* ist veröffentlicht worden (1953–4); aber ich weiß nicht recht, welche Hilfe sie für das Homer-Verständnis bieten sollten, so verächtlich auch A. B. Lord, ‹The Singer of Tales›, *Harvard Studies in Comparative Literature* 24 (1960) die Homerphilologen abtun mag, die Parrys Entdeckungen keinen vollen Glauben schenken.

44 E. G. Turner, *Athenian Books in the Fifth and Fourth Centuries B.C.* (Inaugural Lecture, London 1952).

45 Cf. Aesch. *Suppl.* 179 αἰνῶ φυλάξαι τἄμ' ἔπη δελτουμένας (sc. filias). Pind. *O.* X 2 (um 474) ἀνάγνωτε ... πόθι φρενὸς ἐμᾶς γέγραπται.

mos (um 466 v. Chr.?).[46] Aischylos war sogar so kühn, selbst einem Gott wie Hades eine δελτογράφος φρήν anzudichten *Eum.* 273–5 μέγας γὰρ Ἅιδης ἐστὶν εὔθυνος βροτῶν . . ., δελτογράφῳ δὲ πάντ' ἐπωπᾷ φρενί. Wir finden bei Aischylos nicht nur diese Vorstellung von göttlichen ‹Tafeln des Geistes›, sondern auch den Gedanken von Zeus' Tafeln, auf denen die Verbrechen der Menschen aufgeschrieben sind. Dieses Bild erinnert an die großen Gottheiten der orientalischen Religionen, die ihre heiligen Bücher schreiben; aber Aischylos folgte der hesiodischen Tradition, in der Δίκη als πάρεδρος des Zeus erscheint, und betraute sie mit dem Amt seiner δελτογράφος, wie wir vor kurzem erst erfahren haben: (Δίκη) . . . [γράφουσα] τἀπλακήματ' ἐν δέλτῳ Διός (Aisch. *Aitnai* [?] um 470 v. Chr.).[47] Etwa ein halbes Jahrhundert später nahm Euripides gleichfalls auf diese Überlieferung Bezug: τἀδικήματ' . . . κἄπειτ' ἐν Διὸς δέλτου πτυχαῖς / γράφειν τιν' αὐτά (*Melanippe*, wahrscheinlich ἡ σοφή, fr. 506 N.²). In der Tragödie blieb der gebräuchliche Ausdruck für Schreibmaterial δέλτος,[48] selbst dann, wenn man annehmen könnte, daß der Dichter eigentlich von literarischen Texten spricht, die auf Papyrusrollen geschrieben waren.[49]

Wenn wir uns von der Literatur zu den attischen Vasenmalern wenden, so finden wir kein einziges Bild eines ‹Buches› auf schwarzfigurigen Vasen; Szenen aus dem einfachen Leben der βάναυσοι waren ihr bevorzugter Gegenstand. Szenen aus dem kultivierten Leben, in dem Darstellungen beschriebener Rollen Platz finden, erscheinen

---

46 Soph. fr. 597 P. θοῦ δ' ἐν (Nauck: οὐ δ' αὖ A, σὲ δ' ἐν V) φρενὸς δέλτοισι τοὺς ἐμοὺς λόγους (θοῦ δ' ἐν δέλτοισι cf. Call. fr. 75, 66 ἐνεθήκατο δέλτοις); cf. Aesch. *Cho.* 450, Soph. *Phil.* 1325; Eur. *Tro.* 663 ἀναπτύξω φρένα ‹entrolle meinen Sinn› (wie ein Buch).

47 *P. Oxy.* XX (1952) 2256, fr. 9a 21 ed. E. Lobel = Aesch. fr. 530 Mette; von E. Fraenkel, *Eranos* 52 (1945) 64ff [= ‹Kleine Beiträge zur klassischen Philologie› I, *Storia e letteratura* 95 (1964) 251ff] als Fragment des Festspiels für Hierons Gründung der Stadt Aetna erkannt; cf. F. Solmsen, ‹The Tablets of Zeus› *Cl. Qu.* 38 (1944) 27–30.

48 Die einzige Ausnahme scheint Aesch. *Suppl.* 946f zu sein: ταῦτ' οὐ πίναξίν ἐστιν ἐγγεγραμμένα / οὐ δ' ἐν πτυχαῖς βίβλων κατεσφραγισμένα, ein gefaltetes Papyrusblatt eines gesiegelten Vertrages. Für δέλτος s. die Belege und Anmerkungen oben; s. a. Soph. *Tr.* 683, fr. 144 P., Eur. *IT* 760 [*IA*] 112. *Batrachomyomachia* 1, 3 ist nicht unser ältester Beleg, sondern einer der vielen späteren Zusätze, s. *Hermes* 63 (1928) 319 (= *Ausgewählte Schriften* 113). Von den Göttern wurde angenommen, daß sie weiterhin die alten δέλτοι, διφθέραι, ὄστρακα benutzten, s. Babr. 127 und viele Sprichwörter, gesammelt v. O. Crusius, *De Babrii aetate* (1876) 219; cf. F. Marx, *Ind. lect. Greifswald* (1892/3) VI. Aus solchen Partien können keine Schlüsse auf den wirklichen Gebrauch von Schreibmaterial zu bestimmten Zeiten gezogen werden.

49 Eur. *Erechth.* fr. 369f, N.² δέλτων ἀναπτύσσοιμι γῆρυν, ἃν σοφοὶ κλέονται; man vergleiche Sokrates' Entrollen des Schatzes der Weisen alter Zeiten in Xenoph. *Mem.* I 6, 14: τοὺς θησαυροὺς τῶν πάλαι σοφῶν ἀνδρῶν ... ἀνελίττων; s. unten S. 47 Anm. 58.

erst im rotfigurigen Stil, dem Werk der Zeitgenossen der Tragiker, von etwa 490 bis 425 v. Chr. Wenigstens drei dieser Malereien scheinen ein wenig früher zu liegen als die datierten Stücke des Aischylos.[50] Auf einem halben Dutzend Vasen können noch Buchstaben oder Wörter aus epischen oder lyrischen Dichtungen, quer über die geöffneten Papyrusrollen geschrieben, entziffert werden.[51] Wir sehen Jünglinge und Lehrer die Texte lesen; in der zweiten Hälfte des fünften Jahrhunderts werden berühmte Namen wie die von Sappho, Linos, Musaios zu den Figuren dazugeschrieben. Auf einem Karneol-Skarabäus ist sogar eine Sphinx dargestellt, die ihr berühmtes Rätsel aus einem offenen Buch in ihren Tatzen vorträgt (um 460 v. Chr.).[52] Ich glaube, wir sind berechtigt, das zeitliche Zusammentreffen der literarischen Passagen mit den Vasenmalereien als Beweis für einen Wandel im allgemeinen Gebrauch des Buches zu nehmen. Zweifellos war es ein langsamer Wandel, der allmählich zur vierten und letzten Periode hinüberführte, in der eine bewußte Methode der παράδοσις, der literarischen Tradition durch Bücher, sich durchsetzte.

Wir können die Entwicklung in dieser Übergangsphase nicht Schritt für Schritt verfolgen. Es scheint keine neuen Zeugnisse zu geben, nur ein paar gelegentliche Anspielungen in der Alten Komödie und in platonischen Dialogen, die wohlbekannt sind, aber doch sorgfältig nachgeprüft werden müssen. Eupolis, Aristophanes' Zeitgenosse, erwähnt, wahrscheinlich in den zwanziger Jahren des fünften Jahrhunderts, den Ort οὗ τὰ βιβλί' ὤνια ‹wo die Bücher verkauft werden›.[53] Sokrates konnte sehr schnell in den Besitz der Bücher des Anaxagoras gelangen, nachdem er jemanden eine interessante Stelle aus dessen Schriften hatte vorlesen hören; er wurde, gleichwohl, sehr von ihnen enttäuscht.[54] Wenn Platon ihn in der

---

50 F. Winter, ‹Schulunterricht auf griechischen Vasenbildern›, *Bonner Jahrbücher* 123 (1916) 275–85, bes. 281f.

51 J. D. Beazley, ‹Hymn to Hermes›, *AJA* 52 (1948) 336ff, bespricht im Detail eine nicht der Öffentlichkeit zugänglich gemachte Vase in der Manier des Duris und acht weitere Darstellungen beschriebener Rollen; die älteste davon, den Schulmeister des Panaitiosmalers, kann man mit Sicherheit um 490 v.Chr. ansetzen. Drei Stücke aus Beazley's Liste hat vollständig neu behandelt Turner, *Athenian Books* (1952) 13–16, der außerdem eine athenische Pyxis (no. 1241) bespricht. Gegen die Annahme von E. Pöhlmann, *Griechische Musikfragmente* (Nürnberg 1960) 83f, daß einige der Zeichen auf den offenen Rollen notierte Melodien wären, s. R. P. Winnington-Ingram, *Gnomon* 33 (1961) 693, der sie richtig als dichterische Texte auffaßt und in Anm. 2 (cf. ibid. 1962, 112) drei weitere Belege bringt.

52 R. Lullies, ‹Die lesende Sphinx›, *Festschrift f. B. Schweitzer* (Stuttgart 1954) 140ff.

53 Fr. 304 K., aber s. den genauen Wortlaut der ganzen Stelle. Zu βιβλιοθῆκαι, Poll. IX 47.

54 Plat. *Phaed.* 97 B (= *Vors.* 59 A 47).

Apologie[55] auf 'Αναξαγόρου βιβλία τοῦ Κλαζομενίου Bezug nehmen läßt, erwähnt Sokrates den sehr billigen Preis von einer Drachme, zu dem jeder auf dem Markt Abschriften kaufen konnte,[56] mit Ironie, wenn nicht sogar mit Verachtung. Man sollte die Darstellung darum nicht überbewerten;[57] aber die Tatsache, daß Bücher von Anaxagoras dem Publikum in Athen[58] zugänglich waren, ist ziemlich sicher. Nicht so sicher ist andererseits die Nachricht, die von Clemens von Alexandria in seiner Liste ‹erster Erfinder› mitgeteilt und dann oft wiederholt wurde, daß Anaxagoras ‹der erste gewesen sei, der ein geschriebenes Buch veröffentlicht hat›.[59] Die Heimsuchung durch schlechte βιβλία in Aristophanes' Wolkenkuckucksheim[60] ist ein satirisches Gegenstück zu den Verhältnissen in Athen gegen Ende des Jahrhunderts; um 400 v. Chr. wurden Bücher sogar nach Ländern am Schwarzen Meer exportiert[61]. Es mußte etwas geschehen sein, was die Buchproduktion so in die Höhe trieb; der Einfluß des Ioniers Anaxagoras, auch wenn er schon vor dem Peloponnesischen Krieg in Athen ansässig war und sich der Freundschaft des Perikles erfreute, kann hierfür kaum ausreichend gewesen sein.

Im Laufe des fünften Jahrhunderts wurden die tragischen Dichter, die Geschichtsschreiber und die Sophisten die beherrschenden Gestalten im literarischen Leben Athens. Tragödien wurden für die Aufführung im Dionysostheater geschrieben, aber sie waren danach auch als ‹Bücher› erhältlich. Allerdings ist das einzige unbestreitbare Zeugnis dafür Dionysos' Bekenntnis in Aristophanes' *Fröschen* 52f

55 Plat. *Apol.* 26 D (= *Vors.* 59 A 35).

56 Loc. cit. ἃ ἔξεστιν ἐνίοτε, εἰ πάνυ πολλοῦ, δραχμῆς ἐκ τῆς ὀρχήστρας πριαμένοις (-ους Diels-Kranz) κτλ.; ὀρχήστρα bezieht sich nicht auf das Dionysos-Theater, sondern auf einen Teil der ἀγορά, s. W. Judeich, *Topographie von Athen* (²1931) 342,2; A. W. Pickard-Cambridge, *The Dramatic Festivals of Athens* (1953) 36,4.

57 Da Anaxagoras schon seit fast dreißig Jahren tot war, werden es wohl ‹antiquarische› Exemplare gewesen sein, N. Lewis, *L'Industrie du Papyrus dans l'Egypte Gréco-Romaine* (Paris 1934) 62f, und Turner, *Athenian Books* 21, waren erstaunt, als sie die wirklichen Kosten für Papyrus und für das Abschreiben zu jener Zeit mit Sokrates' Behauptung verglichen.

58 Athenische βιβλιοπῶλαι, in der Alten Komödie erwähnt: Aristomenes fr. 9 K., Theopomp. fr. 77 K., Nikoph. fr. 19,4 K.; s. a. oben, S. 45 Anm. 49.

59 Clem. Al. *Stromat.* I 78 (II pp. 50f St.) = *Vors.* 59 A 36 καὶ μὴν ὀψέ ποτε εἰς Ἕλληνας ἡ τῶν λόγων παρῆλθε διδασκαλία τε καὶ γραφή ... οἱ δὲ 'Αναξαγόραν ... πρῶτον διὰ γραφῆς ἐκδοῦναι βιβλίον ἱστοροῦσιν. Clemens scheint γραφή als ‹Schrift› verstanden zu haben, aber es kann den Sinn ‹Zeichnung› gehabt haben, wenn man *Vors.* II 6,23 und II 11,2 Diels vergleicht; die Tatsache der ἔκδοσις wird hervorgehoben von Th. Birt, *Die Buchrolle in der Kunst* (1907) 213, und von Stählin in *Vors.* loc. cit.; cf. E. Derenne, ‹Les procès d'impiété› (unten S. 51 Anm. 82) 25,3.

60 Aristoph. *Av.* 974ff; 1024ff; 1288.

61 Xenoph. *Anab.* VII 5,14, in der Fracht von Schiffen, die bei Salmydessos untergingen ηὑρίσκοντο ... πολλαὶ βίβλοι γεγραμμέναι.

(aufgeführt im Januar 405 v. Chr.): ἐπὶ τῆς νεὼς ἀναγιγνώσκοντί μοι / τὴν 'Ανδρομέδαν πρὸς ἐμαυτόν ‹als ich für mich (Euripides') *Andromeda* las an Bord›.[62]

Wir können vernünftigerweise annehmen, daß die Athener die parodistischen Pointen der vielen pseudotragischen Passagen in der attischen Komödie kaum verstanden hätten, wenn sie nicht die Tragödien *gelesen* hätten, so wie wir den Gott auf dem Theater die *Andromeda* lesend finden. Im vierten Jahrhundert unterschied Aristoteles sogar bestimmte Stücke, die zum Lesen besonders geeignet waren, von solchen mit einer reinen ἀγωνιστική und ὑποκριτικὴ λέξις und bezeichnete ihre Verfasser als ἀναγνωστικοί. Es ist aber ein Fehler zu glauben, daß es Dichter gab, die ihre Stücke allein zum Lesen schrieben.[63] Die gab es nie: Theaterstücke wurden immer in erster Linie für die Aufführung geschrieben. Euripides' Bücherwissen wird von Aristophanes lächerlich gemacht[64], und er wird als Besitzer einer ganzen Bibliothek genannt.[65] Wilamowitz[66] versuchte einst zu zeigen, daß die Texte der Tragödien die ersten richtigen griechischen ‹Bücher›, βιβλία, gewesen seien; für ältere Schriften benützt er den Ausdruck ὑπομνήματα. Aber ὑπόμνημα bedeutete nie eine selbständige, abgeschlossene Schrift, es kann sich auf Notizen beziehen, die einen an Dinge erinnern sollen, die man einmal gehört oder gelesen hat, oder auf Notizen, die, flüchtig hingeworfen, als Konzept für ein künftiges Buch zusammengestellt worden sind, oder auf erklärende Anmerkungen zu einem anderen Text, einen Kommentar also.[67] Es ist völlig unbegründet, die frühen ionischen Prosaschriften, etwa solche von Heraklit und Hekataios, ‹Gedächtnisstützen› zu nennen; sie waren mehr oder weniger vollendete Werke, von Schülern und Freunden abgeschrieben, oder, wie im Fall Heraklits, in einem Tempel hinterlegt.[68] Wir sollten den Einfluß der Tragödie auf die Entwicklung des Buchwesens nicht unterschätzen; aber es ist bis jetzt keineswegs erwiesen, daß die Tragiker die ersten Autoren waren, die ihre Werke als βιβλία einem breiteren Publikum verfügbar gemacht haben.

62 Cf. Aristoph. *Ran.* 1114 βιβλίον τ' ἔχων ἕκαστος μανθάνει τὰ δεξιά. Aus dem ganzen Kontext der oft diskutierten Verse 1109–18 scheint mir klar hervorzugehen, daß Aristophanes sagen wollte, es bestehe keine Gefahr der ἀμαθία, der Unerfahrenheit oder Unkenntnis von seiten des athenischen Publikums; die Theaterbesucher sind Militärpersonen und aufgeklärte (σοφοί) ‹Leser von Büchern, fähig, die Pointen richtig zu verstehen›.

63 Die richtige Interpretation von Aristot. *Rhet.* III 12 p. 1413b 12 gibt O. Crusius, *Festschrift für Th. Gomperz* (1902) 381ff, aber die falsche Interpretation wird überall wiederholt.

64 Aristoph. *Ran.* 943; 1409.

65 Athen. I 3 A.

66 *Einleitung in die Tragödie* (1889) 121ff.

67 Belege in dem Artikel von F. Bömer, ‹Der Commentarius›, *Herm.* 81 (1953) 215ff, jedoch erwähnte er Wilamowitz' Theorie nicht.

68 Ich stimme in diesem Punkt völlig mit Turner, *Athenian Books* 17, überein.

Herodot scheint öffentlich gelesen, da und dort einen einzelnen λόγος[69] vorgetragen zu haben, ein ἀγώνισμα ἐς τὸ παραχρῆμα ἀκούειν, nach Thukydides' Ausdruck, und er war bestimmt empfänglich für Gedanken und Stilmittel der Sophistik.[70] Seine Ἱστορίαι als Ganzes, das erste große Prosawerk der griechischen Literatur, wurde dann in Italien um 430 v. Chr. endgültig niedergeschrieben und erst nach seinem Tode veröffentlicht. Es kann kaum einen Einfluß auf das Anwachsen der Buchproduktion gehabt haben. Wenn aber in der folgenden Generation Thukydides hoffte, daß seine historische ξυγγραφή ein κτῆμα ἐς ἀεί (I 22,4) sein werde, dachte er bereits an seine zukünftigen Leser. So stark war offensichtlich die Verbreitung des geschriebenen Wortes zwischen diesen beiden Generationen angestiegen. Es überrascht uns nicht, im letzten Jahrzehnt des fünften Jahrhunderts auch die attische Lokaltradition, die bis dahin mündlich war, zum erstenmal in einem Buch fixiert zu finden, der Ἀττικὴ ξυγγραφή (Thuk. I 97,2) des Hellanikos von Lesbos;[71] seine Verbindung mit zeitgenössischen Sophisten ist deutlich erkennbar.

Es ist ein bemerkenswertes Zusammentreffen, daß unter dem Archontat des Eukleides (403/2 v. Chr.) anstelle der lokalen attischen Schrift das ionische Alphabet für öffentliche Urkunden in Athen offiziell eingeführt wurde.[72] Wenn, wie wir annahmen, die schriftliche Überlieferung in Ionien ihren Anfang nahm, dann ist es ganz natürlich, daß die ionischen Schriftzeichen auch in anderen Teilen Griechenlands für literarische Zwecke vorherrschend in Gebrauch waren.[73] In Athen wird ihre zunehmende Beliebtheit in der zweiten Hälfte des fünften Jahrhunderts auf die wandernden Sophisten zurückzuführen sein, die meistens aus ionischen Städten kamen; die in Euripides' *Theseus* (fr. 382 N.², aufgeführt vor 422 v. Chr.) beschriebenen Buchstaben sind offensichtlich ionisch. Gelegentliche Texttransskriptionen waren wohl notwendig (und zweifellos entstanden bei diesem Vorgang auch Fehler); aber ein allgemeiner μεταχαρακτηρισμός[74] älterer Literatur fand nicht statt. Im Laufe der

69 Marcellin. *Vita Thuc.* 54; Paroemiogr. cod. Coisl. 157 = Append. II 35, ed. Gotting., vol. I 400 εἰς τὴν Ἡροδότου σκιάν. Diese späte Überlieferung, die man oft verworfen hat, wurde mit Recht angenommen von F. Jacoby, *RE*, Suppl. II 330, und John L. Myres, *Herodotus, Father of History* (1953) 5.

70 F. Jacoby, *RE*, Suppl. II 500f.

71 F. Jacoby, *Atthis* (Oxford 1949) 216f, Index S. 431 oral tradition und *RE* VIII (1913) 107; 111; 138, Hellanikos und die Sophisten.

72 Theopomp. 115 *FGrHist* 155.

73 Cf. Schol. Dionys. Thr. *Gr.Gr.* III p. 183,20ff Hilg.

74 Die Theorie einer allgemeinen und systematischen Umschrift vertritt R. Herzog, ‹Die Umschrift der älteren griechischen Literatur in das jonische Alphabet›, *Programm zur Rektoratsfeier der Universität Basel* (1912), er kann aber seinen Standpunkt nicht beweisen, weder durch die wertvolle Sammlung sogenannter Belege noch durch seine Argumente. J. Irigoin, *L'histoire du texte de Pindare* (1952) 22–28 versuchte immer noch die Theorie des μεταγραμματισμός aufrechtzuerhalten.

Zeit wurde die ionische Schrift ganz natürlich der allgemein verwendete Schrifttyp sowohl für literarische Texte[75] als auch für Urkunden.

Die Frage bleibt, ob die Sophisten[76] wirklich den Anspruch erheben können, in diesem Wandel die entscheidende Rolle gespielt zu haben. Prodikos, einer der führenden Sophisten, wird von Aristophanes (*Tagenistas* fr. 490 K.) mit einem ‹Buch› zusammen in einem Atem genannt: ‹entweder ein Buch oder Prodikos hat den Mann zugrunde gerichtet›, τοῦτον τὸν ἄνδρ' ἢ βιβλίον διέφθορεν / ἢ Πρόδικος. Diese Alternative zeigt zumindest, daß reines Buchwissen als charakteristisch für einen Sophisten angesehen wurde; gleichzeitig weist es auf die Gefahr der sophistischen Bücher, vielleicht der Bücher überhaupt hin. Aus Platons *Symposion* (117 B), dessen Szenerie in das Jahr 416 v. Chr. gelegt ist, kann man schließen,[77] daß Prodikos' *Horai* zu dieser Zeit als ‹Buch› im Umlauf waren; später entnahm Xenophon einer Abschrift dieses Buches die berühmte Parabel von Herakles am Scheidewege (*Mem.* II 1,21–34 = *Vors.* 84 B 2). Xenophon berichtet auch von einem Gespräch des Sokrates mit einem gewissen Euthydemos, genannt ὁ καλός (*Mem.* IV 2, 1ff), der eine bemerkenswerte Büchersammlung von Dichtern sowohl als auch von ‹Sophisten› (ποιητῶν τε καὶ σοφιστῶν τῶν εὐδοκιμωτάτων) hatte.[78] Als berufsmäßige Lehrer mußten die Sophisten Buchtexte der großen Dichter ihren Schülern an die Hand geben (Plat. *Protag.* 325 E); aber sie begannen auch, Kopien ihrer eigenen Schriften als παραδείγματα, Muster[79], zu verteilen und praktische Lehrbücher[80] zu schreiben. Die

75 Unser ältestes Beispiel scheint im dritten Viertel des vierten Jahrhunderts geschrieben zu sein. S. unten S. 132; cf. C. H. Roberts, *Greek Literary Hands 350 B.C.–A.D. 400* (1955) 1.

76 E. Curtius, *Wort und Schrift* (1859; wieder abgedruckt in ‹Alterthum und Gegenwart› I, 1875) 262: ‹Sophistik ... da begann in Athen die Lese- und Bücherwut›. R. Harder, ‹Bemerkungen zur griechischen Schriftlichkeit›, *Antike* 19 (1943) 107 = *Kleine Schriften* (1960) 79 ‹Thukydides und die Sophisten führen das Schreibwesen zum endgültigen Sieg›; Turner, *Athenian Books* 16–23.

77 K. v. Fritz, *RE* XXIII 86 (richtig gegen H. Diels' Anmerkung zu *Vors.* 84 B 1).

78 Cf. Isokr. 2 (ad Nicocl.) 13 μήτε τῶν ποιητῶν τῶν εὐδοκιμούντων μήτε τῶν σοφιστῶν μηδενὸς οἴου δεῖν ἀπείρως ἔχειν; Xenophanes und Isokrates beziehen sich beide auf zeitgenössische Autoren, nicht auf die σοφοί der alten Zeit.

79 Cf. Marrou, 85f. Für Belege zu solchen schriftlich niedergelegten Musterreden s. W. Steidle, ‹Redekunst und Bildung bei Isokrates›, *Hermes* 80 (1952) 271,5. Zur Bevorzugung des geschriebenen Wortes durch Isokrates in der Linie der Sophisten ibid. 279; 292; 296.

80 Plat. *Phaedr.* 266 D καὶ μάλα που συχνά ... τά γ' ἐν τοῖς βιβλίοις τοῖς περὶ λόγων τέχνης γεγραμμένοις; cf. M. Fuhrmann, *Das systematische Lehrbuch* (1960) 123f; s. a. unten S. 103 Anm. 108.

mündliche Belehrung, obgleich sie noch vorherrschte[81], war für ihren besonderen Zweck nicht mehr ausreichend (Plat. *Phaidros* 228 A). Wenn etwas Wahres an der Nachricht ist,[82] daß man Protagoras' Bücher von ihren Eigentümern einsammelte und auf der Agora verbrannte, als jener des Atheismus angeklagt wurde (um 416/15 v. Chr.?), dann muß man einen fest etablierten Buchhandel und eine gewisse Verbreitung der Bücher unter dem Publikum in Athen annehmen. Vielleicht noch auf schmaler Basis; die Diskussionen über das Problem, ja die Gefahr dieses neuen Brauches betreffen hauptsächlich das sophistische Schrifttum. Aristophanes' Spott über Prodikos ist ein Beispiel dafür; sein Standpunkt war dabei rein ethisch. Eine mehr allgemeinphilosophische Opposition erhob sich von seiten des Sokrates[83] und Platons; sie kommt immer wieder zum Ausdruck, von dem frühen Dialog *Protagoras* bis zum späten *Phaidros*.[84] Zwei Punkte in diesen vieldiskutierten Stellen[85] sind für unseren Zweck wichtig. Das unmittelbare Ziel der Angriffe waren in erster Linie die Sophisten, ihre übertriebene Einschätzung des geschriebenen Wortes und ihre eigene Vorliebe für den Gebrauch von Büchern. Ein solches Verhalten – so wurde argumentiert –, propagiert von einflußreichen Lehrern, würde auf jeden Fall die Gedächtniskraft (μνήμη), auf der die mündliche Tradition der Vergangenheit beruhte, schwächen oder gar verkümmern lassen; schließlich würde es zu einer Gefahr für das wahre Philosophieren werden, das den persönlichen Gedankenaustausch der Dialogpartner brauche, um das lebendige Wort in die

81 Protagoras und Prodikos pflegten ihren Schülern aus Manuskripten vorzulesen (Diog. L. IX 50, cf. 54 = *Vors.* 80 A 1). Hippias las wiederholt seinen Τρωικός vor Spartanern und Athenern (Plat. *Hipp. mai.* 286 BC = *Vors.* 86 A 9). S. a. Diels, *NJb.* 25 (1910) 11: ‹Da die Sophistik ... den mündlichen Unterricht durch eine *Unzahl* praktischer Handbücher und Broschüren eindringlicher und nachhaltiger gestaltete› (Hervorhebung von mir); das ist vielleicht ein wenig übertrieben.

82 *Vors.* 80 A 1 τὰ βιβλία αὐτοῦ κατέκαυσαν ἐν τῇ ἀγορᾷ ὑπὸ κήρυκι ἀναλεξάμενοι παρ' ἑκάστου τῶν κεκτημένων, ibid. A 3; 4; 23; cf. E. Derenne, ‹Les Procès d'impiété›, *Bibliothèque de la Fac. de Philos. et des Lettres, Univ. de Liège*, 45 (1930) 55; gegen J. Burnet, *Greek Philosophy* I (1924) 112, und gegen die, welche ihm folgten, siehe E. R. Dodds, *The Greeks and the Irrational* (Berkeley 1951) 189 und Anm. 66, S. 201, der eine zutreffende Interpretation von Plat. *Men.* 91 E über Protagoras und den ganzen Hintergrund für ‹Verfolgungen Intellektueller aus religiösen Gründen› gibt.

83 Cf. Xenoph. *Mem.* IV 2,9.

84 Plat. *Prot.* 329 A, bes. *Phaedr.* 274 Bff; cf. *Epist.* II 314 C, VII 341 Bff.

85 Über die Haltung gegenüber Büchern und das Problem des gesprochenen und geschriebenen Wortes findet sich ein erhellendes Kapitel bei P. Friedländer, *Platon*, I (^{2}1954) 114ff, mit Bibliographie S. 334; III (^{2}1960) 220f über die Stelle im *Phaedr.* mit Anm. 33, S. 469. S. a. die allgemeinen Bemerkungen von E. R. Curtius, *Europäische Kultur und Lateinisches Mittelalter* (Bern 1948) 304ff, bes. 306f, ‹Das Buch als Symbol›.

Seele des Hörers zu pflanzen. Der zweite Punkt war vielleicht für die Zukunft noch bedeutsamer. Sokrates' und Platons Argumente sind der Ausdruck einer allgemeinen, tief verwurzelten Abneigung der Griechen gegen das geschriebene Wort; sie verstärkten dieses instinktive Mißtrauen noch in späteren ‹literarischen› Epochen und halfen so, eine nüchterne, ‹kritische› Haltung zu entwickeln. Der griechische Geist zeigte sich nie geneigt, eine Überlieferung nur deshalb anzuerkennen, weil sie in Büchern niedergelegt war. Immer wurde gefragt, ob sie wahr oder falsch sei, und das Bedürfnis, das originale ‹gesprochene› Wort des Autors wiederherzustellen, wenn es durch eine lange Überlieferung verdunkelt oder verderbt war, blieb immer lebendig. Wenn Bücher eine Gefahr für den Geist des Menschen darstellten, so wurde diese Bedrohung wenigstens vermindert durch Platons Kampf gegen sie. In der griechischen Welt hat eine ‹Tyrannei des Buches›[86] sich nie ausbreiten können, wie es in der morgenländischen oder der mittelalterlichen Welt geschah.

Wahr bleibt, daß die Sophisten durch ihren Beitrag zur Entwicklung des Buchwesens der griechischen Kultur als Ganzem und der künftigen Wissenschaft im besonderen einen großen Dienst leisteten. Wir wenden uns nun ihren einzelnen wissenschaftlichen Leistungen zu und besprechen einige typische Beispiele. Der für unseren Zweck bedeutsamste Teil ihrer Tätigkeit war die ‹Interpretation› früher Dichtung. Aber war das wirklich eine echte ἑρμηνεία τῶν ποιητῶν? Das einzige ergiebige, uns erhaltene Beispiel dafür ist die Erklärung eines einstrophigen lyrischen Gedichtes des Simonides durch Protagoras in Platons Dialog (*Prot.* 339 A ff = *Vors.* 80 A 25).[87] Es kann kaum einen Zweifel daran geben, daß die Wahl gerade dieses Gedichtes an Skopas über den Begriff des ἀνὴρ ἀγαθός[88] Absicht war,

86 Wenn Turner, *Athenian Books* 23, seine ausgezeichnete Vorlesung mit der Floskel beendet: ‹By the first thirty years of the fourth century books have established themselves, and their *tyranny* lies ahead›, kann ich ihm darin nicht folgen. E. Curtius hatte recht, wenn er in seiner Festrede *Wort und Schrift* (1859 = *Alterthum und Gegenwart* I 255) feststellte: ‹*immer* blieb ... eine Stimmung zurück, welche sich gegen die *Herrschaft* des Buchstabens sträubte›. Die Gepflogenheit, Dichtung und Kunstprosa vorzutragen, blieb bis ans Ende der Antike lebendig, s. E. Rohde, *Der griechische Roman* (³1914) 327ff; s. a. Wilamowitz, *Die hellenistische Dichtung* I (1924) 98, 118, zu ‹Buchpoesie› und ‹Rezitationspoesie›.

87 Cf. Themist. *or.* p. 350,20 Dind. Πρωταγόρας ... τὰ Σιμωνίδου τε καὶ ἄλλων ποιήματα ἐξηγούμενος; ein Hinweis auf diese Stelle bei Themistios (die Schneidewin, *Simonidis Cei fragmenta* [1835] 16, zu Recht als von Platons Dialog abgeleitet ansieht) fehlt in *Vors.* 80 A und in M. Untersteiner, *Sofisti, Testimonianze e Frammenti* I (1949) 2 A.

88 Wir beschäftigen uns hier nur mit Protagoras' Art, den Simonides-Text zu interpretieren, nicht mit den Problemen dieses Textes selbst; E. Diehl, *Anth. lyr. Gr.* II (²1942) 77ff. Simonid. fr. 4 (= fr. 5 Bergk) mit Bibliographie; D. L. Page, *Poetae Melici Graeci* (Oxford 1962) 282f, Simonid. fr. 37 (ein ver-

und es ist oft gesagt worden, daß eine Art Geistesverwandtschaft zwischen Simonides und den frühen Sophisten bestand. Ich war ziemlich skeptisch gegenüber dieser Auffassung des Simonides als eines ‹Vor-Sophisten›, weil dieses Fragment ein Einzelfall zu sein schien; aber nun findet sich eine genaue Parallele zum Skopas-Gedicht in einem kürzlich veröffentlichten Simonides-Fragment, das von καλόν, αἰσχρόν, ἀρετά und ἐσθλός handelt.[89] Die ganze Stelle bei Platon wäre von geringem oder gar keinem Wert, wenn sie eine bloße Karikatur[90] des sophistischen Unterrichts darstellte. Tatsächlich fehlt es nicht an der gewohnten sokratischen Ironie, aber gleichzeitig zeichnete Platon, der immer eine echte Hochachtung für Protagoras empfand, ein im wesentlichen treues Abbild von dessen Verfahrensweise. Protagoras untersucht ein allgemein bekanntes Werk des wahrscheinlich berühmtesten Dichters seiner Generation (Simonides starb um 468 v. Chr., Protagoras wurde etwa 490 geboren); wie klug, gerade hier einen offensichtlichen Widerspruch aufzudecken (339 B ἐναντία λέγει αὐτὸς αὑτῷ ὁ ποιητής). Diese Art von kritischer Prüfung der einzelnen Worte des Dichters und ihrer genauen Bedeutung (z. B. ἔμμεναι und γενέσθαι) ist nach Ansicht der Sophisten das wichtigste geistige Training; es ist für einen jungen Mann notwendig, in dieser Weise trainiert zu werden, denn das hilft ihm, selbst περὶ ἐπῶν δεινόν zu werden.

In ähnlicher Weise entdeckte Protagoras einen unkorrekten Gebrauch des Imperativs (μῆνιν ἄειδε, θεά) anstatt der Form des Wunsches im ersten Vers der *Ilias* (*Vors.* 80 A 29, ebenso 80 A 30 zu Homer Φ 240);[91] daß Aristoteles dies einfach zitiert (*Poet.* 19, 1456b

besserter Text). Auf weitere Behandlungen verweist P. Friedländer, *Platon* II (^{2}1957) 18–21; 279, Anm. 18. Der einzige Aufsatz, der sich auf die *Interpretation* des Gedichtes in dem platonischen Dialog konzentriert, ist der von H. Gundert, ‹Die Simonides-Interpretation in Platons Protagoras›, *Festschrift O. Regenbogen* (Heidelberg 1952) 71–93; und nur Gundert kam zu dem erstaunlichen Schluß, daß Platon nicht imstande gewesen zu sein scheint, den ‹archaischen› Stil des Gedichtes zu erfassen, und daß er die Fehler, die er in seiner Interpretation machte, nicht bemerkt zu haben scheint (S. 92,34 ‹Die zentralen Mißverständnisse blieben ihm selbst verborgen›, vgl. S. 82).

89 Simonid. fr. 36 Page (= *P.Oxy.* 2432). Ich bin versucht anzunehmen, daß das verlorene Subjekt in V. 1 τό τ]ε καλὸν κρίνει τό τ' αἰσχρόν ‹καιρός› war; καιρός erscheint sehr oft in der Diskussion solcher ethischer Themen in sophistischen Schriften und in der späteren Tragödie; s. Fr. trag. adesp. 26 p. 844 N.[2] in Δισσοὶ λόγοι (*Vors.* 90,2, 19) und Wilamowitz, *Sappho und Simonides* (1913) 178,1; M. Untersteiner, ‹I Sofisti› I; II, *Saggi* 4; 5 (1967), Index v. καιρός (II 326).

90 Diesen Ausdruck gebraucht auch noch J. W. H. Atkins, *Literary criticism in Antiquity* I (1952) 42.

91 Über Homerstudien im fünften Jahrhundert v.Chr. s. die brauchbare Sammlung von Belegen in H. Sengebusch, *Dissertatio Homerica*, zuerst abgedruckt in *Homeri carmina*, ed. Dindorf (1855/6) 111ff.

15), bestätigt in gewisser Weise die Annahme, daß Platon an der Stelle über das Simonides-Gedicht den Protagoras nicht lächerlich macht, solange der große Sophist selbst spricht. Andererseits gestattet sich Platon eine glänzende Parodie der sophistischen ‹Methode›, wenn Sokrates in seiner umfassenden Widerlegung von Protagoras' Argumenten eine Reihe von Einzelinterpretationen und Erklärungen des Ganzen gibt (341 E διανοεῖσθαι, 344 B τὸν τύπον αὐτοῦ τὸν ὅλον καὶ τὴν βούλησιν). So wie Sokrates dargestellt ist, (*Prot.* 340 A ff), macht er Anleihen bei einem anderen prominenten Mitglied dieses Kreises, Prodikos, der ein Landsmann des keischen Dichters Simonides und die oberste Autorität in Sachen ‹Synonyme› war. Auf Prodikos wird angespielt mit der scharfen Unterscheidung von ἔμμεναι und γενέσθαι, die Protagoras verneint hatte, und mit der absurden Gleichsetzung von χαλεπόν und κακόν (341 A). Um einen Weisen wie Simonides vor dem Vorwurf der Sünde gegen die Vernunft zu retten, nimmt Sokrates schließlich sogar zu der höchst gewaltsamen Umstellung eines Adverbs (ὑπερβατὸν δεῖ θεῖναι ἐν τῷ ᾄσματι τὸ ἀλαθέως, 343 E) und eines Adjektivs (ἑκών, 345 E, 346 E) seine Zuflucht; spätere Grammatiker und Rhetoren haben den Namen der Figur ‹Hyperbaton› von dieser Stelle abgeleitet.

Es wird kaum möglich sein, aus diesen ebenso boshaften wie amüsanten sokratischen Verdrehungen ein zutreffendes Bild der sophistischen Interpretationsmethode zu gewinnen; wenn wir aber eine Ähnlichkeit mit dem ‹historischen› Protagoras am Anfang von dessen eigener Darstellung annehmen (339 A ff), genügt diese Passage vollauf, um zu zeigen, daß es ihm nicht auf die richtige Lesart und Bedeutung des Simonides-Textes ankam; die kritischen Betrachtungen über Wortlaut und Sinn, in denen er seine eigene Überlegenheit ausspielt, werden als nützliche Übungen für die gedankliche Disziplin seiner Schüler angesehen. Und gerade diesen erzieherischen Wert leugnet der platonische Sokrates schließlich so nachdrücklich (347 C ff). Man kann den alten Dichter nicht selbst fragen noch sein Gedicht mit ihm erörtern (vgl. auch *Hipp. min.* 356 D); man kann nur über einen gegebenen literarischen Text reden; solche Versuche führen nicht zur Wahrheit, sondern nur zu willkürlichen Meinungen. Hinter dieser skeptischen Haltung gegenüber den sophistischen Interpreten des geschriebenen Wortes läßt sich in diesem frühen Dialog das erste Anzeichen von Platons Mißtrauen gegenüber der Dichtung als Quelle wahrer Weisheit überhaupt erkennen, ein Mißtrauen, von dem wir später noch mehr hören werden.[92]

Sehr wahrscheinlich betrieben Protagoras' Zeitgenossen und Nachfolger in der nächsten Generation eine ähnliche Art der Interpretation;[93] in Platons *Protagoras* finden sich Hinweise auf Prodikos

92 S. unten S. 82f.

93 Basilios Tsirimbas, *Die Stellung der Sophistik zur Poesie im V. und IV. Jahrhundert bis zu Isokrates* (Diss. München 1936) 53ff.

und Hippias,[94] aber keine eindeutigen Belege. Wenn Kallikles (Plat. *Gorg.* 484 B)[95] in seiner Rede über das ‹Naturgesetz› (νόμον ... τὸν τῆς φύσεως 483 E) auf eine Stelle in einem Gedicht von Pindar Bezug nimmt (fr. 169 Sn.), ist er in keiner Weise an einer Erklärung des Textes interessiert. Im Gegenteil, er zitiert das über den νόμος βασιλεύς Gesagte[96] nur, um zu zeigen, daß Pindars νόμος dasselbe Recht des Stärkeren ist, für das er, Kallikles, in seiner langen ῥῆσις eintritt; und was immer Pindars Ansicht war, er konnte auf keinen Fall mit Kallikles übereingestimmt haben. Hippias (Plat. *Protag.* 337 D) faßte, in einer kurzen Erwähnung von Pindars Vers, νόμος offensichtlich in einem ganz anderen Sinn als ‹Konvention› auf[97]. Kritias (Plat. *Charm.* 163 B) benützte einen Halbvers aus Hesiod *Op.* 311 ἔργον δ'οὐδὲν ὄνειδος, um seine Argumente zu stützen, als er den Unterschied zwischen ἐργάζεσθαι, πράττειν und ποιεῖν in der Art des Prodikos herausarbeiten wollte.[98]

Man könnte vermuten, daß die Sophisten als Pädagogen bei der Auslegung Homers vornehmlich der ‹allegorischen› Richtung gefolgt wären, die mit Theagenes im späten sechsten Jahrhundert begann. Es scheint aber in der Mitte des fünften Jahrhunderts nur einen Philosophen gegeben zu haben, den man mit Sicherheit als einen Allegoristen bezeichnen kann: Metrodor von Lampsakos (*Vors.* 61), ein Schüler des Anaxagoras[99] und kein Sophist. Er dehnte die ‹physikalische› Erklärung der Götter auch auf die Heroen aus: 'Αγαμέμνονα ... αἰθέρα, 'Αχιλλέα ἥλιον ... Ἕκτορα σελήνην κτλ. (61 A 4[100], vgl. 2 und 3 πάντα εἰς ἀλληγορίαν μετάγων); es findet sich auch ein Hinweis auf eine grammatische Frage (61 A 5 τὸ 'πλεῖον' δύο

94 Cf. *Vors.* 86 B dub. zur ‹Prosodie› in B 15, Ψ 328.

95 Siehe E. R. Dodds, *Plato*: *Gorgias* (Oxford 1959) 270ff. – *P. Oxy.* 2450 (veröffentlicht 1961) fr. I, col. II beginnt mit Z. 6 des platonischen Zitats, aber es kann noch hilfreich sein; die zahlreichen Hinweise auf Pindars Verse bringt in extenso A. Turyn, *Pindari Carm.* (1948) fr. 187.

96 M. Gigante, Νόμος βασιλεύς (1956) 146ff, ‹Ippia e Callicle, interpreti di Pindaro›.

97 S. a. Hdt. III 38.

98 *Vors.* 84 A 18, unter dem *Namen* des Prodikos aufgenommen; es sollte erwähnt werden, daß Kritias der Sprecher ist. Cf. *Charm.* 163 D; Xenoph. *Mem.* I 2,56.

99 Diog. L. II 11 (*Vors.* 59 A 1 und 61 A 2). Selbst wenn wir Favorinus' Aussage über Anaxagoras trauen könnten (δοκεῖ δὲ πρῶτος τὴν 'Ομήρου ποίησιν ἀποφήνασθαι εἶναι περὶ ἀρετῆς καὶ δικαιοσύνης), würde es nicht bedeuten, daß er homerische Dichtung als moralische *Allegorie* erklärte (wie viele Leute zu glauben scheinen, einschließlich Sandys, *Hist.* I³ 30), sondern daß er als erster ihre ethische Ausrichtung bewußt machte; in dieser Hinsicht wäre er ein Vorläufer des Aristophanes gewesen, s. unten S. 69f.

100 Über neue Kombinationen und Lesarten der Pap. Herculan. 1081 und 1676 s. J. Heidmann, *Der Pap.* 1676 *der Herculan. Bibliothek* (Diss. Bonn 1937) 6f, und F. Sbordone, ‹Un nuovo libro della Poetica di Filodemo›, *Atti dell' Accad. Pontaniana*, N.S. IX (1960) 252f.

σημαίνειν φησί), genau wie im Fall des Theagenes. In Platons *Ion* 530 C wird Metrodor mit Stesimbrotos von Thasos und einem sonst nicht weiter bekannten Glaukon zusammen genannt; der Rhapsode Ion behauptet, daß er ‹so schön über Homer spreche wie weder Metrodor noch Stesimbrotos noch Glaukon noch irgend jemand sonst es könnte› (*FGr Hist* 107 T 3). Da hier nichts über die Allegorie gesagt wird, besteht keine Notwendigkeit, aus dieser Stelle zu schließen, daß Stesimbrotos dieselbe Methode wie Metrodor angewandt haben müsse;[101] in den Fragmenten seines Homer-Buches (F 21–25) finden wir nicht die geringste Spur von allegorischer Interpretation. In unseren *Ilias*-Scholien zu Nestors Becher und zur Teilung der Welt unter die drei Söhne des Kronos wird er zitiert; weiterhin wird von ihm erwähnt, daß er später als Theagenes und noch vor Antimachos von Kolophon, der als sein Schüler bezeugt ist, nicht nur über Homers Dichtung, sondern auch über dessen Leben und Lebenszeit geschrieben habe. Wenn dies zutrifft, so kommen wir über Stesimbrotos auf eine höchst bemerkenswerte Gestalt in der Geschichte der Dichtkunst und der Wissenschaft, von der wir später noch hören werden: Antimachos von Kolophon.[102]

Jetzt müssen wir uns jedoch wieder den Sophisten zuwenden. Wenn es wahr wäre, daß Antisthenes die allegorische Homer-Interpretation von Metrodor übernommen hat,[103] hätten wir endlich we-

---

101 Dieser traditionelle Irrtum wird besonders betont von W. Schmid, *Geschichte der griechischen Literatur* I 2 (1934), 678, und herausgearbeitet von B. Buffière, *Les Mythes d'Homère et la pensée grecque* (Paris 1956) 132–6 ‹L'exégèse allégorique avant les Stoiciens›.

102 S. unten S. 121 f, Antimach. ed. B. Wyss (1936) test. 9 und fr. 129; cf. Callim. fr. 452. F. Jacoby nimmt in seinem Kommentar zu *Stesimbrotos*, II D p. 343, 22, mit Recht Suidas' Zeugnis zu Antimachos auf (verworfen von Wyss, loc. cit. p. IV) und sagt über Stesimbrotos: ‹Von Beruf Rhapsode und im Sinne der Zeit auch Homerphilologe› und p. 349, 17 ‹verwendet alle Mittel der damaligen Philologie›. Wir sollten den Ausdruck ‹Philologie› für diese Zeit besser meiden.

103 W. Schmid, *Geschichte d. griech. Lit.* I 1 (1929) 131; I 2 (1934) 679; Konrad Müller, ‹Allegorische Dichtererklärung›, *RE* Suppl. IV (1924) 17; J. Geffcken, ‹Entwicklung und Wesen des griechischen Kommentars›, *Herm.* 67 (1932) 399 ‹unerfreuliche Allegoristik›; er schreibt sogar dem Antisthenes ‹den ersten wirklichen Kommentar zu einem Schriftsteller› zu, nämlich zu Heraklit; aber der Antisthenes, der den Heraklit kommentierte (Diog. L. IX 15 = *Vors.* 22 A 1, 15), wurde schon längst als einer der anderen drei 'Αντισθένεις identifiziert, die Diog. L. VI 19 erwähnt, der 'Ηρακλείτειος: Wissowa, *RE* I 2537, 36; cf. F. Dümmler, *Antisthenica*, (1882) 16ff; seine scharfen Beobachtungen in Kap. 2, ‹De Homeri sapientia› sind teilweise irreführend, bes. S. 24. Auf die richtige Spur kam D. B. Monro, *Homer's Odyssee* XIII–XXIV (1901) 412, in seinem Überblick über die antike Homer-Kritik; J. Tate erhärtete in zwei Artikeln über den Allegorismus (s. oben S. 27 Anm. 49) und zum Schluß in seiner heftigen Polemik gegen R. Höistadt die Behauptung, daß ‹Antisthenes kein Allegorist› war, *Eranos* 51 (1953) 14–22, mit ins ein-

nigstens einen sophistischen Allegoristen gefunden. Antisthenes[104] war ein Schüler des Gorgias, auch von Prodikos beeinflußt, bevor er sich dem Kreis um Sokrates anschloß. Wir haben von ihm ein langes Titelverzeichnis von Büchern über homerische Themen (Diog. L. VI 17, 18), besonders über die *Odyssee*, aus denen einige Zitate in unseren Scholien erhalten sind; es scheint sogar ein Buch Περὶ Ὁμήρου ἐξηγητῶν[105] gegeben zu haben. Er befaßte sich also, wie es scheint, viel mit Homer und seiner Auslegung; wenn wir Dion Chrysostomos (*or.* 53, 5 Περὶ Ὁμήρου) trauen können, war Antisthenes der erste, der zwischen ‹Schein› und ‹Wahrheit› in den homerischen Gedichten unterschied (ὅτι τὰ μὲν δόξῃ, τὰ δ' ἀληθείᾳ εἴρηται τῷ ποιητῇ), was später so oft benutzt wurde, um Widersprüche zu erklären. Eine solche Erklärung war notwendig, weil Homer für Antisthenes eine Autorität für Tugendlehren darstellte; er schenkte weder verborgenen Bedeutungen[106] noch dem wörtlichen Sinn Aufmerksamkeit. Als er πολύτροπος (α 1)[107] ausführlich besprach, versuchte er nicht, das Prooemium der *Odyssee* zu verstehen, sondern die allgemeine ethische Bedeutung des Kompositums darzustellen, durch das die Gestalt des Odysseus gekennzeichnet ist; Odysseus' Erfahrung in allen Arten (τρόποι) von Worten scheint ihm der rohen Kraft des Aias weit überlegen zu sein (s. auch seine fiktiven Reden Αἴας und Ὀδυσσεύς)[108]. Die Hauptsache jedoch ist dies: ‹die Unter-

---

zelne gehenden Argumenten. So wiederholte F. Buffière (1956) den alten Irrtum nicht, wie er es im Fall des Stesimbrotos (oben S. 56 Anm. 101) getan hat.

104 Antisthenis *Fragmenta*, ed. Aug. Guil. Winckelmann, Zürich 1842, nachgedruckt in Mullachs *F. Philos. Gr.* II (1881), 261ff; rhetorische Fragmente in *Art. script.* ed. L. Radermacher (1951) B XIX; s. a. H. Sengebusch, *Diss. Hom.* (1855/6) 115ff, über seine homerischen Studien. – ‹Antisthenis Fragmenta›, coll. Fernanda Decleva Caizzi, *Testi e documenti per lo studio dell' Antichità* 13 (1966) beruht z.T. auf einer unveröffentlichten Dissertation v. Jean Humblé, *Antisthenes' Fragmenten* (Gent 1932).

105 Schol. α 1; ε 211 = η 257; ι 106; 525 (kritischer Text bei Schrader, Porphyr. *Quaest. Hom. in Od.* 1890); Diog. L. VI 17 περὶ ἐξηγητῶν, περὶ Ὁμήρου codd., corr. Krische, s. Schrader, Porphyr. *Quaest. Hom. ad Il.* (1880) Proleg. p. 386.

106 Die *ironische* Bemerkung über ὑπόνοιαι in dem Gespräch zwischen Antisthenes, Nikeratos und Sokrates (Xenoph. *Symp.* III 6) macht nicht Antisthenes, sondern Sokrates, wenn er die Unwissenheit und Torheit der Rhapsoden kommentiert, die nicht den ‹Hintersinn› kennen.

107 S. oben S. 18; cf. Hippias in Plat. *Hipp. min.* 364 C, 365 B?

108 *Art. script.* B XIX 11, 12 Raderm. Antisthenes hielt sich an die gewöhnliche Version des epischen Kyklos (Bethe, *Homer* II S. 165f und 170f), daß Aias den Leichnam des Achilles trug. Es scheint aber eine andere frühe Version, erhalten in Ov. *met.* XIII 284ff, und in Schol. ε 310, gegeben zu haben, nach der Odysseus den Körper trug; das ist kein ‹Irrtum› des Scholiasten, trotz Bethe, der Ovids Zeugnis unbeachtet ließ. Die Existenz einer abweichenden Version wird bestätigt durch ein Fragment früher epischer Hexameter *P. Oxy.* XXX ed. E. Lobel (1964) 2510, 13 und 21, wo Odysseus die Leiche trägt.

suchung der Worte ist der Anfang der Erziehung›, ἀρχὴ παιδεύσεως ἡ τῶν ὀνομάτων ἐπίσκεψις.[109] Soweit wir die führenden Sophisten und ihre unmittelbaren Nachfolger wie Antisthenes kennen, war keiner von ihnen Allegorist. Das ist bezeichnend für die ganze Bewegung und nicht ohne Bedeutung für die Zukunft. Darüber hinaus muß die Antwort auf unsere am Beginn dieses Abschnittes gestellte Frage negativ sein: es gab keine echte ἑρμηνεία τῶν ποιητῶν. In den sophistischen Erklärungen von Dichtungen zeichnet sich die Entstehung eines bestimmten Gebietes der Forschung ab, nämlich die der Sprachanalyse; das Ziel ist rhetorisch oder pädagogisch, nicht literarisch.

Kein Wunder daher, daß die Sophisten auf diesem Gebiet zu größerer Wirkung gelangten als auf jedem anderen. Protagoras scheint dabei vorangegangen zu sein mit seinem Begriff der ὀρθοέπεια,[110] wahrscheinlich behandelte er die ‹Korrektheit des Ausdrucks› in seinem berühmten Buch 'Ἀλήθεια, ‹Wahrheit›. Homer wurde dafür kritisiert, daß er der Muse befohlen habe, statt zu ihr zu beten, wie wir in unseren Bemerkungen über ‹Interpretation› gesehen haben. Protagoras nämlich hatte die Regel aufgestellt, daß man vier Klassen von Sätzen unterscheiden müsse: ‹Wunsch (Gebet), Frage, Antwort, Befehl›, διεῖλέ τε τὸν λόγον πρῶτος εἰς τέτταρα· εὐχωλήν, ἐρώτησιν, ἀπόκρισιν, ἐντολήν . . . οὓς καὶ πυθμένας εἶπε λόγων, ‹die er auch Grundformen (‹fundamental principles› L–S) der Rede nannte›.[111] Wenn ein Dichter an ein Gebet zur Muse denkt, sollte er den entsprechenden Ausdruck gebrauchen, nicht den Ausdruck für den Befehl: Μῆνιν ἄειδε, θεά. Im Prooemium der *Ilias* wird der Dichter auch eines falschen Genus-Gebrauches für schuldig befunden. Worte wie μῆνις ‹Zorn› oder πήληξ ‹Helm› können ihrem Sinn nach nur männlich sein; Μῆνιν . . . οὐλομένην statt οὐλόμενον wird daher von Protagoras als Ungenauigkeit der Konstruktion betrachtet;[112] er war offensicht-

---

109 *Art. script.* B XIX 6; cf. C. J. Classen, ‹Sprachliche Deutung› *Zetemata* 22 (1959) 173–6, zu Antisthenes' Interpretation von ὀνόματα (mit Bibliographie 173,6); s. a. F. Mehmel, *Antike und Abendland* IV (1954) 34f.

110 S. *Exkurs I.*

111 Diog. L. IX 53f = *Vors.* 80 A 1 = *Art. script.* B III 10, 11. Diese Einteilung in *vier* ‹Grundformen› wird bestätigt von Quintilian, *inst.* III 4,10: Protagoran ... qui interrogandi, respondendi, mandandi, precandi ... partes solas putat (= *Art. script.* B III 12; nicht in *Vors.*). οἱ δὲ εἰς ἑπτά in unserem Text von Diog. L. IX 54 (*Vors.* II[5] p. 254,14f) bedeutet nicht, daß andere *sagten*, daß Protagoras eine Einteilung in sieben Klassen vornahm; es bedeutet, daß andere eine andere Einteilung *vornahmen*, und wir wissen aus der eben zitierten Quintilian-Stelle, daß Anaximenes es tat (*Art. script.* B III 12 und XXXVI 9). Diese ‹Parenthesis› im Text des Diog. L. ist ziemlich verwirrend. – Alkidamas (s. unten S. 73) teilte die Sätze in vier Klassen, benutzte aber andere Namen (B XXII 8 und 9).

112 Aristot. *Soph. El.* 14, p. 173b 17 σολοικισμός (= *Vors.* 80 A 28 = *Art. script.* B III 7).

lich der erste, der τὰ γένη τῶν ὀνομάτων in männliche, weibliche und sächliche, ἄρρενα καὶ θήλεα καὶ σκεύη unterteilte[113] und eine strikte Einhaltung dieser Unterteilung im Gebrauch des Geschlechts und der Endung der Wörter forderte. Die Komiker machten auch sogleich ihre Späße mit dieser neuen Lehre vom korrekten Gebrauch des Genus. Zweifellos gibt Sokrates in Aristophanes' *Wolken* (658ff)[114] das Wesentliche von Protagoras' Lehren wieder, wenn er mit den charakteristischen Worten beginnt: δεῖ σε ... μανθάνειν ... ἅττ' ἐστὶν ὀρθῶς ἄρρενα. Der erstaunte Schüler wird angewiesen, nicht ἀλεκτρυών, sondern ἀλεκτρύαινα für ‹Henne› zu gebrauchen (666), weil dies die korrekte weibliche Form für ein weibliches Tier sei, und nicht τὴν κάρδοπον, sondern τὴν καρδόπην zu sagen (678), weil ein Wort keine männliche Endung haben kann, wenn es weiblich ist. 'Αλεκτρύαινα und καρδόπη sind Erfindungen des Komödiendichters (vgl. auch *Wolken* 681ff und 847ff), aber hinter diesen scherzhaften Versen stehen bedeutende neue Beobachtungen und Erörterungen.

Weiter können wir nicht gehen. Es ist eine ziemlich unglückliche Annahme, daß Protagoras auch als erster zwischen den Zeiten des Verbs unterschieden haben soll. Wir haben keinen ausdrücklichen Hinweis oder Beleg dafür wie in den vorangegangenen Fällen, außer einer kurzen Bermerkung bei Diog. L. IX 52 καὶ πρῶτος μέρη χρόνου[115] διώρισε καὶ καιροῦ δύναμιν ἐξέθετο ‹er unterschied und bestimmte als erster Teile der Zeit und legte die Bedeutung des καιρός dar›. Was immer diese geheimnisvollen Worte bedeuten mögen, sie sprechen weder vom ‹Verbum› (das in der Überlieferung über Protagoras nie erwähnt wird) noch von den ‹Tempora›. Noch bei Platon bedeutet χρόνος nie das ‹Tempus›, sondern einfach ‹die Zeit›.[116] Der Kontext, in dem die Bemerkung auftaucht, hat mehr oder weniger die Rhetorik zum Gegenstand,[117] und καιρός scheint in dieselbe Richtung zu weisen. Eine andere Möglichkeit wird jedoch nahegelegt durch einige Passagen aus der späteren philosophischen und grammatischen Literatur, so Sextus Empiricus, *P. H.* III 144 (I, p. 173, 2 Mutschmann-Mau) ὅ τε χρόνος λέγεται τριμερὴς εἶναι, ‹von der Zeit wird gesagt, daß

113 Aristot. *Rhet.* III 5 p. 1407b 6 (= *Vors.* 80 A 27 = *Art. script.* B 6).

114 *Vors.* 80 C 3 = *Art. script.* B III 8 mit Radermachers Anmerkungen. – Aristoph. *Nub.* 658ff sind in allen Einzelheiten erfreulich erklärt von J. Wackernagel, *Vorlesungen über Syntax* II (1924) 1–5.

115 *Vors.* 80 A 1. M. Untersteiner, *Sofisti* I (1949) 19 ‹tempi del verbo›; W. Schmid, *Gr. Lit. Gesch.* I 3 (1940), 23,11 ‹Tempora› etc.; C. P. Gunning, *De Sophistis Graeciae praeceptoribus* (Diss. Utrecht 1915) 112,3 gibt weitere bibliographische Hinweise; er schlägt eine ziemlich triviale Interpretation vor (einen festen Zeitplan für seine Vorlesungen), die, seltsam genug, von Diels-Kranz in ihrer Anmerkung ad loc. erwähnt wird.

116 S. unten S. 104.

117 S. Radermachers Anmerkung zu *Art. script.* B III 24.

sie in drei Teile geteilt ist›, Vergangenheit, Gegenwart, Zukunft.[118] Wenn Protagoras[119] wirklich an solch eine Einteilung des χρόνος im allgemeinen gedacht haben sollte, könnte dies zu der späteren Bestimmung der sogenannten (sieben) ‹Zeiten› des Verbs geführt haben, genauso, wie er wahrscheinlich den Weg bereitete zu der späteren Lehre von den vier Modi durch seine vier Satzformen.

Aus den wenigen unzusammenhängenden Fragmenten,[120] von denen einige vielleicht nicht einmal echt sind, ist keine einleuchtende Rekonstruktion einer echten ‹Theorie› der ὀρθοέπεια möglich. Wir wollen lieber zu Plat. *Prot.* 339 A zurückkehren, von wo wir ausgingen; hier erfahren wir das Ziel all dieser Bemühungen, die zusammenfassend εὐέπεια genannt werden. Wenn man zu unterscheiden gelernt hat, welche Wörter und Sätze richtig (ὀρθῶς) gebildet sind und welche nicht, dann kann man Beredsamkeit erlangen, die der wichtigste Teil der Erziehung ist (παιδεύσεως μέγιστον μέρος).

Fast alle besser bekannten Sophisten nach Protagoras leisteten ihren eigenen Beitrag auf dem Gebiet der Sprachbetrachtung. Zur repräsentativen Figur wurde Prodikos von Keos; er war gleichaltrig mit Sokrates (geb. 469 v. Chr.) und etwa zwanzig Jahre jünger als Protagoras.[121] Prodikos erklärte πρῶτον γάρ, ὥς φησι Πρόδικος, περὶ ὀνομάτων ὀρθότητος μαθεῖν δεῖ (Plat. *Euthyd.* 277 E)[122], wobei er augenscheinlich die Formel seines großen Vorgängers gebrauchte, und Sokrates sagte παρὰ Προδίκου εἰδέναι τὴν ἀλήθειαν περὶ ὀνομάτων

---

118 Cf. die Stelle über τὰ χρονικὰ ἐπιρρήματα Ap. Dysc. *de adv.* p. 123,21 Schn. τὰ μέντοι οὐ διορίζοντα τὸν χρόνον, κοινὴν δὲ παράτασιν δηλοῦντα τοῦ παντὸς χρόνου (sc. νῦν, ἤδη); Schol. Dionys. Thr. *Gr. Gr.* III 59 und 97 Hilg. (zu § 19 Uhlig), bes. 97, 12ff, τὰ χρονικὰ ἐπιρρήματα ἢ καθολικὸν χρόνον δηλοῖ ἢ μερικόν ... 19f τὰ καιροῦ παραστατικά, τουτέστι τὰ ὑποτομὴν χρόνου δηλοῦντα (σήμερον, χθές, αὔριον).

119 Diog. L. schrieb dem Protagoras großzügig ‹erste Erfindungen› zu; er oder seine Quelle ändert deutlich Platons *Euthydem.* 286 C, οἱ ἀμφὶ Πρωταγόραν ... καὶ οἱ ἔτι παλαιότεροι in οὗτος πρῶτος διείλεκται. Wir sollten also πρῶτος διώρισε nicht zu ernst nehmen.

120 Es hat keinen Sinn, seine Bemühungen mit einem viel späteren Terminus (s. unten S. 250) zu bezeichnen und ihn einen ‹Analogisten› zu nennen oder zu sagen, daß in der allgemeinen Diskussion um φύσις und νόμος für Protagoras die Sprache ein Produkt menschlicher Übereinkunft (Burnet) oder eines der Natur (Gunning) gewesen sei; die deutliche Antithese scheint vor Hippias (unten S. 76; 88) in der nächsten Generation überhaupt nicht festgelegt gewesen zu sein (s. a. *Exkurs I*). – Es gibt dazu einen bezaubernd geschriebenen Aufsatz von G. Murray, *The Beginning of Grammar* (1931), wieder abgedr. in *Greek Studies* (1946) 171–91, aber nicht ganz zuverlässig in allen Einzelheiten.

121 K. v. Fritz, ‹Prodikos› *RE* XXIII (1957) 85ff. Der schöne und enthusiastische Aufsatz von F. G. Welcker, ‹Prodikos von Keos, Vorgänger von Sokrates›, zuerst veröffentlicht *Rh. M.* 1832 und 1836, mit Addenda nachgedruckt in *Kleine Schriften* II (1845) 393–541, ist immer noch lesenswert; zu Prodikos' Sprachstudien s. bes. 452ff.

122 *Vors.* 84 A 16 = *Art. script.* B VIII 10 mit Radermachers Anmerkung.

ὀρθότητος (*Crat.* 384 B); für diesen Vortrag ‹über den richtigen Gebrauch der Wörter› nahm er von seinen Hörern das ungewöhnliche Honorar von fünfzig Drachmen (ἡ πεντηκοντάδραχμος ἐπίδειξις)[123]. Derselbe seltene Ausdruck ὀρθότης wird sonst nur noch einmal, und zwar mit Emphase, von Aristophanes gebraucht, wenn die Sprache von Euripides' Prologen geprüft wird τῶν σῶν προλόγων τῆς ὀρθότητος τῶν ἐπῶν (*Ran.* 1181).[124] In den *Fröschen* (1182ff) lehnt Aischylos in den zwei Zeilen aus dem Prolog zu Euripides' *Antigone* (fr. 157 sq. N.²) zwei Worte ab, weil sie Oedipus' Schicksal nicht angemessen beschrieben, ἦν ... εὐτυχής[125] und εἶτ' ἐγένετο ἀθλιώτατος, wo er doch von Anfang an glücklos gewesen sei. Kritisiert wird hier nicht die *Form* der Wörter (wie an der Stelle über Protagoras, *Wolken* 658ff), sondern ihre Bedeutung. So wird in diesen Versen der *Frösche* sehr wahrscheinlich Prodikos einen flüchtigen Augenblick für uns sichtbar;[126] die Bemerkung über ἦν ... ἐγένετο erinnert sogar an die hitzige Debatte über die Unterscheidung zwischen εἶναι und γίγνεσθαι in Platons *Protagoras* (340 Bff), wo Sokrates sich am Ende auf Prodikos beruft. Er war die anerkannte Autorität in der Unterscheidung verwandter Ausdrücke, alle direkten Belege bei Platon und Aristoteles (*Vors.* 84 A 13–19) stimmen vollkommen mit Aristophanes' Anspielung in den *Fröschen* überein. Selbst wenn man eine leichte ironische Übertreibung in Platons Bild von Prodikos' Lehrweise annimmt, kann kein Zweifel daran bestehen, daß dieser es besonders liebte, zwei oder drei verschiedene Wörter herauszugreifen, die denselben Sinn zu haben schienen (man nannte sie vor Aristoteles noch nicht ‹Synonyme›, s. unten S. 105); sein Anliegen war dabei, den Irrtum in dieser Annahme aufzuzeigen. Die genaue Bedeutung von ἀμφισβητεῖν und ἐρίζειν, von εὐφραίνεσθαι und ἥδεσθαι, von βούλεσθαι und ἐπιθυμεῖν, von ποιεῖν, πράττειν, ἐργάζεσθαι war für Prodikos keineswegs dieselbe; durch feine Unterscheidung zwischen ihnen, διαίρεσις genannt,[127] belehrte er seine Schüler ‹über den korrekten

---

123 *Vors.* 84 A 11 (cf. 12) = *Art. script.* B VIII 6; vgl. unten S. 86.

124 Aus metrischen Gründen sagt er ἐπῶν anstatt ὀνομάτων, was zusammen mit dem entscheidenden Ausdruck ὀρθότης und mit προλόγων schwerlich in den iambischen Trimeter gepaßt hätte.

125 Moderne Herausgeber behalten die falsche Lesart εὐδαίμων trotz Naucks Protest, *TGF* (1889), Add. p. XXV, und Wilamowitz, *Aischylos-Interpretationen* (1914) 81, 1, bei.

126 L. Spengel, Συναγωγὴ τεχνῶν (1828) 41, verglich zum erstenmal *Ran.* 1181 mit Platons Hinweisen auf Prodikos; aber er verwirrte den Sachverhalt insofern, als er Prodikos' ὀρθότης ὀνομάτων mit Protagoras' ὀρθοέπεια gleichsetzte; andere folgten ihm darin.

127 *Vors.* 84 A 17–19; s. a. Plat. *Prot.* 358 A τὴν δὲ Προδίκου τοῦδε διαίρεσιν τῶν ὀνομάτων παραιτοῦμαι, ibid. 341 C, und Radermachers Anmerkungen zu *Art. script.* B VIII 10 und 11. – Eine vollständige Liste von Prodikos' Synonymen bringt Hermann Mayer, *Prodikos von Keos und die Anfänge der Synonymik* (Diss. München 1913) 22ff.

Gebrauch der Wörter› περὶ ὀνομάτων ὀρθότητος (was man nicht mit Protagoras' rein formaler ὀρθοέπεια verwechseln sollte).

Es wurde behauptet,[128] daß Prodikos bei seiner Arbeit zur διαίρεσις etymologische Argumente absichtlich überging. In seinem Buch Περὶ φύσεως ἀνθρώπου aber, das Galen zitiert,[129] trat er gerade vom etymologischen Standpunkt aus gegen die Verwendung des Wortes φλέγμα für ‹Schleim› in der medizinischen Literatur auf; weil es von φλέγω ‹brennen, entzünden› abgeleitet ist, muß es ‹Entzündung› und ähnliches bedeuten; für eine Flüssigkeit (mucus, ‹phlegm›, trotz Prodikos' Protest im Englischen geläufig) sollte man βλέννα sagen. Selbst wenn man solche Überlegungen recht pedantisch findet, muß man zugeben, daß sie nicht mehr von der spielerischen Art früherer Jahrhunderte sind; es sind nicht länger philosophische[130] Spekulationen, sondern ernsthafte und neuartige Überlegungen über sprachliche Probleme. Sein Beharren auf einer genauen Beobachtung der Bedeutungsunterschiede führte Prodikos schließlich zu der Erkenntnis des unterschiedlichen Wortgebrauches in den verschiedenen Teilen des Landes; im Verlauf der Erklärung des Simonides-Gedichtes äußert er die seltsame Ansicht, daß Pittakos nicht imstande war, τὰ ὀνόματα ... ὀρθῶς διαιρεῖν ἅτε Λέσβιος ὢν καὶ ἐν φωνῇ βαρβάρῳ τεθραμμένος (Plat. *Prot.* 341 C, cf. 346 D), ‹er wisse die Worte nicht zu unterscheiden, wie denn dieser auch ein Lesbier war, ein in barbarischer Mundart Auferzogener›. In seinem *Kratylos* scheint Platon ähnliche sophistische Diskussionen aus einer Quelle des fünften Jahrhunderts über ξενικὰ ὀνόματα[131] wiederzugeben, wenn er auf äolische oder dorische Wörter hinweist und sie als ‹fremd› bezeichnet, das heißt, von der vertrauten attischen Form unterschieden.[132] Herodot,[133] ob er nun von Zeitgenossen wie Prodikos beeinflußt war oder nicht, war imstande, feine Unterschiede zwischen den Sprachen von vier ionischen Städten genau festzustellen (I 142); und aus derartigen auf seinen Reisen durch viele fremde Länder angestellten Sprachbeobachtungen zog er Nutzen für seine historischen Schlußfolgerungen. Allerdings zielte er dabei auf ἱστορίη,

---

128 W. Schmid, *Gr. Lit. Gesch.* I 3 (1940) 46, 8.

129 *Vors.* 84 B 4; Galen selbst schrieb drei Bücher Περὶ ὀνομάτων ὀρθότητος.

130 Im Kreis der sogenannten Herakliteer gingen auch recht abenteuerliche ‹etymologische› Spekulationen um, s. K. Reinhardt, *Parmenides* (1916) 241 f.

131 In vorhellenistischer Zeit bedeutet διαλεκτικά ‹Dialektik›, nicht ‹Dialekt›; ξενικά ist der gebräuchliche Ausdruck für nicht-attisch, s. u. S. 82; 106. [Zu γλῶτται u. ξενικά vgl. jetzt auch W.-D. Lebek, *Herm.* 97 (1969) 57ff, bes. 77.]

132 *Cratyl.* 401 C attisch οὐσίαν, andere ἐσσίαν, ὠσίαν; 409 A dorisch ἅλιον, attisch ἥλιον; 434 C ἡμεῖς μέν φαμεν ‹σκληρότης›, Ἐρετριεῖς δὲ ‹σκληροτήρ›. Weitere Beispiele bei K. Latte, ‹Glossographika›, *Philol.* 80 (1925) 158ff, der an einen ionischen Herakliteer als Platons Quelle denkt.

133 Zu Herodot und Hekataios s. H. Diels, ‹Die Anfänge der Philologie bei den Griechen› *NJb.* 25 (1910) 14ff; vgl. unten S. 66 Anm. 158.

nicht auf formale Kenntnis und rhetorische Praxis wie die Sophisten. Ihr Werk, und besonders das des Prodikos, hat offensichtlich spätere Untersuchungen[134] auf dem Gebiet der γλῶσσαι, wie die ersten Glossare im dritten Jahrhundert genannt wurden, angeregt. Es überrascht kaum, daß in Aristophanes'[135] Spöttereien gerade Prodikos' Name als Alternative zu einem Buch auftritt: ἢ βιβλίον ... ἢ Πρόδικος. Er war durch und durch Literat, wenn wir auch der Überlieferung glauben dürfen, daß er in einer politischen Mission von seiner Heimatinsel nach Athen kam; es war sicher ein glücklicher Einfall von Plutarch, diesen liebenswürdigen Sophisten zusammen mit dem führenden Dichter-Gelehrten der Zeit um 300, Philitas, als Leute mit einer von Jugend auf schwachen Gesundheit darzustellen: Πρόδικον τὸν σοφιστὴν ἢ Φιλίταν τὸν ποιητὴν ... νέους μέν, ἰσχνοὺς δὲ καὶ νοσώδεις καὶ τὰ πολλὰ κλινοπετεῖς δι' ἀρρωστίαν ὄντας (*an seni* 15, p. 791 E).[136] Das Bild des Prodikos als eines Schwächlings scheint aus Platon (*Prot.* 315 D) übernommen worden zu sein, aber es könnte unmittelbar von einem zeitgenössischen Komödiendichter stammen, da es sicherlich die Neue Komödie war, die ihren Spaß mit Philitas' Gebrechlichkeit trieb.

Einer der ersten ionischen Philosophen in der zweiten Hälfte des fünften Jahrhunderts, Demokrit, stammte wie Protagoras aus Abdera und war Zeitgenosse von Prodikos und Sokrates (etwa 465 bis etwa 370 v.Chr.); der Weitgereiste sagte von sich selbst: ‹Ich kam nach Athen – und niemand hat Kenntnis von mir›[137]. Platon, der uns so vieles von seinen Zeitgenossen erzählt, erwähnt Demokrit nie. Unter seinen Schriften, die sich fast über alle Wissensgebiete erstrecken, fand sich, nach ἠθικά, φυσικά etc. in Thrasyllos' Katalog[138] eine kleine, Μουσικά genannte Abteilung. Aristoteles, der sich immer wieder auf Demokrits Ansichten über Physik oder Ethik bezieht, nimmt auf diese literarische Abteilung niemals Bezug. Ihr Titel und die Titel der einzelnen Werke, Περὶ ῥυθμῶν καὶ ἁρμονίης, Περὶ ποιήσιος, κτλ., sind den Πίνακες[139] der alexandrinischen Bibliothek entnommen und nur bei Diogenes Laertius erhalten; keiner der wenigen

134 Über den unmittelbaren Einfluß auf Antisthenes' Begriff der ὀνομάτων ἐπίσκεψις s. oben S. 57; vgl. a. Demokrits γλῶσσαι und ὀνομαστικῶν [sic] *Vors.* 68 B 26 (unten S. 64). Spätere Autoren περὶ συνωνύμων s. Schmid-Stählin, *Gr. Lit. Gesch.* II 2 (^{6}1924) 1080.

135 Fr. 490 K. und zu seinen Ὧραι als im Umlauf befindlichem ‹Buch› s. oben S. 50.

136 Weder in *Vors.* noch in *Art. script.* erwähnt; cf. *Philetae Coi reliquiae*, ed. G. Kuchenmüller (Diss. Berlin 1927) test. 14, cf. test. 15a–b, 16 und p. 22; s. unten S. 118.

137 *Vors.* 86 B 116; Demetr. Phal. fr. 93, Wehrli, *Die Schule des Aristoteles* 4 (1949) 64, über Demokrit und Athen.

138 *Vors.* 68 A 33, X und XI; B 15c–26a (‹Philologische Schriften›). Vgl. unten S. 296 Anm. 61.

139 O. Regenbogen, v. Πίναξ *RE* XX (1950) 1441 f.

späteren Autoren, die eine Äußerung Demokrits über Dichtung, Sprache oder literarische Kritik zitierten, wies sie einer dieser Schriften zu; die Einordnung der betreffenden Fragmente in unseren modernen Sammlungen erfolgte nach dem Gegenstand und ist daher recht willkürlich. Wir können nicht einmal sicher sein, daß Demokrits eigene Ausdrücke für die Überschriften benutzt wurden. Demokrits Kenntnis der ‹Philosophie› seines Landsmannes Protagoras wird durch seine Polemik gegen sie bezeugt (68 A 114, B 156); daher wüßten wir gern, ob Demokrit von ihm den wichtigen Terminus ὀρθοέπεια[140] entlehnte: Περὶ Ὁμήρου ἢ ὀρθοεπείης καὶ γλωσσέων (68 A 33, XI 1 = B 20a). Der Wortlaut dieses Titels legt es nahe, an eine Unterscheidung zwischen einer unmittelbar verständlichen epischen Diktion und den veralteten Wörtern zu denken, die einer Erklärung bedürfen. Das wäre keine überraschende Neuigkeit, da ja die Korrektheit von Homers Griechisch und die Schwierigkeit seiner seltenen Vokabeln schon mindestens seit dem sechsten Jahrhundert erörtert wurden.[141] Mit seiner Bewunderung von Homers göttlichem Genius und seiner begnadeten Dichtkunst steht er auf der Seite des Theagenes und der Rhapsoden gegen Xenophanes und Heraklit; aber übereinstimmend mit seinen sophistischen Zeitgenossen scheint er sich der allegorischen Erklärungen enthalten zu haben.[142] Demokrit war selbst ein erfindungsreicher Neuerer[143] der philosophischen Sprache; er muß eine genaue Kenntnis der früheren Dichtung und Prosa sowie einen wachen Sinn für allgemeine Fragen der Sprache besessen haben. Nach den spärlichen Zeugnissen zu urteilen, ging er kaum über das hinaus, was die großen Sophisten erreicht hatten, und ich möchte annehmen, daß auf diesem Gebiet der Impuls von ihnen kam. Während aber die Sophisten sich auf Einzelfragen zu konzentrieren pflegten,[144] bedachte Demokrits umfassender Geist alle diese Fragen[145] der Reihe nach. Er befaßte sich nicht eigentlich mit der Homer-Erklärung, auch nicht mit rhetorischer Übung im Dienste der Erziehung, sondern mit seinen eigenen philosophischen Lehren. So freute es ihn, einen epischen Vers zu entdecken, in dem seine Gleichsetzung von νοῦς und ψυχή vorweggenommen war, wie Aristoteles berichtet (68 A 101); seine allgemeine Sprachtheorie[146] (68 B 26,

---

140 S. oben S. 58 und *Exkurs I*.

141 S. oben S. 28f.

142 In diesem Punkt stimme ich R. Philippson, Democritea I ‹D. als Homerausleger›, *Herm.* 64 (1929) 166ff, bei.

143 K. v. Fritz, *Philosophie und sprachlicher Ausdruck bei Demokrit, Plato und Aristoteles* (New York 1938) 24ff.

144 Zu Protagoras s. oben S. 59f, zu Prodikos S. 63 Anm. 134, zu Hippias S. 76 Anm. 207.

145 Cf. Aristot. *de gen. et corr.* 315a 34 ἔοικε ... περὶ ἁπάντων φροντίσαι (68 A 35).

146 Vgl. unten S. 83 Anm. 7 (Plat. *Crat.*) und S. 106 Anm. 116 (Aristoteles).

eine übel verderbte Passage aus Proklos) könnte vielleicht mit seiner Auffassung vom Ursprung und von der Entwicklung der Kultur in Verbindung gestanden haben, wie sie in seinem Hauptwerk über Physik, dem Μικρὸς διάκοσμος, zum Ausdruck kommt.[147] Jedenfalls sehe ich keinen Grund zu behaupten, daß Demokrit die alexandrinische Philologie vorweggenommen habe, oder gar ihn zum ‹Altmeister unserer Wissenschaft› zu erklären, wie es sein glühendster Bewunderer tat.[148]

Wenn wir uns nun Fragen der Literaturkritik zuwenden,[149] müßten wir erwarten, bei den Sophisten eine neue Einstellung gegenüber der epischen Dichtung zu finden. Im sechsten Jahrhundert war die Tätigkeit der Rhapsoden sehr lebendig, sie blieb es bis ins fünfte Jahrhundert hinein.[150] Es sieht so aus, als seien alle erzählenden Epen, oder wenigstens die meisten, für das Werk *eines* Dichters, Homer genannt, gehalten worden. Der älteste Autor von elegischen Versen, Kallinos von Ephesos, in der ersten Hälfte des siebenten Jahrhunderts, schrieb ihm sogar die Epen über die thebanischen Kriege[151] zu; in den volkstümlichen Erzählungsbüchern des sechsten Jahrhunderts über das Leben Homers und seinen Wettstreit mit Hesiod erscheint Homer als Verfasser einer bemerkenswerten Zahl von Gedichten, hauptsächlich über den Trojanischen Krieg, aber auch über *Die Nachgeborenen*, die 'Επίγονοι, in den thebanischen Kriegen und über die *Einnahme von Oichalia*. Zur selben Zeit schrieb Theagenes über Homers Leben und Dichtung,[152] aber wir wissen nicht, wie weit er alle diese Epen mit ihm in Verbindung brachte. Bei den großen Wettbewerben an den Panathenäen wurden nicht nur die beiden uns erhaltenen Epen vorgetragen, sondern noch viele andere in fester Reihenfolge. Ähnlich deutet im fünften Jahrhundert Aischylos' berühmter Ausspruch, seine Tragödien seien ‹Scheiben

147 68 B 4cff; Diels hätte K. Reinhardt nicht darin folgen sollen, daß er Diod. I 7 und I 8 ganz als Exzerpt aus Demokrit abdruckte; aber wir können nicht auf die Einzelheiten dieser endlosen Diskussion eingehen. Zu den Einwänden gegen Reinhardt, ‹Hekataios von Abdera und Demokritos›, *Herm.* 47 (1912) 492ff = *Vermächtnis der Antike* (1960) 114ff, s. G. Pfligersdorffer, ‹Studien zu Poseidonios›, *Sitz. Ber. Österr. Akad.* Phil.-hist. Kl. 232 (1959) 5. Abh. 100ff.

148 H. Diels, zuerst im Jahr 1880, wiederholt 1899 und 1910, s. *NJb.* 25 (1910) 9.

149 G. M. A. Grube, *The Greek and Roman Critics* (1965). Eine willkommene Untersuchung eines Kenners der antiken Rhetorik; gerade weil das Buch von einem anderen Standpunkt aus geschrieben ist, mag es nützlich sein, einige seiner Kapitel mit unseren Abschnitten über literarische Kritik zu vergleichen (vgl. S. 69; 251 etc.).

150 S. oben S. 27ff und 55.

151 Callin. fr. 6 B.[4] (= Paus. IX 9,5), s. E. Bethe, *Thebanische Heldenlieder* (1891) 147.

152 S. oben S. 27.

von Homers großem Mahl›,[153] auf die Masse erzählender Epen hin, und dasselbe meint der Autor, der Sophokles als φιλόμηρος beschrieb,[154] ‹der sich am Zyklus der Epen erfreute›, aus dem er die meisten seiner Stoffe herleitete, wie nach ihm Euripides. Wer begann schließlich, diese enorm reichhaltige epische Produktion zu untersuchen und zwischen den einzelnen Gedichten und ihren jeweiligen Dichtern zu unterscheiden?

Wenn wir Wilamowitz befragen, der die ausführlichsten Untersuchungen gerade zu diesem ganzen Problem anstellte,[155] finden wir eine Anzahl hochgegriffener Vorstellungen: ‹Das fünfte Jahrhundert beschränkt wesentlich *aus künstlerischem Urteil* (Kursivdruck von mir) seinen [Homers] Nachlaß auf Ilias, Odyssee und Margites›. Tatsächlich aber findet sich kein Beleg für diese ‹höhere Kritik›, von der er spricht, oder für ‹die Prüfung der Gedichte auf ihren Wert› oder für das ‹wesentlich künstlerische Urteil›.[156] Der einzige Autor, dessen kritische Beobachtungen wir noch nachlesen können, ist Herodot, der einfach die Diskrepanz zwischen Paris' und Helenas Weg von Sparta nach Troja in den *Kypria* (fr. 12 Allen = fr. 10 Bethe) und dem in der *Ilias* (*Z* 289ff) bemerkt (II 116) und konsequenterweise Homers Autorschaft hinsichtlich der *Kypria* bezweifelt; und wenn er von den Hyperboreern in Homers *Epigonoi* spricht (IV 32), sagt er vorsichtig dazu ‹wenn Homer[157] wirklich dieses Epos geschaffen hat› (*Epig.* fr. 3 Allen). Der Historiker fragt, ob die Überlieferung der Epen glaubwürdig ist; eine streng logische Untersuchung der Helena-Geschichte (II 113–20) deckt Widersprüche auf und führt zu dem Schluß, daß die Erzählung der *Ilias* von Helena in Troja falsch war und daß die Ägypter es besser wußten. Nirgends findet sich ein Vergleich der literarischen Qualität verschiedener Epen mit der Absicht, die besten Gedichte von den übrigen zu sondern.[158] Vergebens halten wir Ausschau nach mehr.

---

153 Athen. VIII 347 E = test. 47, Aesch. ed. Wilamowitz (1914) 16 τεμάχη τῶν Ὁμήρου μεγάλων δείπνων.

154 Athen. VII 277 E = test. ad l. 94 *Vitae*, Soph. *El.* ed. Jahn-Michaelis (^{3}1882) 20 ἔχαιρε ... τῷ ἐπικῷ κύκλῳ. Der Ausdruck κύκλος wurde offenbar noch von den ‹Eristikern›, die Aristoteles ablehnte (s. unten S. 100), auf den vollständigen Zyklus der epischen, d.h. homerischen Gedichte angewandt.

155 U. v. Wilamowitz, *Homerische Untersuchungen* (1884), Kap. II 4, S. 328ff, ‹Der epische Cyclus›, bes. S. 352f; 366f. Vgl. E. Schwartz, *Die Odyssee* (1924) 154, und T. W. Allen, *Homer, Origins and Transmission* (1924) 51; 75.

156 *Die Ilias und Homer* (1916) 365; vgl. *Platon* I (1919) 71 (über das fünfte Jahrhundert): ‹Auch die höhere Kritik, *die Prüfung der Gedichte auf ihren Wert* [Hervorhebung von mir] und ihr Alter wagt sich hervor und hat den Erfolg, daß dem Homer alle heroischen Epen außer Ilias und Odyssee abgesprochen werden.› Cf. H. Diels, *NJb.* 1910, 13.

157 Cf. *Certamen Homeri et Hesiodi* 15, p. 43. 1 Wil. *Vitae Hom.* = Allen, Hom. V p. 235, l. 260. Ἐπιγόνους ... φασὶ γάρ τινες καὶ ταῦτα Ὁμήρου εἶναι.

158 H. Diels, *NJb.* 25 (1910) 13, hat die Verdienste Herodots beachtlich

Wilamowitz' Hinweis[159] auf Stesimbrotos und Hippias von Thasos, in diesem Zusammenhang in seinen späteren Büchern nicht wiederholt, hilft nicht weiter. Wir hatten Gelegenheit, die Fragmente von Stesimbrotos' Homer-Buch zu erwähnen, als wir über den Allegorismus sprachen; er befaßte sich nicht mit ‹formalen Anstößen› in verschiedenen epischen Gedichten, sondern nur mit dem Inhalt einiger Passagen der *Ilias*. Hippias[160] schlug zwei Lesarten in *B* 15 und Ψ 328 als Lösungen (λύσεις) ziemlich ausgefallener textlicher Probleme vor, die nur von Aristoteles erwähnt werden[161]; es gibt auch keine Gründe, ihn dem fünften Jahrhundert zuzurechnen, und er befaßte sich offensichtlich nicht mit den Beziehungen der epischen Gedichte untereinander.

Es mag auf den ersten Blick unerwartet und irgendwie enttäuschend sein, daß im Zeitalter der Sophisten keine deutlichen Spuren jener κρίσις ποιημάτων zu finden sind, die in der hohen Zeit des Hellenismus für die ‹schönste Blüte der Wissenschaft›[162] gehalten wurde. Bei nochmaligem Nachdenken aber werden wir feststellen, daß dieses Ergebnis mit dem von uns vertretenen Grundgedanken übereinstimmt, daß man die Sophisten nicht als ‹Pioniere der Philologie› ansehen kann. Das Studium der epischen Dichtung war nur ein Hilfsmittel ihrer rhetorischen und pädagogischen Bestrebungen.

Der hervorragendste Stilkünstler war der Sizilier Gorgias von Leontinoi; er hatte auch eine Neigung zur theoretischen Behandlung von Stilfragen.[163] Zu Beginn des fünften Jahrhunderts

---

überschätzt (‹der zuerst ... mit Glück den echten und den unechten Homer abzugrenzen suchte ... die höchste Stufe der philologischen Kritik ... im V. Jahrhundert›, etc.).

159 *Hom. Untersuch.* 366; nachdem er Herodots Abschnitt über die Widersprüche zwischen *Ilias* und *Kypria* in einem inhaltlichen Punkt erwähnt hat, fährt er fort: ‹Formelle Anstöße muß selbst die kindliche Philologie der Thasier Stesimbrotus und Hippias genommen haben.› Zu Stesimbrotos s. oben S. 56.

160 F. A. Wolf, *Prolegomena ad Homerum* (1795) CLXVIII ‹Hippias, acumine artibus Loyolae digno› verdankt seinen modernen Ruhm der einen ganzen Seite, die ihm F. A. Wolf in seinem schmalen Band widmete.

161 Aristot. *Poet.* 25 p. 1461a 22, und *Soph. El.* 4 p. 166b 1ff; zu den Einzelheiten dieser zwei interessanten Partien s. die Kommentare zur *Poetik*; zu λύσεις und λυτικοί s. unten S. 95ff.

162 Dionys. Thr. 1 p. 6, 2 Uhl. κρίσις ποιημάτων, ὃ δὴ κάλλιστόν ἐστι πάντων τῶν ἐν τῇ τέχνῃ.

163 *Vors.* 82 AB; *Art. script.* B VII. Man würde nicht erwarten, von ihm ein Buch mit dem Titel 'Ονομαστικόν zu finden, obwohl es Γοργίᾳ τῷ σοφιστῇ von Poll. IX praef. zugeschrieben und I 145 zitiert wird (ἐπίβολος = ἔμβολος ‹Pflock›, unter ἐπίβολος nicht in L–S); cf. C. Wendel, *RE* XVIII (1939) 507. Diels-Kranz und Radermacher haben keinen Hinweis auf dieses 'Ονομαστικόν; man hätte es unter *Dubia* oder *Falsa* erwähnen müssen. Gorgias der Athener *FGrHist* 351, der Περὶ ἑταίρων schrieb, könnte der Verfasser sein; s. unten S. 256 Anm. 244.

geboren und damit Altersgenosse des Protagoras, soll er 105 oder sogar 109 Jahre alt geworden sein. Sein erster Besuch in Athen fand erst 427 v.Chr. statt, nachdem Protagoras und Prodikos hier ihre Tätigkeit aufgenommen hatten. Wie wir zeigten, war das Ziel ihres Lehrens, jeden Schüler dadurch zu erziehen (παιδεύειν), daß man ihn περὶ ἐπῶν δεινόν (*Prot.* 338 D) machte; wenn Gorgias, wie Platon feststellt (*Meno* 95 C δεινοὺς λέγειν, *Gorg.* 459 C ff), den *ganzen* Nachdruck auf das rhetorische Training legt und nicht ausdrücklich ein Erzieher zu sein beansprucht, können wir ihn doch noch als zum weiteren Umkreis der sophistischen Bewegung gehörend betrachten.[164]

Die beiden rhetorischen παίγνια des Gorgias, die uns erhalten sind, das *Lob der Helena* (*Vors.* 82 B 11[165] = *Art. script.* B VII 39) und die *Verteidigung des Palamedes* (B 11a = B VII 44) verraten sein eifriges Bemühen, einen neuen Prosastil zu schaffen, der es mit der Dichtung der Vergangenheit aufnehmen könnte; sie zeigen ihn damit als würdigen Schüler seines Landsmannes, des Dichters Empedokles.[166] Die Homer-Scholien enthalten wenigstens *ein* Beispiel, wie er eine Antithesis aus einem Vers der *Ilias* übernahm und sie durch eine zweite erweiterte: Δ 450 ἔνθα δ' ἅμ' οἰμωγή τε καὶ εὐχωλὴ πέλεν ἀνδρῶν; Schol. T Γοργίας· ἀνεμίσγοντο δὲ λιταῖς ἀπειλαὶ καὶ εὐχαῖς οἰμωγαί (B 27 = B VII 43); das Zitat stammt vielleicht aus einer seiner verlorenen Musterreden.[167] Irgendwo nennt er Homer einen Abkömmling des Musaios (B 25), nicht des Orpheus. Die Themen seiner Deklamationen, ursprünglich epische Stoffe, waren erst kurz zuvor von allen attischen Tragikern behandelt worden, und Gorgias' Kunstprosa ist viel stärker ihnen als der älteren Dichtung verpflichtet. Aber auch über die Stilmuster hinaus scheint Gorgias ein ganz neues und persönliches Interesse an der Tragödie gehabt zu haben. Weder von den Sophisten noch von Herodot oder Demokrit gibt es Äußerungen über die große zeitgenössische attische Dichtung; nur Gorgias nannte, als er über Aischylos sprach, eines seiner Stücke, die *Sieben gegen Theben*, ‹voll des Ares›, μεστὸν Ἄρεως (B 24).[168] Derselbe Ausdruck erscheint in Aristophanes' *Fröschen* 1021 δρᾶμα ποιήσας Ἄρεως μεστόν. – ποῖον; – τοὺς Ἑπτ' ἐπὶ Θήβας, wo dies von Aischylos selbst zu Dionysos gesagt wird. Zeitlich ist es gerade noch möglich, daß Gorgias, der das Ende des fünften Jahrhunderts um ungefähr zehn Jahre überlebte, die Worte der 405 aufgeführten Ko-

164 Zu dieser Frage und Gorgias' Stellung s. E. R. Dodds, *Plato: Gorgias* 6–10.

165 Cf. Gorgiae *Helena*, recogn. et interpretatus est O. Immisch (*Kleine Texte für Vorlesungen und Übungen* 158 [1927]), mit einem sehr brauchbaren Kommentar.

166 *Vors.* 31 A 1 § 58; s. a. oben S. 31.

167 B 17 = B VII 19 und B 14 = B VII 1.

168 S. *Exkurs II.*

mödie entnahm.[169] Aber in Plutarchs peripatetischer Quelle aus dem vierten Jahrhundert heißt es offenbar, daß Gorgias den treffenden Ausdruck geprägt habe; wenn wir dieser Tradition vertrauen (und das müssen wir wohl in solchen Fällen), dann muß Aristophanes den Ausdruck von Gorgias entliehen haben. Es ist auch viel plausibler, daß der aristophanische Aischylos einen bekannten, für ihn schmeichelhaften Ausdruck gebrauchte, als daß Gorgias Aristophanes wörtlich zitierte. Ganz zu Recht stellt man die weitere Frage, ob Aristophanes nicht noch mehr in seinen literarischen Behauptungen oder Urteilen Gorgias oder anderen zeitgenössischen Sophisten verdankt. Aber das Ergebnis gelehrter Untersuchungen[170] und scharfsinniger Kombinationen führt nicht weiter als zu der Wahrscheinlichkeit, daß die Worte und Gedanken in dem gewaltigen Wettstreit zwischen Aischylos und Euripides nicht ausschließlich Aristophanes' eigene Erfindung sind. Wir fanden *einen* Berührungspunkt mit Gorgias in den *Fröschen* 1021. Außer dieser Charakterisierung einer einzelnen Tragödie besitzen wir von Gorgias einige beiläufige Äußerungen über die Tragödie und über die Dichtkunst im allgemeinen und ihre Beziehung zur Kunstprosa, aber sie haben keine greifbaren Parallelen in Aristophanes' Komödien. Plutarch (*de glor. Ath.* 5, p. 348 C, cf. *de aud. poet.* p. 15 D) zitierte Gorgias mit dem Ausspruch: ἡ τραγῳδία ... παρασχοῦσα τοῖς μύθοις καὶ τοῖς πάθεσιν ἀπάτην, ὡς Γοργίας (*Vors.* 82 B 23) φησίν, ἣν (ἣν 15 D: ἣν 348 C) ὅ τ' ἀπατήσας δικαιότερος τοῦ μὴ ἀπατήσαντος (cf. Δισσοὶ λόγοι 3, 10; *Vors.* 90, 11, p. 411, 1) καὶ ὁ ἀπατηθεὶς σοφώτερος τοῦ μὴ ἀπατηθέντος, ‹die Tragödie hat durch (Darstellung der) Mythen und Leidenschaften einen Betrug hervorgebracht, so, daß der Betrügende gerechter ist als der nicht Betrügende und der Betrogene weiser als der nicht Betrogene›. Dies könnte eine ernst gemeinte, nicht ironische Bemerkung über die Kunst, ‹Illusionen› zu erzeugen, sein. Wenn Euripides Aischylos beschuldigt, ὡς ἦν ἀλαζὼν καὶ φέναξ οἵοις τε τοὺς θεατὰς / ἐξηπάτα (Aristoph. *Ran.* 909), meint er einfach, daß sein Gegner ein Schwindler und Lügner sei, der sein Publikum betrügt; ein solcher Vorwurf (des

169 Diese Ansicht vertrat aufs lebhafteste O. Immisch, 29f; aber s. Radermachers Rezension, *Philol. Wochenschrift* 1928, 5ff.

170 M. Pohlenz, ‹Die Anfänge der griechischen Poetik›, *NGG* 1920, Phil.-hist. Klasse, 142–78 = *Kleine Schriften* II (1965) 436ff, versuchte nachzuweisen, daß Aristophanes ein theoretisches Buch des Gorgias benutzte, welches eine Synkrisis des Aischylos und des Euripides enthielt. Wenn man auch diese Folgerung nicht akzeptieren kann, bietet doch der Artikel eine wertvolle Sammlung hierher gehörender Literaturstellen aus dem vierten und fünften Jahrhundert und war Anlaß zu einer lebhaften Diskussion. Wilamowitz, Radermacher, W. Kranz, M. Untersteiner (*I sofisti* [s. o. S. 53 Anm. 89] 259, mit einer brauchbaren Bibliographie 299f), W. Schadewaldt, E. Fraenkel und andere nahmen daran teil; Pohlenz, *Herm.* 84 (1956) 72f = *Kl. Schr.* II 585f, zog in sehr liebenswürdiger Weise einen guten Teil seiner eigenen Übertreibungen zurück.

ψεῦδος) ist für die literarische Polemik und Parodie seit der Frühzeit charakteristisch; er ist keine komische Verdrehung einer angenommenen sophistischen ‹Lehre› des Illusionismus. Hier besteht keine Beziehung zwischen Gorgias und Aristophanes.

Wir konnten beobachten, daß die Dichtung selbst den Weg zu ihrem eigenen Verständnis ebnete; naturgemäß waren Dichter die kompetenten Kritiker von Dichtung; dies trifft besonders für die kritische Betrachtung der dramatischen Dichtung zu.[171] Sie ist von Anfang an eines der wichtigen Themen der Alten Komödie;[172] man muß Aristophanes als den größten Erben dieser Tradition ansehen. Mit Hilfe einiger einzelner Verse des Aristophanes konnten wir erkennen, wie die Sophisten anfingen, frühe Dichtung zu erklären oder über die Sprache zu reflektieren; wahrscheinlich übernahm Aristophanes aus den zeitgenössischen Diskussionen mehr Themen als nur den vereinzelten Satz des Gorgias über Aischylos; aber wir sollten nicht so kühn sein, seine literarischen Urteile rein rückschließend auf den einen oder anderen der Sophisten zu übertragen. Er hatte seine eigenen Gedanken und seine eigene schöpferische Sprache, und gerade auf diesem Gebiet der Ästhetik wurden von den Dichtern des dritten Jahrhunderts Ausdrücke aufgegriffen, die offensichtlich von Aristophanes geprägt worden waren.[173] Grundsätzlich war seine Haltung gegenüber der Dichtung der der Sophisten entgegengesetzt; er betrachtete die ältere Dichtung als den wichtigsten Teil der ἀρχαία παιδεία. Die griechische Dichtung war ganz natürlich seit der epischen Periode ethisch ausgerichtet; erst in der großen Krisis gegen Ende des fünften Jahrhunderts trat diese ursprüngliche ethische Ausrichtung als Problem ins Bewußtsein.[174] Der dokumentarische Beweis für die neue Betrachtungsweise ist uns durch Aristophanes gegeben, besonders in den *Fröschen*, wo die großen Dichter der Vergangenheit, durch Aischylos repräsentiert, als die moralischen Führer ihres Volkes bestätigt werden, während zeitgenössische Dichter, vertreten durch Euripides, oder ‹Philosophen› wie Sokrates und die Sophisten als Zerstörer der Moral verurteilt werden.

Im Verlauf seiner Rede über Helena betont Gorgias erneut die Be-

---

171 Hinsichtlich der Richter, die in den dramatischen Wettkämpfen die Entscheidungen fällten, bemerkt A. Pickard-Cambridge, *The Dramatic Festivals of Athens* (1953) 98, trocken: ‹*That there was any demand for critical capacity seems unlikely*›. So kümmern uns diese κριταί nicht.

172 A. E. Roggwiller, *Dichter und Dichtung in der attischen Komödie* (Diss. Zürich 1926), stellte das Material ziemlich unzureichend zusammen (s. E. Wüst, *Philol. Wochenschr.* 1927, 1137ff); W. Schmid, *Gesch. d. griech. Lit.* I 4 (1946) 11; 13; 21; 209 etc.

173 S. unten S. 173f.

174 Vgl. *DLZ* 1935, 2134, und meine ganze Besprechung von W. Jaeger, *Paideia* I (1934); s. a. *Die griechische Dichtung und die griechische Kultur* (1932) 18.

deutung der ἀπάτη, der ‹Täuschung›, die jeder λόγος (Rede), ob in Versen oder in Prosa, hervorzubringen vermag (*Hel.* 8, 10 und wahrscheinlich 11). Dann nennt er Dichtung allgemein eine ‹Rede in Versen›, τὴν ποίησιν ἅπασαν καὶ νομίζω καὶ ὀνομάζω λόγον ἔχοντα μέτρον (*Hel.* 9), das klingt, als wolle er sie im Interesse der Rhetorik herabsetzen; andererseits aber fährt er damit fort, daß er die ungemein machtvolle Wirkung dieses ‹metrischen Gebildes› auf den Hörer beschreibt, ἧς τοὺς ἀκούοντας εἰσῆλθε καὶ φρίκη περίφοβος καὶ ἔλεος πολύδακρυς καὶ πόθος φιλοπενθής κτλ. ‹Erschauern in großer Furcht und tränenvolle Klage und Sehnen nach Leid.› Man ist natürlich geneigt, diese Worte nur auf die Tragödie zu beziehen, wie Aristoteles es in der *Poetik*[175] getan hat, aber Gorgias wollte sicher die epische und lyrische Dichtung genauso einbezogen wissen, wenn wir dem Text unserer beiden Handschriften trauen können. Ich bin nicht einmal sicher, ob nicht vielleicht zum erstenmal auch gemeint ist, daß die Rede, das reine einfache Wort ohne Musik und Metrum, genauso wirkungsvoll sein kann. Gorgias nämlich begann diesen Teil seiner Rede mit der feierlichen Behauptung (*Hel.* 8), λόγος δυνάστης[176] μέγας ἐστίν ‹Logos ist ein mächtiger Herrscher ... er hat Macht, der Furcht Einhalt zu gebieten, Gram zu vertreiben, Freude hervorzubringen und den Jammer zu steigern›, δύναται γὰρ καὶ φόβον παῦσαι καὶ λύπην ἀφελεῖν καὶ χαρὰν ἐνεργάσασθαι καὶ ἔλεον ἐπαυξῆσαι. Das klingt wie ein Hymnus in Prosa[177] auf eine göttliche Macht; tatsächlich wird vom Logos gesagt, er ‹vollbringe überaus göttliche Werke›, θειότατα ἔργα ἀποτελεῖ. Solche Sätze sind treffende Beispiele für Gorgias' Stil, aber man kann sie kaum als Spuren einer Lehre über die Dichtkunst betrachten. Einzelne treffende Formulierungen wie die von φρίκη und ἔλεος wurden in spätere Theorien übernommen, so wie Aristophanes die über die *Sieben* auswählte. Gorgias' Ehrgeiz war es vor allem, seine Schüler die technischen Rezepte seines imposanten neuen Stils zu lehren; aber die formale Vollendung sollte die von ihm beschriebene emotionale Wirkung auf die Hörer hervorbringen. Gorgias'

---

175 Siehe Pohlenz, loc. cit. 167ff, und bes. W. Schadewaldt, ‹Furcht und Mitleid?› *Herm.* 83 (1955) 129ff; 144; 158; 165 = *Hellas und Hesperien* (1960) 346ff, der die gründlichste und überzeugendste Interpretation der fraglichen Begriffe φόβος (φρίκη) und ἔλεος bietet; vgl. a. H. Flashar, ‹Die Lehre von der Wirkung der Dichtung in der griechischen Poetik›, *Herm.* 84 (1956) 18ff: er durchforschte das Corpus Hippocraticum, um zu zeigen, daß φόβος und ἔλεος mit all den von Gorgias erwähnten somatischen Symptomen ihren Ursprung in der medizinischen Literatur haben. Zu Aristoteles s. unten S. 102.

176 Pohlenz, loc. cit. 174ff, M. Untersteiner, *I sofisti* (s. o. S. 53 Anm. 89) I 177 und 185ff. J. W. H. Atkins, *Literary Criticism in Antiquity* I (1934, Neudruck 1952) 18.

177 Etwa 2000 Jahre später, 1444, eröffnete Lorenzo Valla seine *Elegantiae Latini Sermonis* mit einem ähnlich feurigen Hymnos auf die lateinische Sprache.

Bestrebungen wurden oft, im Altertum[178] und in der Neuzeit[179], lächerlich gemacht; das ist viel leichter als der Versuch, ausgewogen über sie zu urteilen. Die Künstlichkeiten und leeren Phrasen des Virtuosen mögen besonders den philosophischen Geist langweilen oder gar abstoßen; und trotzdem spüren wir noch eine ursprüngliche φιλία, eine Liebe zum λόγος, als treibende Kraft dahinter. Sie scheint seine Zeitgenossen ‹bezaubert› und seinen bleibenden Einfluß begründet zu haben.[180] Ein solcher Antrieb kann in einer Geschichte der φιλολογία nicht ganz übergangen werden.

Die angesehensten unter Gorgias' vielen Schülern waren Isokrates und Alkidamas, zwei verschiedenartige, ja kontrastierende Erscheinungen. Wie sein Lehrer war auch Isokrates[181] (436–338 v.Chr.) weder ein Liebling der Philosophen noch der Philologen; doch kann niemand seine echte Liebe zur Sprache und seine Meisterschaft darin bestreiten. Er führte seine eigene rednerische Gewandtheit zur Vollendung und lehrte erfolgreich die folgende Generation des vierten Jahrhunderts; als pädagogisches Genie ist er Melanchthon vergleichbar. Trotz seiner polemischen Rede ‹gegen die Sophisten›, κατὰ τῶν σοφιστῶν (*or.* 13), in der er die falschen Ansprüche seiner Rivalen angreift, verkörpert er den Höhepunkt des dem ‹Literarischen› verbundenen Wesens der ganzen Bewegung. In der Nachfolge des Gorgias schrieb auch er einen Hymnus auf den λόγος.[182] Im Gegensatz zu Gorgias aber zielte sein λόγος nicht auf die emotionale Wirkung von φρίκη und ἔλεος, von ‹Schauder› und ‹Jammer›, sondern auf vernünftige Überredung durch nüchterne Argumente (πείθειν, πίστεις); er soll die Rhetorik πειθοῦς δημιουργόν, ‹*persuadendi opificem*› genannt haben (*Art. script.* B XXIV 18, cf. 19 ἐπιστήμην πειθοῦς). Einige Sophisten verwechselten unseligerweise dieses schöpferisch folgernde Denken, den λόγος, mit unfruchtbarer Gelehrsamkeit, γράμματα, klagte Isokrates (*or.* 13 κ. σοφ. 10ff); er für sein Teil schätzte zweifellos die umfassende Kenntnis der Literatur, Dichtung sowohl wie Kunstprosa, hoch, (*or.* 2 *in Nicocl.* 13, etc.), aber nur insoweit, als sie zu seinem endgültigen Idealziel, dem εὖ λέγειν, dem ‹gut Reden› führte.[183] Das ist nicht in rein formalem Sinn ge-

---

178 *Auctor* Περὶ ὕψους 3,2 τὸ οἰδοῦν, μειρακιῶδες, ψυχρόν, κακόζηλον κτλ.

179 J. D. Denniston, *Greek Prose Style* (1952) 10ff, ‹the influence was, I believe, wholly bad›.

180 E. Norden, *Die antike Kunstprosa* I (1898) 63–79, ‹Gorgias und seine Schule›; S. 15ff, ‹Die Begründung der attischen Kunstprosa›.

181 *Art. script.* B XXIV Radermacher (1951). Marrou 121–138; mir erschien W. Jaegers Urteil über Isokrates (*Paideia* III 199–225, bes. 222f) immer recht ausgewogen, und ich kann in diesem Punkt Marrou nicht beistimmen. W. Steidle, *Herm.* 80 (1952) 257ff, bes. 274ff; 296.

182 Isokr. *or.* 3, Nicocl. 5–9 = *Art. script.* B XXIV 41,3, fast wörtlich wiederholt in *or.* 15, Antidos. 253–7.

183 Vgl. Marrou 125.

meint. ‹Den λόγος gut zu gebrauchen›, λόγῳ καλῶς χρῆσθαι, ist die beste Gewähr für παίδευσις, für ‹Kultur› (*or.* 4, *Panegyr.* 49); und ‹Griechen nennt man eher die, die unsere [i.e. die athenische] Kultur als die, die unsere gemeinsame Abstammung mit uns teilen› καὶ μᾶλλον Ἕλληνας καλεῖσθαι τοὺς τῆς παιδεύσεως τῆς ἡμετέρας ἢ τοὺς τῆς κοινῆς φύσεως μετέχοντας (ibid. 50, cf. 15, 293). In diesem berühmten Satz des Isokrates wird zum erstenmal die Einheit der ‹Griechen› bewußt ausgesprochen; er weist weit in die Zukunft.[184] Aus diesen allgemeinen Gründen verdient er seinen Platz in der Geschichte der Philologie.

Alkidamas,[185] vielleicht ein wenig älter als Isokrates, trat in Praxis und Theorie für die freie Improvisation der Rede ein. Er erblickte in den epischen Rhapsoden Improvisatoren und sah sich selbst als Fortsetzer der rhapsodischen Tradition in der Redekunst; vielleicht in derselben Tradition griff er die alte volkstümliche Geschichte vom ‹Wettstreit zwischen Homer und Hesiod› auf, von der wir die ersten Spuren im sechsten Jahrhundert fanden,[186] und erzählte sie ‹improvisierend› nach (αὐτοσχεδιάζειν). Diese Abhandlung des Alkidamas[187] war wahrscheinlich ein Teil eines größeren Buches mit dem Titel Μουσεῖον (was ursprünglich ‹Musenheiligtum› heißt); man ist versucht, diesem Buch auch die anderen Alkidamas-Fragmente, die sich mit Dichtung beschäftigen, zuzuweisen.[188] Die epische Dichtung wird vor allem durch Bezugnahme auf die *Odyssee* vertreten; er nannte sie einen ‹schönen Spiegel des menschlichen Lebens›, καλὸν ἀνθρωπίνου βίου κάτοπτρον, zu dieser Zeit eine überraschende Meta-

---

184 S. ‹Humanitas Erasmiana›, *Studien der Bibl. Warburg* 22 (1931) 2, Anm. 2.

185 *Art. script.* B XXII; weitere Fragmente in *Orat. Att.* rec. Baiter-Sauppe II (1850) 154–6; s. oben S. 58 Anm. 111.

186 S. oben S. 27 und 65f; F. Nietzsche, ‹Der Florentinische Traktat über Homer und Hesiod, ihr Geschlecht und ihren Wettkampf›, *Rh.M.* 25 (1870) 528ff und 28 (1873) 211ff = *Philologica* I (1910) 215–76; er irrte nur in der Annahme, daß der ‹Wettkampf› eine ‹Erfindung› des Alkidamas gewesen sei; im übrigen wurde seine Rekonstruktion von Alkidamas' *Museum* durch zwei neue Papyri bestätigt, s. die folgende Anmerkung.

187 Zum Michigan-Papyrus (zuerst veröffentlicht 1925) und zum Flinders Petrie Papyrus (zuerst veröffentlicht 1891) s. E. Vogt, ‹Die Schrift vom Wettkampf Homers und Hesiods›, *Rh. M.* 102 (1959) 193ff, *Gnom.* 33 (1961) 697, mit bibliographischen Ergänzungen, und *Antike und Abendland* XI (1962) 103ff. (Der Flind. Petr. Pap. ist jetzt P. Lit. Lond. 191, revidiert von H. J. M. Milne, *Catal. of the Lit. Pap. of the Brit. Mus.* [1927] 157.) Zu der *subscriptio* Περὶ Ὁμήρου im Michigan Papyrus s. E. R. Dodds, *Cl. Qu.* 46 (1952) 188 [zum Ganzen jetzt auch M. L. West, *Cl. Qu.* N.S. 17 (1967) 433ff].

188 F. Solmsen, ‹Drei Rekonstruktionen zur antiken Rhetorik und Poetik›, *Herm.* 67 (1932) 133ff.

pher, die Aristoteles' scharfe Ablehnung fand[189] (*Rhet.* III 3 p. 1406b 12). Andere kurze Sätze enthalten vielleicht Hinweise auf seine Definition des tragischen Pathos, die möglicherweise in manchem der seines Meisters Gorgias verpflichtet war.[190] Alkidamas erwähnte auch Lyriker (Archilochos, Sappho) und Philosophen (Pythagoras, Anaxagoras), die von bestimmten griechischen Städten geehrt wurden.[191] Es ist somit klar, daß sein Buch eine Anhäufung von verschiedenartigem gelehrten Material war, und das verbindet ihn mit jener Gruppe von Sophisten, zu der wir nun zum Schluß noch kommen, mit denen nämlich, die hauptsächlich oder ausschließlich ‹Altertümer› sammelten und beschrieben. Ἀρχαιολογία war der griechische Terminus für ‹Lehre von den Altertümern›, im Unterschied zu der großen politischen und militärischen ‹Geschichte›; *antiquitates*, Varros lateinische Übersetzung von ἀρχαιολογία, wurde zum gebräuchlichen Ausdruck für diesen Zweig unerläßlicher Kenntnisse, der in späteren Zeiten gleichermaßen zu Unrecht bald verachtet, bald überschätzt wurde.

Hippias von Elis,[192] wie ihn Platon in seinem Dialog darstellt (*Hipp. mai.* 285 D = *Vors.* 86 A II), benützte das Wort ἀρχαιολογία zum ersten und einzigen Mal in der vorhellenistischen Literatur; ‹die Leute möchten gern von den Genealogien der Heroen und Menschen, von der frühen Gründung von Städten hören›, καὶ συλλήβδην πάσης τῆς ἀρχαιολογίας,[193] und so mußte er ‹diese Dinge aufs sorgfältigste erforschen und lehren›. In Platons Darstellung prahlt er mit seiner umfassenden Kenntnis ebenso wie mit seinem praktischen Geschick in allen Dingen (*Hipp. min.* 368 B = *Vors.* 86 A 12). Wenn dieses Bild auch boshaft sein mag, gebührt Hippias doch das Verdienst, einige besondere ‹Altertümer› erforscht zu haben. Sein Verzeichnis der Sieger in den olympischen Spielen, Ὀλυμπιονικῶν ἀναγραφή (B 3) ist wahrscheinlich der erste Versuch,[194] eine Grundlage für die griechische Chronologie zu schaffen.[195] Der Titel eines Buches über Ἐθνῶν ὀνο-

---

189 E. Fraenkel, Aesch. *Ag.* II 385f. Zu dem großen Erfolg dieser Metapher (*speculum vitae*, etc.) in der antiken und mittelalterlichen lateinischen Literatur s. E. R. Curtius, *Europäische Kultur und Lateinisches Mittelalter* (Bern 1948) 339, 1.

190 F. Solmsen (oben S. 73 Anm. 188) 140ff.

191 *Art. script.* B XXII 14; vgl. Radermachers Anmerkung zu 13. Den Titel *Museum* griff Kallimachos auf (I 339).

192 *Vors.* 86; eine Auswahl von Fragmenten mit Kommentar *FGrHist* 6 (Neudruck 1957 mit Addenda) und *Art. script.* B XI.

193 E. Norden, *Agnostos Theos* (1913) 372f ἀρχαιολογία in der älteren Sophistik.

194 Über seine Zuverlässigkeit als historische Quelle s. L. Ziehen, *RE* XVII (1937) 2527ff. Zu ähnlichen Publikationen der letzten Jahrzehnte des fünften Jahrhunderts s. F. Jacoby, *Atthis* (1949) 59.

195 Die grundlegende Bedeutung des chronologischen Systems für die Koordinierung der Überlieferungen über Ereignisse der Vergangenheit er-

μασίαι (B 2) weist auf ethnographische Altertümer hin, für die die Erklärung von Namen Bedeutung hatte;[196] aus einem anderen Buch, das einfach Συναγωγή, ‹Sammlung› heißt (B 4), stammt die Geschichte von einer gefeierten Schönheit, die mit vierzehn Männern verheiratet war. Berücksichtigt man all die anderen erhaltenen kurzen Hinweise auf Mythologisches, Geographisches, Geschichtliches und besonders auf ältere Dichter und Philosophen, so kann man auf die größte Mannigfaltigkeit der behandelten Gegenstände schließen. Hippias (B 8) beobachtete, daß das Wort τύραννος nicht vor der Zeit des Archilochos in die griechische Sprache Eingang fand; Homer nannte selbst den schlimmsten Despoten βασιλεύς. Hippias machte Parallelexzerpte aus den alten Dichtern (B 6), Orpheus, Musaios, Hesiod, Homer; bemerkenswerterweise treffen wir genau dieselbe Reihenfolge bei Aristophanes (*Ran.* 1030ff), Platon (*Apol.* 41 A; ohne Hesiod *Ion* 536 B) und sogar bei Hermesianax (fr. 7, 16ff Powell) an. Ziemlich wahrscheinlich ließ er eine ebensolche Sammlung paralleler Passagen aus den ältesten Philosophen folgen, worin Thales[197] die Linie der vier eben genannten Dichter fortsetzt. Die 'Ολυμπιονικῶν ἀναγραφή war keine Chronik, sondern ein Namensregister mit nur wenigen notwendigen Anmerkungen; so halte ich es nicht für zutreffend, seine literarischen Sammlungen den Beginn einer Geschichte der Literatur und Philosophie zu nennen.[198] Statt dessen scheint die typische Form der antiquarischen Schriften des Hippias und seiner Zeitgenossen der Katalog gewesen zu sein, die Liste, der πίναξ.[199] Der Sophist benötigte als Redner und Lehrer diese Art von Kenntnissen; es war daher, wie auf anderen Gebieten auch, kein gelehrtes Interesse an den Lebensgewohnheiten vergangener Zeiten oder gar an der ‹Kulturgeschichte›, sondern es waren die praktischen Erfordernisse seines Berufes, die hinter seinen Bemühungen standen.[200]

Wir haben das Studium der Altertümer vorangestellt, weil es besonders charakteristisch für Hippias war; aber als echter Polyhistor[201]

---

kannte Hekataios (um 500 v.Chr.), er wurde aber irregeführt durch die fiktiven Listen spartanischer Könige, die er tatsächlich zu diesem Zweck zu gebrauchen versuchte.

196 Cf. Hellanikos 4 *FGrHist* 67 und Damastes von Sigeion, 5 *FGrHist.*

197 Siehe B 7 und B. Snell, ‹Die Nachrichten über die Lehren des Thales und die Anfänge der griechischen Philosophie- und Literaturgeschichte›, *Philol.* 96 (1944) 170ff = *Gesammelte Schriften* (1966) 119ff; cf. F. Jacoby, *FGrHist* I (^{2}1957) S. 542 Nachträge zum Kommentar 6 F 4, und G. B. Kerferd, ‹Plato and Hippias›, *Proceed. Class. Association* 60 (1963) 35f.

198 S. oben Anm. 197.

199 O. Regenbogen, Πίναξ *RE* XX (1950) 1412f.

200 S. oben S. 34, 67.

201 Xenoph. *Mem.* IV 4, 6 = *Vors.* 86 A 14 διὰ τὸ πολυμαθὴς εἶναι; Cic. *de or.* III 127 (nicht in *Vors.* 86). Zum wechselnden Ansehen des πολυμαθής s. unten S. 174 Anm. 99.

schloß er in sein Erziehungsprogramm nicht nur das ganze literarische Wissen ein, sondern auch naturwissenschaftliches Grundwissen. Offenbar unabhängig von pythagoreischer Tradition stellte er Astronomie, Geometrie, Arithmetik und ‹Musik›[202] zusammen, eine Kombination von Wissensgebieten, die eine lange und bewegte Geschichte hatte, bis ihr endlich Boëthius[203] fast tausend Jahre nach Hippias den Namen *Quadrivium* gab.[204] Hippias' eigene Interessen waren keineswegs auf vier oder auf sieben Wissensgebiete beschränkt, und er war nicht der Erfinder der sieben freien Künste. Er war kein ernsthafter Philosoph oder politischer Theoretiker; aber weil er stets darauf aus war, sein Publikum mit irgend etwas Neuem zu überraschen, brachte er es fertig, der zeitgenössischen Diskussion über ‹Physis und Nomos› eine neue Wendung zu geben; wenigstens in Platons *Protagoras*[205] war es Hippias, der die antithetische Formel φύσει – νόμῳ im Sinne von ‹von Natur aus› – ‹durch Konvention› aufbrachte, die dann nachgerade klassisch wurde. In seinen Sprachstudien schloß er sich, wie andere, Protagoras' ὀρθοέπεια-Lehre an; er nahm an den lebhaften Debatten[206] über epische Gedichte (B 9), homerische Helden (A 9, B 5) und über das Leben des Dichters Homer teil. Ein Gebiet, das andere Sophisten bis dahin gemieden hatten, betrat Hippias allein. Fragen der Rhythmik und Metrik waren die Sache der Musiker gewesen, möglicherweise des Lasos von Hermione[207] gegen Ende des sechsten Jahrhunderts, mit Sicherheit des Atheners Damon,[208] des Lehrers des Perikles; Hippias scheint der erste ‹Literat›, der erste Nicht-Musiker gewesen zu sein, der die Sprache zusammen mit der Musik behandelte und die ‹Bedeutung der Buchstaben und Silben, der Rhythmen und Tonarten› erkannte περί τε γραμμάτων δυνάμεως καὶ συλλαβῶν καὶ ῥυθμῶν καὶ ἁρμονιῶν.[209]

---

202 Plat. *Hipp. mai.* 285 BC (= *Vors.* 86 A 11) und *Prot.* 318 E mit Hinweis auf Hippias. H. I. Marrou, 549 Anm. 6 glaubt, daß μουσική an dieser Stelle ‹Akustik› bedeutet.

203 Boëth. *Instit. arithm.* p. 5,6 Friedlein.

204 P. Merlan, *From Platonism to Neoplatonism* (1953; ²1961) 78ff, ‹The origin of the Quadrivium›; s. a. A. Cornel. Celsus ed. F. Marx, *Corp. Medic. Lat.* I (1915), VIII–XIII, über Namen, Zahl und Anordnung der *artes* von den Sophisten bis Boëthius. Vgl. unten S. 307.

205 Plat. *Prot.* 337 C (= *Vors.* 86 C I), s. oben S. 55; 60 Anm. 120.

206 S. oben S. 57; 65ff.

207 W. Schmid, *Gesch. d. griech. Lit.*, I 1 (1929) 544ff. Lasos soll Onomakritos ertappt haben, wie er am Hof der Peisistratiden Musaios-Orakel fälschte (Hdt. VII 6 = *Vors.* 2 B 20a). Die lückenhafte und mehrdeutige Überlieferung hat sorgfältig nachgeprüft G. A. Privitera, ‹Laso di Ermione nella cultura ateniese e nella tradizione storiografica›, *Filologia e Critica*, I (1965).

208 *Vors.* 37, bes. B 9; Aristoph. *Nub.* 638ff; Wilamowitz, *Griechische Verskunst* (1921) 59ff, und *Platon* I (1919) 71; W. Schmid, op. cit. I 2 (1934) 731ff.

209 Plat. *Hipp. mai.* 285 D = *Vors.* 86 A 11, vgl. oben, S. 76 Anm. 202. S.a.

Von einfachen Lauten schritt er fort zu Gruppen von mehreren Buchstaben, d.h. zu Silben[210] und ihren Quantitäten, dann zu bestimmten Abfolgen von langen und kurzen Silben, zu Rhythmen und endlich zu ‹Tonarten›.[211] Die traditionelle griechische Einheit von Wort und ‹Musik› wurde nach wie vor aufrechterhalten, aber der Schwerpunkt hatte sich wohl doch von der Musik auf die Sprache verlagert;[212] am Ende dieser bedeutsamen Entwicklung, in der zweiten Hälfte des vierten Jahrhunderts, finden wir die dichterische Sprache und die Metrik[213] ganz unabhängig von der Rhythmik behandelt. Die Rolle, die Hippias und vielleicht auch andere Sophisten in der Zeit des Übergangs spielten, ist von modernen Gelehrten kaum beachtet worden. Ein vielseitiger Sophist wie Hippias war beinahe verpflichtet, auch selbst Verse zu schreiben: Epen, Tragödien, Dithyramben (A 12); eine Klage in Distichen über den Untergang des messenischen Knabenchors (B 1 ἐλεγεῖα ... ἐποίησεν) mag uns an Archilochos' Elegie über die ertrunkenen Parier erinnern.[214]

Wie Hippias für sich in Anspruch nahm, auf so vielen Gebieten kompetent zu sein, so auch die Satyrn in einem Stück, das Sophokles[215] offensichtlich in fortgeschrittenem Alter herausbrachte;

Plat. *Hipp. min.* 368 D = *Vors.* 86 A 12 καὶ περὶ ῥυθμῶν καὶ ἁρμονιῶν καὶ γραμμάτων ὀρθότητος; *Cratyl.* 424 C, *Phileb.* 18 B ff. Cf. Democr. oben S. 63ff.

210 Cf. Aesch. *Sept.* 468 γραμμάτων ἐν ξυλλαβαῖς.

211 ἁρμονίαι bedeutet gewöhnlich die verschiedenen ‹Tonarten› (Plat. *Rep.* III 398 Dff, und zu dieser Stelle Isobel Henderson, ‹Ancient Greek Music›, *New Oxford History of Music* I [1957] 384f); ich sehe keinen Grund, warum es an der Stelle über Hippias als ‹melodische Linie› verstanden werden sollte; oder ‹Betonungen› (wie es offensichtlich in Δισσοὶ λόγοι 5, 11 = *Vors.* II 413, 14 aufgefaßt werden muß, s. H. Gomperz, *Sophistik und Rhetorik* [1912] 71; 145f).

212 Ungefähr zur selben Zeit, gegen Ende des fünften Jahrhunderts, schrieb Glaukos von Rhegion Περὶ τῶν ἀρχαίων ποιητῶν καὶ μουσικῶν (s. F. Jacoby, *RE* VII 1417ff) ohne, wie es scheint, ‹Musiker› und ‹Dichter› der alten Zeit zu trennen.

213 S. unten S. 103 (Aristoteles).

214 Fr. 7 D. 3 und *P. Oxy.* 2356.

215 Ich schreibe *P. Oxy.* 1083, fr 1 (nachgedruckt in D. L. Page, *Greek Literary Papyri* I [1942] Nr. 31 und in *Satyrographorum Graec. fragmenta*, ed. V. Steffen [^{2}1952] 258) zuversichtlich dem Sophokles zu. V. 13 ἐψευσμένα erscheint zweimal bei Sophokles, *O.R.* 461 und fr. 577 P., dagegen findet sich weder bei Aischylos noch bei Euripides ein Perfekt Passiv. Das ist die entscheidende Stelle. Überdies findet sich das Futur ἐξερῶ zwölfmal bei Sophokles (neunmal Perfekt und Aorist), überhaupt nicht bei Aischylos und nur zweimal bei Euripides, aber in andersartigen Ausdrücken. Die Anapher V. 9ff hat Hunt in *P. Oxy.* VIII p. 61 als möglicherweise sophokleisch vermerkt; vgl. a. P. Maas, *Berlin. Philol. Wochenschrift* 32 (1912) 1427–9. Eine Anzahl neuer Fragmente, von derselben Hand geschrieben und in *P. Oxy.* XXVII (1962) publiziert als Nr. 2453 von E. G. Turner, spricht für Sophokles. Zu *P. Oxy.* 1083, fr. 1 als Teil eines Satyrspiels des Sophokles s. *WSt.* 79 (1966) 63ff.

in dem gut erhaltenen Fragment[216] empfehlen sie sich einem König (Oineus?) als Gefolge für seine Tochter, denn sie besitzen nicht nur alle wünschenswerten Fähigkeiten in Spielen und Wettkämpfen in Dichtkunst, Musik und Tanz,[217] sondern auch höchst brauchbare Kenntnisse in verschiedenen Zweigen der Wissenschaft. Es ist ein bezauberndes und humorvolles Bild, keine boshafte Travestie desselben Universalismus, den Sophisten wie Hippias auszubreiten pflegten.

Wir finden dieselbe Verbindung von antiquarischer Gelehrsamkeit und Dichtung bei Kritias (etwa 460–403 v.Chr.),[218] so daß wir ihn mit Hippias zusammen behandeln können. Er soll Gorgiasschüler gewesen sein (*Vors.* 88 A 17) und schloß sich mit Sicherheit für einige Zeit Sokrates an (ibid. A 4); aber als er schließlich versuchte, sophistische Ideen vom ‹Recht des Stärkeren›[219] in die Praxis umzusetzen, fand er einen frühen Tod als ‹*tyrannorum dux*› in der Schlacht von Munichia (A 12). In seinen Schriften über Literatur sind starke aristokratische Vorurteile sichtbar. In einem nicht weiter bekannten Prosawerk (B 44) verurteilte er die Selbstbekenntnisse des niedriggeborenen Archilochos auf das schärfste, feierte aber in einem epischen Gedicht den ‹süßen› Anakreon, der einst ein Freund eines von Kritias' eigenen adeligen Ahnen[220] und ein ‹Weber der Lieder› zum Vergnügen der vornehmen Gesellschaft war; die zehn Hexameter (B 1 = fr. 8 D.³) sind möglicherweise Teil eines längeren Gedichtes über Leben und Werk mehrerer Dichter, das vielleicht mit Homer als dem Sohn eines Flußgottes begann (B 50). So können wir Kritias mit Recht neben Alkidamas und Hippias stellen. In seinen Elegien lieferte er einen Katalog der Erfinder (B 2 = fr. 1 D.³), griechischer sowohl als auch fremder, aus dem wir bereits die Erfindung des Alphabets durch die Phoiniker, ein epochemachendes Ereignis in der Geschichte der Menschheit und besonders in der Geschichte der Philologie, erwähnten.[221] Andere Elegien haben Bräuche, Erfindungen, ja sogar Staatsverfassungen in verschiedenen Teilen Griechenlands zum Gegenstand und zeigen eine offenkundige Vorliebe für Sparta als Muster (B 6 = fr. 4 D.³). Sein besonderes Interesse an Erfindungen und seine Vorliebe für das Sammeln von gelehrtem Material stehen

---

216 Die übrigen dreißig von demselben Schreiber geschriebenen kleinen Fragmente gehören wohl zu anderen Stücken (und sogar zu anderen Dichtern).

217 Cf. Soph. *Amphiaraos*, fr. 121 P., Satyrn tanzen die Buchstaben.

218 *Vors.* 88; dichterische Fragmente auch in *Anth. Lyr. Gr.* ed. Diehl fasc. I (³1949) 94ff; neue vollständige Ausgabe mit Kommentar von A. Battegazzore in *Sofisti*, ed. M. Untersteiner IV (1962) 214–363.

219 S. oben S. 55.

220 Siehe A. E. Taylor, *A Commentary on Plato's Timaeus* (1928) 23ff.

221 S. oben S. 42f; cf. A. Kleingünther, Πρῶτος Εὑρετής, *Philol.* Suppl. Bd. 26, 1 (1933) 145 [vgl. a. den Artikel ‹Erfinder› II (Geistesgesch.) v. K. Thraede, *RAC* 5 (1962) 1192ff].

vollständig in der Tradition der Sophisten, ebenso seine erzieherische Absicht (s. auch B 9 = fr. 7 D.[3]). Da wir seine bemerkenswerten dichterischen Fähigkeiten aus den Fragmenten seiner Tragödien und Satyrspiele kennen (B 10–29), sind wir nicht überrascht, daß er der einzige Sophist war, der einiges von seinen gelehrten Materialien in Verse goß, vielleicht um es für den Leser schmackhafter zu machen. Kritias als Verfasser von Elegien antiquarischen und Epen literarischen Inhalts nimmt eine wichtige Stellung zwischen den *poetae philosophi* der Vergangenheit und den *poetae docti* der Zukunft ein, während er selbst weder ein Philosoph noch ein Gelehrter war. Einige zeitgenössische Schriftsteller, Euenos (*Art. script.* B XX), Likymnios (ibid. B XVI), Agathon (*TGF* p. 763 N.[2]), die uns als Verfasser von Elegien, Dithyramben und Tragödien besser bekannt sind, standen in enger Verbindung zur sophistischen Bewegung. Was uns sonst aus der griechischen Literatur erhalten ist, bestätigt, daß sie um 400 v.Chr. durch eine Zeit der Unsicherheit und Krisis ging.[222]

Wir sagten oben (S. 33), daß man in gewissem Sinn die Sophisten als Erben der frühen Rhapsoden ansehen kann. Die Rhapsoden, die am Ende des fünften Jahrhunderts immer noch die traditionelle Dichtung vortrugen und interpretierten,[223] überlebten nun diese Krisis. Sie waren natürlich Schüler der Sophisten geworden. Sokrates klagt in Platons *Ion*[224] darüber, daß der gewandte, ‹göttlich inspirierte› Rhapsode weder τέχνη noch ἐπιστήμη, weder ‹Kunst› noch ‹Wissen› besitze (536 C οὐ γὰρ τέχνῃ οὐδ' ἐπιστήμῃ περὶ Ὁμήρου λέγεις ἃ λέγεις cf. ibid. 532 C). Derselbe Vorwurf wurde den Sophisten im allgemeinen gemacht, wenn auch aus ganz anderen Gründen. Ihre vielseitige Aktivität auf literarischem Gebiet beruhte nur auf Beobachtung und praktischer Erfahrung. Ihre eigene Tüchtigkeit steht außer Zweifel, und sie haben manchen Funken auch in anderen entzündet. Sie trugen entscheidend zur Entwicklung des Buchwesens bei, von dem Aufstieg und weitere Existenz der Philologie abhingen. Sie erweckten und erhielten ein neues Interesse an alter Dichtung, selbst wenn Interpretation ihnen nicht mehr als geistiges Training bedeutete. Rhetorische Virtuosität war das unmittelbare Ergebnis ihrer Sprachanalyse und ihrer ‹kritischen› Beschäftigung mit der Literatur. Immerhin war ihre echte Liebe zur Sprache nicht ohne anspornenden Einfluß auf Generationen, die ernsthaftere Untersuchungen begannen. Und schließlich, wenn sie für ihre eigenen Darbietungen und für die Unterweisung ihrer Schüler einen umfangreichen Wissensstoff an-

---

222 Siehe a. das neue Verhältnis von λόγος zu μουσική oben S. 76f.

223 Plat. *Ion* 530 C (τὸν γὰρ ῥαψῳδὸν ἑρμηνέα δεῖ τοῦ ποιητοῦ τῆς διανοίας γίγνεσθαι τοῖς ἀκούουσι); s. a. oben S. 55f.

224 Wenn ich sage ‹Platons *Ion*›, dann meine ich, daß die Ideen und Argumente dieses viel diskutierten Dialogs echt platonisch sind; eine kritische Besprechung der Diskussion bietet H. Flashar, *Der Dialog Ion als Zeugnis platonischer Philosophie* (Berlin 1958) 1–16.

häufen mußten, so boten solche Sammlungen zuweilen Anregung für spätere Studien. Aber all ihre Bestrebungen, so beachtlich sie auch waren, hatten mehr oder weniger zufälligen und willkürlichen Charakter; selbst die Mathematik, die sie lehrten, blieb offensichtlich auf der Ebene der bloßen Empirie.

III

DIE GROSSEN PHILOSOPHEN IN ATHEN: SOKRATES, PLATON, ARISTOTELES

Die Sophisten taten nicht den Schritt vom Wege der ἐμπειρία zu einer bewußten Methode, einer τέχνη, einer ‹Kunst›, die praktische Tüchtigkeit mit theoretischem Wissen verband. Philologie ist, wie wir ganz am Anfang feststellten, eine solche τέχνη. Daß die Sophisten es versäumten, diese zustande zu bringen, rief die sokratisch-platonische Kritik und Opposition auf den Plan.[1] Entscheidend waren jedoch nicht die allgemeine Polemik, die verschiedenen Argumente gegen die Sophisten oder kleinere Korrekturen durch Platon; was ins Gewicht fiel, war der vollkommen neue Ansatz, der leidenschaftliche Wunsch, zu einer neuen τέχνη, einer ‹Kunst›, zu einem echten, auf Vernunft gegründeten Wissen (ἐπιστήμη) zu gelangen, der Versuch, die Wahrheit zu erreichen (τῆς ἀληθείας . . . πεῖραν *Prot.* 348 A cf. *Phaedr.* 270 A f, *Meno* passim). Das ging weit über Protagoras' unbestimmte Lehre von der ‹Korrektheit› hinaus, die für die sophistische Geisteshaltung charakteristisch war. Platons strenge Forderung nach völliger Bewältigung der Sache, nach klaren Definitionen und nüchterner Beweisführung machte es zum erstenmal möglich, eine wirklich wissenschaftliche Grundlegung auf allen Gebieten geistiger Tätigkeit zu erzielen; sie bestimmte die ganze Zukunft der Geistes-

1 Plat. *Phaedr.* 270 B μὴ τριβῇ μόνον καὶ ἐμπειρίᾳ, ἀλλὰ τέχνῃ, cf. *Gorg.* 463 B; 465 A. Eine genaue Definition gibt Aristoteles, *Metaphys.* A I p. 981 a 5 γίγνεται δὲ τέχνη, ὅταν ἐκ πολλῶν τῆς ἐμπειρίας ἐννοημάτων μία καθ' ὅλου γένηται περὶ τῶν ὁμοίων ὑπόληψις ‹Die Kunst kommt aber dadurch zustande, daß aus vielen Vorstellungen der Erfahrung eine allgemeine Annahme über das Ähnliche erwächst› [mit Benützung der Übersetzungen von Bonitz und Rolfes]. Über den platonischen Charakter dieses Kapitels und seine Beziehung zur Behandlung im *Protreptikos* s. W. Jaeger, *Aristoteles* (1923) 68ff, (τέχνη und ἐπιστήμη werden in diesem Kapitel von Aristoteles nicht unterschieden, aber s. *Anal. post.* 100 a 9). I. Düring, *Aristotle's Protrepticus* (1961) 242, stimmt mit Jaeger überein. Es ist nicht zu beweisen und auch nicht wahrscheinlich, daß Platon eine Art ‹Formel› gebraucht hätte, die in hippokratischen Kreisen geprägt wurde, s. K. Deichgräber, *Die griechische Empirikerschule* (1930) 273, 1. Diese negative Feststellung wird von F. Heinimann, ‹Eine vorplatonische Theorie der τέχνη›, *Mus. Helv.* 18 (1961) 105ff, bestätigt, der frühe sophistische und medizinische Schriften gründlich durchforschte; die Neuheit der sokratisch-platonischen Unterscheidung zwischen ἐμπειρία und τέχνη wird ganz deutlich.

wissenschaften wie auch der Naturwissenschaften. Wir haben es hier nicht mit der Naturwissenschaft zu tun, und weil im strengen platonischen Sinn ἐπιστήμη sich auf die exakten Naturwissenschaften bezieht, insbesondere auf die Mathematik, des weiteren aber auch auf die Ethik (die Kenntnis des ἀγαθόν)[2], beschränken wir uns auf die τέχνη[3]. Es ist nicht nötig, auf die umstrittene Frage einzugehen, ob es möglich sei, zwischen dem ursprünglichen sokratischen Beitrag und seiner platonischen Darstellung zu unterscheiden; es ist aber so gut wie sicher, daß mit der Persönlichkeit, die in der *Apologie* und in vielen anderen Dialogen unermüdlich Fragen nach der τέχνη stellt, der historische Sokrates gemeint ist.

Als wir die Ergebnisse der sophistischen Bewegung auf unserem Wissensgebiet besprachen, hielten wir in einigen Fällen Platons Reaktion fest, und wir brauchen das dort Gesagte nicht zu wiederholen. Sokrates hat nie ein Buch geschrieben, und Platon hatte starke Vorbehalte gegenüber dem Wert des geschriebenen Wortes, das von den Sophisten so sehr in den Vordergrund gerückt wurde. Er betrachtete ihr Unternehmen, die alten Dichter auszulegen, als unnütz oder gar unmöglich. Hinter dieser skeptischen Haltung gegenüber den Interpreten, ob Rhapsoden oder Sophisten, steht Platons tiefes Mißtrauen gegen die Dichter selbst.[4] Dichtung war für ihn ein ἄλογον, ‹nicht vernünftig› oder gar ‹widervernünftig›. Er hielt sie von Anfang an für ‹inspiriert› (*Apol.* 22 A–C; *Ion* 533 E etc.)[5] und später, entsprechend der Lehre, die er in *Rep.* X entwikkelte, auch für ‹nachahmend› (bes. 595ff). Dies war kein Widerspruch zu seiner allgemeinen Anschauung, die er niemals aufgab, sondern eine zusätzliche Erklärung, die auf dem folgenden metaphysischen Gedankengang fußte: ‹Nachahmung› (μίμησις) nimmt erst den dritten Platz ein nach den Ideen und der Welt der Erscheinungen (ibid.s.o. 597 E), und so ist Homers Dichtung als Nachahmung nur ein Spiel, nichts Ernstes (εἶναι παιδιάν τινα καὶ οὐ σπουδὴν τὴν μίμησιν ibid. 602 B); schlimmer noch, es gibt andere, die wie die Tragiker ‹eine schlechte politische Ordnung in der Seele des einzelnen hervor-

2 K. v. Fritz, ‹Der Beginn universalwissenschaftlicher Bestrebungen und der Primat der Griechen›, *Studium generale* XIV (1961) 618f, zu diesem speziellen Problem; zur Bedeutung von ἐπιστήμη 610ff.

3 Zu τέχνη, ἐμπειρία und ἐπιστήμη s. H. Steinthal II² 162–79; s. a. unten zu Dionys. Thr. S. 324 und 329.

4 E. R. Dodds, *Plato: Gorgias* (1959) 322; H. Flashar, *Der Dialog Ion* (1958) 106ff: ‹Platon und die Dichter› mit Bibliographie.

5 ἐνθουσιασμός muß ‹göttlichen› Ursprung zur Voraussetzung haben (θείᾳ μοίρᾳ καὶ κατοκωχῇ *Ion* 536 C); aber dieser seiner selbst nicht bewußte dichterische ‹Enthusiasmus› unterscheidet sich wesentlich von der ἐνθουσίασις des Philosophen (*Phaedr.* 249 CE), der durch vernünftige Überlegung zu Wissen und Wahrheit geleitet wird πρὸς τῷ θείῳ γιγνόμενος.

bringen› (ibid. 605 B). In Platons Idealstaat, dem Reich der Vernunft, würden die Bürger durch die Dichter gefährdet, weshalb diese, mit ganz wenigen Ausnahmen (ibid. 607 A; cf. *Leg.* 817 BC), daraus vertrieben werden müssen. Der ‹alte Streit› zwischen Philosophie und Dichtung (παλαιὰ ... διαφορὰ φιλοσοφίᾳ τε καὶ ποιητικῇ ibid. 607 B 5), der mit Xenophanes begann, wurde auf höherer Ebene wieder aufgenommen (s. a. *Rep.* II, bes. 379ff über Dichter und Götter). Folgerichtig konnte hier kein Raum für literarische Kritik sein; eine ‹inspirierte› Dichtung ist ihr nicht zugänglich, und eine ‹spielerische› nachahmende Kunst schien kaum ein würdiger Gegenstand für ernsthafte Kritik zu sein. Übrigens würde niemand von Platon erwarten, daß er die Vielwisserei von Leuten wie Hippias, einschließlich der antiquarischen Studien, besonders geschätzt hätte, auch wenn er nicht seine Meinung darüber unmißverständlich in den Hippias-Dialogen geäußert hätte.

Dieser flüchtige Überblick hebt wieder die Unterschiede in der Einstellung hervor und scheint ziemlich entmutigend; aber hat Platon nicht wenigstens die Verdienste der Sophisten im Bereich der Sprachbetrachtung gewürdigt, wo sie ihr Bestes getan haben? Die sophistische Sprachanalyse war wahllos und oft prätentiös; Sokrates entwickelte sie in höchst konstruktiver und methodischer Weise weiter und schuf damit ein neues, verfeinertes Instrument der Dialektik. Platon hat in seinem *Kratylos* zum erstenmal sprachliche Probleme in den Mittelpunkt einer umfassenden philosophischen Auseinandersetzung gestellt; sie blieben ihm gegenwärtig, da sie in späteren Dialogen immer wieder erschienen (*Sophistes* 252 A ff, *Philebos* 18 B ff, gelegentlich auch im *Symposion* 198 B f, *Rep.* 462 C ff, *Theaet.* 206 D, *Tim.* 49 E cf. *Ep.* VII 342 B ff). Sophistische Debatten und die Entdeckungen der Zeitgenossen waren zweifellos ein gewisser Ansporn für Platon, aber er ging auch zurück auf die Homer-Studien und auf ernsthafte ‹linguistische› Studien früherer Philosophen. Kratylos[6] selbst, ein sogenannter Herakliteer, vertritt natürlich die Gedanken Heraklits, aber auch eleatische Elemente werden von dem anderen Gesprächspartner Hermogenes in die Erörterung gebracht und möglicherweise auch Elemente demokritischen Denkens[7]; eine allgemeine Sprachphilosophie tritt hervor. Der platonische Dialog befaßte sich ausschließlich mit ‹Wörtern› und ihrer Beziehung zu ‹Dingen›, und Platons ganzes Interesse konzentriert sich auf die Möglichkeit eines Wissens über τὰ ὄντα, die ‹Welt der Dinge›. Nur wenn wir diese Grundausrichtung fest im Auge behalten, können wir die Bedeutung einiger sehr persönlicher Feststellungen Platons über die Sprache, besonders über die Etymologie

6 *Vors.* 65 (nur Testimonia, keine Fragmente); J. Stenzel, *RE* XI 1660ff.
7 S. oben S. 63f und *Exkurs III*.

erfassen, die sonst dem modernen Ohr etwas verwirrend klingen und leicht mißverstanden werden können.[8]

Protagoras gebrauchte, wie es scheint, nur *einen* Ausdruck für Wörter, ὀνόματα; ebenso offensichtlich Antisthenes.[9] Platon gebrauchte in seinem *Kratylos* zwei: ὀνόματα und ῥήματα (399 AB; 425 A; 431 B); im *Sophistes* (262 A) werden sie genauer unterschieden und definiert: ὀνόματα werden als ‹Namen der Dinge› verstanden und ῥήματα als ‹Dinge, die darüber ausgesagt werden›.[10] Das war weder eine technische Unterscheidung im Sinne der späteren Grammatik (‹Nomen› und ‹Verbum›) noch eine logische (‹Subjekt› und ‹Praedikat› im aristotelischen Sinne von ὑποκείμενον und κατηγορούμενον); sie wurde vorgeschlagen und erläutert im Verlauf der Diskussion über den Wert der Wörter für die Kenntnis der Dinge (τὰ ὄντα), welche, wie wir gerade sagten, Platons Hauptanliegen war.[11] Wenn jemand Διὶ φίλος (*Crat.* 399 B) genannt wird, ist φίλος ein ῥῆμα, weil es über ihn gesagt wird; Δίφιλος, als jemandes Name, ist ein ὄνομα. Beide sind δηλώματα, ‹Mittel, etwas kenntlich zu machen›, wie Platon im *Sophistes* (261 E) sagt, wo ὄνομα sich auf die πράττοντες (den Vollzug der Handlung), ῥῆμα sich auf die πρᾶξις (die Handlung) bezieht; aber sie machen nichts kenntlich, solange sie nicht ‹miteinander verflochten› sind und einen λόγος, einen Satz hervorbringen: ἄνθρωπος μανθάνει (262 C).

Wenn Wörter wirklich δηλώματα sind, lohnt es sich, nach den

---

8 Steinthal I² 79ff. Der *vollständige* Titel dieses großen Werkes verdient Beachtung; es wurde zuerst 1863, A. Böckh gewidmet, publiziert, und seine Kapitel über Sprach-*Philosophie* haben noch nichts von ihrer Aktualität verloren. Zu Steinthals eigenen Theorien s. J. Wach, *Das Verstehen* III (1933) 206–50. – P. Friedländer, *Platon* II (² 1957) 181ff, Kratylos; Bibliographische Hinweise in den Anmerkungen 1; 7; 8; 20; S. 310ff; vgl. a. Sandys I³ 92–96; G. Murray, *Greek Studies* 176–9 in einem oben S. 60 Anm. 120 zitierten Aufsatz zum *Kratylos* nicht sehr wohlwollend und teilweise mit Mißverständnissen; R. H. Robins, *Ancient and Mediaeval Grammatical Theory in Europe* (1951) 12ff; Barwick, ‹Stoische Sprachlehre› 70–79 (Platons Kratylos).

9 Protagoras: oben S. 58ff, Antisthenes S. 57f.

10 ὀνόματα = *‹names of things›*, ῥήματα = *‹things said about them›* ist G. Murrays Übersetzung in dem Aufsatz loc. cit.

11 Platon spricht von der δύναμις der ὀνόματα *Crat.* 394 BC. Die Quelle von Diog. L. III 25 (Favorinus wie in III 24, F. Leo, *Die griech.-röm. Biographie* [1901] 55; cf. ibid. 46ff, zu εὑρήματα) bezieht sich wohl auf diese Passage oder auf ähnliche, wenn sie auf einige εὑρήματα bei Platon aufmerksam macht: καὶ πρῶτος ἐθεώρησε τῆς γραμματικῆς τὴν δύναμιν. Was auch Diog. L. mit δύναμις gemeint haben mag, Platon hatte niemals die Absicht, über ‹Grammatik› zu reflektieren, die im späteren technischen Sinne noch gar nicht existierte. Die Übersetzungen der vielzitierten Bemerkung des Diog. L. sind sehr verschieden und irreführend: Sandys I³ 92 *‹the first to speculate on the nature of grammar›* oder R. H. Robins, loc. cit. 17 *‹first considered the potentialities of grammar›*. In Stratons Vers σκοπεῖν ἕκαστόν τι δύναται τῶν ῥημάτων (unten S. 118) bezieht sich δύναται einfach auf die genaue ‹Bedeutung› seltener Vokabeln.

‹Elementen› zu fragen, aus denen sie gebildet sind. Der Sophist Hippias hat möglicherweise dieses Gebiet vor Platon betreten, indem er sich, auf andere Art, vielleicht in der Nachfolge Demokrits, mit Buchstaben, Silben und Rhythmen befaßte.[12] Platon nannte die Lautelemente (die er anscheinend mit den Buchstaben, γράμματα, als den Grundbestandteilen der Silben identifizierte) στοιχεῖα (*Crat.* 393 D; 424 C; 426 D); im *Sophistes* (252 B) gebrauchte er denselben Ausdruck für die Grundbestandteile der physikalischen Welt.[13] Ein paar Jahrzehnte später konnte Aristoteles' Lieblingsschüler, Eudemos von Rhodos, keinen früheren Beleg für diesen Gebrauch finden und erkannte deshalb Platons Priorität an, στοιχεῖα πρῶτος αὐτὸς ὠνόμασε τὰς τοιαύτας ἀρχάς (fr. 31 Wehrli).[14] Das dürfte wohl richtig sein. Eudemos würde nur dann widerlegt, wenn eine Stelle des peripatetischen Philosophen Adrastos von Aphrodisias (2. Jh. n. Chr.) in das fünfte Jahrhundert v. Chr. zurückdatiert werden könnte;[15] dann würden sowohl Platon als auch Aristoteles um den Anspruch gebracht, einige wichtige wissenschaftliche Termini eingeführt zu haben wie etwa ὀνόματα und ῥήματα, φωναὶ πρῶται . . . στοιχειώδεις . . . ἀδιαίρετοι. Es hat aber bisher dafür nicht den kleinsten Beweis gegeben, auch hat man keinen eindeutig vorplatonischen Beleg entdecken können; aber ein solcher kann natürlich eines Tages auftauchen, wie Platon sich ja auch ganz frei Ausdrücke zu eigen machte, die von anderen geprägt worden waren. So wie er selbst στοιχεῖα zuerst im *Kratylos* in literarischem Sinn gebraucht zu haben scheint (φωνῆς στοιχεῖα), ist man versucht anzunehmen, daß der Ausdruck ursprünglich die in einer Reihe aufgeführten Buchstaben (στοιχέω, στοῖχος), das Alphabet[16], bedeutete und dann erst in die Naturwissenschaften, in die Physik und Mathematik, übertragen wurde. Gegen diese Hypothese sind Einwände erhoben worden, und schwerwiegende Argumente wurden für die Priorität der Mathematik vorgebracht[17], da ein jüngerer Zeitgenosse Platons, ein Schüler des Eudoxos, Menaichmos,[18] στοιχεῖα auf die elementaren mathematischen Beweise

---

12 S. oben S. 76.

13 Cf. *Theaet.* 201 E; 202 E; 203 B; *Phileb.* 18 C στοιχεῖα als Buchstaben; als Grundprinzipien cf. *Tim.* 48 B, 54 D.

14 Cf. Diog. L. III 24; in diesem Fall können wir Diog. L.' Feststellung auf eine verläßliche Quelle zurückführen (via Favorinus?); andererseits siehe die skeptischen Bemerkungen zu S. 55 Anm. 99 und S. 84 Anm. 11.

15 S. *Exkurs III.*

16 Zum Ursprung d. griech. Alphabets s. oben S. 37ff.

17 Die meisterhafte Schrift von H. Diels, *Elementum* (Leipzig 1899), eröffnete den Streit über den Ursprung von στοιχεῖον; die vollständige Geschichte der Kontroverse referiert W. Burkert, ‹Στοιχεῖον. Eine semasiologische Studie› (s. *Exkurs III*), der seinerseits entschieden für den mathematischen Ursprung plädiert; s. a. oben S. 41 Anm. 34 und Jeffery, *The Local Scripts* 40.

18 Eudem. fr. 133, Wehrli, *Die Schule des Aristoteles* 8 (1955) 55,2; cf. Plat. *Tim.* (oben Anm. 13).

anwandte. Was auch bei dieser Kontroverse herauskommen mag, für unseren Zweck ist Platons Darstellung im *Kratylos* entscheidend, da sie allein die spätere Terminologie beeinflußt hat. Ebenso war es mit den Bezeichnungen der Gruppen, in die er die στοιχεῖα einteilte (*Crat.* 424 C); die erste Gruppe sind τὰ φωνήεντα, die ‹Vokale›, die zweite Gruppe (τὰ ἕτερα) sind τά τε ἄφωνα καὶ ἄφθογγα, ‹die Konsonanten und die Muta›, um die modernen Termini zu gebrauchen; die Konsonanten, die keine ἄφθογγα sind, nennt Aristoteles ἡμίφωνα.[19] Für diese Einteilung beruft sich Platon auf die in στοιχεῖα Kundigen: οὑτωσὶ γάρ που λέγουσιν οἱ δεινοὶ περὶ τούτων, womit er Hippias oder andere Sophisten gemeint haben könnte.[20] Platons eigene neue Fragestellung war, ob man in diesen Grundelementen einen Zusammenhang zwischen Klang und Bedeutung feststellen könne; er erwägt, daß ῥῶ auf schnelle Bewegung hindeuten (*Crat.* 426 C, 434 C) und ein ‹nachahmender Laut› wie in ῥεῖν und ῥοή sein könnte, oder daß λάβδα an etwas Weiches und Sanftes denken läßt (λεῖον, μαλακόν), und so fort. Im weiteren Verlauf des Dialogs werden verschiedene Fragen ähnlicher Art aufgeworfen, von denen wir nur eine oder zwei erwähnen können. Wenn mehrere στοιχεῖα, jedes in sich bedeutsam, zusammengenommen und zu Worten geformt werden, sollte es da nicht möglich sein, deren ‹wahre› Bedeutung (τὰ ἔτυμα) herauszufinden und so zum Wesen der Dinge selbst vorzustoßen? Nun, das sieht der von alters her geübten ἐτυμολογία ziemlich ähnlich, wohlbekannt seit homerischer Zeit als eingeborenes Streben des griechischen Geistes, die ὀνόματα, besonders die alten Eigennamen von Göttern und Menschen, zu verstehen und zu erklären; den Dichtern folgten die Philosophen (Heraklit, Demokrit), Geschichtsschreiber (Herodot, Hekataios) und Sophisten (Prodikos, Hippias?), die sich nur gelegentlich und willkürlich in diesem traditionsreichen Spiel versuchten. Der platonische Sokrates andererseits begann eine methodische und folgerichtige Untersuchung über das grundlegende Problem ‹ob die Namen selbst Zeugnis ablegen werden dafür, daß sie nicht alle zufällig gegeben wurden, sondern eine gewisse Richtigkeit haben›: εἰ ἄρα ἡμῖν ἐπιμαρτυρήσει αὐτὰ τὰ ὀνόματα μὴ πάνυ ἀπὸ τοῦ αὐτομάτου οὕτως ἕκαστα κεῖσθαι, ἀλλ' ἔχειν τινὰ ὀρθότητα (*Crat.* 397 A). Ein Wort hat ‹Richtigkeit›, wenn es das Wesen der Sache ausdrückt: ὀνόματος, φαμέν, ὀρθότης ἐστιν αὕτη ἥτις ἐνδείξεται οἷόν ἐστι τὸ πρᾶγμα (428 E), cf. δηλοῦν οἷον ἕκαστόν ἐστι τῶν ὄντων (422 D).

Für den Sophisten Prodikos hatte ἡ τῶν ὀνομάτων ὀρθότης die saubere Unterscheidung verwandter Ausdrücke und ihr richtiger Gebrauch in der Redekunst bedeutet; Sokrates gab demselben Ausdruck eine vollkommen andere, rein philosophische Bedeutung. In der Diskussion ließ er eine Flut von Beispielen über seine Gesprächs-

---

19 Über ‹Halbvokale› s. Aristoteles unten S. 103.

20 Plat. *Crat.* 424 C und E, *Hipp. min.* 368 D, *Phileb.* 18 BC; Hippias s. oben S. 76; 85; cf. Eur. *Palamed.* fr. 578,2 N.[2] (415 v.Chr.).

partner hereinstürzen, teils genial ausgedachte, teils wilde Phantasiegebilde. Nicht zufrieden mit der alten Etymologie von Ἀπόλλων als der ‹Zerstörer› (404 E und 405 E),[21] bietet er nicht weniger als vier neue ἔτυμα, welche die vier Kräfte des Gottes als des ἁπλοῦ, ἀεὶ βάλλοντος, ἀπολούοντος, ὁμοπολοῦντος (406 A) enthüllen. Es ist bezeichnend für den platonischen Sokrates, daß er sich nicht mehr nur auf die Klangähnlichkeiten verläßt (Ἀπόλλων = ἀπολλύων κτλ.).[22] Als er den Namen der Musen (Μοῦσα, dorisch Μῶσα) von μῶσθαι, ‹etwas erstreben, im Sinn haben›, ableitete, tat er nichts Schlimmeres als moderne Linguisten auch.[23] Wenn er gar zu Apollons Mutter Λητώ kommt, beruft er sich auf viele ξένοι, die sie wegen ihres ‹sanften Charakters›, ihres λεῖον ἦθος, Ληθώ nennen; er zieht also allen Ernstes auch nicht-attische Formen in griechischen Dialekten oder veraltete Formen, wie sie von den Griechen früherer Zeiten (οἱ παλαιοί 407 A zu Athene, cf. 418 BC) gebraucht wurden, zur Hilfe heran, um Etymologien aufzuspüren. Endlich, wenn aus keiner griechischen Quelle mehr Hilfe zu holen war, witterte Sokrates ‹fremdländischen Ursprung› (409 Dff, ὅτι πολλὰ οἱ Ἕλληνες ὀνόματα . . . παρὰ τῶν βαρβάρων εἰλήφασιν cf. 416 A): πῦρ, ὕδωρ und einige andere könnten von den Phrygern entlehnt sein, wenn auch leicht modifiziert (410 A).[24] In seiner besten ironischen Laune aber hält er eine solche Annahme, daß Wörter von den Barbaren geborgt sein könnten, für eine ‹Ausflucht›: αὗται γὰρ ἂν πᾶσαι ἐκδύσεις εἶεν καὶ μάλα κομψαὶ τῷ μὴ ἐθέλοντι λόγον διδόναι περὶ τῶν πρώτων ὀνομάτων ὡς ὀρθῶς κεῖται (426 A), ‹all das mögen Ausflüchte sein und recht kluge, von seiten derer, die nicht willens sind, Rechenschaft darüber abzulegen, wie die ursprünglichen Namen korrekt gegeben wurden›. Nicht nur hier, sondern fast in jedem Fall erhebt Sokrates augenblicklich Zweifel und Einwände gegen die Argumente, die er selbst gerade ausführlich vorgebracht hatte.[25]

Von den sogenannten ‹ursprünglichen Namen› ist es nur noch ein Schritt zu der allgemeinen Frage nach dem *Ursprung* der Wörter: gibt es Wörter von Natur aus (φύσει) oder als Ergebnis von Überein-

---

21 Die Etymologie (von ἀπόλλυμι) ist mindestens so früh wie Archilochos fr. 30 D.[3], der mit dem Namen des Gottes spielte, wie er mit den verschiedenen Formen eines einzelnen Wortes spielte, oben S. 30. Wilamowitz, *Glaube der Hellenen* II 114,4, hatte unrecht, wenn er den Gedanken an ein etymologisches Spiel bei Archilochos verwarf, den schon Apollod. 244 *FGrHist* 95,10 vorschlug; cf. Aesch. *Ag.* 1081, Eur. fr. 781,12 N.[2].

22 S. oben S. 20 Anm. 10.

23 O. Gruppe, *Griechische Mythologie und Religionsgeschichte* II (1906) 1076,1, J. B. Hofmann, *Etymologisches Wörterbuch des Griechischen* (1949) 206.

24 Vgl. S. 62 und 106.

25 John Ruskins ‹Etymologien› von Skakespeares Namen sind mindestens so abwegig wie viele im *Kratylos*; der Unterschied ist der, daß Ruskin es ganz ernst gemeint zu haben scheint, als er Desdemona von δυσδαιμονία oder Ophelia von ὠφέλεια ableitete, usw. ‹Munera Pulveris›, 5. Essay § 134, *Works*, II (1872) 143.

kunft (νόμῳ)?[26] Soweit ich sehen kann, ist in dem Dialog nicht von ‹Sprache› (λέξις, λόγος), sondern immer von ὀνόματα die Rede; die Frage ist, wer den Dingen zuerst Namen gab. Diese Streitfrage im *Kratylos* ist nur Teil der großen Diskussion um φύσις und νόμος, die in der zweiten Hälfte des fünften Jahrhunderts v. Chr. begann.[27] Einer von Sokrates' Gesprächspartnern vertrat die Ansicht, daß die ‹Natur› selbst die Namen gegeben habe, der andere, daß es durch ‹Konvention› geschehen sei; Sokrates argumentiert gegen beide, so wie er in anderen Fällen sogar gegen sich selbst argumentierte, indem er jede Unklarheit in den Argumenten schonungslos aufdeckte. So haben alle diese ablehnenden Passagen im *Kratylos* ihre besondere Bedeutung; am Ende, wenn zwei Arten von Namen einander mit dem Anspruch gegenüberstehen, ‹der Wahrheit gleich› zu sein, schreitet Sokrates zu einer letzten negativen Folgerung: ‹Es ist klar, daß wir nach etwas anderem Ausschau halten müssen, nicht nach Namen, das uns ohne Namen zeigen wird, welche von diesen zwei Arten die richtigen sind, welche sozusagen die Wahrheit der Dinge zeigen›, δηλονότι ἄλλ' ἄττα ζητητέα πλὴν ὀνομάτων, ἃ ἡμῖν ἐμφανιεῖ ἄνευ ὀνομάτων ὁπότερα τούτων ἐστὶ τἀληθῆ, δείξαντα δηλονότι τὴν ἀλήθειαν τῶν ὄντων (438 D). Ein wenig weiter unten wird eine kurze positive Feststellung über τὰ ὄντα angefügt: ‹daß man etwas über sie lernen und erforschen kann nicht von den Namen her, sondern weit besser durch sie selbst als durch die Namen› ὅτι οὐκ ἐξ ὀνομάτων ἀλλὰ πολὺ μᾶλλον αὐτὰ ἐξ αὐτῶν καὶ μαθητέον καὶ ζητητέον ἢ ἐξ ὀνομάτων (439 B; cf. 438 E τὰ ὄντα . . . αὐτὰ δι' αὐτῶν). Die Formulierungen ἄλλ' ἄττα . . . πλὴν ὀνομάτων und τὰ ὄντα . . . αὐτὰ ἐξ oder δι' αὐτῶν scheinen auf eine andere Stufe platonischen Philosophierens hinzudeuten, die im siebenten Brief (*Ep.* VII pp. 342 A ff) erreicht ist, wo Wort und Abbild (ὄνομα und εἴδωλον) ihren festen Platz im dialektischen Prozeß haben. Unterdessen mag das Urteil über die ὀνόματα im *Kratylos* eine neue Enttäuschung für uns sein; aber das ist noch nicht alles.

Auf dem Wege zu seiner letzten Folgerung bringt Sokrates einige neue Gedanken zum Ausdruck; diese Entdeckungen waren für die Zukunft von größerer Bedeutung als die der Sophisten; man kann in ihnen ‹Rudimente› linguistischer Kenntnis erblicken.[28] ‹Lautverwandlungen› in manchen Namen werden durch den Wunsch nach εὐστομία ‹Wohlklang› (Euphonie) erklärt: Φερέπαφα, nach der Etymologie die ursprüngliche Form, wird in Φερρέφαττα verwandelt (404 D), Φίξ in Σφίγξ (414 CD), oder noch kühner 'Ηθονόη in 'Αθηνάα (407 B παραγαγὼν . . . ἐπὶ τὸ κάλλιον; cf. 408 B, 409 C, 414 C, 417 E). Die Beispiele im einzelnen muß man nicht allzu ernst nehmen; aber

---

26 S. oben S. 76 (Hippias), unten S. 106 (Aristoteles).

27 F. Heinimann, ‹Nomos und Physis›, *Schweizerische Beiträge zur Altertumswissenschaft* 1 (1945); über die Sprache 46ff.

28 Siehe Friedländer, *Platon* II² 190f; Barwick 76ff, Einfluß auf die Stoiker und auf die Alexandriner; vgl. a. unten S. 296.

dasselbe phonetische *Prinzip*, Vermeidung von Mißklang, wird auch heute noch von den Linguisten angewandt,[29] um den Ursprung überraschender griechischer Wortformen zu erklären. Wir erwähnten bereits, daß Sokrates, wenn er Etymologien herausarbeitete, auf ältere Wortformen, die zu seiner Zeit nicht mehr gebraucht wurden, zurückgriff; diese Rückgriffe beruhen auf der allgemeinen Beobachtung, daß formale Veränderungen im Laufe der Zeit aus verschiedenen Ursachen erfolgen; der Sinn eines Wortes kann möglicherweise durch diese Verwandlungen verdunkelt worden sein, und wir müssen versuchen, die ursprüngliche Form wiederzufinden (410 C; cf. 418 C, 420 B). Den ‹chronologischen› (noch nicht ‹historischen›) Überlegungen dieser Art werden Vergleiche griechischer mit fremdsprachigen Wörtern angefügt (409 D ff); hier haben wir die erste, wenn auch sehr schwache Andeutung vergleichender Sprachstudien. Sokrates' Vermutung, daß der rudimentäre Klang der ursprünglichen Wörter eine besondere Bedeutung haben müsse, mag ihm den Anspruch einbringen, als Ahnherr einer ‹Klangsymbolismus› genannten Theorie zu gelten,[30] die auch in unseren Tagen noch lebendig ist.

Die Interpretation des *Kratylos* läßt keinen Zweifel, daß vom platonischen Standpunkt das Sprachstudium niemals als ἐπιστήμη angesehen werden kann; wir finden nicht einmal ein Wort über γραμματικὴ τέχνη im Sinn von ‹Grammatik›.[31] Ein klassischer Philologe wie Wilamowitz[32] konnte seinen Unwillen über diese Haltung Platons nicht ganz unterdrücken; er bedauerte, daß Platon ‹für die Grammatik nichts übrig hatte›, anderenfalls hätte er einsehen müssen, daß sie für das logische Training dasselbe oder manchmal sogar mehr abgab als die Mathematik, auf der er ausschließlich beharrte. Wie wir jedoch schon sahen, existierte ‹Grammatik› als methodische τέχνη noch gar nicht und konnte daher auch nicht zum logischen Training gebraucht werden, während andererseits die Mathematik schon durch Jahrhunderte entwickelt war und von Platon als echte ἐπιστήμη anerkannt wurde.

Das führt uns wieder zu den allgemeinen Betrachtungen zurück, mit denen wir dieses kurze Kapitel begannen. Die Unterscheidung von ἐμπειρία und τέχνη, die Platon in seiner Polemik gegen die Sophisten machte, sollte, wie wir sehen werden, für die grammatische

---

29 W. Schulze, *KZ* 43 (1910) 185–9 = *Kleine Schriften* (1933) 304–8 ‹Kakophonie›.

30 E. Cassirer, *Philosophie der symbolischen Formen* I Die Sprache (1923) 139ff, verweist auf Leibniz, W. v. Humboldt, Jacob Grimm, Hermann Paul; E. Schwyzer, *Griechische Grammatik* I (1939) 37, erwähnt die Wiederbelebung dieser Theorie durch A. Meillet und seine Schule.

31 Zu ἐπιστήμη s. o. S. 81; γραμματικὴ τ. bedeutet nicht mehr als das Zusammenpassen oder Nicht-Zusammenpassen einzelner Buchstaben (γράμματα) (*Soph.* 253 A). S. a. unten S. 103 zu Aristoteles.

32 Wilamowitz, *Platon* I (1919) 561,3 (eine äußerst charakteristische Bemerkung mit Hinweis auf seine eigene Schulzeit).

Theorie grundlegende Bedeutung erlangen. Dies ist wichtiger als das, was bei einzelnen Entdeckungen herauskam, die wir im *Kratylos* fanden. Nicht die rhetorische Begeisterung, die leidenschaftliche Liebe zur Sprache, wie sie Lehrer von Protagoras bis Isokrates an den Tag legten, war entscheidend, sondern Platons strenge Kritik der Sprache und seine nüchterne Prüfung ihrer Grenzen. Sein einzigartiger Geist, der schöpferisch, kritisch und künstlerisch in einem war, gab künftigen Generationen den stärksten Impuls.

Die ersten Jahrzehnte des vierten Jahrhunderts waren eine Zeit voller Gefahren; nach der politischen Katastrophe Athens im Jahr 404 v. Chr. kündigten die Krisis des Stadtstaates und der unvermeidliche Wandel in den sozialen Verhältnissen das Heraufkommen eines neuen Zeitalters an. In diesen Jahren, bevor mit Alexanders Reich der endgültige Wendepunkt erreicht war, wurden in Athen zwei Philosophenschulen von größter Bedeutung gegründet. Platon konnte sich (nach 388 v. Chr.) mit seiner Schule in einem Hain niederlassen, der den Musen und dem Heros Akademos geweiht war; diese Organisation, eine religiöse Gemeinschaft mit dem Namen Akademia[33], hatte mehr als 900 Jahre Bestand. So wie Platon den Weg zur Philologie bereitet hatte, spielte auch in jedem späteren Wiederaufleben dessen, was wir ‹Humanismus› nennen, der Platonismus eine Rolle, gleichviel, ob wir an Origenes, an die florentinische Akademie, an Erasmus oder an Winckelmann und Humboldt denken.

Der größte Schüler der platonischen Akademie von 368 v. Chr. bis zu Platons Tod im Jahre 348 v. Chr. war ein Fremder von ionischer Herkunft, Aristoteles, der schließlich am anderen Ende von Athen seine eigene Schule gründete (335–323 v. Chr.); diese Schule trug den Namen Peripatos,[34] mindestens seit der Zeit Theophrasts, der offensichtlich in der Lage war, einen großen Musenhain in der Nähe des Tempels des Apollon Lykeios in Besitz zu nehmen. Dem Peripatos war es bestimmt, bis zur Mitte des vierten Jahrhunderts n. Chr. in fruchtbarem Wettstreit mit Platons Gründung zu verbleiben. Es ist hauptsächlich auf diese beiden fest gegründeten athenischen Organisationen zurückzuführen, daß verhältnismäßig viele Werke ihrer Gründer gut erhalten sind; sie waren besser imstande, diese zu sammeln, abzuschreiben, zu verbreiten und sie an die Nachwelt weiterzugeben als irgendwelche früheren philosophischen Zirkel in Ost oder West. Wir haben keine Belege für das frühe Schicksal von

---

33 H. Herter, *Platons Akademie* 2. Aufl. (1952) mit Bibliographie 25ff; P. Boyancé, *Le Culte des Muses chez les philosophes grecs* (1937) 262ff. Der erste, der eine Geschichte der Akademie als Muster einer wissenschaftlichen Organisation zu rekonstruieren versuchte, war H. Usener, ‹Organisation der wissenschaftlichen Arbeit›, *Preuß. Jahrb.* 53 (1884) 1ff = *Vorträge und Aufsätze* (1907) 67ff.

34 K. O. Brink, ‹Peripatos›, *RE* Suppl. 7 (1940) 899ff (Sonderdruck 1936); vgl. die Testimonia zu Περίπατος etc. bei Düring, *Aristotle* 404–11.

Platons Dialogen, aber es ist eine wahrscheinliche Annahme, daß seine erste Schülergeneration die Autographe des Meisters zu sammeln, zu ordnen und abzuschreiben trachtete[35] und daß diese ‹Akademie-Ausgabe› zur Grundlage aller späteren Ausgaben wurde. Andererseits haben wir keine sichere Kenntnis irgendeiner ‹esoterischen› mündlichen Unterweisung (in der Weise wie bei Pythagoras), die Platon selbst einem auserwählten inneren Schülerkreis erteilt hätte.[36] Bei Aristoteles dagegen haben wir zu unterscheiden zwischen denjenigen seiner Bücher, *Dialoge* genannt, die wahrscheinlich in seiner frühen ‹akademischen› Zeit für einen größeren Leserkreis geschrieben wurden,[37] und den Schriften, die in Verbindung mit seiner Lehrtätigkeit entstanden, nicht nur als Haupt seiner eigenen Schule in seiner zweiten athenischen Periode, sondern auch schon früher zwischen 348 und 335 v. Chr., als er sich in der Troas, auf Lesbos und am makedonischen Königshof aufhielt. Diese scheinen aus Vorlesungen und kleineren früheren Abhandlungen hervorgegangen zu sein; es waren echte ‹Schriften›, γράμματα, die er in der Schule seinen Zuhörern vortrug. Später wurden sie vielleicht manchmal durch Mitglieder des Peripatos neu angeordnet und schließlich publiziert; sie bilden die Hauptmasse der erhaltenen Werke und werden oft Πραγματεῖαι,‹Abhandlungen›,genannt.[38]Zwischen diesen beiden steht eine dritte Gruppe, ‹Notizen und Sammlungen›, für Vorlesungen und

35 Wilamowitz, *Platon* II (1920) 324; gegen die Annahme einer grundlegenden Ausgabe durch die Akademie nach Platons Tod G. Jachmann, ‹Der Platontext›, *NGG* 1941 Nr. 7,334, welcher dafür eintritt, daß die erste Ausgabe durch Aristophanes von Byzanz besorgt worden sei (s. unten S. 242f). Gegen Jachmann H. Erbse, ‹Überlieferungsgeschichte der griechischen klassischen und hellenistischen Literatur› in *Geschichte der Textüberlieferung* I (Zürich 1961) 219ff.

36 F. Wehrli, ‹Aristoteles in der Sicht seiner Schule, Platonisches und Vorplatonisches› in *Aristote et les problèmes de Méthode* (Louvain 1960) 336, mit Hinweis auf H. J. Krämer, ‹Arete bei Platon und Aristoteles›, *Abhandlungen d. Heidelberger Akad. d. Wiss., Phil.-hist. Kl.* (1959) 6, S. 380–486; in eindrucksvoller, aber nicht sehr überzeugender Weise erweckte Krämer den Gedanken an einen ‹esoterischen› Platon, der das Wesentliche seiner Philosophie nicht in seinen geschriebenen Dialogen, sondern nur in mündlicher Belehrung dem inneren Kreis seiner Schüler enthüllte, zu neuem Leben.

37 *Fragm.* ed. V. Rose (1886) Nr. 1–111; *Fragm. selecta* ed. W. D. Ross (1955) pp. 1–99; Testimonia zu dem Begriff ἐξωτερικοὶ λόγοι Düring, *Aristotle* 426–43.

38 W. Jaeger, *Studien zur Entwicklungsgeschichte der Metaphysik des Aristoteles* (1912) 131–48, erklärte zuerst den komplizierten Vorgang der ‹Publikation›. F. Dirlmeier, ‹Merkwürdige Zitate in der eudem. Ethik des Ar.› *Sitz. Ber. d. Heidelberger Akad.*, Philos.-hist. Kl., 78 (1962) 2. Abhandl., sammelt Belege für Selbstzitate in Aristoteles' Büchern, dabei hebt er den λόγος-Charakter auch des geschriebenen Wortes stärker hervor. Es finden sich viele Verbesserungen zu Jaegers Theorie; hinsichtlich Platons stimmt Dirlmeier leider mit Krämer überein.

Bücher notiert und postum veröffentlicht, für uns aber, wie die *Dialoge*, als Ganzes verloren; nur Fragmente davon sind erhalten und viele Titel in der staunenerregenden Liste der aristotelischen Schriften.[39]

Wir haben das langsame Fortschreiten des ‹geschriebenen› Wortes vom fünften zum vierten Jahrhundert und die Rolle der frühen Sophisten und ihrer jüngeren Schüler dabei beobachtet.[40] Es mag ziemlich paradox erscheinen, daß gerade Akademie und Peripatos, die Schulen ihrer Gegenspieler, gegen Ende unserer dritten Periode in der Geschichte des Buches einen entscheidenden Schritt weitergingen; sie benutzten die besonders von Platon vielgeschmähten Bücher,[41] um die grundlegenden Werke ihrer Meister zu bewahren. Aristoteles und seine Nachfolger hätten ihre unermeßlich gelehrten Kompilationen nie zustande gebracht, wenn sie nicht alle Schriften der Vergangenheit,[42] die sie nur bekommen konnten, angehäuft hätten; nach den gelegentlichen Hinweisen auf frühere bescheidene Sammlungen[43] ist es gut bezeugt, daß die erste große Privatbibliothek von Aristoteles eingerichtet wurde und an seine Nachfolger übergіng,[44] die sie wahrscheinlich dem Lykeion übereigneten.

Dion Chrysostomos sagt in seiner Rede auf Homer (Περὶ Ὁμήρου *or.* 36,1 vol. II p. 110 Arn. = *or.* 53 II 274 Reiske): Ἀριστοτέλης ἀφ' οὗ φασι τὴν κριτικήν τε καὶ γραμματικὴν ἀρχὴν λαβεῖν, ‹Aristoteles, von dem, wie man sagt, Kritik und Grammatik ihren Anfang nahmen›. Diese Ansicht von Dions anonymer Quelle[45] wird von vielen modernen Philologen geteilt, zum Beispiel von L. Urlichs[46] (‹Zu einer Wissenschaft der Philologie hat Aristoteles den Grund gelegt›) oder W. Jaeger[47] (‹Aristoteles ... Schöpfer der Philologie›) oder F. Mehmel[48] (‹Aristoteles ... der eigentliche Ahnherr ... der Philologie überhaupt›). Alle Autoren, ob sie nun über die Geschichte der klas-

39 Text der antiken Listen in V. Rose (oben Anm. 37) pp. 3–22; cf. P. Moraux, *Les Listes anciennes des ouvrages d'Aristote* (Louvain 1951). Neue kritische Ausgabe mit Kommentar v. Düring, *Aristotle*; cf. M. Plezia, *Gnom.* 34 (1962) 126ff.

40 S. oben S. 44–52; 82.

41 Das Lesen von Theaterstücken verbreitete sich allgemein, s. Aristot. *Poet.* 1462a 12; 17.

42 Aristot. *Top.* 105b 12 ἐκλέγειν δὲ χρὴ καὶ ἐκ τῶν γεγραμμένων λόγων.

43 S. oben S. 23f.

44 Strab. XIII 608 Ἀριστοτέλης ... πρῶτος ὧν ἴσμεν συναγαγὼν βιβλία, Schmid, *Pinakes* 7 und 31 (Voralexandrinische Bibliotheken). Düring, *Aristotle* 337f, ‹Aristotle's library›.

45 Möglicherweise Asklepiades von Myrlea, s. unten S. 198.

46 ‹Grundlegung und Geschichte der Klassischen Altertumswissenschaft›, *Handbuch der Klassischen Altertumswissenschaft* I (^{2}1890) 33ff, ‹Geschichte der Philologie›.

47 Jaeger, *Aristoteles* 350.

48 ‹Homer und die Griechen›, *Antike und Abendland* 4 (1954) 37.

sischen Philologie, über Aristoteles oder über die Homer-Kritik schrieben, stimmen darin überein, daß sie in Aristoteles den ‹Gründer›, ‹Schöpfer› oder wenigstens ‹Ahnherrn› der Philologie sehen; sie erneuern damit, unbewußt, wie es scheint, eine spätantike Meinung. Wenn diese allgemeine Überzeugung zuträfe, müßte man annehmen, daß die ersten hellenistischen Dichter und Philologen nach 300 v. Chr., Philitas und seine Nachfolger, einfach das Werk des Aristoteles und seiner peripatetischen Schule fortführten. Wir haben eine ganz andere Ansicht vorgebracht,[49] und wir werden diese Frage später noch sorgfältig untersuchen müssen, wenn wir die Verbindungslinie vom vierten zum dritten Jahrhundert verfolgen und die Beziehungen der Alexandriner zum Peripatos im einzelnen prüfen werden.

Da die irrigen Ansichten über Aristoteles' Stellung, die wir zitierten, aus seinem Werk über Homer abgeleitet sind, wird es zweckdienlich sein, zuerst einen Blick auf sein Buch über *Homerische Fragen* zu werfen und sich mit seinen Erklärungen auseinanderzusetzen. Wir werden dann zu den literarischen Äußerungen über Homer und über die Tragödie in seiner *Poetik* fortschreiten, danach zu seinen Sprachstudien und endlich zu seinen Sammlungen antiquarischen Materials, die in großem Stil von seinen Schülern fortgesetzt wurden. Diese Einteilung in vier Gruppen ist genau dieselbe wie in den Kapiteln über die Sophisten und über Platon, nur daß die Reihenfolge in jedem Fall verschieden ist; ein solches Schema mag vielleicht pedantisch erscheinen, es erleichtert aber den Zugang zu dem umfangreichen und weit verstreuten Material ein wenig.

Aristoteles übernahm die platonischen Begriffe ἐμπειρία und τέχνη, ‹Erfahrung› und ‹Methode›, und definierte sie am Anfang seiner *Metaphysik*; er blieb nicht auf der alten empirischen Ebene der Sophisten, sondern suchte, wie Platon, einen neuen methodischen Zugang zum theoretischen Wissen.[50] Andererseits griff er zahlreiche literarische Themen der Sophisten oder der ionischen Philosophen wie auch andere Fragen, die jene zuerst gestellt hatten, auf, die für Platon kein Interesse besessen hatten. Vor einigen Jahren wies ich in einer Festrede über den Philhellenismus[51] auf einen neuen und zentralen Gedanken in Aristoteles' gesamter Philosophie[52] und auf seine Bedeutung für das Verständnis der großen literarischen Tradition

---

49 S. o. S. 18ff, unten S. 115ff.

50 Aristot. *Metaphys.* A I s. o. S. 81 Anm. 1; Aristot. *Soph. El.* 33 p. 184a 2–8 gegen die ταχεῖα ... ἄτεχνος ... διδασκαλία ‹die schnelle und unwissenschaftliche Lehrweise› der Sophisten; οὐ γὰρ τέχνην, ἀλλὰ τὰ ἀπὸ τῆς τέχνης διδόντες παιδεύειν ὑπέλαβον ‹sie glaubten zu erziehen, wenn sie nicht die Methode, sondern nur die Resultate mitteilten›.

51 ‹Von der Liebe zu den Griechen›, *Münchener Universitätsreden*, N. F. 20 (1958) 14 = *Ausgewählte Schriften* (1960) 282.

52 K. v. Fritz, *Studium generale* XIV (1961) 620ff.

hin. Nach Aristoteles entwickeln und verändern sich alle lebenden Organismen – Pflanzen, Tiere und Menschen – in Richtung auf ihre endliche ‹Form› (τέλος ‹Ende, Ziel›), um so die ihnen eigene ‹Natur› (φύσις) zu erlangen; so konnte er ausdrücklich sagen, daß ‹die Natur das Ziel (Ende) ist›, *Pol.* I 2 p. 1252 b 32 ἡ δέ φύσις τέλος ἐστίν.[53] Zwischen einem lebenden Organismus und einem literarischen Ganzen besteht, wie Aristoteles in seiner *Poetik* (1458 a 20) betonte, eine Analogie. Die Geschichten der erzählenden Dichtung ‹sollten auf einer einzigen Handlung beruhen, die ein vollständiges Ganzes in sich selbst bildet (ὅλην καὶ τελείαν), mit Anfang, Mitte und Ende, und sie dadurch befähigt, wie ein lebendiges Wesen von vollkommener Einheit (ὥσπερ ζῷον ἓν ὅλον) ein besonderes, ihnen eigenes Vergnügen hervorzurufen (τὴν οἰκείαν ἡδονήν)›[54]. Wir müssen dabei natürlich einen wesentlichen Unterschied festhalten. Die lebendigen Organismen tragen ihr τέλος (Ziel) sozusagen von Anfang an in sich; die literarischen Gebilde (und alle anderen Kunstprodukte) sind von außen, von einem ‹Schöpfer›, einem ποιητής hervorgebracht; von ihrer Entwicklung muß man demnach annehmen, daß sie ‹analog› zu der eines ζῷον verläuft.[55] Die größten griechischen Dichter der Vergangenheit hatten in der Tat vollkommene Werke geschaffen, Werke, die ihre eigene ‹Natur› (φύσις) gefunden hatten. Sie hatten wirklich ihr ‹Ziel› erreicht, über das hinaus es keinen Fortschritt gab. Daher war es nicht allzu schwierig für Aristoteles, seine neue teleologische Konzeption auf diese einzigartige Leistung anzuwenden. Seine verschiedenen Arbeiten auf den Gebieten der Interpretation, der Dichtungstheorie, seine linguistischen und antiquarischen Studien wurden bestimmt durch seine allgemeine philosophische Konzeption.

Nichtsdestoweniger wurden empirische Untersuchungen mit großer Sorgfalt betrieben. Aristoteles scheint sich um die Lösung zahlreicher Probleme in den homerischen Gedichten, von denen einige schon seit zwei Jahrhunderten diskutiert wurden, ungemein bemüht zu haben. Seit Xenophanes seine Angriffe aus moralischen Gründen geführt und Theagenes mit allegorischen Auslegungen geantwortet hatte, war der Streit um Homer kaum je zum Stillstand gekommen.[56] Aristoteles stellte sich auf die Seite der Verteidiger Homers. Ohne daß er in diesem Zusammenhang Platons Namen je genannt hätte, bemühte er sich als erster, die volle Autorität des epischen Dichters gegen Platon sowie gegen kleinere Verleumder wiederherzustellen.

---

53 p. 1252b 32 οἷον γὰρ ἕκαστόν ἐστι τῆς γενέσεως τελεσθείσης, ταύτην φαμὲν τὴν φύσιν εἶναι ἑκάστου ὥσπερ ἀνθρώπου, ἵππου, οἰκίας; cf. *Phys.* III 6 p. 207a 8, V 4 p. 228b 13.

54 Zu ἡδονή s. unten S. 101; cf. ibid. 1450b 34 ζῷον.

55 Die Annahme einer Analogie zwischen einem λόγος und einem ζῷον ist platonisch, *Phaedr.* 264 D; aber Aristoteles zieht ganz neue Konsequenzen.

56 S. oben S. 25ff; 57; 59; 66; 73; 82ff.

Wahrscheinlich über einen längeren Zeitraum hin hatte Aristoteles für seine Vorlesungen eine Liste von ‹Schwierigkeiten› der Homerinterpretation mit ihren jeweiligen ‹Lösungen› aufgestellt; diese Gewohnheit des ζητήματα προβάλλειν war möglicherweise bei den Symposien intellektueller Zirkel üblich geworden. Aristoteles' Sammlung wurde später, wie es scheint, in sechs Büchern unter dem Titel Ἀπορήματα Ὁμηρικά[57] oder τὰ Ὁμήρου προβλήματα[58] veröffentlicht, woraus achtunddreißig Zitate, größtenteils in Porphyrios' *Homerischen Fragen*[59], erhalten sind. Ergänzend dazu befaßt sich fast das ganze 25. Kapitel der *Poetik*,[60] Περὶ προβλημάτων καὶ λύσεων, mit Kritiken (ἐπιτιμήματα) an Homer und mit den Antworten darauf (λύσεις). Platon hatte, unter seinen vielen Klagen über Homers Darstellungen von Göttern und Helden, erklärt, es könne nicht wahr sein, daß Achill den Körper Hektors um Patroklos' Grab geschleift habe (*Rep.* 319 B ταῦτα οὐ φήσομεν ἀληθῆ εἰρῆσθαι). Aristoteles dagegen rechtfertigte Achill mit dem Hinweis auf den thessalischen Brauch (der zu seiner Zeit noch geübt wurde), die Körper der Toten um das Grab derer zu schleifen, die sie getötet hatten (fr. 166 Rose)[61]. Die Form des Zitats διὰ τί ... ἔστι δὲ λύσις läßt keinen Zweifel daran, daß es dem Werk über *Homerische Probleme* entnommen ist; aber Aristoteles könnte den thessalischen Brauch auch in seiner Θεσσαλῶν πολιτεία (fr. 495–500 Rose) erwähnt haben. Auf jeden Fall ist es ein Beispiel dafür, wie er den ungeheuren Schatz seiner Notizensammlung für die korrekte Erklärung des epischen Dichters gegenüber weniger gelehrten Vorgängern nutzte, die subjektive moralische Einwände erhoben hatten, ohne die geschichtlichen Tatsachen zu

---

57 Diog. L. V 21 = Aristot. *fragm.* p. 7, Nr. 118 Rose = Düring p. 48, Nr. 118; nur fr. 179 R. ist mit diesem Titel zitiert.

58 *Vita vulg.* 3 p. 76,22 Rose = Düring p. 132; *Vita Hesych.* 106 Ἀπορ. Ὁμηρ. sechs Bücher p. 14 R. = Düring p. 86, *Vita Hesych.* 147 Προβλ. Ὁμ. zehn Bücher p. 16 R. = Düring p. 87; Ptolem. el-Garib, Katalog 98, ‹über dunkle Probleme bei Homer, in zehn Teilen›, Düring p. 230, cf. p. 22 Rose, *Vita Marciana* 4 p. 76,16 Rose = Düring p. 97 Ὁμηρικὰ ζητήματα. Wenn diese drei verschiedenen Titel sich auf dieselbe Schrift des Aristoteles beziehen, dürfte der von Phrynichos und dem Antiatticista fr. 179 R. zitierte, Ἀπορήματα, der ursprüngliche sein, und die Zahl sechs bei Diog. L. und Hesych. 106 dürfte stimmen.

59 Fr. 142–79 Rose pp. 120ff. Porphyrius *Quaest. Homer. ad Iliadem*, coll. H. Schrader (1880) 415ff, und id. *ad Odysseam* (1890) 180ff zu Aristoteles' ‹*Homerischen Problemen*›.

60 Siehe Bywaters Kommentar (Aristotle, *On the Art of Poetry*, 1909) S. 323.

61 Schol. B Ω 15 = Porphyr. pp. 267f Schrader διὰ τί ὁ Ἀχιλλεὺς τὸν Ἕκτορα εἷλκε περὶ τὸν τάφον τοῦ Πατρόκλου ... ἔστι δὲ λύσις, φησὶν Ἀριστοτέλης, καὶ εἰς τὰ ὑπάρχοντα ἀνάγων ἔθη, ὅτι τοιαῦτα ἦν, ἐπεὶ καὶ νῦν ἐν τῇ Θετταλίᾳ περιέλκουσι περὶ τοὺς τάφους (sc. τῶν φονευθέντων τοὺς φονέας vel sim.); genauere Hinweise in meiner Anm. zu Kallimachos fr. 588, der Aristoteles als Quelle zu seinen Aitia benutzt haben könnte.

kennen. Eine ähnliche Schwierigkeit (*K* 152) wurde durch den Hinweis auf einen urtümlichen Brauch gelöst, der bei den Illyrern noch lebendig war (fr. 160 Rose und *Poetik* c. 25 p. 1461 a 3). ‹Andere muß man durch Beachtung der Diktion (λέξις) lösen› (διαλύειν), zum Beispiel durch die Annahme eines ungebräuchlichen Wortes (γλώττῃ)[62]: mit οὐρῆας μὲν πρῶτον (A 50) zum Beispiel ‹meint er vielleicht nicht die Maultiere sondern die Wachen› (οὐ τοὺς ἡμιόνους λέγει, ἀλλὰ τοὺς φύλακας p. 1461 a 10). Wir wissen nicht, ob die vieldiskutierte Frage, warum Apollon in dieser Passage der *Ilias* zuerst die Maultiere und Hunde[63] schlägt, auch in Aristoteles' Liste *Homerischer Probleme* stand; aber wir wissen zufällig, daß der niederträchtigste und boshafteste Verleumder Homers, Zoilos von Amphipolis, sie in seine neun Bücher κατὰ τῆς Ὁμήρου ποιήσεως (fr. 6 Friedlaender) aufgenommen hatte. So war wahrscheinlich Aristoteles' Interpretation in diesem Fall (ebenso wie in der unmittelbar darauf folgenden Passage *Poet.* 1461 a 14) gegen diesen boshaften Zeitgenossen, den Ὁμηρομάστιξ, ‹Geißel Homers›, gerichtet.[64] Zur gleichen Zeit schrieb Herakleides Pontikos, einer von Platons liebsten Schülern, der später in enger Verbindung zu Aristoteles stand,[65] zwei Bücher über *Homerische Lösungen* (Λύσεων Ὁμηρικῶν α' β')[66], offensichtlich in der gleichen apologetischen Art. Wenn auch gewisse Kreise im alexandrinischen Museum diese ‹Methode› der ζητήματα übernahmen, an der ptolemäische Könige und römische Kaiser ebenso ihr Vergnügen fanden wie zuvor athenische Symposiasten, so mißbilligten doch die großen und ernsthaften Grammatiker sie als mehr oder weniger frivoles Spiel.[67] Sie wurde hauptsächlich von den Philosophenschulen, Peripatetikern, Stoikern, Neuplatonikern, und von Amateuren weiterhin geübt, bis Porphyrios (der um 305 n.Chr. starb) seine abschließende Sammlung der Ὁμηρικὰ ζητήματα[68] im großen

---

62 S. unten S. 105f.

63 Schol. A ad loc. διὰ τί ... λύοντες; s. Exkurs.

64 Suid. s. v. Ζωΐλος; vgl. oben S. 25 Anm. 40; U. Friedlaender, *De Zoilo aliisque Homeri obtrectatoribus* (Diss. Königsberg 1895). Zu Hippias von Thasos (*Poet.* 1461a 22) s. oben S. 67 und Anm. 161. *Soph. El.* 4.

65 F. Wehrli, *Die Schule des Aristoteles* 7 (1953) 59f καὶ ὕστερον ἤκουσεν Ἀριστοτέλους zu fr. 3.

66 Fr. 171–5 Wehrli; cf. Dikaiarch. Wehrli, *Schule des Arist.* 1 (1944) fr. 90–93 und Demetr. Phaler. ibid. 4 (1949) fr. 190–3. Duris *FGrHist* 76 F 30 Προβλήματα Ὁμηρικά (in Schol. Gen. Φ 499).

67 Lehrs, *De Aristarchi Studiis Homericis* (^{3}1882) 206.

68 Ich habe mich bei Schraders kühner Rekonstruktion immer recht unbehaglich gefühlt (s. o. S. 95 Anm. 59 und *Exkurs IV*); es ist eine Erleichterung, aus der sorgfältigen Nachprüfung der bezeugten Porphyrios-Fragmente und der ‹exegetischen› Scholien (b) zur *Ilias* zu erkennen, daß die Mehrzahl dieser Scholien mit ζητήματα nicht als Exzerpte aus Porphyrios angesehen werden können, s. H. Erbse, ‹Beiträge zur Überlieferung der Iliasscholien›, *Zetemata* 24 (1960) 17–77.

Stil zusammenstellte, wobei er sehr wahrscheinlich noch Aristoteles im Original benutzte.[69]

Nur eine der verschiedenen neuplatonischen Aristoteles-Viten[70] erwähnt eine ‹Ausgabe der Ilias›; nach den *Homerischen Fragen* folgen im Werkverzeichnis die Worte: καὶ ἡ τῆς Ἰλιάδος ἔκδοσις ἣν δέδωκε τῷ Ἀλεξάνδρῳ. Das bezieht sich auf die berühmte Geschichte von der ‹Ilias im Kästchen›, die von manchen als ‹*a picturesque legend*› abgetan,[71] von anderen als historische Tatsache genommen wird.[72] So lohnt es sich vielleicht, die ganze Quellenlage zu überprüfen. Nach Plutarch berichtete Onesikritos,[73] der Steuermann des königlichen Schiffes und durchaus nicht immer unglaubwürdige Geschichtsschreiber: ‹Alexander bewahrte stets zusammen mit seinem Dolch unter einem Kopfkissen ein Exemplar der *Ilias* auf› Ἀριστοτέλους διορθώσαντος ἣν ἐκ τοῦ νάρθηκος καλοῦσιν.[74] Während die späte Aristoteles-*Vita* von einer ἔκδοσις, einer ‹Ausgabe›, der *Ilias* spricht, nennt Plutarch (Onesikritos?) sie eine διόρθωσις, einen von Aristoteles ‹revidierten› oder ‹emendierten› Text.[75] Strabon (XIII 594)[76] erwähnt Alexanders Homer-Exemplar nicht als von Aristoteles herausgegeben oder revidiert, sondern φέρεται γοῦν τις διόρθωσις τῆς Ὁμήρου ποιήσεως, ἡ ἐκ τοῦ νάρθηκος λεγομένη, τοῦ Ἀλεξάνδρου, μετὰ τῶν περὶ Καλλισθένη καὶ Ἀνάξαρχον ἐπελθόντος καὶ σημειωσαμένου τινά: ‹es soll von ihm dem Vernehmen nach einen revidierten Text der homerischen Gedichte gegeben haben ... als Alexander mit Kallisthenes und Anaxarchos denselben durchging und mit einigen Anmerkungen versah›.[77] Unsere Quellen stimmen darin überein, daß

69 Die Vermutung, daß Porphyrios Aristoteles' Ἀπορήματα in ihrer originalen Gestalt zur Hand hatte, erhärtet H. Erbse, loc. cit. 61ff.

70 ‹Vita Marciana› in Aristot. *Fragm.* p. 427,5 Rose; cf. ‹Vita Latina› ibid. p. 443,6 ‹Yliadis dictamen quod dedit Alexandro› = Düring, ‹Aristotle› 97 (4) und 151 (4). Ein skeptisches ‹*non liquet*› war das Ergebnis einer scharfen Nachprüfung der Überlieferung durch O. Gigon in seinem Kommentar zur ‹Vita Marciana›, *Kleine Texte für Vorlesungen und Übungen* 181 (1962) 36f.

71 D. B. Monro, *Homer's Odyssey Books* XIII–XXIV (1901) 418; s. a. W. Leaf, *Strabo on the Troad* (1923) 150.

72 W. Schmid, *Geschichte der griech. Lit.* I 1 (1929) 163,4; W. D. Ross, *Aristotle* (^{5}1949) 4; W. W. Tarn, *Alexander the Great* I (1948) 2.

73 38 *FGrHist* 134 in Plut. *Alex.* 8; es ist kein wörtliches Zitat.

74 Plut. *Alex.* 26 erzählt von diesem kostbaren Kästchen (κιβώτιον) des Dareios, in das Alexander die *Ilias* legte, und fügt hinzu ‹nicht wenige glaubwürdige Männer bezeugen es› οὐκ ὀλίγοι τῶν ἀξιοπίστων μεμαρτυρήκασιν; cf. Plut. *de Alex. fort.* I 4 p. 327 F; Plin. *n. h.* VII 29 (30).

75 Zu ἔκδοσις und διόρθωσις s. H. Erbse, *Herm.* 87 (1959) 286ff, und A. Ludwich, *Aristarchs Homerische Textkritik* II (1885) 431f, und unten S. 122.

76 Am Anfang dieses Kapitels XIII 1,27 wird Demetrios von Skepsis zitiert, aber er kann nicht die Quelle des späteren Teils sein.

77 Kallisthenes, *FGrHist* 124 T 10. Zu Anaxarchos s. F. Wehrli, *Schule des Aristoteles* 3 (1948) 67 zu Klearchos fr. 60; cf. W. Leaf, *Strabo on the Troad* (1923) 150.

Alexander einen Homer-Text oder wenigstens einen Text der *Ilias* in einem kostbaren Behältnis mit sich zu führen pflegte; das ist durchaus glaubhaft, da er ein echter φιλόμηρος war und seinen Heldenahnen Achilles lebenslang als Vorbild verehrte. Es ist auch möglich, daß er diese Abschrift von Aristoteles, seinem Lehrer während dreier Jahre, empfing, der sicher Homer mit ihm las.[78] Unsere Quellen stimmen aber keineswegs darin überein, daß Aristoteles für seinen Schüler eine Rezension des Textes vorgenommen hätte. Und tatsächlich ist dies auch sehr unwahrscheinlich. Wenn eine solche aristotelische ἔκδοσις je existiert hätte, warum wird sie dann nie von den alexandrinischen Grammatikern in unseren Scholien erwähnt,[79] die doch sonst auf ἀρχαῖα ἀντίγραφα oder ἐκδόσεις κατ' ἄνδρα und κατὰ πόλεις verweisen? Sie nahmen ihre Zitate aus den *Homerischen Fragen*. Es gibt noch ein anderes, stärkeres Argument gegen diese höchst zweifelhafte Überlieferung. Wir sind über die Titel von Aristoteles' verlorenen Werken gut informiert,[80] aber keine einzige Textausgabe taucht in diesen Verzeichnissen auf. Der einzige[81] vorhellenistische Homer-Herausgeber war der Dichter Antimachos.[82]

Wir fassen zusammen: Aristoteles machte keine Rezension, weder des Homer-Textes noch eines anderen Textes; er war auch kein ‹Interpret› der homerischen Gedichte. Was er wirklich tat, war, daß er auf eine lange Reihe von Angriffen tadelsüchtiger Kritiker antwortete; nach seiner Theorie waren diese Gedichte über eine solche Kritik erhaben, und er hatte ihre unbedingte Überlegenheit zu beweisen. Diesen Punkt hebt Dion Chrysostomos am Beginn seiner schon zitierten[83] Lobrede auf Homer hervor: καὶ αὐτὸς 'Αριστοτέλης ... ἐν πολλοῖς διαλόγοις περὶ ποιητοῦ διέξεισι θαυμάζων αὐτὸν ὡς τὸ πολὺ καὶ τιμῶν. Von den ‹vielen Dialogen› (wenn dies keine rhetorische Übertreibung ist), in denen er ‹Homer im einzelnen durchgeht› (?),

---

78 Dion Chrys. *or.* II 79 εἰ τοιαῦτά σε (Alexandrum) διδάσκει (Aristoteles) περί τε ἀρχῆς καὶ βασιλείας εἴτε Ὅμηρον ἐξηγούμενος εἴτε ἄλλον τρόπον.

79 F. A. Wolf, *Prolegomena ad Homerum* (1795) CLXXXIII hatte das bereits bemerkt, aber keine Konsequenzen daraus gezogen; A. Ludwich, *Aristarchs Homerische Textkritik* II (1885) 432f, war auf der richtigen Spur.

80 S. oben S. 92 Anm. 39.

81 Wenigstens solange die Ausgabe eines gewissen Euripides ein Schatten bleibt. Suid. 3694 Adler s.v. Εὐριπίδης, τραγικός, τοῦ προτέρου ἀδελφιδοῦς (ein Neffe eines Euripides, der älter war als der berühmte Tragiker) ὡς Διονύσιος ἐν τοῖς Χρονικοῖς (= Dionys. Hal. 4 *FGrHist* 251, aber Jacoby sagt, es könne sich um eine Verwechslung mit Dionys. ὁ μουσικός handeln). ἔγραψε δὲ Ὁμηρικὴν ἔκδοσιν εἰ μὴ ἄρα ἑτέρου ἐστίν. In *P. Oxy.* 221, col. VI 17 (Schol. Φ 155f) F. Blass suppl. ἐν τῇ κατ' Ε[ὐρι- / πίδην καὶ] ἔν τισιν ἄλλαις, wobei er auf Eust. p. 366,13 (ad B 865) verweist ἡ δὲ κατ' Εὐριπίδην (sc. ἔκδοσις) μετὰ τὸν τρίτον στίχον (B 866) ... γράφει τέταρτον τοῦτον ... Τμώλῳ ὑπὸ νιφόεντι ... (= Y 385), οὗ δὴ στίχου καὶ ὁ γεωγράφος μνησθείς φησιν (Strab. XIII 626).

82 S. unten S. 122f.

83 Oben S. 92; Aristot. *Fragm.* ed. Ross pp. 4 und 67.

besitzen wir nur wenige Fragmente des Dialogs Περὶ ποιητῶν,[84] worin er ein besonderes Interesse an den alten ionischen Überlieferungen über das ‹Leben› Homers bekundet.[85] Die Zitate[86] einzelner homerischer Verse oder Passagen, in der üblichen Weise aus dem Gedächtnis zitiert und über seine verschiedenen Schriften verstreut, zeigen, daß er es mit der Richtigkeit des Textes nicht allzu genau nahm.

‹Homer›, das bedeutete jetzt endgültig *Ilias* und *Odyssee*, dazu noch den *Margites*.[87] Es sieht so aus, als seien *alle* epischen Zitate bei Platon der *Ilias* und der *Odyssee* entnommen,[88] und wir können annehmen, daß er nur diese beiden Gedichte für homerisch hielt; aber Aristoteles scheint der erste gewesen zu sein, der ausdrücklich sagte, daß sie alle anderen epischen Dichtungen überträfen, und auch seine Gründe dafür angab. Nur *Ilias* und *Odyssee* waren ‹wie ein lebendiger Organismus›, nur sie befriedigten seinen Anspruch an vollkommene Dichtung; nachdem er die besondere Struktur jedes der beiden Gedichte (τῶν ποιημάτων ἑκάτερον) charakterisiert hat, stellt er abschließend fest: πρὸς γὰρ τούτοις λέξει καὶ διανοίᾳ πάντα[89] ὑπερβέβληκε, ‹dazu übertreffen sie alle (sc. anderen Gedichte) in Ausdruck und Gedanken›. Wir haben, wie wir sahen,[90] aus früherer Zeit kein Zeugnis für eine so klare ästhetische Wertschätzung von *Ilias* und *Odyssee*; selbst im vierten Jahrhundert betrachteten die ‹Eristiker› noch den vollständigen epischen ‹Kyklos› als Homers Dichtung, wie

---

84 Aristot. fr. 70–77 Rose; pp. 67–72 Ross. Eine phantasievolle Rekonstruktion des Dialogs bietet A. Rostagni, ‹Il dialogo Aristotelico Περὶ ποιητῶν›, *Riv. fil. cl.* 4 (1926) 433–70 und 5 (1927) 145–73, abgedruckt in *Scritti minori* I (1955) 255–326 mit bibliographischen Ergänzungen; s. bes. F. Sbordone, ‹Il primo libro di Ar. intorno ai poeti›, *Atti Accad. Pontaniana* N. S. 4 (1954) 217–25.

85 Fr. 76 Rose = Περὶ ποιητ. 8 Ross. Homer wird auch in fr. 70 und 75 erwähnt; s. a. Alkidamas, oben S. 73.

86 A. Römer, ‹Die Homercitate und die homerischen Fragen des Aristoteles›, *Sitz.Ber. der philos. philolog. und hist. Classe der Bayer. Akad.* (1884) 264–314; G. E. Howes, ‹Homeric Quotations in Plato and Aristotle›, *Harvard Studies in Classical Philology* 6 (1895) 210–37.

87 S. unten S. 100.

88 J. Labarbe, ‹L'Homère de Platon› *Bibliothèque de la Faculté de Philos. et des Lettres de l'Université de Liège*, Fasc. 117 (1949) 410; vgl. unten S. 101 Anm. 96.

89 *Poetik* 1459 b 16 πάντα ist die Lesart des Parisinus A (saec. X fin.) und seiner meisten Apographa, auch der Abschrift (saec. VI), die der arabische Übersetzer benutzt hat (nach Gudeman-Tkatsch); πάντας Riccardianus 46, genannt B oder R (saec. XIII/XIV) und Apographa (e. g. die von Aldus benutzte Abschrift). Nicht nur die Handschriften-Überlieferung, sondern auch der Text der ganzen Stelle, die die beiden ποιήματα behandelt, beweist, daß πάντα die korrekte Lesart ist; πάντας würde heißen, daß er, Ὅμηρος, all die anderen Dichter übertraf. Dies wurde, wenigstens in späterer Zeit, häufig eingesetzt, aber es paßt nicht in den Textzusammenhang des 24. Kap. der *Poetik*.

90 Oben S. 65ff.

wir aus Aristoteles' eigenen Zitaten in seinen logischen Schriften schließen müssen. ‹Beim Syllogismus ist Homers Dichtung eine Figur, weil sie ein Kyklos (Kreis) ist›, ὅτι ἡ Ὁμήρου ποίησις σχῆμα διὰ τοῦ κύκλου ἐν τῷ συλλογισμῷ (*Soph. El.* I 10 p. 171a 10): dies ist ein Beispiel für einen sophistischen Trugschluß, wie ihn Aristoteles im Anhang zu seiner *Topik* zurückweisen muß; er erwähnt ihn in leicht veränderter Form später in den *Analyt. Post.* (A 12 p. 77b 32) ἆρα πᾶς κύκλος σχῆμα; ἂν δέ γράψῃ, δῆλον. τί δέ; τὰ ἔπη κύκλος: φανερὸν ὅτι οὔκ ἐστιν.[91] Dieser Trugschluß (κύκλος = ‹Kreis› und epischer Kyklos = homerische Gedichte) ist nur dann verständlich, wenn die alte allgemeine Ansicht noch lebendig war, daß Homer der Verfasser aller epischen Dichtung war.

Nach Aristoteles finden wir nirgends mehr eine Spur der früher allgemein verbreiteten Auffassung; seine Unterscheidung zwischen Homer, dem Dichter von *Ilias* und *Odyssee*, und den übrigen frühen epischen Dichtern, von denen er im Kap. 23 seiner *Poetik* eine genaue Kenntnis an den Tag legt, scheint endgültig gewesen zu sein. Die Argumente, die er gebraucht, sind dieselben wie bei der Analyse der Tragödie, die das Kernstück der ganzen Abhandlung ausmacht. Dies überrascht uns nicht, wenn wir uns an seine Methode erinnern, jede einzelne Erscheinung in seine allgemeine Lehre einzuordnen, in der Dichtung wie auch sonst stets. Wie in der attischen Tragödie so finden sich auch in den beiden echten homerischen Gedichten Einheit, innere Geschlossenheit und Größe (ἕν, ὅλον, μέγεθος; 1450b 27ff–1459a 24ff). Diese ‹innere› Einheit ist in keinem der anderen Epen erreicht (1451a 19ff); die Tragödie besaß andererseits einen noch höheren Grad an Einheit und war in eben dem Maß ‹besser› als das Epos (Kap. 26). Die exemplarische Tragödie war der *Oedipus Tyrannus* des Sophokles. Platon hatte die ‹Ernsthaftigkeit› der epischen Dichtung geleugnet und sie als ‹Spiel› (παιδιά) verdächtigt; Aristoteles dagegen definierte nicht nur die Tragödie als ‹Nachahmung einer ernsthaften Handlung› (μίμησις πράξεως σπουδαίας 1449b 14), sondern sagte auch von Homer, daß er, ‹was ernste Gegenstände betraf ein Dichter von höchstem Grade› (τὰ σπουδαῖα μάλιστα ποιητής 1448b 34) gewesen sei. Homer nahm sogar die ‹dramatische› Nachahmung vorweg (μιμήσεις δραματικάς ibid. b 35), und wie *Ilias* und *Odyssee* als analog zur Tragödie anzusehen seien, so sein *Margites* zur attischen Komödie.[92] Dieses Gedicht,[93] das einen be-

---

91 Cf. Philopon. ad loc., *Commentaria in Aristot. Graeca* XIII 3 ed. Wallies (1909) 156f, s. E. Kapp in E. Schwartz, *Die Odyssee* (1924) 154, und Wilamowitz, ‹Lesefrüchte›, *Herm.* 60 (1925) 280 = *Kleine Schriften* IV (1962) 368 (wo der Text von *Soph. El.* korrigiert werden muß: ἡ Ὁμήρου ποίησις, nicht τὰ Ὁ. ἔπη); E. Schwartz, *Herm.* 75 (1940) 5f.

92 καὶ τὰ τῆς κωμῳδίας σχήματα πρῶτος ὑπέδειξεν οὐ ψόγον, ἀλλὰ τὸ γελοῖον δραματαποιήσας 1448b 36.

93 Homeri *Opera* ed. T. W. Allen, vol. V (1912) 152ff. testimonia und fragmenta.

rühmten Einfaltspinsel der alten Zeit in seiner Lächerlichkeit darstellt, muß im vierten Jahrhundert sehr populär gewesen sein, da Redner und Philosophen sich überraschend oft darauf beziehen und es häufig zitieren. Aber das zweite Buch der *Poetik*, das die Komödie behandelt, ist verloren, und die zwanzig Halbzeilen eines neuerdings veröffentlichten Papyrus[94] verraten uns nichts über die dichterische Qualität des *Margites*,[95] und wir können immer noch nicht klar sehen, wie das Gedicht in die Theorie des Philosophen paßte und aus welchem Grund es für würdig befunden wurde, neben *Ilias* und *Odyssee* gestellt[96] und noch später von einem so anspruchsvollen Ästheten wie Kallimachos bewundert zu werden.[97]

Der Ausdruck ὀρθότης, ‹Richtigkeit›, erscheint recht häufig in der Behandlung literarischer Gegenstände bei den Sophisten und Platon.[98] Im Alter gestattete Platon wenigstens die Ausübung der Chorlyrik,[99] die Gesang und Tanz einschloß, in seinem zweiten Idealstaat seiner *Gesetze*. Die ὀρθότης, die er für diese Dichtung forderte, hat einen streng ethischen Charakter. Die ‹richtige› Dichtung sollte die sittliche Disziplin fördern, nicht ‹Vergnügen› (ἡδονή) hervorrufen; die ‹moderne› Kunst des vierten Jahrhunderts mit ihrer Tendenz, die überlieferten Formen zu sprengen oder zu vermischen, die nur auf das Vergnügen zielte, ermutigte zur Gesetzlosigkeit und wurde dadurch eine politische Gefahr.[100] Aristoteles in seiner nüchternen Art machte, obwohl auch er in der *Nikomachischen Ethik* alle anderen Künste der πολιτική unterordnete, in der *Poetik* (1460b 13) einen Unterschied, was die ὀρθότης betrifft: ‹wir haben es in der Dichtung nicht mit derselben Art von Richtigkeit zu tun wie in der Politik oder in sonst einer Kunst›. Er hatte auch nichts dagegen einzuwenden, daß sie Vergnügen hervorrief; im Gegenteil, Vergnügen war von der Dichtung zu fordern, das heißt, von jeder Gattung – Epos, Tragödie, Komödie – ihr besonderes Vergnügen, ἡ οἰκεία ἡδονή (1453b 11).[101]

---

94 *P. Oxy.* XXII (1954) 2309 ed. E. Lobel.

95 Die kühnen Kombinationen H. Langerbecks, ‹Margites›, *Harvard Studies in Classical Philology* 63 (1958) 33–63, helfen kaum weiter. M. Forderer, *Zum homerischen Margites* (Amsterdam 1960) 5ff, argumentiert gegen die Zuweisung des Papyrus zum homerischen *Margites*. [S. dazu auch W. Ludwig, *Gnom.* 33 (1961) 448ff.]

96 Der ps.-platonische *Alc.* II 147 B zitiert den *Margites* als homerisch (fr. 3 Allen), vgl. oben, S. 99 Anm. 88; Aristoteles könnte als Mitglied der Akademie das Gedicht schätzen gelernt haben.

97 Callim. fr. 397.

98 S. oben S. 60f und passim.

99 S. *Exkurs IV*.

100 Plat. *Leg.* 655ff; 668 B; 700 BD über ὀρθότης und ἡδονή. J. Stroux, ‹Die Anschauungen vom Klassischen im Altertum› in: *Das Problem des Klassischen und die Antike*, hrsg. v. W. Jaeger (1931) 2ff, leitete aus diesen Stellen die Idee der Klassik ab, wobei er offensichtlich die platonische ὀρθότης mißverstand. Zu κρίσις ποιημάτων und *classicus* s. unten S. 252ff.

101 Cf. 1453a 35; 1462b 13 und oben S. 94.

Die emotionale Wirkung der Tragödie hatten zuvor schon Gorgias und Platon diskutiert;[102] indem er, wie es scheint, Gorgias' Formel von ‹Schauder und Jammer› übernahm, kam Aristoteles zu einem Schluß, der dem Platons entgegengesetzt war. Er folgerte, daß sie durchaus keinen schlechten Einfluß auf die Seele des einzelnen ausübe, sondern durch die Katharsis der eben erwähnten Empfindungen Vergnügen hervorrufe (1453b 11 über das tragische Vergnügen); die Tragödie, auch in anderer Hinsicht überlegen, bewirke diese Art des Vergnügens durch die Dichtung besser als das Epos und sei eine um soviel höhere Kunstform (1462b 12ff).[103]

Nach der gelegentlichen Literaturkritik der älteren Dichter und Sophisten, nach Platons sachkundigen Fragen und Forderungen war Aristoteles' *Poetik* der erste Versuch, auf dem Gebiet der Literatur eine vernünftige Ordnung zu entdecken, wie es in allen anderen Wissensgebieten sein Ziel war. Wir gingen von dem allgemeinen Entwurf seiner ‹Teleologie› aus; aber wir sahen, wie dieser spekulative Entwurf beständig durch die Analyse der Wirklichkeit und durch ‹die vielen Anschauungen der Erfahrung› korrigiert wird. So ist die *Poetik* eine τέχνη im wahren Sinne dieses Ausdrucks, den Aristoteles von Platon übernahm.

Wenn wir seine sprachlichen und antiquarischen Studien ansehen, finden wir diese Feststellung in vollem Umfang bestätigt. Aus den letzten Zeilen des ersten Kapitels seiner kleinen Schrift Περὶ ἑρμηνείας, ‹Über den Ausdruck von Gedanken in der Rede›, könnten wir die Erwartung herleiten, daß Aristoteles in dieser logischen Abhandlung Platons Unterscheidung (διαίρεσις) zwischen ὄνομα und ῥῆμα und seine Definition von ‹Satz› (λόγος) ausführlicher behandeln wollte: πρῶτον δεῖ θέσθαι τί ὄνομα καὶ τί ῥῆμα, ἔπειτα τί ἐστιν ἀπόφασις καὶ κατάφασις καὶ ἀπόφανσις καὶ λόγος (*de interpr.* 1 p. 16a 1), ‹zuerst müssen wir die Ausdrücke «Nomen» und «Verb» bestimmen, dann «Verneinung» und «Bejahung», «Behauptung» und «Satz»›.[104] Aber er beschränkt seine detaillierten Untersuchungen auf die Ausdrücke, die in das Gebiet der Syllogistik gehören, besonders auf ‹*apophansis*›; in drei ganz kurzen Kapiteln sagt er nur ein paar Worte über ὄνομα (Kap. 2), ῥῆμα (Kap. 3) und λόγος (Kap. 4). Ihre Beziehung zu Platons *Sophistes* (zitiert oben S. 00) ist offensichtlich; aber ein neues, Aristoteles eigenes psychologisches Element (Kap. 1) wird deutlich darin, daß er eine ‹Entsprechung der Dinge in der Seele› annimmt; ‹Wörter und Sätze sind Symbole dieser Entsprechungen und durch sie Symbole der Dinge›.[105] Wir brauchen auf diese

---

102 Gorgias, oben S. 71, Platon S. 82f.

103 Vgl. oben S. 100.

104 E. Kapp, ‹Greek Foundations of Traditional Logic›, *Columbia Studies in Philosophy* 5 (1942) 47.

105 Die Paraphrase, die das Wesentliche des schwierigen Textes 16a 3–8 wiedergibt, beruht auf E. Kapps englischer Übersetzung (loc. cit. S. 49).

psychologischen und logischen Feinheiten nicht weiter einzugehen, da Aristoteles selbst damit fortfährt, daß er sagt, die Untersuchung der Wörter und Sätze ‹gehöre eher zum Studium der Rhetorik oder Poetik› (ῥητορικῆς γὰρ ἢ ποιητικῆς οἰκειοτέρα ἡ σκέψις ibid. 4 p. 17a 6). So stellen wir wieder, wie in unserer Untersuchung zu Platon, fest, daß auch zu Aristoteles' Zeit im späten vierten Jahrhundert noch kein eigener Zweig der ‹Grammatik› existierte, sprachliche Probleme, soweit sie nicht rein logischer Natur waren, mußten an die Rhetorik oder Poetik verwiesen werden. Und tatsächlich hat Aristoteles es in seinen Büchern über eben diese beiden Gegenstände unternommen, über seine Vorgänger hinauszugehen.

Im 20. Kapitel seiner *Poetik*[106] gab er zuerst eine vollständige Aufstellung aller Teile des ‹Ausdrucks› (τῆς λέξεως ἁπάσης ... τὰ μέρη 1456b 20ff), von den ‹einfachsten Elementen› (στοιχεῖα) bis hinauf zum ‹Satz› (λόγος). Für die einzelnen ‹unteilbaren Laute› gebrauchte er Platons Termini und seine Unterscheidung; aber zwischen ‹Vokalen› und ‹Konsonanten› führte er die ‹Halbvokale Σ und P› ein (ἡμίφωνα). Er berührte die Bildung der Silben, ihre Quantität und Prosodie, nur flüchtig, wobei er wahrscheinlich dem Sophisten Hippias folgte, und überließ alle theoretischen Einzelheiten den Metrikern[107] und ihrer Metrik; als eigener Wissenszweig, getrennt von Rhythmik und ‹Musik›, taucht diese zum erstenmal bei Aristoteles auf. Im dritten Buch der *Rhetorik*, das sich auch mit dem Ausdruck befaßt, nennt er alle anderen Wörter, die weder ὀνόματα noch ῥήματα sind, ‹Verbindungen›, σύνδεσμοι[108] (1407a 20; vgl. 1413b 33); das klingt fast anatomisch (vgl. Eur. *Hipp.* 199 μελέων σύνδεσμα, ‹Sehnen›), und das ist erst recht bei dem anderen Ausdruck, ἄρθρον, ‹Gelenk›, der Fall (vgl. Soph. *Tr.* 769 ἅπαν κατ' ἄρθρον), den er im 20. Kapitel der *Poetik* einführt (1457a 6). Beide haben nur in Verbindung mit ὀνόματα oder ῥήματα eine Funktion; als Termini haben sie eine weitere und weniger deutliche Bedeutung als die sogenannten ‹Konjunktionen› und der ‹Artikel› in späteren streng grammatischen Schriften. Die Vorstellung vom λόγος als einem ‹Or-

---

106 Ich sehe dieses Kapitel als in seiner Substanz echt aristotelisch an; zu der heftigen Diskussion s. die Kommentare zur *Poetik*; s. jetzt a. A. Pagliaro, ‹Il capitolo linguistico della *Poetica*› in *Nuovi saggi di critica semantica* (1956) 77–151.

107 *Poet.* 1456 b 34. Ich lese mit Bernhardy und Spengel τοῖς μετρικοῖς (nicht ἐν τ. μ.), cf. *Part. an.* 660 a 8 παρὰ τῶν μετρικῶν; *Poet.* ibid. b 38 τῆς μετρικῆς (sc. τέχνης). – Zur ehemaligen Einheit von Wort und ‹Musik› s. oben S. 77.

108 Das dürfte auf der Linie der früheren sophistischen Tradition liegen, cf. Isokr. (*Art. script.* B XXIV 22) τοὺς συνδέσμους τοὺς αὐτοὺς μὴ σύνεγγυς τιθέναι κτλ. (s. a. Radermachers Anmerkung zu fr. 24); sobald wir das Gebiet der Rhetorik betreten, ist die Priorität sophistischer Lehrbücher, die uns vollständig verloren sind (s. oben S. 50 Anm. 80), immer möglich.

ganismus› legte, so möchte ich denken, den Gebrauch solcher Ausdrücke nahe.

Über ὀνόματα und ῥήματα hatte Aristoteles nun viel mehr zu sagen als in seinen logischen Schriften. Im gleichen Kapitel seiner Rhetorik (1407b 7) zitierte er Protagoras' drei Genera wortwörtlich, aber in seiner *Poetik* (1458a 8) behielt er nur noch die Kategorien des Männlichen und des Weiblichen bei, ließ aber den dritten Terminus (Namen von ‹Sachen›) als unangemessen fallen und ersetzte ihn durch τὰ μεταξύ, ‹das Mittlere› (oder: ‹Vermittelnde›).[109] Da er die ὀνόματα nach ihren jeweiligen ‹Endungen› zu klassifizieren begann, nimmt diese dritte Gruppe tatsächlich einen Platz ‹zwischen› den beiden anderen ein, weil in ihren ‹Endungen› (das heißt in ihren letzten Buchstaben) einige von diesen Wörtern den männlichen, andere den weiblichen nominibus ähneln. Diese grobe Einteilung,[110] nämlich nach Geschlecht und Endung, mußte noch verfeinert werden, aber ihr Prinzip wurde für alle Zeiten beibehalten. Da er von Platon die weite Bedeutung von ῥήματα, ‹was über ὀνόματα gesagt wird›, übernahm, behandelte Aristoteles ein ‹prädikatives Adjektiv› auch als ῥῆμα: ἔστιν ἄνθρωπος λευκός (*De interpr.* 20b 1; cf. Plat. *Cratyl.* 399 B, oben S. 84). Da gab es Schwierigkeiten, als er das ‹Verb› zu definieren versuchte; ῥῆμα ist auch das ‹was die Zeit anzeigt›, τὸ προσσημαῖνον χρόνον (*De interpr.* 16b 6ff). Bei Protagoras hätte χρόνος niemals ‹*tempus*› bedeuten können,[111] und Platon erwähnt den Begriff nicht; so scheint Aristoteles der erste gewesen zu sein, der darauf hinwies, daß unterschiedliche Formen des ῥῆμα verschiedene zeitliche Beziehungen ausdrücken. In der *Poetik*, Kap. 20, läßt er sich wieder weitläufig über diesen bemerkenswerten Gedanken aus, wenn er als Verbformen im eigentlichen Sinne nur Präsens und Perfekt anerkennt (1457a 18); in *De interpretatione* (16b 16) nennt er Futur und Imperfekt πτώσεις ῥήματος, ‹Abänderungen des Verbs›; er gebraucht dabei denselben Terminus, der auch die ‹abhängigen Fälle› des Substantivs und aller davon abgeleiteten Gattungen, wie Adjektive und Adverbien umfaßt (*De interpr.* 16b 1 und *Poetik* 1457a 19 πτῶσις ὀνόματος ἢ ῥήματος). Wir können auf die außerordentlich verwickelten Details nicht eingehen, das Gesagte muß genügen, um zu zeigen, daß πτῶσις (das lateinische *casus* des *nomen*), von Aristoteles auf Nomen und Verb gleichermaßen angewendet, als *logischer* Terminus geprägt wurde; er sollte antiken und modernen Grammatikern und Linguisten noch viel Kopfzerbrechen

---

109 Cf. *Soph. El.* 14 p. 173 b 28ff, ibid. b 40 τῶν λεγομένων . . . σκευῶν, nachdem er auf Protagoras' Kritik an Homers ‹unkorrektem› Gebrauch des Geschlechts hingewiesen hatte, bewies Aristoteles natürlich, daß Protagoras, nicht Homer unrecht hatte; zu Protagoras s. oben S. 59.

110 Vgl. D. Fehling, ‹Varro und die grammatische Lehre von der Analogie und der Flexion›, *Glotta* 35 (1956) 261f.

111 S. oben S. 59f.

bereiten.[112] Der letzte Punkt in der Liste ist λόγος, was bestimmt ‹Satz› bedeutet. Die Definition (1457a 23) wiederholt teilweise, was in *De interpretatione* Kap. 4 gesagt wurde (λόγος ... φωνὴ σημαντικὴ κατὰ συνθήκην κτλ. 16b 26); aber jetzt, mit Bezugnahme auf die zuvor definierten Satzteile, heißt es so: λόγος δὲ φωνὴ συνθετὴ σημαντικὴ ἧς ἔνια μέρη καθ' αὑτὰ σημαίνει τι, ‹ein Satz ist ein zusammengesetztes, etwas bezeichnendes Klanggebilde, von dem einige Teile für sich selbst etwas bedeuten›. Das heißt natürlich, daß nicht nur zusammengesetzte Sätze, sondern auch Nomina und Verba für sich allein etwas bezeichnen können, während ‹Verbindungen› (Konjunktionen) und ‹Gelenke› (Artikel) das nicht können. Wir erinnern uns an Platons Worte im *Sophistes* 262 A–C, daß Nomina und Verba nichts kenntlich machen können, wenn sie nicht miteinander verflochten sind und einen Satz ergeben.[113] Aristoteles' Kritik gründet sich wieder auf seine formale Logik.

Die Aufzählung der acht Teile der ‹Rede› sollte nie so etwas wie ein linguistisches *System* sein, aber sie war immerhin ein ziemlich geschlossener Abriß einiger grammatischer Grundbegriffe. Es gibt, über seine verschiedenen Schriften verstreut, noch einige andere Bemerkungen über die Sprache, in denen Aristoteles selbst Ausdrücke prägte oder sie aus uns unbekannten Quellen übernahm; wir wählen nur einige aus, die unseren Gegenstand betreffen. Prodikos hatte seine Schüler den richtigen Gebrauch von Wörtern gelehrt, die in der Form unterschieden, aber dem Sinn nach mehr oder weniger gleich waren; Aristoteles nannte solche Wörter ‹Synonyme›, συνώνυμα, wahrscheinlich zuerst in seinen logischen Schriften (*Top.* 158b 38, 163a 24; cf. *Cat.* 1a 6), dann im verlorenen Teil seiner *Poetik* (fr. 1 Bywater,[114] cf. *Rhet.* III 2 p. 1404b 39ff), wo er dem Dichter den Gebrauch von Synonymen empfahl. Als wesentlich dichterisch behandelte er auch die ‹Composita›, die διπλᾶ, die er in seiner Unterteilung der ὀνόματα schon von den ἁπλᾶ, den ‹einfachen› Wörtern geschieden hatte (*De interpr.* 16a 23, 16b 32); er sah in ihnen die Glanzlichter des dithyrambischen Stils (*Poet.* 1459a 9, *Rhet.* 1406b 1, cf. 1405b 35). Viel wichtiger als Composita und Synonyma war eine andere Gruppe, die seltenen und veralteten Wörter, die Glossen, γλῶσσαι. Aristoteles stellte ausdrücklich fest, daß solche

112 Ein ‹Casus›-System der ionischen Grammatiker im sechsten Jahrhundert ist eine recht armselige moderne Erfindung; s. oben, S. 29ff mit Anmerkungen und Bibliographie zu πτῶσις.

113 S. oben S. 85, vgl. 104.

114 Simplic. in Aristot. *Cat.* (Comment. in Ar. Gr. VIII ed. Kalbfleisch) 36,13 ἐν τῷ Περὶ ποιητικῆς συνώνυμα εἶπεν εἶναι ὧν πλείω μὲν τὰ ὀνόματα, λόγος δὲ ὁ αὐτός; zu Prodikos s. oben S. 60f. Fragmente einer Abhandlung, wahrscheinlich Theophrasts Περὶ λέξεως, die sich mit συνώνυμα, διπλᾶ etc. in der Art von Aristoteles' *Poet.* Kap. 20–22 befassen, veröffentlichte B. Snell in *Griechische Papyri der Hamburger Staats- und Universitätsbibliothek* (1954) Nr. 128, S. 36ff.

Wörter in der heroischen Dichtung am meisten am Platze seien (*Poet.* 1459a 9f, cf. 1461a 10, wo als Beispiel für eine Glosse für οὐρῆας die Bedeutung ‹Wachen› angenommen wird, s. oben S. 95f); er wiederholte diese Feststellung in seiner *Rhetorik* (1406b 3 γλῶτται τοῖς ἐποποιοῖς, cf. 1404b 23 mit Bezugnahme auf die *Poetik*). Da Glossen als Gegensatz zu den ‹gängigen› Wörtern (κύρια) begriffen werden, fallen auch Dialektausdrücke und Fremdwörter, τὰ ξενικά[115] (*Poet.* 1457b 3) in diese Gruppe; in der Prosa sollten sie sparsam verwendet werden. Aristoteles' Bemerkungen setzen eine ältere Tradition, sicherlich aus dem fünften Jahrhundert, fort; Aristophanes gebrauchte den Ausdruck Ὁμήρου γλώττας, und wahrscheinlich schrieb Demokrit ein Buch Περὶ Ὁμήρου ... γλωσσέων.[116] Aber schon lange vorher haben epische Dichter und Rhapsoden diese dunklen Ausdrücke bevorzugt und vielleicht für ihren eigenen Gebrauch gesammelt.[117] Nach Aristoteles, um 300 v.Chr., erhielten diese Studien einen völlig neuen Impuls, als zwei Dichter, Philitas von Kos und Simias von Rhodos, die erste umfangreiche gelehrte Sammlung epischer und mundartlicher Glossen herausbrachten.[118] Wir können nicht sagen, zu welcher Zeit die in unseren Homer-Scholien[119] oft zitierten γλωσσογράφοι ihre Tätigkeit begannen, aber es war sicher nicht vor dem späten dritten Jahrhundert.

Aristoteles' Stellung in dem alten Streit um den Ursprung der Wörter war ganz eindeutig: ‹kein Wort ist von Natur aus›, φύσει τῶν ὀνομάτων οὐδέν ἐστιν (*De interpr.* 2 p. 16a 27); seine Antwort auf die Frage nach der Beziehung zwischen Wörtern und Dingen (die Platon so beunruhigte) wurde schon erwähnt.[120]

Die Verbindung platonischer und älterer ionisch-sophistischer Elemente war für Aristoteles' Sprachstudien charakteristisch. In seinen antiquarischen Untersuchungen konnte nichts Platonisches sein; sie mußten in der anderen Tradition stehen. Da fanden wir Hippias von Elis als führenden ‹Altertumsforscher› oder ‹Antiquar›, der seine gelehrten Sammlungen für epideiktische Zwecke benützte. Aristoteles[121] übertraf alle seine Vorgänger an universeller Kenntnis; im Gegensatz zu den Sophisten konnte er eine ungeheure Menge von Material nach seinen eigenen philosophischen Prinzipien über-

---

115 Vgl. oben S. 62 und S. 87. [S. a. oben S. 62 Anm. 131.]

116 Zu Aristophanes s. oben S. 32; zu Demokrit S. 63f.

117 S. oben S. 28f; zu ihren gelegentlichen Fehlern und den Folgen ihrer falschen Erklärungen s. oben S. 21f. und Anm. 15.

118 S. unten S. 118f.

119 K. Lehrs, *De Aristarchi Studiis Homericis* (^{3}1882) 37f, sammelte die Belege, er irrte aber in der Annahme, daß diese γλωσσογράφοι Schullehrer des vierten Jahrhunderts waren; s. K. Latte, ‹Glossographika›, *Philol.* 80 (1925) 148, 26.

120 Siehe S. 87f zum Ursprung der Wörter, S. 102 zu ihrem Verhältnis zu den Dingen.

121 W. Jaeger, *Aristoteles* 346ff, ‹Die Organisation der Forschung›.

sichtlich ordnen, indem er die Zusammenarbeit seiner Schüler organisierte. Als Konsequenz seines grundlegenden teleologischen Standpunktes mußten die einzelnen Stadien untersucht werden, in denen die Dinge ihr ‹Ziel› erreichten; so erhielt die Chronologie eine neue Bedeutung, weil sie dazu verhalf, die Entwicklung der Dinge in der Vergangenheit zu erkennen. Wir können nun verstehen, warum er sich so große Mühe damit machte, verläßliche Listen der Sieger in den großen nationalen Spielen aufzustellen. Das Schriftenverzeichnis des Aristoteles erwähnt eine Reihe von Titeln,[122] die sich nicht nur auf die Olympischen Spiele[123] beziehen, welche zuvor schon Hippias behandelt hatte, sondern besonders auch auf die Pythischen Spiele.[124] Dieses Werk, das er in den Archiven der delphischen Priester mit seinem Verwandten Kallisthenes, der eine Geschichte des Heiligen Krieges schrieb,[125] zusammenstellte, hatte einen ungeheuren Erfolg; nach den 1896 gefundenen Inschriften wurden die Verfasser von den Delphiern ‹gepriesen und gekrönt›,[126] und in einer Inschrift aus dem Jahre 331 v.Chr.[127] wird eine Zahlung aus öffentlichen Mitteln an einen bekannten Steinmetzen für das mühsame Einmeißeln der ganzen Πυθιονικῶν ἀναγραφή verzeichnet. Selbst wenn sie nur die Form eines πίναξ hatte wie ältere antiquarische Schriften der Sophisten, mit einer Einleitung über die Gründung der Pythischen Spiele und einer Widerlegung legendärer Berichte, hat ein in Stein gemeißeltes Prosawerk von so beachtlicher Länge,[128]

---

122 Diog. L. V 21 Nr. 130–4; Fragm. ed. Rose p. 8. Siehe Moraux, *Les listes anciennes des ouvrages d'Aristote* (1951) 123–6 und 199; Düring, *Aristotle* 49, 339f; s. a. Jacoby in *FGrHist* III B 415, Kommentar (1955) S. 215 und Anm. 24.

123 Es ist möglich, daß Aristoteles den Sieg des Empedokles 496 v.Chr. in *dieser* Liste der Olympiasieger erwähnte und daß Eratosthenes ihn aus diesem Buch übernahm, nicht aus dem Dialog Περὶ ποιητῶν, dem diese Stelle (fr. 71 Rose) gewöhnlich zugeschrieben wird; so würden wir wenigstens ein kurzes Fragment gewinnen, s. A. Rostagni, *Scritti minori* I (1955) 257f.

124 Fr. 615–17 Rose.

125 *FGrHist* 124 T 23 und F 1.

126 Veröffentlicht von T. Homolle, *BCH* 22 (1898) 260ff und 632; wieder abgedruckt mit Ergänzungen und Anmerkungen in *Syll.* (³1915) Nr. 275. Die endgültige Ausgabe durch E. Bourguet in *Fouilles de Delphes* III 1 (1929) Nr. 400 (leider oft übersehen) ist mit Kommentar und Bibliographie wieder abgedruckt in M. N. Tod, *A selection of Greek historical inscriptions* II (1948) Nr. 187.

127 Veröffentlicht durch E. Bourguet, *BCH* 24 (1900) 464ff, und *Fouilles de Delphes* III 5 Nr. 58, 42; cf. *Syll*³. 252, 42. Sie liefert das einzige sichere Datum. Im Frühjahr 334 ging Kallisthenes mit Alexander nach Kleinasien; das ist der *terminus ante quem* für die Zusammenstellung der Liste.

128 Wir würden natürlich sehr gern den genauen Umfang der verlorenen Werke des Aristoteles erfahren; aber Bourguet loc. cit. III 1 p. 240 hat schlüssig bewiesen, daß dies unmöglich ist. Der Preis von ‹zwei Minen› im Jahr 331 kann vielleicht eine Teilzahlung für das bis zu diesem Jahr vorlie-

zweifellos dem Gott selbst gewidmet, wenige Parallelen; es mag als ein weiteres Zeugnis für Aristoteles' persönliche Bindung an den Apollon-Kult[129] gewertet werden, daß ihm diese außergewöhnliche Ehre widerfuhr. Es ist eine ansprechende Vermutung, daß die späteren Siegerlisten der panhellenischen Wettkämpfe[130] letztlich auf diesem Werk des Aristoteles beruhen.

Als Aristoteles nach Alexanders und Kallisthenes' Aufbruch nach Athen zurückgekehrt war, begann er die offiziellen Urkunden zu untersuchen, die die Archonten über dramatische und dithyrambische Aufführungen aufbewahrten.[131] Drei darauf bezügliche Titel finden sich im Verzeichnis seiner Schriften.[132] Von einem Buch mit dem Titel Περὶ τραγῳδιῶν ist nichts weiter bekannt; die Νῖκαι Διονυσιακαί (oder Νικῶν Διονυσιακῶν ἀστικῶν καὶ Ληναίων α bei Hesych) sind wahrscheinlich von dem Verfasser einer Siegerliste benützt worden, die in die ionischen Epistyle eines Gebäudes des frühen dritten vorchristlichen Jahrhunderts eingeschrieben war (jetzt *I.G.* II^2 2325).[133] Wörtliche Zitate gibt es nur noch von dem dritten Werk, den außerordentlich wichtigen Διδασκαλίαι (fr. 618–30 Rose), und es besteht eine gewisse Wahrscheinlichkeit, daß die Inschrift auf der Wand des

---

gende Werk gewesen sein; auch waren die Preise, die im vierten Jahrhundert gezahlt wurden, sehr verschieden von denen im dritten Jahrhundert, auf die Homolle und andere ihre Berechnungen stützen. Die Zahl ‹60000 Wörter›, die W. Jaeger, *Aristoteles* (1923) 348 mit besonderem Nachdruck angibt und die in allen späteren Ausgaben und Übersetzungen wiederholt wird, ist ein Schreibfehler; Homolles Schätzung, auf die Jaeger sich bezieht, war 60000 *Buchstaben*; Pomtow, *Syll.*³ 275 und 252 rechnete nur mit etwa 20000 Buchstaben. O. Regenbogen, Πίναξ, *RE* XX (1950) 1414, 20ff, folgte Pomtow (21000 Buchstaben), aber wir sollten besser gar keine dieser Zahlen annehmen.

129 Siehe ‹The Image of the Delian Apollo and Apolline Ethics›, *Ausgewählte Schriften* (1960) 70.

130 Die wichtigste ist die Liste der olympischen Sieger *P. Oxy.* 222 (vol. II, 1899, mit dem Kommentar von Grenfell und Hunt); sie ist abgedruckt in *FGrHist* III B (1950) Nr. 415 im Kapitel XVIII ‹Elis und Olympia› S. 301–14, mit Einführung, Kommentar und Anmerkungen in gesonderten Bänden zu allen historischen Fragmenten, die sich auf diesen Teil Griechenlands und die olympischen Spiele beziehen. Kap. XVII behandelt Delphi S. 297ff und die Pythischen Spiele S. 301.

131 A. Pickard-Cambridge, *The Dramatic Festivals of Athens* (1953) 68ff. – A. Wilhelm, ‹Urkunden dramatischer Aufführungen in Athen›, *Sonderschriften des Österr. Archaeolog. Instituts in Wien* VI (Wien 1906, nachgedruckt 1965) bleibt das klassische Werk über diesen Gegenstand.

132 Ar. fragm. pp. 8 und 15 Rose; cf. Regenbogen, ‹Πίναξ› *RE* XX 1415ff.

133 Abgedruckt bei Pickard-Cambridge, op. cit. 114–18, cf. p. 105, 2 und Moraux, *Les listes anciennes* 127. – Die Inschrift mit νῖκαι *IG* II^2 2318, der Wilamowitz (*GGA* 1906, 614 = *Kleine Schriften* V 1 [1937] 378) den Namen *Fasti* gab, scheint keine Beziehung zu Aristoteles zu haben, s. Pickard-Cambridge, 69f; 105 (106ff Text), Moraux loc. cit. 127, 24.

eben erwähnten Gebäudes auf ihnen beruht (*I.G.* II² 2319–23).[134] Die Dichter waren die ‹Regisseure›, die διδάσκαλοι, ihrer Dramen, und die Verzeichnisse der Aufführungen nannte man διδασκαλίαι; auf Stein waren zuerst der Name des Archons verzeichnet, dann die Namen der zum Wettstreit angetretenen Dichter mit den Titeln ihrer jeweiligen Dramen, nach ihrem Erfolg angeordnet, dann die Namen der Hauptdarsteller mit dem siegreichen Darsteller am Ende. Aristoteles' Werk[135] beruhte auf den Archiven der Archonten und enthielt vielleicht mehr literarisches Material als die Inschriften, die auf Auszügen aus dem Buch fußten und später im selben Stil auf dem laufenden gehalten wurden. Die Parallele zu dem delphischen Verfahren ist offensichtlich. Die großen alexandrinischen Gelehrten, die zu den athenischen Archiven oder Inschriften keinen Zugang hatten, mußten Aristoteles' Sammlungen benutzen; auf diese Weise haben sich einige wenige Reste des Originalwerkes noch in den byzantinischen Scholien zu den attischen Dramatikern erhalten; es ist jedoch fraglich, ob man jedes Zitat aus den διδασκαλίαι ohne seinen Namen zu den echten Aristoteles-Fragmenten rechnen darf (wie Rose). In Aristoteles' philosophischer Theorie wird der attischen Tragödie der höchste Rang der dichterischen Vollendung zugewiesen; kein Wunder also, daß ihm für seinen Zweck die Daten und Einzelheiten jedes einzelnen Stückes wichtig waren, um den wirklichen geschichtlichen Entwicklungsprozeß der tragischen Kunst zu verfolgen.

Ungefähr zur selben Zeit (nach 334 v.Chr.), als Aristoteles die Berichte über dramatische Aufführungen aus den athenischen Archiven zusammenstellte, ließ sein Freund und Mitschüler Lykurg, der von 338 bis 326 v.Chr. Leiter der staatlichen Finanzverwaltung war, eine offizielle Kopie der Werke der drei großen Tragiker anfertigen; diese wurde im Staatsarchiv niedergelegt, und die Schauspieler wurden gesetzlich verpflichtet, sich an diesen autorisierten Text zu halten.[136] Der seit dem Beginn des vierten Jahrhunderts zunehmenden Verderbnis der Tragikertexte durch Schauspielerinterpolationen sollte auf diese Weise Einhalt geboten werden; es ist jedoch unsicher, ob diese Maßnahme irgendeinen praktischen Erfolg hatte. Es wird berichtet, daß Ptolemaios III. (247–221 v.Chr.) diese offizielle Abschrift von den Athenern auslieh und nie mehr zurückgab;[137] sie wird also

134 Abgedruckt bei Pickard-Cambridge, loc. cit. 110–13, cf. 71 und Moraux, loc. cit. 127f.

135 G. Jachmanns Rekonstruktion in seiner Dissertation *De Aristotelis didascaliis* (Göttingen 1909) ist noch nicht überholt; aber s. oben S. 108 Anm. 133 zu den *Fasti*, die er gern für seine Rekonstruktion benutzte.

136 [Plut.] *Decem oratorum vitae* VII p. 841F = Schmidt, *Pinakes* test. 6a; cf. Pickard-Cambridge, op. cit. 101; 153.

137 Galen, *comment.* II 4 *in* Hippocr. *Epidem.* III *CMG* V 10, 2,1 (1936) p. 79, 8; s. unten S. 237.

wohl in der alexandrinischen Bibliothek von einigem Nutzen gewesen sein, obwohl wir ihren kritischen Wert nicht überschätzen sollten.

Aristoteles' politische Schriften bieten ein analoges Bild. Auf der einen Seite haben wir das philosophische Werk Πολιτικά, auf der anderen Seite die umfangreiche Sammlung der Πολιτεῖαι (fr. 381–603 Rose)[138], in der die Verfassungsgeschichte von 158 in der Mehrzahl griechischen Städten und Stämmen zusammengestellt ist. Es war ein großer Tag in der Geschichte der Philologie, als das Britische Museum 1889 vier Papyrusrollen erwarb,[139] die dreißig Kolumnen eines nahezu vollständigen Textes von Aristoteles' Ἀθηναίων πολιτεία enthielten, der zu Beginn des Jahres 1891 von F. G. Kenyon erstmals veröffentlicht wurde. Den Reichtum an neuen Informationen und viele neue Probleme legte Wilamowitz sofort mit unvergleichlichem Mut und Scharfsinn in seinem zweibändigen Werk *Aristoteles und Athen* (1893, etwa 800 Seiten) dar. Die Kontroversen über Aristoteles' Quellen, seine Beziehungen zu den attischen Geschichtsschreibern, den sogenannten Atthidographen[140], über die literarische Gattung der Πολιτεία sind noch in vollem Gange[141]. Zwei Punkte mögen hier erwähnt werden. Wir müssen sehr dankbar sein, daß Aristoteles Solons eigene Verse für die Geschichte der solonischen Reform zitierte und uns damit wertvolle neue Zeilen von dessen elegischer und iambischer Dichtung schenkte.[142] Es lag ihm natürlich fern, die Gedichte zu interpretieren, vielmehr wählte er solche Stellen aus, die wirkliche Zeugnisse für Solons Kampf, Mißerfolg und Erfolg zu enthalten schienen und als historische Quellen für seinen besonderen Zweck benutzt werden konnten. Dank dem Papyrus sind wir in der Lage, Absicht und Aufbau der Πολιτεῖαι und ihre Beziehung zu den Πολιτικά klarer zu erkennen. In der *Verfassung Athens* kann man zwei Teile unterscheiden (und in anderen von Aristoteles' vielen *Verfassungen* wird es wohl ebenso gewesen sein). Im zweiten Teil beschreibt Aristoteles die demokratische Verfassung, wie sie in seinen eigenen Tagen

---

138 Ein neues Fragment der Αἰνίων πολιτεία, auf die wir bisher keinen Hinweis besaßen, wird man zwischen fr. 472 (Αἰγινητῶν) und 473 (Αἰτωλῶν) aus *P. Oxy.* XXX ed. Lobel (1964) 2527, 5 einfügen müssen.

139 *P. Lit. Lond.* 108 (Pack² Nr. 163); H. J. M. Milne, *Catalogue of the Literary Papyri in the British Museum* (1927) 84, mit Bibliographie der Ausgaben. – Fragmente zweier kleiner Blätter eines Papyrus-Codex (Pack² Nr. 164), den das Ägyptische Museum in Berlin 1880 erwarb und den Th. Bergk in den letzten Monaten seines Lebens 1881 mit unvergleichlichem Scharfsinn identifizierte, *Rh. M.* 36 (1881) 87ff = *Opuscula* II (1886) 505–33.

140 F. Jacoby, *Atthis* (1949) passim; cf. *FGrHist* IIIb 11 (1954) 459ff.

141 Siehe den Überblick und das ausgewogene Urteil in der Einleitung zu *Aristotle's Constitution of Athens and Related Texts*, translated with an Introduction and Notes by K. v. Fritz and E. Kapp (New York 1950).

142 Man sollte Wilamowitz' Kommentar in *Griechisches Lesebuch* II 1. Halbband (1902) 20ff nicht unbeachtet lassen.

bestand; der erste, einführende Teil zeigt, wie der athenische Staat zu dieser letzten Form kam, indem er die verschiedenen Stadien, in diesem Fall elf, beschreibt, durch die er zu seiner ‹Natur› gelangte. Dieser Entwicklung gab die solonische Reform eine entscheidende Wendung zur radikalen Demokratie. Aristoteles blieb, auch wenn er ‹Geschichte› schrieb, der politische Philosoph, treu seinem allgemeinen teleologischen Konzept.

Das späteste Datum, das in dem Papyrus erwähnt wird, ist das Jahr 329/8 v.Chr. (Kap. 54, 7); aber hier bleiben einige Fragen offen, besonders, zu welcher Zeit Aristoteles das umfangreiche Material für seine *Politeiai* zusammenzutragen begann, wer mit ihm zusammengearbeitet haben könnte und ob er eine Publikation je beabsichtigte. Dasselbe trifft auf die Δικαιώματα[143] zu, die eine Stelle über den Tod Alexanders des Molossers im Jahre 331/30 v.Chr. enthalten; aber wenn Philipp von Makedonien sie für seine Politik der κοινὴ εἰρήνη benutzte, muß ein großer Teil der Sammlung schon zwischen 338 und 336 v.Chr. erhältlich gewesen sein. Zu Aristoteles' antiquarischen Studien gehören auch die Νόμιμα βαρβαρικά, *Außergriechische Sitten* (fr. 604–10 Rose); im Sammeln solchen ethnographischen Materials war wiederum Hippias sein Vorgänger, und viele waren seine Nachfolger in hellenistischer Zeit. An seinem lebhaften Interesse an Sprichwörtern kann kein Zweifel bestehen, aber die Existenz einer Monographie über Παροιμίαι ist bestritten worden – irrtümlich, glaube ich, weil Παροιμίαι in seinem Werkverzeichnis erscheinen[144] und er ausdrücklich von Isokrates' Schüler Kephisodor dafür getadelt wird, daß er Sprichwörter gesammelt habe (Ath. II 60 D παροιμίας ἀθροῖσαι), was doch wohl ein handfester Beweis ist. In seinem ersten antiplatonischen Dialog, Περὶ φιλοσοφίας, betrachtet er Sprichwörter als ‹Überbleibsel einer vorliterarischen Philosophie›[145] und behandelt sie in einem Überblick über alte Weisheiten zusammen mit den ‹Orphica›, den delphischen Maximen (γνῶθι σαυτόν, etc.) und den Lehren der Sieben Weisen. Er liebte es, seine späteren Schriften über Rhetorik und Politik[146] mit Sprichwortzitaten zu schmücken. Einer seiner Schüler, Klearchos von Soloi, erweiterte die Sammlung seines Lehrers, indem er zwei Bücher Παροιμίαι[147] schrieb, denen er zur Unterhaltung seiner Leser eine

143 Fr. 612–14 Rose. Vielleicht ‹Rechtssprüche› oder ‹Rechtsentscheidungen zwischen verschiedenen griechischen Staaten›, wie die (nicht sehr verläßliche) *Vita Marciana* 4 p. 97 Düring, sagt: Δικα]ιώματα Ἑλληνίδων πόλεων ἐξ ὧν Φίλιππος τὰς φιλονεικίας τῶν Ἑλλήνων διέλυσεν; cf. Gigons Kommentar p. 39. Zwei neue Belege s. Moraux, *Les listes anciennes* 122f, und Düring 140f.

144 Diog. L. V 22 Nr. 137, Hesychios Nr. 127 (προοιμίων cod.).

145 W. Jaeger, *Aristoteles* 131f; cf. fr. 13 Rose = fr. 8 Ross (p. 75).

146 Bonitz, *Index* s. v. παροιμία.

147 Fr. 63–83, F. Wehrli, *Die Schule des Aristoteles* 3 (1948) mit Kommentar; s. a. Theophrastos, Dikaiarchos.

literarische Erzählform gab; viele andere folgten,[148] die sich mit der Zusammenstellung trockener Verzeichnisse begnügten. Aber Aristoteles war es, der von seinem philosophischen Standpunkt aus zuerst die Aufmerksamkeit auf diese überlieferten Sprüche und auf ihre besondere Form der ‹Kürze und Prägnanz› (συντομία καὶ δεξιότης) lenkte.

Endlich gibt es noch einen anderen Typ von Sammlung, mindestens so folgenreich wie die Didaskaliai oder die Politeiai, zu dem Aristoteles den Weg wies: die Zusammenstellung philosophischer Lehrmeinungen nach bestimmten Themen, δόξαι genannt. Wir erwähnten bereits eine frühere, von Hippias veranstaltete Sammlung von Parallelstellen aus den ältesten Dichtern wie auch aus den ältesten Philosophen. Nun eröffnete Aristoteles seine großen systematischen Werke, zum Beispiel die *Metaphysik*, mit einem Rückblick auf seine Vorgänger und führte seine Hörer und Leser über diese früheren Anschauungen zu seiner eigenen abschließenden Lehre, die sich so als das Ziel, das τέλος, einer natürlichen Entwicklung darstellte.[149] Aber nur durch die vereinten Bemühungen seiner Schüler konnte das monumentale Werk fortgeführt und vollendet werden. Theophrast wurde beauftragt, eine Sammlung der *Lehrmeinungen der Physiker*, Φυσικῶν δόξαι[150] zusammenzustellen, von Thales bis herab zu seiner eigenen Zeit in sechzehn (oder achtzehn) Büchern; andere Schüler wie Eudemos leisteten dasselbe für andere Disziplinen. In neuerer Zeit wurden alle diese Autoren ‹Doxographen›[151] genannt. Ihr ‹Ahnherr› Aristoteles konnte die früheren Lehren nicht anders als im Lichte seiner teleologischen Philosophie sehen.

148 K. Rupprecht, ‹Paroimiographoi›, *RE* XVIII (1949) 1735ff, mit Hinweis auf die grundlegenden Untersuchungen von O. Crusius.

149 Cf. W. Jaeger, *Aristoteles* 358ff.

150 O. Regenbogen, *RE* Suppl. 7 (1940) 1535ff.

151 *Doxographi Graeci* ed. H. Diels (1879); ich weiß nicht, ob Diels oder sein großer Bonner Lehrer Hermann Usener den Begriff geprägt hat; E. Schwartz, *Rede auf H. Usener* (1906) II = *Gesammelte Schriften* I (1938) 311 ‹Usener hat den Begriff der doxographischen Überlieferung geschaffen›. Das Compositum παραδοξογράφος findet sich bei Tzetz. *Hist.* II 151.

ZWEITER TEIL
DAS ZEITALTER DES HELLENISMUS

I

DIE ENTSTEHUNG DER PHILOLOGIE IN ALEXANDRIA

In dem staunenerregenden Werk des Aristoteles war das τέλος des klassischen Zeitalters erreicht, das Ende der geistigen Entwicklung der attischen ebenso wie der ionischen Periode. Aristoteles starb 322 v.Chr., ein Jahr nach seinem Schüler Alexander, der das Tor zu einer neuen Welt geöffnet hatte. Er selbst gehörte zu der Welt des altgriechischen Stadtstaates mit seiner kulturellen Einheit; mit den großen Autoren der Vergangenheit war er innig verbunden. Der ‹retrospektive› Charakter seiner Schriften über Literatur ist die natürliche Folge seiner Philosophie.

Die frühere Einheit der griechischen Welt, die während des ganzen vierten Jahrhunderts durch politische und soziale Veränderungen bedroht war,[1] verfiel während seiner letzten Jahrzehnte rasch. Alexanders Reich, kurzlebig, wie es war, und offensichtlich von keinem tieferen Einfluß auf Aristoteles' Denken, zerbrach nach dem Tod des Eroberers; auf die Unruhen der Nachfolgekriege folgte eine gewisse Stabilität, sobald, um den Beginn des dritten Jahrhunderts, neue Staaten fest gegründet waren.[2] Die Einwohner dieser Staaten unterstanden der Regierung eines Herrschers und seiner Beamten. Das freie politische Leben, einst im alten Stadtstaat in beständig fluktuierender Bewegung begriffen, war zum Stillstand gekommen. Das hatte ohne Zweifel seine Nachteile, aber, wie wir gleich sehen werden, doch nicht in jeder Hinsicht. Jetzt zum erstenmal waren die Griechen überzeugt, daß die alte Ordnung der Dinge im politischen ebenso wie im geistigen Bereich, ja in ihrer gesamten Lebensweise, ein für allemal dahin war. Der endgültige Bruch zwischen der machtvollen Vergangenheit und einer noch ungewissen Zukunft trat in ihr Bewußtsein. Aristoteles und seine persönlichen Schüler waren dieser Trennungslinie noch nicht gewahr geworden.

---

1 S. oben S. 90.

2 *The Cambridge Ancient History* VII (1928); M. Rostovtzeff, *Social and economic history of the Hellenistic world*, 3 Bde. (Oxford 1941); H. Bengtson, ‹Griechische Geschichte› 2. Aufl., *Handbuch der Altertumswissenschaft* III 4 (1960) 285ff, Zeitalter des Hellenismus; 354ff und 415ff, Quellen und Darstellungen. W.W. Tarn, *Die Kultur der hellenistischen Welt.* (³1966). Den historischen Hintergrund und den Übergang vom vierten zum dritten Jahrhundert beschreibt auch U. v. Wilamowitz, *Die hellenistische Dichtung in der Zeit des Kallimachos*, Bd. I (1924), vgl. *DLZ* 1925, 2134ff.

Die junge Generation um 300 v.Chr., unter einer neuen Monarchie lebend, erkannte, daß auch die Formen der großen alten Dichtung einer Zeit angehörten, die für immer vorbei war.[3] Die Dichtung hatte während des ganzen vierten Jahrhunderts Anzeichen von Erschöpfung, ja Auflösung gezeigt. Aber noch lebte etwas von der schöpferischen Kraft des griechischen Genius; sie offenbarte sich wieder unter den veränderten Bedingungen. Ein starkes Verlangen nach einem neuen Anfang erwuchs allmählich auf dem Gebiet der Dichtkunst wie auch auf anderen Gebieten. Man mußte die Dichtkunst befreien aus der gefährlichen Lage, in der sie sich befand, und Gedichte zu schreiben mußte eine besonders ernsthafte und zuchtvolle Arbeit auf der Grundlage umfassender Kenntnis, τέχνη und σοφίη, werden. Die neuen Schriftsteller hatten auf die alten Meister besonders der ionischen Dichtung zu blicken, nicht um sie nachzuahmen – was für unmöglich oder zumindest nicht für wünschenswert erachtet wurde –, sondern um sich an ihnen in einer eigenen, neuen dichterischen Technik zu schulen. Ihr unvergleichlich wertvolles Erbe mußte man bewahren und studieren. Dies vor allem empfand man damals als notwendig für die Neugeburt und das Fortleben der Dichtkunst und dann auch als Verpflichtung gegenüber den Leistungen vergangener Zeiten, die den Meisterwerken der hellenistischen Literatur zum Leben verholfen hatten. Das Verhältnis der neuen Generation zur Vergangenheit war grundsätzlich verschieden von dem des Aristoteles; die Perspektive der Literaturkritik war vollkommen verändert.[4] So führte eine neue Auffassung von Dichtkunst bei den Dichtern selbst zur Wiederbelebung der Dichtung ebenso wie zu einer neuen Art des Umgangs mit den alten dichterischen Texten und dann mit allen anderen literarischen Zeugnissen.[5]

---

3 In diesem ganzen Kapitel mache ich freien Gebrauch von meinem Aufsatz ‹The Future of Studies in the Field of Hellenistic Poetry›, *JHS* 75 (1955) 71ff = *Ausgewählte Schriften* (1960) 154ff. Ich hatte die gleiche Ansicht von der Beziehung zwischen Dichtung und Philologie versuchsweise in der Skizze ‹Von den geschichtlichen Begegnungen der kritischen Philologie mit dem Humanismus›, *Archiv für Kulturgeschichte* 28 (1938) 192ff = *Ausgewählte Schriften* 160ff, formuliert. S. a. *Philologia perennis*, Festrede (München 1961, Bayer. Akademie der Wissenschaften) 4ff. Das Einverständnis H. Haffters, das er in seiner Vorlesung ‹Geschichte der klassischen Philologie›, *Das Erbe der Antike* (Erasmus-Bibliothek, Zürich 1963) 13–30 zum Ausdruck brachte, war für mich erfreulich und ermutigend.

4 Ich habe darauf in verschiedenen – eben zitierten – Aufsätzen und in meinen Vorlesungen hingewiesen; s. a. unten, S. 171f. Ich war hocherfreut festzustellen, daß H. W. Garrod in seinen anregenden Gray Lectures, *Scholarship, its Meaning and Value* (Cambridge 1946) 16f, dieselbe Ansicht ausdrückt.

5 F. Susemihl, *Geschichte der griechischen Literatur in der Alexandrinerzeit* (1891/2), ist immer noch eine unschätzbare Fundgrube für Informationen über die ganze Literatur des Zeitalters; s. a. W. Schmid – O. Stählin in W. v. Christ, *Geschichte der griech. Lit.* II 1 (⁶1920); A. Lesky, *Geschichte der griech. Lit.* (2. Aufl. 1963) 690ff, bes. 744ff. Einen zuverlässigen Überblick über die

Ich wiederhole hier die allgemeine Behauptung, mit der ich dieses Buch begann, und ich werde jetzt versuchen, den historischen Prozeß aus den spärlichen Zeugnissen, die uns noch zur Verfügung stehen, zu rekonstruieren; sie reichen gerade dazu aus, uns einen flüchtigen Blick auf die klassische Philologie in ihrem Entstehen zu gewähren.

Der erste dieser neuen Dichter war Philitas[6] von der Insel Kos, der im letzten Drittel des vierten und wahrscheinlich in den ersten zwei Jahrzehnten des dritten Jahrhunderts lebte.[7] Man könnte keine bessere Bezeichnung für ihn finden als die bei Strabon XIV 657 (= test. 13 K.) in seiner Liste berühmter Koer erhaltene: ποιητὴς ἅμα καὶ κριτικός, ‹Dichter ebenso wie Gelehrter›.[8] Die Verbindung dieser beiden Wörter, die nie zuvor auf irgend jemanden angewandt worden war, beschreibt genau die Schlüsselposition, die Philitas am Beginn einer neuen Ära einnahm. Die Betonung liegt auf ποιητής; er war vor allem anderen Verfasser kunstvoller Verse: Distichen, Kurzepen, Epigramme. Die beiden größten Dichter der nächsten Generation, Theokrit und Kallimachos, priesen ihn in berühmten Passagen ihrer Hauptwerke: Theokrit in den *Thalysia*, einem Herbstfest auf Philitas' Heimatinsel Kos (VII 40), und Kallimachos in der programmatischen Elegie auf seine Gegner, mit der er das erste Buch seiner *Aitia* eröffnete (fr. 1, 9–12); die Anfänge dieser Verse fehlen in dem Papyrus, aber aus den Florentiner Scholien schließen wir, daß die kürzeren Gedichte des Philitas und des Mimnermos mit ihren längeren verglichen wurden, und der ὀλιγοστιχίη, d.h. Stücken von nur wenigen Versen,[9] der Vorzug gegeben wurde. Die Hauptsache war natürlich nicht die Länge, sondern die ausgesuchte Könnerschaft, die τέχνη; ohne Zweifel galt Philitas als der erste unter den neuen Dichtern, der nach artistischer Vollkommenheit auf knappem Raum strebte. Kallimachos' Lob fand auch

Forschung in der ersten Hälfte des zwanzigsten Jahrhunderts bietet E. A. Barber, ‹Hellenistic Poetry› in *Fifty Years of Classical Scholarship* (Oxford 1954) 214–32.

6 J. U. Powell, *Collectanea Alexandrina* (1925) 90–96, und *Anth. Lyr. Graeca* ed. E. Diehl II (^{2}1942), Bd. 6, 49–55, enthalten nur die dichterischen Fragmente; vollständige Ausgabe einschließlich der Prosafragmente mit Prolegomena und Kommentar: G. Kuchenmüller, *Philetae Coi reliquiae* (Diss. Berlin 1928).

7 Die Probleme der Datierung bespricht A. v. Blumental, *RE* XIX (1938) 2165f.

8 Zu κριτικός und γραμματικός s. unten S. 197ff.

9 S. meine erklärenden Anmerkungen zu der Stelle, Call. I (1949) 2; die lebhafte Diskussion darüber dauert noch an, s. z. B. W. Wimmel, ‹Kallimachos in Rom›, *Hermes-Einzelschriften* 16 (1960) 87ff, mit Bibliographie 87, 1; seine eigene Ergänzung zu V. 9 ist nicht überzeugend, s. a. G. Luck, *Gnomon* 33 (1961) 370. – Weitere Hinweise auf Philitas bei Kallimachos s. Call. II (1953) Index p. 137.

bei römischen Dichtern, vor allem Properz und Horaz, ein vielfältiges Echo.

Hermesianax von Kolophon, selbst ein wenig bedeutender Dichter, soll ein Schüler und Freund des Philitas gewesen sein;[10] er pries seinen Lehrer in seinem elegischen Katalog der Liebesgeschichten von Dichtern und Philosophen[11] und sagt darin, daß dieser auf seiner Heimatinsel durch eine Statue geehrt worden sei. Er war der einzige nachklassische Dichter, den Hermesianax für würdig befand, der mit Orpheus beginnenden Reihe berühmter älterer Dichter angefügt zu werden. So erscheint auch nur er zusammen mit Kallimachos in den späteren Listen[12] der berühmten elegischen Dichter Griechenlands nach den großen ionischen Elegikern.

Über Philitas' Zeitgenossen weiß man wenig. Simias von Rhodos mag ähnliche Ziele verfolgt haben, da er unter der Regierung Ptolemaios' I. verschiedene Gedichte sowie auch *Glossen* verfaßte.[13] Außer einigen epischen und lyrischen Fragmenten sind einige Epigramme und drei *carmina figurata*[14] erhalten; diese poetischen Gebilde sollten durch unterschiedliche Zeilenlänge den Umriß irgendeines Gegenstandes wiedergeben. Das *Ei*, die *Axt* und die *Schwingen* waren Simias' Schöpfungen, und man kann ihn sogar für den ‹Erfinder› dieser Gattung halten; kein geringerer Dichter als Theokrit folgte ihm sofort mit der *Syrinx* und Dosiades von Kreta[15] mit dem *Altar*, welche beide, im Gegensatz zu Simias,[16] in dieser spielerischen Form echte Rätsel (γρῖφοι) schufen. Im Laufe der Zeit weckten diese Gedichte bei ihren Lesern Neugier und Bewunderung oder Ärger und Abscheu; sie zeigen uns, daß die Verbindung von dichterischer Begabung und umfassender Gelehrsamkeit von Anfang an leicht zu

---

10 Schol. Nic. *Ther.* 3 (= test. 20 Kuch.).

11 Fr. 7,77 Powell.

12 Test. 8a, b 12 Kuch.

13 H. Fränkel, *De Simia Rhodio* (Diss. Göttingen 1915); cf. P. Maas, *RE* III A (1927) 155ff. Es mag bezeichnend sein, daß er niemals ποιητής genannt wird, sondern nur γραμματικός: s. Strabon XIV 655 (bei den berühmten Männern von Rhodos) und Suid. s. v. Σιμ[μ]ίας; aber wir haben von seinen drei Büchern γλῶσσαι nur vier Worte, die Athenaios zitiert, und aus seinen vier Büchern ποιήματα ungefähr dreißig Zitate, einige davon vollständige Gedichte.

14 S. Theokrit, ed. A. S. F. Gow II (1950) 552ff mit Belegen. Ausonius, *Opusc.* XII ed. Peiper (1886) 155ff, prägte den Ausdruck *Technopaegnion* für seine Vers-Spiele mit Einsilblern oder einzelnen Buchstaben des Alphabets; ich konnte nicht herausbekommen, wer den Namen auf die vollkommen andersartigen griechischen Gedichte übertrug, für die es keinen zusammenfassenden antiken Ausdruck gibt.

15 A. Heckers Gleichsetzung des Dichters mit dem Verfasser der Κρητικά (*Comment. crit. de Anth. Gr.* I [1852] 127) wurde noch nicht widerlegt, s. *FGrHist* 458 (1955) Kommentar 331.

16 Das Ergebnis von Merkelbachs Konjekturen zum Text des ‹Ei› (*Mus. Helv.* 10 [1953] 68f) ist insofern unwahrscheinlich, als das Gedicht dadurch zu einem ziemlich schwierigen Rätsel würde.

vorsätzlicher und herausfordernder Unverständlichkeit führen konnte. Aber eine solche Tendenz ist in den Schriften des Philitas nicht erkennbar, und es besteht kein Grund, die *Technopaegnia* auf seine ‹Schule› zurückzuführen.[17]

Das Werk des Dichters Philitas war untrennbar verbunden mit dem Werk des Gelehrten Philitas, des κριτικός. Man konnte nämlich die neue dichterische Technik nicht ohne die beständige Hilfe der alten Meister erfolgreich anwenden. Glossare, die an erster Stelle unschätzbare Hilfsmittel für die Wortwahl waren, halfen auch zum Verständnis der großen Dichtung der Vergangenheit. Das Interesse der Griechen an seltenen Wörtern war sehr alt: wir sahen, wie gelegentlich Sammlungen entstanden und wie Aristoteles den Glossen seine besondere Aufmerksamkeit zuwandte.[18] Es war aber etwas Neues, daß ein führender Dichter ein umfangreiches Werk über diesen Gegenstand schrieb. Philitas' Buch war, da es als Ἄτακτοι γλῶσσαι, Ἄτακτα oder Γλῶσσαι (fr. 29–59 Kuchenmüller) zitiert wurde, offensichtlich nicht systematisch angeordnet wie die späteren Sammlungen der Grammatiker; wir können die Bezeichnung *Miscellanea* zum Vergleich heranziehen, die der Dichter Polizian seinen verschiedenen gelehrten Schriften gab, die er ohne eine bestimmte Anordnung zusammenstellte. Philitas' Kompilation seltener Dialektausdrücke, technischer Termini und homerischer Vokabeln wurde schnell in der ganzen griechischen Welt bekannt. In einer attischen Komödie des dritten Jahrhunderts, den *Phoinikides* des Straton, gebraucht der Koch archaische homerische Wörter für ganz gewöhnliche Dinge, und sein verzweifelter Herr ist gezwungen, ‹die Bücher des Philitas zu nehmen und jedes Wort nachzusehen, um seine Bedeutung herauszufinden›, ὥστ' ἔδει / τὰ τοῦ Φιλίτα λαμβάνοντα βυβλία / σκοπεῖν ἕκαστον τί δύναται τῶν ῥημάτων; diese Passage taucht schon in einer Versanthologie für Schulen auf, die bereits im späten dritten Jahrhundert geschrieben wurde.[19] Die attische Komödie tat noch mehr als nur Philitas' wohlbekanntes Buch zitieren; sie machte sich lustig über die Gebrechlichkeit seiner kränklichen Person, so daß seine Erscheinung dem athenischen Publikum irgendwie vertraut gewesen sein muß.[20]

In welchem Maß Philitas' Glossen von den großen alexandrinischen

---

17 W. Schmid, *Geschichte der griechischen Literatur* II 1[6] 125, tat es unglücklicherweise, und Kuchenmüller (S. 21) stimmte ihm bei, aber er verwarf (S. 24) mit Recht die unglaubhaften Vermutungen R. Herzogs, *Philol.* 79 (1924) 426ff, der in Philitas die zentrale und gefeierte Figur in Herondas' *Traum* erblickte.

18 S. oben S. 105f. Zu Antimachos s. unten S. 122f.

19 Straton in Athen. IX 382C = *CAF* III 361 f. Kock. O. Guéraud-P. Jouguet, *Un Livre d'Écolier du III*[e] *Siècle avant J.-C.* (Le Caire 1938) 34, abgedruckt in D. L. Page, *Greek Literary Papyri* I (1942) Nr. 57, 42–44, p. 266. S. a. oben S. 84 Anm. 11. [δύναμις – δύναται].

20 S. oben S. 63f.

Dichtern benutzt wurden, können wir nicht sagen, weil zu wenige wörtliche Exzerpte erhalten sind; aber fast eineinhalb Jahrhunderte später fand Aristarch es notwendig, in einer Schrift gegen Philitas, πρὸς Φιλίταν,[21] aufzutreten, weil seine Homer-Interpretationen noch immer maßgeblich waren. Eine Marginalie zu Strabon III 168, die sich später in Strabons Text einschlich, nennt Φιλίτας ἐν Ἑρμηνείᾳ als Titel, dessen Bedeutung ungewiß ist;[22] aber in diesem Buch soll er die Glosse μελαγκράνινον, indem er ein anonymes Distichon zitierte, als ‹aus schwarzen Binsen geflochten› erklärt haben;[23] in überraschender Übereinstimmung damit beginnt ein kürzlich publiziertes poetisches Onomastikon (*P. Hibeh* 172) mit Farb-Compositis, die mit demselben Präfix μελα-[24] gebildet sind. Es wäre ein enormer Zuwachs zu den spärlichen Philitas-Fragmenten, wenn wir diese Liste von etwa 125 Wörtern seinen γλῶσσαι zuschreiben dürften; die Versuchung ist groß, und es ist ganz natürlich, daß der erste Herausgeber diese Frage ernstlich erhob. Er verschwieg andererseits aber auch die offensichtlichen Einwände gegen diese Hypothese nicht, besonders die Tatsache, daß in diesem Papyrus die Wörter ohne Erklärung zusammengestellt sind, während man, nach der Stelle in Stratons Komödie, in Philitas' ‹Wörterbuch› die Bedeutung seltener Wörter finden konnte; die meisten der dreißig bezeugten Zitate der Ἄτακτα zeigen dieselbe Anordnung. Es findet sich nun allerdings nichts in dem neuen Ὀνομαστικόν zusammengesetzter Adjektive, was eindeutig auf Philitas' Autorschaft hinwiese;[25] es kann aber auf seinen Einfluß zurückgehen, daß derlei umfassende Listen wie in

---

21 Fr. 54, 55K.

22 Ἑρμηνεία ist ein höchst ungewöhnlicher Titel, ob es nun ‹Ausdruck› (s. oben S. 102) oder ‹Interpretation› bedeutet; drei Lesarten im Text der *Ilias* können in einem solchen Buch besprochen worden sein (fr. 56–58K).

23 Fr. 53K; cf. fr. 17 Pow.

24 *The Hibeh Papyri* II ed. E. G. Turner (1955) 1–7, geschrieben zwischen 270 und 230 v.Chr. Ich würde annehmen, daß in *P. Hibeh* 172 Z. 5 nicht das homerische [κελαι]νεφής den vier seltenen Compositis mit μέλας folgte, sondern ein neues Compositum [μελαν]νεφής oder [μελαι]νεφής (= μελαινονεφής wie κελαινεφής für κελαινονεφής) die Reihe schloß, vgl. unten S. 151 Anm. 74; danach beginnen die κυανο-Composita mit κυανοχαίτης.

25 Der neue Text enthält keine γλῶσσαι im eigentlichen Sinne des Wortes, mundartliche oder seltene dichterische Wörter, sondern nur solche ‹Composita›, die Aristoteles διπλᾶ ὀνόματα genannt und als ihrem Wesen nach dichterisch und für den dithyrambischen Stil charakteristisch behandelt hatte, getrennt von den Glossen (oben S. 105). Der Herausgeber hat beobachtet, daß ‹the author of the list . . . was drawing on the whole body of choral and tragic lyric as well as the epic . . . more than thirty are unknown to our lexica›. Ich habe versucht, ein ‹unbekanntes› Compositum in *P. Hib.* 172,5 zu ergänzen. Die beste Annahme für das korrupte αλιτεσγης in Z. 56 scheint ἀλιτεγγής zu sein, cf. ἀτεγγής (= ἄτεγκτος) in dem Epigramm, das in *Mnemosynon*, Th. Wiegand dargebracht (1938) 32 = *Griechische Versinschriften* I, hrsg. v. W. Peek (1955) Nr. 1913, 7, publiziert wurde.

P. Hibeh 172 im Lauf des dritten vorchristlichen Jahrhunderts zusammengestellt wurden.[26]

Den Dichter und Philologen von Kos wählte Ptolemaios I. zum Erzieher seines im Frühjahr 308 v.Chr. auf der Insel Kos geborenen Sohnes.[27] Ptolemaios, der Sohn der Berenike, wurde als Mitregent seines Vaters im Jahr 285 v.Chr. gekrönt und folgte ihm als König von Ägypten von 283 bis 247 v.Chr.; in den siebziger Jahren heiratete er seine Schwester Arsinoe.[28] Beide zeigten sich äußerst großzügig, wenn es galt, die Dichtung und die Philologie zu fördern, deren erster Vertreter Philitas war. Die literarische Erziehung des jungen Ptolemaios wurde durch seinen zweiten Erzieher ergänzt, Zenodot von Ephesos, der seinerseits Schüler des Philitas war;[29] für die Unterweisung in den Naturwissenschaften wurde von dem klugen Vater Straton ὁ φυσικός[30] nach Alexandria berufen; er kam aus der Schule des Aristoteles, in die er 287 v.Chr. als Nachfolger des Theophrast zurückkehrte. Ob Philitas den jungen Ptolemaios in Kos oder in Alexandria unterrichtete, können wir nicht sagen, auch nicht, wo oder wann Zenodot die Aufsicht über die Kinder übernahm; Zenodot und Straton werden wohl auch Arsinoes Lehrer gewesen sein. Aber eine Tatsache hebt sich deutlich aus der verläßlichen Tradition heraus: Zenodot, der selbst epische Gedichte geschrieben haben soll, von denen nichts bekannt ist,[31] begründete als Herausgeber wie als Lexikograph planmäßige Homer-Studien großen Stils. So sehen wir, daß erst *nach* Philitas, dem Dichter-Gelehrten, der eigentliche Gelehrte auftrat, und dieser war der persönliche Schüler des Dichters. Und Alexandria, das seit etwa 320 v.Chr. als Hauptstadt der Ptole-

---

26 Noch zu Philitas' Lebenszeit war ein Landsmann des Philitas, Xenokritos von Kos, der erste, der ein hippokratisches Glossar schrieb (Deichgräber, S. 221, 24; unter seinen vielen Nachfolgern wurde ein anderer Koer in der nächsten Generation, Philinos, der Gründer der empirischen Schule der Medizin, der einflußreichste medizinische Glossenschreiber, s. Susemihl I (1891) 346 und 818; *RE* VIII 1851, XIX 2193 Zeugnisse und Fragmente in K. Deichgräber, *Die griechische Empirikerschule* (1930) 221f, ‹Zur empirischen Lexikographie› vgl. 254ff.

27 Suid. v. Φιλίτας . . . διδάσκαλος τοῦ δευτέρου Πτολεμαίου. Zu chronologischen und biographischen Einzelheiten über die Ptolemäer s. *RE* XXIII (1959) 1603ff ‹Ptolemaios› und A. E. Samuel, ‹Ptolemaic Chronology›, *Münchener Beiträge zur Papyrusforschung* 43 (1962); zum Geburtsdatum Ptolemaios' II. cf. T. C. Skeat, ‹The Reigns of the Ptolemies›, *Mizraim* 6 (1937) 7ff; zu Kos s. Call. *hy.* IV 165ff und Scholia; cf. Theocr. XVII 58 und Scholia.

28 Das Jahr der Heirat ist noch ungewiß, s. zu Call. fr. 392 und Add. I und II.

29 Suid. v. Ζηνόδοτος (test. 22 K) . . . μαθητὴς τοῦ Φιλίτα . . . καὶ τοὺς παῖδας Πτολεμαίου ἐπαίδευσεν.

30 F. Wehrli, ‹Straton von Lampsakos›, *Die Schule des Aristoteles* 5 (1950) fr. 2, mit Kommentar.

31 Nur in Suid. (oben Anm. 29) wird Zenodot ἐποποιὸς καὶ γραμματικός genannt.

mäer in Ägypten[32] die führenden Geister von den Inseln und aus den großen Städten des Ostens an sich zog, wurde auch zum kulturellen Zentrum.

Der Anstoß zu der neuen Bewegung kam offensichtlich aus der südöstlichen Ecke der griechischen Welt; wir sollten auch daran denken, daß der berühmteste Epigrammatiker der Zeit, Asklepiades, von der Insel Samos stammte und daß Hedylos sein Landsmann war. Zwei Dichter der gleichen Generation waren in Kolophon geboren, Hermesianax, der als Philitas' Freund erwähnt wird, und Phoinix, der ein Klagelied auf seine Geburtsstadt nach ihrer Zerstörung durch Lysimachos schrieb und der vielleicht seinen Mitbürgern nach Ephesos folgte, um dort choliambische Gedichte zu schreiben. Noch weiter aus dem Südosten, aus Soloi in Kilikien, kam Aratos, der Dichter der *Phainomena*, dem – ebenso wie Philitas und Asklepiades – Kallimachos (*Ep.* 27, fr. 460) Verse voll Zuneigung und Verehrung widmete. Arat wurde ein Schüler des Dichters und Gelehrten Menekrates in Ephesos[33], wo auch Zenodot zu Hause war.

Wenn überhaupt in jemandem, dann kann man in Antimachos von Kolophon[34] einen Vorläufer der Dichterphilologen in den Jahren des Übergangs zur alexandrinischen Zeit erblicken. Ebenfalls Ionier aus dem Bereich des Ostens, war er so etwas wie ein Verbindungsglied zwischen der älteren und der hellenistischen Literatur (er lebte am Ende des fünften Jahrhunderts und wurde schon mehrfach erwähnt).[35] Die Qualität seiner Gedichte, des Epos *Thebais* und der Elegie *Lyde*, war das ganze vierte und dritte Jahrhundert hindurch umstritten. Bei einem Dichterwettstreit im Rahmen des Festspiels der Lysandreia in Samos[36] wurde Antimachos von einem nicht weiter bekannten epischen Dichter namens Nikeratos[37] besiegt; andererseits hatte der junge Platon eine Schwäche für ihn, vielleicht wegen der moralischen und erzieherischen Tendenz in seinen Gedichten, von

32 P. M. Fraser, (s. S. 131 Anm. 96) 2f, Anm. 1; Einwände erhob C. Bradford Welles, ‹The Discovery of Sarapis and the Foundation of Alexandria›, *Historia* 11 (1962) 273f.

33 Zu Menekrates von Ephesos und seinem Schüler Arat s. unten S. 153.

34 Antimachi Colophonii *reliquiae*. Collegit B. Wyss 1936. Eine Anzahl neuer kleiner Hexameter-Fragmente, veröffentlicht von E. Lobel in *P. Oxy.* XXX (1964) 2516, 2518 und 2519, können Antimachos zugewiesen werden.

35 Siehe S. 56, 98; vgl. S. 82f, Antimachos gehörte zu den ‹ganz wenigen Ausnahmen›, die Platon hinsichtlich der Dichter machte.

36 Test. 2 W. Die Samier nannten ihre alten 'Ηραῖα zu dieser Zeit Λυσάνδρεια, zu Ehren des Lysander, Duris 76 *FGrHist* 71. Konrat Ziegler, *Das hellenistische Epos* (1934) 13, der darauf aus war, so viele ‹historische› Epen wie möglich zu finden, machte den Fehler, Λυσάνδρεια für den Titel eines Epos des Antimachos zu halten: ‹Antimachos mit seinen Λυσάνδρεια›; cf. Antim. fr. [171] W. p. 75.

37 Als ἐποποιός erwähnt von Praxiphanes, fr. 18 Wehrli, *Die Schule des Aristoteles* 9 (1957) 98, zusammen mit einer Anzahl berühmterer Zeitgenossen.

der uns berichtet wird,[38] wovon uns aber die Fragmente kein Zeugnis geben. Platon überstand allein von allen Leuten einen vollständigen Vortrag der Verse des Antimachos, dem das übrige Auditorium in Verzweiflung entfloh.[39] Was auch an dieser Anekdote wahr sein mag, wohlbezeugt ist, daß Platon seinen Schüler Herakleides Pontikos nach Kolophon schickte, um Antimachos' Gedichte zu sammeln.[40] Platons Parteinahme erregte den Ärger des Kallimachos, der Antimachos' Verse als ‹plump und unklar› verabscheute und Platon jede kritische Fähigkeit auf dem Gebiet der Dichtkunst absprach.[41] Im Gegensatz zu ihm schätzten Asklepiades und Poseidippos die ‹gefühlvolle› Elegie über *Lyde*, und Hermesianax teilte offenbar ihre Meinung;[42] es überrascht uns kaum, daß Kallimachos' gewichtigster Widersacher Apollonios Rhodios die *Thebais* ebenso wie die *Lyde* bewunderte, sie in seinem Argonautenepos nachahmte und auch einen Vers mit einer Glosse zitierte.[43] Die hitzige Kontroverse zeigt die Neuartigkeit und Bedeutung von Antimachos' Dichtung.

Dieser Dichter ist auch der einzige vorhellenistische Urheber einer Homer-Ausgabe, deren wir sicher sein können,[44] weil unsere Scholien beständig darauf verweisen: ἡ 'Αντιμάχου, ἡ 'Αντιμάχειος, ἡ κατὰ 'Αντίμαχον sc. ἔκδοσις. Aristarch hatte später, im zweiten Jahrhundert, eine Anzahl von älteren Ausgaben vor sich; sie zerfielen in zwei Gruppen; die einen, von denen der Name des Herausgebers überliefert war, αἱ κατ' ἄνδρα, und die anderen, von denen nur der Herkunftsort bekannt war, αἱ κατὰ τὰς πόλεις (oder αἱ ἀπὸ τῶν πόλεων) sc. ἐκδόσεις. Antimachos war der früheste der ersten Gruppe, ihm folgte, ein ganzes Jahrhundert später, Zenodot. Wir haben keinen Grund zu der Annahme, daß Antimachos eine ‹Rezension› der homerischen Gedichte veranstaltete, Handschriften verglich und den Text verbesserte; seine Arbeit wird nie als ‹διόρθωσις›[45] bezeichnet. Andererseits wird Zenodot ausdrücklich und,

38 Test. 16 W.; cf. p. XLI.

39 Test. 3 W. = Cic. *Brut.* 191.

40 Test. 1 W. = Herakleid. Pont. fr. 6, Wehrli, *Die Schule des Aristoteles* 7 (1953) 9; zu Herakleides s. o. S. 96.

41 Call. fr. 398 und 589. Selbst wenn wir Proklos trauen können und wenn der Historiker Duris, ein Schüler Theophrasts, (76 *FGrHist* 83) Kallimachos' scharfe Kritik vorwegnahm, ist es keineswegs wahrscheinlich, daß Duris eine *allgemeine* peripatetische Ansicht zum Ausdruck brachte, die Kallimachos dann übernahm, wie E. Schwartz, *RE* V (1905) 1854 annahm; in diesem Fall hätte Agatharchides von Knidos, ein Peripatetiker des zweiten Jahrhunderts v.Chr., kaum einen Auszug aus der *Lyde* verfaßt (test. 21 W. cf. praefationem p. XLII).

42 S. oben S. 117.

43 Antimachos ed. Wyss pp. XLVIIIff und unten S. 183 Anm. 149.

44 S. oben S. 98. Fr. 131–48, 178, 190 und pp. XXIX f W.

45 Zu diesem Begriff s. oben S. 97. Anm. 75; s. a. A. Ludwich, *Die Homervulgata als voralexandrinisch erwiesen* (1898) 155f, zu Antimachos. H.-I. Marrou, *Saint Augustin et la fin de la Culture antique* (Paris 1938) 20–23.

wie wir sehen werden, mit Recht als πρῶτος τῶν Ὁμήρου διορθωτής (Suid. s. v. Ζηνόδοτος) beschrieben. Das ist der entscheidende Unterschied zwischen Antimachos und Zenodot. Der alten ionischen Tradition folgend, schrieb Antimachos über das Leben Homers, vielleicht in einer Art Vorrede zum Text, und hielt ihn natürlich für einen Kolophonier.[46] Sein intensives Studium der homerischen Sprache zeigt sich an den zahlreichen Glossen,[47] mit denen er seine eigenen Verse schmückte.

Antimachos als Dichter und ‹Philologe› blieb zu seiner Zeit (etwa 400 v.Chr.) eine vereinzelte Erscheinung. Ein Jahrhundert – ein ereignisreiches Jahrhundert in der Philosophie und Redekunst – verging, bis das, was wir eine ‹neue Bewegung› nannten, mit Philitas anhob; sie setzte sich dann von Generation zu Generation ohne ernstlichen Bruch fort. Sie erreichte ihren Höhepunkt kurz nach Philitas in Alexandria, wo die großen Dichter und Initiatoren der Philologie *seine* Nachfolger waren, wie wir zu zeigen versuchten. Sie waren keine Peripatetiker. Wenn Kallimachos in der programmatischen Einleitung seiner *Aitia*[48], worin er Philitas preist, sich selbst als einen jungen Dichter darstellt, der Apollons Weisung empfängt, enthält der anmutige Rat des Gottes gar nichts Peripatetisches.[49] In den Scholien zu dieser Elegie[50] wird der berühmte Peripatetiker Praxiphanes unter die Gegner des Dichters gezählt; *gegen* ihn veröffentlichte Kallimachos ein Pamphlet[51]. Die Linie Philitas–Zenodot–Kallimachos, deren nicht-aristotelischen Charakter wir her-

---

46 Fr. 129f W.

47 ‹Glossen-›Verzeichnisse Wyss, p. 101, cf. pp. 67 f. Das bemerkenswerteste Beispiel ist seine Lesart οὖσον νεός ‹Schiffstau› in *Od.* 21, 390, die er in seiner *Lyde*, fr. 57 W. verwendete. Sie ist nur auf einem Ostrakon des dritten Jahrhunderts v.Chr. erhalten, während unsere Handschriften ὅπλον νεός, den gebräuchlichen epischen und ionischen Ausdruck für ‹Tau› haben, den neuere Herausgeber der *Odyssee* unseligerweise ängstlich im Text zu erhalten bedacht sind.

48 S. oben S. 116.

49 Call. fr. 1,21–28. Ich hob diesen Punkt in *Herm.* 63 (1928) 520 (= *Ausgewählte Schriften* 114) gegen Rostagni hervor; cf. *Archiv für Kulturgeschichte* 28 (1938) 192 = *Ausgew. Schriften* 160.

50 Schol. Flor. 7 zu Call. fr. 1.

51 Fr. 460 mit Anmerkungen. S. a. unten S. 158 Anm. 13 und S. 172. K. O. Brink, ‹Callimachus and Aristotle: an inquiry into Callimachus Πρὸς Πραξιφάνην›, *Cl. Qu.* 40 (1946) 11–26, behandelte das Problem sorgfältig und mit Beredsamkeit; aber Rostagni ließ sich zu keiner Änderung seiner Meinung überreden, s. seine Besprechung von Callimachus I, *Riv. fil. cl.* N. S. 28 (1950) 72f; vgl. a. *Scritti minori* II (1956) 278f, 319 und I (1955) 321, wo unglücklicherweise alte Fehler immer noch wiederholt werden (‹*Callimaco fu certamente ad Atene alla scuola di Prassifane*›). Die richtige Ansicht des Problems gibt Wehrli, *Die Schule des Aristoteles* 9 (1957) in seinem Kommentar zu Praxiphanes fr. 15–17; ibid. zu fr. 8–10 über seinen umstrittenen Anspruch, der erste γραμματικός gewesen zu sein, s. unten S. 198.

vorhoben, traf in Alexandria mit einer ursprünglich peripatetischen Linie aus Athen zusammen; das war die zweite Stufe des ganzen Entwicklungsprozesses, nicht sein Anfang.[52] Die Schüler des Aristoteles konnten den ποιηταὶ καὶ κριτικοί, die es schon in Alexandria gab, wertvolle Hilfe leisten; sie brachten ihnen aus ihrer athenischen Heimat Sammlungen gelehrten Materials mit, sie regten weitere antiquarische Untersuchungen an, wirkten anspornend auf eine neue literarische Kritik, die oft im Gegensatz zu den Ansichten ihres Meisters stand, sie lehrten sie, Institutionen zur Förderung der Wissenschaften einzurichten. Wir werden selbst in Kallimachos' Prosaschriften nicht wenige aristotelische Elemente wiederfinden.[53]

Ptolemaios, Sohn des Lagos, jetzt der erste König in Alexanders Stadt, Alexandria, war einer von Alexanders fähigsten Generalen und treuesten Freunden gewesen; in den späteren Jahren seiner Regierung wandte er sich der Geschichtsschreibung[54] zu und gab die zuverlässigste Darstellung von Alexanders Taten. Er wußte genau, was Aristoteles für Alexander bedeutet hatte, und war darauf bedacht, einen seiner Schüler und Nachfolger nach Ägypten zu holen. Theophrast weigerte sich, Athen zu verlassen; Straton kam, kehrte aber bald, als dessen Leiter, ins Lykeion zurück. Nur Demetrios von Phaleron[55], einer von Theophrasts hervorragenden Schülern, blieb; nach 297 v.Chr. nach Alexandria geflohen, mußte er als politischer Flüchtling dort bleiben, hochgeschätzt von seinem königlichen Gastfreund.[56] Er war ein produktiver Schriftsteller auf mancherlei Gebieten[57] und ein Staatsmann, unter dessen zehnjähriger ‹Strategie› Athen eine friedliche und gedeihliche Atempause genossen hatte. Nachdem er so lange aktiver Politiker gewesen war, konnte er es nicht lassen, sich auch in Ägypten in die hohe Politik einzumischen. In seinen Ratschlägen an den König begünstigte er den Sohn der Antipater-Tochter Eurydike, Ptolemaios' dritter Frau, für die Thronfolge; aber der König entschied, daß der Sohn seiner vierten Gattin, Berenike, ihm 283 v.Chr. als Ptolemaios II. folgen

---

52 Soweit ich sehen kann legte nur E. Schwartz, *Charakterköpfe aus der antiken Literatur* II (^{3}1919) 48, den nötigen Wert auf diese historische Reihenfolge.

53 Fr. 403–66; s. unten S. 161ff.

54 *FGrHist* 138 mit Jacobys Kommentar (1930), vgl. H. Strasburger, *Ptolemaios und Alexander* (Leipzig 1934), und *RE* XXIII (1959) 2471ff.

55 F. Wehrli, *Die Schule des Aristoteles* 4 (1949); Auswahl in *FGrHist* 228.

56 Plut. *de exil.* 7 p. 601 F = fr. 61 W. πρῶτος ὢν τῶν Πτολεμαίου φίλων; das könnte heißen, daß er zu den sogenannten πρῶτοι φίλοι des Königs gehörte. H. Kortenbeutel, *RE* XX (1941) 95ff, ‹Philos›, ließ dieses Zeugnis in seiner Liste der φίλοι und πρῶτοι φίλοι der hellenistischen Könige aus; da es sich auf die Jahre zwischen 297 und 283 v.Chr. bezieht, ist es früher als alle anderen, die er sammelte.

57 Zu Homer, zu Aesop etc. im Geiste des Aristoteles s. fr. 112, 188–93 W.; Περὶ τῆς δεκαετίας Diog. L. V 81.

sollte, worauf Demetrios in Ungnade fiel und von seinem Schicksal ereilt wurde. So erzählt es wenigstens der vielgeschmähte Hermippos, der in der Quelle oder den Quellen des Diogenes Laertius zu den Lebensläufen der Peripatetiker ausdrücklich zitiert wird.[58] Weder hier noch in der übrigen umfangreichen biographischen Literatur findet sich ein Wort darüber, daß Demetrios den Ptolemaios in kulturellen Angelegenheiten beraten hätte. Außerdem herrscht auch vollständiges Schweigen über Demetrios in der lückenhaften, aber zuverlässigen Überlieferung über die großen Gründungen, die der König für die Wissenschaft machte. Wir sprechen zuerst vom Museum und dann von der Bibliothek (oder den Bibliotheken).

Das ‹Museum› wurde gegründet durch Ptolemaios I., Πτολεμαῖος ὁ πρῶτος συναγαγὼν τὸ μουσεῖον[59], ‹der das Museum zusammenbrachte›; es wird als σύνοδος[60], als ‹Versammlung›, ‹Gemeinschaft› bezeichnet; sein religiöser Charakter zeigt sich darin, daß sein Haupt ein vom König ernannter Priester, ἱερεὺς τοῦ Μουσείου[61] war. Die Mitglieder, die sich dem Dienst der Musen geweiht hatten, hatten ihren Wohnsitz im Palastbezirk[62] und genossen von seiten des Königs jegliche Erleichterung zur Erfüllung ihrer Pflichten gegenüber den Musen. Einstmals waren die epischen Dichter von der Göttin inspiriert, und es war die Dichtung, die den Weg zu ihrem eigenen Verständnis zu öffnen begann;[63] im vierten Jahrhundert hatten die zwei großen Philosophenschulen, Akademie und Peripatos, ihre Sitze in Hainen, die den Musen heilig waren[64]. Jetzt standen die Neugeburt der Dichtkunst und die Wiederentdeckung der alten Meisterwerke unter dem Schutz der Töchter der Erinnerung. Das neue Museum[65] war eine eigenständige Metamorphose der Μουσεῖα des Mutterlandes, keine Zweigniederlassung der athenischen Institutionen, die irgendwelche Peripatetiker in Ägypten eröffneten. Die Gemeinschaft[66]

58 Diog. L. V 78 = fr. 69 W.

59 Plut. *Non posse suaviter vivi secundum Epicurum* 13 p. 1095 D.

60 Strab. XVII 794, der den Ort in augusteischer Zeit besuchte und eine genaue Schilderung gab.

61 W. Otto, *Priester und Tempel im hellenistischen Ägypten* I (1905) Griechische Kultvereine 166ff und 197ff, Liste der ἱερεῖς und Addenda = II 321; 326.

62 Strab. XVII 793 τῶν βασιλείων μέρος (sc. τὸ Μουσεῖον); cf. Tzetz. unten S. 130.

63 S. oben S. 18f.

64 S. oben S. 90.

65 War *Ashmole's Museum* in Oxford (eröffnet 1683 und im selben Jahr als ‹Mr. Ashmole's Musaeum› [*sic*] erwähnt) das erste ‹Museum› im modernen Sinne? Vgl. H. M. Vernon, *A History of the Oxford Museum* (1909) 15 und *Handbook to the University of Oxford* (1948) 231.

66 In Plutarchs Satz kann μουσεῖον, das von dem Verbum συνάγειν abhängt, nur die Versammlung aller Mitglieder bedeuten; und so paßt es auch in den ganzen Kontext von Plutarchs Kapitel. C. Wendel (oben S. 24 Anm. 32) versuchte in *Handbuch der Bibliothekswissenschaft* III 1 (^{2}1955) 65 es als

schloß keine Philosophen ein, sondern nur Männer der Literatur und zahlreiche Naturwissenschaftler, und wir werden die Möglichkeit eines wechselseitigen Einflusses später noch zu erwägen haben.[67] Sie hatten ein sorgenfreies Leben: freie Kost, hohe Gehälter, keine Steuern, höchst angenehme Umgebung, gute Wohnungen und Dienstboten. Es gab reichlich Gelegenheit, miteinander zu streiten. Kürzlich ist ein neuer Zeuge aufgetaucht, ein glaubwürdiger insofern, als er selbst Mitglied des Museums war. In seinem ersten Iambus ermahnt Kallimachos, indem er in die Maske des alten Hipponax schlüpft, der vom Tod zurückkommt, die φιλόλογοι,[68] nicht so eifersüchtig aufeinander zu sein, sondern dem Beispiel der sieben Weisen in der Geschichte vom Becher des Bathykles zu folgen, die er in all ihren ergötzlichen Einzelheiten erzählt. Wir hatten auch schon die Aussage eines anderen, recht boshaften Zeugen, des ergebenen Schülers Pyrrhons des Skeptikers, Timon von Phlius (um 320–230 v.Chr.), der in seinen hexametrischen Satiren, den *Silloi*, nicht nur zeitgenössische stoische und epikureische Philosophen, sondern auch die Bewohner des Museums angriff (fr. 12 Diels = 60 Wachsmuth): ‹Viele werden genährt im volkreichen Ägypten, Bücherkritzler, pausenlos zankend im Vogelkäfig der Musen›, βιβλιακοὶ χαρακῖται[69] ἀπείριτα δηριόωντες / Μουσέων ἐν ταλάρῳ. Das Bild vom Vogelkäfig saß: Gelehrte als Wesen, die wie seltene Vögel vom Leben abgeschnitten gehalten werden. Eine Anekdote[70] illustriert Timons Verachtung der neuen Philologie: er riet seinem ‹Schüler›, dem Dichter Arat, die ‹alten Homerabschriften› (τὰ ἀρ-

‹Sammeln der Bücher im Museum› zu interpretieren und benützte es als Zeugnis für die Gründung der Bibliothek; er wurde irregeleitet durch Ausdrücke, die ganz deutlich die Tatsache des Bücher-Sammelns feststellen: συναγαγὼν βιβλία Strab. XIII 608 (s. oben S. 92 Anm. 44 und unten S. 128 Anm. 79), oder Athen. V 203 E περὶ δὲ βίβλων πλήθους ... καὶ τῆς εἰς τὸ Μουσεῖον συναγωγῆς. Arist. *ep.* 9, unten S. 129. Wendel ließ sich das einzige Zeugnis bei Irenaeus-Eusebius entgehen, s. unten S. 127.

67 S. unten S. 195.

68 Fr. 191 Dieg. VI 2ff. συγκαλοῦντα τοὺς φιλολόγους (verbessert aus -σοφους) ... αὐτοῖς ... ἀπαγορεύει φθονεῖν.

69 χαρακῖται scheint eine willkürliche Neubildung Timons zu sein; aus dem Kontext und aus dem Attribut βιβλιακοί möchte man schließen, daß er ‹Schreiber› meinte und es aus dem Verbum χαράσσειν bildete. Ich weiß, daß Linguisten die Nomina auf – ιτης als Denominativa ansehen und χαρακῖται (aus χάραξ ‹Pfahl, Einfriedung›) als ‹cloisterlings› (so L–S) verstehen, s. E. Redard, ‹Les Noms Grecs en –της, –τις, princip. –ιτης, –ῖτις› *Études et Commentaires* V (1949) 27; aber die Erfindung eines Satirikers könnte von dieser grammatischen Regel wohl ausgenommen sein. Casaubon zu Athen. I 22 D hatte wahrscheinlich recht, wenn auch Wachsmuth gegen ihn die ‹leges grammaticae› anrief (*Corpusc. poes. epicae Gr. ludibundae* II² 183).

70 Diog. L. IX 113; cf. Wilamowitz, ‹Antigonos von Karystos›, *Philol. Untersuch.* 4 (1881) 43. Zu Timon und Arat s. unten S. 153f.

χαῖα ἀντίγραφα), nicht die ἤδη διωρθωμένα, die ‹schon korrigierten›, zu benutzen; damit spielt er zweifellos auf Zenodots Herausgebertätigkeit an. Satire und Anekdoten begleiten die Geschichte der klassischen Philologie von Anfang an; wir brauchen bloß an Philitas zu denken [71] oder an Scaliger, Bentley, Mommsen oder Housman. Es hat die Philologen aber weder in der Antike gestört, mit seltenen Vögeln im Käfig verglichen zu werden, noch in unseren Tagen, daß man sie ‹Mumien› nannte.[72] Milden Protest [73] legte ich einmal ein gegen den Versuch [74], die hellenistischen Dichtergelehrten in einem ‹Elfenbeinturm› [75] eingeschlossen zu sehen, wie es in den letzten Jahren so seltsam in Mode gekommen ist. Sicherlich mußten sie ihre Bücher für einen kleinen Kreis gebildeter Kenner schreiben, aber selbst eine so hervorragende Erscheinung wie Kallimachos war seiner Heimat Kyrene, der Verehrung des kyrenäischen Apollon und einer treibenden Kraft seiner Zeit, dem Herrscherkult, tief verbunden; Philitas zuerst und nach ihm der Reihe nach die Vorsteher der Bibliothek waren die Erzieher der Thronerben und damit dem Wechselspiel des politischen Kampfes ausgesetzt.[76]

Der König brachte, wie wir hörten, die Mitglieder des Museums zusammen. Wir hören nichts von einer Verpflichtung zu lehren, aber in fast allen Viten der Dichter und Gelehrten werden ‹Lehrer› und ‹Schüler› erwähnt. Wenn wir auch vorsichtig sein müssen im Übernehmen von Einzelheiten aus dieser biographischen Tradition, die schließlich in Suidas' Lexikon erhalten blieb, können wir doch die allmähliche Bildung einer freien Gemeinschaft von Lehrern und Schülern annehmen. Von den vielen Einrichtungen innerhalb des Museums war die Bibliothek die denkwürdigste: Euseb. *hist. eccl.* V 8,11 (ein Auszug aus Iren. *adv. haer.* III 21,2 Massuet) [77]: Πτολεμαῖος ὁ Λάγου φιλοτιμούμενος τὴν ὑπ' αὐτοῦ κατεσκευασμένην βιβλιοθήκην ἐν Ἀλεξανδρείᾳ κοσμῆσαι τοῖς πάντων ἀνθρώπων συγγράμμασιν ὅσα γε σπουδαῖα ὑπῆρχεν, κτλ., ‹Ptolemaios, der Sohn des Lagos, der den Ehrgeiz hatte, die von ihm in Alexandria gegründete Bibliothek mit den Schriften aller Menschen auszustatten, soweit sie ernstlich Beachtung verdienten› etc.; dann wird die Geschichte der Übersetzung des Pentateuch ins Griechische für die neue Bibliothek erzählt. Seltsam genug, ist dies unser einziges Zeugnis für die Gründung der Bibliothek durch

71 S. oben S. 118.

72 *Philologia perennis* (1961) 22.

73 *JHS* 75 (1955) 73 = *Ausgewählte Schriften* 158.

74 E. A. Barber in *Fifty Years of Classical Scholarship* (1954) 230.

75 S. *Exkurs. VI.*

76 S. unten S. 259, Ptolemaios VIII. und Aristarch, wahrscheinlich auch Ptolemaios III. und Apollonios Rhodios, S. 177.

77 Cf. W. W. Harvey's Ausgabe III 24, Bd. II pp. 111ff mit Grabes Anmerkung.

Ptolemaios I.[78] Wir zitierten bereits [79] einen halben Satz aus Strabons Bericht über das Schicksal von Aristoteles' Bibliothek, πρῶτος (sc. 'Αριστοτέλης) ὧν ἴσμεν συναγαγὼν βιβλία, zu dem wir jetzt die zweite Hälfte hinzufügen müssen (XIII 608): καὶ διδάξας τοὺς ἐν Αἰγύπτῳ βασιλέας βιβλιοθήκης σύνταξιν, ‹und lehrte die Könige von Ägypten, Bibliotheken zusammenzustellen›. Das weist auf peripatetischen Einfluß auf die Organisation der Bibliothek hin.

Sofort kommt einem der Name des Demetrios von Phaleron in den Sinn, weil dieser Peripatetiker[80] von äußerst vielseitiger Gelehrsamkeit nach 297 v.Chr. zur Umgebung des Königs gehörte. Er muß eine Art Bindeglied zwischen Athen und Alexandria dargestellt haben; aber wieweit können wir nachweisen, daß der König die Ideen seines hochangesehenen Gastes ausführte? Demetrios war immer ein Liebling von Wilamowitz, nach dessen Darstellung er ‹das universale Museion in Alexandria gestiftet›[81] haben und sogar der erste Vorstand der Bibliothek gewesen sein soll[82]. Die von uns bisher geprüften Quellen sagen nichts über Demetrios.

Wir haben nur zwei sehr seltsame Berichte über die Rolle, die Demetrios bei der Einrichtung der Bibliothek oder der Bibliotheken (nicht des Museums) gespielt hat. Einer ist im sogenannten Aristeasbrief[83] enthalten, einer fiktiven Erzählung über den

78 Schmidt, *Pinakes,* druckte Eusebios' Text nicht in seiner Sammlung der Zeugnisse 4–28 ab; so entging die Stelle auch Wendel, s. oben S. 125 Anm. 66. Clem. Al. *Strom.* I 22 I. vol. II p. 92 St. verbindet Iren. loc cit. (ἐπὶ βασιλέως Πτολεμαίου τοῦ Λάγου) mit Aristeas, unten S. 129f (ἢ ὥς τινες ἐπὶ τοῦ Φιλαδέλφου ἐπικληθέντος).

79 Strab. XIII 608 und oben S. 92 Anm. 44; zu dem ganzen Kapitel s. Düring ‹*Aristotle*›, S. 382 und 393f.

80 S. oben S. 124f.

81 ‹Antigonos von Karystos› 291. Susemihl I 7f übernahm diese Behauptung (‹ohne Zweifel . . . das gelehrte Studium der Peripatetiker, hinübergetragen durch Demetrius und Straton›). Müller-Graupa in seinem sehr brauchbaren und reichen Artikel ‹Museion›, *RE* XVI (1933) 801f wiederholte das Wort für Wort, und es wurde ein Gemeinplatz in fast jedem modernen Buch. Das sehr zurückhaltende und kritische Urteil von E. Martini, ‹Demetrios› *RE* IV (1901) 2837f, wurde kaum zur Kenntnis genommen oder verworfen; s. E. Bayer, ‹Demetrius Phalereus›, *Tübinger Beiträge zur Altertumswissenschaft* 36 (1942) 105ff.

82 *Die hellenistische Dichtung* I 22, ‹erster Vorstand› im Widerspruch zu seiner eigenen richtigen Bemerkung S. 165 über Zenodot; S. 160f Museum.

83 Aristeae *ad Philocratem epistula,* ed. P. Wendland (Leipzig 1900) 9; revidierte Ausgabe von H. St. J. Thackeray (Cambridge 1900) als Anhang zu H. B. Swete's *Introduction to the Old Testament in Greek.* Spätere Ausgaben und Übersetzungen beruhen auf diesem Text von Thackeray, der Wendlands Ausgabe benutzte. Unter ihnen ist die Ausgabe von M. Hadas (New York 1951) von Nutzen wegen ihrer Einführung, ihres kurzen Kommentars und besonders wegen ihrer Bibliographie; er vergaß nur Jacobys treffende Bemerkungen zu Hekataios v. Abdera 264 *FGrHist* 21–24 = III a (1943) 61–75, bes. 65f. Neue Ausgabe in *Sources Chrétiennes* Bd. 89 (1962) v. A. Pelletier.

Ursprung der griechischen Übersetzung des Pentateuch, die man wahrscheinlich in das späte zweite vorchristliche Jahrhundert datieren muß;[84] der andere steht in Tzetzes' *Prolegomena zu Aristophanes*[85], die im zwölften Jahrhundert n.Chr. zusammengestellt und im fünfzehnten Jahrhundert in einer Anmerkung zu Plautus[86] von einem unbekannten italienischen Humanisten teilweise ins Lateinische übersetzt wurden.

Man muß die entsprechenden Partien wörtlich zitieren, Paraphrasen sind nutzlos. Aristeae *ep.* 9–10 (Euseb. *p. e.* VIII 2, 1–4) κατασταθεὶς ἐπὶ τῆς τοῦ βασιλέως βιβλιοθήκης Δημήτριος ὁ Φαληρεὺς ἐχρηματίσθη πολλὰ διάφορα πρὸς τὸ συναγαγεῖν, εἰ δυνατόν, ἅπαντα τὰ κατὰ τὴν οἰκουμένην βιβλία, καὶ ποιούμενος ἀγορασμοὺς καὶ μεταγραφὰς ἐπὶ τέλος ἤγαγεν, ὅσον ἐφ' ἑαυτῷ, τὴν τοῦ βασιλέως πρόθεσιν. Παρόντων οὖν ἡμῶν ἐρωτηθεὶς πόσαι τινὲς μυριάδες τυγχάνουσι βιβλίων, εἶπεν· 'ὑπὲρ τὰς εἴκοσι, βασιλεῦ· σπουδάσω δ' ἐν ὀλίγῳ χρόνῳ πρὸς τὸ πληρωθῆναι πεντήκοντα μυριάδας τὰ λοιπά. Προσήγγελται δέ μοι καὶ τὰ τῶν 'Ιουδαίων νόμιμα μεταγραφῆς ἄξια καὶ τῆς παρὰ σοὶ βιβλιοθήκης εἶναι. Dann fährt Aristeas fort mit der Erzählung von der Septuaginta, unter besonderer Betonung der Verbindung des Demetrios mit dem großen

84 Ludovicus Vives, der spanische Humanist, scheint der erste gewesen zu sein, der die Authentizität des *Briefes* anzweifelte in seinen Noten zu Augustin, *De Civ. D.* XVIII 4, die er zusammen mit Erasmus 1522 herausgab, ‹Brief an den Leser› (*ep.* 1309 Allen).

85 Ich sage Tzetzes' *Prolegomena*, denn ich folge Kaibel, der (nach Consbruch) auch die anonymen Abhandlungen Tzetzes zuschrieb: ‹Die Prolegomena Περὶ κωμῳδίας›, *AGGW* philos.-hist. Kl., N. F. II 4 (1898) 4; vgl. die ins einzelne gehenden Argumente in Wendels meisterhaft formuliertem Artikel ‹Tzetzes›, *RE* VII A (1948) 1973ff. Gegen die Zuweisung R. Cantarella, Aristophanis *comoediae* I (1949) Prolegomena p. 38, und A. Plebe, ‹La teoria del comico da Aristotele a Plutarco›, *Università di Torino, Pubblicazioni della Facoltà di Lettere e Filosofia* IV 1 (1952) 115–21, ohne Berücksichtigung von Wendels Artikel. Ich beziehe mich immer auf Kaibels Ausgabe in *CGF* I (1899), s. unten S. 130 Anm. 89. – Eine neue Ausgabe von Tzetzes' *Prolegomena* wird zusammen mit allen *Prolegomena de comoedia* in einem Bande der *Scholia in Aristophanem*, ed. edendave curavit W. J. W. Koster, veröffentlicht werden, s. Bd. IV 1 (Tzetz. in Aristoph. *Plut.*) Groningen 1960, p. XX.

86 F. Osann, der sie 1819 in einem Plautus-Codex des Collegio Romano entdeckte, jedoch die stückweise Publikation anderen überließ, nannte sie ‹Scholium Plautinum›. Die Herausgeber tragen sehr bekannte Namen: Meineke (1830), Welcker (1835), der durch sie fürchterlich irregeführt wurde, Ritschl (1838); vgl. oben S. 22; man sollte nicht vergessen, daß es W. Dindorf war, der Welcker die Identifikation des mysteriösen ‹Caecius› mit Tzetzes anriet, *Rh. M.* 4 (1836) 232. Die Handschrift selbst wurde wiederentdeckt von E. Breccia als Vat. Lat. 11469 für E. A. Parsons, *The Alexandrian Library. Glory of the Hellenic World* (London 1952). Dieser amerikanische Bibliophile behandelte seinen Gegenstand mit bewegendem Enthusiasmus und fügte sogar zwei Facsimilia der relevanten Seite seinem langen Kapitel über das Scholium Plautinum bei. W. J. W. Koster, ‹Scholium Plautinum plene editum›, *Mnemosyne* ser. IV, Bd. XIV (1961) 23ff.

Unternehmen. Diese Verbindung war der einzige Grund, warum der Autor Demetrios und die Bibliothek des Königs erwähnte. Der König ist Ptolemaios II.[87], da Aristeas *ep.* 35 auf eine bekannte Tat Ptolemaios' I. als ‹meines Vaters› anspielt und *ep.* 41 auf die ‹Königin Arsinoe, die Schwester›, und Demetrios hat die königliche Bibliothek unter sich. Diese beiden erstaunlichen Feststellungen widersprechen sowohl der Überlieferung[88] über Demetrios' Lebenszeit als auch der über die Abfolge der Bibliothekare. Tzetzes erwähnte in den *Prolegomena* zu seinem Kommentar dreier Komödien des Aristophanes zuerst die Dichtergelehrten, die sich unter der Regierung Ptolemaios' II. (ὑπὸ Πτολεμαίου τοῦ Φιλαδέλφου) mit den dramatischen Dichtern beschäftigen mußten, und fuhr dann fort[89]: ὁ γὰρ Πτολεμαῖος φιλολογώτατος ὢν διὰ Δημητρίου τοῦ Φαληρέως καὶ ἑτέρων ἐλλογίμων (γερουσίων Mb 8) ἀνδρῶν δαπάναις βασιλικαῖς ἁπανταχόθεν τὰς βίβλους εἰς Ἀλεξάνδρειαν συνήθροισεν καὶ δυσί βιβλιοθήκαις ταύτας ἀπέθετο· ὧν τῆς ἐκτὸς μὲν ἀριθμὸς τετρακισμύριαι δισχίλιαι ὀκτακόσιαι τῆς δὲ τῶν ἀνακτόρων ἐντὸς συμμιγῶν μὲν βίβλων ἀριθμὸς τεσσαράκοντα μυριάδες, ἀμιγῶν δὲ καὶ ἁπλῶν μυριάδες ἐννέα . . . τὰ δὲ συνηθροισμένα βιβλία οὐχ Ἑλλήνων μόνον, ἀλλὰ καὶ τῶν ἄλλων ἁπάντων ἐθνῶν ἦσαν καὶ δὴ καὶ Ἑβραίων αὐτῶν . . . ὅτε δὴ καὶ τὰς τῶν Ἑβραίων διὰ τῶν ἑβδομήκοντα (ἑβδομήκοντα δύο Mb 24) ἑρμηνευθῆναι πεποίηκεν. Der italienische Humanist ließ die Bezugnahme auf die Hebräer und die Septuaginta aus, behielt aber die Stelle über Demetrios' Unterstützung des Philadelphos und über die beiden Bibliotheken, und Kallimachos wurde durch einen besonders schlimmen Übersetzungsfehler ‹aulicus regius bibliothecarius›. Wenn wir die gewaltige Wirkung bedenken, die der Aristeasbrief in christlicher Zeit hatte,[90] sind wir nicht überrascht, Spuren davon noch bei Tzetzes[91] zu finden, vermischt mit grammatischen Exzerpten aus den Scholien zu Aristophanes und zu Dionysios Thrax[92]. Wir halten zwei Punkte fest, in denen Tzetzes von Aristeas abweicht: Demetrios wird nicht ‹Vorstand› der königlichen Bibliothek genannt, und – für unseren Zweck noch wichtiger – es wird die Existenz zweier Bibliotheken unter Ptolemaios II. mit der Anzahl der Bücher in jeder der beiden erwähnt. Eine zweite Bibliothek ‹außerhalb des Palastes› war, wie wir aus

---

87 Der König wird nie Φιλάδελφος genannt; das mag als weiteres Argument für die Datierung der *Epistula* in das zweite Jahrhundert v.Chr., nicht später, dienen. Denn gegen Ende des Jahrhunderts wurde der Titel ‹Philadelphos›, der vorher nur seiner Gattin Arsinoë zugelegt wurde, auch für den König selbst ganz geläufig (s. H. Volkmann, *RE* XXIII 1645, 50ff).

88 S. oben S. 124f und unten S. 194.

89 *CGF* I (1899) ed. G. Kaibel, p. 19, Pb 4ff; cf. p. 31, Mb 8ff, die spätere Version mit Varianten, Anfügungen und Korrekturen, die uns hier nichts angehen.

90 S. die Testimonia, gesammelt von P. Wendland, loc. cit. S. 87–166.

91 Wahrscheinlich über Epiphanius; Wendland S. 89f und 139ff.

92 C. Wendel, *RE* VII A 1975f.

anderen Quellen erfahren, mit einem Serapeion verbunden und wurde in römischer Zeit berühmt. Ptolemaios I. hatte den Gott Serapis in Alexandria eingeführt[93] und im Bezirk von Rhakotis einen Tempel zu seiner Verehrung[94] errichtet. Tzetzes' Worte wurden immer vorbehaltlos als Zeugnis für die Gründung einer zweiten Bibliothek durch Ptolemaios II. anerkannt; weil von der Bibliothek gesagt wird, daß sie ἐν τῷ Σεραπείῳ später als die Museumsbibliothek erbaut worden sei,[95] hat man Ptolemaios II. auch für den Gründer eines neuen Serapis-Tempels gehalten. Die Gründungsurkunden des Serapeion, die 1945[96] auf eben dem Rhakotishügel ausgegraben wurden, auf dem Ptolemaios I. zuvor ein Heiligtum erbaut hatte, tragen jedoch den Namen seines Enkels Ptolemaios' III. (246–221 v.Chr.); damit wird Tzetzes' Bericht fragwürdig.[97] Die Persönlichkeit, der Reichtum und die Aktivität Ptolemaios' II. faszinierten die Nachwelt so sehr, daß man ihm ohne weiteres noch einige Verdienste seines Vaters wie seines Sohnes zuschrieb. Dieser Sohn, Euergetes genannt, Schüler des Dichters der *Argonautica* und sehr erpicht auf die Erwerbung alter Texte,[98] ist nun als Gründer des neuen

93 Tac. *hist.* IV 83f in seinem gut informierten Exkurs über den Gott Serapis.

94 Demetrios von Phaleron soll inspiriert worden sein, wenigstens einmal in seinem Leben zu dichten und *Paeane* auf den neuen Gott zu schreiben: fr. 200 Wehrli und seine recht skeptischen Bemerkungen S. 87. Als ‹hymnographe inspiré et dévôt de Sarapis› hatte Demetrios seine Statue in Memphis nächst der des Pindar, nach J.-Ph. Lauer et Ch. Picard, ‹Les Statues Ptolémaïques du Sarapieion de Memphis›, *Publications de l'Institut d'Art et d'Archéologie de l'Université de Paris* III (1955) 69ff.

95 Epiphan. Περὶ μέτρων καὶ σταθμῶν 168 C 15, 16ff Dind. = test. 27b Schmidt, p. 11 f ἐν τῇ πρώτῃ βιβλιοθήκῃ τῇ ἐν Βρουχείῳ οἰκοδομηθείσῃ · ἔτι δὲ ὕστερον καὶ ἑτέρα ἐγένετο βιβλιοθήκη ἐν τῷ Σεραπείῳ μικροτέρας τῆς πρώτης, ἥτις καὶ θυγάτηρ ὠνομάσθη αὐτῆς.

96 Callimachus II (1953) XXXIX 6 mit Hinweis auf A. Wace, *JHS* 65 (1945) 106ff, und A. Rowe, ‹The Discovery of the famous Temple and Enclosure of Sarapis at Alexandria›, Suppl. aux *Annales du Service des Antiquités de l'Egypte*, Cahier Nr. 2 (1946). Zu späteren Entdeckungen und Diskussionen s. P. M. Fraser, ‹Two Studies on the Cult of Sarapis in the Hellenistic World›, *Opuscula Atheniensia* III (Lund 1960) 11, 6, *Skrifter utgivna av Svenska Institutet i Athen*, ser. I in 4^{0}, vol. VII. Welles, *Historia* 1962, 271–98 (s. oben S. 121 Anm. 32) versucht uns zu überzeugen, daß Alexander selbst den Kult des Serapis in Rhakotis einrichtete, als er auf seiner Rückkehr von Siwah im Jahr 331 v.Chr. Alexandria gründete; aber soweit er die Geschichten des Kallisthenes und Ps.-Kallisth. dem Bericht des Ptolemaios-Arrian vorzieht, fällt es sehr schwer, an seine Rekonstruktion zu glauben.

97 Nicht nur Parsons, *The Alexandrian Library* 347ff, sondern auch ernsthafte Werke wie das *Handbuch der Bibliothekswissenschaft* III 1 (^{2}1953) 55 oder die *Geschichte der Textüberlieferung* I (1961) 63 versäumten es, von der Ausgrabung Notiz zu nehmen.

98 Schmidt, *Pinakes*, test. 6b.

Tempels bezeugt; das besagt noch nicht, daß er zu dessen Bezirk auch eine Bibliothek fügte, schließt es aber auch nicht aus. Die Frage, welcher der Ptolemäer die ‹kleinere› oder ‹Tochter-›Bibliothek stiftete und wo sie errichtet wurde, scheint im Augenblick nicht lösbar zu sein. Zahlen sind in unserer handschriftlichen Überlieferung oft unzuverlässig, so zum Beispiel auch die Anzahl der Bücher in den alexandrinischen Bibliotheken, es gibt hierbei auch Widersprüche zwischen Aristeas und Tzetzes[99], Fehler, die bei der Übersetzung ins Lateinische entstanden, und abweichende Angaben in den anderen Quellen. Sie stimmen immerhin in dem einen Punkt überein, daß hier in der ersten Hälfte des dritten Jahrhunderts v.Chr. Hunderttausende von Papyrusrollen aufbewahrt wurden.

Es wird deutlich, daß wir das Zeitalter erreicht haben, das wir – zögernd – ein ‹vom Buch geprägtes› nannten; das Buch ist eines der charakteristischen Merkmale der hellenistischen Welt. Die ganze literarische Vergangenheit, das Erbe von Jahrhunderten, war in Gefahr zu entgleiten, ungeachtet der gelehrten Arbeiten der Aristoteles-Schüler; mit Enthusiasmus und Einfallsreichtum tat die Generation, die gegen Ende des vierten und um den Beginn des dritten Jahrhunderts lebte, alles, um dieses Erbe zu bewahren. Zuerst galt es, die literarischen Schätze zu sammeln und aufzubewahren, um sie für immer sicherzustellen. Genau dieser Periode, den letzten Jahrzehnten des vierten Jahrhunderts, können wir die ältesten Papyri zuordnen, die in Ägypten ans Licht gelangten und uns mit wirklichen Beispielen griechischer Bücher versehen.[100] Wir können nur vermuten, daß die charakteristische Änderung im Duktus der griechischen Schrift,[101] die in die erste Hälfte des dritten Jahrhunderts fällt, möglicherweise auf das ästhetische Gefühl der großen Dichtergelehrten zurückzuführen ist. Diese Bücher waren die notwendigen Mittel sowohl für die Erneuerung der Dichtkunst als auch für das Entstehen der Philologie. Wir sehen, wie bedeutsam der stufenweise Fortschritt der Buchherstellung in früheren Jahrhunderten war.[102]

Vom orientalischen Hintergrund ausgehend haben wir ihre Weiterentwicklung durch die Griechen beobachtet, die jetzt als Vorberei-

---

99 S. oben S. 129f.; cf. test. 24a, Schmidt, *Pinakes* S. 9f, und die Erklärung der Zahlen S. 37.

100 Zu dem neuen Papyrus-Fund (Kommentar zu der orphischen *Theogonie*) bei Saloniki s. S. G. Kapsomenos, ‹Der Papyrus von Dervéni›, *Gnom.* 35 (1963) 222f, und 'Αρχαιολογικὸν Δελτίον 19 (1964, veröffentlicht 1965) 17–25 (mit Tafeln 12–15), der dazu neigt, die Handschrift der Mitte des vierten Jahrhunderts v.Chr. zuzuweisen (C. H. Roberts denkt an etwa 300 v.Chr. und P. M. Fraser an 280 v.Chr.). Vgl. unten S. 175 Anm. 109 und S. 290.

101 Siehe C. H. Roberts, *Greek Literary Hands* 350 B.C. – A. D. 400 (Oxford 1956) XV und Tafeln 1–5 mit Kommentar.

102 S. oben S. 37; 43–47; 48; 92f.

tung zu einer neuen Ära erscheint. Wenn der orientalische oder ägyptische Einfluß auch wieder intensiver wurde, wahrscheinlich in einigen technischen Hilfsmitteln,[103] sollte er doch nicht überschätzt werden[104]. Das Alphabet war eine entscheidende Schöpfung des griechischen Genius, die eine neue Epoche des kulturellen Lebens heraufführte; anders als im Orient und in Ägypten mit ihren Schreibergilden und Priesterkasten war die alphabetische Schrift der Griechen für jedermann erlernbar.[105] Eine umwälzende Veränderung war es auch, daß in den alexandrinischen Bibliotheken die Öffentlichkeit freien Zutritt zu den ungeheuren Bücherschätzen hatte; sie waren keine Tempel- oder Palastbibliotheken, zu denen nur eine privilegierte Minderheit zugelassen war, sondern standen jedem offen, der fähig und willens war, zu lesen und zu lernen. Selbst in den neuen Monarchien gab es eine freie Welt des Geistes; die Vorbedingungen zu einer solchen Entwicklung gab es nur dort, wo griechische Kultur vorherrschte. Das beispiellose Interesse an Büchern wurde durch die neuen Dichterphilologen angefacht, die einen verzweifelten Bedarf an Texten hatten; es ist ein bemerkenswertes Zusammentreffen, daß ihre königlichen Beschützer und deren Ratgeber dieses gebieterische Verlangen sofort in fürstlicher Weise erfüllten. In der italienischen Renaissance werden wir eine ähnliche Folge der Ereignisse finden: die glühende Begeisterung der Dichter und Humanisten von Petrarca bis Polizian führte zur Wiederentdeckung der Klassiker und zur Errichtung großer Bibliotheken.

Im Verlauf dieses Kapitels wurde die Frage nach Demetrios' Beitrag zur Philologie in Alexandria besprochen. Von unseren beiden einzigen Quellen, Aristeas und Tzetzes, erwies sich Tzetzes als teilweise, wenn auch indirekt, abhängig von Aristeas, und in beiden zeigten sich chronologische Verwirrungen. Man muß daraus die Folgerung ziehen, daß die gebräuchliche Version von Demetrios' Schlüsselposition auf sehr spärlichen Zeugnissen beruht. Wir können es immerhin aus allgemeinen Gründen für möglich halten, daß er, durch seinen Rat beim König, die junge Philologie förderte und ihr den Einfluß seines großen Lehrers Aristoteles nahebrachte. Wir zeigten,[106] daß diese neue Wissenschaft aus den Ideen von Philitas und Zenodot in Alexandria hervorging; wir müssen nun versuchen, jene unsicheren modernen Rekonstruktionen zu verlassen und uns

---

103 Vgl. oben S. 35f und besonders die Verweise auf Wendel und Zuntz, S. 23 Anm. 30.

104 A. Thibaudet, *La Campagne avec Thucydide* (^{7}1922) 58ff, und K. Kerényi, *Apollon. Studien über antike Religion und Humanität* (Wien 1937) 186, mögen als typische Beispiele für die Überbewertung des Einflusses der alten ägyptischen Tradition auf den neuen Kurs in Alexandria zitiert werden.

105 S. oben S. 43ff.

106 S. oben S. 123f.

mit einem gewichtigen neuen historischen Problem auseinanderzusetzen: der Beziehung[107] zwischen dieser neuen Philologie und der peripatetischen Tradition, nicht nur am Anfang des dritten Jahrhunderts, sondern während des ganzen Hellenismus.

107 In meinen früheren kurzen Aufsätzen (s. oben S. 115 Anm. 3) war kein Platz, diese Beziehung herauszuarbeiten; die aristotelische Linie blieb daher zu sehr im Dunklen.

II

ZENODOT UND SEINE ZEITGENOSSEN

Im vorangegangenen Kapitel über die Anfänge der Philologie in Alexandria erschien ein Name immer wieder: der des Zenodot von Ephesos.[1] Er war der erste in einer Reihe großer Persönlichkeiten zu einer Zeit, in der die Überlegenheit des Einzelnen allenthalben verkündet wurde. Der Einzelne, der sich bewußt ist, daß er in eine neue Sphäre geistiger Wirksamkeit eingetreten ist, neigt leicht zu einer etwas übertriebenen Subjektivität. Es gab noch keine philologische Tradition, die Zenodot hätte erben können. Er mußte selbst seinen Weg finden. Wir sollten daher nicht überrascht sein, wenn er auch manchmal strauchelte. Es ist ungerecht, ihn am Niveau seiner Nachfolger im dritten und zweiten Jahrhundert zu messen, die im Laufe der Zeit versuchten, eine regelrechte Technik der Textedition und Texterklärung zu entwickeln; mit ihnen verglichen muß er in seiner Textkritik irgendwie ungleichwertig oder willkürlich erscheinen. Moderne Gelehrte haben vollkommen gegensätzliche Theorien

---

1 S. besonders oben S. 120; 122; 133. Er, wenn irgendeiner, würde eine neue Monographie verdienen. Unterdessen s. H. Düntzer, *De Zenodoti studiis Homericis* (Göttingen 1848), und A. Römer, ‹Über die Homerrecension des Zenodot›, *Abhandlungen der Bayer. Akad. der Wissenschaften*, I. Classe, 17. Bd., 3. Abh. 1885. – Das Manuskript dieses Buches hatte schon seine endgültige Gestalt, bevor ich den zweiten Band von M. Van der Valk, *Researches on the Text and Scholia of the Iliad* (1964) einsehen konnte; für Verweise auf den ersten Band s. S. 262 Anm. 29; 284 Anm. 136 u. 137; 331 Anm. 138. Es ist jetzt unmöglich, einem ehrlichen und sorgfältigen Autor Gerechtigkeit angedeihen zu lassen, dessen gewissenhafte Untersuchungen teilweise dasselbe Gebiet zum Gegenstand haben wie einige der nachfolgenden Kapitel, besonders die über Zenodot und Aristarch. Das ist um so bedauerlicher, als M. Van der Valk oft andere oder sogar entgegengesetzte Ansichten über das kritische Werk der Alexandriner äußert. Aber seine Ansicht, daß ‹the Alexandrian critics had no correct idea of the significance of a diplomatic text›, die nun offen ausgesprochen wurde (S. 565f), stand als unausgesprochene Annahme hinter seinem *Textual Criticism of the Odyssey* (1949) und dem ersten Band seiner *Researches on the Text and Scholia of the Iliad* (1963) und muß leider als Vorurteil, nicht als Ergebnis historischer Untersuchung, angesehen werden. Der neue Band wurde in nobler Weise besprochen von H. Erbse, *Gnom.* 37 (1965) 532ff. S. jetzt auch A. Lesky, ‹Homeros›, *RE* Suppl. XI (1967), Sonderausgabe 151, 38ff. [In der von H. Dörrie und P. Moraux herausgegebenen Reihe *Untersuchungen zur antiken Literatur und Geschichte* ist demnächst zu erwarten K. Nickau, ‹Untersuchungen zur textkritischen Methode des Zenodotos von Ephesos›.]

über Zenodots Homer-Kritik aufgestellt, weil unsere sogenannten Zeugnisse, die aus der Polemik seiner Gegner gewonnen worden sind, oft mißverstanden wurden.

Wir erwähnten die Sammlung und Aufbewahrung von Büchern in Alexandria; Zenodot nahm an diesem ungeheuren Unternehmen sehr wahrscheinlich teil, da ihn der König zu seinem ersten Bibliothekar erwählte.[2] Tzetzes' späte Auszüge aus den Scholien zu Aristophanes und Dionysios Thrax sind unsere einzige Quelle für diesen Teil der frühen Geschichte der Museion-Bibliothek, über den der *Aristeas-Brief* schweigt. Der erste Satz aus Tzetzes' *Prolegomena* enthält eine dieser vereinzelten Informationen: Ἰστέον ὅτι Ἀλέξανδρος ὁ Αἰτωλὸς καὶ Λυκόφρων ὁ Χαλκιδεὺς ὑπὸ Πτολεμαίου τοῦ Φιλαδέλφου προτραπέντες τὰς σκηνικὰς διώρθωσαν βίβλους, Λυκόφρων μὲν τὰς τῆς κωμῳδίας, Ἀλέξανδρος δὲ τὰς τῆς τραγῳδίας, ἀλλὰ δὴ καὶ τὰς σατυρικάς. Dann folgt die im vorigen Kapitel zitierte Stelle[3] über Demetrios von Phaleron und die Übersetzung der hebräischen Bücher, bevor Tzetzes seinen ersten Satz wieder aufnimmt und fortfährt: τὰς δὲ σκηνικὰς Ἀλέξανδρός τε, ὡς ἔφθην εἰπών, καὶ Λυκόφρων διωρθώσαντο, τὰς δὲ ποιητικὰς Ζηνόδοτος πρῶτον καὶ ὕστερον Ἀρίσταρχος διωρθώσαντο.

Der Stein des Anstoßes in diesem bemerkenswerten Abschnitt[4] ist der immer wiederholte Ausdruck διορθοῦν. Wenn er auf Zenodot angewandt wird, geschieht dies in Übereinstimmung mit allen anderen grammatischen Quellen und mit den Zitaten in unseren Homer-Scholien; er war in der Tat der erste διορθωτής[5] der homerischen wie auch anderer Gedichte; er revidierte und emendierte den Text, und διορθοῦν war der passende *terminus technicus* dafür. Der Hinweis auf Aristarch bestätigt schließlich, daß die *Prolegomena* genau das meinen; die Stelle bezieht sich nicht auf das Sammeln und Ordnen der Bücher in der Bibliothek. Kein Unterschied wird gemacht zwischen Zenodots Arbeit und der des Alexander Aitolos und des Lykophron;

---

2 Suid. s. v. Ζηνόδοτος.

3 Vgl. S. 130ff; *CGF* I 1 (1899) ed. G. Kaibel, p. 19f, Pb 1ff und 20ff. Der Anfang der Version Ma p. 24f ist mit Pb fast identisch; aber Mb p 31f hat einen etwas abweichenden Wortlaut: Ἀλέξανδρος ὁ Αἰτωλὸς καὶ Λυκόφρων ὁ Χαλκιδεὺς ἀλλὰ καὶ Ζηνόδοτος ὁ Ἐφέσιος τῷ Φιλαδέλφῳ Πτολεμαίῳ συνωθηθέντες (i. e. compulsi, cf. Tzetz. in Hes. *Op.* p. 12,4 Gaisf. συνώθησαν = compulerunt und Tzetz. *epist.* ed. Pressel S. 56 θεῷ συνωθηθείς) βασιλικῶς ὁ μὲν τὰς τῆς τραγῳδίας, Λυκόφρων δὲ τὰς τῆς κωμῳδίας βίβλους διώρθωσαν, Ζηνόδοτος δὲ τὰς Ὁμηρείους καὶ τῶν λοιπῶν ποιητῶν und p. 32,1ff τῶν Ἑλληνίδων δὲ βίβλων . . . τὰς τραγικὰς μὲν διώρθωσε (sc. Ptolemaeus rex) δι' Ἀλεξάνδρου τοῦ Αἰτωλοῦ κτλ. über Lykophron, Zenodot, Aristarch etc.

4 Abgedruckt in Schmidt, *Pinakes* test. 24 a, b, c, und vollständig besprochen S. 39f; ich kann aber seine Schlüsse nicht annehmen. Der Text des Tzetzes und des *Schol. Plaut.* wurde viel besser dreißig Jahre früher von H. Pusch, ‹Quaestiones Zenodoteae›, *Dissertationes Philologicae Halenses* XI (1890) 203–7 behandelt.

5 S. oben S. 123.

von ihnen wird gesagt, daß sie für die dramatischen Dichter dasselbe taten wie Zenodot für die epischen (und lyrischen) Dichter: διώρθωσαν (oder διωρθώσαντο), das heißt, sie machten kritische Ausgaben.[6] Neuzeitliche Gelehrte stürzte diese Bemerkung im allgemeinen in Verwirrung, und das ist durchaus verständlich; das ‹logische› Vorgehen wäre gewesen, die Masse der gesammelten Bücher zu ordnen, sie zu sortieren, zu klassifizieren und zu katalogisieren und dann die Handschriften zu vergleichen und den Text zu revidieren, nicht sofort mit der Behandlung der schwierigen Tragiker- und Komikertexte zu beginnen. Ein noch stärkerer Einwand ist das Fehlen jeglichen Hinweises auf Alexander und Lykophron in unseren Scholien zu den Tragikern und zu Aristophanes, im Gegensatz zu den zahlreichen Hinweisen auf Zenodot in den Homerscholien. Aus diesem Grunde haben manche versucht, διορθοῦν eine unverbindliche Bedeutung zu geben[7] (‹richtig machen› im Sinne von ‹in die rechte Ordnung bringen›) oder dem nicht immer zuverlässigen[8] Tzetzes einen Fehler zur Last zu legen. Der italienische Humanist, der die *Prolegomena* teilweise auf dem Rand einer plautinischen Handschrift übersetzte, verwandelte διώρθωσαν kühn in den Satz ‹*poeticos libros in unum collegerunt et in ordinem redegerunt*› und wurde sogar noch dafür gelobt, daß er als einziger den richtigen Sinn herausgefunden hätte.[9] Das ist aber eine willkürliche Annahme, die auf einem modernen Vorurteil beruht. Wenn wir unsere spärlichen Zeugnisse durch eine aus der Luft gegriffene Geschichte ersetzen, gerät das Bild von den ersten Jahrzehnten des dritten Jahrhunderts und von ihren Dichtern und Philologen in Gefahr, verfälscht zu werden. Dies ist der Grund, warum wir uns die Mühe machten, die Überlieferung noch einmal zu überprüfen. Sie sagt uns gar nichts über die Verwaltungsarbeit in der königlichen Bibliothek und über die Behandlung ihrer Bücher, wie wir es nach anderen Stellen der *Prolegomena* erwarten könnten, sondern etwas über die drei ersten διορθωταί, die Herausgeber der wichtigsten Dichtertexte im Besitz des Königs. Philologische Zusammenarbeit dieser Art zwischen zwei angesehenen

---

6 Zu Lykophron s. a. unten S. 151f; es ist unwahrscheinlich, daß niemand vor Aristophanes von Byzanz um 200 v.Chr. eine Ausgabe der dramatischen Dichter versucht hätte; aber sein Werk stellte natürlich alle früheren Versuche in den Schatten.

7 Cf. Sandys I³ 121 ‹responsible for the classification›; ‹preliminary sorting out› E. A. Barber, *Oxf. Class. Dict.* s. v. Alexander Aetolus und Lykophron und so viele andere.

8 S. oben S. 131f.

9 S. Schmidt, *Pinakes* 40. Zum sog. *Scholium Plautinum* s. oben S. 129ff; sein Verfasser wußte kaum, daß ‹in ordinem redigere› nicht ‹in die richtige Reihenfolge bringen› heißt, sondern daß es das lateinische Äquivalent zum griechischen ἐγκρίνειν ist; cf. Quintil. *inst. or.* I 4,3 ‹auctores alios in ordinem redegerint, alios omnino exemerint numero›, d.h. ‹sie in die Liste der Klassiker aufnehmen›. Zu διορθοῦν ~ dirigere in den Schol. Arat. s. unten S. 154 Anm. 90.

Dichtern und dem Schüler des Philitas ist für diese Jahre ganz bezeichnend.

Der König, unter dessen Regierung das geschah oder auf dessen ‹Anregung› es sogar zurückging, soll Ptolemaios II. (283–247 v.Chr.) gewesen sein; es besteht soweit kein Grund, diese Überlieferung anzuzweifeln, wie in einigen anderen Fällen, in denen Verwechslungen mit Ptolemaios I. und Ptolemaios III. vorlagen.[10] Mit der Chronologie der hellenistischen Dichter und Gelehrten stehen wir auf besonders unsicherem Boden, aber wir dürfen nicht zulassen, daß übertriebener Skeptizismus uns der wenigen mehr oder minder verläßlichen Daten auch noch beraubt. Zenodot wird wohl schon, bevor sein königlicher Zögling den Thron bestieg, begonnen haben, sein Hauptwerk über die homerischen Gedichte zu bearbeiten; seine ἀκμή wird von antiken Chronographen[11] in die Zeit Ptolemaios' I. gesetzt, das heißt vor 283 v.Chr. Aber es ist durchaus möglich, daß er seine Ausgabe und sein Glossar unter dem jungen König im ersten Jahrzehnt von dessen Regierung abschloß und veröffentlichte. Die beiden Experten für die dramatische Dichtung scheinen in der Zeit nach 285 v.Chr. nach Alexandria gekommen zu sein; wieviel später, darüber können wir keine Vermutungen anstellen.[12] Es ist ziemlich sicher, daß Lykophron nach 273 v.Chr. nicht mehr in Eretria war, aber das hilft uns nicht sehr viel weiter. Alexander Aitolos gehörte zum literarischen Kreis des Antigonos Gonatas in Pella (nach 276 v.Chr.?), ebenso Arat. Arat ging für einige Zeit nach Syrien und kehrte dann nach Makedonien zurück.[13] Ebenso könnte Alexander seinen Aufenthalt in Pella für einige Jahre unterbrochen haben, um für Ptolemaios II. in Alexandria zu arbeiten, und dann zurückgekehrt sein. Ich habe die antiken wie die modernen chronologischen Kombinationen neu überprüft, aber ich will den Leser nicht mit Einzelheiten belästigen. Das negative Ergebnis im ganzen ist von einiger Bedeutung für uns: man kann keine verläßliche Überlieferung, kein überzeugendes Argument gegen Zenodots Priorität finden.

Die wichtigste Frage bei Zenodot ist natürlich eine andere: was waren der Charakter und der Wert seiner kritischen Arbeit? Wir werden sehen, daß Zenodot einen neuen Text der epischen und lyrischen Dichtung sowie ein Glossar herausgab, aber er veröffentlichte keinen Kommentar, keine Einzeluntersuchung. So hatten seine Nachfolger keine Möglichkeit, aus erster Hand die Gründe für seine

---

10 S. oben S. 131.

11 Suid. s. v. Ζηνόδοτος Ἐφέσιος . . . ἐπὶ Πτολεμαίου γεγονὼς τοῦ πρώτου; E. Rohde, Γέγονε, *Kleine Schriften* 1 (1901) 127f, glaubte, daß Philitas wie auch seine Schüler Zenodot und Theokrit alle zu früh datiert wären. Die eigentliche Schwierigkeit liegt in der Überlieferung, daß Aristophanes von Byzanz sein ‹Schüler› war. Das ist mit einem so frühen Datum für Zenodot kaum vereinbar, aber s. unten S. 214.

12 S. unten S. 151.

13 S. unten S. 153.

Entscheidungen zu erfahren. Wir müssen annehmen, wenn es auch kein Zeugnis dafür gibt, daß sie noch eine mündliche Überlieferung von Zenodots viva-voce-Exegese[14] benützen konnten, die von seinen Schülern notiert und an spätere Generationen weitergegeben worden war, oder, wenn das nicht der Fall war, daß sie es auf gut Glück mit ihren eigenen Ansichten über die Gründe seiner Textkonstitutionen bei Homer versuchten. In unseren Scholien, die nur Auszüge der antiken Hypomnemata sind, finden sich gelegentlich einige vorsichtige Bemerkungen Aristarchs oder seiner Schüler: μήποτε ... ὑπείληφεν ‹vielleicht ... nahm er an›;[15] wir können aber sicher sein, daß sie in den meisten Fällen weggelassen sind. Spätere antike und neuzeitliche Philologen nahmen bloße Vermutungen und zweifelhafte mündliche Überlieferungen als Zeugnisse für Zenodots philologische Arbeit; kein Wunder, daß aus solchen Irrtümern eine verwirrende Divergenz moderner Ansichten über Zenodot entstanden ist. Wir sollten uns der Tatsache bewußt sein, daß wir immer, wenn Zenodots Gründe gelobt oder getadelt werden, auf schwankendem Boden stehen. Im Fall von Δ 88 wurde er getadelt, weil er den Text geändert hat, ‹da er es für eine Göttin unpassend fand, *sich zu bemühen*, den Gegenstand ihres Suchens zu finden›. Aber das ist das Ergebnis reiner Vermutung; ein früher ptolemäischer Papyrus, der 1906 veröffentlicht wurde,[16] stimmt mit dem Text überein, den Zenodot – aus Gründen, die uns nicht bekannt sind – übernommen (nicht erfunden) hatte.

Es gab keine authentische schriftliche Tradition über Zenodots Argumente für seine Änderungen und Auslassungen homerischer Verse; aber seine Nachfolger waren in der Lage, Zenodots Text mit dem anderer Handschriften zu vergleichen, da sie sogar mehr Abschriften zu ihrer Verfügung hatten als Zenodot selbst, und so konnten sie die Unterschiede in der Zahl der Verse und in den Lesarten feststellen. In dieser Hinsicht kann man ihren Behauptungen vertrauen.[17]

---

14 Der Ausdruck in der späteren grammatischen Literatur war ἀπὸ φωνῆς, Choerob. in Theodos. *Gr.Gr.* IV 1, 103,3 und IV 2, 1,3 Hilg.; vgl. Rutherford, ‹Annotation› 31ff, und die Stellennachweise bei Diels-Schubart und Zuntz, S. 261 Anm. 21 unten.

15 Schol. A *A* 63; *B* 553, cf. ἴσως *B* 641; Λ 548; *P* 134 (s. unten S. 150 Anm. 71).

16 S. unten S. 146.

17 G. M. Bolling in seinen sorgfältigen und wertvollen Studien *The External Evidence for Interpolation in Homer* (1925), *The Athetized Lines of the Iliad* (1944), *Ilias Atheniensium* (1950) schenkte den verschiedenen Äußerungen späterer Grammatiker keinen Glauben und ließ keine inneren Gründe für Athetesen gelten, vereinfachte aber den Fall zu sehr, wenn er annahm, daß *jeder* von Zenodot (und seinen großen Nachfolgern) angezweifelte oder ausgelassene Vers in älteren Kopien gar nicht oder schlecht bezeugt wäre (vgl. unten S. 146); nichtsdestoweniger gibt seine *Ilias* von 1950 eine vollständige und brauchbare Zusammenstellung von Zenodots Athetesen und Auslassungen.

Es ist sogar möglich, über die Art der älteren und zeitgenössischen Abschriften des Homer-Textes, die Zenodot benützt haben könnte, eingehendere Überlegungen anzustellen. Wir haben die Geschichte dieses Textes schon einige Male berührt. Es ist wahrscheinlich, daß es vom sechsten vorchristlichen Jahrhundert an einen verbindlichen Text der Epen gab, an den sich die berufsmäßigen Rezitatoren, die Rhapsoden, zu halten hatten; daß es ein attischer Text des sechsten Jahrhunderts gewesen wäre, der überall verbindlich wurde, ist allerdings nicht nachweisbar.[18] Der Dichter Antimachos von Kolophon, der Homer für einen Kolophonier hielt, stellte am Ende des fünften Jahrhunderts die erste Textausgabe her, von der wir wissen.[19] Die häufigen Zitate bei den Schriftstellern des vierten Jahrhunderts, besonders bei Platon und Aristoteles,[20] zeigen bemerkenswerte Abweichungen. Es ist problematisch, sie zu irgendwelchen Rückschlüssen über einen Homer-Text des vierten Jahrhunderts heranzuziehen, weil Philosophen, Redner und Geschichtsschreiber häufig aus dem Gedächtnis zitieren; es kann jedoch vorkommen, daß ihre Lesarten mit der früher Papyri übereinstimmen.[21]

Wirkliche Bruchstücke antiker Bücher mit homerischen Versen gibt es von der Ptolemäerzeit an. Seit 1891 J. P. Mahaffy die *Flinders Petrie Papyri*[22] zu veröffentlichen begann, sind immer wieder Fragmente solcher früher Exemplare aufgetaucht. Verglichen mit der ungeheuren Menge homerischer Papyri vom dritten Jahrhundert v.Chr. bis zum siebenten Jahrhundert n.Chr., die wir heute kennen, ist ihre Zahl (etwa zwanzig) sehr gering,[23] doch sind sie für unseren Zweck verhältnismäßig wichtig. Sie unterscheiden sich in überraschender Weise nicht nur von unserer mittelalterlichen Handschriftentradition, sondern auch von den Papyri nach 150 v.Chr. Eine ganze Anzahl neuer Zusatzverse und neuer Lesarten taucht

18 S. oben S. 20–23; Ritschls Argumente, in denen er einige Punkte gut herausstellte, sind um ihren Wert gebracht durch seine allgemeine Annahme der ‹Peisistratos-Redaktion›, die falsch ist [s. jetzt auch E. Heitsch, *Herm.* 96 (1968/9) 641ff].

19 S. oben S. 122.

20 S. oben S. 99f, zu den sog. λυτικοί s. S. 95ff und *Exkurs IV*.

21 Siehe Aeschin. I 149 = Pap. Heidelberg p. 46,87 Gerhard, ‹Ptolemäische Homerfragmente›, unten Anm. 24).

22 Royal Irish Academy: *Cunningham Memoirs*, no. 8ff (Dublin); diese Publikation reizte A. Ludwich dazu, sein umstrittenes Buch *Die Homervulgata als voralexandrinisch erwiesen* (1898) zu schreiben.

23 Pack^2 verzeichnet 680 homerische Papyri unter insgesamt 3026 literarischen Papyri. Eine neue Ausgabe von ‹The Ptolemaic Papyri of Homer› von Stefanie West wurde soeben in *Papyrologica Coloniensia* III (1967) veröffentlicht; vgl. S. 148 Anm. 63.

neben einigen Auslassungen auf.[24] Es ginge zu weit, wollte man sagen, daß diese frühen ptolemäischen Papyri den Eindruck eines ‹Chaos› vermitteln, aber wir können Zenodots Problem richtig würdigen, wenn wir bedenken, daß er sich einer so großen Zahl mehr oder weniger abweichender Handschriften gegenübersah. Wir können annehmen, daß er die liederlich geschriebenen privaten Abschriften, die in Ägypten im Umlauf waren und von denen noch einige Proben vorliegen, überging und darauf bedacht war, nach besseren Kopien Ausschau zu halten.

Man ist versucht, bei dieser Gelegenheit an das athenische Staatsexemplar des Tragikertextes zu denken, das für die alexandrinische Bibliothek ‹erworben› wurde und den Text der Tragödien konstituieren half.[25] Ich neige in der Tat zu der Annahme, daß die Erinnerung an diese bezeugte Tatsache hinter der modernen Erfindung eines ‹attischen› mehr oder weniger amtlichen Homer-Exemplars für die Panathenäen steht. In der attischen Literatur findet sich keinerlei Hinweis auf ein solches; es wurde behauptet, daß die alexandrinischen Philologen darüber Schweigen bewahrten, eben weil sie es als die Hauptquelle ihrer Ausgaben benutzten. Es muß jedoch hervorgehoben werden, daß sich nicht das geringste Zeugnis findet, weder für die Existenz eines verbindlichen attischen Textes des sechsten Jahrhunderts noch dafür, daß ein Text des vierten Jahrhunderts nach Alexandria gelangt wäre; es bleibt eine von vielen vagen Möglichkeiten. Viele Exemplare aus Städten[26] der ganzen griechischen Welt kamen in der königlichen Bibliothek zusammen, selbst aus der Peripherie, aus Massilia im Westen und Sinope im Nordosten. Es ist nicht ausgeschlossen, daß Zenodot nach Überprüfung der Handschriften in der Bibliothek *einen* Homer-Text, der ihm besser als die anderen zu sein schien, als Grundlage auswählte; seine Mängel wird er durch bessere Lesarten in anderen Handschriften oder durch seine eigenen Konjekturen verbessert haben. Διόρθωσις kann die Bezeichnung für jede dieser beiden Arten von Verbesserung sein. Man kann sich kaum ein anderes Vorgehen vorstellen. Die

---

24 Grenfell und Hunt, *The Hibeh Papyri* I (1906) 67–75 eröffneten in der Einleitung zu *P. Hibeh* 19–23 (Pap. von *Ilias* und *Odyssee* etwa 285–250 v.Chr.) die Diskussion des Problems; diese wenigen hervorragenden Seiten sind grundlegend und noch nicht überholt. G. A. Gerhard, ‹Ptolemäische Homerfragmente›, *Veröffentlichungen aus der Heidelberger Papyrussammlung* IV (1911), mit wichtigen neuen Texten und brauchbaren Erklärungen. Cf. Homeri *Ilias* ed. T. W. Allen I (1931) Prolegomena 57ff; 194ff; P. Collart, ‹Les Papyrus d'Iliade› in P. Mazon, *Introduction à l'Iliade* (1942, Neudruck 1948) 37–74, Zeittafel S. 63ff. – G. Pasquali, *Storia della tradizione e critica del testo* (1934, Neudr. 1952) 220ff, und H. Erbse, ‹Über Aristarchs Iliasausgaben›, *Herm.* 87 (1959) 275ff, sind sehr förderlich und bieten weitere bibliographische Hinweise. Zu Bollings Buch s. S. 139 Anm. 17

25 S. oben S. 109.

26 S. die ἐκδόσεις κατὰ πόλεις oben S. 122.

italienischen Humanisten standen einer ähnlichen Situation gegenüber, als zahlreiche Handschriften lateinischer Klassiker wiederentdeckt wurden und sie deren Ausgaben vorbereiten mußten; sie pflegten einen ‹codex pervetustus› zu wählen, dem sie folgten und den sie gelegentlich durch Vergleich mit anderen Codices sowie durch eigene Konjekturen emendierten. Allerdings gab es in der Renaissance keine ‹zentrale› Bibliothek wie in Alexandria; und eine Analogie vermag jedenfalls nicht mehr als anzudeuten, was das Mögliche oder Wahrscheinliche gewesen sein könnte.

Dies ist das – wir müssen zugeben: magere – Resultat unserer einleitenden Untersuchung über die Art der Texte der homerischen Gedichte, die Zenodot für seine διόρθωσις vorgelegen haben können. Wir wollen uns jetzt jener oben gestellten ‹Hauptfrage›[27] zuwenden: Welchen Gebrauch machte er von diesen Abschriften? Prüfte er ihre Verse und ihre abweichenden Lesarten sorgfältig, und gründete er seinen Text auf diese ‹dokumentarischen› Zeugnisse, oder hat er nach eigenmächtigem Urteil Verse angezweifelt oder gar gestrichen und den Wortlaut geändert?

Das beste wird sein, ein paar typische Beispiele auszuwählen und sie so sorgfältig wie möglich zu prüfen. Wir können mit zwei Versen (A 4–5) aus dem Prooemium der *Ilias* beginnen; bei der Interpretation dieses einen kurzen homerischen Satzes werden fast alle Schwierigkeiten des neuen Unternehmens sichtbar werden,[28] das Zenodot mit der Kühnheit eines wohlgerüsteten Pioniers in Angriff nahm. Es ist ein glücklicher Zufall, daß durch eine seltene Übereinstimmung der drei Tragiker für *A* 5 die Lesart des fünften Jahrhunderts als gesichert gelten kann: Aesch. *Suppl.* 800f, κυσὶν δ' ἔπειθ' ἕλωρα κἀπιχωρίοις / ὄρνισι δεῖπνον, Soph. *Ant.* 29–30 (νέκυν . . .) ἐᾶν δ' ἄκλαυτον, ἄταφον, οἰωνοῖς βοράν,[29] Eur. *Ion* 504f. πτανοῖς . . . θοίναν θηρσί τε φοινίαν δαῖτα, *Hec.* 1078 κυσίν τε φοινίαν δαῖτα. Ihnen allen muß ein Text αὐτοὺς δὲ ἑλώρια τεῦχε κύνεσσιν / οἰωνοῖσί τε δαῖτα, nicht das gebräuchliche οἰωνοῖσί τε πᾶσι vorgelegen haben. Und δαῖτα ist genau das, was Zenodot in seiner Ausgabe schrieb, obwohl nur

27 Vgl. die höchst wertvolle Erörterung bei Pasquali, *Storia* 224–30.

28 Aus diesem Grund wage ich ihn zu wählen, obwohl sein Text jahrhundertelang Gegenstand heftiger Auseinandersetzungen war. Ich möchte verweisen auf A. Nauck, *Mélanges Gréco-Romains* III (1874) 9–14 und IV (1880) 463; E. Schwartz, *Adversaria* (Index Gottingae 1908) 7f, Pasquali, *Storia* S. 236f; cf. Leaf, Bolling, Von der Mühll ad loc. A. Pagliaro, ‹Nuovi saggi di critica semantica›, *Biblioteca di cultura contemporanea* 51 (1956) 8; 21; 35ff. Zu Apollonios Rhodios' Lesart von *A* 3 s. unten S. 184f.

29 Wiederhergestellt von E. Fraenkel, *Mus. Helv.* 17 (1960) 238 [= ‹Kleine Beiträge zur klassischen Philologie› I *Storia e letteratura* 95 (1964) 407]; die Interpolation des sophokleischen Verses in [Eur.] *Phoe.* 1634 erkannte Valckenaer. Soph. *Ai.* 830, *Phil.* 957 gehören nicht hierher.

Athenaios es bezeugt (*epit.* I 12 F).[30] Diesen Vers bewahrte uns keiner der erhaltenen ptolemäischen Papyri, und in unseren Handschriften und Scholien, in denen nur die Lesart οἰωνοῖσί τε πᾶσι ohne weiteren Kommentar überliefert ist, ist keine Spur davon übrig.[31] Was wir da noch lesen, ist eine Bemerkung des Aristonikos in Schol. Ven. A, daß Zenodot die zwei Verse A 4–5 athetierte. Er behielt sie, wie wir sahen, in seinem Text, muß sie aber mit einem ‹Obelos›[32] am Rand versehen haben. Der Grund, A 4–5 mit einem Obelos zu bezeichnen, könnte gewesen sein, daß sie in einer seiner Handschriften ausgelassen waren oder daß nach der Meinung des Herausgebers der Textzusammenhang des Gedichtes glatter gegeben war, wenn ἐξ οὗ δὴ unmittelbar auf μῆνιν . . . ἣ . . . προΐαψε folgte, nicht auf Διὸς δ' ἐτελείετο βουλή. Dank Athenaios' Zeugnis wissen wir in diesem Fall, daß Zenodot in alten Handschriften eine besondere Fassung dieser beiden Verse las; andererseits mag wohl seine Vorliebe für klare syntaktische Struktur und für einen möglichst konzisen Text ihn veranlaßt haben, ihre Echtheit anzuzweifeln.[33]

Die Einwände seiner Kritiker können uns noch etwas mehr über Zenodot lehren. Das kritische Zeichen (⸖ διπλῆ περιεστιγμένη) am Rand des Codex Ven. A bei Vers A 5 zeigt an, daß Aristarch Zenodots Lesart verwarf. Weiterhin ist es typisch für Aristarch, den Wortgebrauch des Dichters zu beobachten, δαῖτα im Sinne von Tiernahrung als nicht-homerisch abzulehnen[34] und Zenodot der ἄγνοια zu zeihen (wie in Schol. A zu Δ 88, Σ 247, Ω 528); in einem anderen Fall, in dem wiederum die Epitome des Athenaios unsere einzige Quelle ist,

30 ἐπὶ μόνων τῶν ἀνθρώπων δαῖτα (Eust. p. 19,45: δαῖτας Ath.) λέγει ὁ ποιητής, ἐπὶ δὲ θηρίων οὐκ ἔτι· ἀγνοῶν δὲ ταύτης τῆς φωνῆς τὴν δύναμιν Ζηνόδοτος ἐν τῇ κατ' αὑτὸν ἐκδόσει γράφει· ‹αὐτοὺς – δαῖτα›, τὴν τῶν γυπῶν καὶ τῶν ἄλλων οἰωνῶν τροφὴν οὕτω καλῶν, μόνου ἀνθρώπου χωροῦντος ‹εἰς› τὸ ἴσον ἐκ τῆς πρόσθεν βίας, διὸ καὶ μόνου τούτου ἡ τροφὴ δαὶς καὶ μοῖρα τῷ ἑκάστῳ διδόμενον (Suid. v. δαιτὸς ἐΐσης II p. 14,5 Adler ex Athenaeo). Der Verfasser des Auszuges, Eustathios, zitierte diese Stelle zweimal in seinem Kommentar zur *Ilias* p. 19,45 (*A* 5) und 256,8 (*B* 467).

31 Aber s. Eust., unten S. 145.

32 Zu den kritischen σημεῖα s. unten S. 147.

33 Es scheint ein seltsamer Fehler G. M. Bollings zu sein, daß er seine *Ilias Atheniensium* des sechsten Jahrhunderts v.Chr. (1950) seiner mechanistischen Theorie wegen dieser beiden Verse beraubt; in diesem Fall γίνεται δὲ τὸ προοίμιον κόλον, wie die Schol. A warnten. Ich stimme P. Von der Mühll in diesem Punkt völlig zu (*Kritisches Hypomnema zur Ilias* [1952] 14 Anm. 5) und bedaure sehr, daß wir über δαῖτα verschiedener Meinung sind. Wenn Apollonios' Kopien in V. 3 κεφαλάς lasen, muß V. 4–5 ausgelassen worden sein, s. unten S. 184f.

34 S. oben Anm. 30. Was er über Ω 43 dachte, wo δαίς das Mahl eines Löwen ist, wissen wir nicht, da die Scholien zu Ω sehr spärlich sind; vielleicht hatte er nicht dasselbe in seinem Text, oder er hat βροτῶν ἵνα δαῖτα konstruiert.

diesmal für eine vieldiskutierte Stelle über den Gebrauch von Lampen in homerischer Zeit, konnte gezeigt werden, daß sie auf Aristarchs Ansicht über Homers λύχνος zurückgeht.[35] Wenn wir aber das ganze Kapitel bei Athenaios (*Epit.* I 12 C–F) ansehen, von dem wir bisher nur das Ende, die Polemik gegen Zenodots Lesart von A 5, zitiert haben, wird es uns noch weiter bringen. Sein Hauptgegenstand ist eine ins einzelne gehende Erklärung des homerischen δαιτὸς ἐΐσης (Θ 98 und I 225 werden zitiert), auch gegen Zenodot gerichtet, der es (offensichtlich in seinem Glossar) als δαιτὸς ἀγαθῆς verstand.[36] Dagegen wird eingewendet, daß die richtige Bedeutung ‹eine Mahlzeit in gleichen Portionen› sein müsse.[37] Zivilisierte Menschen legten, im Gegensatz zu den Primitiven, Wert auf gleichmäßig verteilte Mahlzeiten; und auch das Wort δαίς selbst, von δατεῖσθαι abzuleiten, weist auf eine bedachte ‹Verteilung› hin; daher kann es weder für Wilde noch für Tiere gebraucht werden. Diese Sätze über frühe Zivilisationsstufen klingen peripatetisch, sie spiegeln den Geist wider, in dem Dikaiarchos das ‹Leben Griechenlands›[38] vom Dämmern der Geschichte an bis zu späteren Zeitaltern verfolgte. Die Stelle aus Athenaios ist nur ein Teil eines langen Exzerpts Περὶ τοῦ τῶν ἡρώων καθ' Ὅμηρον βίου,[39] in dem wir peripatetische Altertümer-Studien zusammen mit den Interpretationen alexandrinischer Grammatiker antreffen.[40] In unserem Fall bediente sich der Grammatiker, der eine Lesart im Text (δαῖτα) und eine Erklärung in einem Homer-Glossar (ἐΐσης) verwarf, einer peripatetischen Lehre für seine Argumente; dies ist ein höchst willkommenes Beispiel[41] für die Beziehung der neuen Philologie, die darauf bedacht war, den korrekten Wortlaut wiederherzustellen, zu der aristotelischen Tradition des Interesse an der Erforschung alter Bräuche und ihrer Entwicklung.

Ich zögere weiterzugehen. Aristarch ist zweifellos verantwortlich dafür, daß οἰωνοῖσί τε πᾶσι in allen unseren Handschriften an die Stelle der im fünften Jahrhundert üblichen und von Zenodot ver-

---

35 *Stud. It.* 27–28 (1956) 427 = *Ausgewählte Schriften* 2f.

36 S. unten S. 147; cf. Hesych. ἔϊσον· ἀγαθόν, Schol. TΩ 69 ἐΐσης] ... ἢ τῆς ἀγαθῆς, ὡς ‹καί σφιν δαῖτ' ἀγαθήν› (Ψ 810). S. auch Eusth. 1401, 56ff (α 138), der Athenaios zitiert.

37 Apollon. Soph. p. 64, 31 ἐΐσης· πρὸς ἴσον ἑκάστῳ διδομένης gibt Aristarchs Interpretation wieder.

38 Fr. 59 Wehrli (*Die Schule des Aristoteles* I, 1944) in Zenob. Ath. III 62 Miller, *Mélanges* S. 372 und [Plut.] *proverb.* cod. Laur. no. 18 Crusius (Wehrli zitiert nur die gewöhnliche Überlieferung).

39 Athen. I 8 E ff = Kap. 15–24 und später [= *FGrHist* 594 F 8].

40 Cf. Robert Weber, ‹De Dioscuridis Περὶ τῶν παρ' Ὁμήρου νόμων libello› *Leipziger Studien zur class. Philologie* XI (1888) 87ff, bes. 112f = Dioscor. fr. 34, 130f zu Aristarch, 131f zu den Peripatetikern. E. Schwartz, *Adversaria* (1908) 8.

41 S. oben S. 133f.

tretenen Lesart δαῖτα getreten ist. Es findet sich, wie wir sagten,[42] kein Kommentar dazu in unseren Scholien. Nur Eusthatios erwähnt ausdrücklich die Variante πᾶσι: δαῖτα;[43] er verteidigte sogar πᾶσι und verwarf δαῖτα. Zenodot hatte, so sagte er, nicht verstanden, daß πᾶσι 'καθ' ὑπερβολήν' (wie μύριοι in B 468) gebraucht ist, daher ‹warf er πᾶσι hinaus (ἐξῶσε)› und ‹schrieb statt dessen (ἀντέγραψε) δαῖτα›. Es lohnt sich, diesen Irrtum des Eustathios oder seiner Quelle zu erwähnen, denn es war typisch, Gründe für Zenodots ‹Konjekturen› zu erfinden und ihm willkürliche Abänderung des überlieferten richtigen Textes vorzuwerfen. Für Eustathios war πᾶσι die ursprüngliche Lesart. Wir dagegen wissen nichts über ihre Herkunft: ob es eine alte Variante ist oder eine Abänderung des vierten Jahrhunderts v.Chr., die auf eine peripatetische Lehre und Etymologie zurückgeht,[44] oder eine spätere Konjektur.[45] Aber selbst wenn diese letzte Frage ohne Antwort bleibt, sollten wir zufrieden sein mit dem Reichtum an Information über Zenodot, den wir aus der Diskussion über zwei Verse der *Ilias* gewonnen haben.

In A 5 folgte Zenodot einer Lesart des fünften Jahrhunderts, die im Text dreier Tragödien erhalten ist. Als er A 225–33 athetierte (Schol. A ἠθέτηκε), folgte er einer Abschrift des vierten Jahrhunderts, die diese Verse wegen Platons Kritik (*Rep.* 389 E) ausgelassen hatte; Π 432–58,[46] von Platon schwer gerügt (*Rep.* 388 CD), fehlte wahrscheinlich in mehreren der Zenodot vorliegenden Handschriften, und so strich er diese Verse insgesamt. Jedenfalls ist es wahrscheinlicher,[47] daß es eine solche Zwischenquelle gab, als daß Platons mo-

42 S. oben S. 143.

43 Eust. p. 256,8 zu *B* 467, nicht zu *A* 5 p. 19,45; diese einzigartige Stelle scheint in der umfangreichen Literatur zu *A* 5 übersehen worden zu sein, weil sie nicht mit diesem Vers, sondern mit *B* 467 in Verbindung stand. Selbst wenn es eine persönliche Bemerkung des Erzbischofs ist, steht sie in der Tradition der antiken Kritik an Zenodot.

44 E. Schwartz, *Adversaria* 8, glaubte an solche Rezensionen, ‹in quibus propter illud veriloquium δαῖτα in πᾶσι mutatum erat›; Pasquali, *Storia* 237, folgte ihm darin.

45 Tatsächlich ist πᾶσι ein ziemlich schlechter Lückenbüßer, da πᾶς und ‹omnis› an vielen Stellen stehen, s. G. Jachmann, ‹Vom frühalexandrinischen Homertext›, *NGG* (1949), Phil.-hist. Kl. N. 7, S. 173f, mit weiteren Hinweisen. In Catulls Übersetzung von Call. fr. 110,77 kann das ‹suspectum› Wort ‹omnibus› ein Füllwort des Übersetzers sein, keine Verderbnis.

46 Schol. A Π 432 Z. καθόλου περιγράφει τὴν ὁμιλίαν τοῦ Διὸς καὶ τῆς Ἥρας. Schol. T παρὰ Z. οὐκ ἦν ὁ διάλογος τῆς Ἥρας καὶ τοῦ Διός. Zu περιγράφειν s. G. M. Bolling, *The External Evidence for Interpolation in Homer* (1925) 48ff; zu μεταγράφειν s. unten S. 150 Anm. 70. Zur Terminologie, die in der Antike alles andere als feststehend ist, s. J. Baar, *Index zu den Ilias-Scholien* (1961).

47 In diesem Fall folge ich E. Schwartz, *Adversaria* (1908) 6, der als erster Zenodot Gerechtigkeit widerfahren ließ; s. a. Bolling, loc. cit. 32f, R. Merkelbach, *Gnom.* 23 (1951) 376,4.

ralische Kritik eine so unmittelbare Wirkung auf Zenodot gehabt hätte. Schließlich stellte man fest, daß er mit dem Hibeh-Papyrus 20, der ins frühe dritte Jahrhundert gehört, in der Auslassung von Δ 89 übereinstimmt. In unserem Schol. A zu Δ 88 wurde für Zenodots Änderung von 88 und die Auslassung von 89 ein plausibler Grund erfunden, und Zenodot wurde für seine ἄγνοια[48] getadelt; wir aber wissen jetzt, daß es zu dieser Zeit *Ilias*-Handschriften ohne diesen Vers gab.[49]

Diese drei Beispiele aus dem fünften bis dritten Jahrhundert, aus denen hervorgeht, daß Zenodots Text auf sicheren Unterlagen aufbaute, zeigen auch, daß er zu Unrecht von antiken Kritikern und jenen modernen Gelehrten, die ihnen folgten, mit dem Vorwurf belastet wurde, er nehme willkürliche Änderungen aus falschen inneren Gründen vor. Andererseits darf uns die Tatsache, daß solche Beispiele noch vermehrt werden könnten, nicht zu der gefährlichen Verallgemeinerung verführen, daß er den überlieferten Text *niemals* ohne äußere Beweisgrundlagen verändert hätte. Tatsächlich sprachen wir bereits die Vermutung aus, daß Zenodot zwei Verse aus dem Prooemium der *Ilias*, die in älteren Abschriften vorhanden gewesen sein müssen, aus inneren Gründen athetierte;[50] es gibt eine Anzahl anderer Fälle, in denen ein ähnlicher Grund ebenso wahrscheinlich ist. Ich verweise auf Λ 78–83,[51] M 175–81 oder P 134–6.[52] Ich habe den Eindruck, daß Änderungen dieser Art unvergleichlich viel seltener sind als die anderen; aber über eine gewisse Wahrscheinlichkeit kommen wir nicht hinaus.

Es wäre ein untragbarer Widerspruch zum Geist der neuen Philologie, wenn Zenodot, ‹selbst ein epischer Dichter, gelegentlich eigene Verse eingeschaltet hätte, um den Sinn zu vervollständigen›; diese erstaunliche Feststellung Sandys'[53] ist unbegründet. Es wäre absurd, wenn der erste διορθωτής des echten Homertextes die Rolle eines der übelbeleumdeten διασκευασταί, wie man sie nannte,[54] gespielt hätte.

Bei der Besprechung der zahlreichen Probleme, die mit dem Text und der Erklärung von A 5 im Zusammenhang stehen, wurde Zenodots Glossar erwähnt.[55] Obgleich unser Material seit F. A. Wolfs

---

48 S. oben S. 143 zu ἄγνοια.

49 *Hibeh Papyri* I (s. oben S. 141 Anm. 24) S. 75 und 87.

50 S. oben S. 143.

51 Pasquali, *Storia* 228f.

52 G. Jachmann loc. cit. 174f.

53 I³ 120 ohne irgendwelche Belege; es scheint einen Satz von H. Düntzer, *De Zenod. stud. Hom.* (1848) 157, wiederzugeben, ‹versus ... quosdam, quos ipse finxit, inseruit›, dem ein paar recht armselige Argumente folgen, die schon N. Wecklein, ‹Über Zusätze und Auslassungen von Versen im homerischen Texte›, *Sitz.Ber. Bayer. Akad.*, Philos.-philol. Kl. Jg. 1918, 7. Abh. S. 72f, widerlegte.

54 Siehe K. Lehrs, *De Aristarchi stud. Hom.*³ 329f.

55 S. oben S. 144.

Tagen beträchtlich angewachsen ist, gilt seine Feststellung heute noch, daß wir keine Spur eines philologischen Kommentars von Zenodots Hand haben. Die wenigen Fälle epischer Vokabeln, die Zenodot erklärt haben soll, stammen wohl gelegentlich aus den Vorlesungsnachschriften seiner Schüler; sonst müssen sie aus den Γλῶσσαι stammen, von denen nicht nur der Titel, sondern auch die alphabetische Anordnung bezeugt ist;[56] hinsichtlich des Gegenstandes war sein Glossar begrenzter als die Ἄτακτα seines Lehrers Philitas,[57] da die wenigen Zitate sich nur auf epische und möglicherweise lyrische Dichter beziehen, aber ihr Inhalt dürfte, wegen der neuen Anordnung, leichter nachzuschlagen gewesen sein. Es war ein Muster für die Zukunft ebenso wie die Erfindung des ὀβελός als eines kritischen Zeichens, dem wir gleichfalls bei der Beschäftigung mit dem Prooemium der *Ilias* schon begegnet sind.[58] Das Auftauchen dieses ersten σημεῖον, dem noch viele andere folgten, sollte nicht nur als die Einführung eines brauchbaren technischen Hilfsmittels betrachtet werden. Dies war das erstemal, daß ein Herausgeber dem ernsthaften Leser und Gelehrten die Möglichkeit gab, seine kritische Entscheidung zu bewerten. Zenodot unterdrückte die Verse nicht, deren Echtheit er bezweifelte, sondern ließ sie im Text stehen, kennzeichnete sie aber am Rande mit dem Obelos. Er legte seine eigene Meinung offen dar und setzte den Leser in den Stand, sie nachzuprüfen. Die frühen ptolemäischen Papyri mit ihrer verwirrenden Zahl von ‹Zusatzversen›, den πολύστιχοι, zeigen deutlicher als irgendeine vorangegangene Überlegung, wie dringend notwendig es war, die Einschübe vom Originaltext zu scheiden.

Viel weniger wichtig ist die Frage, ob die Einteilung eines jeden der beiden homerischen Gedichte in vierundzwanzig Bücher und die

---

56 H. Pusch, ‹Quaestiones Zenodoteae›, *Dissertationes Philologicae Halenses* XI (1890) 188ff; 11 Fragmente S. 191f. Fr. 1 = Schol. MHQR γ 444, Ζηνόδοτος δὲ ἐν ταῖς ἀπὸ τοῦ δ̄ γλώσσαις τίθησι τὴν λέξιν (δαμνίον, nicht ἀμνίον), cf. Hesych. v. δάμνια (*sic*)· θύματα, σφάγια; vgl. H. Erbse, ‹Homerscholien und hellenistische Glossare bei Apollonios Rhodios›, *Herm.* 81 (1953) 180. – Die unter dem Titel Ζηνοδότου Φιλεταίρου Περὶ διαφορᾶς φωνῶν ζῴων oder unter ähnlichen Titeln oder anonym in vielen Handschriften erhaltene Abhandlung hat nichts mit dem *Glossar* des Zenodot von Ephesos zu tun, s. meine Anmerkung zu Call. fr. 725; die irreführende Bemerkung in Schmid-Stählin, *Gesch. d. griech Lit.* II 1 (⁶1920) 260, 4, ist ein Relikt aus W. Christs erster Ausgabe (1888) 446, 2. – [Zum Prinzip der alphabetischen Anordnung L. W. Daly, *Contributions to a History of Alphabetization* (Brüssel 1967)].

58 Περὶ Ἀριστάρχου σημείων Ἰλιάδος fragmentum, *Schol. Il.* ed. Dindorf I (1875) p. 1, 11 τὸν δὲ ὀβελὸν ἔλαβεν ἐκ τῆς Ζηνοδότου διορθώσεως. Zu den anderen σημεῖα s. unten S. 221ff. Wenn es wahr ist – wie wir wohl annehmen müssen –, daß Zenodot und Aristophanes von Byzanz bestimmte Verse des Textes mit kritischen Zeichen versahen, aber keinen Kommentar schrieben, ist dies ein starkes Argument gegen E. G. Turners neue Theorie (*Chronique d'Egypte* 37 [1962] 149ff), daß das Vorhandensein kritischer Zeichen zu einem Text immer die Existenz eines entsprechenden Kommentars voraussetze.

Verwendung eines der vierundzwanzig Buchstaben des ionischen Alphabets für jedes Buch auf Zenodot zurückgehen. Im vierten und fünften Jahrhundert werden Episoden mit besonderen Titeln zitiert: Διομήδους ἀριστεία (Herodot), σκήπτρου παράδοσις, νεῶν κατάλογος (Thukydides), Λιταί, τειχομαχία (Platon), 'Αλκίνου ἀπόλογοι (Platon, Aristoteles). Lachmann[59] nahm als erster an, daß Zenodot für die Einteilung verantwortlich gewesen sein müsse, da Aristophanes von Byzanz und Aristarch dafür nicht in Frage kommen, weil sie in ψ 296 das Ende der *Odyssee* sahen und deshalb nicht die Urheber der traditionellen Trennung zwischen ψ 372 und ω 1 sein konnten. Es dürfte aber sicherer sein, keinen derartigen Schluß auf das πέρας oder τέλος τῆς 'Οδυσσείας aus dem höchst problematischen Scholion zu ziehen; wir müssen uns damit noch ausführlich in dem Kapitel über Aristophanes auseinandersetzen.[60] Zwei spätantike Stellen schreiben die Einteilung dem Kreis um Aristarch zu.[61] Die Papyri scheinen diesen Zeitansatz zu bestätigen; es fand sich nämlich zunächst vor dem ersten Jahrhundert v.Chr. keine eindeutige Bestätigung einer Einteilung in Bücher, die durch einen freien Zwischenraum zwischen den Versen oder durch eine Paragraphos oder eine Coronis gekennzeichnet wäre.[62] Es kann aber gerade auch sein, daß der älteste unserer *Odyssee*-Papyri, der den Vers 400 des Buches κ mit dem Buchstaben Δ am Rande bezeichnet, auf die Existenz der gebräuchlichen Einteilung zu Beginn des dritten Jahrhunderts v.Chr., vielleicht schon vor Zenodot, hinweist.[63] Die Frage nach der Einteilung in vier-

59 K. Lachmann, ‹Über Zenodots Tagberechnung der Ilias›, *Berichte über die Verhandlungen der Akademie der Wissenschaften* (1846) 30 = *Betrachtungen über Homers Ilias* ([3]1874) 93, ‹es ist sicher falsch, erst ihnen (sc. Aristophanes oder Aristarch) und nicht etwa Zenodot oder einem früheren die kindische Einteilung beider Werke nach den Buchstaben des Alphabets zuzuschreiben, da die gereiftere Kritik die Odyssee bei ψ 296 schloß.› Diese gebieterische Äußerung beeindruckte Düntzer (1848) und viele andere unmittelbar. Gegen die Skeptiker gebrauchte Wilamowitz, *Hom. Untersuch.* (1884) 369, der die Sache Zenodots lebhaft verfocht, das gleiche Argument, ohne den Namen Lachmanns zu erwähnen; s. a. *Die Ilias und Homer* (1916) 32 ‹ohne Frage Zenodot›. So wurde seine Urheberschaft für die Handbücher nahezu eine feststehende Tatsache (Susemihl, Christ-Schmid, Sandys, etc.).

60 S. unten S. 217f.

61 [Plut.] *Vita Hom.* II 4 p. 25,22ff Wil. ποιήσεις δύο, 'Ιλιὰς καὶ 'Οδύσσεια, διῃρημένη ἑκατέρα εἰς τὸν ἀριθμὸν τῶν στοιχείων, οὐχ ὑπ' αὐτοῦ τοῦ ποιητοῦ, ἀλλ' ὑπὸ τῶν γραμματικῶν τῶν περὶ 'Αρίσταρχον. Eust. p. 5,29 (nachdem er die Peisistratos-Legende erzählt hat) γραμματικοὶ ... ὧν κορυφαῖος ὁ 'Αρίσταρχος καὶ μετ' ἐκεῖνον (sic) Ζηνόδοτος ... κατέτεμον αὐτὸ εἰς πολλὰ ... ὀνομάσαι τὰς τομὰς τοῖς ὀνόμασι τῶν εἴκοσι τεσσάρων στοιχείων.

62 Wendel, *Buchbeschreibung* 49; 57; W. Lameere, ‹Aperçus de paléographie Homérique›, *Les Publications de Scriptorium* IV (1960) 44ff, gibt einen Überblick bis zum Jahr 1960.

63 *P. Sorbonne inv.* 2245 ed. O. Guéraud, *Rev. Eg. Anc.* I (1925) 8ff = Pack[2]

undzwanzig Bücher ist, was Zenodot betrifft, noch nicht endgültig geklärt, weder durch Belege noch durch Argumente. Nur eine Tatsache kann als ziemlich sicher betrachtet werden: einige Zeit nach Aristarch erscheint die Einteilung allgemein in den antiken Handschriften, und das fällt zusammen mit der Annahme eines fester gegründeten Homer-Textes.

Zenodots Homer-Studien enthielten möglicherweise eine Untersuchung über die Anzahl der Tage in der *Ilias*[64] und ein *Leben* Homers;[65] wie im Falle des Antimachos war es vielleicht vor den Text gesetzt.[66] Homers Gedichte waren für ihn die *Ilias* und die *Odyssee*; es ist von der weitreichendsten Bedeutung für die ganze Zukunft, daß der erste der großen Philologen dem Beispiel des Aristoteles folgte[67] und die Unterscheidung zwischen diesen beiden Gedichten als homerisch und der übrigen erzählenden Ependichtung als nichthomerisch übernahm. In diesem Fall war die κρίσις schon im vierten Jahrhundert vollzogen worden; in andern Fällen hatten die neuen κριτικοί, wie wir sehen werden, die κρίσις ποιημάτων als ihre höchste und schwierigste Aufgabe zu vollbringen.

Nur eine schwache Spur, die Lesart Τερμησοῖο anstatt Περμησσοῖο[68] ist noch von Zenodots Ausgabe der hesiodischen *Theogonie* vorhanden; die Interpretation von χάος als τὸν κεχυμένον ἀέρα, ‹das ringsumher ausgebreitete Dunkel›, in Übereinstimmung mit Hesiod (Schol. Hes. *Th.* 116) und im Gegensatz zu Bakchylides (V 27 ‹die Ausdehnung der Luft›), gehörte wahrscheinlich zu seinem Glossar. Aristoteles und seine Schule hatten sich im Verlauf ihrer literarischen Untersuchungen gelegentlich mit hesiodischen Problemen befaßt: dem zeitlichen Verhältnis zwischen Homer und Hesiod, der Authentizität einiger seiner Gedichte, antiquarischen Fragen.[69]

Nr. 1081; ich verdanke den Hinweis Stephanie West, die die frühen ptolemäischen Papyri nachprüfte, s. S. 140 Anm. 23.

64 S. oben S. 148 Anm. 59 Lachmann.

65 In der langen Liste von Autoren über das *Leben* Homers bei Tatian, *ad Graecos* c. 31 (p. 31,24 Schwartz), die mit Theagenes anfängt (s. oben S. 27), ist nach den Peripatetikern Zenodot der erste der γραμματικοί (s. a. Call. fr. 452).

66 S. oben S. 122.

67 S. oben S. 100.

68 Schol. Hes. *Th.* 5 (Flach) ἐν δὲ ταῖς Ζηνοδοτείοις γράφεται Τερμησοῖο (*sic*); cf. Hes. *Th.* ed. F. Jacoby (1930), p. 46f und 74f und Call. fr. 2a, 20 (Add. II) und fr. 696. Zu ἐν ταῖς (nicht τοῖς) Ζηνοδοτείοις vgl. Apollon. Dysc. *pron.* p. 110, 12 Schn. ἐν ταῖς Ζηνοδοτείοις διορθώσεσι sc. Homeri; aber wie es im Falle Homers unwahrscheinlich ist, daß Zenodot mehr als eine Ausgabe schuf (s. A. Ludwich, *Aristarch* I 5, und Apollon. Dysc., vol. III [1910], Index p. 288 s. v. Zenodotus), ist es im Falle Hesiods noch unwahrscheinlicher.

69 S. Hes. *Th.* ed. Jacoby, Praef. S. 45f, mit Verweis auf die Testimonia; s. a. J. Schwartz, *Pseudo-Hesiodea* (1960) 614 (cf. 610), der fälschlicherweise von einem Kommentar Zenodots zur *Theogonie* spricht, und F. Wehrli, *Die Schule des Aristoteles* 10 (1959) 134 s. v. Hesiod.

Wir wissen jedoch von keiner Ausgabe vor Zenodot, dem als erstem die gesammelten Handschriften verfügbar waren, noch können wir sagen, ob seine Ausgabe neben der *Theogonie* noch andere Texte Hesiods enthielt. Homer hatte keinen Rivalen; nächst ihm war Hesiod ein Liebling der großen Dichter der ersten Hälfte des dritten Jahrhunderts, besonders des Arat und des Kallimachos. Sein Name war sogar so etwas wie ein Programm für die neue Dichtung von der Art der *Aitia* des Kallimachos. Das ist es, was Zenodots erstem kritischen Text des böotischen Epikers seine Bedeutung in seiner Zeit gab.

Zwei kurze Bemerkungen in den Scholien zu Pindars *Olympischen Oden* weisen auf zwei abweichende Lesarten Zenodots hin: II 4 ἀκροθίνια anstatt ἀκρόθινα, und VI 55, wo das Wort, das er anstelle von βεβρεγμένος las, fehlt (byzantinische Philologen ergänzten es). In unseren Scholien zu Pindar *O.* III 29 χρυσόκερων ἔλαφον θήλειαν wird eine Parallele aus Anakreon (fr. 63 Page) νεβρὸν ... ὅστ' ἐν ὕλῃ κεροέσσης ὑπολειφθεὶς ὑπὸ μητρός zitiert mit der Bemerkung: Ζηνόδοτος δὲ μετεποίησεν[70] ‹ἐροέσσης›; die unnatürliche Vorstellung[71] von einer Hirschkuh mit Hörnern wird durch die Tilgung eines einzigen Buchstabens beseitigt. Aristophanes von Byzanz erhob energische Einwände gegen die Konjektur (ἀντιλέγει κατὰ κράτος Ael. *h.a.* VII 39). In dem großen Papyrus *P. Oxy.* 841, der beträchtliche Bruchstücke von zehn Paeanen mit Scholien zwischen den Kolumnen enthält, erkannten die Herausgeber[72] in den Abkürzungen Z̄ oder Ζη den Namen des Zenodot von Ephesos; soweit die Scholien entziffert werden können, werden diese Buchstaben sechsmal, und zwar nur zu abweichenden Lesarten angeführt, ebenso wie in sechs anderen Fällen die abgekürzten Namen des Aristophanes und des Aristarch Varianten anzeigen, die auf jene zurückgehen. Zwei weitere solcher Randnoten kamen erst kürzlich in *P. Oxy.* 2442 mit neuen Fragmenten der Paeane ans Licht;[73] wieder führt in einem Fall Ζη

70 μεταποιεῖν = μεταγράφειν ist ein gebräuchlicher Ausdruck, um eine konjizierte Lesart vorzuschlagen; vgl. oben S. 145 Anm. 46.

71 Man sollte lieber nicht die Auslassung von P 134–6 in Zenodots Text zum Vergleich heranziehen, wie H. Fränkel, *Die homerischen Gleichnisse* (1921) 119, und *GGA* 1926, 240f es tat; cf. Pasquali, *Storia* 229. Dieselben Verse fehlten in der Ausgabe von Chios, wie die Schol. A sagen; so folgte Zenodot wahrscheinlich seinen Abschriften, und nur die Scholien (Aristonikos?) sagen, daß er diese Verse wegen eines Widerspruches in der Naturgeschichte tilgte. Aber wie in all den anderen Fällen ist dies nicht mehr als eine Vermutung, wie die Scholien ehrlich zugeben: ἴσως, φασὶν ἔνιοι, ... μήποτε κτλ.

72 *P. Oxy.* V (1908) ed. Grenfell und Hunt, p. 15, 92 (zu *pae.* IV 58), für Nachprüfungen des Papyrus s. die Pindar-Ausgaben von Turyn (1948) und Snell (1953 und 1964). S. a. J. Irigoin, ‹Histoire du texte de Pindare›, *Études et Commentaires* XIII (1952) 32f, Zénodote, 77ff, Les Papyrus.

73 *P. Oxy.* XXVI (1961) ed. E. Lobel, Nr. 2440 fr. 1 und 2442 fr. 14, pp. 12 und 42 mit dem Kommentar zu ζη: ‹I am doubtful of its interpretation as

eine Variante ein; in dem anderen Fall bricht der Papyrus nach den beiden Buchstaben ab. Wir sehen daraus, wie viele Hinweise auf die älteste Textkritik[74] auf dem weiten Weg von diesen antiken bis zu unseren mittelalterlichen Handschriften verlorengegangen sein müssen, und wir brauchen nicht mehr daran zu zweifeln, daß Zenodot die erste kritische Ausgabe von Pindars Text besorgte, vielleicht auch von Anakreon, so, wie er Homer und Hesiod herausgab. Vielleicht empfand er nicht, daß ἀκροθίνια die Responsion verdirbt oder daß ὕλῃ ἐροέσσης einen unerträglichen Hiat ergibt;[75] es scheint vor Aristophanes von Byzanz, Zenodots wahrem Nachfolger, dessen Ausgaben die Zenodots weit übertrafen, keinen rechten Experten für Metrik und Prosodie der frühen Lyrik gegeben zu haben. Aber zwischen beiden arbeitete eine Generation berühmter Dichter und Gelehrter unermüdlich an der Wiederentdeckung und am besseren Verständnis ihres literarischen Erbes.

Wir haben Zenodots zwei Mitarbeiter, die sich mit der dramatischen Dichtung beschäftigten, bereits oben im Zusammenhang mit der gelehrten Arbeit in der Bibliothek und chronologischen Problemen erwähnt. Alexander der Aetolier und Lykophron der Chalkidier werden immer unter die Mitglieder der ausgezeichneten Gruppe von sieben Tragikern gezählt, der Pleiade,[76] die die zahlreichen tragischen Dichter der Zeit weit überragte. Nur einmal im weiteren Verlauf der Geschichte der klassischen Philologie wurde der alexandrinische Name bewußt aufgegriffen und erneut einem Kreis von Dichtern und Philologen aufgeprägt. Das geschah im Jahre 1563 durch den französischen Dichter Ronsard, den Schüler Dorats, nachdem Budé das neugegründete Collège royal ein neues Μουσεῖον genannt

---

Zenodotus. I should say it always means ζήτει, ζητεῖται or some other part of this verb›. ζη kann gewiß ζήτει etc. bedeuten (cf. e.g. *P. Oxy.* 2430, fr. 79 marg. zu den Zeilen 1; 4; 6 und *P. Oxy.* 2429, fr. 1 col. II 21), aber soviel ich weiß, ist es niemals vor eine einfache Lesartvariante gesetzt. Gewöhnlich leitet es eine Frage über einen Gegenstand ein: διὰ τί oder πότερον ... ἤ, oft gefolgt von einer λύσις. Und in diesem Papyrus sind ähnliche Abkürzungen der Namen anderer Grammatiker anderen Varianten beigefügt. Ich bin deshalb ziemlich sicher, daß Grenfell und Hunt die richtige Interpretation gaben.

74 Pind. *Pae.* VI 55 κελαινεφεῖ; die Herausgeber supplizierten κ]ελα[ινεφέϊ als Zenodots Lesart; aber das scheint keine echte Alternative zu sein, und ich möchte lieber μ]ελα[ινεφεῖ oder μ]ελα[ννεφεῖ vermuten, vgl. oben S. 119 Anm. 24.

75 Der Plural ὕλης (ὕλαις Ael. loc. cit.) wäre gegen den grammatischen Gebrauch von ὕλη, s. *Herm.* 87 (1959) 3f.

76 Strab. XIV 675 ποιητὴς δὲ τραγῳδίας ἄριστος τῶν τῆς Πλειάδος καταριθμουμένων ist unser ältestes und bestes Zeugnis für die Bezeichnung Pleiade; einige Namen von Dichtern, die zu dieser Gruppe gehörten, variieren, vgl. F. Schramm, *Tragicorum Graecorum hellenisticae ... aetatis fragmenta* (Diss. Münster 1929) 4–6; ein Überblick über alle hellenistischen Tragödiendichter *RE* VI A (1937) 1969–79 von K. Ziegler.

hatte.[77] Als ποιητής schrieb Alexander Epen, Elegien, Epigramme und Mimen, neben seinen Dramen, von denen nur ein Titel erhalten ist;[78] als γραμματικός beschäftigte er sich mit Tragödien und Satyrspielen. Von Lykophron, dem ποιητὴς τραγῳδιῶν, zählt Suidas zwanzig Titel auf,[79] und Tzetzes schwankt in seiner Einleitung zur *Alexandra* zwischen 64 und 46; die Gegenstände waren teils mythisch, teils historisch. Mit seinem Satyrspiel *Menedemos* scheint er ein einzigartiges Stück geschrieben zu haben, in dem er auf amüsante Art die bescheidene Lebensweise und die hohe Denkart dieses eretrischen Philosophen beschrieb; Lykophron, der selbst von der Insel Euboia stammte, hatte ihn offensichtlich dort kennengelernt, bevor Menedemos im Jahre 273 v.Chr.[80] die Insel verlassen mußte. Als γραμματικός spezialisierte sich Lykophron auf die Komödie. Sein *Menedemos* zeigt seine Vertrautheit mit der Alten Attischen Komödie, und seine Abhandlung Περὶ κωμῳδίας,[81] in mindestens neun Büchern, scheint auf der Kenntnis von Kratinos, Eupolis und Aristophanes zu fußen. Er versucht darin, die seltenen Wörter, die beständig in der Komödie vorkommen, zu erklären, und setzt damit das glossographische Werk des Philitas[82] auf einem neuen Gebiet fort. Natürlich wurde Lykophrons kühnes Unternehmen von seinen besser gerüsteten Nachfolgern, besonders Eratosthenes, heftig angegriffen; sie suchten sich wahrscheinlich die schlimmsten Schnitzer heraus (z.B. über Aristophanes *Av.* 14 oder *Vesp.* 239), und das ganze Werk war wohl kaum so schlecht wie diese Beispiele. Gleich seinem

---

77 S. ‹Dichter und Philologen im französichen Humanismus›, *Antike und Abendland* VII (1958) 79.

78 I. U. Powell, *Collect. Alexandr.* (1925) 121–30; F. Schramm, loc. cit. 40–42 testimonia; s. a. unten Anm. 80; 81.

79 F. Schramm, loc. cit. 25–40.

80 *Syll.*³ 406,7 Anm.: Der Eretrier Menedemos erscheint in der Liste der ἱερομνήμονες in Delphi im Jahr 274/3 v.Chr., aber nicht mehr 273/2 v.Chr., als sein Gegner Aischylos seinen Platz einnahm, *Syll.*³ 416,3. Das ist das einzige Zeugnis für die Datierung der Verbannung des Menedemos aus Eretria. Wenn es verläßlich ist (s. K. v. Fritz, *RE* XV [1931] 790), muß Lykophron ihn dort vor 273 v.Chr. getroffen haben, aber wann diese Begegnung stattfand und wann Lykophron seine Heimatinsel Euboia verließ, um nach Alexandria zu gehen, das können wir nicht sagen. Es ist nicht bekannt, ob Lykophron mit Menedemos und Arat am Hofe des Antigonos Gonatas in Pella weilte. Wilamowitz, *HD* I 166, verweist irrtümlicherweise auf *Commentariorum in Aratum rel.* ed. E. Maass (1898) 148; in Theons *Leben* des Arat, das eine im übrigen unbekannte Schrift des Antigonos Gonatas selbst an oder über Hieronymos von Kardia zitiert (ὁ Ἀντίγονος ἐν τοῖς περὶ † Ἱερώνυμον *FGrHist* 154 T 9), wird Alexander Aitolos zusammen mit Arat, Antagoras und Persaios genannt, aber weder Lykophron noch Menedemos.

81 C. Strecker, *De Lycophrone, Euphronio, Eratosthene comicorum interpretibus*, Diss. Greifswald (1884) 2–6 und 23–78; W. G. Rutherford, ‹Annotation› 417; cf. K. Ziegler, *RE* XIII (1927) 2323ff.

82 S. oben S. 118.

Zeitgenossen Zenodot, der zweifellos der größere Philologe war, mußte er das Schicksal des Erforschers eines neuen literarischen Gebietes erleiden. Als Kenner der Komiker machte er auch eine Textrezension, wenn man das Wort διορθοῦν akzeptieren muß.

Sicher muß ja ein Text greifbar gewesen sein, als Euphronios in der nachfolgenden Generation einen Kommentar zu einzelnen Stücken des Aristophanes verfaßte.[83]

Um die Echtheit eines iambischen Gedichtes, das in der antiken Tradition[84] einmütig Lykophron zugeschrieben wird, der *Alexandra*, das in 1474 Trimetern Kassandras Prophezeiungen der künftigen Leiden der Trojaner und Griechen wiedergibt, wird ein leidenschaftlicher Streit geführt. Die Sprache dieses Gedichtes ist reich an seltenen und fremdartigen Vokabeln, besonders epischen und tragischen Glossen; komische stünden dem düsteren Gegenstand kaum an. Diese Vorliebe für Glossen ist auch für die Abhandlung Περὶ κωμῳδίας charakteristisch, und die Neigung zu rätselvoller Dunkelheit stünde in Einklang mit einer Tendenz, die wir in den *Technopaegnia* des frühen dritten Jahrhunderts v.Chr. beobachteten. Ich bin daher, nach Überprüfung von Lykophrons philologischer Arbeit, geneigt, die überlieferte Datierung der *Alexandra* für korrekt anzusehen, ein Schluß, zu dem ich, unabhängig vom gegenwärtigen Anlaß, auch kam, als ich vor einiger Zeit das Verhältnis des Gedichtes zu Kallimachos zu untersuchen hatte.[85]

Ein anderer Dichter derselben Generation, Aratos aus dem kilikischen Soloi, trat nie mit den alexandrinischen Dichter-Philologen in Verbindung; nach seinen Bildungsjahren in Ephesos (?) und Athen blieb er am Hof des Antigonos Gonatas in Makedonien und für einige Jahre auch in Syrien am Hof des Antiochos.[86] Sein erster Lehrer war Menekrates von Ephesos, ein Grammatiker sowohl als auch ein Dichter über Ackerbau und Bienenzucht in Hesiods Manier;[87] in Athen wurde er von Philosophie, besonders von stoischen Lehren durchdrungen und wurde zum Freund des Antigonos. Dann feierte er in Pella die Heirat des Königs mit Antiochos' Halbschwester Phila (276 v.Chr.) in ein oder zwei Hymnen; dort begegnete er Alexander Aitolos und wahrscheinlich auch Timon. Antigonos soll ihn ermutigt haben, Eudoxos' Sternenkatalog in Verse zu bringen;

---

83 S. unten S. 201.

84 *Schol. Lyc.* 1226 machte jedoch eine Konjektur über einen zweiten Lykophron.

85 Callimachus II (1953) XLIII; eine vollständige Bibliographie der Diskussion bietet A. Momigliano, *Secondo contributo alla storia degli studi classici* (Roma 1960) 437,22. Cf. *Riv. stor. ital.* 71 (1959) 551f.

86 S. oben S. 138 und S. 152 Anm. 80.

87 Suid. v. Ἄρατος ... ἀκουστὴς δὲ ἐγένετο γραμματικοῦ μὲν τοῦ Ἐφεσίου Μενεκράτους, φιλοσόφου δὲ Τίμωνος καὶ Μενεδήμου ... σύγχρονος ... Ἀλεξάνδρῳ τῷ Αἰτωλῷ; zu Menekrates' Gedichten s. *Poet. Philos. Gr.* ed. Diels, S. 171f, cf. E. Maass, *Aratea* (1892) 328f.

das Ergebnis war das Epos *Phainomena*, das erfolgreichste seiner vielen Gedichte, das sogar in den literarischen Kreisen Alexandrias in hohem Ansehen stand, von seiner erstaunlichen und jahrhundertelangen Popularität als praktisches Lehrbuch der Astronomie ganz zu schweigen. Hier wurde ein wissenschaftlicher Gegenstand mit dem religiösen und philosophischen Empfinden der Stoa in einem von Hesiod hergeleiteten Stil behandelt. Arat hatte diese Dinge in Ephesos und Athen gelernt, aber die glänzende einfache Form war sein eigen und konnte kein höheres Lob ernten als das Epitheton λεπτόν, ‹fein›, das Kallimachos darauf anwandte.[88] Genaue Kenntnis der Sprache Homers zeigt sich in jedem Vers. Wir haben auf die Anekdote verwiesen, nach der er Timon nach dem besten Homer-Text, den er bekommen könnte, fragte und den Rat bekam, die ‹alten Abschriften›, nicht die ‹korrigierten› zu benutzen.[89] Die Überlieferung in den verschiedenen Versionen der Arat-Vita, daß er eine kritische Ausgabe der *Odyssee* besorgte, ist kaum verläßlich.[90] In Syrien veranlaßte ihn später Antiochos, ‹die *Ilias* zu korrigieren, weil sie von vielen verderbt war›. Wann und warum er nach Syrien ging, wissen wir nicht. Es ist nicht mehr als eine neuzeitliche Vermutung, daß er von Pella nach Antiochia floh, als Pyrrhos in den Jahren 274–272 v.Chr. Makedonien eroberte, und sich der Homer-Edition zuwandte; er könnte später für längere Zeit hingegangen sein, bevor Antiochos I. 262 v.Chr. starb. Die Existenz einer Bibliothek in der Hauptstadt ist für die Regierungszeit Antiochos' des Großen (224/3–188/7 v.Chr.) bezeugt, der den Dichter Euphorion

---

88 S. a. unten S. 171.

89 S. oben S. 126f. Timon half Alexander Aitolos und Homer von Byzanz mit Fabeln (μῦθοι) für ihre Tragödien, s. F. Schramm, *Tragicorum ... hellenisticae ... aetatis fragmenta* (1929) 16f; 61.

90 Theo Alex., *Vita Arati* p. 148,14 Maass (*Commentariorum in Aratum reliquiae*, 1898) διώρθωσε δὲ καὶ τὴν Ὀδύσσειαν – cf. ibid. die lateinische Übersetzung mit ihrer Einfügung didicit (dicit cod. K: didicit *cett. codd.*: *fort.* dirigit Pf. *coll. Isagog.* III p. 140,16 et 17 dirigere = διορθοῦν et directio = διόρθωσις) quidem et Odysseam, et Gecraustius inquit ... et Iliadem (Heliadam *codd.*) scripsisse seu Homerum dirigere; vitiatum enim illum a compluribus ... Dositheus autem Pelusinus ... venire inquit et apud Antiochum Seleucium.› *Vita Arati* in Achill. comment. fragm. p. 78,7 Maass καὶ τὴν Ὀδύσσειαν δὲ διώρθωσε καὶ καλεῖταί τις διόρθωσις οὕτως Ἀράτειος ὡς Ἀριστάρχειος καὶ Ἀριστοφάνειος. τινὲς δὲ αὐτὸν εἰς Συρίαν ἐληλυθέναι φασὶ καὶ γεγονέναι παρ' Ἀντιόχῳ καὶ ἀξιῶσθαι ὑπ' αὐτοῦ ὥστε τὴν Ἰλιάδα διορθώσασθαι, διὰ τὸ ὑπὸ πολλῶν λελυμάνθαι und ibid. p. 78,32 ἔγραφε θε καὶ ἄλλα ποιήματα † περί τε Ὁμήρου καὶ Ἰλιάδος † οὐ μόνον τὰ Φαινόμενα. E. Maass, ‹Aratea›, *Philologische Untersuchungen* 12 (1892) 243ff, und J. Martin, ‹Histoire du texte des Phénomènes d'Aratos›, *Études et Commentaires* 22 (1956) 151ff, behandelte diese verwirrten und verderbten Texte. Andererseits sind die Quellen, Dositheos von Pelusion und Karystios von Pergamon (?), sehr zuverlässig. Niemand, der recht mit Theons Kommentaren zu den großen hellenistischen Dichtern vertraut ist, wird an die von Martin S. 195ff versuchte Rekonstruktion seiner Arat-Ausgabe glauben.

von Chalkis als Bibliothekar einsetzte.[91] So könnte Arat die notwendigen Bücher für seine philologische Arbeit auch schon zu einem früheren Zeitpunkt in Antiochia vorgefunden haben. Selbst wenn dies in den siebziger Jahren der Fall war, könnte Zenodots Ausgabe gut schon vor 274 v.Chr. abgeschlossen gewesen sein; und wenn die Timon-Geschichte irgendeinen Sinn ergeben soll, muß es schon ἀντίγραφα διωρθωμένα gegeben haben, als er Arats Frage beantwortete. Arat, selbst ein berühmter Schriftsteller, der an der Wiederbelebung der Dichtkunst Anteil hatte, war gleichfalls eifrig bedacht, an der Erhaltung der Meisterwerke der Vergangenheit zu arbeiten; dies ist ein besonders eindrucksvolles Beispiel des allgemeinen geschichtlichen Vorgangs, den wir im vorangegangenen Kapitel zu beschreiben versuchten.

In unseren Homer-Scholien findet sich kein Hinweis auf die διόρθωσις 'Αράτειος, wie sie in einer Arat-Vita ausdrücklich genannt wird; doch werden häufig Lesarten eines anderen Epikers, des Kreters Rhianos, der eine Homer-Ausgabe herausbrachte, zitiert.[92] Dieser erscheint jedoch in seinen Gedichten von Kallimachos beeinflußt,[93] was mit der antiken biographischen Tradition in Einklang steht, die ihn einen Zeitgenossen (σύγχρονος) des Eratosthenes nennt.[94] Wir ordnen ihn daher lieber der jüngeren Generation von Dichtern und Philologen zu,[95] nicht Zenodot und Arat.

---

91 Suid. v. Εὐφορίων ... ἦλθε πρὸς 'Αντίοχον τὸν Μέγαν ... καὶ προέστη ὑπ' αὐτοῦ τῆς ἐκεῖ δημοσίας βιβλιοθήκης; vgl. unten S. 187.

92 Verzeichnis von Rhianos' Lesarten J. La Roche, *Die Homerische Textkritik im Altertum* (1866) 45ff, und W. Aly, *RE* I A (1920) 788f; cf. C. Mayhoff, *De Rhiani Cretensis studiis Homericis* (1870).

93 Callimachus II, p. XLIII zu Rhianos; F. Jacoby *FGrHist* IIIa (1943) 89ff (Kommentar zu Nr. 265) und III B S. 754 (Addenda), tritt entschieden für ein früheres Datum ein. Aber selbst wenn Kallimachos in einem einzigen Fall, *Hy.* II 47ff, ein erotisches Motiv aus Rhianos übernahm, würde dies keinen Einfluß auf den Sachverhalt haben, da dieses Gedicht meiner Ansicht nach zu Beginn der zweiten Hälfte des dritten Jahrhunderts v.Chr. geschrieben wurde; mit Sicherheit wurden Partien der *Hecale* und der *Aitia* von Rhianos nachgeahmt, s. *Hecal.* fr. 266. Wenn Rhianos der Autor des neuen epischen Fragments *P. Oxy.* XXX (1964) 2522 A, B gemäß Lobels ‹reasonable hypothesis› ist, diente ihm möglicherweise ein Vers aus Kallimachos' zweitem Hymnos zum Vorbild (V. 17 ~ Call. *hy.* II 15?).

94 *FGrHist* 265 T 1.

95 S. unten S. 186.

III

KALLIMACHOS UND DIE GENERATION SEINER SCHÜLER

In der Generation nach Zenodot gab es keinen Textkritiker von Rang; erst Aristophanes von Byzanz,[1] am Ende des dritten Jahrhunderts, war ihm auf diesem Gebiet ebenbürtig, wenn nicht sogar überlegen. Die prominenten Vertreter der Philologie zwischen Zenodot und Aristophanes waren zwei Männer aus Kyrene, Kallimachos und Eratosthenes.

Nach Alexanders Tod herrschte Ptolemaios I. über die alte dorische Kolonie Kyrene als westlichen Teil seines ägyptischen Königreiches (vielleicht 322 v.Chr.); dann erhielt sein Stiefsohn Magas[2] eine Art selbständige Herrschaft (etwa 300 v.Chr.?), und in den siebziger Jahren gab es eine Zeit beachtlicher Wirren zwischen Ägypten und Kyrene. Aber schließlich wurde Berenike, die einzige Tochter des Magas und der Apame[3], mit dem Sohn Ptolemaios' II. verlobt, und bei ihrer Heirat und Thronbesteigung im Jahre 247/6 v.Chr. wurde Kyrene schließlich mit Ägypten vereinigt. Wenn wir auch den Zeitpunkt der Ankunft der beiden Kyrenäer in Alexandria nicht genau festlegen können, kann doch kein Zweifel darüber bestehen, daß sie kamen, nachdem die Ionier die ‹neue Be-

---

1 S. oben S. 150f und unten S. 213ff.

2 F. Chamoux, ‹Le Roi Magas›, *Revue historique* 216 (1956) 18ff; vgl. unten S. 157 Anm. 9.

3 Es störte Niebuhr, *Kleine historische und philologische Schriften* I (1828) 229,40, und verwirrte noch Geyer, *RE* XIV (1930) 296,60ff s. v. ‹Magas›, daß Iustin. XXVI 3,3 (und Hygin *astr.* II 24) Berenikes Mutter nicht Apame, sondern Arsinoë nannte. Dieser Irrtum läßt sich jetzt auf Call.fr. 110,45 zurückführen, wo Berenike angeredet und der Berg Athos βουπόρος 'Αρσινόης μητρὸς σέο genannt wird; das Scholion zu diesem Vers erklärt richtig: κατὰ τιμὴν εἶπεν, ἐπεὶ θυγάτηρ 'Απάμας καὶ Μάγα. Tatsächlich wurden Ptolemaios III. und seine Gattin, die θεοὶ Εὐεργέται, offiziell als Kinder der θεοὶ 'Αδελφοί (s. meine Anm. zu Call. fr. 110,45) geehrt. Der Ausdruck φίλη τεκέεσσι in den letzten Versen der *Locke der Berenike* (Call. fr. 110,94a und Addenda in vol. II p.116), den Catull ausließ, muß sich auf Arsinoë, die ‹diva Venus› der Verse 89f, ‹teuer ihren Kindern› Ptolemaios und Berenike, beziehen. Es ist verständlich, daß spätantike Autoren Arsinoë für die wirkliche Mutter der Berenike nahmen. Weniger zu entschuldigen ist es, φίλη τεκέεσσι ohne weiteres mit ‹lieb den Eltern› zu übersetzen, wie wir es in der Artemis-*Bibliothek der alten Welt*, ‹Die Dichtungen des Kallimachos› (1955), 291, lesen.

wegung›[4] eingeleitet hatten. Der Glanz der neuen Hauptstadt und der Schutz der Könige zog die Literaten an, nicht alle auf einmal, sondern im Verlauf mehrerer Generationen. Kallimachos'[5] *Enkomion auf Sosibios* (fr. 384) könnte eines seiner frühesten unter Ptolemaios I. in Alexandria geschriebenen elegischen Gedichte sein; die einzigen sicher bezeugten Tatsachen sind, daß er die Heirat Ptolemaios' II. mit seiner Schwester Arsinoë (zwischen 278 und 273, vielleicht 276/5 v.Chr.) in einem Epos und die Apotheose der Königin (kurz nach Juli 270 v.Chr.) in einem lyrischen Gedicht feierte. Das war offensichtlich auf der Höhe seines Lebens; gegen sein Ende dichtete er die *Locke der Berenike* (246/5 v.Chr.) zu Ehren der eben mit Ptolemaios III. vermählten kyrenäischen Prinzessin. Dieser König[6] berief den anderen Kyrenäer, Eratosthenes, der als ‹Schüler› des Kallimachos bezeichnet wird, als Bibliothekar und wahrscheinlich als Erzieher seines Sohnes.[7] Beide Kyrenäer, nach Alter und Geistesart sehr verschieden, scheinen bei dem jungen Königspaar in besonderer Gunst gestanden zu haben.

Bei Kallimachos ist der schöpferische Dichter vollkommen eins mit dem reflektierenden Gelehrten.[8] Wir fanden diese Verbindung zum erstenmal bei Philitas. Zwischen ihm und Kallimachos vertrat dagegen Zenodot eine neue Art von Wissenschaft, und Institutionen zu ihrer Förderung waren von den Königen gegründet und besonders von dem einen König gefördert worden, der Philitas' und Zenodots Schüler war; so ging die jüngere Generation von einer günstigeren Ausgangsposition aus und konnte einen höheren Grad jener Einheit verwirklichen als die ältere. Wir haben Grund genug zu der Annahme, daß Kallimachos schon in seinen frühen Jahren in Kyrene Gedichte zu schreiben begann. Auf kyrenäischen Münzen vom Ende des vierten und Anfang des dritten Jahrhunderts lesen wir dieselben Namen von Mitgliedern einer Adelsfamilie wie in einem seiner Epigramme,[9] in dem er ihr Unglück betrauert. Er befand sich offensichtlich noch in seiner Heimat, als er, wie er uns selbst erzählt, zum erstenmal eine Schreibtafel auf seine Knie legte und der Lykische

---

4 S. oben S. 121 und 123.

5 Siehe Callimachus vol. II, pp. XXXVIIIff. ‹Quaestiones chronologicae selectae›; s. a. H. Herter, *RE* Suppl. V (1931) 386ff.

6 Suid. v. Ἐρατοσθένης = Call. II test. 15.

7 Wilamowitz, ‹Ein Weihgeschenk des Eratosthenes›, *NGG*, Phil.-hist. Kl. 1894, 31 = *Kleine Schriften* II (1941) 65; *Der Glaube der Hellenen* II (1932) 318,1. S. a. oben S. 127.

8 Strab. XVII 838 Καλλίμαχος ... ποιητὴς ἅμα καὶ περὶ γραμματικὴν ἐσπουδακώς = Call. test. 16; s. a. unten S. 171.

9 Call. *Ep.* 20 mit meinen Anmerkungen. F. Chamoux, ‹Epigramme de Cyrène en l'honneur du roi Magas›, *BCH* 82 (1958) 587,3, verzeichnete die Gedichte, die er als ‹kyrenäisch› ansah, und versprach ihre Behandlung in einem weiteren Artikel. Das in Apollonia gefundene neue Epigramm hat keinen besonders ‹kallimacheischen› Charakter.

Apoll ihn mit ‹Dichter› und ‹lieber Freund› ansprach und ihn in der Dichtkunst unterwies.[10] Ein paar Verse später läßt er durchblicken, daß er einer von denen ist, ‹auf die die Musen nicht scheel geblickt haben in der Kindheit›.[11] Im Prooemium seines größten dichterischen Werkes, der vier Bücher der *Aitia*, stellt er sich selbst dar als im Traum von Libyen auf den Berg Helikon Entrückten, ‹als sein Bart eben zu sprießen begann›;[12] und ‹Libyen› – vorausgesetzt, das anonyme Epigramm zitiert ihn genau – kann eher Kyrene als Alexandria meinen. Wann und warum er Kyrene verließ, um nach Alexandria zu gehen,[13] wissen wir nicht; es ist uns nur überliefert, daß er ganz bescheiden als Schulmeister in einer Vorstadt der ägyptischen Metropole, die Eleusis hieß, anfing.[14] Das könnte unter Ptolemaios I. gewesen sein;[15] denn in den siebziger Jahren, während der Regierung Ptolemaios' II. und seiner Schwester Arsinoë, bewegte sich Kallimachos bereits bei Hofe und feierte die Majestäten in den beiden oben erwähnten Gedichten, und er war wahrscheinlich noch ein ‹junger Mann› am Hofe, als man ihm eine verantwortungsvolle Aufgabe in der königlichen Bibliothek übertrug.[16] Diese schnelle Karriere hatte er wohl ausschließlich den außerordentlichen Gaben seiner eindrucksvollen Persönlichkeit zu verdanken.

Trotz ihrer Neuartigkeit waren Kallimachos' Gedichte von einer genauen und umfassenden Kenntnis der älteren Dichtung geprägt, aus der er seine Vorbilder nahm. Die Ausübung seiner Kunst und die Reflexion über sie gingen Hand in Hand. Diese Reflexion erstreckte sich ganz natürlich auch auf die Literatur der Vergangenheit, auf all die verschiedenen Formen von Metrum und Sprache und auf die verborgenen Quellen ihrer Themen. Nur das leidenschaftlichste Studium konnte zu höchster dichterischer Meisterschaft führen, und nur grenzenlose Wißbegierde konnte die unbetretenen Pfade (fr. 1,28) zu neuen Wissensgebieten eröffnen. Ironisch deutet der Dichter an, daß in gewissen Fällen ‹viel Kenntnis› Gefahr bringt (ἦ πολυϊδρείη

10 Call. fr. I 21f, s. oben S. 123.

11 Call. fr. 1,37 παῖδας.

12 Schol. Flor. 18 zu Call. fr. 2 ἀρτιγένειος; epigr. adesp. *AP* VII 42 ὄνειαρ ... μιν ἐκ Λιβύης ἀναείρας εἰς Ἑλικῶνα (s. Anm. zu fr. 2).

13 Ein Besuch in Athen und eine Lehrzeit bei Praxiphanes müssen als neuzeitliche Erfindungen aufgegeben werden, s. oben S. 123 Anm. 51

14 Suid. v. Καλλίμαχος = Call. test. 1,8; sein fünfter Iambos (fr. 195) hat einen γραμματοδιδάσκαλος zum Gegenstand, der die Kinder ἄλφα βῆτα lehrte.

15 S. oben S. 157, zu dem elegischen Gedicht *Sosibios*.

16 νεανίσκος τῆς αὐλῆς Tzetz. *Proleg*. Mb p. 31,13 Kaib. = Call. test 14c 17, cf. Ma 1, p. 25,3 K. = Call. test. 14b. 14 νεανίαι ἦσαν Καλλίμαχος (sscr. γρ. σώστρατος cod. A) καὶ Ἐρατοσθένης. Was die Ausdrücke auch bedeuten, sie können sich kaum auf einen Mann von mehr als dreißig Jahren beziehen.

χαλεπὸν κακόν); andererseits ist für ihn die reine Freude am Hören und Lernen die beständigste Freude im menschlichen Leben.[17]

Zwei Punkte sollte man festhalten. Wenn auch sein Vers oft wie ein bezauberndes Spiel mit Worten klingt, wird doch der Dichter nie müde, uns daran zu erinnern, daß alles, was er erzählt, wahr ist, weil es gut bezeugt ist (ἀμάρτυρον οὐδὲν ἀείδω);[18] die Musen, die einst Hesiod lehrten und nun Kallimachos' Fragen beantworten, sprechen immer die Wahrheit. In einem anderen Fall bezieht er sich namentlich auf einen Lokalschriftsteller (fr. 75, 54) als seine zuverlässige Quelle. Wenn wir von ‹verborgenen Quellen›, ‹zuverlässiger Quelle› sprechen, wenden wir dieses Wort, das zunächst den Ursprung eines Stromes oder Flusses bedeutet, bildlich auf die Literatur an. In dem wundervollen Schluß von Kallimachos' Apollonhymnus (*hy.* II 108–12) stellt der Gott das schmutzige Wasser eines großen Flusses in Gegensatz zu den klaren Tröpfchen der reinen und unberührten Quelle, welche die Bienen der Demeter zutragen.[19] In diesen metaphorischen Versen – in Apollons Mund – verdammt der Dichter das langatmige traditionelle Gedicht mit seinen konventionellen Formeln und preist statt dessen Kürze und Neuartigkeit im Vers.[20] Dieser Sinn ist deutlich erkennbar. Die Verse scheinen aber noch eine andere Mahnung zu enthalten, die von modernen Interpreten des Hymnus kaum erkannt wird: Dichter sollten aus den ursprünglichen reinen Quellen schöpfen, nicht aus dem verschmutzten Wasser, das sich von ihnen ableitet. Kallimachos war, soweit ich sehen kann, der erste, der dieses Bild in literarischem Sinn gebrauchte.[21] Diese Forderung des Dichter-Philologen läßt sich auf die Dichtung ebenso wie auf die Philologie anwenden. Sie wurde zur Lieblingsvorstellung im Zeitalter des Humanismus und zum grundlegenden Konzept unserer heutigen Philologie.

Wenn wir Kallimachos' grundsätzliche Haltung bedenken, wie sie sich gelegentlich in ein paar Versen seiner Gedichte verrät, ist die bemerkenswerte gelehrte Leistung, die er in der Bibliothek vollbrachte, vielleicht etwas besser zu verstehen. Seine Aufgabe war es, ein System für die Anordnung der Texte all der Autoren zu finden, die zunächst einmal in der königlichen Bibliothek (oder den Biblio-

---

17 πολυϊδρείη fr. 75, 8; Strab. IX 438 πολυίστωρ ... καὶ πάντα τὸν βίον ... ‹οὔατα μυθεῖσθαι βουλομέν[οις ἀνέχων]› = fr. 178, 30; fr. 282 ἀκουή / εἰδυλίς.

18 Call. fr. 612; cf. test. 79 πολυίστορος ἀνδρὸς καὶ ἀξιοπίστου.

19 Siehe *Exkurs VII*.

20 Vgl. unten S. 173.

21 πηγή = ἀρχή bei Pind., Plat., etc. ist etwas ganz anderes; Die kallimacheische Metapher hat auch nichts zu tun mit der sogenannten ‹Quellenforschung›, die herauszufinden trachtet, was nicht vom Autor selbst erfunden, sondern aus einer älteren ‹Quelle› übernommen wurde, siehe z. B. ‹Les sources de Plotin›, *Entretiens sur l'antiquité classique* V (1960) und bes. R. Harders Beitrag ‹Quelle und Tradition›, S. 325ff.

theken) zusammengetragen worden waren. Als wir auf die Vor- und Frühgeschichte der Schrift und des Buches in Griechenland einen Blick warfen, erkannten wir den orientalischen Hintergrund und machten schon eine vorsichtige Bemerkung über die Zusammenhänge zwischen dem Orient und Griechenland.[22] Nun wurde in Alexandria eine Bibliothek in großem Rahmen eingerichtet;[23] das erinnert uns an die ungeheuren alten babylonischen und assyrischen Bibliotheken. Es liegt auf der Hand zu untersuchen, ob ein direkter Einfluß bestanden haben kann, nachdem ja Alexander das Tor zum Osten weiter geöffnet hatte als zuvor, und neuerliche Untersuchungen[24] haben wenigstens diese Frage dringender gestellt; aber die Antwort ist bisher noch nicht recht eindeutig. Die Anlage der Papyrusrollen in der alexandrinischen Bibliothek scheint der der Tontafeln in den orientalischen Bibliotheken in einem oder vielleicht in zwei bezeichnenden Punkten ähnlich gewesen zu sein. Der Titel eines Werkes war gewöhnlich am Ende der Rolle oder der Tafel angebracht[25] (im Gegensatz z.B. zu der Praxis der ägyptischen Papyri), und in ‹Katalogen› war nicht nur dieser Titel, sondern auch das ‹incipit› angeführt. Auf Tafeln wie auf Rollen wurde die Zeilenzahl gelegentlich gezählt, und diese ‹stichometrischen› Zeichen wurden am Ende und manchmal als laufende Nummern am Rand vermerkt; in Bibliothekskatalogen erscheinen sie wieder. Das älteste Beispiel einer Rolle mit Titel und Zeilenzahl am Ende tauchte in einem kürzlich publizierten Papyrus von Menanders *Sikyonios* auf; der Papyrus scheint aus dem letzten Drittel des dritten Jahrhunderts v.Chr. zu stammen, ziemlich nah an Kallimachos' Lebenszeit. Sogar eine persönliche Bemerkung des Schreibers in Versen ist angefügt, und das alles zusammen ist genau das, was man ein ‹Kolophon› nennen könnte.[26] Wir haben nur ganz spärliche Zeugnisse für Biblio-

22 Oben S. 35ff.

23 Zum Lykeion s. oben S. 92f.

24 Siehe Zuntz' und Wendels Veröffentlichungen, oben S. 23 Anm. 30.

25 Vgl. oben S. 35; Wendel loc. cit. 24ff, 76 und passim; ‹Incipit›, 29ff; Stichometrie 34ff, 44; zur Titelfassung s. R. P. Oliver, ‹The first Medicean MS of Tacitus and the Titulature of Ancient Books›, *TAPA* 82 (1951) 232ff, mit Beispielen aus den Papyri.

26 Menand. *Sicyonius* edd. A. Blanchard et A. Bataille, *Recherches de Papyrologie* III (1964) 161: Pap. Sorb. 2272 col. XXI, pl. III. Kolophon, obgleich ein griechisches Wort, ist kein antiker Terminus, sondern ein moderner (nicht vor dem achtzehnten Jahrhundert?) für die Angaben am Ende von Frühdrucken, ‹containing the title, the printer's name and the date and place of printing 1774›, s. *The Shorter Oxford English Dictionary*, s. v. colophon. Das Wort wird häufig für die bloßen Titel am Ende einer Rolle gebraucht, als wäre es gleichbedeutend mit ‹subscriptio›; ich bin der Ansicht, man sollte es lieber den Fällen vorbehalten, in denen mehr persönliche Bemerkungen des Schreibers angefügt sind (wie beim Drucker in der Neuzeit); ein Schreibername erscheint bisher in der griechischen Antike überhaupt nicht.

theken in der ionischen und attischen Periode; aber dieselbe technische Anordnung wie im Osten wird wohl auch in griechischen Privathäusern oder in Philosophenschulen praktiziert worden sein.

Was auch immer vor dem dritten Jahrhundert v.Chr. geleistet wurde, Kallimachos hatte kein wirkliches Vorbild für sein riesiges Unternehmen. Wenn auch seine Aufgabe wahrscheinlich nicht sosehr darin bestand, eine geeignete Methode zu schaffen, als vielmehr sie weiterzuentwickeln, entledigte er sich ihrer mit solchem Erfolg, daß seine Listen, Πίνακες genannt, als Modell für die Zukunft allgemein anerkannt wurden. Neben den *Pinakes* sammelte er das vielfältigste gelehrte Material, das zum Verständnis der alten Texte hilfreich, zum Dichten im neuen Stil von unschätzbarem Wert war; in diesen Büchern führte er die Arbeiten der jüngeren Sophisten und des Peripatos mit einem neuen Ziel fort.

Für die Πίνακες ist wiederum Tzetzes unser Gewährsmann; nachdem er die Zahl der Bücher[27] in den beiden Bibliotheken genannt hat, fährt er fort: ὧν τοὺς πίνακας ὕστερον Καλλίμαχος ἀπεγράψατο. Dieser Satz ist in einer anderen, späteren Version etwas erweitert: ὡς (?) ὁ Καλλίμαχος νεανίσκος ὢν τῆς αὐλῆς ὑστέρως μετὰ τὴν ἀνόρθωσιν τοὺς πίνακας αὐτῶν ἀπεγράψατο; dann folgt ein Hinweis auf Eratosthenes[28] und zum Schluß die Bemerkung: ἀλλὰ τὰ Καλλιμάχου καὶ τοῦ 'Ερατοσθένους μετὰ βραχύν τινα χρόνον ἐγένετο τῆς συναγωγῆς τῶν βίβλων, ὡς ἔφην, καὶ διορθώσεως κἂν ἐπ' αὐτοῦ τοῦ Πτολεμαίου τοῦ Φιλαδέλφου. Offensichtlich kommt es in beiden Fassungen der *Prolegomena* auf die Abfolge der Ereignisse an: ὕστερον – ὑστέρως μετὰ τ.α. – μετὰ βραχύν τινα χρόνον. Deshalb ist die Änderung von ὑστέρως in ἱστορεῖ ὅς, die Dziatzko vorschlug und die von den meisten modernen Herausgebern übernommen wird, nicht gerechtfertigt.[29] Diese Konjektur würde die Bedeutung von Tzetzes' Bericht sehr erhöhen, weil sie Kallimachos selbst zur letzten Quelle von wenigstens einem Teil der *Prolegomena* machen würde. Der unselige italienische Humanist[30] hatte keine Skrupel, die nachfolgende ‹Übersetzung› an den Rand seines plautinischen Codex zu schreiben: ‹sicuti refert Callimacus aulicus regius bibliothecarius, qui etiam singulis voluminibus titulos inscripsit›. *Hinc illae lacrimae.* Hier wird Kallimachos nicht nur als literarische Autorität zitiert, sondern auch noch in den offiziellen Rang eines Hofbibliothekars erhoben; es gibt kein anderes Zeugnis dafür, daß er diese Stellung je innehatte, außer diesem Versehen des

27 Vgl. oben S. 130, wo der vollständige Text der Fassung Pb zitiert ist (cf. Ma p. 25,2 K.).

28 S. unten S. 193 Anm. 12.

29 Call. test. 14c. Ich behielt ὑστέρως und bezog mich dabei auf das parallele ὕστερον in 14a. Cantarella, der Tzetz. und alle anderen Testimonia (oben S. 129 Anm. 85) p. 59,14 abdruckt, hat in seinem kritischen Apparat die Lesart der Handschrift nicht einmal erwähnt.

30 Vgl. oben S. 130.

Übersetzers; und in der wohlbekannten Reihe der Bibliothekare[31] ist auch gar kein Platz für ihn.

Tzetzes hatte offensichtlich eine Art von Katalog der in der Bibliothek vorhandenen Bücher im Sinne. Hesych-Suidas' biographischer Artikel Καλλίμαχος, der wahrscheinlich früher einmal eine Einleitung zu Kallimachos' gesammelten Gedichten darstellte (von denen daher in der Biographie nur wenige Titel genannt sind), weist auf eine umfangreiche ‹Bibliographie› hin: Πίνακες τῶν ἐν πάσῃ παιδείᾳ διαλαμψάντων καὶ ὧν συνέγραψαν, ἐν βιβλίοις κ' καὶ ρ', ‹Verzeichnisse aller, die in jeder Literaturgattung Bedeutung hatten, und ihrer Schriften in 120 Büchern›.[32] Die vorausgehende Generation hatte in der Bibliothek ein beachtliches Stück philologischer Arbeit geleistet, wenigstens über die wichtigsten Autoren,[33] ohne auf Kataloge und Bibliographien zu warten; das mag nun bei der Zusammenstellung der Πίνακες von großem Nutzen gewesen sein; Suidas' Beschreibung ist die richtige – was wir ja auch wegen seiner viel besseren Quellen erwarten konnten –, nicht die des Tzetzes; die erhaltenen Fragmente[34] bestätigen es. Der Unterschied zwischen einem reinen Bibliothekskatalog und einer kritischen Bestandsaufnahme der griechischen Literatur wird in der modernen Literatur über Kallimachos' großes Werk manchmal verwischt; es beruhte sicherlich auf der Kenntnis der Bücher, die in der Bibliothek greifbar waren, doch berücksichtigte er auch Werke, die nur in der älteren Literatur erwähnt waren, sowie auch Fragen der Authentizität.[35]

Das gesamte Corpus der griechischen Literatur, die πᾶσα παιδεία, war in verschiedene Gattungen unterteilt: nur drei sind durch wört-

---

31 S. unten S. 178.

32 Suid. v. Καλλίμαχος = Call. test. 1.

33 S. oben S. 136f; Tzetzes *Prolegomena zur Komödie* und andere Quellen erwähnen nur Dichtung, und sie war ohne Zweifel der Ausgangspunkt, doch kann man auch Arbeiten zu den Prosaschriftstellern nicht ausschließen.

34 Fr. 429–53 und Addenda; Folgerungen und Nachweise nach fr. 453, p. 349. Nächst der Monographie von Schmidt, *Pinakes*, sind Wendel, *Buchbeschreibung* 69ff, und O. Regenbogen, *RE* XX (1950) v. Πίναξ 1420–6, heranzuziehen. P. Moraux, *Les listes anciennes des ouvrages d'Aristote* (1951) 221ff. Zu dem einzigen neuen Fragment s. unten S. 165 Anm. 47.

35 Siehe fr. 442; 445; 446; 449; zu fr. 456 s. unten S. 167 Anm. 62. Kallimachos' *Pinakes* sind in all diesen Fällen ausdrücklich als Quelle bezeugt; ich hätte aber auch auf einige andere, anonyme Partien hinweisen sollen, für deren Authentizität die *Pinakes* oder Aristophanes' Ergänzungen dazu die wahrscheinlichsten Quellen sind. In dem Katalog der Stücke des Aischylos (s. unten S. 163) sind sowohl Αἰτναῖαι γνήσιοι als auch Αἰτναῖαι νόθοι verzeichnet. Nach der *Vita Sophoclis* gab Aristophanes eine Gesamtzahl von 130 Stücken an, τούτων δὲ νενόθευται ιζ' (ζ' conj. Bergk, um die Zahl an Suidas' Zahl von 123 echten Stücken anzugleichen). Aristophanes traf diese Feststellung wahrscheinlich in seiner Ergänzung zu Kallimachos' *Pinakes* (Nauck p. 249), vgl. unten S. 238 Anm. 146. Im selben Werk mag er seine Zweifel am hesiodischen

liche Zitate belegt: ῥητορικά (fr. 430–2, cf. 443–8), νόμοι (fr. 433) und παντοδαπὰ συγγράμματα (fr. 434/5). Aus den Hinweisen auf epische (fr. 452/3), lyrische (fr. 441, 450), tragische (fr. 449 ?, 451) und komische Dichter (fr. 439/40), auf Philosophen (fr. 438 ?, 442), Historiker (fr. 437) und medizinische Schriftsteller (fr. 429 ?), die in den *Pinakes* aufgeführt sind, dürfen wir den Schluß ziehen, daß es sieben weitere Gattungen gab; wahrscheinlich gab es noch viel mehr und außerdem eine Anzahl von Unterabteilungen. Es kann jetzt als sicher gelten, daß die einzelnen Autoren jeder Gattung alphabetisch angeordnet waren; jedem Namen folgten ein paar biographische Einzelheiten, und spätere Autoren waren manchmal enttäuscht über das, was ihnen als Unvollkommenheit erschien (fr. 447). Das weniger gewissenhafte, mehr auf Effekt zielende umfangreiche biographische Werk des Hermippos von Smyrna,[36] der ‹peripateticus› sowie Καλλιμάχειος genannt wurde, kann als populäre Ergänzung zu den esoterischen Πίνακες betrachtet werden. Wir dürfen jedoch daran zweifeln, daß sein Lehrer Kallimachos damit einverstanden war; er hatte sich auf die zuverlässigen Zeugnisse über Leben und Werke seiner Autoren beschränkt. Das Werkverzeichnis, das auf die Biographie folgte, kann nicht in jedem Fall nach dem gleichen Prinzip angeordnet gewesen sein, doch scheint das alphabetische System vorgeherrscht zu haben. Das wenige, was wir über manche kleinere Epen, und alles, was wir über die dramatische Dichtung wissen, führt zu dieser Annahme, falls die Anordnung in den Verzeichnissen der Spätantike tatsächlich von den *Pinakes* hergeleitet ist.[37] Das beste Beispiel ist der berühmte κατάλογος τῶν Αἰσχύλου δραμάτων, der offensichtlich einmal ein Anhang zu einer Vita des Dichters war und uns noch die Titel von dreiundsiebzig Stücken, Tragödien und Satyrspielen in streng alphabetischer Anordnung bietet.[38] Für Euripides gab es nur Bruchstücke zweier inschriftlicher Kataloge,[39] bis kürzlich veröffentlichte Papyri hochwillkommene neue Zeugnisse für Titel

---

Ursprung des *Schild des Herakles* (s. unten S. 220f) ausgesprochen haben. Vgl. a. Arg. [Eur.] *Rhes.* ἔνιοι νόθον ὑπενόησαν ... ἐν μέντοι ταῖς διδασκαλίαις ὡς γνήσιον ἀναγέγραπται. Die Bemerkungen οὐ σῴζεται oder οὐ σῴζονται zu den Titeln von Stücken, deren Text nicht den ‹sicheren Hafen› in Alexandria erreicht hatte, wurden wahrscheinlich aus den *Pinakes* in Aristophanes' Hypotheseis übernommen: Siehe Arg. Eur. *Med.* zu dem Satyrspiel Θερισταί oder Arg. Aristophan. *Ach.* zu Kratinos' Χειμαζόμενοι (cf. Arg. II Aristophan. *Pax*).

36 F. Leo, *Die griechisch-römische Biographie nach ihrer literarischen Form* (1901) 130f; zu Hermippos ibid. 124ff. Zu Hermippos s. a. Moraux, loc. cit. 221ff, und unten S. 188.

37 Zu Kallimachos' speziellem *chronologischen* Verzeichnis der Dramatiker s. unten S. 166.

38 Aesch. ed. Wilamowitz, ed. mai. (1914) 7f; ed. G. Murray, ed. II (1955) 375. Der Katalog ist in zwei Codices, M und V, erhalten.

39 *IG* XIV 1152 und *IG* II/III² 2363, 38ff.

seiner Stücke, in der Reihe der Anfangsbuchstaben geordnet, erbrachten. In dem wichtigsten dieser Papyri,[40] der auch Zusammenfassungen der jeweiligen Handlung bietet, folgen auf den Titel die Formel οὗ (ἧς, ὧν) ἀρχή und das Zitat des ersten Verses. Dieses ‹incipit› hat Kallimachos in den *Pinakes* eingeführt, zum Beispiel: ἐπικὸν δὲ τὸ ποίημα, οὗ ἡ ἀρχή, und dann folgt der erste Vers des Gedichts (fr. 436).[41] Ein bloßer Titel hätte mehrdeutig sein können, besonders bei Prosaschriften; das ‹incipit› erleichterte die Identifikation. Ein Verzeichnis, ähnlich dem von Aischylos' Stücken, ist in zwei Aristophanes-Handschriften erhalten, wo auf einige kurze Einzelheiten seines Lebenslaufes ein alphabetisches Verzeichnis seiner Komödien folgt.[42] Menander wird seinen Platz in den *Pinakes* gehabt haben, ebenso wie Alexis (fr. 439) und Diphilos (fr. 440); denn der Anfang eines alphabetischen Verzeichnisses seiner Stücke (nur die Titel) ist in einem Papyrus erhalten.[43]

Die Katalogisierung der Lyrik (τὰ μελικά) muß schwierige Probleme aufgeworfen haben. Kallimachos teilte die großen triadischen Gedichte (die wir gewöhnlich als ‹Chorlyrik› bezeichnen, obwohl wir oft nicht sagen können, ob sie wirklich von einem Chor vorgetragen wurden)[44] in besondere Gruppen (εἴδη). Simonides' Siegeslieder wurden beispielsweise ἐπίνικοι genannt und nach der Art des Wettkampfes (Wettlauf, Fünfkampf etc.)[45] unterteilt; wir wissen nämlich, daß Kallimachos (fr. 441)[46] einen Teil der *Epinikia* als ἐπίνικοι δρομέσι, ‹für Läufer›, beschrieben hat. Auch Pindars *Epinikia* müssen in mehrere Gruppen eingeteilt gewesen sein, jedoch in anderer Weise, nach dem Ort der Wettkämpfe (Olympia, Nemea etc.); anderenfalls hätte man nicht sagen können, daß Kallimachos (fr. 450) die zweite Pythische Ode, wie sie später genannt wurde, obwohl sie eigentlich einen lokalen Sieg Hierons feierte, unter die Nemeischen Oden einordnete. Schließlich wurden anscheinend Bakchylides' Dithyramben getrennt von seinen Paeanen behandelt, denn Kallimachos wurde dafür getadelt, daß er unter die Paeane ein Gedicht eingereiht hatte, das Aristarch für einen Dithyrambos erklärt und

---

40 *P. Oxy.* 2455 in *Oxyrhynchus Papyri* XXVII ed. E. G. Turner und andere (1962), s. a. 2456; 2457 und 2462 (Menander); sie werden alle dem zweiten Jahrhundert n.Chr. zugeschrieben. S. unten S. 241 Anm. 161.

41 Cf. fr. 443; 444; 449; s. a. Wendel, *Buchbeschreibung* S. 32–34 und Anm. 198, und unten S. 165.

42 Eine kritische Ausgabe, die auf einer neuen Kollationierung des Mailänder und des Vatikanischen Codex beruht, von R. Cantarella, Aristof. *Com.* I (1949) Nr. 231, S. 142ff.

43 *P. Oxy.* 2462 (cf. 2456 Euripides), s. oben Anm. 40

44 S. *Exkurs V.*

45 *PMG* 506–17 Page, teilweise in *AL* II², Simonid. fr. 14–23 Diehl. Zu der Anordnung in Aristophanes' Ausgabe s. unten S. 227.

46 Vgl. E. Lobel zu *P. Oxy.* XXV (1959) 2431, fr. 1.

Kassandra betitelt hatte.[47] Wir kennen diese Einteilung durch Verweise auf die Ausgaben der Lyrikertexte, die Aristophanes von Byzanz begonnen hatte, und aus späteren grammatischen Quellen;[48] aber man vergißt nur zu leicht, daß einige fundamentale Termini und Formeln in den *Pinakes* des Kallimachos, wenn nicht geprägt, so doch zum erstenmal bezeugt sind. Wenn wir auch mehrere Gruppen von Chorliedern unterscheiden können, wissen wir doch nicht, wie die einzelnen Gedichte angeordnet waren. Zweifellos waren sie, wie die Verweise auf Pindars zweite Pythische Ode oder auf Bakchylides' *Kassandra* zeigen, irgendwie verzeichnet.[49] Da die Dithyramben und wahrscheinlich auch die νόμοι, ebenso wie die Theaterstücke, Titel hatten, konnte man sie leicht in alphabetischer Reihenfolge aufführen. Aber was geschah mit den übrigen, besonders mit den monostrophischen Gedichten von Sappho, Alkaios, Anakreon? Da sie keine Titel hatten, blieb als einzige Methode, sie zu registrieren, die Anordnung nach dem ‹incipit›,[50] eine Methode, die heute noch in den Indices der lyrischen Gedichte eines Autors oder einer Anthologie angewandt wird.

Kallimachos dehnte seine Bemühungen auch auf die Klassifizierung der Prosaschriftsteller aus; die verschiedenen Gattungen, soweit wir ihre Namen ausmachen können, wurden oben genannt.[51] Im Prinzip folgte die Einteilung denselben Richtlinien wie bei der Dichtung; aber die Schwierigkeiten waren, wie der Fall des Prodikos zeigt, größer als in den *Pinakes* der Dichter; Kallimachos verzeichnete ihn unter den Rednern (was meiner Ansicht nach richtig ist),[52] aber andere wandten ein, daß er zu den Philosophen gehöre (fr. 431). Die Namen der Autoren innerhalb jeder Gattung waren in der gewohnten alphabetischen Reihenfolge aufgeführt (fr. 435). Die Schriften jedes einzelnen Autors waren wohl wieder in verschiedene Gruppen unterteilt, zum Beispiel öffentliche und private Reden; unvermeidlich war die Unterteilung im Fall der πολυείδεια (fr. 449, 429?). Einzelne Reden, die Titel hatten, zum Beispiel Demosthenes' Περὶ Ἁλοννήσου (fr. 443) oder Περὶ τῶν συμμοριῶν (fr. 432) oder Lysias' Περὶ Φερενίκου (fr. 448), konnten alphabetisch geordnet werden, obwohl das ‹incipit› gewöhnlich dazu geschrieben wurde (fr. 443, 444). In Fällen aber, wo es keine Titel gab oder wo die Autorschaft einzelner Reden (fr. 444–7) oder ganzer Bücher (fr. 437) strittig war, haben wir keinen Anhaltspunkt für die Anordnung. Es scheint

47 *P. Oxy.* XXIII ed. E. Lobel (1956) 2368,16; Bacchyl. 23 ed. B. Snell (^{8}1961) 73 und 50*; vgl. unten S. 271.

48 H. Färber, *Die Lyrik in der Kunsttheorie der Antike* (1936); A. E. Harvey, ‹The Classification of Greek Lyrik Poetry›, *Cl. Qu.* N. S. V (1955) 157ff.

49 Schmidt S. 77 war völlig im Recht gegen Regenbogens Zweifel col. 1421.

50 S. oben S. 164.

51 S. oben S. 163.

52 S. oben S. 60ff.

etwas zu optimistisch zu sein, wenn man in dem berühmten vollständigen Verzeichnis von Theophrasts Schriften eine Art erweiterter Abschrift aus Kallimachos' *Pinakes* erblickt;[53] die außerordentlich komplizierte Überlieferung stützt diese einfache Lösung in keiner Weise. Auch das Verzeichnis von Aristoteles' Schriften (Diog. L. V 22–27) können wir nicht auf Kallimachos als letzte Quelle zurückführen.[54] Was die Behandlung der Philosophen in den *Pinakes* betrifft, ist unsere Kenntnis beklagenswert gering.[55] Weitaus bestimmter sind unsere Informationen über die ‹Miscellanea› (παντοδαπὰ συγγράμματα fr. 434–5); unter dieser Überschrift war eine Anzahl von Schriften verzeichnet, die in die Hauptklassen der Literatur nicht hineinpaßten. So hat zum Beispiel Athenaios in seinen *Deipnosophistai*, die sich besonders mit Büchern über ‹Gastmähler› beschäftigen, ein Exzerpt mit dem Namen eines solchen Autors (eines wohlbekannten athenischen Parasiten), dem Titel, den Eingangsworten und der Zeilenzahl bewahrt[56] (fr. 434), ebenso ein anderes Exzerpt, das eine alphabetische Liste von vier Autoren über Pastetenbäckerei (fr. 435) enthält. Die Absicht ist deutlich: nichts, nicht einmal Kochbücher, in diesem Inventarium der πᾶσα παιδεία auszulassen.

Neben den allgemeinen *Pinakes* kennen wir zwei besondere, die sich von dem Hauptwerk dadurch völlig unterscheiden, daß der eine chronologisch, der andere linguistisch ist. Beide Titel sind nur in Suidas' Artikel enthalten.[57] Der eine ist der Πίναξ καὶ ἀναγραφὴ τῶν κατὰ χρόνους καὶ ἀπ' ἀρχῆς γενομένων διδασκάλων, ‹Tafel und Register der dramatischen Dichter in chronologischer Reihenfolge von Anfang an.› Dieser Pinax muß auf Aristoteles' διδασκαλίαι[58] fußen, die nach den Urkunden in den Archiven des Archonten verfaßt waren. Alexander Aitolos und Lykophron hatten sich im frühen dritten Jahrhundert in der alexandrinischen Bibliothek mit den Tragiker- und Komikertexten befaßt;[59] in der zweiten Jahrhunderthälfte widmeten Eratosthenes und Aristophanes dem attischen Drama größere

---

53 Gegen den Optimismus von Schmidt, *Pinakes* 86, s. O. Regenbogen, *RE* Suppl. VII (1940) 1363ff und XX (1950) 1422 und 1441ff.

54 P. Moraux, *Les listes anciennes des ouvrages d'Aristote* (1951), 233, und Düring, *Aristotle* 67f, stimmen in dieser negativen Feststellung überein; ihre eigenen Theorien weichen voneinander ab.

55 Zu Demokrit s. unten S. 167.

56 Zu Fragen der Stichometrie s. oben S. 160f, und Schmidt, *Pinakes* 69f.

57 Call. II test. 1, cf. oben S. 162; fr. 454–6 Call. I S. 349f. Regenbogen, Πίναξ *RE* XX (1950) 1423, 38, versuchte die schlechte Reihenfolge der Worte zu ändern. Die richtige Betrachtungsweise des jungen Nietzsche verdient wieder hervorgehoben zu werden, s. Anm. zu fr. 456 und vgl. oben S. 73 Anm. 186.

58 S. oben S. 108f, zu Aristoteles' Arbeit in den Archiven und zu dem Ausdruck διδάσκαλος.

59 S. oben S. 136f.

Werke. Dazwischen trug Kallimachos seine Liste zusammen, auf deren großen Umfang wir noch aus drei fragmentarischen Inschriften schließen können, die in Rom gefunden wurden, wo sie wahrscheinlich eine Wand in einer großen Bibliothek bedeckt hatten.[60] Körtes Vermutung, daß die Inschriften eine mehr oder weniger genaue Abschrift von Kallimachos' Pinax darstellten, wurde allgemein akzeptiert. Die erhaltenen Teile zählen die Siege der Komödiendichter bei den Dionysia und Lenaia von 440 bis 352 v.Chr. auf; aber wenn der Titel bei Suidas richtig wiedergegeben ist, erstreckte sich der Pinax weiter zurück bis zur ἀρχή, das heißt, bis zur Einführung der Komödie bei jedem der beiden Festspiele, bei den städtischen Dionysia 486 v.Chr., bei den Lenaia 442 v.Chr. Der zweite besondere Pinax war offensichtlich ein Glossenverzeichnis, und es überrascht nicht, daß Kallimachos dem Philitas und dem Zenodot als Glossograph folgt;[61] was überrascht, ist der Wortlaut bei Suidas: Πίναξ τῶν Δημοκράτους γλωσσῶν καὶ συνταγμάτων (?).[62] Was auch mit συντάγματα gemeint sein mag (wahrscheinlich ‹Schriften›),[63] die Verbindung mit γλῶσσαι mutet fremd an, da ja ‹ein Schriftenverzeichnis› zu den großen allgemeinen *Pinakes* gehören müßte. Es ist natürlich leicht, den Eigennamen Δημοκράτους in ein Δημοκρίτου zu ändern. Demokrit war ein kühner Neuerer auf dem Gebiet der philosophischen Sprache; aber man kann schwerlich behaupten, daß seine eigene Sprache sich durch ausgefallene Wörter auszeichnete. Wir müssen uns auch erinnern,[64] daß er selbst etwas über Homers Sprache und seine Glossen schrieb, wenn auch nur der Titel davon erhalten ist, wie hier bei Kallimachos' Demokrit-Pinax.[65]

Wir haben uns bemüht, auf viele trockene und manchmal verwirrende Titel aufmerksam zu machen. So unauffällig die einzelnen

60 *IG* XIV 1098a; 1097; 1098 (A. Wilhelm, *Urkunden dramatischer Aufführungen in Athen* [1906] 195ff; 255); für weitere Zeugnisse s. meine Anm. zu Call. fr. 456; die Texte sind nun mit Anmerkungen versehen abgedruckt bei A. Pickard-Cambridge, *The Dramatic Festivals of Athens* (Oxford 1953) 121–3, vgl. S. 72.

61 S. oben S. 118 und 147.

62 Call. II test. 1 und I p. 350 nach fr. 456 (wo die Lesart der Handschrift ausgelassen wurde; s. a. Corrigenda II S. 122). *Vors.* 68 A 32 ist die Konjektur des Demetrios Chalkondylas (1499) Δημοκρίτου ohne irgendeinen Hinweis auf Δημοκράτους in den Codices abgedruckt; jedoch erwähnen D.-Kr. die wiederkehrende Form -κρατους für -κριτου in den Anmerkungen zu B 35; 160; 161 und 178. [Zu einem neuen Lösungsvorschlag vgl. jetzt M. L. West, *Cl. Rev.* N.S. 20 (1969) 142.]

63 Cf. Apollon Dysc. *Pron.* 65,17 Schn. und *Synt.* 78,4 Uhl. συντάγματα ‹Prosabücher›.

64 S. oben S. 63f Demokrits Sprache und seine Bücher über Literatur.

65 Die Entlarvung der Demokrit-Fälschungen des Bolos (Suid. s. v. Βῶλος Δημοκρίτειος) sollte man Kallimachos' kritischem Scharfsinn nicht länger mehr zutrauen; dieser merkwürdige Bursche lebte gegen Ende des dritten Jahrhunderts v.Chr. oder sogar später, wie der beste Experte in pseudo-

Überschriften wirken, der Gesamteindruck ist überwältigend. Es wäre von geringem Nutzen gewesen, Hunderttausende von Büchern in der Bibliothek anzuhäufen, ohne zugleich eine vernünftige Klassifikation zu schaffen, die den zukünftigen Leser in den Stand setzte, die Bücher, die er brauchte, zu finden. Zum erstenmal in der Geschichte machten die *Pinakes* des Kallimachos die größten literarischen Schätze dadurch zugänglich, daß sie Dichtung und Prosawerke in geeignete Klassen einteilten und die Autoren in alphabetischer Reihenfolge verzeichneten. Nur der leidenschaftlichste Wunsch, das gesamte literarische Erbe der Vergangenheit dem Vergessen zu entreißen und es zu einem dauernden und fruchtbaren Besitz für alle Zeiten zu machen, konnte die Kraft und die Geduld für dieses gewaltige Unternehmen hervorbringen. Nörglerische Kritiker der Dichter-Gelehrten, Philitas', Kallimachos' und ihrer Nachfolger in Antike und Neuzeit, mögen an der übertriebenen Gelehrsamkeit ihrer Dichtung und an der amateurhaften Unzulänglichkeit ihrer gelehrten Arbeiten Anstoß nehmen. Sie sollten aber nicht die glühende Hingabe an die Wissenschaft unterschätzen, die aus der Begeisterungsfähigkeit eines bedeutenden Dichters kam.

Zweifellos boten die 120 Bücher der *Pinakes* reichlich Spielraum für Erweiterungen und Korrekturen; selbst unsere kurzen Zitate haben das immer wieder gezeigt. Aristophanes von Byzanz[66] veröffentlichte ein ganzes Buch Πρὸς τοὺς Καλλιμάχου πίνακας.[67] Πρός ist zweideutig und bedeutet oft ‹gegen›; aber es gibt nicht den geringsten Grund für die Annahme, daß Aristophanes ‹*gegen* Kallimachos' *Pinakes*› schrieb; sein Buch sollte eine Ergänzung sein, die nach etwa fünfzig Jahren sicher hochwillkommen war; er machte auch für die zusammenfassenden Inhaltsangaben der Stücke in

---

wissenschaftlicher antiker Literatur schließlich herausfand, Max Wellmann, ‹Marcellus von Side›, *Philol. Suppl.* XXVII 2 (1934) 1ff, mit weiteren Belegen; s. a. *Vors.* II⁵ 68 B 300 und A. J. Festugière, *La Révélation d'Hermès Trismégiste* I (1950) 196ff; 222ff, und Add. 432. F. Schmidt, *Pinakes* 97f, und Rehm-Vogel, *Exakte Wissenschaften* (⁴1933) 57 und 63, beruhen auf früheren Veröffentlichungen Wellmanns.

66 Ammon. *De adfin. vocab. differentia* ed. K. Nickau (1966) § 202 εὐθύς καὶ εὐθὺ καὶ εὐθέως διαφέρουσιν cum adnot. p. 53,11: ‹Eren. Phil. *Epitome* καὶ Ἀριστοφάνης (nomen Aristophanis etiam in Symeonis *Synagoge* exstat, ubi ὁ γρ. – Ἀντιφάνους omissa sunt) ὁ γραμματικὸς ἐν τῷ Πρὸς τοὺς Πίνακας Καλλιμάχου περὶ Ἀντιφάνους διαστέλλει τὴν λέξιν (Sym.: τάξιν Eren.)›. Wenn Erennius Philos *Epitome* nicht den Titel von Aristophanes' Werk bewahrt hätte, wäre das neue Fragment sehr wahrscheinlich einem Teil der Λέξεις zugewiesen worden, so wie σάννας vor Millers Entdeckung des Athos-Codex (s. unten S. 245f) einer Abhandlung über Blasphemie zugewiesen wurde. Die Komödiendichter waren in Kallimachos' *Pinakes* verzeichnet (s. oben S. 163f); enthielt Aristophanes' Ergänzung Kapitel über einzelne Dichter (Περὶ Ἀντιφάνους)? Vgl. S. 220f. [Vgl. jetzt K. Nickau, *Rh. M.* 110 (1967) 346ff.]

67 Siehe meine Anm. nach Call. fr. 453 und unten zu Praxiphanes S. 171 und zu Polemon S. 302 Anm. 98. S. a. oben S. 162 Anm. 35.

seinen Ausgaben von Kallimachos' chronologischen Tafeln der attischen Dramatiker[68] Gebrauch. Das war der unmittelbare Erfolg; aber jeder, der biographisches[69] Material brauchte, der Textausgaben unternahm, der über irgendwelche literarischen Gegenstände schrieb, mußte das große Werk zu Rate ziehen; nie hat ein besseres es überflüssig gemacht. Die anonymen Πίνακες[70] der rivalisierenden Bibliothek in Pergamon – sie werden selten zitiert, einmal für einen Komödiendichter, zweimal für einen Redner – kamen den alexandrinischen *Pinakes* des Kallimachos, nach deren Vorbild sie wahrscheinlich gestaltet waren, an Bedeutung keineswegs gleich.

Eine Anzahl von Titeln, von denen einige nur in Suidas' Artikel vorkommen, und einige kurze Zitate geben einen Eindruck von der Vielfalt der gelehrten Werke, die unter Kallimachos' Namen veröffentlicht wurden;[71] bei ihrer Abfassung werden Freunde und Schüler mit ihm zusammengearbeitet haben. Das Verlangen nach unbeschränktem Wissen[72] und die Tatsache, daß in Alexandria nun ein unvergleichlich viel reicheres Material geboten wurde als je zuvor in Athen oder sonstwo, zogen eine Schar von Studenten hierher. Die Sophisten hatten bei ihrer Behandlung literarischer, besonders dichterischer Stoffe pädagogisch-rhetorische Ziele verfolgt, und die großen attischen Philosophen und ihre Schulen hatten ihre philosophischen Absichten gehabt. Nun finden wir zum erstenmal, daß man sich ausgebreitete literarische Kenntnisse um der literarischen Tradition willen aneignet, das heißt, um der Werke willen, die in der Gegenwart geschrieben werden sollten, und für die Bewahrung und das Verständnis der Werke vergangener Jahrhunderte. Eben dies ist die neue selbständige[73] Disziplin der Philologie.

Die Bücher des Gelehrten (γραμματικός) Kallimachos sind oft als mechanische Anhäufungen von Antiquitäten abgetan worden. Tatsächlich beschränken sie sich keineswegs auf antiquarische Gegenstände; wir können unser altes Schema auf sie anwenden, wenn auch vielleicht in anderer Reihenfolge, indem wir einen kurzen Überblick über seine Bücher über Antiquitäten, über die Sprache und über die literarische Kritik geben und schließlich überlegen, wieweit er als Interpret älterer griechischer Literatur angesehen werden kann.

Die Νόμιμα βαρβαρικά waren eine antiquarische Sammlung ‹Nichtgriechischer Sitten›, die vielleicht Aristoteles' gleichnamiges Werk

---

68 Call. fr. 456.

69 S. oben S. 163.

70 Schmidt, *Pinakes*, S. 28 fr. 3 ἐν τοῖς Περγαμηνοῖς πίναξι, (fr. 4 muß gestrichen werden); cf. ibid. S. 104 und das ganze Kap. V zur Nachwirkung der *Pinakes* 99ff. S. a. Regenbogen, *Pinax* col. 1424ff.

71 Fr. 403–28; 457–9; 461–6; 693; fr. 403ff sind nach der alphabetischen Reihenfolge der Titel angeordnet.

72 S. oben S. 158ff.

73 S. oben S. 18.

ergänzten.[74] Ein allgemeines Buch Περὶ ἀγώνων gehört wahrscheinlich auch zu dieser Gruppe, seit einige unter den Sophisten sowie Aristoteles und seine Schule[75] immer wieder Material ‹über Wettkämpfe› zusammentrugen. Die vierundvierzig Exzerpte bei Antigonos von Karystos, *Hist. mirab.* 129–73, aus Kallimachos' Παράδοξα[76] zeigen ihn als Autor von Schriften über Wunder; sein starkes Interesse an ‹unglaublichen Dingen› ließ ihn diese *Sammlung von Wundern aus aller Welt, nach Örtlichkeiten*[77] aus historischen, geographischen und antiquarischen Quellen zusammentragen. Es gibt kein älteres Beispiel für die Paradoxographie als eigenes literarisches Genre. Wie Philitas und Zenodot war auch er nicht naturwissenschaftlich interessiert, das zeigt dieses Werk besser als jedes andere; vor Eratosthenes ist in Alexandria keine Beziehung zwischen Naturwissenschaft und Philologie erkennbar.

Aus einem Buch mit dem Titel 'Eθνικαὶ ὀνομασίαι,[78] d.h. *Ortsgebundene Bezeichnungen*, werden besondere Namen für Fische in verschiedenen Städten (Chalkedon, Thurii, Athen) zitiert; da es ein Kapitel über Fische gab, war das Ganze wohl nach Sachgebieten angeordnet. Wenn es auch nicht bewiesen ist, so ist es doch nicht ausgeschlossen, daß die Titel Περὶ ἀνέμων (fr. 404), Περὶ ὀρνέων (fr.414 bis 428), Μηνῶν προσηγορίαι κατὰ ἔθνος καὶ πόλεις (p. 339, *Örtliche Monatsnamen*) nur die Kapitelüberschriften in demselben umfangreichen Onomastikon sind. Dieses Wörterverzeichnis war bestimmt nicht, wie Zenodots Glossai,[79] alphabetisch angeordnet. Das Verhältnis der Namen zu den Dingen war ein philosophisches Problem, in Platons *Kratylos* ausführlich diskutiert, ebenso von Aristoteles.[80] Kallimachos dagegen verzeichnete und ordnete alle Namen, die er finden konnte, aus den rein literarischen Gründen, die wir gerade festgestellt haben; es war, soweit wir wissen, das erste Wörterverzeichnis dieser Art und wurde von Aristophanes von Byzanz und von späteren Generationen eifrig benutzt. Es ist kaum zu entscheiden, ob Bücher mit den Titeln Κτίσεις νήσων καὶ πόλεων καὶ μετονομασίαι (p. 339) und Περὶ τῶν ἐν τῇ οἰκουμένῃ ποταμῶν (fr. 457–9)

---

74 Call. fr. 405 mit Anmerkungen; zu Aristoteles s. oben S. 111.

75 Call. fr. 403; zum Sophisten Hippias s. oben S. 74ff, zu Aristoteles S. 106ff, zu Duris, dem peripatetischen Geschichtsschreiber, und anderen s. Anm. zu fr. 401.

76 Thomas Stanley, nicht Bentley, entdeckte als erster diese umfangreichen Exzerpte, s. Call. II, p. XLV, 1 und Addenda p. 122.

77 Θαυμάτων τῶν εἰς ἅπασαν τὴν γῆν κατὰ τόπους ὄντων συναγωγή heißt der Titel in Suidas' Liste; s. fr. 407, I-XLIV, 408–11.

78 Call. fr. 406; in den Anmerkungen hätte ich auch auf C. Wendel, ‹Onomastikon› *RE* XVIII (1939) 508 verweisen sollen.

79 S. oben S. 147.

80 Zu Platons *Kratylos* s. oben S. 83ff, zu Aristoteles S. 102 und 106. Bei Demokrits sogenannten 'Ονομαστικά oder Gorgias' 'Ονομαστικόν (S. 67 Anm. 163) ist die Echtheit zweifelhaft.

zu den Büchern über Antiquitäten oder zu den Büchern über die Sprache gehören; ‹Veränderungen von Namen› deutet eher auf die zweite Gruppe hin. Es bleiben noch ein paar Überschriften und Fragmente, für die wir überhaupt keinen Platz finden, ja deren Titel wir nicht einmal verstehen können.[81] Wichtig aber ist die Tatsache, daß wir die Spuren fast aller seiner gelehrten Sammlungen in Kallimachos' Gedichten wiederfinden;[82] wohlklingende Namen von Flüssen oder Inseln, Winden, Nymphen und Vögeln wurden herausgegriffen, um den Vers zu zieren, und eine Anzahl hübscher Lokalsagen war darin zu finden und wurde vor dem Vergessen bewahrt.

Ein Buch haben wir in diesem flüchtigen Überblick ausgelassen, Kallimachos' Schrift *Gegen Praxiphanes*, Πρὸς Πραξιφάνην (fr. 460); wir erwähnten es früher, als wir die nicht-aristotelischen Züge in der neuen Bewegung in Alexandria herausstellten.[83] Das einzige aus diesem Buch zitierte Fragment ist ein deutlicher Beweis für die literarische Kritik insofern, als es die hohen dichterischen Qualitäten des Werkes seines Zeitgenossen Arat verteidigt:[84] μέμνηται γοῦν αὐτοῦ (sc. Arati) καὶ Καλλίμαχος ὡς πρεσβυτέρου οὐ μόνον ἐν τοῖς 'Επιγράμμασιν (*Ep.* 27), ἀλλὰ καὶ ἐν τοῖς Πρὸς Πραξιφάνην, πάνυ ἐπαινῶν αὐτὸν ὡς πολυμαθῆ καὶ ἄριστον ποιητήν. Da wir von keinem ähnlichen Buch des Kallimachos wissen, wird die polemische Schrift gegen den Peripatetiker Praxiphanes wohl beides enthalten haben: sein Urteil über Platons Inkompetenz als Literaturkritiker[85] (um so mehr als Praxiphanes' Περὶ ποιητῶν[86] ein Dialog zwischen Platon und Isokrates war) und seine berühmte Maxime: τὸ μέγα βιβλίον ἶσον τῷ μεγάλῳ κακῷ. Was auch βιβλίον[87] hier heißt, μέγα κακόν, ein ‹großes Übel›, ist eine Art alter Formel (Ο 134, ι 423), und μέγας in bezug auf Literatur ist immer tadelnd; wir können den schmutzigen μέγας ῥόος (großen Strom) im Gegensatz zur reinen ὀλίγη λιβάς (zarten Quelle) (*hy.* II 108)[88] zum Vergleich heranziehen oder die μεγάλη γυνή (große Frau) eines Gedichtes, die den Zarten, Kleinen gegenübergestellt wird, κατὰ λεπτόν (fr. 1,12). Wie im Falle Arat die Behauptung im Prosawerk eine genaue Parallele in einem Epigramm hat, so gibt es auch in den Gedichten offensichtlich Parallelen zu zwei anderen

---

81 Περὶ λογάδων (fr. 412), Μουσεῖον (Call. I p. 339, s. oben S. 73 zu Alkidamas), Περὶ νυμφῶν (fr. 413), 'Υπομνήματα (fr. 461–4; zu ὑπόμνημα s. oben S. 48), zwei Prosa-Fragmente ohne Titel (fr. 465/6).

82 Siehe meine kurzen Anmerkungen zu fr. 403–66 und zu fr. 43 und 580 zu κτίσεις.

83 S. oben S. 123f mit Anm. 51 und S. 158 Anm. 13.

84 Vgl. oben S. 153.

85 S. oben S. 122.

86 Praxiphanes fr. 2 Brink = fr. 11 Wehrli.

87 Über seine verschiedenen Bedeutungen s. Wendel, *Buchbeschreibung* 56ff.

88 Vgl. oben S. 159. [Vgl. jetzt auch M. Bissinger, *Das Adjektiv* μέγας *in der griechischen Dichtung* (Diss. München 1966), bes. 333f.]

Stellen, die man versuchsweise der gleichen Prosaschrift zuschreibt. Platon wurde, wie wir eben sahen, als inkompetenter Kritiker angesehen; der Grund hierfür war, daß er die Dichtungen des Antimachos lobte, dessen *Lyde* Kallimachos in einem Epigramm (fr. 398) als ein ‹plumpes und unklares Buch› verurteilte. Das allgemeine Mißfallen am μέγα βιβλίον, das sich in dem Prosasatz äußert, ist ein Topos in Kallimachos' Gedichten, und es ist das spezielle Thema seiner einleitenden Elegie zu den *Aitia* gegen seine von ihm ‹Telchinen› genannten Gegner.[89]

Ein Verzeichnis dieser Gegner von der Hand eines gelehrten Scholiasten[90] enthält den Namen des Mytileners Praxiphanes; das ist ein wertvolles Zeugnis für die Gegnerschaft zwischen dem Dichter und einem führenden Peripatetiker und zeigt, daß das zweideutige Πρός des Titels ‹*gegen* Praxiphanes› bedeutet. Es ist nicht bezeugt, daß Praxiphanes in seinen Schriften Kallimachos persönlich angegriffen hätte. Die gelehrten Sammlungen und die *Pinakes* vermitteln den Eindruck, in ihrem Stoff nachgerade aristotelisch zu sein, trotz ihrer neuartigen Zielsetzung;[91] aber hinsichtlich der literarischen Kritik sind Aristoteles' Theorie und Kallimachos' Ansichten völlig unvereinbar.[92] Da das eine wichtige Prosawerk fast ganz verloren ist, müssen wir uns hauptsächlich auf die Gedichte verlassen. Immer wieder trug er, ebenso liebenswürdig wie fest, seine klaren und folgerichtigen Ansichten vor. Er ist nie pedantisch, eher humorvoll und ironisch oder auch von lebhaft agressiver Geisteshaltung. Aristoteles hatte – wir erinnern uns – in seinem höchst nüchternen Stil organische Einheit jedes Kunstwerkes gefordert: ἕν, ὅλον, τέλος, μέγεθος waren die entscheidenden Begriffe.[93] Alle Teile müßten eine klare Beziehung zum Ganzen haben, das seinerseits durch Geschlossenheit und Größe bestimmt wäre. *Ilias* und *Odyssee*, nicht die anderen Epen, seien lebendige Organismen dieser Art; nur sie und die Meisterwerke der attischen Tragödie erfüllten diese Bedingungen. Wenn überhaupt noch in Zukunft dichterische Werke geschaffen werden könnten,[94] müßten sie irgendwie mit diesem von Aristoteles gesetzten Maßstab übereinstimmen. Kallimachos blickte nun mit derselben Hingabe und Liebe wie Aristoteles auf Homer,[95] im Gegensatz zu allem ‹Kyklischen› (*Ep.* 28), das die organische Einheit vermissen ließ, dafür aber von traditionellen Formeln strotzte. Eben aus diesem Grunde hielt er Homer für nicht einmal annäherungsweise nachahmbar. Vergebener Ehrgeiz wäre es, mit ihm und den anderen großen

89 Call. fr. 1.
90 Schol. Florentina zu fr. 1, Z. 7, p. 3.
91 S. oben S. 169f.
92 Vgl. oben S. 115.
93 S. oben S. 100.
94 Aristot. *Poet.* Kap. 23f, bes. p. 1459 b 22.
95 Auch der *Margites* ist für ihn, wie für Aristoteles, homerisch, s. fr. 397.

Dichtern der Vergangenheit in Wettstreit treten zu wollen; wenn die Dichtkunst fortleben sollte, mußte sie ganz anderen Prinzipien folgen als denen, die Aristoteles aus den alten Gedichten (τὰ ἀρχαῖα) abgeleitet hatte. Jahrelang hatte die literarische Kritik in den Händen von Sophisten und theoretisierenden Philosophen gelegen; nun war für sie die Zeit gekommen, zu ihren Schöpfern, den ausübenden Dichtern, zurückzukehren.

Die neue Dichterschule des Kallimachos und seiner Nachfolger war ostentativ anti-aristotelisch. Indem sie Einheit, Vollständigkeit und Größe verwarf, bemühte sie sich bewußt um eine lockere Form (fr. 1, 3 οὐχ ἓν ἄεισμα διηνεκές) in einer mehr oder weniger losen Reihe von wenige Verse umfassenden Stücken (fr. 1, 9 ὀλιγόστιχος). Der besondere Wert eines Gedichtes bestand darin, λεπτόν, ‹feingliedrig›, zu sein.[96] Es ist richtig bemerkt worden, daß dieser Schlüsselbegriff und noch einige andere bereits in Aristophanes' Komödien aufgetaucht waren, besonders in den kritischen Partien der *Frösche*: τέχνῃ / [κρίνετε] ... τὴν σοφίην (Call. fr. 1,17f) ist ein fast wörtliches Zitat.[97] Die Richtigkeit dieser Beobachtung wurde jedoch von zwei Thesen überlagert: nämlich daß Aristophanes seine Ausdrücke aus einer sophistischen Quelle, wahrscheinlich Gorgias, entlehnt habe und daß Kallimachos eine rhetorische Quelle über die *genera dicendi* benutzt habe. Bis jetzt wurden für diese Hypothesen keine Beweise erbracht;[98] sie bleiben ein befremdliches, aber typisches Beispiel für die moderne Suche nach verborgenen Quellen. Natürlicherweise muß man annehmen, daß die hellenistischen Dichter ihre kritische Terminologie direkt von den Dichtern des fünften Jahrhunderts ableiteten, die sie so gut kannten. Wesentliche Teile von Kallimachos' *Iamben* sind der Attischen Komödie verpflichtet; es besteht keine Notwendigkeit, vermittelnde Handbücher zu erfinden. Das Wort λεπτός erfuhr einen charakteristischen Bedeutungswandel; während es einst mißbilligend für die Über-Verfeinerung des Geistes oder der Diktion angewandt wurde, zum Beispiel der des Euripides im Gegensatz zu der Kraft, die Aischylos durch die Größe (μέγεθος) seiner Worte erzielte, gebrauchten die Alexandriner Kallimachos, Hedylos, Leonidas das Wort als Ausdruck höchsten Lobes zur Beschreibung des Stils, den zu erreichen sie in ihren Gedichten eifrig bestrebt waren.

---

96 E. Reitzenstein, ‹Zur Stiltheorie des Kallimachos›, *Festschrift für R. Reitzenstein* (1931) 25–40 zu λεπτός, ibid. p. 29, 2 M. Pohlenz zu Aristoph. *Ran.* 828; 876; 956; 1108; 1111. J. D. Denniston, ‹Technical Terms in Aristophanes›, *Cl. Qu.* 21 (1927) 119f, hatte bereits einen großen Teil der Belege bei Aristophanes besser zusammengestellt und interpretiert; s. a. Aristoph. fr. nov. 33 a Demiańczuk (= Satyr. *vit. Eurip.* p. 3, 20 von Arnim, *Suppl. Eur.*) τὰ λ[επ]τὰ ῥήματ' [ἐξεσ]μήχετο.

97 Daher kann man es wagen, Housmans Ergänzung in den Text zu setzen; Aristophan. *Ran.* 766; 779; 785.

98 Zu Aristophanes s. oben S. 70f; zu dem vorausgesetzten rhetorischen Vorbild des Kallimachos s. E. Reitzenstein (oben Anm. 96) 37ff.

Wir finden in dem Praxiphanes-Pamphlet, in dem Arat als Dichter von höchstem Rang gefeiert wird, noch ein anderes bezeichnendes Epitheton: πολυμαθής. ‹Vielwisserei›[99] war in archaischer Zeit ein Vorwurf gegen die, die keine wahre Weisheit besaßen; aber auch dieses Wort erhielt in hellenistischer Zeit den entgegengesetzten Beiklang; unbegrenzte Kenntnis des Gegenstandes und der Sprache hielt man nun für unerläßlich für die neue Dichtung, σοφίη genannt (Call. fr. 1, 18).

Wenn wir Kallimachos' eigene πολυμαθίη betrachten, wie sie in seinen Prosawerken angehäuft ist, stellt sich die Frage, ob sie einer bestimmten Epoche seines Lebens zuzuordnen ist. Als der Epilog der *Aitia* herauskam, sah der erste Herausgeber[100] in den abschließenden Versen Kallimachos' ‹förmlichen Abschied von der Dichtung› und eine Erklärung, daß er ‹sich nun der Prosa widmen› wolle; tatsächlich sah man in seiner Anstellung an der alexandrinischen Bibliothek den Zeitpunkt in seiner Laufbahn, an dem er sich von der Dichtung zur Prosa wandte. Doch weist αὐτὰρ ἐγὼ Μουσέων πεζὸν [ἔ]πειμι νομόν auf die *Musa pedestris* der *Iambi* hin, die in der vom Dichter selbst besorgten Ausgabe letzter Hand auf die *Aitia* folgen;[101] der Pentameter gibt auf diese oder irgendeine andere Frage der Chronologie keine Antwort.

Als wir Kallimachos' Prosaschriften in drei Gruppen einteilten, über Antiquitäten, über die Sprache und über literarische Kritik, stellten wir die Frage, warum es keine vierte über Interpretation gäbe. Soweit wir wissen, gab er niemals einen Text heraus und schrieb keinen Kommentar; die wenigen Fragmente seiner Ὑπομνήματα[102] scheinen auf eine Sammlung mythologischer, linguistischer und geographischer Materialien hinzuweisen. Aber in vielen Passagen seiner Gedichte enthüllt er seine Vertrautheit mit *Ilias* und *Odyssee* und erlaubt uns gelegentlich Rückschlüsse nicht nur darauf, welchen Text er bevorzugte, sondern auch, wie er seine Bedeutung verstand. Nur in diesem Sinn kann man ihn – mit Zurückhaltung – einen ‹Interpreten› Homers nennen.[103]

---

99 πολυμαθίη Heraclit. *Vors.* 22 B 40; cf. Plat. *Leg.* 811 AB, 819 A gegen πολυμαθία und *Phaedr.* 275 A gegen die πολυγνώμονες. Zu Hippias als πολυμαθής s. S. 75 Anm. 201.

100 *The Oxyrhynchus Papyri* VII (1910) ed. A. S. Hunt, p. 18 zu Fol. 2 verso von *P. Oxy.* 1011, Z. 89.

101 Zu Text und Interpretation s. Call. fr. 112, 9 und die Besprechung in *Philol.* 87 (1932) 226f und Call. II p. XXXVI; die korrekte Lesart πεζόν, nicht πεζός (durch Lobels Revision des Papyrus bestätigt) und ihre Interpretation fand R. Herzog, *Berl. Philol. Wochenschr.* 1911, S. 29. Verschiedene Ansichten verzeichnet H. Herter, Bursian 255 (1937) 144f.

102 Oben S. 171 Anm. 81.

103 F. de Ian, *De Callimacho Homeri interprete* (Diss. Straßburg 1893); H. Erbse, ‹Homerscholien und hellenistische Glossare bei Apollonios Rho-

Zuallererst möchten wir wissen, wieweit Kallimachos Zenodots neue kritische Homerausgabe benutzte und wieweit er sich auf vorkritische Texte, τὰ ἀρχαῖα ἀντίγραφα, verließ, wie sie Timon dem Arat empfahl.[104] Mehrere Lesarten des homerischen Textes bei Kallimachos scheinen mit solchen übereinzustimmen, die uns nur von Zenodot bekannt sind. Kydippe, das schöne Mädchen von Naxos, nahm Teil am ‹Tanz um die schlafende Ariede›, Ἀριήδης / [ἐς χ]ορὸν εὑδούσης; so erzählt Kallimachos (fr. 67,13); an der berühmten Homerstelle, auf die er anspielt, χορόν ... οἷον ... Δαίδαλος ἤσκησεν ... Ἀριάδνῃ (Σ 592), las nur Zenodot Ἀριήδῃ. Das ist gewiß eine bemerkenswerte Übereinstimmung; aber da Zenodot seinen Text auf ältere Handschriften gründete,[105] die ihm zuverlässig erschienen, kann die gleiche Quelle auch Kallimachos vorgelegen haben. Wenn es auch möglich, ja sogar wahrscheinlich ist, daß er Zenodot folgte, so ist doch die Übereinstimmung in diesem wie in etwa zehn ähnlichen Fällen[106] kein schlüssiger Beweis. Zumindest ein Beispiel beweist, daß Kallimachos auch andere Texte heranzog, die älter waren als Zenodots Ausgabe: nur die ‹Städte-Ausgaben›[107] haben als einzige die Lesart νήσων ἔπι θηλυτεράων (Φ 454 und Χ 45), deren Epitheton er auf ein anderes Wort übertrug, θηλύτατον πεδίον (fr. 548) ‹die sehr fruchtbare Ebene›.[108] Indem er θηλύτατον mit πεδίον verband, gab Kallimachos seine ‹Interpretation› des homerischen Ausdrucks: er bedeutet nicht ‹Insel, wo die Frauen herrschen›, wie Lemnos und Imbros, sondern ‹Insel, die εὔγειος ist›, mit gutem Boden, fruchtbar. Es ist möglich, daß er die einfachen erklärenden Anmerkungen zu Rate zog, die den Homer-Text lange begleitet haben müssen,[109] bis sie schließlich ein wesentlicher Teil unserer sogenannten D-Scholien wurden, in denen sie mit gelehrteren grammatischen Bemerkungen vermischt wurden. Wenn er aus *H* 231 τοῖος im Sinne von ἀγαθός übernahm (fr. 627), stand seine Auslegung möglicherweise

---

dios›, *Herm.* 81 (1953) 163ff, bes. 173ff zu Kallimachos; s. a. Call. II p. 133 Index s. v. ‹Homerus›.

104 S. oben S. 126f.

105 S. oben S. 142ff. Zenodot hatte die ganze Beschreibung von Achilles' Schild (Σ 483–617) athetiert, aber nicht getilgt.

106 Ich habe in der Anm. zu fr. 12,6 (s. a. Addenda) die Stellen zusammengestellt, bei denen Kallimachos' Homertext mit Zenodot und anderen in unseren Scholien erwähnten Ausgaben übereinstimmt; s. jetzt Erbses kritische Bemerkungen, *Herm.* 81,179.

107 αἱ ἀπὸ τῶν πόλεων ἐκδόσεις, cf. oben S. 122; 141.

108 S. Schol. AT zu Φ 454 und Χ 45 und meine Anm. zu Call. fr. 548 mit weiteren Verweisen zu diesem Lieblings-Adjektiv in fr. 384, 27 und 110,53.

109 S. oben S. 32 (Aristophanes), Erbse, *Herm.* 81,170; 178,2; vielleicht ist das ὑπόμνημα zur orphischen *Theogonie* in dem neuen Dervéni Papyrus (aus dem vierten Jahrhundert v.Chr.? oben S. 132 Anm. 100) ein Beispiel eines solchen vor-alexandrinischen ‹Kommentars›.

im Einklang mit Aischylos, sicherlich aber mit den Glossographen;[110] wenn er einen Boten ἀπούατος nannte (fr. 315), dann war er jedenfalls von irgendeiner Quelle angeregt, in Σ 272 nicht ἀπ' οὔατος, sondern ein Kompositum mit der Bedeutung ‹die Botschaft bringend› zu lesen. Das sind ziemlich ausgefallene Beispiele für homerische Epitheta; aber es gibt auch gebräuchlichere epische Ausdrücke, die zu allen Zeiten Verwirrung stifteten.[111] Wir können heute noch feststellen, wie Kallimachos einige von diesen Adjektiven (οὖλος, πηγός, ἀμαλή, ἦνοψ), Substantiven (δείελον) oder Verben (ἀτέει) oder umstrittene Etymologien von Eigennamen[112] ('Ακακήσιος, Γλαυκώπιον) verstand.

Wir gingen von der Tatsache aus, daß die schöpferischen epischen Dichter ihre eigenen Interpreten waren und daß die Rhapsoden die Selbstauslegung der Dichter fortsetzten.[113] Man kann die Sophisten insofern als die Erben der Rhapsoden ansehen, als sie versuchten, die Dichtung für ihre eigenen neuen Zwecke zu erklären, und die großen attischen Philosophen und ihre Schulen schlossen diese Entwicklung ab. Nun betätigten sich wieder einmal die Dichter auf diesem Gebiet; die ersten Generationen des hellenistischen Zeitalters brachten keine Kommentare hervor, aber diese Dichter waren die unmittelbaren Vorläufer der Verfasser fortlaufender Interpretationen (ὑπομνήματα). Von Kallimachos und seinen Schülern führt eine Linie zu der wahren ἑρμηνεία τῶν ποιητῶν der alexandrinischen γραμματικοί der nachfolgenden Generationen. Im Gegensatz zu ihnen erneuerten Krates und seine Schüler in Pergamon in gewisser Weise die alte allegorische Methode[114] und zwangen den homerischen Gedichten und anderen ihre eigenen philosophischen, insbesondere stoischen Anschauungen auf. Aber die gar nicht seltenen Zitate kallimacheischer Verse in unseren Homer-Scholien zeigen, wie hilfreich sie für die andere, die wissenschaftliche Art der Erklärung alter epischer Dichtung waren. Der begabteste Dichter unter den vielen, die als ‹Kallimachosschüler› bezeichnet werden,[115] Apollonios Rhodios, verdient gleichfalls wahrhaftig einen Platz in dieser entscheidenden Periode früher griechischer Philologie.[116] Wir müssen uns hier mit den wenigen Fragmenten seiner philologischen Arbeit auseinandersetzen und mit

110 S. meine Anm. zu fr. 627, aber auch Lehrs, *Aristarch*³ S. 37, Wackernagel, *Kleine Schriften* I (1953) 728; 730; zu den γλωσσογράφοι s. oben S. 106. Der beste Codex der b-Schol. (C = Laur. 32,3) liest τοῖον ἀεί (Erbse, *Byz. Zeitschr.* 50 [1957] 133).

111 Siehe M. Leumann, *Homerische Wörter* (1950) 213f.

112 Fr. 634, *hy.* III 90, fr. 502; 277,2; fr. 238,20; fr. 633; *hy.* III 143, fr. 238,11.

113 S. oben S. 18 und S. 21.

114 S. oben S. 26ff und unten S. 289ff.

115 S. Call. test. 11a–19a (μαθητής, γνώριμος, Καλλιμάχειος).

116 Sandys I³ 114; 116; 122 erwähnt nur die allgemeine literarische Stellung des Apollonios.

den *Argonautika*[117] insoweit, als dieses große Epos den Philologen zeigt.

In der Überlieferung von Apollonios' Leben und Werk gibt es seltsame Widersprüche. Er war Zenodots Nachfolger als Vorstand der Bibliothek; aber gegen Zenodots Ausgabe des Homer-Textes hatte er so viele Einwände, daß er sie in einem Buch Πρὸς Ζηνόδοτον niederlegte. Als Bibliothekar war er auch Erzieher des Kronprinzen, des nachmaligen Ptolemaios' III. Euergetes (seit 247/6 v.Chr.), aber es ist ziemlich wahrscheinlich, daß der königliche Schüler, mit der kyrenäischen Prinzessin verheiratet, den Kyrenäer Eratosthenes berief[118] und daß sein ehemaliger Erzieher Apollonios dann nach Rhodos ging. Der erste βίος[119] sagt in einem Abschnitt, daß Apollonios erst spät in seinem Leben Gedichte zu schreiben anfing (ὀψὲ δὲ τὸ ποιεῖν ποιήματα ἐτράπετο) und gibt im nächsten Abschnitt ein Gerücht wieder, nach dem er noch in seiner Jugend zum erstenmal die *Argonautika* vortrug und auf Ablehnung stieß (λέγεται ἔτι ἔφηβον ὄντα ἐπιδείξασθαι τὰ 'Αργοναυτικὰ καὶ κατεγνῶσθαι); wegen dieses Mißerfolges, so fährt die Erzählung fort, verließ er seine Heimat Alexandria, ging nach Rhodos und lebte dort als hochangesehener Bürger und erfolgreicher Dichter und Lehrer (als γραμματικός zweifellos). Die Scholien zu *Argonautika* Buch I erklären in sechs Fällen, daß die abweichenden Lesarten, die sie zitieren, aus einer προέκδοσις stammen, einer ‹vorläufigen Ausgabe›,[120] sie nehmen also bei dem Gedicht zwei vom Autor selbst besorgte ‹Ausgaben› an. Apollonios war ein treuer Anhänger des Kallimachos, wie viele einzelne Passagen der *Argonautika* beweisen; im Grunde aber stand er, wie wir sehen werden, im Gegensatz zu bestimmten neuen Lehren seines Meisters. Dieser Lehrer schmähte ihn, nach der antiken biographischen Tradition,[121] in einem *Ibis* betitelten Gedicht voller ‹Schmutz und Gift›. Es ist leicht, diesen literarischen Angriff mit dem Mißerfolg seiner Rezitation und der Emigration in Verbindung zu bringen. Der zweite βίος schließt mit der Feststellung, einige Leute erzählten (τινὲς δέ φασιν) von seiner Rehabilitation in seiner Heimat Alexandria und von seiner Versöhnung mit seinem feindseligen Lehrer, wenigstens

---

117 Ausgaben von Merkel und Mooney s. unten, S. 184 Anm. 152, Scholia in Ap. Rh. vetera rec. C. Wendel (Berlin 1935). Apollonii Rhodii *Argonautica* recogn. brevique adn. crit. instruxit H. Fränkel, *OCT* (1961). Herters kritischer bibliographischer Bericht bis zum Jahr 1955 in Bursian, Bd. 285.

118 S. oben S. 157.

119 Scholia in Ap. Rh. ed. Wendel, pp. 1,8ff; cf. Call. II test. 11a und 11b.

120 Siehe G. W. Mooney, The *Argonautica* of Ap. Rh. (1912) Appendix I pp. 403ff, und Herter, Bursian 285; 230ff.

121 Suid. v. Καλλίμαχος = Call. II test. 1,13 Ἶβις (ἔστι δε' ποίημα . . . εἴς τινα Ἶβιν, γενόμενον ἐχθρὸν τοῦ Καλλιμάχου . ἦν δὲ οὗτος 'Απολλώνιος ὁ γράψας τὰ 'Αργοναυτικά); Epigr. adesp. = test. 23,8 σκώπτω δ' ἐπαραῖς ἶβιν 'Απολλώνιον; Schol. Ov. *Ib.* 447 (wahrsch. fünfzehntes Jahrhundert n.Chr.) De Callimacho . . . qui scripsit in Apollonium Rhodium.

im Tode. Der erste βίος dagegen endet mit all seinen Ehrungen auf Rhodos.

Dies ist ein Labyrinth einander widersprechender Berichte, und kein Ariadnefaden führt aus diesem Dunkel heraus. Doch wird ihre Erörterung ein wenig Licht auf ein oder zwei Punkte werfen, die für unseren besonderen Zweck wichtig sind. Der Satz über Apollonios' Rehabilitierung, der am Ende des zweiten βίος mit den vorsichtigen Worten τινὲς δέ φασιν eingeleitet wird, enthält den Ausdruck καὶ τῶν βιβλιοθηκῶν τοῦ Μουσείου ἀξιωθῆναι; dieser Ausdruck hat beachtliche Unruhe hervorgerufen, denn er wurde allgemein in dem Sinn erklärt, daß Apollonios wieder in seine frühere Bibliothekarstellung eingesetzt wurde, und das kann schwerlich mit der sonstigen Überlieferung über die Abfolge der Bibliothekare in Einklang gebracht werden. Diese Interpretation war jedoch falsch, denn Eusebios gebraucht in seiner *Historia ecclesiastica* und in seiner *Praeparatio evangelica*[122] genau denselben Ausdruck τῶν κατὰ τὴν 'Αλεξάνδρειαν βιβλιοθηκῶν ἠξιώθη, nicht von einem Bibliothekar, sondern von Autoren und Büchern, ‹die der alexandrinischen Bibliotheken für würdig erachtet wurden›. Es gibt folglich überhaupt keine antike Tradition, nach der Apollonios zweimal Bibliothekar war; wenn er einmal Vorstand der Museumsbibliothek war, dann ist der für ihn in Frage kommende Platz zwischen Zenodot und Eratosthenes.[123] Tatsächlich muß man die ganze Geschichte von der ‹Rückkehr in die Heimat› zurückweisen. Die andere, mit λέγεται eingeleitete, zweifelhafte Erzählung, daß der junge Dichter, keine zwanzig Jahre alt, nach dem Mißerfolg seines ersten öffentlichen Vorlesens sich in Scham nach Rhodos zurückzog, ist nicht damit vereinbar, daß er nach Zenodot Bibliothekar war, wie wir annahmen; so muß man auch diese Geschichte fallenlassen.

Der andere Punkt ist die Bedeutung von προέκδοσις.[124] Man nimmt allgemein an, daß das Wort ἔκδοσις eine förmliche Veröffentlichung bedeutet; dies ist jedoch nicht notwendig. Wenn ein Autor einen Text, sei es einen eigenen oder den eines anderen Schriftstellers, konstituiert hat, kann man in den alten ebenso wie in den modernen Sprachen von ἔκδοσις (editio, ‹Ausgabe›) sprechen, ganz gleich, ob er dann veröffentlicht wird oder nicht.[125] Die ernsthaften γραμματικοί in ihren ὑπομνήματα zu den *Argonautika*, nicht die recht unzuverlässigen Biographen, zitieren wiederholt Varianten eines Textes, den sie προέκδοσις nennen; die naheliegende Folgerung ist, daß die

---

122 S. *Exkurs* VIII.

123 Die Reihenfolge ist richtig in *P. Oxy.* 1241, falsch in Suid. s. v. 'Απολλώνιος, s. Call. II test. 12 und 13; s. a. unten S. 193 Anm. 14.

124 H. Fränkel im Vortwort zu seiner Ausgabe p. VI und in ‹Einleitung zur kritischen Ausgabe der *Argonautika* des Apollonios›, *Abh. d. Akad. d. Wiss. Göttingen*, Phil.-hist. Klasse III. Folge, Nr. 55 (1964) 7–11.

125 S. oben S. 97 und 122.

Leute, welche die *Argonautika* herausgaben, zwei voneinander abweichende Texte hatten, deren einen sie für einen vorläufigen, den anderen folglich für den endgültigen oder verbindlichen Text des Gedichtes hielten. Alles andere kann nur Vermutung sein. Ein so bestimmter Hinweis auf eine vorläufige Ausgabe ist selten; er sichert die Erklärung von ἔκδοσις in bestimmten Fällen, in denen sie leicht falsch verstanden wird, und ist ein willkommener Beleg für ein mögliches Verfahren der Buchveröffentlichung, der uns ermutigen kann, einen ähnlichen Prozeß in gewissen Fällen anzunehmen, in denen sich keine Spur davon in unserer Überlieferung findet.

Untersuchungen darüber, wann jemand Bibliothekar war, und über Buchausgaben gehören nur zur äußeren und technischen Seite der Philologie. Doch wirft Apollonios' Beziehung zu Kallimachos[126] auch grundsätzliche Fragen auf. Die ehrwürdigen Mitglieder des Museums bildeten von Anfang an keine besonders friedliche Gemeinschaft; Kallimachos spielt in dreien seiner *Iambi*,[127] in der vielzitierten Antwort an seine Gegner in der Einleitung der *Aitia*, am Schluß seines *Apollon-Hymnos*[128] und in Epigramm 21 auf Streitigkeiten an. Wir haben jedoch kein antikes Zeugnis dafür, daß Apollonios der Hauptgegner war, außer im Falle des *Ibis*, wo dies offenbar aus der biographischen Tradition abgeleitet ist.[129] In Ergänzung dazu haben wir ein gegen Kallimachos gerichtetes spätes Epigramm,[130] dessen Verfasser in der Überschrift der Anthologia Palatina Ἀπολλώνιος γραμματικός genannt wird, Ῥόδιος aber nur vom Lemmatisten der anderen Epigramme; bei Planudes und Eustathios ist es anonym. Das sind außerordentlich spärliche Belege. Apollonios' Ansichten über Ziele des Dichtens und über Kritik können nur aus den *Argonautika* erschlossen werden; wir kennen von ihm keinerlei theoretische oder polemische Äußerungen in Prosa oder Vers.[131]

---

126 E. Eichgrün, *Kallimachos und Apollonios Rhodios* (Diss. Berlin 1961 [279 S.]) stellt die Belege neu zusammen und bespricht alle Probleme verständig.

127 Call. fr. 191; 194; 203.

128 Seit den Tagen des Dionysius Salvagnius, Ov. *Ib.* Comment. ([1]1633), Proleg. pp. 12f und Isaac Vossius (Catull. 1684 p. 342) nahm man allgemein an, daß Kallimachos in *hy.* II 105ff Ap. Rh. angriff. Ich sprach meine Zweifel aus in *Herm.* 63 (1928) 341 = *Ausgew. Schriften* (1960) 132; s. a. H. Erbse, *Herm.* 83 (1955) 424ff.

129 S. oben S. 177 Anm. 121.

130 Call. test. 25 = *AP* XI 275; alle Einzelheiten der Überlieferung und moderne Diskussionen bei M. Gabathuler, *Hellenistische Epigramme auf Dichter* (Diss. Basel 1937) 64f.

131 G. W. Mooney, *The Argonautica* of Ap. Rh. (1912, 2. Aufl. 1964), zitiert etwas hochtrabend den Ausspruch Ἀνάγνωσις τροφὴ λέξεως als charakteristisch für unseren Apollonios; aber der Rhetor Theo *progymn.* (*Rhet. Gr.* II 61, 28 Spengel), der ihn mit der Bemerkung ὡς τῶν πρεσβυτέρων τις ἔφη, Ἀπολλώνιος δοκεῖ μοι ὁ Ῥόδιος zitierte, meinte nicht den Dichter, sondern den Rhetor,

Der eigentliche Unterschied zwischen ihm und Kallimachos bestand darin, daß Apollonios sich enger an die Tradition anschloß; die Tage des langen heroischen Epos waren für ihn noch nicht vorbei. Er wagte es, ein Gedicht zu schreiben, das διηνεκές und als ἕν gestaltet war; es besaß Einheit und Zusammenhang von Jasons und seiner Gefährten Ausreise bis zu ihrer Rückkehr, indem es die ganze Reise der Argo in vier Büchern erzählt. Jedes Buch von etwa 1400 bis 1700 Versen hatte etwa die Länge einer Tragödie. Hierin stimmte Apollonios' Werk mit Aristoteles' Forderungen überein,[132] lief aber grundsätzlichen Lehren des Kallimachos stracks zuwider; er bemühte sich nicht um dieselbe gewissenhafte Genauigkeit und Disziplin in Sprache und Metrum, und jene kallimacheische Feinheit und Anmut, verbunden mit nerviger Männlichkeit, hätte er nie erreichen können. In jener Entscheidungssituation der griechischen Kulturgeschichte konnte Apollonios' Haltung nicht helfen, die Dichtung aus der gefährlichen Lage zu erretten, in der sie sich befand,[133] sondern die Gefahr nur vergrößern. Dies war wenigstens die Ansicht des Kreises um Kallimachos. Aber selbst wenn wir diesen entscheidenden Punkt herausheben, ist es schwer zu glauben, daß Apollonios' von dieser Richtung abweichende Art zu denken und zu dichten so verhängnisvolle Folgen für sein Leben hätte haben sollen. Es scheint dazu keine Parallele in der Geschichte der Philologie zu geben. Wir könnten an den wütenden Poggio denken, der beinahe einen Mörder dang, um Lorenzo Valla umzubringen, weil er ein paar recht boshafte kritische Anmerkungen eines Schülers von Valla am Rande seiner gesammelten Briefe fand; aber beim zweiten Überdenken begnügte er sich mit der Waffe einer heftigen Schmähschrift, die zu einem geistvollen literarischen Duell führte, ohne daß sie Vallas Leben sonst irgendwelche Unbill zugefügt hätte. Was Apollonios betrifft, müssen wir ehrlich zugeben, daß wir nicht imstande sind herauszufinden, was seine Karriere in Alexandria beendete; Erfindung ist kein Ersatz für Beweise.

Die wenigen Fragmente[134] von Apollonios' kleineren Gedichten über verschiedene Städte, ihre lokalen Legenden und ihre Gründung (κτίσεις fr. 4–12) sind wie die *Argonautika* voll von antiquarischen und geographischen Seltenheiten; sie sind wohl als Wiederbelebung der hexametrischen Ktisis-Dichtung früherer Zeiten gemeint, die uns

---

der in Alabanda geboren war und als Lehrer der Rhetorik an der Wende vom zweiten zum ersten Jahrhundert v. Chr. auf Rhodos lebte, s. W. Schmid, *RE* II 140, 64ff.

132 Aristot. *Poet.* 1459 b 19ff.

133 S. oben S. 114.

134 *Collectanea Alexandrina* ed. I. U. Powell (1925) 4–8; cf. H. Herter, Bursian 285 (1955) 409f, mit kurzer Bezugnahme auf die Fragmente der Prosaschriften.

fast ganz verloren ist.[135] Apollonios schrieb auch über Homer und über verschiedene andere Dichter.[136] Probleme (ἀπορήματα) bei Hesiod hatten Aristoteles und seine Schule beschäftigt; in Alexandria hatte Zenodot damit begonnen, einen kritischen Text herauszubringen,[137] und beinahe alle Grammatiker folgten ihm. In einem Werk von mindestens drei Büchern Umfang, dessen Titel nicht angeführt wird, trat Apollonios für den hesiodischen Ursprung der Ἀσπίς ein; vielleicht war es dasselbe Werk, in dem er die Ὀρνιθομαντεία athetierte und den Verdacht aussprach, daß in der Rede der Musen in der *Theogonie* etwas fehle (nach V. 26).[138]

Athenaios[139] sagt, daß Ἀπολλώνιος ὁ Ῥόδιος ἐν τῷ Περὶ Ἀρχιλόχου unter Hinweis auf einen lakonischen Brauch den vieldiskutierten Ausdruck ἀχνυμένη σκυτάλη befriedigend dahingehend erklärte, daß er ‹schmerzliche Botschaft› bedeute; er veröffentlichte also offensichtlich eine Monographie über Archilochos. Archilochos, der ionische Dichter in der Mitte des siebenten Jahrhunderts v.Chr., war ein Feuergeist, der das ganze Reich der griechischen Dichtung revolutionierte; er rangiert in der Wertschätzung gleich nach den großen Epikern; das zeigt sich auch in Sokrates' ironischer Frage an den Rhapsoden Ion: πότερον περὶ Ὁμήρου μόνον δεινὸς εἶ ἢ καὶ περὶ Ἡσιόδου καὶ Ἀρχιλόχου; (Plat. *Ion* 531 A). Weil Archilochos neue rhythmische Elemente, die ‹ungeraden Metren› der Iamben und Trochäen, in die Vortragsdichtung eingeführt und einen besonderen musikalischen Stil für ihre Wiedergabe erfunden hatte, zeigten die Autoren über Musik[140] an seinem Werk ein besonderes Interesse und zogen den Schluß, daß seine Neuerungen denen des Terpander nachfolgten, der sich noch an den daktylischen Rhythmus gehalten hatte. Von Aristoteles' Buch ist in den Verzeichnissen lediglich noch der Titel erhalten: Ἀπορήματα Ἀρχιλόχου Εὐριπίδου Χοιρίλου ἐν βιβλίοις γ̄[141] nach den Ἀπορήματα Ἡσιόδου. Herakleides Pontikos, Platons und Aristoteles' Schüler, brachte zwei Bücher Περὶ Ἀρχι-

135 Von der ἀρχαιολογία τῶν Σαμίων des Semonides Amorg. bis zu den Ἰωνικά des Panyassis; cf. F. Jacoby, *Cl. Qu.* 41 (1947) 4f = *Abhandlungen zur griechischen Geschichtsschreibung* (1956) 149; zu verlorenen epischen κτίσεις als Quellen für Pindar s. P. Von der Mühll, *Mus. Helv.* 20 (1963) 201f. S. a. oben, Kallimachos zu κτίσεις S. 170.

136 J. Michaelis, *De Apollon. Rhod. fragmentis* (Diss. Halle 1875) 16–56.

137 S. oben S. 149.

138 Hes. *Th.* ed. Jacoby p. 46,3. Der Hinweis auf Schol. Hes. *Op.* 58 muß getilgt werden; οἱ περὶ Ἀπολλώνιον meint nicht den Rhodier, sondern Ap. Dyscolos, s. *de pron.* p. 112,23 Schn. vgl. a. J. Schwartz, *Pseudo-Hesiodea* (1960) 614f.

139 Athen. X 451 D = fr. XXII Michaelis.

140 Glauc. Rheg. fr. 2, *FHG* II, 23 ap. [Plut.] *de mus.* 4 Περὶ τῶν ἀρχαίων ποιητῶν καὶ μουσικῶν; s. oben S. 77 Anm. 212.

141 Zu den Ἀπορήματα Ὁμηρικά s. oben S. 95; cf. P. Moraux, *Les listes anciennes* (1951) 114ff.

λόχου καὶ Ὁμήρου heraus, die Diogenes Laertios zusammen mit zwei Büchern Περὶ τῆς Ὁμήρου καὶ Ἡσιόδου ἡλικίας verzeichnet.[142] Ein ptolemäischer Papyrus, den man in die Zeit um 270–240 v.Chr., also genau die Zeit des Apollonios Rhodios, datiert, bescherte uns kürzlich ein kleines Bruchstück, in dem drei iambische Trimeter des Archilochos nach ihren offenbar epischen Vorbildern ohne weiteren Kommentar zitiert werden.[143] Es ist höchst unwahrscheinlich, daß in dieser einfachen Liste ein Stück von Herakleides' Werk erhalten ist, wie der erste Herausgeber vermutete, denn die Reste seiner anderen Bücher über Literatur legen die Vermutung nahe, daß er hauptsächlich am Leben und an der Chronologie der Dichter interessiert war[144] und an dem Stoff ihrer Gedichte. Da die wenigen erhaltenen Zeilen gnomischen Charakter haben, sind sie vielleicht Teil eines Gnomologium; dessen Absicht mag erzieherisch gewesen sein, nicht so sehr im ethischen als vielmehr in einem rhetorischen Sinne, insofern als es Beispiele für die Kunst des μεταφράζειν bietet.[145] Der Papyrus ist ein willkommenes Beispiel für Archilochos' Beliebtheit im dritten Jahrhundert, hat aber kaum etwas mit Philologie zu tun. Derlei gnomologische Anthologien würden zu den pädagogischen und rhetorischen Absichten der Sophisten passen, und diese werden wohl auch damit begonnen haben, solche zusammenzustellen.

In der ersten Hälfte des dritten Jahrhunderts v.Chr. dichtete Theokrit ein begeistertes Epigramm (no. 21) für eine Statue des Archilochos; der aristokratische Kallimachos dagegen konnte seine tiefe Abneigung gegen den ‹Weingeschlagenen› und das ‹Gift› seines Verses, das Aristokraten vor ihm, Pindar und Kritias, gleichfalls ein

142 Diog. L. V 87 = Herakl. Pont. fr. 176–78 F. Wehrli, *Die Schule des Aristoteles* 7 (1953) 54 und 122f; vgl. oben S. 96.

143 *The Hibeh Papyri* II (1955) ed. E. G. Turner, Nr. 173, wieder abgedruckt bei F. Lasserre, *Archiloque* (Paris 1958, Les Belles Lettres) S. 19f, und bei M. Treu, *Archilochus* (München 1959) 6 und 174ff. In der Annahme, daß in V. 10 der homerische Hexameter *E* 130 [μή τι σύ γ'] ἀθανάτοισι θεο[ῖς ἀντικρὺ μάχεσθαι richtig ergänzt ist, nahm ich eine Tmesis in dem entsprechenden Trimeter des Archilochos in V. 12 an und ergänzte versuchsweise κοὐδεὶς δ' ἔπειτα σὺν θεοῖ[σιν ἤντετο]; συνήντετο in feindseligem Sinn Φ 34, cf. *P* 134 und Pind. *O.* II 39, oder σὺν θεοῖ[σ' ἐμίσγετο]; cf. συμμίσγω in feindseligem Sinn Hdt. I 127, etc. Die Tmesis ist überraschend häufig bei Archilochos, fr. 3,1 D³; 7,3 und 6; 68,2; 112,2, etc.; auch fr. 94,2 ἐπ' . . . ἔργα . . . ὁρᾷς muß als ἐφορᾷς verstanden werden, ‹du wachst über› (nicht ‹du blickst auf die Taten›), wenn der geschädigte Fuchs Ζεὺς Ἐπόψιος anruft.

144 S. Herakleid. Pont. fr. 157–80 mit Wehrlis Kommentar. Vgl. a. unten S. 235f, zu Parallelstellen aus Menander und seinen Vorbildern.

145 Die *editio princeps* verweist auf ein ähnliches Gnomologium bei Clem. Al. *Strom.* VI 5, 10–7, 4, vol. II pp. 425f Stählin. Solche Vergleiche zwischen Homer und Archilochos werden auch in rhetorischen Lehrbüchern zitiert, s. Theo *progymn. Rhet. Gr.* II 62,24ff Ὅμηρον μεταφράζων . . . ὁ Ἀρχίλοχος. Zu ‹Gnomic anthologies, their history and use› s. den höchst instruktiven Artikel von J. Barns, *Cl. Qu.* 44 (1950) 132ff und 45 (1951) 1ff.

Ärgernis gewesen war, nicht zurückhalten (fr. 380; 544). Aber niemand konnte das μύριον κλέος des parischen Dichters ernstlich schmälern, der immer noch ungeheuer beliebt war, als Apollonios über ihn die erste[146] wissenschaftliche Arbeit, von der wir wissen, veröffentlichte. Unter den zahlreichen Veröffentlichungen über Archilochos in den vorangegangenen Generationen befand sich keine kritische Textausgabe, kein Kommentar. Indem Apollonios anfing, Archilochos' kraftvolle und eigentümliche Sprache zu interpretieren, wurde er zum Vorläufer der künftigen Herausgeber und ὑπομνηματισταί der Iambographen in Alexandria. Περὶ Ἀρχιλόχου war ein bedeutsames Verbindungsglied zu den Peripatetikern, die vielleicht jene Literaturgattung περὶ τοῦ δεῖνα[147] ins Dasein gerufen hatten, die die vollständigen Kommentare zu einzelnen Autoren vorwegnahm und später neben ihnen bestand; auch in diesem Zusammenhang scheint Apollonios einer traditionsgebundeneren Richtung gefolgt zu sein als Zenodot und Kallimachos.

Auch in seiner Wertschätzung des Antimachos stand Apollonios in Gegensatz zu Kallimachos. Es ist längst bemerkt worden, wie großzügig er in seinen *Argonautika* Anleihen bei Antimachos machte;[148] nun finden wir in einer seiner gelehrten Schriften einen Hexameter des Antimachos zitiert wegen des Wortes πιπώ (der Specht), das er dann erklärte. Die Annahme jedoch, daß es ein ganzes Buch Περὶ Ἀντιμάχου gegeben habe, beruht lediglich auf einer Ergänzung des ersten Herausgebers des Berliner Papyrus und kann kaum aufrechterhalten werden.[149]

Wenn wir uns Apollonios als Homer-Interpreten zuwenden, haben wir einen besseren Stand als im Fall des Kallimachos,[150] bei dem wir unsere Schlüsse nur aus seinen Gedichten ziehen konnten. Nicht nur, daß die *Argonautika* als mythologisches erzählendes Epos natürlich mehr homerische Wörter, Ausdrücke und Passagen[151] auf-

146 Wenigstens solange wir nicht wissen, wann und was der kyrenäische Grammatiker Lysanias περὶ Ἰαμβοποιῶν schrieb, woraus Athen. XIV 620C aus dem ersten Buch zitiert; cf. ibid. VII 304B; in Suid. v. Ἐρατοσθένης ist einer von Eratosthenes' Lehrern wahrscheinlich derselbe Lysanias.

147 Dieses Genre hat sozusagen F. Leo entdeckt in einer Besprechung von Didymos' Περὶ Δημοσθένους, *NGG* 1904 S. 257 = *Ausgewählte kleine Schriften* II (1960) 390ff.

148 Antimachus ed. B. Wyss S. XLVIIIf.

149 *Berl. Klass. Texte* III (1905) Pap. 8439, 5ff, bearb. von H. Schöne, cf. Powell, *Coll. Alex.* S. 250, und Antim. fr. 158 Wyss; doch zeigte die Revision des Papyrus durch F. Della Corte, *Riv. fil. class.* 64 (1936) 395ff, daß Schönes Ergänzung [ἐν τῷ περὶ Ἀ]ντιμάχου nicht aufrechterhalten werden kann, s. a. Herter, Bursian 285 S. 410. vgl. oben S. 122.

150 S. oben S. 175f.

151 Gertrud Marxer, *Die Sprache des Apollonios Rhodios in ihren Beziehungen zu Homer* (Diss. Zürich 1935); es ist zu bedauern, daß diese nützliche Arbeit Apollonios nur mit Homer vergleicht, ohne Berücksichtigung der beachtlichen Literatur der dazwischenliegenden Zeit; so werden dem Apollonios oft

nahmen als Kallimachos' *Hymnen, Aitia* und *Hekale,* sondern Apollonios behandelte auch Fragen des Wortlauts und der Auslegung in seiner Einzelschrift *Gegen Zenodot.* Es kann daher kein Zweifel bestehen, daß er Zenodots Ausgabe kannte; doch hat gewissenhafte neuere Forschung gezeigt,[152] daß er Zenodots Text nicht durchweg annahm, wie man bisher allgemein glaubte. Er folgte älteren vorkritischen Texten mit einfachen Erklärungen in weiterem Umfang als Kallimachos. Das ist durchaus überzeugend, denn es paßt zu dem, was wir Apollonios' mehr ‹konservative› Haltung nannten. Wir werden keinen der Einzelfälle der *Argonautika* besprechen, aus denen der Gebrauch der κοιναὶ ἐκδόσεις der *Ilias* und *Odyssee* und ihrer kurzen Anmerkungen hervorgeht, sondern nur zwei Beispiele, in denen seine Lesarten des Homer-Textes in den Scholien zitiert sind, wahrscheinlich aus der Monographie Πρὸς Ζηνόδοτον.[153] Wir blicken wieder auf die problematischen Verse im Prooemium der *Ilias* und erinnern uns, wie Zenodot sich mit *A* 4–5 auseinandersetzte;[154] jetzt sehen wir, daß Apollonios in *A* 3 πολλὰς δ' ἰφθίμους κεφαλὰς Ἄϊδι προΐαψεν las, nicht ἰφθίμους ψυχάς.[155] Man kann gegen den epischen

Neuerungen gegenüber der homerischen Sprache zugerechnet, wenn er einfach andere Dichter als Quelle benutzte.

152 H. Erbse, *Herm.* 81,163ff. Er widerlegte die Argumente R. Merkels, Apollonii *Argonautica* (1854) Prolegomena pp. LXXIff; s. a. G. W. Mooney, The *Argonautica* of Ap. Rh. (²1964), der ein ausgewogenes Urteil über die Beziehung Apollonios' zu Zenodot hat. Zu der umfangreichen neueren Literatur über die Sprache des Apollonios cf. H. Herter, Bursian 285, S. 315ff. Wenn Erbse (loc. cit. 167) annimmt, daß Apollonios ‹sich gegen die zahlreichen Gewaltmaßnahmen seines dichtenden Zeitgenossen [i. e. Zenodot] wandte›, kann ich ihm nicht zustimmen.

153 Den Titel hat nur Schol. A *N* 657; wir können aber annehmen, daß diese Schrift die Quelle der anderen Zitate ist.

154 Vgl. oben S. 142ff.

155 Schol. BT *A* 3 Ἀπ. ὁ Ῥόδιος κεφαλὰς γράφει; Schol. A ibid. κακῶς τινες μεταγράφουσι . . . κεφαλάς; Schol. A Λ 55 οὐκ ἐνδέχεται (sc. κεφαλάς), ἐπιφερομένου τοῦ 'αὐτοὺς δὲ ἑλώρια' (A 3–4); Schol. AT *H* 330; cf. Eust. 830,4; 1421,42. Vielleicht wurde ἰφθίμους als Epitheton von ψυχάς zu wenig Aufmerksamkeit geschenkt. Es besteht keine Schwierigkeit, die κεφαλάς der Heroen ἰφθίμους zu nennen, was immer ‹stark, gewaltig› bedeutet; seine Etymologie von ἶφι wird von modernen Linguisten angezweifelt (s. Frisk, *Griech. etym. Wörterb.* s. v.), aber nicht von den antiken Grammatikern (s. e. g. Apollon. Soph. S. 93,18 ἰσχυροψύχους oder Eust. p. 16,12 ad *A* 3). Wie können die ψυχαί, die ‹Geister› der toten Heroen, die wie Schatten oder wie ein Traum sind, ἴφθιμοι genannt werden? Es scheint nirgends eine Parallele zu geben. Ich habe den Verdacht, daß wir eine sogenannte ‹Enallagē› annehmen müssen; die ἥρωες sind ἴφθιμοι (cf. Λ 290 ἰφθίμων Δαναῶν), aber das Adjektiv ist an ψυχάς ‹assimiliert› (Λ 55 ἰφθίμους κεφαλὰς *Ἄ.* πρ. hat keinen Genetiv ἡρώων). Diese Assimilation, die in der lyrischen und tragischen Dichtung recht häufig ist – s. meinen Artikel in *Corolla Linguistica,* Festschrift für F. Sommer (1955) 179f –, ist bei Homer sehr selten. Aber cf. ξ 197 ἐμὰ κήδεα θυμοῦ und allgemein F. Sommer in *Sybaris,* Festschrift für H. Krahe (1958) 158.

Ausdruck selbst nichts einwenden, der in Λ 55 vorkommt: πολλὰς ἰφθίμους κεφαλὰς Ἄϊδι προϊάψειν und in [Hesiod][156] *Catal.* fr. 96, 80 Rz.[3] π]ολλὰς Ἀΐδῃ κεφαλὰς ἀπὸ χαλκὸν ἰάψειν, wo die ‹Häupter› den ganzen Menschen meinen. Dagegen ist κεφαλάς unannehmbar in *A* 3, wenn in *A* 4–5 αὐτοὺς δὲ ἑλώρια θῆκε κύνεσσιν / οἰωνοῖσί τε δαῖτα folgt; αὐτούς kann nur im Gegensatz zu ψυχάς gesagt sein: ‹er sandte ihre Seelen [oder Schatten] zum Hades, aber machte sie [d.h. ihre Körper] zur Beute der wilden Tiere›. Wenn Apollonios die Lesart κεφαλάς vorzog, muß er die Verse 4–5 ausgelassen haben, deren Echtheit Zenodot schon bezweifelt hatte. Zenodot kannte wahrscheinlich Abschriften, in denen die zwei Verse ausgelassen waren, und versah sie daher in seiner eigenen Ausgabe mit dem Obelos; dabei wählte er die Lesart ψυχάς[157] in V. 3 und δαῖτα in V. 5; Apollonios entschied sich für κεφαλάς in V. 3 und verwarf die Verse 4 und 5. Es kann leicht sein, daß ihn eine der alten κοιναὶ ἐκδόσεις, die von allen Grammatikern der folgenden Generationen außer acht gelassen wurden, irreführte.[158] Natürlich kann nur die Tatsache, daß Apollonios[159] κεφαλάς las, als erwiesen angesehen werden, und unsere daraus folgende Vermutung, daß er V. 4–5 ausließ, muß mit der nötigen Zurückhaltung betrachtet werden. Es gibt aber eine schlagende Parallele in Λ 97–98, wo Apollonios[160] am Schluß von V. 97 ἐγκέφαλόνδε statt ἐγκέφαλος δέ las und den Vers 98, der mit dieser Lesart unvereinbar ist, athetierte. Soweit die Quellen; aber wir dürfen vermuten, daß Apollonios auch hier, wie im Prooemium des ersten Buches, in einer der alten *Ilias*-Handschriften in der Bibliothek eine seltene Variante fand, die Zenodot vielleicht nicht kannte und die den späteren Grammatikern nicht zusagte, die daher irgend jemand in einem ὑπόμνημα als von Apollonios stammend verzeichnete. Apollonios' ganz vernünftiger Text in Λ 97, δι' αὐτῆς ἦλθε (sc. δόρυ) καὶ ὀστέου ἐγκέφαλόνδε, ist bisher von keinem Papyrus bestätigt worden,[161] und wir können seinen Text dieser

---

156 R. Merkelbach, ‹Die Hesiodfragmente auf Papyrus›, *APF* 16 (1958) H. 80, S. 53.

157 Cf. *H* 330 und Schol. AT, Eust.

158 ‹Irregeführt›, weil das Prooemium wirklich κόλον wird, s. S. 143 Anm. 33.

159 τινές in Schol. A (s. oben S. 184 Anm. 155) meint wahrscheinlich niemand anderen.

160 Schol. A Λ 97.

161 G. Jachmann, ‹Vom frühalexandrinischen Homertext›, *NGG* 1949, 176f; 191f, ging fehl in der Interpretation und den Ergänzungen zu P. Lit. Lond. Nr. 251 (S. 210 Milne 1927); ich war dessen schon sicher, bevor die Einwände von K. Reinhardt, *Die Ilias und ihr Dichter* (Göttingen 1961) 522ff, veröffentlicht wurden (s. a. Hölschers Anm. S. 527). Aber Jachmann zeigte, ohne dogmatisch zu sein, Apollonios nicht als Emendator, sondern als kritischen Bewahrer abweichender Lesarten, die sonst verloren wären, s. a. oben zu Zenodot S. 144f und unten S. 186 Anm. 167 zu Rhianos; das ist der bleibende Wert dieses Aufsatzes.

ganzen Passage nicht mit dem Vulgattext vergleichen. Das Kennzeichnende seiner eigenen Homer-Studien sowie der seines Lehrers liegt in der Tatsache, daß sie die ersten ernsthaften Interpreten waren und damit die Arbeit der späteren Kommentatoren anregten.

Ein anderer Dichter, der Kreter Rhianos, sollte vielleicht einen Platz neben Apollonios erhalten, obgleich wir nicht sicher wissen, ob er überhaupt je mit dem Kreis der großen Alexandriner in Berührung kam;[162] er schrieb ein längeres mythologisches Epos in vier Büchern[163] über Herakles, Ἡράκλεια, und ein paar weitere Epen über Lokalsagen und Stammesgeschichte: Θεσσαλικά, Ἀχαϊκά, Ἠλιακά, Μεσσηνιακά. Dem Gegenstande nach kann man die ersten drei mit Apollonios' kleineren Epen über die Gründungsgeschichten verschiedener Städte vergleichen, wie man auch die *Herakleia* als Parallele zu den *Argonautika* ansehen kann. Die *Messeniaka* scheinen die Geschichte der Messenischen Kriege in einem mehr der *Ilias* nahen Stil behandelt zu haben, wobei das Hauptgewicht auf den aus unbekannten Quellen geschöpften Geschichten von Aufstand und Auswanderung lag.[164] Seine Sprache ist einfacher und sein Vers geschmeidiger als der der Apollonios, der Einfluß des Kallimachos ist kaum zu übersehen. Dieser bemerkenswerte ἐποποιός besorgte auch eine Ausgabe der *Ilias* und *Odyssee*; unsere Homer-Scholien erwähnen mehr als vierzig seiner Lesarten,[165] seltsamerweise aus der *Odyssee* doppelt so viele wie aus der *Ilias*. Er bewahrte das offenbar korrekte, aber seltene Epitheton Τρώων εὐηφενέων in Ψ 81[166] (εὐηγενέων vulg.), das erst kürzlich durch einen Papyrus und durch eine Inschrift bestätigt und daher von einigen Herausgebern übernommen wurde (cf. Λ 427). Sie hätten auch Rhianos' Beschreibung der Ate (fr. 1, 17f. Pow.) Aufmerksamkeit schenken können, die nach der berühmten *Ilias*-Stelle *T* 91ff gestaltet ist; mit ihrer Hilfe kann der entstellte Text unserer Homer-Handschriften berichtigt werden.[167] Homer: Ἄτη ... τῇ μέν θ' ἁπαλοὶ πόδες· οὐ γὰρ ἐπ' οὔδει / πίλναται, ἀλλ' ἄρα † ἥ γε κατ' ἀνδρῶν

---

162 S. oben S. 155.

163 Jacoby folgt *Et. M.* p. 153, 4 v. Ἀσέληνα ... ἐν τῶι ιδ̅ Ἡρακλείας (*FGrHist.* 265 F 48) und ändert Suid. v. Ῥιανός ... Ἡρακλειάδα ... ἐν βιβλίοις ‹ι›δ̅ (ibid. T 1); die durch einen Fleck verdeckte Zahl in *P. Oxy.* 2463, 7 Ῥιανὸς δ' ἐν [τῇ] / . τῆς Ἡρακλείας war ‹möglicherweise ι, aber wahrscheinlich γ' (J. Rea, *P. Oxy.* vol. XXVII, 1962, p. 108.

164 Siehe F. Kiechle, *Messenische Studien* (1959) 82ff; 123ff.

165 S. oben S. 155.

166 Schol. Au. ἐν τῇ Ῥιανοῦ καὶ Ἀριστοφάνους εὐηφενέων ... ὡς Κλεάρχος ἐν ταῖς Γλώτταις (Klearch fr. 111 fals. Wehrli, *Schule des Aristoteles* III [1948] 84 wahrscheinlich Kleitarchos; εὐηφενέοντα oder εὐηφενέ' ὄντα Epic. adesp. *P. Oxy.* 1794, 13 = Powell, *Coll. Alex.* p. 79 und Nom. propr. Εὐηφένης *IG* XII 8, 376, 14.

167 G. Kaibel, *Herm.* 28 (1893) 59; bestätigt von E. Schwartz, ‹Homerica›, *Antidoron*, Festschrift für J. Wackernagel (1923) 71, 1, und in seiner *Ilias*-

κράατα βαίνει; Rhianos: ἡ δ' Ἄτη ἁπαλοῖσι μετατρωχῶσα πόδεσσιν / ἄκρησ' ἐν κεφαλῇσιν; seine *Ilias*-Handschrift hatte also den korrekten Text ἀλλ' ἄκρ(α) ἥ γε κατ' ἀνδρῶν κράατα, ohne daß der Hiatus ‹illicitus›[168] den Vers verunstaltet. Rhianos und Apollonios erfanden solche Lesarten nicht; sie wählten sie aus den Handschriften, die sie einsehen konnten. Ebenso zeichneten sich ihre Dichtungen nicht durch schöpferische Erfindungskraft aus, sondern durch sorgfältige Wortwahl und Stilbewußtsein und durch feinsinnige Anspielungen.

Wir können den Schluß ziehen, daß in den folgenden Generationen, nachdem Philitas und seine unmittelbaren Nachfolger die ‹neue Bewegung› eingeleitet hatten, auch die konservativeren Dichter in den Reihen der Philologen erschienen. In der zweiten Hälfte des dritten Jahrhunderts v.Chr. begann diese Einheit zu zerfallen.

Auf der einen Seite haben wir da den Dichter Euphorion[169] aus Chalkis auf Euboia, der in seinem späteren Leben (um 220 v.Chr.) Bibliothekar in Antiochia in Syrien wurde;[170] er hatte offensichtlich keine unmittelbare Verbindung mit Alexandria und den Ptolemäern. Er war ein kalter Virtuose, dessen Stil in der gesuchten Dunkelheit von Stoff, Aufbau und Sprache ganz dem seines Landsmannes Lykophron glich. Er bediente sich des Reichtums der älteren Dichtung, zu dem die neuen Ausgaben, Glossare und gelegentlichen Erklärungen den Zugang erleichtert hatten, und war gleichermaßen bewandert in den kallimacheischen Stilmitteln, die er häufig pervertierte.[171] Cicero (*Tusc.* III 19,45) nannte den Kreis der römischen *poetae novi* mißbilligend ‹cantores Euphorionis›, und es ist immer wieder erstaunlich zu sehen, wie weit der Einfluß seines Manierismus in der

---

Ausgabe (München, Bremer Presse 1923); E. Schwartz, *Die Odyssee* (1924) 301ff, ‹Textkritische Bemerkungen›, nimmt öfters Rhianos' Text an. Ich stimme Jachmann, ‹Vom frühalexandrinischen Homertext› (1949) 207,1, zu, daß diese besonderen Lesarten keine Konjekturen des Rhianos, sondern Teil einer besseren Paradosis sind.

168 Siehe Leaf in seinem Kommentar ad loc., der den Hiatus zu entschuldigen versucht. Die Schwierigkeit bei Rhianos' Lesart, die Kaibel, Schwartz und Jachmann nicht bedachten, liegt in der Tatsache, daß *Z* 257 ἄκρης πόλιος die einzige andere Stelle ist, an der die Silbe ἀκρ nicht das ‹longum› des Daktylos ist. Für ἄκρα . . . κράατα cf. [Hom.] *hy. Ap.* 33 und für die Stellung cf. *Y* 227 ἄκρον ἐπ' ἀνθερίκων καρπόν. Der Vorschlag von R. Führer, ἀλλ' ἥ γ' ἄκρα κατ' ἀνδρῶν κράατα würde diese Schwierigkeit vermeiden, er würde auch die elidierte Form ἄκρ' umgehen, die bei Homer nie auftaucht.

169 A. Meineke, *Analecta Alexandrina* (1843) 3–168; F. Scheidweiler, *Euphorionis fragmenta* (Diss. Bonn 1908). Powell, *Coll. Alex.* (oben S. 180 Anm. 134) 29–58. Zu den nach 1925 veröffentlichten Papyrusfragmenten s. a. D. L. Page, *Greek literary Papyri* I (1942) Nr. 121, S. 488–98, und Pack² Nr. 371–4; *PSI* XIV (1957) Nr. 1390 ed. V. Bartoletti, *P. Oxy.* XXX (1964) 2525–8 ed. E. Lobel.

170 Vgl. oben S. 155 Anm. 91.

171 Siehe Call. II S. 131f, v. Euphorio.

griechischen und römischen Literatur reichte.[172] Seine begrenzte philologische Tätigkeit beschränkte sich auf das Sammeln antiquarischen Materials, und wir haben keinen Hinweis darauf, daß er jemals einen Text herausgab oder interpretierte, außer vielleicht seine eigenen Dichtungen.[173]

Auf der anderen Seite gibt es drei Kallimachos-Schüler, die, obwohl zwei von ihnen gelegentlich Gedichte schrieben,[174] hauptsächlich als Verfasser gelehrter Prosaschriften bekannt sind: Hermippos von Smyrna, Istros und Philostephanos, von denen Istros möglicherweise, Philostephanos auf jeden Fall, wie ihr Lehrer und Zeitgenosse Eratosthenes, in Kyrene geboren sind. Hermippos' biographisches Werk[175] wurde als Fortsetzung der biographischen Teile von Kallimachos' Πίνακες bereits erwähnt;[176] in mehr erzählerischem Stil geschrieben, wurde es mit all seinen Anekdoten zu einer Quelle von zweifelhafter Verläßlichkeit für Diogenes Laertios und für Plutarch. Daß Hermippos sowohl Περιπατητικός als auch Καλλιμάχειος genannt werden konnte, legt die Vermutung nahe, daß jener Ausdruck gar keinen philosophischen Klang mehr hatte, sondern auf jeden Autor über Literatur und Altertümer, speziell auf den Biographen, angewandt werden konnte. Istros[177] wird nicht als γραμ-

---

172 Die Begeisterung B. A. van Groningens, ‹La Poésie verbale Grecque›, *Mededeelingen d. kon. Nederl. Akad. van Wetensch. Afd. Letterk.* N. R. 16,4 (Amsterdam 1953) 189–217, wird, fürchte ich, nicht viele Leser dazu bringen, Euphorion als den vollkommenen Vertreter der ‹Poésie verbale› in hellenistischer Zeit anzuerkennen. Selbst einer seiner modernen Bewunderer scheint von diesem stilistischen Manierismus peinlich berührt zu sein, P. Treves, *Euforione e la storia ellenistica* (1955), der die wenigen historischen und biographischen Daten durch seine eigenen Erfindungen erweitert; ich kann nichts Besseres tun, als auf die ins einzelne gehende Besprechung durch P. M. Fraser, *Gnom.* 28 (1956) 578–86, zu verweisen.

173 Fr. 48–58 und vielleicht Fr. 148–52 Scheidweiler; cf. F. Skutsch, *RE* VI (1909) 1189f. – Es ist höchst unwahrscheinlich, daß er der Euphorion war, der eine λέξις Ἱπποκράτους in sechs Büchern schrieb (fr. 51; 52 Scheidw.). In *P. Oxy.* 2528 ist Euphorion offensichtlich der Interpret seiner eigenen Gedichte. Ich finde keine antike Parallele, aber in der Neuzeit von der Spätrenaissance bis zur Romantik ist es nicht ungewöhnlich, daß ein gelehrter Dichter sein eigenes Werk kommentiert, s. W. Rehm, *Späte Studien* (1964) 7ff.

174 Cf. Suidas v. Ἴστρος . . . ἔγραψε δὲ πολλὰ καὶ καταλογάδην καὶ ποιητικῶς; Philosteph., fr. 17 kommt aus einem Gedicht, cf. fr. 14.

175 *FHG* III 35–54. P. Von der Mühll, ‹Antiker Historismus in Plutarchs Biographie des Solon›, *Klio* 35 (1942) 89ff, scheint etwas zu weit zu gehen in seinem Unternehmen, Hermipps Ansehen als Solon-Biograph gegen die grimmige Kritik Leos (s. oben S. 163 Anm. 36) wiederherzustellen (vgl. a. oben S. 110f zu Aristoteles über Solon).

176 S. oben S. 163 mit Literaturverweisen.

177 *FGrHist* 334 T 6; cf. T 1 und 4; die Einleitung IIIb (Suppl.) Bd. 1 (1954) 618–27 bietet unschätzbare Information über diese Literaturgattung als Ganzes. Ein kurzer Hinweis auf Philochoros (*FGrHist* 328), der zu der Ge-

ματικός, sondern als ὁ Καλλιμάχειος συγγραφεύς bezeichnet; das bedeutet, daß er geschichtliches Material zusammenstellte, indem er in der Bibliothek Exzerpte aus älterer Literatur anfertigte. Seine Schrift über Athen, 'Αττικά oder vollständiger Συναγωγὴ τῶν 'Ατθίδων, war der Brennpunkt seiner verschiedenen Kollektaneen, unter denen sich auch 'Ηλιακά, 'Αργολικά und ''Ατακτα fanden. Nach den Fragmenten zu urteilen, beschränkte sich sein Interesse auf die frühe ‹mythische› Periode, wenn es sich auch von den Mythen auf die Kulte und auf die epische und lyrische Dichtung ausdehnte.[178] Der dritte im Bunde, Philostephanos,[179] war Geograph im selben Sinn, wie Istros Historiker war; sein antiquarisches Material war nach Ländern und Städten geordnet: Περὶ τῶν ἐν 'Ασίᾳ πόλεων, ‹Inseln› (Sizilien, Thasos, Kypros) und ‹Flüsse›.[180] Als echter Kallimacheer überlieferte er Aitiologien, Paradoxa, ausgefallene Bräuche und Kulte von verschiedenen Orten. Alle drei hatten peripatetische Neigungen; da sie in Alexandria wirkten, waren sie aber unter den ersten, die aus Kallimachos' erschöpfenden Katalogen Gewinn zogen und bestimmte Teile seines gelehrten Wirkens auf ihren Spezialgebieten, Biographie, Geschichte, Geographie, ergänzen konnten.

Ein Zeitgenosse dieser Kallimachos-Schüler war Satyros von Kallatis, im gleichen ungenauen Sinne wie Hermippos Περιπατητικός genannt; er soll hier nur erwähnt werden, weil er zur gleichen Klasse von Autoren gehörte. Seit ein wesentliches Fragment seiner *Vita* des Euripides,[181] in Dialogform wie Aristoteles' Περὶ ποιητῶν, entdeckt worden ist, sind moderne Leser manchmal überrascht und enttäuscht darüber, daß Satyros seine Schlüsse auf das Leben und den Charakter seines Helden aus Stellen in des Dichters eigenen Tragödien und in den Komödien des Aristophanes zog. Wenn wir aber bedenken, in

---

neration vor Istros gehörte und eine seiner Hauptquellen war, fiel irrtümlicherweise aus; er war der gelehrteste aller attischen Annalisten, und sein umfangreiches Werk (Titelverzeichnis Jacoby, loc. cit. S. 242) enthält auch Schriften über archaische und klassische Dichtung (ibid. S. 232f). Aber auf Jacobys Versicherung, daß er ‹*the first scholar among the Atthidographers*› gewesen sei (S. 227, Kursivdruck von Jacoby), müssen wir mindestens antworten, daß antiquarische Untersuchungen noch keine echte Philologie sind, wie wir sie in diesem Buch bestimmt haben (s. S. 18 und passim).

178 F 58 (Homer), F 56 (μελοποιοί).

179 *FHG* III 28–34 (unvollständig); F. Gisinger, *RE* XX (1941) 104–18; vgl. oben S. 170 Anm. 77, Kallimachos' Παράδοξα, angeordnet κατὰ τόπους.

180 Ein neuer Hinweis findet sich vielleicht in einem ‹Kommentar zur Chorlyrik› *P. Oxy.* XXXII (1967) 2637 fr. 10,3 Φιλοστ[έφανος ἐν τῷ Περὶ τῶν παραδόξων πο]ταμῶν, wie E. Lobel vermutet; cf. Athen. VIII 331 D = Philostephanus fr. 20 M.

181 *P. Oxy.* IX (1911) 1176, abgedruckt in *Supplementum Euripideum*, ed. H. v. Arnim (1913) 1ff; cf. F. Leo, *NGG* 1912, 273ff = *Ausgewählte kleine Schriften* II (1960) 365ff, A. Dihle, ‹Studien zur griechischen Biographie›, *Abh. Gött. Akad. d. Wiss.*, Phil.-hist. Kl. III Nr. 37 (1956) 104ff.

welcher Weise selbst Aristarch willkürlich ausgewählte Verse aus Alkmans Gedichten als biographische Quellen benutzte,[182] dann müssen wir mit Satyros Nachsicht üben. Wenn urkundliche Zeugnisse zur Hand waren, benutzte er sie; so schlug er ψηφίσματα für Einzelheiten im Kult und in der Verfassungsgeschichte nach und zitierte sie in seiner Lokalschrift ‹Über die Demoi von Alexandria›, die wahrscheinlich unter der Regierung Ptolemaios' V. und Kleopatras' I. zwischen 193 und 180 v.Chr. geschrieben wurde.[183]

182 S. unten S. 270.

183 *P. Oxy.* XXVII (1962) 2465, mit dem Kommentar von E. G. Turner. Cf. F. Jacoby *FGrHist* 631 (Bd. III C, 1958, S. 180f), das hier in der Anmerkung zu dem einzigen alten Fragment gegebene Datum (222–205 v.Chr.) muß wahrscheinlich auf Grund des neuen Papyrus geändert werden.

IV

EXAKTE WISSENSCHAFT UND PHILOLOGIE: ERATOSTHENES

Philologie erwuchs in Alexandria als Schöpfung der neuen Zeit, exakte Wissenschaft dagegen stammte in langer Tradition aus der ionischen und attischen Vergangenheit. Straton ὁ φυσικός[1] unter Ptolemaios I. und andere waren die Verbindungsglieder zwischen der athenischen Schule des Aristoteles und dem alexandrinischen Museum; ein Aufblühen der Mathematik und der Naturwissenschaften war die Folge. Die schweifende Wißbegierde der Dichtergelehrten hatte sich gelegentlich auch auf Gegenstände der Naturwissenschaft erstreckt; sie hatten eine Vorliebe für Wunder aller Arten, θαυμάσια.[2] Der griechische Geist ist zu allen Zeiten von den Wundern der Natur angerührt worden; der Dichter der *Odyssee* schilderte, wie selbst der Götterbote Hermes beim Anblick der unglaublichen Schönheit von Kalypsos Insel staunend dastand. Nun waren die Dichtergelehrten nicht nur Sammler geographischer, ethnographischer und zoologischer Paradoxa, sondern entwickelten auch eine gewisse Kenntnis der exakten Wissenschaften. Medizinische Autoren wurden in Kallimachos' *Pinakes* aufgenommen (fr. 429), und er und Apollonios zeigten sich vertraut mit technischen Einzelheiten auf dem Gebiet der Medizin.[3] Vielleicht befaßte sich auch Arat mit Ἰατρικά;[4] sicherlich muß er sorgfältige astronomische Studien betrieben haben, bevor er den gelehrten Sternenkatalog des Eudoxos in die flüssigen epischen Verse seiner *Phainomena* übertrug.[5]

Es bleibt jedoch ein wesentlicher Unterschied zwischen ihnen allen und Eratosthenes. Er scheint der erste Philologe und Dichter gewesen zu sein, der vor allem und in echtem Sinne Naturwissenschaftler war; denn seine Dichtung war, verglichen mit der verwirrenden Fülle und Vielseitigkeit seiner übrigen Werke, nicht mehr als ein kleines πάρεργον, wenn auch nicht ohne Anmut und Schlichtheit.[6] Bisher war

---

1 S. oben S. 120.

2 S. oben S. 170.

3 Erbse, *Herm.* 81 186ff, bes. 190; s. a. H. Oppermann, ‹Herophilos bei Kallimachos›, *Herm.* 60 (1925) 14ff.

4 E. Maass, *Aratea* (1892) 223ff.

5 S. oben S. 154.

6 Auct. Περὶ ὕψους XXXIII 5 nannte Eratosthenes' *Erigone* διὰ πάντων ἀμώμητον ποιημάτιον.

die Philologie eine Domäne der Dichter und ihrer Schüler. In der Mitte des dritten Jahrhunderts v.Chr. jedoch zerfiel die Einheit von Dichtung und Philologie;[7] die Gelehrsamkeit schritt voran, die Dichtkunst blieb zurück. Wir kommen um die Frage nicht herum, ob der Geist der Naturwissenschaft, ihre Methode, nun Einfluß auf die Philologie und ihre weitere Entwicklung gewann.

Eratosthenes, in Kyrene geboren, soll, wie so mancher andere, ‹Schüler› des Kyrenäers Kallimachos gewesen sein.[8] Doch sind die Schwierigkeiten, die dürftigen biographischen Daten zu verifizieren und den Inhalt seiner Bücher zu rekonstruieren, fast unüberwindlich. Nichts ist uns geblieben als Hunderte von verstreuten Fetzen, es gibt nicht einmal eine zuverlässige moderne Sammlung seiner Fragmente. Aber wer ist schon so verwegen, sich, wenn auch nur als Herausgeber, an der Universalität des Eratosthenes zu messen, der Philosoph, Mathematiker, Astronom, Chronograph, Geograph, Grammatiker und Dichter war? F. A. Wolfs außergewöhnlich gelehrter Schüler G. Bernhardy besaß als noch sehr junger Mann den Mut, alle *Eratosthenica*, die er finden konnte, zusammenzustellen und sie 1822 zu publizieren. Aber niemand hat sich seitdem daran gewagt, und jetzt, nach eineinhalb Jahrhunderten, wäre eine *vollständige* neue kritische Ausgabe wahrhaftig lohnend.[9] Nach der in Suidas' Artikel erhaltenen biographischen Überlieferung waren seine Lehrer in Kyrene der Grammatiker Lysanias[10] und der Dichter Kallimachos und in Athen der stoische Philosoph Ariston von Chios[11] und der Platoniker Arkesilaos; von Ptolemaios III. (nach 246 v.Chr.) nach Alexandria berufen, lebte er hier bis zur Regierung Ptolemaios' V. (205/4 bis 181/0 v.Chr.). In der 126. Olympiade (276/3 v.Chr.) geboren, starb er im Alter von achtzig Jahren. Dieser Bericht scheint ganz folgerichtig zu sein; tatsächlich ergeben sich aber einige störende Unstimmigkeiten. Kallimachos hatte seine Heimatstadt verlassen, lange bevor Eratosthenes geboren war; als Eratosthenes nach Alexandria

---

7 S. oben S. 187.

8 Call. II test. 15 und 16; die beste Zusammenstellung und Besprechung der Testimonia findet sich in *FGrHist* 241 (1929–30), der eine Ausgabe der historischen Fragmente folgt; cf. G. Knaack, *RE* VI (1907) 358ff. Ein meisterhaftes Bild der Persönlichkeit gibt ein Aufsatz von E. Schwartz, ‹Eratosthenes› in *Charakterköpfe aus der antiken Literatur* II. Reihe, zuerst 1909, mit vielen Neuauflagen.

9 Die Fragmente der Werke über einzelne Stoffgebiete wurden gesammelt: H. Berger, *Die geographischen Fragmente des Eratosthenes* (1880); K. Strecker, *De Lycophr., Euphron., Eratosth. comicorum interpretibus* (1884) 22–78; Powell, *Collectan. Alex.* 58–68 dichterische Fragmente; historische Fragmente mit einem Anhang von verschiedenen anderen wichtigen Fragmenten *FGrHist* 241.

10 S. oben S. 183 Anm. 146 zu seinem Buch Περὶ ἰαμβοποιῶν. In unseren *Ilias*-Scholien wird er dreimal zitiert, in Schol. B *I* 378 vor Aristophanes und Aristarch.

11 Cf. *FGrHist* 241 F 17; M. Pohlenz, *Die Stoa* (1948) I 27f und II 16f.

berufen wurde, stand Kallimachos fast am Ende seines Lebens. So müssen wir entweder annehmen, daß Eratosthenes in einem allgemeineren Sinn, nicht persönlich, sein μαθητής war, oder einen Aufenthalt des jungen Eratosthenes in Alexandria, zwischen Kyrene und Athen, für den es keinen Beleg gibt,[12] ‹interpolieren›. Aber der wichtigste Punkt ist folgender: nach einer stoischen Quelle bei Strabon[13] wurde Eratosthenes daraus ein Vorwurf gemacht, daß er, τοῦ Ζήνωνος τοῦ Κιτιέως γνώριμος Ἀθήνησι, ‹ein Bekannter [oder: Schüler] des Zenon in Athen›, keinen von Zenons Nachfolgern erwähnt habe, sondern nur seine Widersacher von verschiedenen Standpunkten her, Ariston und Arkesilaos. Wenn γνώριμος im wörtlichen Sinne korrekt ist und Eratosthenes mit Zenon, der 262/1 v.Chr. starb, bekannt oder sein Schüler war, dann muß er schon zehn oder gar zwanzig Jahre vor 276 v.Chr. geboren sein. In diesem Fall, wenn das Geburtsdatum um 296 liegt, muß man die Überlieferung, daß Eratosthenes unter Ptolemaios V. (nach 205/4 v.Chr.) ein alter Mann von achtzig Jahren war, verwerfen, und dann läge seine Geburt immer noch zu spät, als daß er Kallimachos' Schüler in Kyrene hätte sein können. Diese chronologischen Widersprüche können nicht einfach übergangen werden.[14] Aber Strabon, ein stoischer ‹Konvertit›, war immer bereit, tadelnde Seitenhiebe gegen Eratosthenes zu führen, den er für eine Art Ketzer hielt; in Anbetracht dieser Zusammenhänge würde ich daher der isolierten Bemerkung über den undankbaren Ζήνωνος γνώριμος[15] nicht allzuviel Glaubwürdigkeit beilegen und die gewöhnliche Überlieferung nicht verwerfen.

Vielleicht tauchen eines Tages neue Zeugnisse auf, die etwas Licht auf diese Probleme werfen, wie es ein Papyrus in bezug auf seine Tätigkeit als Bibliothekar tat. Die Abfolge der Bibliothekare in Alexandria war in der biographischen Tradition durcheinandergeraten, nach der Apollonios auf Eratosthenes gefolgt sein soll und

---

12 Der verworrene Bericht bei Tzetz. *Proleg.* p. 25,8, in dem, zusammen mit Alex. Ait. und Lykophr., Kallimachos und Eratosthenes erwähnt werden – νεανίαι ἦσαν Καλλίμαχος καὶ Ἐρατοσθένης – (s. oben S. 161), kann nicht als Beleg betrachtet werden. Außerdem hätte Susemihl I 410,6 Eratosthenes' lebendigen Dialog mit dem Titel ‹Arsinoë› (Athen. VII 276 A = *FGrHist* 241 F 16) nicht als Argument gebrauchen sollen; zweifellos bezieht er sich auf Arsinoë III., die Gattin des Philopator, des Gründers dionysischer Feste wie der Lagynophoria, nicht auf Arsinoë II. Philadelphos.

13 Strab. I 15 = *FGrHist* 241 T 10.

14 Wilamowitz war der erste, der das Problem bemerkte, s. Susemihl I 410,4; der stärkste Verfechter der frühen Datierung war F. Jacoby *FGrHist* II D pp. 704f.

15 Ich berufe mich hier gern auf den größten Spezialisten dieses Überlieferungszweiges, M. Pohlenz, *Die Stoa* II 16: ‹Strabos Angabe I 15, er sei Zenons Schüler gewesen, ist nicht buchstäblich zu nehmen›; vgl. a. G. A. Keller, *Eratosthenes und die alexandrinische Sterndichtung* (Diss. Zürich 1946) 134ff, Beilage zur Chronologie.

Aristophanes auf Apollonios;[16] aber eines der Verzeichnisse in der sogenannten *Chrestomathie*, *P. Oxy.* 1241,[17] stellte die richtige Reihenfolge wieder her: Eratosthenes folgte auf Apollonios,[18] und auf ihn folgte Aristophanes. In dieser Liste werden Apollonios und später Aristarch ausdrücklich als διδάσκαλοι[19] der königlichen Prinzen bezeichnet; diese Stellung wird auch für den ersten Bibliothekar, Zenodot, bezeugt, der die Kinder Ptolemaios' I. erzog (ἐπαίδευσεν),[20] und vor ihm für den Dichter Philitas.[21] So ist es gerechtfertigt, eine ähnliche Erzieherstellung auch für die beiden anderen Leiter der Bibliothek, Eratosthenes und Aristophanes, anzunehmen. Eratosthenes setzte an das Ende eines Briefes an den König über die Verdoppelung des Würfels ein Epigramm,[22] dessen letzte Distichen seine Ergebenheit gegenüber der königlichen Familie zeigen: εὐαίων Πτολεμαῖε, πατὴρ ὅτι παιδὶ συνηβῶν / πάνθ' ὅσα καὶ Μούσαις καὶ βασιλεῦσι φίλα / αὐτὸς ἐδωρήσω· ὁ δ' ἐς ὕστερον, οὐράνιε Ζεῦ, / καὶ σκήπτρων ἐκ σῆς ἀντιάσειε χερός. / καὶ τὰ μὲν ὡς τελέοιτο· λέγοι δέ τις ἄνθεμα λεύσσων / τοῦ Κυρηναίου τοῦτ' Ἐρατοσθένεος. Ptolemaios wird von Eratosthenes als εὐαίων angeredet; in ähnlicher Weise hatte Kallimachos die Königin mit εὐαίων ... Βερενίκα (*Ep.* 51, 3) angesprochen und οὐράνιε Ζεῦ an das Ende eines Hexameters gesetzt (*Ep.* 52, 3). In dem Vers πάνθ' ὅσα καὶ Μούσαις καὶ βασιλεῦσι φίλα ist die Anspielung auf eine berühmte Stelle bei Hesiod (*Th.* 80ff), den Lieblingsdichter des Kallimachoskreises, ganz offensichtlich. Wenn auch das spätere ausschweifende und sogar verbrecherische Leben des Kronprinzen als Ptolemaios IV. Philopator (221–204 v.Chr.)[23] den Erziehungskünsten des Eratosthenes keine besondere Ehre machte, so kann man doch nicht leugnen, daß alle Dinge, die den Musen wert waren, auch dem König lieb waren, der die Μουσεῖα auf dem Berg Helikon neu ordnete, eine Tra-

16 Suid. v. Ἀπολλώνιος (= Call. II test. 12) und v. Ἀριστοφάνης (= test. 17); zu der Verwirrung bei Tzetz. s. oben S. 193 Anm. 12.

17 Col. II 5f, τοῦτον (sc. Ap. Rh.) διεδέξατο Ἐρατοσθένης. μεθ' ὃν Ἀριστοφάνης (= Call. II test. 13).

18 Über den wahrscheinlichen Zeitpunkt s. oben S. 178.

19 Zu den Ausdrücken διδάσκαλος, καθηγητής, τροφεύς, τιθηνός s. E. Eichgrün, *Kallimachos und Apollonios* (1961) 181ff, Exkurs I: Prinzenerzieher.

20 S. oben S. 120 Anm. 29.

21 S. oben S. 120 Anm. 27.

22 Eutoc. comment. in libr. Archimed. de sphaera et cylindro, Archimedes *Opera* ed. J. L. Heiberg, vol. III (^{2}1915) 96 = Powell *Collect. Alex.* p. 66. Die Echtheit von Eratosthenes' Epigramm wies Wilamowitz, ‹Ein Weihgeschenk des Eratosthenes› *NGG* 1894, 23ff = *Kleine Schriften* II (1941) 56ff, nach. Er protestierte heftig gegen Powells Anmerkung ‹dubium›, *Glaube der Hellenen* II (1932) 318, 1, und blieb bei seiner früheren Vermutung aus dem Jahre 1894, loc. cit. p. 31, daß Eratosthenes Philopators Lehrer war: ‹Jetzt wird es kein Kenner der Geschichte mehr bezweifeln›. F. Jacoby bezweifelte es trotzdem, s. *FGrHist* II D (1930) 705, 10ff.

23 H. Volkmann *RE* XXIII (1959) 1678–91 mit weiteren Verweisen.

gödie Ἄδωνις schrieb,[24] dem Homer in Alexandria einen Tempel erbaute und ein Schutzherr der Naturwissenschaftler und Philologen im alexandrinischen Museum war. Auf jeden Fall stützen die Verse des Epigramms über den jungen Ptolemaios die Annahme, daß Eratosthenes sein διδάσκαλος war. Daß er eine echte Liebe zu Homer an seinen königlichen Schüler weitergab, ist nur natürlich bei jemandem, dessen Lehrer in Kyrene vermutlich ein Homer-Philologe war und der ein langes Leben an der Hauptstätte der homerischen Studien zubrachte.

Das ganze Epigramm zeigt die seltene Verbindung von Mathematiker[25] und Dichter. Es ist bezeichnend, daß das größte mathematische Genie der Antike, Archimedes, der etwa zehn Jahre älter war, Eratosthenes die Ehre erwies, ihm gerade das Buch zu widmen, in dem er seine *Methode* erklärte,[26] von der er sonst nirgends sprach; die an Eratosthenes gerichtete Vorrede ist voller Bewunderung und leisem Humor. Es gibt sogar ein Gedicht von zweiundzwanzig Distichen, das Archimedes verfaßt und Eratosthenes gewidmet haben soll, seine einzige Schrift in Versen mit dem Titel *Das Rinderproblem*;[27] seine formale Qualität liegt weit unter den makellosen und anmutigen Versen des eratosthenischen Epigramms. Es ist nicht ganz sicher, ob der geniale sizilische Mathematiker, über dessen Leben und Aussprüche zahllose Geschichten in der ganzen Mittelmeerwelt umliefen, je nach Alexandria kam, um dort die Bibliothek zu benutzen, wie wir es vielleicht erwarten könnten; aber der Gedankenaustausch mit seinem alexandrinischen Kollegen verleitete ihn sicher, in den Kreis der Homer-Philologen einzudringen und in dichterischer Form ein absurdes mathematisches Problem, die Zahl der Rinder des Helios in der *Odyssee*, die in vier Herden von verschiedener Farbe eingeteilt waren, zu behandeln. In der ersten Hälfte des dritten Jahrhunderts v.Chr. hören wir von keiner Berührung der exakten Wissenschaften, die vor allem durch Euklids *Elementa* vertreten waren, mit der Philologie. Daß in den vierziger Jahren ein lebhafter Austausch be-

24 Schol. Aristoph. *Thesm.* 1059 = Nauck, *TGF*² p. 824; F. Schramm, *Tragicorum Graec. hellenisticae aetatis fragmenta* (1929) 83f.

25 Zu dem mathematischen Problem der ‹Verdoppelung des Würfels› s. B. L. Van der Waerden, ‹Erwachende Wissenschaft› (I) *Wissenschaft und Kultur* 8 (1956) 263–266.

26 Περὶ τῶν μηχανικῶν θεωρημάτων πρὸς Ἐρατοσθένην ἔφοδος, entdeckt 1906 von J. L. Heiberg in einem Palimpsest des zehnten Jahrhunderts und zuerst veröffentlicht in *Herm.* 42 (1907) 235ff; cf. Archim. *Opera* ed. Heiberg II (²1913) 425ff; T. L. Heath, *The Method of Archimedes*, Cambridge 1912; als wahrscheinlicher Zeitpunkt ca. 238 v.Chr., Eichgrün, *Kallimachos und Apollonios* (1961) Exkurs II, S. 220.

27 Archimed. *Op.* II (²1913) 527ff; s. R. C. Archibald, *Americ. Math. Monthly* 25 (1918) 411–14 mit Bibliographie, und Van der Waerden, Erwachende Wissenschaft (1956) 345; weitere bibliographische Hinweise bei A. Lesky, *Gesch. d. griech. Lit* (²1963) 844.

gonnen zu haben scheint, ist hauptsächlich das Verdienst des Eratosthenes. In diesem Zeitabschnitt, nach der Thronbesteigung des Euergetes und der Berenike, hören wir auch zuerst von Kallimachos' Beziehungen zu dem Mathematiker und Astronomen Konon. Konon wurde von Archimedes im Vorwort zu seinen *Spiralen* und von anderen Naturwissenschaftlern hoch gerühmt; aber sein Name lebt fort, weil er zu Ehren der jungen Königin ein Sternbild Βερενίκης Πλόκαμος genannt hatte und diese astronomische Entdeckung Kallimachos anregte zu einem seiner köstlichsten elegischen Gedichte, der *Locke der Berenike*,[28] das Catull ins Lateinische übersetzt hat.

Es wäre schwierig, eine zusammenfassende Bezeichnung für die vielfältigen Bereiche von Eratosthenes' gelehrter Tätigkeit zu finden, wenn er nicht für sich selbst eine Bezeichnung geprägt hätte: φιλόλογος.[29] Wegen der Universalität seines Wissens hat man Eratosthenes mit Aristoteles verglichen; doch war bei Aristoteles jeder besondere Wissenszweig dem allgemeinen Prinzip seiner teleologischen Philosophie untergeordnet.[30] Eratosthenes, der, wie es scheint, der philosophischen Schule seiner Heimat, dem kyrenäischen Hedonismus des Aristipp, kein Interesse entgegenbrachte, fand seine philosophischen Lehrer in Athen, das auch in der hellenistischen Welt noch das Zentrum der philosophischen Studien blieb.[31] In Athen war es nicht der aristotelische Peripatos, der ihn anzog, sondern die durch Arkesilaos zu neuem Leben erweckte Akademie und ein neuer Zweig der Stoa, den Zenons ungetreuer Schüler Ariston von Chios[32] vertrat. Allein der Einfluß des stoischen Moralismus beschränkt sich bei Eratosthenes auf wenige, wahrscheinlich frühe Schriften. Viel deutlicher ist der Einfluß platonischer kosmologischer Vorstellungen, besonders des *Timaios*, erkennbar nicht nur in seinem *Platonikos*, sondern auch in seinen mathematischen und geographischen Werken und sogar in seinen Gedichten.[33] All das aber machte

28 Call. fr. 110 und Addenda in vol. II.

29 Herodiani *scripta tria* ed. K. Lehrs (1848) 379–401 ‹De vocabulis φιλόλογος, γραμματικός, κριτικός›; Sandys I[3] 4–11; vgl. auch die Artikel in *RE* s. vv. Grammatik, coll. 1808ff, Kritikos, Philologos, und A. Böckh, *Enzyklopädie und Methodologie der philologischen Wissenschaften* ([2]1886) 12ff zu φιλόλογος und γραμματικός. Gabriel R. F. M. Nuchelmans, *Studien über* φιλόλογος, φιλολογία, φιλολογεῖν (Diss. Nijmegen 1950). H. Kuch, ‹Φιλόλογος. Untersuchung eines Wortes von seinem ersten Auftreten in der Tradition bis zur ersten überlieferten lexikalischen Festlegung›, *Schriften der Sektion für Altertumswissenschaft* 48, Deutsche Akademie der Wissenschaften zu Berlin (1965) 30ff, über Eratosthenes; aber s. unten S. 198 Anm. 47.

30 S. oben S. 107; 112.

31 W. W. Tarn, *Die Kultur der hellenistischen Welt* (s. oben S. 114 Anm. 1) 387ff.

32 S. oben S. 192.

33 Suid. v. 'Ερατοσθένης . . . δεύτερον ἢ νέον Πλάτωνα; cf. A. Schmekel, *Die positive Philosophie in ihrer geschichtlichen Entwicklung* I (1938) 60–86; W.

ihn nicht grundsätzlich zum φιλόσοφος wie Aristoteles oder später Poseidonios.

Strabon, wenn er von den berühmten Koern spricht, wendet das Wort κριτικός[34] auf den Philologen Philitas an. Dagegen redet Philikos von Korkyra, der die dionysischen τεχνῖται in der berühmten Prozession von 275/4 v.Chr. anführte, im Prooemium seines *Demeter-Hymnos* nicht die κριτικοί, sondern die γραμματικοί an; sie waren die Philologen, besonders die Experten in metrischen Fragen, die er stolz mit seiner Erfindung, einem ganzen Gedicht in stichischen choriambischen Hexametern[35] beschenkte. Dieses kostbare Zeugnis[36] aus dem frühen dritten Jahrhundert v.Chr. bestätigt, daß die spätere biographische Tradition, in der Zenodot und die Philologen seiner und der nachfolgenden Generation γραμματικοί genannt werden, korrekt ist. Wir haben aber von keinem von ihnen eine Nachricht darüber, wer diese spezielle Bezeichnung wählte und ihr damit eine neue Bedeutung gab (bis dahin war der Elementarlehrer im Schreiben und Lesen der einzige γραμματικός oder γραμματιστής gewesen[37]). Es war ganz unvermeidlich, daß eines Tages die Frage (ζήτημα) gestellt werden mußte, wer denn der erste γραμματικός in der neuen Bedeutung gewesen sei. Die Scholien zu der Γραμματικὴ τέχνη des Dionysios Thrax[38] sagen bei dem Versuch, eine Definition des Titels zu geben: τὸ πρότερον δὲ κριτικὴ ἐλέγετο, καὶ οἱ ταύτην μετιόντες κριτικοί· Ἀντίδωρος δέ τις Κυμαῖος συγγραψάμενος «λέξιν» ἐπέγραψεν «Ἀντιδώρου γραμματικοῦ λέξις», καὶ ἐκ τούτου ἥ ποτε κριτικὴ γραμματικὴ λέλεκται καὶ γραμματικοὶ οἱ ταύτην μετιόντες. Die Lebenszeit dieses sonst unbekannten Antidoros von Kyme, dessen Name in einigen Handschriften entstellt ist, könnte der Beginn des dritten Jahrhunderts gewesen sein.[39] Doch blieb diese Auskunft nicht unwidersprochen, wie wir aus dem Exzerpt eines Kataloges ‹erster Erfinder›

W. Tarn, *AJP* 60 (1939) 53; F. Solmsen, ‹Eratosthenes as Platonist and Poet›, *TAPA* 73 (1942) 192ff, cf. ibid. 78 (1947) 252ff.

34 κριτικός oben S. 116, κρίσις S. 149, κρίνειν bei Callimachus S 173, und unten, S. 199.

35 Hephaest. 9 (Π. χοριαμβικοῦ) 4 Philic. fr. I B, *AL* II² fasc. 6 (1942) 158 καινογράφου συνθέσεως τῆς Φιλίκου, γραμματικοί, δῶρα φέρω πρὸς ὑμᾶς; neue Fragmente von ungefähr 60 Versen des Hymnos in *PSI* XII (1951) 1282, pp. 140ff, ed. C. Gallavotti (zuerst veröffentlicht 1927).

36 Da Lehrs, Herodiani *Scripta tria* (1848) es wegließ, fand es, soviel ich sehe, keinen Platz in der ausgedehnten modernen Diskussion über γραμματικός.

37 In den Hippokratischen *Epidem.* IV 37 (vol. 5, p. 180, 1 Littré), gegen Ende des fünften Jahrhunderts v.Chr. geschrieben, bedeutet γραμματικός den Elementarlehrer.

38 Schol. Dionys. Thr. *Gr. Gr.* III ed. Hilgard p. 3, 24, cf. p. 7, 24; ibid. p. 448, 6 φασὶ δὲ Ἀντίδωρον τὸν Κυμαῖον πρῶτον ἐπιγεγραφέναι αὑτὸν γραμματικόν, σύγγραμμά τι γράψαντα Περὶ Ὁμήρου καὶ Ἡσιόδου.

39 B. A. Müller, *RE* Suppl. III (1918) 121ff zeigt, daß wir Antidoros nicht mehr ins fünfte Jahrhundert v.Chr. setzen können.

bei Klemens von Alexandria[40] sehen können, in dem neben Antidoros noch zwei Rivalen verzeichnet sind: Eratosthenes, ‹denn er veröffentlichte zwei Γραμματικά betitelte Bücher› und Praxiphanes,[41] der ‹nach heutigem Brauch als erster γραμματικός zu nennen ist›. Das literarische Werk des Praxiphanes wird hier als Vorahnung des Werkes der alexandrinischen γραμματικοί gesehen; sein Name erscheint auch in den Scholien zu Dionysios Thrax[42] in einer bemerkenswerten geschichtlichen Konstruktion, die eine Linie von Theagenes im sechsten Jahrhundert v.Chr.[43] als Anfang der γραμματική bis zu ihrem τέλος, ihrem Höhepunkt, im literarischen Werk der Peripatetiker Praxiphanes und Aristoteles zieht.[44] Wenn wir auch keine Lösung des ζήτημα finden, gibt es wenigstens Spuren einer gelehrten Untersuchung. Ihr Verfasser könnte Asklepiades von Myrlea (zweites auf erstes Jahrhundert v.Chr.) gewesen sein, möglicherweise ein Schüler des Dionysios Thrax, der sich in einem Werk von nicht weniger als elf Büchern mit γραμματική im allgemeinen als einer τέχνη und mit den einzelnen γραμματικοί befaßte; man kann mit Grund annehmen, daß er die letzte Quelle der Scholien zu Dionysios Thrax war und durch sie auch die Quelle späterer byzantinischer Exzerpteschreiber wie Tzetzes.[45]

Eratosthenes sah sich selbst nicht als γραμματικός, sondern erhob Anspruch auf den neuen Titel eines φιλόλογος. Sueton[46] berichtet uns davon: ‹Philologi adpellationem adsumpsisse videtur (sc. L. Ateius) quia, sicut Eratosthenes qui primus hoc cognomen sibi vindicavit, multiplici variaque doctrina censebatur.› Apollodoros von Athen, der als Chronograph und Geograph Eratosthenes sehr nahestand, wurde als einziger weiterer großer alexandrinischer Gelehrter von Ps.-Skymnos in der nächsten Generation φιλόλογος genannt. Das war durchaus angemessen; weniger angemessen wurde die Bezeichnung von Diogenes Laertios auf einen Antiquar, Demetrios von Skepsis, angewandt (φιλόλογος ἄκρως).[47] Die Sophisten hatten eine Vorliebe

---

40 Clem. Al. *Strom.* I 16, 79,3 (II p. 51,17ff). Bei der Stelle γραμματικός, ὡς νῦν ὀνομάζομεν, πρῶτος Πραξιφάνης bezieht sich das νῦν natürlich auf die Zeit von Klemens' hellenistischer Quelle, möglicherweise Asklepiades von Myrlea.

41 S. oben S. 171f, test. 8 Brink = fr. 10 Wehrli.

42 Schol. Vat. p. 164, 22 Hilg. und Schol. Lond. p. 448,13.

43 S. oben S. 27.

44 Cf. Dio Chrys. *or.* 36, oben S. 92.

45 G. Kaibel, *Die Prolegomena* Περὶ κωμῳδίας, *AGGW* N. F. II 4 (1898) 27ff; diese überzeugende Rekonstruktion hätte nicht so oft übersehen werden dürfen. Zu Asklepiades s. a. unten S. 203 und 329f.

46 Sueton. ‹De grammaticis et rhetoribus› c. 10 in Sueton. praeter Caesarum libros *reliquiae* coll. G. Brugnoli I (^{2}1963) 14.

47 S. unten S. 307, zu Apollodoros und S. 304 Anm. 110 zu Demetrios. Diese beiden für unseren Zweck nicht unwichtigen Testimonia fehlen in allen oben angegebenen Monographien über φιλόλογος (s. oben S. 196 Anm. 29).

für Zusammensetzungen mit φιλο-,[48] auf sie wird es auch zurückgehen, daß uns φιλόλογος zuerst bei Platon begegnet (fünfmal vom *Laches* bis zu den *Gesetzen*) und einmal in einer Komödie des Alexis im späteren vierten Jahrhundert;[49] es bedeutet einen Mann, der die Rede, den Disput, die Dialektik in einem weiten, ziemlich unbestimmten oder auch ironischen Sinn liebt. Wenn aber Eratosthenes es gebraucht oder wenn die neue Diegesis [50] zum ersten *Iambos* des Kallimachos sagt, daß Hipponax bei seiner Rückkehr von den Toten τοὺς φιλολόγους εἰς τὸ Παρμενίωνος καλούμενονΣαραπίδειον ruft, bezieht sich das Kompositum (nach Sueton) auf Leute, die mit verschiedenen Wissenszweigen oder gar mit dem ganzen λόγος vertraut sind. Tatsächlich waren sowohl Naturwissenschaftler als auch Philologen Mitglieder des Museums.[51] Es ist jedoch nicht wahrscheinlich, daß Kallimachos selbst das Wort φιλόλογος in seinen choliambischen Trimetern benutzt und so Eratosthenes' Bezeichnung vorweggenommen hat;[52] der Dieget stimmt mit Strabon XVII 794 τῶν μετεχόντων τοῦ Μουσείου φιλολόγων ἀνδρῶν überein, während Ath. I 22 D sie φιλοσόφους nennt, ebenso wie auch Inschriften und Papyri aus römischer Zeit. Ihre Rivalen in Pergamon lehnten es ab, als φιλόλογοι und γραμματικοί zu gelten, und griffen daher auf den älteren Terminus κριτικοί[53] zurück. Der Schluß, den man aus diesem Überblick ziehen muß, liegt auf der Hand. Nicht nur, daß die Zeit vor Aristoteles auf literarischem Gebiet bemerkenswert frei von Fachausdrücken war, sondern auch während der hellenistischen Epoche blieb die Terminologie ziemlich unbestimmt und fließend, wenn auch ein größeres Interesse an Klassifizierung bestand.[54] Wir müssen sorgfältig bedacht sein, sie zu verstehen, aber wir können sie nicht als Führerin ge-

48 S. *Vors.* III 454ff, besonders Gorgias; über φιλο-Komposita von Homer bis Pindar s. W. Burkert, *Herm.* 88 (1960) 172ff.

49 Plat. *Lach.* 188C, *Rep.* IX 582E, *Theaet.* 161A; cf. 146A φιλολογία, *Phaedr.* 236E, *Leg.* 641E φιλόλογος καὶ πολύλογος; Alexis fr. 284K. (in Athen. II 39 B nach Alexis fr. 283) ὅτι οἶνος φιλολόγους πάντας ποιεῖ τοὺς πλεῖον πίνοντας αὐτόν, trimetros rest. Meineke, alii.

50 *Dieg.* VI 2ff zu Call. fr. 191, 9ff; s. meine Anm. zu VI 3 über verschiedene Lesarten und Parallelen und s. oben, S. 131 Anm. 96 über das Serapeion.

51 S. oben S. 125f.

52 Suid. v. Μυρώ, Βυζαντία, ποιήτρια ... Ὁμήρου τοῦ τραγικοῦ μήτηρ (θυγάτηρ codd.), γυνὴ δὲ Ἀνδρομάχου τοῦ ἐπικληθέντος φιλολόγου; dieser Andromachos, der Vater eines Mitgliedes der tragischen Pleiade, muß zu Beginn des dritten Jahrhunderts v.Chr. gelebt haben. Er bekam den Beinamen φιλόλογος, um ihn von den anderen Andromachoi zu unterscheiden (wir wissen nicht, wann und von wem), er hat gegen Eratosthenes keinen starken Anspruch auf Priorität.

53 Κράτης ... ὁ κριτικός, etc., s. unten S. 290f; vgl. E. Schwartz, ‹Philologen und Philosophen im Altertum›, *Festschrift für P. Hensel* (1923) 72ff = *Gesammelte Schriften* I (1938) 88ff.

54 Siehe die allgemeinen Bemerkungen A. Wifstrands bei Nilsson, *Griech. Religion* II (1950) 671, 1.

brauchen, wenn wir den geschichtlichen Prozeß zu rekonstruieren versuchen.

Eratosthenes' Bücher über literarische Stoffe stellen nur einen bescheidenen Teil seiner vielseitigen φιλολογία dar. Sein umfangreichstes Werk auf grammatischem Gebiet waren die zwölf oder mehr Bücher Περὶ τῆς ἀρχαίας κωμῳδίας.[55] Lykophron[56] hatte damit begonnen, den Text der Komödiendichter zu revidieren und glossographische Abhandlungen anzufügen, und Alexander Aitolos hatte sich mit Tragödien und Satyrspielen befaßt. Kallimachos[57] nahm natürlich alle Tragiker und Komiker in seine allgemeinen alphabetischen Πίνακες auf wie auch in seinen besonderen chronologischen Πίναξ der Dramatiker. Wir wissen aber von keinem Nachfolger des Alexander Aitolos vor Aristophanes von Byzanz am Ende des Jahrhunderts; andererseits wurde Lykophrons Werk unmittelbar fortgeführt von Euphronios, Dionysiades und Eratosthenes. Auch hier ist die Chronologie wieder problematisch. Wenn wir aus dem äußerst konfusen und lückenhaften biographischen Artikel bei Suidas v. Ἀριστοφάνης[58] richtig schließen, daß Aristophanes von Byzanz Euphronios' Schüler war, und wenn die Quelle des byzantinischen Kommentars des Georgios Choiroboskos über Hephaistions metrisches Handbuch[59] ihn richtig mit der tragischen Pleiade[60] unter Ptolemaios II. zusammenbringt, könnten wir Euphronios versuchsweise zwischen Lykophron und Eratosthenes ansetzen. Das andere Mitglied dieses exklusiven Dichterkreises, Dionysiades von Mallos,[61] soll nach Suidas der Verfasser eines Werkes Χαρακτῆρες ἢ Φιλοκώμῳδοι gewesen sein, ‹in dem er die Charaktere der Dichter beschreibt (ἀπαγγέλλει)›; was auch immer mit dem sonst nicht vor-

---

55 In dieser Form wird der Titel viermal zitiert. Streckers nützliche Sammlung der Fragmente des Lykophron, Euphronios und Eratosthenes (s. oben S. 152 Anm. 81) sollte man mit großer Vorsicht gebrauchen, da der Autor sehr großzügig darin ist, diesen drei Grammatikern anonyme Glossen zuzuschreiben; Buch XI wird in fr. 25 zitiert, und Buch XII wahrscheinlich in fr. 47. Ein neues Fragment dieses Werkes könnte das Sprichwort Ἐρατοσθένης· 'Μὴ ἄνω τῆς πτέρνης' in Cod. Laur. LVIII 24, hrsg. v. L. Cohn, *Zu den Paroemiographen* (1887) 25,41 sein.

56 S. oben S. 152f.

57 S. oben S. 163f und 166f.

58 Siehe A. Adlers Verweise ad loc.

59 Hephaest. ed. M. Consbruch (1906) 236, 14 Διονυσιάδην καὶ Εὐφρόνιον τῇ Πλειάδι συντάττουσιν (ibid. 236,5 ἐπὶ τῶν χρόνων Πτολεμαίου τοῦ Φιλαδέλφου), im selben Kommentar pp. 241,11ff ist Εὐφρόνιος ὁ γραμματικὸς ἐπὶ τῶν Πτολεμαίων ἐν Ἀλεξανδρείᾳ ein Dichter von Priapea (cf. Strabon VIII 382) und einer von Aristarchs Lehrern – ein schwerer Fehler.

60 Über die Pleias s. oben S. 151 Anm. 76).

61 S. oben Anm. 59; Suid. v. Διονυσιάδης . . . τραγικός; A. Körte, ‹Komödie›, *RE* XI (1922) 1208, 50ff.

kommenden Φιλοκώμῳδοι[62] gemeint sein mag, dies scheint der erste Versuch zu sein, den Stil der attischen Komödiendichter zu charakterisieren, und könnte die Quelle späterer Abhandlungen gewesen sein, wie etwa Platonios' Περὶ διαφορᾶς κωμῳδιῶν und besonders Περὶ διαφορᾶς χαρακτήρων[63] (d.h. in Kratinos', Eupolis' und Aristophanes' Komödien). Die Tatsache, daß es Dichter waren, die mit der philologischen Arbeit an der Alten Attischen Komödie begannen, paßt ausgezeichnet in unser allgemeines Bild von der ersten Hälfte des dritten Jahrhunderts; es berührt etwas seltsam, daß alle drei Tragödiendichter waren; aber es ist durchaus möglich, daß Machon, der berühmte Komödiendichter in Alexandria und berüchtigte Verfasser obszöner Anekdoten (χρεῖαι) in iambischen Versen, auch ein Buch über die Teile der Komödie[64] schrieb.

Ein willkommenes neues Zeugnis zu Euphronios lieferte eine neue lexikographische Quelle[65]: Εὐφρόνιος ὁ γραμματικὸς ἐν Ὑπομνήματι Πλούτου Ἀριστοφάνους. Wir haben bereits angemerkt, daß eine Reihe von Dichtern von Philitas bis Apollonios zu der Auslegung der frühen epischen, lyrischen und dramatischen Dichtung beitrug;[66] aber hier ist zum erstenmal ein ὑπόμνημα, ein Kommentar, von der Hand eines Mitglieds der tragischen Pleiade bezeugt.[67] Aristophanes' letzte Komödie (388 v.Chr.), phantastisch, moralistisch und ironisch wie sie war, scheint der Liebling der Nachwelt vom frühen Hellenismus an bis zum Ende der byzantinischen Zeit gewesen zu sein und dann wieder in der italienischen Renaissance, als sie als erste ins Lateinische übersetzt und der westlichen Welt bekanntgemacht wurde. Nach den ersten zwei Erwähnungen, die wir vor Εὐφρόνιος ἐν τοῖς ὑπομνήμασιν[68] hatten, wovon die eine über Lasos von Hermione und die κύκλιοι χοροί besonders wichtig war, konnte man ‹Hypomnemata› leicht als eine lockere Reihe von Anmerkungen gleich denen des Lykophron und des Eratosthenes[69] verstehen. Nun aber sehen wir, daß wahrscheinlich Kommentare zu einzelnen Stücken gemeint

---

62 Φιλοκωμῳδός coni. Meineke *FCG* I (1839) 12 in seiner unschätzbaren ‹Historia critica comicorum Graecorum›

63 *CGF* I 6; vgl. Kaibels Anm. zu p. 3.

64 Athen. VI 241 F τῶν κατὰ κωμῳδίαν μερῶν, cf. Körte, *RE* XI 1209, 5 und unten S. 234.

65 Lexicon Messanense (ein Teil von Oros' Orthographie, s. R. Reitzenstein, *Geschichte der griechischen Etymologika* [1897] 289ff) ed. H. Rabe, *Rh. M.* 47 (1892) 411: Aristoph. *Pl.* 138, 1115 ψᾶστον . . . ἐκτείνουσι τὸ ᾱ . . . γράφεται σὺν τῷ ῑ.

66 S. oben S. 176; 183

67 Für den ersten *Plutos*, zwanzig Jahre früher aufgeführt, scheint das erste Zitat, bei dem ausdrücklich ἐν Πλούτῳ πρώτῳ zugefügt ist, auf Euphronios fr. 64 Str. = Schol. (V) Aristoph. *Ran* 1093 zurückzugehen.

68 Schol. (V) Aristoph. *Av.* 1403 = 77 Str. und Athen. XI 495 C = fr. 107 Str.

69 So in *RE* VI (1907) 1221, 10ff von L. Cohn.

sind;[70] es wäre vorschnell anzunehmen, daß Euphronios einen zusammenhängenden Kommentar zu allen Komödien des Aristophanes schrieb.

Eratosthenes' Interesse war möglicherweise durch Komödienaufführungen sowie durch peripatetische, akademische und atthidographische Schriften zur Komödie, die er in Athen gesehen hatte, geweckt worden; später in Alexandria standen ihm die Schätze der Bibliothek einschließlich der eben erwähnten neuen Schriften über diesen Gegenstand zur Verfügung (wenn auch bemerkt werden muß, daß bisher von ihm keinerlei Hinweis auf Euphronios bezeugt ist). Wir können – trotz einer deutlichen Anspielung in seinem elegischen Gedicht *Erigone*[71] – nicht einmal sagen, ob er eine besondere Theorie über den Ursprung der Komödie vorlegte. Die einzigen Komödiendichter, die Eratosthenes namentlich zitiert, sind Aristophanes, Kratinos, Eupolis, Pherekrates – die bekanntesten Vertreter der Alten Attischen Komödie. In unseren spärlichen Fragmenten werden Glossen erklärt (κύτταρον, σισύρα, μολγός, φελλός κτλ.), der Name seiner Heimatstadt Kyrenē taucht auf in Bemerkungen über Dialekte, das lange ᾱ in εὐκλεία wird in einer grammatikalischen Anmerkung besprochen, ebenso eine Sonderform des Dual (falls das Fragment nicht zu einer Schrift über Homer gehört). Zweifellos hatte er mehr Interesse an der Sprache der Komödie als seine unmittelbaren Vorgänger; er scheint sogar pseudoattische Formen als Kennzeichen unechter Stücke vermerkt zu haben. Seine Kenntnis der διδασκαλίαι ebenso wie der Abschriften in der Bibliothek führten ihn dazu, Untersuchungen über Probleme der Aufführungen von Tragödien und Komödien anzustellen, zum Beispiel, ob es eine zweite Aufführung von Aristophanes' *Eirene* gab oder aber ein zweites Stück mit dem gleichen Titel, und ob in Sizilien für Hieron[72] eine Zweitfassung von Aischylos' *Persai* aufgeführt wurde. Außerdem verdanken wir Eratosthenes' weitgespanntem literarischen Horizont einige wichtige kritische Erläuterungen zur Lyrik. Einen beliebten alten Hymnos an Athene, auf den Aristophanes und Phrynichos in Komödien angespielt hatten, schrieb er Lamprokles zu,[73] und er[74]

---

70 Sein Name erscheint sehr häufig in den Scholien zu den *Vögeln* und den *Wespen*; zu *Plut.* und *Ran.* s. oben Anm. 67 und allgemein *The Scholia on the Aves of Aristophanes* ed. J. W. White (1914) XVII.

71 S. unten S. 211f.

72 Arg. Aristoph. *Pax* II und Schol. Aristoph. *Ran* 1028.

73 *PMG* fr. 735 Page = *AL* II² p. 152 Diehl mit vielen Zeugnissen, denen noch Chamaileon fr. 28–29 mit Wehrlis Kommentar (*Schule des Aristoteles* 9, 1957) hinzuzufügen wäre; s. bes. Wilamowitz, *Textgeschichte der griechischen Lyriker* 84f. Call. *hy.* V 43 ist ebenfalls eine Anspielung auf den gleichen archaischen Hymnos.

74 Schol. Pind. *O.* IX 1k; cf. Schol. Aristoph. *Av.* 1764 = fr. 136 Str. = *FGrHist* 241 F 44; Wilamowitz, *Griechische Verskunst* 286,4.

erkannte, daß Archilochos' berühmtes «τήνελλα καλλίνικε»[75] nicht der Anfang eines Epinikion, sondern der Refrain eines Herakles-Hymnos war; auch Kallimachos hatte es richtig als νικαῖον ἐφύμνιον (fr. 384, 39) bezeichnet.

Die Attische Komödie wie die hellenistische Dichtung hatten eine Vorliebe für die Fachausdrücke des Handwerkers, besonders des Zimmermanns. Eratosthenes sammelte und erklärte sie unter dem Titel 'Αρχιτεκτονικός,[76] ‹Baumeister›; die wenigen erhaltenen Fragmente handeln von Teilen des Wagens, des Bootes und des Pfluges. Ein anderes Werk mit dem Titel Σκευογραφικός,[77] von dem keine Fragmente erhalten sind, wird in ähnlicher Weise die Ausdrücke für Hausgeräte erläutert haben. Bleiben noch die zwei Bücher, die er, ‹nachdem er sie Γραμματικά[78] nannte, veröffentlicht› haben soll, ein recht ungebräuchlicher und unverbindlicher Titel, zu dem die Γραμματικά des Asklepiades von Myrlea[79] vielleicht die einzige Parallele darstellen. Von diesem Werk rührt wohl auch die allgemeine Definition her: 'Ερατοσθένης ἔφη ὅτι γραμματική ἐστιν ἕξις παντελὴς ἐν γράμμασι, γράμματα καλῶν τὰ συγγράμματα,[80] desgleichen einige grammatikalische Fragmente, die in keines der anderen bekannten Bücher hineinpassen.[81]

Eratosthenes war, wie wir zu Beginn feststellten, in erster Linie Naturwissenschaftler. In seinen Schriften über die Alte Komödie und verwandte Gegenstände findet sich naturgemäß hiervon keine Spur. Dagegen können wir in seinen grundlegenden Büchern über Chronologie und Geographie deutlich den Naturwissenschaftler, besonders den Mathematiker und Astronomen, wie er dem Werk des Philologen Belehrung erteilt, erkennen. Hierin unterscheiden sie sich von den vorangegangenen Versuchen der Sophisten, Philosophen und Geschichtsschreiber.

Eratosthenes verdient es voll und ganz, daß man ihn als Begründer

---

75 Archil. fr. 120 D.³ = fr. 298 Lasserre.

76 Erat. fr. 39, 60, 17 Strecker; es besteht kein Grund, es als einen Teil der Schrift über die Komödie anzusehen.

77 Poll. X 1, der sehr enttäuscht war, als er endlich eine Abschrift bekam.

78 S. oben S. 198 Anm. 40.

79 Suid. v. 'Ορφεύς, Κροτωνιάτης ἐποποιός, ὃν Πεισιστράτῳ συνεῖναι τῷ τυράννῳ 'Ασκληπιάδης ἐν τῷ ϛ' βιβλίῳ τῶν Γραμματικῶν; wenn das der richtige Obertitel des umfangreichen Werkes ist, war es in zwei Teile geteilt, einen systematischen Περὶ γραμματικῆς (Sext. Emp. *Adv. math.* I 252, vol. III p. 62, 22 Mau) und einen biographischen Περὶ γραμματικῶν (*Comment. in Arat. reliqu.* ed. E. Maass, p. 76, 5); zu Asklepiades s. oben S. 198 und zu seinen Γραμματικά H. Usener, *Kleine Schriften* II (1913) 309, 125.

80 Schol. Dionys. Thr. *Gr. Gr.* III p. 160, 10. Der Scholiast hebt denselben Gebrauch von γράμματα für συγγράμματα bei Call. *Ep.* 6 und 23 hervor; vgl. die eben zitierte Stelle aus Asklepiades bei Sext. Emp.

81 Siehe G. Knaack, *RE* VI 384f, und unten S. 223f über Akzente.

der kritischen Chronologie in der Antike ehrt.[82] (Es ist natürlich kein Zufall, daß die Wiederaufnahme dieser Studien am Ende des sechzehnten und Anfang des siebzehnten Jahrhunderts durch J. J. Scaliger mit der Begründung der modernen Naturwissenschaft in der Spätrenaissance zusammenfiel.) Die verläßlichsten authentischen Dokumente, auf die Eratosthenes die Daten historischer Ereignisse gründen konnte, waren die Siegerlisten der Olympischen Spiele; nachdem schon Hippias damit begonnen hatte, die Ὀλυμπιονικῶν ἀναγραφή zu rekonstruieren, und Aristoteles und andere wie Timaios darin gefolgt waren,[83] konnte Eratosthenes sein eigenes Verzeichnis von Ὀλυμπιονῖκαι[84] auf diesen älteren Versuchen aufbauen, ein Werk von wenigstens zwei Büchern. In seinem größeren Werk, den Χρονογραφίαι,[85] erläuterte er zunächst die Grundsätze der wissenschaftlichen Chronologie und arbeitete dann eine vollständige chronologische Tafel[86] auf Grund der olympischen Verzeichnisse aus. Der erste bekannte Ὀλυμπιονίκης war Koroibos von Elis im Jahre 776/5 v.Chr. (nach unserer Zeitrechnung), und dies wurde als erstes Jahr der ersten Ὀλυμπιάς angesetzt. Die Tatsache, daß Eratosthenes diese Wahl traf, war entscheidend für die Datierung nach Olympiaden in der späteren Antike und sogar darüber hinaus.

Es gab aber schon geschichtliche Ereignisse vor der ersten Olympiade, und um sie zu datieren, mußte er eines der lokalen Systeme heranziehen; man nimmt heute allgemein an, daß dies nicht Ktesias' Assyrische Liste, sondern das in Eusebios' Χρονικά erhaltene Verzeichnis der spartanischen Könige war.[87] Der Anfang dieser Liste führt uns zurück bis in das Jahr 1104/3 v.Chr., das Jahr der Ἡρακλειδῶν κάθοδος; die Ionische Wanderung war sechzig Jahre später angesetzt, die Eroberung Trojas, Τροίας ἅλωσις, achtzig Jahre früher, 1184/3 v.Chr. Die Zeit zwischen diesem frühesten Datum und dem spätesten, dem von Alexanders Tod (324/3 v.Chr.), war in zehn Epochen eingeteilt.[88] An diesem Punkt mag der moderne Wissenschaftler geneigt sein, seine hohe Meinung von Eratosthenes' Verdiensten herabzustimmen, wenn er mit Bedauern wahrnimmt, daß er ‹beim Trojanischen Krieg es nicht lassen konnte, von seinem Prinzip. alle unkontrollierbaren Legenden› auszuschalten, ‹abzuweichen›.[89] Für den griechischen Geist jedoch waren die Belagerung und Einnahme Trojas keine Legende, sondern ein folgenschweres historisches

82 Van der Waerden, *Erwachende Wissenschaft* (1956) 381.

83 S. oben S. 74 und 107f; zu Timaios s. *FGrHist* 566 T 1, 10; F 125–8.

84 *FGrHist* 241 F 4–8.

85 *FGrHist* 241 F 1–3.

86 Über ‹Zeittafeln› s. O. Regenbogen, Πίναξ *RE* XX 1462, 60ff.

87 E. Schwartz, ‹Die Königslisten des Eratosthenes und Kastor› *AGGW* 40 (1894/5) 60ff; das Exzerpt aus Diodor in Euseb. *Chron.* I 221,31ff. Siehe a. W. Kubitschek, ‹Königsverzeichnisse›, *RE* XI (1922) 1015ff.

88 *FGrHist* 241 F 1.

89 Van der Waerden, *Erwachende Wissenschaft* 383.

Ereignis, für das jedes chronologische System ein Datum vorsehen mußte. Auch Homer als Dichter der *Ilias*, in der er die Heldentaten des großen Krieges berichtete und ihnen Gestalt verlieh, und des Nach-Kriegs-Gedichtes, der *Odyssee*, war für jeden Griechen eine geschichtliche Persönlichkeit; vom sechsten Jahrhundert an wurden unzählige Vermutungen über seine Lebenszeit und ihr Verhältnis zu der Hesiods angestellt.[90] Im historischen Teil seiner *Geographie*, in dem er sich ernsthaft mit homerischen Fragen befaßte, setzte Eratosthenes[91] Homers ἀκμή hundert Jahre nach dem Trojanischen Krieg, aber noch vor der Ionischen Wanderung an und Hesiod später als Homer. Die Lebensdaten und Werke nachepischer Autoren konnte er nach Olympiaden[92] ansetzen, und so brachte er anstelle der früheren willkürlichen Versuche eine annähernd systematische Ordnung in die literarische Chronologie. Ungefähr ein Jahrhundert später baute Apollodoros von Athen seine Χρονικά[93] auf den von Eratosthenes geschaffenen Grundlagen auf, wenn auch mit einigen Abänderungen; dieses mehr populäre Werk verdrängte die esoterischen Χρονογραφίαι, und hierin liegt der Grund, warum so wenig von ihnen auf uns gekommen ist. Es ist recht gut bezeugt und an sich nicht unglaubwürdig, daß Eratosthenes als Astronom und Mathematiker auch über ein verwickeltes Problem des Kalenders, den Acht-Jahres-Zyklus, Περὶ τῆς 'Οκταετηρίδος, schrieb;[94] in diesem Buch soll er – sehr charakteristisch für ihn – die Echtheit eines Werkes des Eudoxos über denselben Gegenstand sowie die Stellung eines Isisfestes im Kalender untersucht haben.

Sein größtes Unternehmen, seine Geographie[95] – das Compositum γεωγραφία wurde wahrscheinlich von ihm geprägt –, läuft in mancher Hinsicht parallel zu seiner Arbeit in der Chronologie. Das Buch Περὶ τῆς ἀναμετρήσεως τῆς γῆς,[96] ‹Über die Vermessung der Erde›, entspricht als eine Art πίναξ den Olympischen Listen, mit deren Hilfe er die Abfolge geschichtlicher Daten festgelegt hatte; hier versuchte er

---

90 S. oben S. 27f; 65 etc.

91 F 9 und Jacobys Kommentar.

92 F 7,10–13; Empedokles, Pherekydes von Syros, Pythagoras, Hippokrates.

93 S. unten S. 310.

94 Gemin. *Isag.* 8,24 p. 110 Manitius und *Commentariorum in Arat. rel.* ed. E. Maass (1898) 47,23; seit E. Maass, ‹Aratea›, *Philol. Untersuchungen* 12 (1892) 14f, den Text wiederhergestellt hat, besteht gar kein Grund mehr für den Skeptizismus, den Christ-Schmid, *Griech. Lit.* II 1 ([6]1920) irrtümlich äußert.

95 Sammlungen der Fragmente s. oben S. 192 Anm. 9; vgl. H. Berger, *Geschichte der wissenschaftlichen Erdkunde der Griechen* ([2]1903) 384ff, A. Rehm-K. Vogel, *Exakte Wissenschaften* ([4]1933) 42ff, und besonders F. Gisingers umfangreichen Artikel ‹Geographie›, *RE* Suppl. 4 (1924) 521–685; zu γεωγραφία 523f, über Eratosthenes 604–14.

96 Heron, ‹Dioptr.› c. 35, *Opera* III (1903) ed. H. Schöne, p. 302,16.

unter Zuhilfenahme all seiner mathematischen und astronomischen Schulung und mit neuen Instrumenten die Entfernungen bestimmter Örtlichkeiten voneinander, ihren Längen- und Breitengrad und sogar den Erdumfang festzulegen. Wie in der Chronologie, so übernahm, verbesserte und vervollständigte er auch hier die Untersuchungsergebnisse seiner Vorgänger Eudoxos und Dikaiarchos vorsichtig und gewissenhaft. Wenn auch das Ergebnis nur annähernd richtig sein konnte, so sind doch moderne Wissenschaftler immer wieder überrascht, wie nahe er der Wahrheit kam.[97]

Sein Hauptwerk, das den Χρονογραφίαι auf anderem Gebiet ungefähr entsprach, waren die Γεωγραφικά in drei Büchern.[98] Das erste davon zeigt, wie erfolgreich er die Bibliothek[99] benutzt und wie gut er sich mit der ganzen Geschichte der Geographie vor ihm bekanntgemacht hatte. Das zweite Buch beruht auf seinen eigenen Spezialuntersuchungen, wie sie in ‹Über die Erdvermessung› niedergelegt sind, das dritte auf den neuen Landkarten, die er selbst entworfen hatte. Er beschloß sein systematisches Werk mit einem beschreibenden Teil, in dem er die charakteristischen Eigenschaften einzelner Länder bestimmte, wofür er die Ergebnisse der Erkundungsfahrten, die von Alexanders Zeit bis zu seiner eigenen immer wieder unternommen worden waren, ausführlich heranzog. Den Γεωγραφικά mangelte es weder an Bewunderung noch an scharfer Kritik, der letzteren besonders von seiten des Hipparch, der in der Mitte des zweiten Jahrhunderts vom Standpunkt des Astronomen aus schrieb, und von seiten des Polybios, eines Gegners der mathematischen Geographie; doch wurden sie, im Unterschied zu den Χρονογραφίαι, von keinem späteren Werk verdrängt. Eratosthenes' würdigster Nachfolger auf dem Gebiet der Geographie war – wie Apollodor auf dem der Chronologie – Poseidonios in der ersten Hälfte des ersten Jahrhunderts v.Chr.; doch wenn er auch sein Werk Περὶ Ὠκεανοῦ καὶ τῶν κατ' αὐτόν[100] nach dem Muster der Γεωγραφικά anordnete,[101] so war er doch

97 F. Gisinger loc. cit. 605f.

98 Strab. I 29,11 init., XV 688; Schol. Ap. Rh. IV 284; 310 passim, v. Index p. 333 haben diese offenbar richtige Form des Titels; gelegentliche weniger zuverlässige Zitierweisen sind Γεωγραφούμενα, Γεωγραφία, Ὑπομνήματα, s. Bernhardy, *Eratosthenica* 26f; H. Berger, *Erdkunde der Griechen*² 387,2.

99 Hipparch., zit. bei Strab. II 69 Ἐρατοσθένης ... ἐντετυχηκὼς ὑπομνήμασι πολλοῖς ὧν εὐπόρει βιβλιοθήκην ἔχων τηλικαύτην ἡλίκην αὐτὸς Ἵππαρχός φησι; vgl. H. Berger, *Die geographischen Fragmente des Hipparch* (1869) 96. ‹The geographical fragments of Hipparchus› ed. D. R. Dicks, *Univ. of London Class. Studies* 1 (1959) 123.

100 *FGrHist* 87 F 74–105.

101 K. Reinhardt, ‹Poseidonios›, *RE* XXII (1953) 664; cf. 624ff ‹Gesamtcharakteristik, Stil›. Zu dieser höchst außergewöhnlichen *retractatio* des komplexen Poseidonios-Problems s. *Jahrbuch d. Bayer. Akad. d. Wissenschaften* 1959, S. 149.

ein stoischer Philosoph und Naturforscher von ausgeprägter Eigenart, kein eklektischer Schreiber, aus dessen Exzerpten man mögliche Vorbilder und Quellen rekonstruieren könnte. Strabon andererseits, am Ende des ersten Jahrhunderts v.Chr., hat den ersten zwei Büchern seiner Γεωγραφικά Auszüge aus Eratosthenes und Poseidonios einverleibt; ihm verdanken wir unsere ganze Kenntnis von Eratosthenes' homerischer Geographie und von dessen allgemeinen Bemerkungen über literarische Kritik.[102] Strabons nicht unkritische Kompilation ist typisch für die augusteische Zeit, die, selber nicht mehr produktiv, in ihren Sammlungen einiges von dem kostbaren Schatz der hellenistischen Philologie und Naturwissenschaft bewahrte.

Eratosthenes begann seinen Überblick über die früheren geographischen Schriftsteller mit Homer, eine natürliche Parallele zu der Stellung, die dieser und der Trojanische Krieg in den Χρονογραφίαι eingenommen hatten. Aber obgleich er jenes Unternehmen für das älteste bekannte Ereignis der griechischen Geschichte hielt, akzeptierte er doch den Dichter weder als Historiker noch als Geographen. Der wissenschaftlich-rationalistische Verstand des Eratosthenes erkannte klar das Phantastische in der homerischen Geographie. Er gab dem Dichter keine Schuld; der Fehler lag bei den Interpreten, denen der grundsätzliche Irrtum unterlief, die Örtlichkeiten des Epos mit bestimmten Orten der Mittelmeerwelt zu identifizieren und anzunehmen, daß Homer es sich angelegen sein ließ, die Leute Geographie oder sonst etwas, zum Beispiel Theologie, Ethik oder militärische Taktik, zu lehren. Die geographischen Partien bei Homer, beispielsweise die Irrfahrten des Odysseus,[103] waren als reine Phantasieprodukte anzusehen; das Anliegen des Dichters war es hier und auch sonst, nicht zu belehren, sondern zu erfreuen.

Kein Philologe hatte es zu sagen gewagt – der Naturwissenschaftler aber besaß Festigkeit und Furchtlosigkeit genug, es nicht nur im Falle Homers zu behaupten, sondern es auf die Dichtung im allgemeinen anzuwenden: ποιητὴν γὰρ ἔφη πάντα στοχάζεσθαι ψυχαγωγίας, οὐ διδασκαλίας (Strab. I 15).[104] Im Gegensatz zu διδασκαλία, ‹Belehrung›, kann ψυχαγωγία nur ‹Unterhaltung› bedeuten. Eratosthenes' kategorische Behauptung, daß jeder Dichter auf sie abziele, war eine höchst provozierende These. Strabon stellte natürlich augenblicklich, nachdem er sie zitiert hatte, seine eigene Meinung dagegen, die er von früheren Stoikern wie Poseidonios hergeleitet haben mag.

---

102 Zu Strabons Stellung zu Eratosthenes s. oben S. 193, zu Eratosthenes und Homer vgl. oben S. 204f.

103 Cf. K. Lehrs, *De Aristarchi Studiis Homericis* (^{3}1882) 240ff.

104 Cf. I 6 und 25 = Erat. *Geogr. Fragm.* pp. 36f mit Bergers Anmerkungen. Etwa ein Jahrhundert nach Eratosthenes änderte Agatharchides (*GGM* p. 117,16) διδασκαλίας in ἀληθείας und sagte: ὅτι πᾶς ποιητὴς ψυχαγωγίας (sc. μᾶλλον) ἢ ἀληθείας στοχαστός.

Doch schon zu Eratosthenes' eigener Zeit oder kurz danach[105] hatte Neoptolemos von Parion seinen Vorgänger korrigiert, bewußt, wie es scheint, da er den ziemlich ungebräuchlichen Ausdruck ψυχαγωγία im selben Zusammenhang und im selben Sinn anwandte: καὶ πρὸς ἀρε[τὴν δεῖν τ]ῷ τελείῳ ποιη[τῇ μετὰ τ]ῆς ψυχαγω[γί]α[ς τοῦ τοὺς] ἀκούοντ[ας] ὠ[φελεῖ]ν καὶ χρησι[μο]λ[ογεῖ]ν καὶ τὸν Ὅμη[ρον τ]έρπειν [τε καὶ ὠφελεῖν] τὸ [πλεῖ]ον.[106] Das war der sehr wirkungsvolle Kompromiß, der schließlich zu Horaz' berühmter Formel führte: Hor. *A.P.* 333 ‹aut prodesse volunt aut delectare poetae ... simul et iucunda et idonea dicere vitae›, und V. 99ff ‹poemata ... quocumque volent animum auditoris agunto›, eine Übersetzung von ψυχαγωγεῖν. Der Widerstand gegen Eratosthenes war ganz natürlich, wenn man die bei den Griechen allgemein verbreitete Überzeugung berücksichtigt, daß ‹von Anfang an alle nach Homer *gelernt*› hätten,[107] und daran, daß die angeborene ethische und erzieherische Tendenz in der griechischen Dichtung von Anbeginn gegeben war. In der Attischen Komödie, besonders in Aristophanes' *Fröschen*, wurde das Problem der moralischen Führerrolle der Dichter und des Nutzens (ὠφέλεια) und der Gefahr ihres Lehrens (διδάσκειν) offen diskutiert.[108] Platon war aus verschiedenen Gründen geneigt, der Dichtung echten Ernst und Nutzen abzusprechen und sie als ‹Spiel› zu nehmen, das nur ‹Vergnügen› hervorbringt (παιδιά, ἡδονή).[109] Als Platoniker konnte sich auch Eratosthenes in Übereinstimmung mit dieser ἡδονή-Theorie fühlen. Seine Argumente waren jedoch ganz andere, denn es waren die des exakten Wissenschaftlers, der sich weigerte, die geographischen Vorstellungen und Beschreibungen des epischen Dichters wörtlich zu nehmen.[110] Noch weniger war er bereit, ‹verborgene Bedeutungen› anzunehmen wie seine stoischen Vorläufer und Zeitgenossen,[111] die damit die alte Praxis der allegorischen Deutung neu belebten.[112]

---

105 Neoptolemos wird von Aristophanes von Byzanz zitiert, Eust. p. 1817, 19–22 (zu ρ 219 μολοβρός); es besteht kein Grund, dieses klare Zeugnis zu entfernen, indem man φησί in φασί ändert, wie Nauck, *Aristoph. Byz. fragm.* p. 119, 70, es versuchte. Neoptolemos ist richtig charakterisiert und datiert von C. O. Brink, *Horace on Poetry* (1963) 43ff, s. bes. 45, 2. [Zu Neoptolemos als γλωσσογράφος vgl. Meineke, Anal. Alex. 358ff, *FGrHist* 702 T 1, zu seiner Schrift Περὶ ἐπιγραμμάτων ib. F 1 und dazu R. Kassel, *Rh. M.* 106 (1963) 302ff.]

106 Philodem Περὶ ποιημάτων *V* ed. C. Jensen (1923) col. XIII 8–15 p. 33, cf. pp. 108f; 123; 152f; s. Brink 55.

107 S. oben S. 25.

108 S. oben S. 70.

109 S. oben S. 82 und 101f, zu Platon und Aristoteles.

110 Erat. *Geogr. Fragmente* 22ff und H. Berger, *Erdkunde der Griechen*² 386ff.

111 Verweise zu den auf die Allegorie bezogenen Fragmenten von Zenon, Kleanthes und Chrysippos bei Pohlenz, *Stoa* II 55.

112 S. oben S. 26f.

Eratosthenes hatte insofern Erfolg, als die bedeutendsten alexandrinischen Philologen der folgenden Generationen seine Ansichten mit Aufgeschlossenheit erwogen, wenn sie auch seine radikalen Lehren nicht völlig annahmen, und das scheint der einzige Punkt zu sein, an dem wir den Einfluß der exakten Wissenschaft auf die Philologie anerkennen müssen, einen bedeutsamen, wenn auch sehr begrenzten Einfluß.[113] Andererseits haben Gelehrte und emsige Amateure zu allen Zeiten Eratosthenes' nüchterne Argumente ignoriert und unermüdlich versucht, Orte zu finden, die genau den Angaben in den Gedichten entsprechen, nicht nur geschichtliche Orte wie Ithaka oder Pylos oder die Städte im ‹Schiffskatalog›, sondern auch die Stationen von Odysseus' Irrfahrten – und das ist etwas ganz anderes. Im ersten Fall wurden die Epen, trotz wohlbegründeter Einsprüche, einfach Lehrbücher der Geographie;[114] im anderen Fall wurden die abenteuerlichsten Spekulationen angestellt, in denen Odysseus als Erforscher der Arktis auftrat oder, wenn man so will, als Afrikareisender, oder Kalypso, deren Name vom germanischen ‹hel› abgeleitet wurde, nach Helgoland versetzt wurde. In Wirklichkeit dagegen legen die epischen Dichter in ihren Erzählungen eine bemerkenswerte Gleichgültigkeit gegen Zeit wie Raum an den Tag. Es ist hier nicht der Ort, jene von Eratosthenes berührten Interpretationsschwierigkeiten weiter zu verfolgen, doch sei es erlaubt, in diesem Zusammenhang seinen bekannten bissigen Satz zu zitieren:[115] τότε ἂν εὑρεῖν τινα λέγει ποῦ Ὀδυσσεὺς πεπλάνηται, ὅταν εὕρῃ τὸν σκυτέα τὸν συρράψαντα τὸν τῶν ἀνέμων ἀσκόν. Diese ἀπόφασις, die Polybios so sehr mißfiel, ist ein gutes Beispiel für Eratosthenes' ironischen Stil, und angesichts der wenigen vollständig überlieferten Sätze müssen wir wohl den Verlust so mancher witzig-scharfsinniger Bemerkung bedauern.

Wir haben gesehen, wie Eratosthenes' Untersuchungen sich über die ganze Fläche der Erde und in die Vergangenheit der Menschheit erstreckten; er soll auch ein Bild des Himmels gegeben haben, indem er das erste vollständige griechische Verzeichnis der Sternbilder verfaßte. Titel und Inhalt der sogenannten Καταστερισμοί[116] sind heiß

113 Das ist die Antwort auf unsere Frage auf S. 192; Wilamowitz, *Hom. Untersuchungen* (1884) 385 ‹die exakten Wissenschaften haben auf die alexandrinische Philologie den bedeutendsten Einfluß ausgeübt›, diese allgemeine Behauptung wird nur durch einen unbestimmten Hinweis auf Eratosthenes gestützt. Siehe auch die allgemeinen Bemerkungen über das Verhältnis der exakten Wissenschaften (einschl. Medizin) zur Philologie von H. J. Mette, *Parateresis* (1952) 63f.

114 G. Jachmann, *Der homerische Schiffskatalog* (1958) 10.

115 Fr. 1 A 16 Berger p. 36 = Strab. I 24 (Eust. p. 1645, 64 zu κ 19).

116 Dieser Titel ist eine Konjektur von John Fell in seiner *editio princeps*, Oxford 1672.

umstritten,[117] aber es ist zumindest möglich, daß unsere Handschriften einen Abriß, eine spätere Bearbeitung von Eratosthenes' originaler Schrift bewahren. Sie enthielt offensichtlich nicht viel Astronomie, sondern eine große Sammlung mythischer und volkstümlicher Geschichten über den Ursprung der Sternbilder. Wegen ihres Beitrages zu diesem wichtigen Teil der griechischen Mythologie blieben die *Katasterismoi* für Jahrhunderte ein nützliches Lehrbuch und erfuhren im Laufe der Zeit beträchtliche Veränderungen. Es gibt aber eigentlich keinen Grund, daran zu zweifeln, daß der alexandrinische Gelehrte der ursprüngliche Verfasser war;[118] wir haben immer wieder gesehen, wie leicht er in verschiedenen Zweigen der Gelehrsamkeit aus dem Exakt-Wissenschaftlichen ins Literarische wechselte, und seine eigenen Gedichte bezeugen sein besonderes Interesse an Himmelskörpern und schönen Stern-Mythen.

Der Mathematiker wurde sichtbar in einem formvollendeten Epigramm an den König.[119] Das Epos *Hermes*[120] zog alte Mythenerzählungen über die Geburt und frühreife Schlauheit des Gottes aus dem homerischen Hermes-Hymnos heran und verband sie in einzigartiger Weise mit der Kosmologie von Platons *Timaios* und Eratosthenes' eigener Geographie; als der Gott zu den himmlischen Sphären der Planeten aufstieg, um selbst einer von ihnen zu werden, gewahrte er nicht nur deren Harmonie und ihre Übereinstimmung mit der ἁρμονία seiner eigenen Leier, sondern auch die fünf Zonen, in die die Erde nach Eratosthenes' geographischer Theorie eingeteilt war.

In seinem elegischen Gedicht *Erigone*[121] endet eine attische Ortslegende des Dorfes Ikaria, worin er vielleicht auf eine nach-

117 G. Knaack, *RE* VI 378ff, gibt einen kurzen kritischen Überblick über diesen Streit; Keller, *Eratosthenes* (1946) (oben S. 193 Anm. 15) 18–28, hat die moderne Literatur im einzelnen nachgeprüft; vgl. Solmsen, *TAPA* 73 (1942) 204f. Die Rekonstruktionen von C. Robert, *Eratosthenis catasterismorum reliquiae* (1878, nachgedr. 1963), und bes. A. Rehm, *Herm.* 34 (1899) 251–79, sind immer noch grundlegend. J. Martin, *Histoire de texte des Phénomènes d'Aratos* (1956, oben S. 154 Anm. 90) 58ff ‹Le Problème des Catastérismes›, bringt (S. 99) aus dem Codex Scorialensis Σ III 3 einen neuen Hinweis auf Eratosthenes, in dem das Sternbild der Jungfrau mit Erigone, der Tochter des Ikarios, identifiziert wird.

118 Ich gestehe, daß ich – trotz Solmsen – noch skeptisch bin hinsichtlich der Annahme, daß Eratosthenes in den *Katasterismoi* als gläubiger Platoniker in den Sternen menschliche Seelen erblickte.

119 S. oben S. 194.

120 Fr. 1–16 Powell; vgl. oben S. 197.

121 Fr. 22–27 Powell; cf. Erat. *carm. reliquiae* ed. E. Hiller (1872) 94–114, und E. Maass, *Analecta Erat.* (1883) 56–138. S. a. *Kallimachos-Studien* (1922) 102–12 und F. Solmsen, *TAPA* 78 (1947) 254ff. Völlig überraschend kam die Entdeckung, daß das διὰ πάντων ἀμώμητον ποιημάτιον ein umfangreiches griechisch-ägyptisches Konglomerat aller Details war, die griechische und lateinische Autoren nach Eratosthenes je erwähnten. Genaue Rekonstruktionen griechischer Gedichte, die auf angenommenen Nachahmern, Mythographen,

aristotelische hellenistische Theorie über den Ursprung von Tragödie und Komödie[122] angespielt hat, mit einem Katasterismos des Landmannes Ikarios, seiner Tochter Erigone und ihres Hundes Maira. Im Gegensatz zum *Hermes* lassen sich keine Spuren exakter Wissenschaft in unseren Fragmenten der Elegie finden, die einen starken Anklang an Kallimachos[123] zeigen. Wie weit stimmte Eratosthenes' dichterische Praxis mit seiner literarischen Theorie überein?[124] Wollte er nichts lehren, sondern nur ‹faire plaisir›? Die achtzehn Hexameter über die ‹Zonen›, von denen fast die Hälfte spondaici sind, klingen recht didaktisch, und in Kallimachos' σοφίη waren Vergnügen und Wahrheit vereint.[125] Die ganz wenigen erhaltenen Fragmente aus Eratosthenes' Gedichten erlauben uns nicht, die Frage zufriedenstellend zu beantworten. Er verfuhr wohl während seines langen Lebens nicht immer in gleicher Weise, und wir haben nicht die geringste Möglichkeit, die chronologische Reihenfolge einzelner Gedichte und ihr Verhältnis zu den Prosaschriften festzulegen. Dieser kurze Überblick befestigt den Eindruck, daß seine Dichtung nur

---

Lexikographen usw., beruhten, haben sich ein für allemal als unmöglich erwiesen, sobald umfangreichere Teile dieser Gedichte in Papyri auftauchten. Diese Warnung wurde nicht beherzigt von R. Merkelbach, obwohl gerade er wohlvertraut ist mit literarischen Papyri (‹Die Erigone des Eratosthenes›, *Miscellanea di Studi Alessandrini in memoria di A. Rostagni*, 1963, S. 469–526).

122 Fr. 22 Powell; s. oben S. 202. Ich halte es für möglich, daß Eratosthenes' Hexameter Ἰκαριοῖ, τόθι πρῶτα περὶ τράγον ὠρχήσαντο sich auf den Ursprung der Tragödie bezieht, weil die Linie Eratosthenes–Neoptolemos–Horaz dieselbe zu sein scheint wie in der allgemeinen Dichtungs-Theorie, s. oben S. 207f. Die Lesarten der Handschrift von Hygin. *de astr.* II 4 in Hillers Ausgabe der *Erigone* p. 106; er faßte ganz richtig εικαριοι als Lokativ Ἰκαριοῖ (Steph. Byz. v. Ἰκαρία; cf. a. Κίκυννα ~ Κικυννοῖ Lys. *or.* 17,5; 8), gefolgt von τόθι als Relativum. Denselben Text hat Powell, aber Maass, Diehl (*AL* II² fasc. 6, 1942, p. 85, fr. 5), Pickard-Cambridge, Solmsen, Merkelbach et al. drucken Ἰκάριοι mit oder ohne einen Hinweis auf Ἰκαριοῖ. Aber Ἰκάριοι ist das δημοτικόν der Insel Ἰκάρα; die Einwohner des attischen Dorfes Ἰκαρία werden immer Ἰκαριεῖς genannt (siehe Steph. Byz. und die Inschriften). Zu Ἰκαριοῖ τόθι πρῶτα vgl. jetzt Call. fr. 229, 10 ἐν ὕλῃ τόθι πρῶτον ὤφθης und zu ὠρχήσαντο am Ende des Hexameters Call. fr. 177, 27 (ὀρχήσασθαι *Hec.* fr. 326); Hiller verwies auf Call. *hy.* I 52 und III 240 περὶ πρύλιν ὠρχήσαντο, wo in III 241 πρῶτα auf das Verbum folgt. – Für den ikarischen Tanz um den Bock und die Herleitung der Tragödie und Komödie aus diesem rituellen Tanz s. die Testimonia, die A. W. Pickard-Cambridge zusammenstellte und besprach (*Dithyramb, Tragedy and Comedy*, [1927] 97ff, 2nd ed. [1962] 69ff), und K. Ziegler, *RE* VI A (1937) ‹Tragoedia› 1924ff; die beste Zusammenstellung der Texte bietet K. Meuli, *Mus. Helv.* 12 (1955) 226f, der, fürchte ich, hinsichtlich der angenommenen Theorie des Eratosthenes viel zu zuversichtlich ist.

123 Siehe *Kallimachos-Studien* 102ff und Callimachus II Index s. v. Eratosthenes.

124 S. oben S. 207ff.

125 S. oben S. 159 und 173f.

Nebenarbeit war, wenn auch eine charakteristische, die ihn mit den Dichtergelehrten von Philitas bis Kallimachos verbindet.

Wie wenig uns von seinen Büchern in seinem eigentümlich pointierten Stil geblieben ist, ist schon beklagt worden.[126] Die Anekdoten über ihn, die uns die biographische Tradition bewahrt hat, sind ein kläglicher Ersatz. Weil sie aber allenthalben wiederholt werden, zuweilen mit falscher Emphase, sollten sie hier nicht gänzlich übergangen werden. Wenn wir uns erinnern,[127] wie Philitas lächerlich gemacht wurde, wie Timon über die Angehörigen des Museums spottete und wieviel Stichelei gegen die φιλόλογοι in Kallimachos' *Iamben* enthalten ist, können wir über den Ursprung von Eratosthenes' Spitznamen kaum in Zweifel sein. Ein guter Einfall war es, ihn Βῆτα[128] zu nennen, war er doch auf vielen Gebieten der Zweitbeste, aber auf keinem gelehrten Spezialgebiet der Erste; ein anderer Spitzname, Πένταθλος, ‹der Fünfkämpfer›, weist in dieselbe Richtung. Aber warum sollte man den boshaften Klatsch einer Gelehrtengesellschaft ernst nehmen? Er sollte der Erinnerung an einen der größten Gelehrten aller Zeiten keinen Abbruch tun. Die Verzweigtheit und gegenseitige Bezogenheit von Eratosthenes' zahlreichen Schriften ruft laut nach einer neuen *vollständigen* Sammlung seiner Fragmente.

Die Geschichte wiederholt sich selten. Doch werden wir in der Neuzeit eine Abfolge von drei Stadien finden, die im großen und ganzen der im dritten vorchristlichen Jahrhundert entspricht. Zuerst kam das Wiederaufleben der Philologie in der italienischen Renaissance während des vierzehnten und fünfzehnten Jahrhunderts n.Chr., angeführt von den großen Dichtern von Petrarca bis Polizian. Dann folgte in Frankreich und in den Niederlanden während des sechzehnten und siebzehnten Jahrhunderts eine enzyklopädische Expansion, worin auch die exakte Wissenschaft eine Rolle spielte; ‹philologia› nahm wieder die gleiche Bedeutung an wie bei Eratosthenes, und Salmasius wurde ausdrücklich als der Eratosthenes[129] seiner Zeit gefeiert. Endlich aber, mit Bentleys Auftreten, trug die schöpferische Konzentration auf die Text- und Literaturkritik den Sieg davon, wie das der Fall gewesen war, als nach Eratosthenes um 200 v.Chr. Aristophanes von Byzanz auftrat.

126 S. oben S. 209.

127 S. oben S. 63; 118; 127.

128 Marcian. ‹Epit. Peripl. Menipp.› 2 (*GGM* I p. 565,26) 'Ε. ὃν Βῆτα ἐκάλεσαν οἱ τοῦ Μουσείου προστάντες. Suid. v. 'Ερατοσθένης ... βῆτα (βήματα codd., em. Meursius) ἐπεκλήθη ... ἄλλοι Πένταθλον ἐκάλεσαν; geringschätzig gebraucht in [Plat.] *amat.* 135 E ff.

129 T. P. Blount, *Censura celebriorum autorum* (1690) 719.

V

DIE ALEXANDRINISCHE PHILOLOGIE AUF IHRER HÖHE: ARISTOPHANES VON BYZANZ

In der biographischen Literatur erscheint Aristophanes von Byzanz als Schüler von Zenodot, Kallimachos und Eratosthenes, also von allen führenden Philologen dreier Generationen des dritten Jahrhunderts v.Chr.; zudem soll er bei Dionysios Iambos, Euphronios und Machon studiert haben. Wenn dies auch nicht in jedem Fall buchstäblich wahr ist,[1] so ist es doch vollkommen zutreffend in dem Sinne, daß er das Erbe der philologischen Tradition eines ganzen Jahrhunderts war. An der Schwelle des zweiten Jahrhunderts stehend, beherrschte er dieses völlig, denn sein Werk wurde von seinem großen Schüler Aristarch und dessen ‹Schule›, Apollodor von Athen und Dionysios Thrax, fortgeführt. So konnte die Philologie in Alexandria den Gefahren der inneren Krise von 146/5 v.Chr. ins Auge sehen und der wachsenden Rivalität Pergamons standhalten, und die Stadt blieb, trotz vieler Rückschläge, das Zentrum der Wissenschaften bis zum Ende der Antike.

Mit der Regierung Ptolemaios' IV. Philopator (221–204 v.Chr.) und Ptolemaios' V. Epiphanes (204–180 v.Chr.) begann in Ägypten ein stufenweiser politischer, sozialer und wirtschaftlicher Abstieg.[2] Die Philologie war jedoch nicht darin verwickelt, im Gegenteil, sie entfaltete gerade jetzt ihre größte Stärke und erreichte ihr höchstes Niveau, eine historische Tatsache, die den modernen Soziologen mit ihrer Tendenz, den Einfluß des ‹sozialen› Faktors auf die Wissenschaften zu sehr zu betonen, als Warnung dienen sollte. Es war nämlich genau das Ende des dritten Jahrhunderts, das die ‹reine› Philologie, nicht mehr vereint mit der Dichtung, aufkommen sah, als eigengesetzliche, selbstbewußte Disziplin, deren Vertreter den bezeichnenden Titel γραμματικοί beanspruchten.

Aristophanes'[3] Vater Apelles, ein Söldnerhauptmann (ἡγούμενος

---

1 Siehe die allgemeine Bemerkung auf S. 127.

2 Siehe die einschlägigen Kapitel in den oben (S. 114 Anm. 2) zitierten Büchern und *RE* XXIII (1959) H. Volkmann, ‹Die Dynastie der Ptolemaier in Ägypten› 1600–1762, bes. 1678ff.

3 Aristophanis Byzantii *Fragmenta* coll. et dispos. A. Nauck (1848, Neudruck 1963); es war ein außerordentlicher Glücksfall, daß einer der großen Philologen des letzten Jahrhunderts diese umfassende Sammlung veranstaltete; vgl. Susemihl, I 428–48; L. Cohn, *RE* II (1895) 994–1005.

στρατιωτῶν), scheint von Byzanz nach Alexandria gekommen zu sein, als Aristophanes noch ein Knabe war. Als παῖς soll er Zenodot gehört haben, als νέος den Kallimachos; im Alter von zweiundsechzig Jahren wurde er zum Vorstand der königlichen Bibliothek ernannt; er starb, als er siebenundsiebzig Jahre alt war.[4] Diese Daten können wir mit einiger Vorsicht akzeptieren, der Rest des biographischen Artikels ist hoffnungslos verworren. Man nimmt gewöhnlich an, daß Aristophanes Bibliothekar wurde, als Eratosthenes starb, also zwischen 196 und 193 v.Chr.;[5] daraus würde folgen, daß er zwischen 258 und 255 v.Chr. geboren und um 180 v.Chr. gestorben wäre. Es ist aber nirgends bezeugt, daß Eratosthenes bis zu seinem Tode im achtzigsten Lebensjahr im Amt blieb. Wenn er sich früher zurückgezogen hat und Aristophanes ihm um das Jahr 200 v.Chr. oder schon vorher folgte, bricht die Chronologie zusammen, und die Möglichkeit, daß er Zenodots Schüler war, verstärkt sich. Zwei Ereignisse aus Aristophanes' Leben werden in unseren Quellen berichtet; als er aus irgendeinem Grund[6] zu König Eumenes II. von Pergamon zu fliehen beabsichtigte, wurde er für einige Zeit gefangengesetzt; das muß nach 197 v.Chr., dem ersten Jahr der Regierung des Eumenes, geschehen sein und wäre mit den überlieferten Daten durchaus vereinbar. In dieser Geschichte erscheint der Name der künftigen Rivalin Alexandrias, Pergamons, zum erstenmal, und dieser Punkt ist für uns bedeutsam. Die andere Geschichte könnte aus einem der Scherze eines Museumsmitgliedes entstanden sein, von denen wir bereits einige Beispiele, wenn auch kein so abgeschmacktes, kennengelernt haben. Der achtbare Gelehrte, so heißt es, verliebte sich in ein alexandrinisches Blumenmädchen, und sein Nebenbuhler war ein Ele-

---

4 Suid. v. 'Αριστοφάνης, Βυζάντιος· γραμματικός ... μαθητὴς Καλλιμάχου καὶ Ζηνοδότου· ἀλλὰ τοῦ μὲν νέος, τοῦ δὲ παῖς ἤκουσε ... καὶ προέστη τῆς τοῦ βασιλέως βιβλιοθήκης ... ἔτος ἄγων ξβ' ... τελευτᾷ, ἔτη βεβιωκὼς οζ' (s. A. Adlers Anmerkung ad loc.).

5 Wir nehmen das viel frühere Datum, das vorgeschlagen wurde (s. oben S. 192f) nicht an. A. Rostagni, ‹I Bibliotecari Alessandrini›, *Scritti minori* II 1 (1956) 185ff, versuchte vergebens, Apollonios den Eidographen zwischen Eratosthenes und Aristophanes zu setzen, entgegen der in *P. Oxy.* X (1914) 1241, col. II 6ff bezeugten Reihenfolge. Durch einen merkwürdigen Fehler in Wilamowitz' Bericht über den neuentdeckten Papyrus, *Neue Jahrbücher* 33 (1914) 246 (= *Kl. Schr.* I 412; cf. *Pindaros* 108), erscheint der Eidograph nach Eratosthenes, nicht nach Aristophanes, wie der Papyrus und die Herausgeber, unterstützt von Wilamowitz, richtig feststellten. S. unten S. 258; vgl. a. die Erörterung von H. Herter, *Rh. M.* 91 (1942) 317ff.

6 Suid. (oben Anm. 4) διασκευασθεὶς δὲ ὡς βουλευόμενος (Cod. A V, βουλόμενος cett.) πρὸς Εὐμένη φυγεῖν, ἐφυλάχθη κτλ. dieser Text ist wohl kaum heil, und vielleicht sollten wir lesen διασκεφθείς ‹da man seinen Fluchtplan entdeckte, wurde er gefangengesetzt›. Es ist aber nur eine moderne Ausschmückung, daß ‹Eumenes tried to steal Ptolemy's librarian› (so z.B. Kenyon, *Books and Readers*, p. 89).

fant.[7] Es gab verschiedene Geschichten von Elefanten, die durch Blumenduft angezogen,[8] sich den Mädchen, die Sträuße banden und verkauften, liebend näherten, und auch Aristophanes könnte eine in sein umfangreiches Buch ‹Über Tiere› (Περὶ ζῴων),[9] aufgenommen haben; aber es fällt schwer, in der Vorstellung, daß Gelehrter und Elefant ἀντερασταί sein sollten, einen Witz zu finden.[10]

Aristophanes' Kompilation Περὶ ζῴων, auf Aristoteles, Theophrast und den Paradoxographen beruhend, ist sein einziger uns bekannter Beitrag zu dieser besonderen peripatetischen und alexandrinischen Tradition der Naturgeschichte und Paradoxographie, die wir von der eigentlichen strengen Wissenschaft unterschieden haben.[11] Wenn er aber zu Recht in einer der Arat-Viten zusammen mit vielen anderen Autoren über *Phainomena*[12] aufgeführt ist, dann würde dieses Werk der gleichen Gattung angehören; wir haben keinen Grund zu der Annahme, daß es sich um ein Gedicht handelte. Er war weder ein Naturwissenschaftler noch ein Dichter, er war der vollkommene Philologe.

Das Schema, nach dem wir die gelegentlichen philologischen Bemühungen der vorhellenistischen Zeit aufgegliedert haben,[13] können wir nun auf die vollentwickelte Philologie des Aristophanes anwenden; wir werden seine enorme Produktion unter denselben vier Hauptgesichtspunkten überblicken: Texte, Sprache, literarische Kritik, Altertümer.

Drei Männer machten zu Beginn des dritten Jahrhunderts mit der διόρθωσις der epischen, lyrischen und dramatischen Dichtung einen Anfang, doch erst Aristophanes schuf gegen Ende des Jahrhunderts die grundlegenden Rezensionen der Texte auf allen diesen Gebieten.

Zenodots hervorragende Bedeutung als erster διορθωτής der Epen

---

7 Plin. *n. h.* VIII 13, Plut. *de soll. an.* 972 D, Aelian. *n. a.* I 38, wahrscheinlich aus einer gemeinsamen Quelle; s. F. Jacoby, *FGrHist* 275 Juba von Mauretanien (vol. III A, Kommentar, 1943, p. 319 und zu F 54).

8 Aelian. *n. a.* VII 43; XIII 8.

9 Aristoph. ‹Hist. an. epitome›, ed. S. P. Lambros, *Suppl. Aristotelicum* I 1 (1885); cf. L. de Stefani, *Studi it. di fil. class.* 20 (1913) 189ff. Der authentische aristophanische Teil der späten byzantinischen Exzerpte enthält keine Version der Elefanten-Geschichte; II 119 p. 64 L. stammt aus Aelian. *n. a.* VII 43.

10 A. Marx, *Griechische Märchen von dankbaren Tieren* (1889) 93f, hätte die Anekdote nicht als eine dieser Geschichten behandeln sollen. – Auch in der Annahme, daß die Elefanten-Geschichte ihren Ursprung in 'Ελέφας als Eigennamen (*IG* V 1, Nr. 699), als Beinamen (Polyb. XVIII 24,2) oder als Spitznamen eines menschlichen Nebenbuhlers hat und dann auf das Tier übertragen wurde, kann man kaum eine Verbesserung erblicken.

11 S. oben S. 191; diese Anordnung scheint vielen späteren Autoren über denselben Gegenstand zum Vorbild gedient zu haben, s. M. Wellmann, *Herm.* 51 (1916) 63f.

12 *Comment. in Arat. rel.* ed. E. Maass 79,6, cf. E. Maass, *Aratea* (1892) 151.

13 S. oben S. 93; vgl. a. S. 169f.

wurde zu seiner eigenen Zeit nie ernstlich in Frage gestellt.[14] Können wir sagen, wieweit Aristophanes und seine Schüler einen Neubeginn machten? Zenodot war ein Pionier gewesen; seine Nachfolger waren in einer anderen Lage, da sie die neuen Handschriften, die in die Bibliothek gelangten, mit seinem revidierten Text vergleichen konnten. Timons sarkastische Spitze[15] gegen einen ‹revidierten› Homer-Text, in dem die παλαιὰ γραφή geändert worden sei, zeigt eine für den griechischen Geist charakteristische Haltung: Mißtrauen gegen einen hypothetisch ‹echten› Text und eine Neigung, den durch Tradition geheiligten ‹alten Text› zu bewahren. Aristophanes teilt offenbar diese Haltung. Abgeneigt, Verse zu tilgen[16] oder Konjekturen in den Text aufzunehmen, zogen er und seine Schüler es vor, ihre Ansichten durch Randzeichen auszudrücken; Aristarch nahm seine Zuflucht zu gesonderten Kommentaren oder Monographien. Zenodot war vielleicht in seiner Textkritik keineswegs so kühn und willkürlich, wie viele glauben, aber Aristophanes und Aristarch wurden dann noch konservativer.

Im Falle des Aristophanes ist es leichter, die technischen Verbesserungen seiner Ausgaben, über die wir besonders gut informiert sind,[17] zu beurteilen, als seinen wirklichen Text zu rekonstruieren, wofür wir auf gelegentliche Bemerkungen in den späten Scholien angewiesen sind.[18] Diese sind spärlich, weil von der nächsten Generation an die Homer-Arbeit seines Schülers Aristarch als Autorität in Sachen Homer galt und die Übereinstimmung oder Nichtübereinstimmung mit seinem Lehrer oftmals nicht ausdrücklich von ihm selbst zum Ausdruck gebracht oder von Aristonikos und Didymos vermerkt wurde. Wir können uns erinnern, daß in ähnlicher Weise der Erfolg von Apollodors Χρονικά es uns fast unmöglich macht, Eratosthenes' chronographisches Werk zu rekonstruieren.[19] Selbst dann, wenn irgendwelche Lesarten als von Aristophanes stammend gekennzeichnet waren,[20] ließen einige der späteren Kompilatoren unserer Scholien seinen Namen aus und behielten nur die von Zenodot und Rhianos bei (Schol. T*B* 53, *H* 443, *O* 33), obwohl andere ihn bewahrten (Schol. A zu diesen Versen); umgekehrt hat bei Σ 10 Schol. T

14 Vgl. oben S. 150f und 156.

15 S. oben S. 126f und 154f.

16 Zenodot hat Λ 78–83 und *M* 175–81 ausgelassen, wahrscheinlich aus inneren Gründen (s. oben S. 146), aber Aristophanes behielt diese Stellen im Text, kennzeichnete sie aber durch den Obelos als unecht.

17 S. unten S. 221.

18 Die Zahl der aristophanischen Lesarten in jedem der 24 Bücher der *Ilias* gibt T. W. Allen, Hom. *Il.* I (1931) 202; es ist etwa ein Fünftel der Lesarten Zenodots und ein Zehntel der Aristarchs, ibid. 199–201.

19 S. oben S. 205.

20 Ein Verzeichnis aller Lesarten, für seine Zeit vollständig, stellte A. Nauck auf; der Text muß mit den verfügbaren neuen Ausgaben verglichen und die Liste aus den Papyri ergänzt werden.

den Namen, während Schol. A ihn ausläßt. Das Hypomnema zu Buch 21 der *Ilias*, in *P. Oxy.* 221 aus dem zweiten Jahrhundert v.Chr. erhalten, stimmt mit den mittelalterlichen Handschriften unserer Scholien überein, wenn es die Lesarten in den Versen 1 und 249 unter dem Namen des Aristophanes bietet; aber es enthält die Worte παρὰ 'Αριστοφάνει bei der abweichenden Lesart des Verses 217 πελάσας für γ' ἐλάσας, die in unseren Handschriften nicht mehr vorhanden sind. Wir müssen also, wenn wir die Eigenart von Aristophanes' Ausgabe beurteilen wollen, uns bewußt bleiben, daß unsere Kenntnis von ihr vom bloßen Zufall abhängt.

Einige seiner gut bezeugten Lesarten, die Aristarch verwarf, klingen recht vernünftig und plausibel. In Zeus' neckender Ansprache an Hera am Anfang des 4. Buches der *Ilias* schrieb Aristophanes (Δ 17) εἰ δ' αὔτως τόδε πᾶσι φίλον καὶ ἡδὺ γένοιτο ‹wenn dies [die zweite Alternative, nämlich Frieden zu stiften] allen [Göttern] gleichermaßen gefiele›; das Adverb αὔτως (in Schol. T ad loc. mit ὁμοίως erklärt) ist genau das, was wir in diesem Textzusammenhang vor πᾶσι erwarten müßten;[21] es kann sogar helfen, einen korrupten Vers der *Odyssee* wiederherzustellen, an dem schon arg herumprobiert wurde.[22]

Als erstaunlichstes Beispiel von Aristophanes' Scharfsinn heben neuzeitliche Kritiker immer seine Annahme hervor, daß Vers 296 von Buch 23 die ‹Grenze› der *Odyssee* gewesen sei. Zu der Wiedervereinigung von Odysseus und Penelope, ψ 296 οἱ μὲν ἔπειτα / ἀσπάσιοι λέκτροιο παλαιοῦ θεσμὸν ἵκοντο, bemerken die Scholien: 'Αριστοφάνης δὲ καὶ 'Αρίσταρχος πέρας[23] τῆς 'Οδυσσείας τοῦτο ποιοῦνται, ‹Aristophanes und Aristarch nahmen diesen Vers als Endpunkt der Odyssee›. Eustathios umschrieb dies korrekt mit περατοῦσι τὴν 'Οδύσσειαν und fügte, um es ganz deutlich zu machen, hinzu, daß ‹sie den folgenden Teil bis zum Ende der Odyssee für unecht hielten› ἕως τέλους τοῦ βιβλίου (sc. τῆς 'Οδυσσείας) νοθεύοντες. Nachdem er eine Reihe von

---

21 Aristarchs αὖ πως (Schol. A) würde Unsicherheit zeigen, und οὕτως in einigen Handschriften ist eine häufige falsche Lesart für αὔτως. Cf. Hes. *Th.* 402 αὔτως πάντεσσι Theocr. XXII 78 αὔτως ... πάντας.

22 θ 167 οὕτως (codd.) οὐ πάντεσσι θεοὶ χαρίεντα διδοῦσιν: lies αὔτως ‹nicht gleichmäßig geben die Götter holde Gaben allen Menschen›.

23 Schol. MV Vind.; τοῦτο τέλος τ. 'Ο. φησὶν 'Αρίσταρχος καὶ 'Αριστοφάνης (Schol. HMQ); Eust. p. 1948,49 κατὰ τὴν τῶν παλαιῶν ἱστορίαν 'Αρίσταρχος καὶ 'Αριστοφάνης, οἱ κορυφαῖοι τῶν τότε γραμματικῶν, εἰς τὸ ... «ἀσπάσιοι – ἵκοντο» περατοῦσιν τὴν 'Οδύσσειαν, τὰ ἐφεξῆς ἕως τέλους τοῦ βιβλίου νοθεύοντες. οἱ δὲ τοιοῦτοι πολλὰ τῶν καιριωτάτων περικόπτουσιν ... εἴποι δ' ἂν οὖν τις ὅτι 'Αρίσταρχος καὶ 'Αριστοφάνης οἱ ῥηθέντες οὐ τὸ βιβλίον τῆς 'Οδυσσείας ἀλλὰ ἴσως τὰ καίρια ταύτης ἐνταῦθα συντετελέσθαι φασίν. Cf. Eust. p. 1393,57 (zu α 88ff) αὐτὴ (sc. ἡ μνηστηροφονία) γάρ ἐστι τὸ σκοπιμώτατον τέλος τῆς ποιήσεως ταύτης. Ein Grammatiker Eukleides (L. Cohn *RE* VI 1003,27) in Schol. BT *A* 5 ὅπερ ἐστὶ τέλος τῆς 'Ιλιάδος scheint τέλος im selben Sinne von σκοπός wie Eust. gebraucht zu haben, aber Aristophanes und Aristarch meinten die ‹Grenze›, wenn sie πέρας sagten.

Einwänden gegen diese Annahme erhoben hat, spricht er die Vermutung aus, daß die zwei alten Grammatiker möglicherweise gesagt hätten, dies sei das Ende der *Odyssee* nicht als Buch, sondern das ihrer Haupthandlung. Diese Vermutung zeigt die Verlegenheit des Eustathios,[24] der deutlich fühlte, daß der einfache Wortlaut der Scholien ein solches Ausweichen nicht zuließ; desungeachtet ist diese Annahme in neuerer Zeit wiederholt gebilligt worden.[25] Aristophanes brachte nur Randzeichen an,[26] Aristarch interpretierte dann in seinen ὑπομνήματα die σημεῖα seines Vorgängers und hat vielleicht auch einige Erklärungen aus dessen ‹Vorlesungen› veröffentlicht; aber die Exzerpte aus Aristarchs Kommentaren hatten noch einen weiten Weg zurückzulegen, bis sie in den recht armseligen mittelalterlichen Scholien zur *Odyssee* landeten. Wir haben keine Parallele[27] zu dieser Anmerkung zu ψ 296. Viele Fragen können wir dazu stellen: Versah Aristophanes den Vers mit einem seiner Zeichen?[28] Wenn ja, hat Aristarch es richtig als τέλος oder πέρας interpretiert? Bewahrt unser Scholion seine Interpretation? Alle Zufälle der Überlieferung miteingerechnet können wir allenfalls hoffen, daß die Antwort bejahend ausfällt; es gibt keine Möglichkeit, das zu beweisen.

Aber warum warf Aristophanes das Problem überhaupt auf? Man hat vermutet,[29] daß Apollonios Rhodios im letzten Vers seiner *Argonautika* (IV 1781 ἀσπασίως ἀκτὰς Παγασηΐδας εἰσαπέβητε) schon bewußt auf ψ 296 anspielt, um seinem gelehrten Publikum seine An-

---

24 Es klingt mir nach Eustathios' eigenem Argument; aber Wilamowitz, *Die Heimkehr des Odysseus* (1927) 72f, vermutete, daß er ‹vollständigere Scholien› als Quelle hatte.

25 S. bes. E. Bethe, ‹Odyssee-Probleme› I. τέλος τῆς 'Οδυσσείας, *Herm.* 63 (1928) 81–85. [Siehe jetzt auch L. E. Rossi, *Riv. Fil.* 96 (1968) 151ff.]

26 S. oben S. 216.

27 Die gewöhnliche Form in dem seltenen Fall längerer Stellen war: Ζηνόδοτος ἠθέτηκεν ἀπὸ τούτου τοῦ στίχου τὰ λοιπά Schol. A Σ 483–608 (Schild des Achilles). Aristarch athetierte nur ein paar Verse der ὁπλοποιΐα. Schol. ψ 310–43 ἠθέτησεν 'Αρίσταρχος τοὺς τρεῖς καὶ τριάκοντα (οὐ καλῶς QV, καλῶς Vind. 133) Schol. MV ω 1–204 'Αρίσταρχος ἀθετεῖ τὴν Νέκυιαν, mit Argumenten und Gegenargumenten. So übernahm er auch Aristophanes' Ansicht über ψ 296 als ‹Grenze› des Gedichts, fuhr aber trotzdem fort, einzelne Stellen des folgenden Teiles mit dem Obelos zu versehen; dieser Teil war daher nicht als Ganzes ‹athetiert›.

28 Er könnte zur Bezeichnung des Schlusses ein Lesezeichen wie die κορωνίς nach ψ 296 angebracht haben. Zur Koronis s. die Listen und Zeichnungen von W. Lameere, *Les publications de Scriptorium* IV(1960) 190–204. Zu den Zeichen, die Aristophanes einführte, s. unten S. 222f. Der Codex Harleianus (H, saec. XIII) brachte nach ἵκοντο ein Kolon und eine Paragraphos an (:–).

29 Die Vermutung wurde zuerst von L. Adam, *Die aristotelische Theorie vom Epos nach ihrer Entwicklung bei Griechen und Römern* (1889) 92, vorgetragen, fand aber kaum Beachtung, bis Eduard Meyer, *Herm.* 29 (1894) 478f, für sie eintrat; s. H. Herter, Bursian 285, 400 mit Bibliographie; ich stimme D. L. Page, *The Homeric Odyssey* (1955) 130 Anm. 1 zu.

sicht deutlich zu machen, daß Homer die *Odyssee* an dieser Stelle schließen ließ.[30] Nun besteht aber außer den drei ersten Silben keine Ähnlichkeit zwischen den beiden Versen.[31] Eine so versteckte Anspielung wäre nur dann zu bemerken gewesen, wenn die Vorstellung, daß dieser Vers das Ende der *Odyssee* gewesen sei, den Kennern seiner Zeit bereits vertraut war, sei es aus *Odyssee*-Handschriften, die hier endeten, oder aus der Diskussion unter Homer-Forschern. Der Text der *Argonautika* beweist keineswegs, daß Apollonios diese Ansicht geteilt hätte und daß Aristophanes unter seinem Einfluß gestanden habe. Es ist nicht ausgeschlossen, wenn auch nicht sehr wahrscheinlich, daß Aristophanes gute Abschriften der *Odyssee* in die Hände bekam, die bei ψ 296 endeten, Abschriften, die ihn so stark beeindruckten, daß er den Vers in seiner eigenen Ausgabe als πέρας des Gedichtes kennzeichnete. Konnte er geglaubt haben, daß ein Satz, der mit οἱ μὲν ἔπειτα begann, ein großes Epos zu einem befriedigenden Abschluß zu bringen vermochte? Man müßte annehmen, daß ihm wenigstens ein adversativer Satz mit αὐτάρ oder δέ folgte, den man streichen mußte, wenn die in unseren Handschriften erhaltene längere Fassung αὐτὰρ Τηλέμαχος κτλ. folgte.[32] Gleichviel ob Aristophanes handschriftliche Zeugnisse besaß oder nicht, seine Annahme der ‹Grenze› an dieser Stelle muß seinem Gefühl entsprochen haben. Empfand er vielleicht den Unterschied in der dichterischen Qualität des vorangehenden Teiles und der folgenden 600 Verse? Zweifellos ändert sich hier etwas. Die poetische Kraft, die den Geist des Hörers Buch 21 bis 23 hindurch gefangenhält, in denen der Wettstreit mit dem Bogen, die Tötung der Freier und die Wiedervereinigung von Odysseus und Penelope erzählt werden, wird plötzlich brüchig. In einer raschen Folge von kurzen Szenen, die der sprachlichen Kraft entbehren, wird jedes Motiv, jede Handlung geschwind, ja ungeduldig zu einem glücklichen Ende geführt. Wir können nicht wissen, ob Aristophanes wirklich betroffen war von der Minderwertigkeit des ganzen Komplexes als des großen Gedichtes von der Heimkehr und der Rache unwürdig. Wir können aber sagen, daß der Hinweis, den unsere Scholien unter seinem Namen geben, ungeheure Folgen hatte; er wurde von modernen Kritikern jeder Richtung, Unitariern und Analytikern gleichermaßen,[33] einmütig willkommen geheißen. Wie

30 Zu Ap. Rh. als Ependichter und Homer-Philologe s. oben S. 183ff.

31 Ap. Rh. begann fünfmal einen Hexameter mit ἀσπασίως, und er könnte ψ 296 im Sinne gehabt haben, als er II 728 schrieb: ἀσπασίως ... ὅρμον ἵκοντο; das homerische Vorbild für IV 1781 dürfte ψ 238 ἀσπάσιοι δ' ἐπέβαν γαίης gewesen sein.

32 Das dürfte eine mögliche Lösung der von P. Friedlaender, *Herm.* 64 (1929) 376 besprochenen grammatischen Schwierigkeiten sein. S. a. oben S. 147ff über die traditionelle Einteilung in vierundzwanzig Bücher.

33 Sie gebrauchten ihn natürlich in sehr unterschiedlicher Weise.

Zenodot im Prooemium der *Ilias*,[34] so stellte Aristophanes im Finale der *Odyssee*[35] ein Kernproblem heraus, das bis zum heutigen Tage Gegenstand beständiger Auseinandersetzung gewesen ist.[36]

Die Dichtergelehrten des dritten Jahrhunderts hatten, wie wir sahen, eine bemerkenswerte Vorliebe für Hesiod, und ihr Interesse spornte die Grammatiker zu ihrer Tätigkeit an. Da von Aristophanes berichtet wird, daß er zu Hes. *Th.* 68[37] ein kritisches σημεῖον angebracht habe, muß er Zenodot[38] als Hesiod-Herausgeber gefolgt sein. Wie wir sahen, warf er ein Echtheitsproblem in Homers *Odyssee* auf; in ähnlicher Weise setzte er bei Hesiod die Diskussion um die Pseudo-Hesiodea fort, die offensichtlich Apollonios Rhodios begonnen hatte.[39] Aristophanes leugnete Hesiods Urheberschaft bei den Χίρωνος Ὑποθῆκαι[40] und bezweifelte sie beim *Schild des Herakles*; Apollonios hatte sie verteidigt. Der ‹Schild des Achilles› im achtzehnten Buch der *Ilias*, den Zenodot athetiert hatte,[41] war das Vorbild dieses späteren Gedichts; nach der Hypothesis des *Scutum* waren die ersten sechsundfünfzig Verse über Herakles' Mutter Alkmene identisch mit einem Teil des vierten Buches des Κατάλογος (γυναικῶν),[42] und ‹daher vermutete Aristophanes› seine nicht-

---

34 S. oben S. 142ff.

35 Zu Aristoph. Byz. und der *Odyssee* s. a. unten S. 236.

36 Wenn wir den Stil und den Zweck des ganzen Schlusses sorgfältig bedenken, werden wir stark an Stil und Absicht des ersten Buches erinnert. Die dichterische Qualität ist im wesentlichen dieselbe: sie entbehrt der sprachlichen Kraft und der Sicherheit der Erfindung, zeigt eine ängstliche Anhäufung von Motiven, die im ersten Buch für die Exposition ruhiger, im letzten Buch dagegen flüchtiger ausgeführt sind. Das ist keine Zutat zu einem schon fertigen Gedicht, eine ‹Fortsetzung› oder ein ‹Epilog›, sondern das Werk des Dichters, der die *Odyssee*, wie sie jetzt ist, aufbaute und durch seine angelegentlichen Bezugnahmen von Buch 24 auf Buch 1 so etwas wie einen Bogen über die ganze weite Dichtung schlug, für die er eine Anzahl älterer kraftvoller epischer Gedichte benützt hatte. Selbst die äußerst sorgfältige Nachprüfung durch Page 101–36 (o. S. 218 Anm. 29) hat mich nicht überzeugt, daß ψ 297ff ‹a later appendix, loosely attached to the poem already substantially complete› sei; in seinen Anmerkungen verweist er auf ältere Literatur. Pages Ansicht teilt G. S. Kirk, *The Songs of Homer* (1962) 248ff. Was die Beziehung von ω zu α betrifft, stimme ich im allgemeinen mit P. von der Mühll, ‹Odyssee›, *RE* Suppl. VII (1940) 764ff, überein. Über homerische εἰδωλοποιία s. *Exkurs IX*.

37 Schol. Hes. *Th.* 68 ἐπεσημήνατο; Schol. Hes. *Th.* 126 ist hoffnungslos verderbt, und wir sollten lieber eine neue Ausgabe abwarten.

38 S. oben S. 149f.

39 S. oben S. 181.

40 Quintil. I 1,15 (= Hes. test. 57 Jacoby) nam is primus (sc. Aristophanes Byz.) Ὑποθήκας ... negavit esse huius poetae; cf. Schol. Pind. *P.* VI 22.

41 S. oben S. 218 Anm. 27.

42 *P. Oxy.* XXIII (1956) 2355 (= Hes. fr. P Merkelbach), worin *Scut.* 1–5 auf die Enden von sechs anderen Hexametern folgen, könnte zu diesem Teil des vierten Buches gehören; s. Lobels Einleitung.

hesiodische Herkunft.[43] Das zeigt, daß er für seine Vermutungen Gründe angab, vielleicht geschah das in seinem Supplement zu den *Pinakes* des Kallimachos.[44] Doch trotz seiner Zweifel blieb das *Scutum* zusammen mit *Theogonie* und *Erga* in allen antiken Hesiod-Texten,[45] ebenso wie auch das Ende der *Odyssee* sein Verdammungsurteil überlebte.

Wir haben keinerlei Nachricht über Aristophanes' Ansichten zur Orthographie oder über seine Methode, Textvarianten am Rande kenntlich zu machen, aber wir wiesen schon mehrfach auf den Gebrauch kritischer Zeichen als integrierenden Bestandteil in Aristophanes' ausgedehnter Arbeit als Herausgeber hin. Da das Vorhandensein solcher Zeichen in einigen ganz frühen Papyri nicht erwiesen ist,[46] können wir wohl in Zenodot den Erfinder des ersten kritischen Symbols, des Obelos, erblicken; dies bedeutete mehr als bloß die Einführung eines technischen Hilfsmittels. Aristophanes scheint dann die gesamte editorische Technik[47] dadurch verbessert zu haben, daß er die kritischen σημεῖα vermehrte.[48] Mit dem ἀστερίσκος kennzeichnete er Verse, die von anderen Stellen her wiederholt sind, an denen sie passender erscheinen (Schol. γ 71–73 = ι 253–5),[49] mit σίγμα und ἀντίσιγμα (Ↄ) zwei aufeinanderfolgende Verse desselben Inhalts, die daher austauschbar sind (ε 247ff, mit Schol., cf. Schol Aristoph. *Ran.* 153).[50] Die Wahl, die kritische Entscheidung ließ er, dem Beispiel Zenodots folgend,[51] dem Leser oder künftigen Herausgeber.

Man könnte sagen, daß Zeichensetzung nicht im strengen Sinn Sache des Philologen ist, sondern vielmehr des Schreibers und des

---

43 Argum. Hes. *Scut.* I (= Hes. test. 52 Jac.) τῆς 'Ασπίδος ἡ ἀρχὴ ἐν τῷ τετάρτῳ Καταλόγῳ φέρεται μέχρι στίχων ν̄ καὶ ς̄. διὸ καὶ ὑπώπτευκεν 'Αριστοφάνης ὡς οὐκ οὖσαν αὐτὴν 'Ησιόδου, ἀλλ' ἑτέρου τινὸς τὴν 'Ομηρικὴν ἀσπίδα μιμήσασθαι προαιρουμένου. Hes. *Scut.* ed. C. F. Russo (1950) 67, cf. 36; J. Schwartz, *Ps.-Hesiodeia* (1960) 458.

44 S. oben S. 168 und 162 Anm. 35; cf. Nauck 247f.

45 Hes. *Th.* ed. F. Jacoby, Proleg. pp. 48f.

46 Jachmann, ‹Vom frühalexandrinischen Homertext›, *NGG* 1949, 223, ist geneigt, an eine Art voralexandrinischer σημείωσις zu glauben.

47 S. oben S. 147; 215f und 218 Anm. 28.

48 Nauck 16–18.

49 *Anecd. Parisin.* Schol. *Il.* I p. XLVII 29 Aristophanes, etc. (Text verderbt).

50 Aristarch gebrauchte in solchen Fällen ἀντίσιγμα und στιγμή, s. unten S. 267.

51 Das κεραύνιον wird nur einmal in den Homer-Scholien erwähnt, als Penelope Gaben von den Freiern annahm, παρέλκετο Schol. σ 282 ἀντὶ τοῦ ἐφέλκετο· εὐτελὲς τοῦτο, διὸ καὶ κεραύνιον παρέθηκεν 'Αριστοφάνης. Das bedeutet vielleicht, daß er diesen Vers oder die ganze Stelle wegen ihrer εὐτέλεια, ihrer ‹Niederträchtigkeit› (?) verwarf; cf. Isid. *Etym.* I 21,21 ‹ceraunium ... quotiens multi versus improbantur›, und *Anecd. Roman.* Schol. Il. I p. XLIII 27 Dind. (ziemlich unbestimmt).

Korrektors; Interpunktion und Akzentuierung sind deshalb Teil der allgemeinen Schriftgeschichte. Aber ebenso wie wir der frühen Entwicklung der Schrift, dem Buch, den Bibliotheken einige Aufmerksamkeit widmeten, so wollen wir nun ein paar Worte über die wachsende Bedeutung der Interpunktion für kritische Texte und über das Anbringen der Akzente sagen. Wir müssen diese Dinge sorgfältig scheiden, die unglücklicherweise in unserer einzigen literarischen Quelle über diesen Gegenstand, dem 20. Kapitel von Ps.-Arkadios' Auszug aus Herodians Καθολικὴ Προσῳδία, vermischt erscheinen. Dieses Kapitel trägt nur in einer Pariser Handschrift, Par. gr. 2102[52], die von einem übel beleumdeten Fälscher des 16. Jahrhunderts, Jacobus Diassorinus, geschrieben ist, die Überschrift Περὶ τῆς τῶν τόνων εὑρέσεως κτλ. Er faßte Stücke aus Abhandlungen über den Gegenstand bei Theodosios und in den Scholien zu Dionysios Thrax zusammen und fügte den irreführenden Titel Περὶ ... εὑρέσεως κτλ. und, wie der Vergleich mit anderen Handschriften des Abrisses des Ps.-Arkadios zeigt, einige eigene Sätze dazu. So läßt er Aristophanes von Byzanz als den ‹Erfinder› der griechischen Interpunktion erscheinen.[53] Tatsächlich war aber eine Art von Interpunktion für die griechische *scriptio continua* von Anfang an unerläßlich; der hexametrische Versgraffito von etwa 700 v. Chr., der in Ischia gefunden wurde, ist gegenwärtig die älteste[54] mir bekannte Inschrift, die Interpunktionszeichen enthält. Die ältesten verfügbaren literarischen Papyri aus der zweiten Hälfte des vierten Jahrhunderts v. Chr. sind manchmal mit Interpunktionszeichen und -symbolen ausgestattet; der Timo-

52 Diese Handschrift war Montfaucon, *Palaeographia Graeca* (1708) 31, bekannt; ihr Text wurde zum erstenmal als 'Αρκαδίου Περὶ τόνων e cod. Paris. primum ed. E. H. Barker, 1820 veröffentlicht (abgedruckt bei Nauck, Aristoph. Byz. 12ff); K. E. A. Schmidt, *Beiträge zur Geschichte der Grammatik des Griechischen und Lateinischen* (1859, S. 571–601 ‹Die Erfindungen des Aristophanes v. B. und das Buch des Arkadios›), brachte entscheidende Argumente gegen die Autorschaft des Arkadios von Antiochien vor; [Arcad.] 'Επιτομὴ τῆς καθολικῆς προσῳδίας 'Ηρωδιανοῦ rec. M. Schmidt (1860) gründete sich auf mehr und bessere Handschriften (abgedruckt bei A. Lenz, Herodian. *rell.* I 1867 XXXVIIIff, der seine Herleitung von Herodian bestritt). L. Cohn zeigte, daß Par. 2102 von Jacobus Diassorinus geschrieben war, *Philol. Abhandlungen f. Martin Hertz* (1888) 141ff. Einen ‹kritischen› Text des 20. Kapitels druckte Laum (unten S. 223 Anm. 62), der unglückseligerweise den Text von Par. gr. 2603 mit der Fälschung des Diassorinus in 2102 vermischte. Siehe auch die folgende Anmerkung.

53 Die wenigen die Interpunktion betreffenden Sätze in den zwei Pariser Handschriften wurden gesondert gedruckt von W. Lameere, *Les publications de Scriptorium* IV (1960) 91, der eine erschöpfende Bibliographie hinzufügte. Vgl. die immer noch brauchbare Dissertation von G. Fluck, *De Graecorum interpunctionibus* (Greifswald 1908), bes. pp. 4ff zu Aristophanes.

54 S. oben S. 41 Anm. 37; Hinweise auf chronologische und technische Einzelheiten der Interpunktion gibt L. H. Jeffery S. 50.

theos-Papyrus[55] hat z. B. ein vogelgestaltiges Zeichen (Koronis?); andere haben die Paragraphos, einen kurzen Strich unter dem ersten Buchstaben der Zeile, in der der Satz endet. Isokrates hatte bereits die Form παραγραφή gebraucht.[56] Aristoteles bemerkte das Problem, ob man den Anfangssatz des Heraklit nach ἐόντος oder nach ἀεί interpungieren (διαστίξαι)[57] sollte; auch er verwies auf die παράγραφος.[58] Aristophanes, weit davon entfernt, die Interpunktion zu ‹erfinden›, führte eine lange Tradition fort. Ein Hinweis auf Zenodot ist nicht erhalten, und in unseren Homer-Scholien findet sich nur noch ein Zeugnis (Schol. HQ ν 96), in dem Aristophanes wegen einer falschen στιγμή in α 72 getadelt wird. Das genügt schon als Beweis dafür, daß er den Text interpungierte; vielleicht bediente er sich nur zweier Zeichen, der τελεία στιγμή und der ὑποστιγμή, wie Dionysios Thrax[59] zwei Generationen später. Das ausführliche System, das schließlich Nikanor in hadrianischer Zeit entwickelte, sollte man nicht auf Aristophanes zurückdatieren.

Wenn wir uns nun der Frage zuwenden, wie es in unseren Papyri mit den Akzenten steht, so müssen wir feststellen, daß in den frühen ptolemäischen Papyri keine gesetzt wurden; Aristoteles und seine Schüler lasen ihre Texte offensichtlich ohne Akzente. Im ersten Jahrhundert v. Chr. werden gelegentlich prosodische Zeichen eingestreut,[60] die während der Kaiserzeit allmählich häufiger wurden. Aristophanes ist der erste Grammtiker, dessen Akzentuierung erwähnt wird (Schol. [P] η 317 Ἀριστοφάνης περισπᾷ τὸ εἰδῇς).[61] So scheint in dieser Hinsicht die sonst nicht glaubwürdige literarische Überlieferung bei Ps.-Arkadios Bestätigung zu finden. Laum machte in seinem umstrittenen Buch über die Geschichte der griechischen Akzentuierung,[62] in dem er die Praxis der Homer-Papyri[63] nach-

---

55 S. oben S. 132 Anm. 101; cf. W. Schubart, *Einführung in die Papyruskunde* (1918) 60; *Das Buch bei den Griechen und Römern*, 80f und 181; *Griechische Palaeographie* (1925) 173.

56 Isokr. *or.* XV 59.

57 *Rhet.* III 5 p. 1407b 18 = *Vors.* 22 A 4. Es ist aber bisher kein Beispiel einer στιγμή in den ältesten Papyri bekannt.

58 *Rhet.* III 8 p. 1409a 21; über die παράγραφος als metrisches Zeichen s. unten S. 230.

59 S. unten S. 268.

60 Schubart, *Das Buch* 81ff und 181.

61 S. a. die folgende Anmerkung, Laum 116ff gibt noch einige weitere unsichere Hinweise.

62 B. Laum, ‹Das alexandrinische Akzentuationssystem›, *Studien zur Geschichte und Kultur des Altertums*, 4. Erg. Band (veröffentlicht 1928, aber vor 1914 geschrieben [Neudruck New York 1968]) 99–124 und 452,1; vgl. E. Schwyzer, *Griech. Grammatik* (1939) 371ff, und bes. H. Erbse, ‹Beiträge zur Überlieferung der Iliasscholien›, *Zetemata* 24 (1960) 371–406.

63 Zu den Akzenten in den Lyrikertexten s. J. Gießler, *Prosodische Zeichen in den antiken Handschriften griechischer Lyriker* (Diss. Gießen 1923).

prüfte und mit den Theorien der Grammatiker verglich, ganz deutlich, daß, was die Akzente betrifft, nichts in die Zeit vor Aristophanes zurückführt.

Eine vereinzelte Bemerkung des Eratosthenes finden wir in dem Kapitel ‹De Accentibus› in Sergius' *Explanationes in Artem Donati* zitiert: er soll die Aussprache des Circumflex erklärt haben ‹ex parte priore acuta in gravem posteriorem› (sc. flecti putavit),[64] während andere abweichende Erklärungen gaben. Aber dieser Paragraph, wie das ganze Kapitel, befaßt sich mit der Frage des *gesprochenen* Akzents, die wahrscheinlich in Büchern über Musik, Rhetorik und Metrik schon seit langem diskutiert wurde. Vorausgesetzt, daß die Lesung ‹Eratosthenes› korrekt ist, beweist die Stelle noch lange nicht, daß er Aristophanes in Einteilung und Gebrauch der *geschriebenen* Zeichen in Textausgaben vorangegangen wäre. Allein dieser Aspekt des Akzents, als Hilfe für den Leser πρὸς διαστολὴν τῆς ἀμφιβόλου λέξεως, beschäftigt uns in diesem Kapitel. In diesem Fall sind wir in der Tat berechtigt, Aristophanes als den ersten anzusehen, der homerische und andere Texte akzentuierte. Er war aber nicht der erste, der sie interpungierte, und dieser Unterschied sollte nicht länger übersehen werden.[65]

Folgenreich wie Aristophanes' Leistungen in den Homer-Studien war seine Ausgabe lyrischer Dichtung[66] (einschließlich der lyrischen Partien des Dramas) ein epochemachendes Ereignis. Wenn wir ‹Lyrik› sagen, meinen wir Sprache und Metrum; die Grammatiker, die soviel Mühe darauf verwandten, Literatur und Sprache zu bewahren, taten nichts für die ‹Musik›, obwohl sie wahrscheinlich die Symbole und Schriftzeichen verstanden, in denen die klassische Vertonung ausgedrückt und von ionischer und attischer Zeit her bis ins dritte Jahrhundert weitergegeben wurde, und gaben sie dem Untergang preis.[67] In den geschichtlichen Darstellungen der antiken Musik ist, soviel ich sehen kann, diese Gleichgültigkeit der Philologen nicht genügend erwähnt; man kann ihnen den Vorwurf nicht ersparen, an dem totalen Verlust der griechischen Notation mitschuldig zu sein. Andererseits dürfen wir nicht vergessen, daß im Verlauf des vierten Jahrhunderts die ursprüngliche Einheit von Wort und Musik aus-

64 *G.L.* ed. H. Keil IV (1864) 530, 24; der Verfasser dieser Abhandlung wird in den Handschriften Sergius (oder Seregius) genannt, nicht Servius, s. Keil, Praef. pp. XLIX und LIV. Die Lehre scheint über Varro (‹Reliquorum de grammatica librorum fragmenta› Nr. 84 in Varr. *De lingua Lat.* rec. Goetz-Schoell, 1910, p. 215, 23) von Tyrannion hergeleitet zu sein, s. C. Wendel, ‹Tyrannion›, *RE* VII A (1948) 1816 und 1818. Soweit ich sehen kann, ist das Eratosthenes-Fragment nur bei Knaack, *RE* VI 385 als möglicher Teil der Γραμματικά erwähnt (vgl. oben S. 203).

65 Selbst Laum und Schwyzer sind in diesem Punkt ungenau.

66 Nauck, pp. 60–62.

67 Siehe Isobel Henderson, ‹Ancient Greek Music›, *New Oxford History of Music* I (1957) 336ff.

einanderbrach, und gewisse Gruppen unter den Sophisten und Philosophen berücksichtigten nur die Sprache, wenn sie von der alten Dichtung handelten;[68] es mag bedauerlich sein, aber es ist verständlich, daß die alexandrinischen Grammatiker ihrem Beispiel folgten.

Zenodot unternahm die ersten Schritte, um Ausgaben von Pindar und Anakreon und vielleicht auch von anderen zu schaffen, und eine seiner Konjekturen im Anakreon-Text rief eine scharfe Entgegnung des Aristophanes hervor.[69] Kallimachos bemühte sich in seinen *Pinakes*, die verschiedenen lyrischen Gedichte zu klassifizieren, eine vorbereitende Arbeit von unschätzbarem Wert für jeden späteren Herausgeber und Kritiker, besonders für Aristophanes. Eratosthenes stimmte mit Chamaileon überein in der Zuschreibung eines archaischen Hymnos an einen bestimmten Autor und eines lyrischen Gedichtes des Archilochos zu einer bestimmten Gattung.[70] Apollonios Rhodios scheint Archilochos ein Buch gewidmet zu haben, in dem er eine neue Erklärung der ἀχνυμένη σκυτάλη gab;[71] über denselben Ausdruck – der in einem epodischen, keinem lyrischen Gedicht auftritt – schrieb Aristophanes eine ganze Abhandlung.[72] Diese scheint polemische Äußerungen gegen Dikaiarch über die Bedeutung eines Wortes im lyrischen Text des Alkaios enthalten zu haben.[73] Aristophanes hatte, wie wir sehen, das Glück, auf dem Gebiet der Lyrik schon verschiedene Vorläufer zu haben; er aber beherrschte durch seine ausgedehntere und tieferdringende Arbeit die Zukunft.

Heutzutage wird gewöhnlich alle Dichtung, die weder episch noch dramatisch ist, Lyrik genannt. Die antiken Theoretiker und Herausgeber dagegen unterschieden zwischen elegischer und iambischer Dichtung einerseits und melischer Dichtung andererseits. Die stichischen oder distichischen Gedichte in daktylischen oder iambischen Rhythmen, die in deutlich gekennzeichnete, wiederkehrende ‹Verse› zerfielen, wurden als Sonderklasse der ἔπη, der rezitierten Dichtung, wie die hexametrischen Epen oder die Hymnen angesehen, und ihre Verfasser wurden als ἐλεγειοποιοί und ἰαμβοποιοί[74] bezeichnet. Wenn es auch manchmal instrumentale Vorspiele und Zwischenspiele gab, war doch der Vortrag der Elegien und Iamben deklamatorisch, vielleicht melodramatisch, dem Gesang mit obligatorischer In-

---

68 S. oben S. 76f zu Hippias und S. 102 zu Aristoteles; s. ferner Aristoxenos fr. 92, Wehrli, *Die Schule des Aristoteles* 2 (1945), Herakleid. Pont. fr. 157, ibid. 7 (1953), Chamaileon fr. 28/29, ibid. 9 (1957).

69 S. oben S. 150.

70 S. oben S. 202f.

71 S. oben S. 181.

72 Nauck, p. 274 'Αριστοφάνης ὁ γραμματικὸς ἐν τῷ Περὶ τῆς ἀχνυμένης σκυτάλης συγγράμματι.

73 Dikaiarchos fr. 99 Wehrli, *Schule des Aristoteles* 1 (1944). Zu Alkaios fr. 359 L.-P. = fr. 103 D. s. unten S. 229.

74 Cf. Lysanias (Eratosthenes' Lehrer?) Περὶ ἰαμβοποιῶν, oben S. 192 Anm. 10.

strumentalbegleitung entgegengesetzt. Verse, die zur Musik, oft auch zum Tanz gesungen und aus Elementen von wechselndem Rhythmus und unterschiedlicher Länge aufgebaut waren, wurden μελική oder λυρικὴ ποίησις genannt. Es mag in Anbetracht der Feststellung, daß die Grammatiker sich nur dem Text zuwandten und die Musik untergehen ließen, überraschen, daß diese feste Unterscheidung auf dem Verhältnis zwischen Text und Musik beruhte. Immerhin war die metrische Form das, was blieb, und sie war das Charakteristische, das den lyrischen Text hauptsächlich von allen anderen Texten unterschied. In der frühen griechischen Dichtung war ein lyrisches Gedicht ein μέλος, der Dichter ein μελοποιός, ein ‹Liedermacher›,[75] oder μελικός (sc. ποιητής) und die ganze Gattung μελικὴ ποίησις, und diese Bezeichnungen blieben in Gebrauch auch in späteren Abhandlungen über Dichtungstheorie und die Einteilung der Dichtung.[76] In Verweisen auf die Textausgaben aber und in den Listen der ‹Schöpfer› werden die Verfasser λυρικοί genannt; Περὶ λυρικῶν ποιητῶν war der Titel, den Didymos seinem unter Augustus geschriebenen Buch gab, das auf der ganzen Forschungsarbeit der hellenistischen Zeit beruhte. Von den hervorragendsten Dichtern sprach man immer als von den ἐννέα λυρικοί, und vom ersten Jahrhundert v.Chr. an wurde ihr Werk λυρικὴ ποίησις genannt, d.h. ‹zur Leier gesungene Dichtung› (da die Leier einst das wichtigste Begleitinstrument war). Lateinische Autoren sagen gelegentlich ‹melicus›, wie Cicero, wenn er bei der griechischen theoretischen Literatur Anleihen macht, aber ‹lyricus› wurde der gebräuchliche Ausdruck in der augusteischen Zeit und später. Horaz hofft, unter die ‹lyrici vates› (nicht die ‹melici›) aufgenommen zu werden; Ovid sagt immer ‹lyricus›, ebenso Quintilian, Plinius und Seneca. Sogar bei den lateinischen Theoretikern wurde ‹melicus› von ‹lyricus› verdrängt, und die davon abgeleiteten Ausdrücke wurden mehr und mehr bloße musikalische Begriffe. Der heutige Gebrauch des Begriffs ‹Lyrik›, von dem wir in diesem Abschnitt ausgingen, kommt aus der lateinischen Literatur, da Quintilian ebenso wie Ovid und Horaz bevorzugter Lesestoff in der italienischen Renaissance war.

Auf Grund dieses Überblicks wage ich die Vermutung, daß Aristophanes' Einfluß entscheidend für den Wechsel in der Terminologie war. Istros,[77] der Kallimacheer, und der Dichter Euphorion,[78] die ein paar Jahre älter als er waren, gaben beide ihren Büchern den Titel Περὶ μελοποιῶν; nach seinen Ausgaben scheint kein solcher Titel

75 Aristoph. *Ran.* 1250, Plat. *Ion* 533 E al., Herakleid. Pont. fr. 157, Wehrli, *Die Schule des Aristoteles* 7 (1953), [Aristot.] *Probl.* 920a 11.

76 H. Färber, *Die Lyrik in der Kunsttheorie der Antike* (1936) 7ff ‹Der Name der Lyrik›; zu den neun Dichtern s. unten S. 252ff.

77 *FGrHist* 334 F 56, eine biographische Anekdote über Phrynis.

78 Euphor. fr. 58 Scheidweiler, über die mythischen Erfinder der σῦριγξ.

mehr aufzutauchen. Tatsächlich war die ganze Einteilung der lyrischen Gedichte von den Bedürfnissen des Herausgebers, nicht von einer älteren überlieferten Dichtungstheorie oder von der künstlerischen Praxis bestimmt. Die *Pinakes* des Kallimachos waren das einzige Werk, auf dem Aristophanes aufgebaut haben kann; sie gaben wenigstens die Richtung an bei der Anordnung von Dichtern und Gedichten in verschiedenen Gattungen und Unterabteilungen.[79] Ein allgemeines System gab es bis dahin nie; die einzelnen Autoren wurden nach dem Inhalt oder der Form ihrer Gedichte behandelt.

Pindar[80] ist der einzige große Lyriker, von dessen Werk vier vollständige Bücher (die *Epinikia*) erhalten blieben und in der Spätantike und im Mittelalter kommentiert wurden. Von den verlorenen Gedichten ist uns eine große Zahl von Zitaten und neuerlich entdeckten Papyrusfragmenten jetzt zugänglich,[81] und viele Hinweise in der biographischen Tradition und in den Scholien ergänzen unsere Kenntnis. Eines unserer wertvollsten Zeugnisse sagt uns, daß in Aristophanes' Anordnung Ἄριστον μὲν ὕδωρ an der Spitze der *Epinikia* stand (προτέτακται ὑπὸ Ἀριστοφάνους τοῦ συντάξαντος τὰ Πινδαρικά).[82] Das Wort συντάττειν bestätigt, daß er nicht der erste Sammler der pindarischen Gedichte war, sondern sie in eine passende Anordnung brachte. Etwas Ähnliches stand vielleicht in dem kürzlich veröffentlichten *Leben Pindars*, wenn wir berechtigt sind zu ergänzen: δ]ιῄρηται δὲ αὐτ[ο]ῦ τ[ὰ ποιήματα ὑπ' Ἀριστοφάν]ους εἰς βιβλία ιζ̄. Die Siegeslieder waren in vier Bücher eingeteilt, den vier Schauplätzen der nationalen Spiele, Olympia, Delphi, Isthmos und Nemea, entsprechend; das Schema war von Kallimachos[83] übernommen, wurde aber auf Simonides und Bakchylides nicht angewandt. Die ἐπίνικοι waren die letzte Gruppe von siebzehn Büchern: γέγραφε δὲ βιβλία ἑπτακαίδεκα· ὕμνους, παιᾶνας, διθυράμβων β', προσοδίων β', παρθενίων β', φέρεται δὲ καὶ γ' ὃ ἐπιγράφεται κεχωρισμένων (-μένον Snell) παρθενίων, ὑπορχημάτων β', ἐγκώμια, θρήνους, ἐπινίκων δ'.[84] Man sieht, daß die Lieder der ersten sechs Bücher dem religiösen Bereich angehören, die der letzten sechs Bücher dem profanen; Zweifel kann man hegen über die fünf Bücher der ὑπορχήματα und παρθένια in der

79 S. oben S. 164; zu einem neuzeitlichen Irrtum hinsichtlich einer ‹platonischen› Klassifizierung s. *Exkurs IV*. Bezeichnungen von Chorliedern erscheinen in Plat. *Leg.* 700 CD (oben S. 101 Anm. 100).

80 Cf. J. Irigoin, *Histoire du texte de Pindare* (1952) 35–50 ‹L'édition d'Aristophane de Byzance›.

81 Pind. ed. B. Snell II ([3]1964).

82 Schol. Pind. I (1903) *Ol.* ed. Drachmann p. 7.

83 Oben S. 164.

84 Schol. Pind. I p. 3,6 (Vita Ambrosiana), cf. p. 6,3 (Vita Thomana) und Suid. v. Πίνδαρος. *P. Oxy.* XXVI (1961) Nr. 2438 II 35ff, mit E. Lobels Ergänzungen und Kommentar.

Mitte.[85] Das Schema als Ganzes entspricht im Groben der Einteilung der μελικὴ ποίησις in Gedichte εἰς θεούς und εἰς ἀνθρώπους, gefolgt von einer dritten, vermischten Gruppe; diese Art der Anordnung ist am besten erhalten in der *Chrestomathie* des Proklos[86] und ist wahrscheinlich aus Didymos' Buch Περὶ λυρικῶν ποιητῶν übernommen. Es ist schwer zu glauben, daß es nicht irgendwie von Aristophanes' Einteilung der pindarischen Gedichte abhängt. Wilamowitz[87] sprach die Vermutung aus, daß Apollonios ὁ εἰδογράφος der erfolgreiche Urheber dieser Einteilung gewesen sei. Apollonios von Alexandria, der sogenannte Eidograph (Klassifizierer),[88] übernahm das Amt des Bibliothekars nach Aristophanes (mit dem er, gegen Kallimachos und andere, über den Charakter und die Stelle von Pindars zweiter Pythischer Ode einig war). Was aber das zweideutige Wort εἶδος wirklich in diesem Zusammenhang bedeutet, ergibt sich unmißverständlich aus einer Stelle der *Etymologica*,[89] zu der es keine Parallele gibt: Apollonios teilte die lyrischen Gedichte nach ihren ‹musikalischen› Gattungen ein, dorische, phrygische, lydische usw. Dieses Zeugnis, das auf die εἴδη διὰ πασῶν oder ἁρμονίαι hindeutet, widerlegt ganz und gar die Annahme, daß er ein auf dem inhaltlichen Unterschied beruhendes literarisches Schema angewandt habe; insofern bleibt also die Möglichkeit, daß Aristophanes dessen Schöpfer war.

Nur wenige Verweise auf Aristophanes' Lyrikertext sind uns geblieben, weil, wie im Fall Homers, sein bloßer Text, mit kritischen Zeichen versehen, durch Aristarchs Kommentar verdrängt wurde. Einige wenige Bemerkungen zur Prosodie sind als aristophanisch bezeugt, keine über Dialektik oder Orthographie. Wir wissen nicht einmal, wie viele der lyrischen Dichter Aristophanes herausgab. Mit Sicherheit war Pindar darunter; der einzigen Erwähnung in den

---

85 Die Reihenfolge ist z.T. in *P. Oxy.* 2438 (spätes zweites oder drittes Jahrhundert n.Chr.) anders; aber die Ergänzung ὕμ]νων zwischen ἐγκώμια und ὑπορχήματα ist höchst unwahrscheinlich.

86 Procl. in Phot. *Bibl.* 319b 33ff, Bekker.

87 Wilamowitz, *Pindaros* (1922) 108; leider übernahm H. Färber, *Die Lyrik in der Kunsttheorie der Antike*, (1936) 19, die Konjektur.

88 Zu der Papyrus-Liste der Bibliothekare s. oben S. 214 Anm. 5; Schol. Pind. *P.* II inscr. (II p. 31 Drachmann) ἔνιοι Πυθικήν, ὡς Ἀπολλώνιος ὁ εἰδογράφος.

89 Et. gen. B = Et. M. p. 295, 52 v. εἰδογράφος · Ἀπολλών‹ιος› εἰδογράφος, ἐπειδὴ εὐφυὴς ὢν ἐν τῇ βιβλιοθήκῃ τὰ εἴδη τοῖς εἴδεσιν ἐπένειμεν. τὰς γὰρ δοκούσας τῶν ᾠδῶν (? Sylburg: εἰδῶν codd.) Δώριον μέλος ἔχειν ἐπὶ τὸ αὐτὸ συνῆγε, καὶ Φρυγίας καὶ Λυδίας, μιξολυδιστὶ καὶ ἰαστί. Zu διὰ πασῶν εἴδη s. *Musici Scriptores Graeci* ed. C. von Ian (1895) 308f und passim. A. Böckh stellte völlig richtig fest: ‹Apollonius . . . carmina secundum genera harmoniae, Dorium, Phrygium, etc. . . . distinxit et consociavit.› Pindari *Opera* II 1 (1819) XXXI. Wir wollen nicht fragen, wie der εἰδογράφος diese Einteilung machen konnte, wenn die musikalische Notation schon verloren war, s. oben S. 224.

Scholien zu den Epinikia[90] können jetzt drei seiner Textvarianten in den Randnoten des großen Papyrus der *Paeane* (*P. Oxy.* 841) angefügt werden: II 75 (ἐν δέ statt ἒν δέ), VI 89 (ὅσσα statt ὅσα) und VI 181 (unleserlich). Zu Alkmans großem *Parthenion* vermerkt der Louvre-Papyrus am Rand gegenüber col. I, 32 (= *PMG* p. 6 Page) Aristophanes' Lesart 'Αΐδας (nicht "Αιδας); es ist möglich, daß bei col. III, 27 (= *PMG* p. 6) 'Αρι[zu der Lesart νᾶι (statt νᾶϊ) Aristophanes, nicht Aristarch bedeutet, da es, wie die übrigen aristophanischen Lesarten, aus metrischen Gründen vorgeschlagen wird. Das Zitat der Verse 64ff des *Parthenion*[91] für die Bedeutung von ἀμύνασθαι könnte zu seinen Λέξεις gehören; *P. Oxy.* 2390 fr. 50, 7 beginnt mit dem Namen 'Αριστοφαν[, es ist aber ungewiß, ob dieses Fragment zu einem Alkman-Kommentar gehört, wie es offensichtlich bei den übrigen neunundvierzig Fragmenten der Fall ist. Wir wissen zufällig, daß Aristophanes eine traditionelle Lesart bei Anakreon gegen Zenodots Konjektur verteidigte;[92] doch deutet Aelians Ausdruck ἀντιλέγει κατὰ κράτος eher auf einen Artikel über κερόεις – ἐρόεις in den Λέξεις oder sogar auf eine Stelle über die ‹gehörnte Hindin› in Περὶ ζῴων als auf eine Textausgabe Anakreons hin. Andererseits heißt es in Hephaistions metrischem Handbuch,[93] die Strophe von Anakreons erstem Gedicht zerfalle in acht Kola κατὰ τὴν νῦν ἔκδοσιν, d.h. nach Aristarchs Ausgabe; sie könne aber auch auf andere Weise zergliedert werden, εἴς τε τριάδα καὶ πεντάδα. Th. Bergk[94] argumentiert überzeugend, daß der Ausdruck ‹jetzige Ausgabe› das Vorhandensein einer früheren Ausgabe mit abweichenden κῶλα voraussetze, die nur die des Aristophanes sein könne; tatsächlich stellt auch in seinem Kapitel über metrische σημεῖα Hephaistion[95] τὴν 'Αριστοφάνειον ἔκδοσιν des Alkaios τὴν νῦν τὴν 'Αριστάρχειον gegenüber. So ist es sehr gut möglich, daß es von Aristophanes eine Ausgabe des Anakreon gab, mit Sicherheit gab es eine des Alkaios; ein Verweis auf eine Lesart in der letzteren (χέλυς statt λέπας) findet sich in seiner Abhandlung über die ἀχνυμένη σκυτάλη.[96]

Aristophanes' Lyrikertexte unterschieden sich von allen früheren durch eine in die Augen fallende neue Gestalt: sie waren nicht in fortlaufenden Zeilen wie Prosa geschrieben, sondern in kürzere metrische κῶλα unterteilt. Wir wissen nichts über eine Einteilung lyrischer Dichtung in Kola vor Aristophanes. Aber Dichter zur Zeit des Philitas und besonders des Kallimachos-Kreises benutzten ‹Glieder› alter lyrischer Strophen für neue Vortragsdichtungen κατὰ

90 S. unten S. 231.
91 Schol. *LE* 266 (Eust. 546, 29) = Nauck p. 213, fr. inc. sed. 61.
92 S. oben S. 150 und 225.
93 Hephaest. ed. M. Consbruch (1906) 68, 18ff.
94 Anacr. ed. Th. Bergk (1835) 26.
95 Hephaest. 74, 12.
96 S. oben S. 225 Anm. 73.

στίχον;[97] dies setzt eine gewisse bewußte Wahrnehmung einzelner Kola in der frühen lyrischen und dramatischen Dichtung voraus. Es ist nicht unwahrscheinlich, daß auch auf diesem Felde wie so oft im dritten vorchristlichen Jahrhundert die Dichter den Philologen den Weg bahnten. Aristophanes beobachtete auch die Wiederholung bestimmter Abfolgen dieser metrischen Einheiten und bezeichnete den Anfang der einander entsprechenden Abschnitte mit einer παράγραφος.[98] Das Wort στροφή, Strophe, das zur Bezeichnung dieser einander entsprechenden Abschnitte gebraucht wurde, war wahrscheinlich ein herkömmlicher musikalischer Fachausdruck. Sappho, Alkaios und Anakreon schrieben ‹monostrophische› Lieder, in denen dieselbe Strophe, die aus einer festen Zahl von κῶλα gebildet war, so oft wiederholt wurde, wie es dem Dichter gefiel; das Ende der letzten Strophe war mit einer κορωνίς gekennzeichnet. Aristophanes gebrauchte jedoch den ἀστερίσκος an Stelle der κορωνίς dann, wenn ein Gedicht in einem anderen Metrum folgte; das kann man besonders in seiner Alkaios-Ausgabe beobachten.[99] Die andere Grundform des Liedes ist die ‹triadische›: einer – oft sehr komplizierten – Strophe und einer entsprechenden ἀντίστροφος folgte ein dritter Teil, der sich in Metrum und Länge von den korrespondierenden Teilen unterschied, eine ἐπῳδός. Die Triade kann wiederholt werden wie bei Pindar und, wie ich glaube, in begrenzterem Rahmen, schon in Alkmans Parthenion.[100] Das Ende der zwei korrespondierenden Strophen ist jeweils durch eine Paragraphos, das Ende jeder Epodos durch eine Koronis gekennzeichnet, für die am Ende des ganzen Gedichtes der Asteriskos eintritt. Hephaistions Handbuch stimmt im allgemeinen mit der Praxis der Papyri überein.[101] Die *Perser* des Timotheos[102] und die sogenannten *Skolia* von Elephantine[103] sind noch wie Prosa geschrieben, da sie dem vierten und dem frühen dritten Jahrhundert angehören. Aber der Alkman-Papyrus aus dem ersten Jahrhundert v.Chr. (*P. Oxy.* 2387) zeigt einen Text, der in kurze κῶλα abgeteilt ist, jede Triade durch zwei Paragraphoi und eine Koronis gegliedert. Der oft zitierte große Papyrus von Pindars *Paeanen* (*P. Oxy.* 841) ist ein glänzendes Beispiel für die von Aristophanes eingeführte edi-

97 Cf. P. Maas, *Greek Metre*, translated by H. Lloyd-Jones (1962) § 15; zu Kallimachos' lyrischen Versmaßen s. Call. II p. 135 Index: ‹metrica› und die metrischen Anmerkungen zu fr. 201 und 202.

98 Vgl. oben S. 222.

99 Hephaest. p. 74, 11ff ἐπὶ δὲ τοῦ 'Αλκαίου ἰδίως κατὰ μὲν τὴν 'Αριστοφάνειον ἔκδοσιν ἀστερίσκος ἐπὶ ἑτερομετρίας ἐτίθετο μόνης.

100 E. Lobel, *P. Oxy.* XXIV (1957) 8, betrachtet sie als monostrophische Gebilde.

101 Hephaest. p. 74, 1ff.

102 Vgl. oben S. 222f.

103 Siehe W. Schubart, *Einführung in die Papyruskunde* (1918) 59 (Zur metrischen Gliederung), und *Das Buch* 86 und 181f, mit vielen Verweisen, und bes. die Facsimilia in *Papyri Graecae Berolinenses* (1911) Tafel 1 und 3.

torische Technik, und ebenso, in geringerem Grade, die Bakchylides-Papyri. Natürlich herrscht in den Papyri keine pedantisch genaue Einheitlichkeit,[104] und der ἀστερίσκος wurde im Laufe der Zeit verhältnismäßig selten; aber die abschließende Epodos von *Paean* V war durch Koronis und Obelos gekennzeichnet und der Anfang von *Paean* VI durch ein ‹besonderes Zeichen›, in dem man einen Asteriskos erkennen muß.[105]

Als Aristophanes versuchte, die metrisch korrespondierenden Teile zu bestimmen, entdeckte er in Pindars *O.* II 27 zwischen φιλεῖ δέ μιν Παλλὰς αἰεί und καὶ Ζεὺς πατήρ die kühne Interpolation der Worte φιλέοντι Μοῖσαι, die in den anderen Strophen keine Entsprechung hatten: Schol. (A) τὸ κῶλον τοῦτον ἀθετεῖ Ἀριστοφάνης· περιττεύειν γάρ αὐτό φησιν πρὸς ‹τάς› ἀντιστρόφους.[106] Er verurteilte diese offensichtliche Interpolation durch einen Obelos am Rand, aber sie verblieb[107] im Text der byzantinischen Handschriften, bis der gewissenhafte Metriker Demetrios Triklinios sie im frühen vierzehnten Jahrhundert wegließ.[108] Nur einmal blieb in unseren metrischen Scholien zu Pindar die Responsion unerkannt, nämlich in *O.* XIV, und einmal wurden drei korrespondierende Strophen angenommen, ohne daß die triadische Struktur erkannt wurde, *O.* V. Diese ganz wenigen Fehler müssen schon Aristophanes unterlaufen sein, und seine Nachfolger haben sie dann treulich bewahrt.

Aristophanes wurde in der späteren Antike immer als Urheber des κωλίζειν angesehen; wenn Dionys von Halikarnass die κῶλα der lyrischen Dichter (Pindar, Simonides) mit denen der Kunstprosa vergleicht, sagt er: κῶλα δέ με δέξαι λέγειν οὐχ οἷς Ἀρίστοφάνης ἢ τῶν ἄλλων τις μετρικῶν διεκόσμησε τὰς ᾠδάς, ἀλλ' οἷς ... ῥητόρων παῖδες τὰς περιόδους διαιροῦσι und τὰ Σιμωνίδεια ταῦτα· γέγραπται δὲ κατὰ τὰς διαστολὰς οὐχ ὧν Ἀριστοφάνης ἢ ἄλλος τις κατεσκεύασε κώλων, ἀλλ' ὧν ὁ πεζὸς λόγος ἀπαιτεῖ.[109] Seine Kolometrie wurde während der Spätantike und in byzantinischer Zeit mit gelegentlichen Modifizierungen übernommen, besonders von Triklinios.

Eine grundlegende Änderung trat erst ein, als A. Böckh[110] entdeckte, daß die Strophe aus einer Anzahl metrischer περίοδοι aufgebaut ist, deren Ende durch eine ‹Pause› gekennzeichnet ist, und daß die Perioden gewöhnlich aus mehreren Kola oder manchmal auch aus einem einzelnen Kolon bestehen. Das Vorkommen einer Pause

---

104 Cf. Snell, Bacchyl. praefat. p. 13*.

105 Siehe *P. Oxy.* V p. 14; Pind. ed. Snell II (^{3}1964) p. 24 und ibid. p. 56 = *P. Oxy.* 2441 (*Pae.* XIV/XV); vgl. den Asteriskos bei Bakchyl. nach c. VI und c. VII.

106 In Schol. BEQ ist der Name des Grammatikers, wie so oft in den Homer-Scholien, ausgelassen; vgl. oben S. 216f.

107 Vgl. die allgemeinen Bemerkungen oben S. 215.

108 Irigoin, *Histoire du texte* 346.

109 Dionys. Hal. *de comp. verb.* 22, p. 102, 1ff und 26, p. 140, 18ff Us.-Rad.

110 ‹De metris Pindari libri tres› in Pindari *Opera* I 2 (1811) 1–340.

bedeutet, daß in korrespondierenden Silben der Strophe volles Wortende streng beobachtet wird und Hiat und syllaba anceps erlaubt sind. Für die ‹Glieder› der Periode, die κῶλα, gibt es keine solche äußeren Erkennungszeichen; um ihre Bestandteile und ihre Länge festzustellen, bedarf es der metrischen Analyse.

Zum Verständnis von Aristophanes' Kolometrie kann uns, wie im Fall der σημεῖα, Hephaistions Handbuch[111] noch gute Dienste tun; ein Kolon wird dort als eine metrische Einheit definiert, ‹die weniger als drei Dipodien (συζυγίαι) ohne Katalexe enthält›. Die Praxis der Papyri stimmt im allgemeinen mit dieser Theorie überein. Der Louvre-Papyrus von Alkmans *Parthenion* (fr. 1 Page = fr. 1 D.²) zeigt eine Strophe, die in vierzehn Kola geschrieben ist; in dieser sehr einfachen und klaren Struktur enthält jedes Kolon nur ein rhythmisches Element, Trochaeen, Enhoplien oder Daktylen, die uns alle aus Archilochos bekannt sind. Keine andere Einteilung ist denkbar; neuzeitliche Kolometrie kann nur noch feststellen, daß die Kola 1–10 tatsächlich auch zehn Perioden darstellen, durch Wortschluß und Hiat oder syllaba anceps getrennt, während die Kola 11–12 Teile einer einzigen Periode sind, und ebenso die Kola 13–14.[112] Die meisten Strophen des Bakchylides haben gleichfalls einen relativ einfachen Aufbau, daher kann die Kolometrie des British-Museum-Papyrus und anderer mit nur geringfügigen Änderungen in unseren Ausgaben beibehalten werden.[113] Ein typisches Beispiel für einen Fall, in dem eine Korrektur notwendig wird, ist die Vernachlässigung des Hiatus im Papyrus Bacchyl. c. X 15–16 Νίκας ἕκατι ἄνθεσιν und an derselben Stelle zweimal in der zweiten Triade 33ff und 43ff, wo der richtige Schluß der Periode mit Sicherheit wiederhergestellt werden kann. In Pindars komplizierten und langen Strophen muß der neuzeitliche

111 Hephaest. p. 63, 2 Consbr. (Περὶ ποιημάτων I 1) τὸ δὲ ἔλαττον ὂν τριῶν συζυγιῶν . . . καλεῖται κῶλον; vgl. F. Leo, ‹Die beiden metrischen Systeme des Altertums›, *Herm.* 24 (1889) 292, 1; Irigoin, *Histoire du texte* 45ff, und bes. ‹Les Scholies métriques de Pindare›, *Bibliothèque de l'École des Hautes Études* 310 (1958) 17–34 ‹La colométrie Alexandrine›. Die Beschreibung der metrischen Schemata eines jeden Kolons in unseren Scholien zu Pindar beruht auf einer Kompilation des zweiten Jahrhunderts n.Chr.; einen kritischen Text der antiken metrischen Scholien druckt Irigoin S. 131–77.

112 Die Verse 12 (der zweite trochäische Dimeter) und 14 (der zweite daktylische Dimeter) sollten eingerückt werden; durch diese einfache Anordnung wird der Leser in den Stand gesetzt, die Intentionen des Herausgebers sogleich zu erkennen und ein klares Bild der metrischen Struktur zu bekommen. Es ist kaum verständlich, warum diese Möglichkeit von den Herausgebern so häufig nicht ergriffen wird.

113 Eine festgegründete antike Tradition der Kolometrie ist nun durch die fast vollkommene Übereinstimmung zweier Papyri von Bakchyl. c. 17 erwiesen; s. Snell, praef. pp. 15*f, 35*f, Text p. 57, und über die Kolometrie im allgemeinen p. 31*.

Herausgeber die antiken oder byzantinischen Kola öfter ändern,[114] andererseits sind fast immer ausreichend Kriterien für die Bestimmung der Perioden vorhanden, weil die Triaden so oft wiederholt werden. In den Strophengliedern des Dramas, wo gewöhnlich nur eine Antistrophos auf eine Strophe antwortet, fehlen häufig äußere Kennzeichen für das Ende der Periode.[115]

Dieser lange Abschnitt über Aristophanes' Lyrikerausgabe hat beträchtliche Zeit beansprucht; es war nicht übertrieben, seine Neuerungen auf diesem Gebiet ‹epochemachend› zu nennen. Wir wenden uns nun seiner Arbeit über die dramatische Dichtung zu. Deren Dialog war, soweit wir vermuten können, immer in getrennten ‹Versen› geschrieben, in στίχοι von gleicher Länge, gewöhnlich Trimeter, manchmal auch Tetrameter, wie die hexametrischen Verse des Epos, aber niemand vor Aristophanes scheint die Chorpartien in metrische Einheiten von unterschiedlicher Länge und wechselndem Rhythmus eingeteilt zu haben. Die Frage ist, wieweit seine Kolometrie in unseren Handschriften erhalten ist.

Wenn wir uns zuerst der Attischen Komödie zuwenden, finden wir, daß im wichtigsten Codex der aristophanischen Komödien, dem Venetus, den *Wolken* die Subscriptio folgt: κεκώλισται ἐκ τῶν Ἡλιοδώρου.[116] Heliodor, ein Metriker in der Mitte des ersten Jahrhunderts n.Chr., hielt, wie sein jüngerer Zeitgenosse Hephaistion,[117] an den Prinzipien der alexandrinischen Tradition fest; er hatte jedoch verschiedene ἀντίγραφα der Komödien zu seiner Verfügung, verwendete ein entwickeltes System kolometrischer Zeichen[118] und fügte seiner ἔκδοσις des Textes einen fortlaufenden metrischen Kommentar bei. Infolgedessen ist es fast unmöglich, die Einzelheiten von Aristophanes' Kolometrie im Text der szenischen Dichter wiederzugewinnen, wie wir es beim Pindar-Text konnten; das muß man als etwas für die Situation im allgemeinen Chrakteristisches ansehen. Auf dem

---

114 Böckh zerteilte in seiner großen Quartausgabe von 1811 seine Perioden nicht in Kola, aber die nachfolgenden Herausgeber (außer A. Turyn 1948) versuchten es; sie weichen natürlich häufig voneinander und auch von den byzantinischen Handschriften der *Epinikia* ab. Zur Kolometrie der Papyri und den unvermeidlichen Berichtigungen s. B. Snell, Pind. II³ pp. 17; 26; 73; 88.

115 Zu Pindars Perioden-Technik und zu den Schwierigkeiten hinsichtlich der Chorstellen im Drama s. P. Maas, *Greek Metre* (1962) § 66.

116 Cf. die Subscriptio nach dem *Frieden*: κεκώλισται πρὸς τὰ Ἡλιοδώρου. P. Boudreaux, *Le Texte d' Aristophane et ses commentateurs* (1919) 179; cf. 138ff zu Heliodor, pp. 25–47 zu Aristophanes von Byzanz und bes. zu seiner Kolometrie 35ff. Eine ausgewogene Besprechung dieses seltenen Buches (geschrieben 1914) von P. Geißler, *Gnom.* 2 (1926) 213ff.

117 F. Leo, *Herm.* 24 (1889) 284.

118 O. Hense, *RE* VIII (1913) 31f; die διπλῆ wurde eingeführt, um die antistrophische Responsion zu kennzeichnen, und lyrische Verse wurden vom Dialog durch εἴσθεσις ‹Einrücken› abgetrennt; der ἀστερίσκος kam außer Gebrauch.

Gebiet des Dramas herrschte durch alle folgenden Jahrhunderte eine ununterbrochene, lebhafte gelehrte Aktivität, die ihre alexandrinischen Anfänge in den Schatten stellte.

Wir haben beschrieben, wie die früheren Generationen von Philologen mit den sprachlichen und sachlichen Schwierigkeiten in der Attischen Komödie fertig zu werden versuchten.[119] Aristophanes von Byzanz war zweifellos von der Arbeit seiner Lehrer Euphronios und Eratosthenes über die Alte Komödie beeinflußt, und es ist besonders bezeugt, daß er ein eifriger Schüler des Komödiendichters Machon war,[120] von dem er in seiner Jugend ‹die Teile der Komödie› erlernte. Die Scholien zu Aristophanes' Komödien bewahren wie die zu Pindar und Homer ein paar Hinweise auf Aristophanes von Byzanz;[121] sie reichen gerade aus, um die wesentlichen Linien seiner Textkritik sichtbar werden zu lassen. Er emendierte (μεταγράψας)[122] einen korrupten Eigennamen in *Thesm.* 162 ('Αλκαῖος statt 'Αχαιός); er kennzeichnete aufeinanderfolgende austauschbare Verse mit denselben σημεῖα wie in seiner Ausgabe der *Odyssee* (*Ran.* 152ff);[123] er empfand, daß nach *Av.* 1342 etwas fehlt (διάλειμμα), wenn auch der unbeholfene Lückenbüßer (πλήρωμα), den ihm die Scholien zuschreiben, kaum von seiner Hand stammen kann.[124] Bedauerlicherweise taucht sein Name niemals in den Scholien auf, wenn sie die Verteilung der Sprecher erklären, obgleich wir erwarten dürften, daß er als Meister der Editionstechnik besondere Aufmerksamkeit darauf verwendet haben müßte, den Wechsel der Sprecher im Dialog der szenischen Dichtung zu kennzeichnen. In antiken Papyri und mittelalterlichen Handschriften wird das gewöhnlich durch Paragraphos und Doppelpunkt angezeigt, später auch durch abgekürzte Namen, vielleicht in Übereinstimmung mit einer voralexandrinischen Tradition.[125] Keiner der großen Grammatiker scheint jedoch besonderes Gewicht auf diese Kennzeichnung gelegt zu haben, und das ist die Ursache einer ziemlich verwirrenden Unsicherheit in all unseren Handschriften.

---

119 Vgl. oben S. 151f; 200–203.

120 S. Athen. XIV 664 A ὁ γραμματικὸς 'Αριστοφάνης ἐσπούδασε συσχολάσαι αὐτῷ νέος ὤν und VI 241 F διδάσκαλος γενόμενος τῶν κατὰ κωμῳδίαν μερῶν 'Αριστοφάνους τοῦ γραμματικοῦ. Siehe Machon, ‹The Fragments› ed. A. S. F. Gow, *Cambridge Classical Texts and Commentaries* I (1965) 6f.

121 Nauck pp. 63–66.

122 In diesem Fall möchte ich nicht wie Pasquali, *Storia* 199, μεταγράψας als Irrtum des Scholiasten zu Aristoph. *Thesm.* 162 ansehen und eine bessere Handschrift als Quelle für Aristophanes' richtige Lesart annehmen.

123 S. oben S. 231; cf. H. Erbse, *Gnom.* 28 (1956) 275.

124 Cf. M. Haupt, *Opuscula* III 2 (1876) 524, und Coulon in seiner Ausgabe (1928) ad. loc. Man vergleiche außerdem die kurzen Bemerkungen in Schol. *Nub.* 958, *Thesm.* 917, *Ran.* 1206.

125 J. C. B. Lowe, ‹The Manuscript Evidence for Changes of Speaker in Aristophanes›, *University of London Institute of Classical Studies Bulletin* no. 9 (1962).

Wir sahen keinen Grund zu der Annahme, daß Aristophanes irgendwelche ὑπομνήματα zur epischen oder lyrischen Dichtung schrieb, auch zur dramatischen Dichtung verfaßte er keinen Kommentar; einige wenige ihm zugeschriebene Erklärungen von Ausdrücken aus der Komödie oder der Tragödie könnten Teil seiner Λέξεις[126] gewesen oder in den ὑπομνήματα seines Schülers Kallistratos[127] überliefert sein. Sicher schrieb er jedoch Einführungen zu einzelnen Stücken, vielleicht zu allen, seine berühmten ὑποθέσεις, über die wir im Zusammenhang mit seinen Arbeiten zur Tragödie sprechen werden.[128]

Es ist eine einleuchtende Vermutung, aber nichts weiter, daß er neben seiner Aristophanes-Ausgabe auch die Texte anderer Vertreter der Alten Komödie, etwa des Kratinos und des Eupolis, herausgab, wie es vor ihm schon Lykophron versucht hatte,[129] aber noch niemand hat die Vermutung geäußert, daß er eine Ausgabe seines geliebten Menander besorgt habe.

Daß er Menander bewunderte, ist gut bezeugt. Wenn er selbst auch kein Dichterphilologe war, so riß ihn doch seine schrankenlose Begeisterung für Menander dazu hin, zu dessen Ehre einige komische Trimeter zu dichten,[130] und ein späteres Epigramm bestätigt, daß er ihn gleich nach Homer an die zweite Stelle setzte.[131] Eine wahrscheinlich peripatetische Theorie hat die Komödie als ‹Nachahmung des Lebens› definiert;[132] darauf anspielend und die Theorie in genialer Weise umkehrend, fragt Aristophanes, ‹ob der Dichter Menander das Leben oder das Leben die Komödie Menanders nachgeahmt› habe. Alkidamas hatte im vierten Jahrhundert v.Chr. Homers *Odyssee* einen ‹schönen Spiegel des Lebens› genannt;[133] wies Aristophanes Homer und Menander denselben Rang zu, weil ihre

---

126 Vgl. oben S. 229 und unten S. 243ff.

127 R. Schmidt, *Commentatio de Callistrato Aristophaneo* in Naucks Aristoph. Byz. (1848) 307ff; cf. Boudreaux, *Le Texte d'Aristophane* 48–51; A. Gudeman, *RE* X (1919) 1738–48.

128 S. unten S. 236ff.

129 S. oben S. 137f; 151f.

130 Syrian. *comment. in Hermog.* II 23,6 Rabe = Men. test. 32 Körte: "ὦ Μένανδρε καὶ βίε, πότερος ἄρ' ὑμῶν πότερον ἀπεμιμήσατο;"

131 *IG* XIV 1183 c = Men. test. 61 c Körte δεύτ]ερα ἔταξε . . . μετ' ἐκεῖνον (sc. Homerum).

132 Cic. ap. Donat. *de com.* V 1 comoediam esse . . . imitationem vitae (p 22,19 Wessner = Leo apud Kaibel, *CGF* I p. 67, Z. 147; die Zuweisung zu *de rep.* IV 11 Ziegler ist fragwürdig). Wilamowitz, *Einleitung in die Tragödie* 56, 13, vermutete eine griechische peripatetische Quelle; vgl. a. A. Rostagni, *Scritti minori* I (1955) 230 und 339,5. In der Diskussion über Ciceros Quelle und ihren Verfasser wurde ein literarisches Zeugnis übersehen, das für künftige Untersuchungen von einigem Nutzen sein kann. Schol. A Heph. p. 115,13 Consbr. παρὰ τοῖς κωμικοῖς . . . τὸν γὰρ βίον οὗτοι μιμούμενοι.

133 S. oben S. 73.

Dichtung dem βίος so nahe kam? Die Zitate in unseren Scholien deuten an, daß Aristophanes und sein Schüler Kallistratos ein besonderes Interesse an der *Odyssee* hatten.[134] Was immer auch mit βίος gemeint sein mag (wohl kaum das soziale Leben der Zeit), wir erhalten hier einen kleinen Einblick in eine der allgemeinen Ansichten des Aristophanes über Dichtung, und wir können sein klares und richtiges Urteil über den vorzüglichsten der verschiedenen nachklassischen Schriftsteller würdigen. Was seine φιλία für Menander betrifft, so bezeugt Porphyrios in seiner Φιλόλογος ἀκρόασις,[135] daß Aristophanes bei der Aufstellung einer Liste von Parallelstellen aus Menander und seinen Vorbildern ‹milde› (ἠρέμα) nachwies, daß er von anderen geborgt habe. Wir kennen kein früheres Werk über das, was man weniger mild Plagiat nennt;[136] aber wir können uns an das erinnern, was wir über den vor-aristophanischen Hibeh-Papyrus mit einer Liste von Archilochos-Versen und ihren homerischen Vorbildern sagten;[137] wir können auch an eine bezeichnende Geschichte denken, die Vitruv erzählt (*De architect.* VII praef. 5ff): wie Aristophanes mit seinem erstaunlichen Gedächtnis sofort die ‹furta› (κλοπαί) der Teilnehmer an einem öffentlichen literarischen Wettstreit entdeckte und hinterher ihre Plagiate nachwies, indem er in der Bibliothek unzählige Bücher entrollte.

Nun deutet der Papyrus Bodmer aus dem späten dritten Jahrhundert n.Chr., der den fast vollständigen *Dyskolos* des Menander enthält,[138] stark darauf hin, daß Aristophanes tatsächlich einen Text des Komödiendichters edierte, dessen Lebenszeit der seinen so nahe lag. Dem Text des *Dyskolos* geht eine Zusammenfassung der Handlung in Versen voraus, die Aristophanes dem Grammatiker zugeschrieben wird, wie die versifizierten Handlungszusammenfassungen in unseren Handschriften der Aristophanes-Komödien und aller Tragiker; diese Hypothesis wird begleitet von der διδασκαλία, die uns über das Fest, den Sieg, den Hauptdarsteller und einen Zweittitel in Kenntnis setzt, sowie von einer Liste der Personen der Handlung. Wir wollen die miserablen und verderbten Verse der iambischen ὑπό-

134 S. oben S. 217f.

135 Lange Exzerpte bei Euseb. *Praep. ev.* X 3, zu Menander § 12, 1 p. 563, 20ff Mras (= test. 51 Körte, wo der notwendige Hinweis auf Porphyrios fehlt) Ἀριστοφάνης ὁ γραμματικὸς ἐν ταῖς παραλλήλοις αὐτοῦ τε καὶ ἀφ' ὧν ἔκλεψεν ἐκλογαῖς.

136 K. Ziegler, ‹Plagiat›, *RE* XX (1950) 1956–97; zu Aristoph. Byz. col. 1979; vgl. E. Stemplinger, *Das Plagiat in der griechischen Literatur* (1912) 7f.

137 Oben S. 182; Vitruv. praef. ad VII 4ff.

138 Papyrus Bodmer IV: Ménandre, *Le Dyscolos*, ed. V. Martin, 1958. Dieser *editio princeps* folgten zahlreiche Ausgaben in der ganzen Welt; in der OCT brachte Lloyd-Jones 1960 eine wesentlich verbesserte Recensio des *Dyscolos* heraus. Ein fortlaufender Kommentar wurde in der Ausgabe von E. W. Handley, The *Dyskolos* of Menander, London 1965, beigegeben.

ϑεσις nicht Aristophanes selbst zutrauen,[139] wir können auch bezweifeln, daß er das Rollenverzeichnis zusammenstellte, aber die gelehrte Didaskalia in Prosa zeigt seinen Stil,[140] und sogar die Beschreibung der Handlung könnte im Kern sein Werk sein, wie gewöhnlich in den vielen Hypotheseis zu Komödien und Tragödien. Ob und wie er mit der Behandlung der mehr als hundert Menander-Komödien in der Weise, wie es der *Dyskolos*-Papyrus zeigt, zurechtkam,[141] fragen wir lieber nicht.

Im Gegensatz zur Komödie scheint die Tragödie von den Philologen des dritten Jahrhunderts vernachlässigt worden zu sein. Außer Tzetzes' Erwähnung von Alexander Aitolos' διόρϑωσις[142] fehlt uns überhaupt jede Information; andere Mitglieder der Πλειάς ahmten die tragischen Werke nach, bevorzugten jedoch in ihren wissenschaftlichen Arbeiten die Komödie. Die offizielle athenische Abschrift der drei großen Tragiker, die auf Betreiben von Aristoteles' Freund Lykurg angefertigt wurde, war, wenn wir Galens Bericht trauen dürfen,[143] während Eratosthenes' Amtszeit für die alexandrinische Bibliothek sichergestellt worden und stand daher Aristophanes vom Anfang seiner Laufbahn an zur Verfügung. In unserer mittelalterlichen Handschriftentradition finden sich die einzigen Spuren einer von ihm besorgten Ausgabe in den Scholien zu Euripides – ein paar, wahrscheinlich drei, seiner Lesarten[144] und zwei Hinweise auf seine kritischen σημεῖα. Die Papyri legen Zeugnis für seinen Sophokles-Text ab. Am Rand der großen Papyrusrolle der *Ichneutai*[145] ist sein Name viermal bei Varianten beigefügt, und wahrscheinlich auch in den Papyri der beiden anderen Stücke, der *Trachiniai* und des

139 Ich habe ein paar Schnitzer des Schreibers ausgebessert; s. den Oxford-Text p. 3 und die Ausgabe von M. Treu in der *Tusculum-Bücherei*, der den griechischen Text mit deutscher Übersetzung und einem kurzen Kommentar herausbrachte (München 1960) p. 6. In V. 10 ziehe ich ‹γ›έρων den vielen Vorschlägen, die mir bekannt sind, vor, obgleich wir einen Artikel erwarten müßten.

140 Vgl. unten S. 238.

141 H. Erbse, ‹Überlieferungsgeschichte der klassischen und hellenistischen Literatur› in *Geschichte der Textüberlieferung* I (1961) 223, zog aus der Veröffentlichung des *Dyskolos* dieselben Schlüsse, aber sonst, soweit ich sehen kann, niemand. R. Cantarella, ‹Il nuovo Menandro›, *Rendiconti dell'Istit. Lombard., Classe di Lettere* 93 (1959) 82, und F. Stoessl, *Menander Dyskolos, Kommentar* (1965) 14, nehmen sogar die Existenz von Aristophanes' Ausgabe als erwiesen an. Stoessl richtet seine Aufmerksamkeit besonders auf die Verteilung der Rollen (passim, s. Index, p. 267), ebenso Handley (oben S. 236 Anm. 138) 44ff.

142 S. oben S. 136f; vgl. S. 200.

143 S. oben S. 109.

144 Nauck pp. 62f; cf. Schol. Eur. ed. E. Schwartz II p. 380 Index; Aristophanes grammaticus. Schwartz' Text muß immer berücksichtigt werden.

145 *P. Oxy.* IX (1912) 1174, col. III 20, VI 5,8; IX 6 (?); s. a. Hunt p. 31.

Theseus;[146] genau dieselbe Art von Randnoten erscheint in dem Papyrus mit Pindars *Paeanen*.[147] Für seine Arbeit am Aischylos-Text gibt es noch keinen Beleg.

Wir müssen nun über Aristophanes' sogenannte Hypotheseis sprechen.[148] Wilamowitz hatte vollkommen recht, wenn er ihre Bedeutung hervorhob.[149] Tatsächlich sind sie das Greifbarste, was uns von Aristophanes' Tragikerausgaben und in geringerem Grade von seinen Ausgaben der Komödien geblieben ist. Aber neue Entdeckungen und neuerliche Untersuchungen der alten und neuen Zeugnisse haben das Bild geändert und geklärt.

Das Wort ὑπόθεσις hat verschiedene Bedeutungen; es könnte in peripatetischen Kreisen für Handlung von Theaterstücken gebraucht worden sein: Δικαιάρχου τινὰς ὑποθέσεις τῶν Εὐριπίδου καὶ Σοφοκλέους μύθων.[150] Auch die Inhaltsübersichten, die den Stücken in unseren Handschriften vorangestellt sind, verweisen manchmal auf diesen Aristoteles-Schüler; er scheint sich mit dem Inhalt von Tragödien und Komödien und mit Problemen der szenischen Dichtung in Schriften über Feste mit dichterischen Wettkämpfen beschäftigt zu haben, deren eine Περὶ Διονυσιακῶν ἀγώνων[151] betitelt war. Aristophanes machte, wie die Fragmente zeigen, von dieser peripatetischen Quelle von etwa 300 v.Chr. Gebrauch. Andererseits war es nicht seine Absicht, gelehrte Sammlungen in dem ‹reichen› Stil des Dikaiarch (‹Peripatetici magni et copiosi›) hervorzubringen, sondern einfache und genaue Einführungen zum Text einzelner Stücke zu schreiben; und hierfür diente ihm – was auch bezeugt ist – Kallimachos' chronologischer *Pinax* der dramatischen Dichter als Grundlage.[152] So ist die Entstehung der Hypotheseis typisch für die Beziehungen zwischen der peripatetischen Tradition und der alexandrinischen Philologie. Da die didaskalischen Arbeiten des Aristoteles und seiner Schüler ebenso verloren sind wie Kallimachos' *Pinakes*, ist ein großer Teil wertvoller Informationen nur durch Aristophanes' Hypotheseis auf uns gekommen.

Wenn wir für den Augenblick die späten byzantinischen Ausgestaltungen beiseite lassen, bleiben uns in den Papyri und mittel-

---

146 *P. Oxy.* XV (1922) 1805, Soph. *Tra.* 744; *P. Oxy.* XXVII (1962) 2452 fr. 2,16, Soph. *Theseus*, s. Turners Anm. p. 3. Zu Aristophanes und der Echtheit einer Anzahl von sophokleischen Stücken s. oben S. 162 Anm. 35.

147 S. oben S. 229.

148 S. oben S. 235.

149 *Einleitung in die Tragödie* 145f; vgl. 133,19.

150 Sext. Emp. *Adv. Math.* III 3 = Dikaiarch. fr. 78 Wehrli.

151 F. Wehrli, *Die Schule des Aristoteles* 1 (1944) Dikaiarchos, fr. 73–89, bes. fr. 79–84, Titel fr. 75; cf. fr. 63 aus dem Βίος Ἑλλάδος. Zu seinem Stil Cic. *de off.* II 5,16 = fr. 24 W.

152 S. oben S. 166 und 167f; *Et. gen.* B v. πίναξ . . . πίνακας . . . οἷς ἐντυχὼν ὁ γραμματικὸς ἐποιήσατο τὰς ὑποθέσεις τῶν δραμάτων, s. meine Anmerkungen zu Call. fr. 456.

alterlichen Handschriften zwei Gruppen von Einleitungen, beide unter der Bezeichnung ὑποθέσεις.[153] Von der einen Gruppe werden nur wenige ausdrücklich Aristophanes zugeschrieben, aber es gibt eine große Zahl anonymer Hypotheseis, die nach demselben formalen Prinzip aufgebaut sind. Sie behandelten den Hauptgegenstand des Stückes (ἃ ὑπόκειται τῷ δράματι) sehr kurz und streiften die Behandlung desselben Stoffes durch andere Dramatiker; dann benannten sie die Szene, die Identität des Chores und des Prologsprechers, endlich gaben sie die Zeit der ersten Aufführung an, die Titel der anderen Stücke, die vom selben Autor gleichzeitig zur Aufführung gebracht wurden, die Namen der Mitbewerber samt dem Ergebnis des Wettbewerbes, gelegentlich auch die Nummer, die das Stück im chronologischen Werkverzeichnis des Verfassers hatte, und eine kritische Beurteilung. Wenn eine ὑπόθεσις einige dieser Punkte in einem einfachen, gedrängten Stil enthält, ist ihr aristophanischer Ursprung mindestens sehr wahrscheinlich; Aristophanes dachte sie sich als eine notwendige Hilfe für den gelehrten Leser.[154] Neuzeitliche Untersuchungen haben sich natürlich auf das in unserer Euripides-Tradition erhaltene reiche Material konzentriert; soweit wir Aristophanes' Ausgabe rekonstruieren können, läßt sich kein Unterschied zwischen seinen Einleitungen zu den Stücken, die keine Scholien haben, den sogenannten neun ‹alphabetischen› Stücken, und denen der zehn ‹ausgewählten› Stücke mit ausgedehnten Kommentaren bemerken.

Jüngst entdeckte Hypotheseis haben bedeutsame neue Zeugnisse

153 In Hinsicht auf Aristophanes' ὑποθέσεις war Naucks sonst gesunder Skeptizismus übertrieben (pp. 252–63): zögernd ließ er bei dreien von ihnen seine Autorschaft als möglich gelten: Aesch. *Eum.*, Soph. *Ant.*, Eur. *Med.*, weigerte sich aber, die zu Eur. *Or.*, *Phoen.*, *Bakch.* und [Eur.] *Rhes.* als echt anzuerkennen (pp. 256ff). F. G. Schneidewin, ‹De hypothesibus tragoediarum Graecarum Aristophani Byzantio vindicandis›, *Abhandlungen der K. Gesellschaft der Wissenschaften zu Göttingen*, Hist.-phil. Kl. VI (1856) 3–38, bereitete den Weg zu ihrem Verständnis. Th. O. H. Achelis, ‹De Aristophanis Byz. argumentis fabularum›, *Philol.* 72 (1913) 414ff und 518ff und 73 (1914–16) 122ff, bot eine höchst brauchbare Sammlung und Besprechung des gesamten damals bekannten Materials; G. Zuntz, *The Political Plays of Euripides*, (1955) 129–52 ‹on the tragic Hypotheseis›, mit Bibliographie S. 130, 3, schrieb die beste kritische Untersuchung über die Haupttypen der tragischen Hypotheseis, besonders zu Euripides. Vgl. d. Kommentatoren der Oxford-Ausgaben des Euripides, bes. von *Med.*, *Alc.*, *Hipp.* Zuwenig Aufmerksamkeit wurde den Hypotheseis zu Aischylos gewidmet, s. unten S. 240. Zu den Komödien-Hypotheseis s. unten S. 242.

154 Wilamowitz, *Einleitung* 139 (vgl. 145), nannte Aristophanes' ‹Gesamtausgaben der Klassiker . . . in erster Linie ein buchhändlerisches Unternehmen›; er wiederholte diese Behauptung in späteren Werken und überzeugte auch andere (s. E. Schwartz, *Ethik der Griechen*, 1951, S. 136). Ich habe aber nie irgendwelche Belege für ein solches Unternehmen eines alexandrinischen Buchhandels finden können.

zu Aischylos gebracht. Die zuvor viel diskutierte Abfolge der Stücke in der Thebaner-Tetralogie wurde eindeutig festgelegt, als der didaskalische Teil der Hypothesis zu den *Septem*, der in den jüngeren Handschriften fehlte, aus dem Codex Mediceus veröffentlicht wurde; sein vollständiger und genauer Wortlaut ist durch einen Papyrus[155] aus dem zweiten Jahrhundert n.Chr. als antik bestätigt worden. Ein anderes Fragment desselben Papyrus enthüllte die überraschende Tatsache, daß Sophokles Aischylos' Rivale war, als er die Danaiden-Tetralogie aufführte, woraus sich unvermeidlich die Folgerung ergibt, daß die *Supplices* nach 468 v.Chr., nicht im frühen fünften Jahrhundert aufgeführt wurden;[156] in dem Codex unicus Mediceus ist keine Hypothesis erhalten. Eine Hypothesis, die mit gutem Grund für die zu Aischylos' sizilischem Festspiel Αἰτναῖαι (oder Αἶτναι)[157] gehalten wird, brachte unerwartete Nachricht nicht über das Aufführungsdatum, sondern über den Ort der Handlung. Das Stück, was auch immer sein Titel gewesen sein mag, zu dem dieses Vorwort gehört, war in fünf μέρη, ‹Akte›, eingeteilt, und für jeden war ein Wechsel des Schauplatzes erwähnt; die fünfte Szene scheint dasselbe Viertel von Syrakus vorgestellt zu haben, nämlich den Temenites, in dem das Theater lag, wo das Stück gespielt wurde. Diese Beispiele geben uns Einblick in die Vielzahl von Daten, die Aristophanes dem Leser bot, die dann aber häufig in dem langsamen Prozeß der immer neuen Auszüge und Verkürzungen während der Jahrhunderte verlorengingen.

Die Einführungen der zweiten Gruppe sind von durchaus anderer Art, tragen aber denselben Namen, ὑπόθεσις, nicht nur in den mittelalterlichen Handschriften, sondern auch in den antiken Papyri. Das führt leicht zu Verwirrung. In dieser Gruppe bedeutet ὑπόθεσις eine Beschreibung des Inhalts der Stücke ohne irgendwelche gelehrten Details; ein vollständiger, aber verhältnismäßig kurzer Überblick in einem klaren, ziemlich trockenen Stil ist die Regel.[158] Διήγησις wäre eine passendere Bezeichnung; sie wird für die Inhaltsnacherzählun-

---

155 *P. Oxy.* XX (1952) 2256 fr. 2 = Fragmente des Aischylos, hg. von H. J. Mette (1959) fr. 169.

156 *P. Oxy.* 2256 fr. 3 = fr. 122 Mette; man muß bedauern, daß G. Murray in der sehr verbesserten zweiten Auflage seines Aeschylus (*OCT* 1955) verzweifelt versuchte, an dem früheren Datum festzuhalten, p. VI und p. 2. S. jetzt H. Lloyd-Jones, *L'Antiquité Classique* 33 (1964) 356ff.

157 *P. Oxy.* XX (1952) 2257, fr. 1 mit E. Lobels Kommentar = fr. 26 Mette. Ich kann mir in Z. 13 keine bessere Ergänzung denken als [ἐν τῷ Τεμενί]τῃ, die ich Lobel einmal vorschlug. Zu dem Stück selbst s. E. Fraenkel, *Eranos* 52 (1954) 61–75 [= ‹Kleine Beiträge zur klassischen Philologie› I, *Storia e letteratura* 95 (1964) 250–262].

158 Wilamowitz, gefolgt von anderen, zog wiederholt die *Tales from Shakespeare* von Charles und Mary Lamb (zuerst 1807) zum Vergleich heran; aber diese ‹Tales› sind weit davon entfernt, nur ein Gerüst der Handlung zu geben, sie erzählen die Handlung der Tragödien und Komödien in lebendiger und an-

gen von Kallimachos' Gedichten im Mailänder Papyrus[159] sowie für die zusammenfassende Nacherzählung eines Teiles der *Odyssee* gebraucht. Hypotheseis dieser Art wurden sogar in Verse gebracht und mit dem Namen des großen Aristophanes beehrt.[160] Zwei Papyri haben Teile einer Sammlung von ὑποθέσεις[161] zum Gesamtwerk des Euripides in alphabetischer Ordnung nach dem Anfangsbuchstaben des Titels bewahrt. Dem Titel folgen die Formel οὗ ἀρχή und der erste Vers des Stückes; dann leitet ἡ δ' ὑπόθεσις zur Inhaltsangabe des Stückes über. Die alphabetische Anordnung sowie die ganze Art des ‹incipit› leitet sich von den *Pinakes* des Kallimachos her.[162] So finden wir selbst in Büchern, die ganz sicher für den Durchschnittsleser bestimmt waren, Spuren der alexandrinischen Philologie, und das ist der Grund, warum sie überhaupt hier erwähnt werden. Es ist kaum möglich, die Zeit genau festzulegen, in der solche gesammelten Inhaltsangaben epischer[163] und dramatischer Dichtung wahrscheinlich für einen entwickelten Buchhandel hervorgebracht wurden; aber wenn die *Tabulae Iliacae*[164] sie zur Zeit des Augustus in Stein wiedergaben, muß ihre Entstehungszeit wohl der spätere Hellenismus gewesen sein. Wenn später jede solche einfache Hypothesis aus der

---

mutiger Prosa und haben einen festen Platz als englische Klassiker eingenommen.

159 *P. Med.* 18 (veröffentlicht 1934), v. Call. II p. XII; XXVIII mit Bibliographie; cf. e. Διήγησις εἰς τὰς καθ' Ὅμηρον πλάνας τοῦ Ὀδυσσέως, *Mythographi Graeci* ed. Westermann (1843) 329.

160 S. oben S. 235.

161 *PSI* XII (1951) 1286, zuerst veröffentlicht von C. Gallavotti, *Riv. fil. class.* N. S. XI (1933) 177ff; *P. Oxy.* XXVII (1962) 2455 (vgl. oben S. 000 Anm. 00); cf. E. G. Turner, ‹L'érudition alexandrine et les papyrus›, *Chronique d'Égypte* 37 (1962) 136f, zu diesem Papyrus. ‹Un Argument sur papyrus de la Médée d'Euripide› hrg. v. M. Papathomopoulos in *Recherches de la Papyrologie* III (1964) 37–47 (mit einem Verzeichnis der dramatischen Hypotheseis auf Papyrus), gehört offenbar zu diesem Typus, obwohl die Zahl 2 (*B*) auf eine andere Anordnung hindeutet, worin wahrscheinlich *Medea* den zweiten Platz in einer Auswahl einnahm. – S. a. R. A. Coles und J. W. Barns, ‹Fragments of dramatic hypotheses from Oxyrhynchus› *Cl. Qu.* N. S. XV (1965) 52ff (= *P. Oxy.* XXXI [1966] 2534) mit Verweisen auf kleinere Papyrusfragmente, die Teile einer größeren oder sogar vollständigen Sammlung sein könnten. Das neue Fragment von Eur. *Phoen.*, in *P. Oxy.* XXXI (1966) als Nr. 2544 veröffentlicht, behandelt W. S. Barrett, ‹The epitome of Eur. *Phoen.*: ancient and medieval versions›, ibid. 58ff, der in *P. Oxy.* 2455 drei Fragmente der Hypothesis zu den *Phoen.* identifizierte und zeigte, daß Moschopulos' Fassung der Hypothesis sich ziemlich eng an die Fassung in dem Papyrus hält. [‹Nova fragmenta Euripidea in papyris reperta. Ed. C. Austin,› *Kleine Texte für Vorlesungen und Übungen* 187 (1968) 88ff.]

162 S. oben S. 164f.

163 Pack² Nr. 1185, Prosa-Zusammenfassung von *Il.* VI (drittes Jahrhundert v.Chr.), 1190, 1208.

164 O. Jahn-A. Michaelis, *Griechische Bilderchroniken* (1873) 79ff, bes. 86f.

Sammlung auf ihr besonderes Stück übertragen wurde, fand sie ihren Platz oft Seite an Seite mit einer anderen, aus Aristophanes' gelehrter Arbeit abgeleiteten. Noch später hielten byzantinische Gelehrte und Schulmeister des dreizehnten und vierzehnten Jahrhunderts n.Chr. es für notwendig, für ihre Schüler noch ausführlichere Einleitungen hinzuzufügen, die dann in vielen Handschriften der dramatischen Dichter als dritte Gruppe erhalten sind.[165]

Die Hypotheseis zu den Komödien laufen neben denen zu den Tragödien her;[166] sie haben einen ähnlichen Aufbau, und neun der elf in unseren Handschriften erhaltenen Einführungen zu Aristophanes' Komödien enthalten διδασκαλίαι. Man hat guten Grund, sie auf Aristophanes von Byzanz zurückzuführen, obwohl Symmachus[167] sie wahrscheinlich umarbeitete, als er zu Beginn des zweiten Jahrhunderts n.Chr. seinen Kommentar schrieb, gerade als Heliodor die Kolometrie überarbeitete. Neben diesen kurzen gelehrten Einleitungen finden wir eine zweite, populärere Art von Hypotheseis in Prosa und in Versen. Die Anordnung im Papyrus des *Dyskolos* zeigt eine starke Ähnlichkeit, die uns ja schon dazu gedient hat, die Ansicht zu stützen, daß man einen Menander-Text den bis dahin schon bekannten Ausgaben des Aristophanes hinzufügen sollte.[168] Die Papyri[169] haben auch eine alphabetische Sammlung von Inhaltsübersichten zu Menanders Komödien gebracht, aber, anders als die zu Euripides' Tragödien, lassen sie dem ‹incipit› didaskalische Nachrichten und dem Bericht der Handlung eine kritische Würdigung des Stückes folgen. Nirgends sonst ist Aristophanes' Einfluß so beständig wie in den Abwandlungen seiner ὑποθέσεις zu tragischen und komischen Stücken.

Alle Philologen des dritten Jahrhunderts widmeten ihre kritische Arbeit der Dichtung der Vergangenheit – das ist ganz natürlich, weil sie die Schüler von Dichtern und meist selbst Dichter waren. Man hat eingewendet, daß Aristophanes auch eine Platon-Ausgabe besorgt habe. Diogenes Laertios[170] jedoch, nachdem er über die Anordnung von Platons Dialogen in Tetralogien gesprochen hat, liefert uns nur die trockene Bemerkung: ἔνιοι δέ, ὧν ἐστι καὶ Ἀριστοφάνης ὁ γραμματικός, εἰς τριλογίας ἕλκουσι τοὺς διαλόγους, und fügt eine Liste von

---

165 Zu Moschopulos s. oben S. 241 Anm. 161.

166 S. oben S. 237f; cf. P. Boudreaux, *Le Texte d'Aristophane* (1919) 31–35.

167 A. Körte, *RE* XI (1921) 1211f; vgl. die Hypothesis zu Kratinos' Διονυσαλέξανδρος *P. Oxy.* IV (1904) 663 = *Suppl. Comicum* ed. I. Demiańczuk (1912) 31ff.

168 S. oben S. 236f.

169 *P. Oxy.* X (1914) 1235 = Menander ed. A. Koerte I (1938) 146ff. Sie könnten identisch sein mit den Περιοχαὶ τῶν Μενάνδρου δραμάτων eines gewissen Σέλλιος oder Σίλλιος s. Körte p. LXIV. S. a. *Cl. Qu.* N. S. XV (1965) 55ff, ein neues Fragment in *P. Oxy.* XXXI (1966) als Nr. 2534, vielleicht die Hypothesis zu Menanders Αὑτὸν τιμωρούμενος.

170 Diog. L. III 61f.

fünfzehn in Trilogien angeordneten Dialogen bei; vielleicht setzt ἕλκουσι, ‹sie ziehen, schleppen›, eine Wahrnehmung von Gewaltsamkeit in dieser Anordnung von Platons philosophischem Werk voraus. Ein Verzeichnis der νόθοι beschließt das Kapitel. Die wahrscheinlichste Erklärung der Stelle ist die, daß einige Philologen, auch Aristophanes in seiner Ergänzung zu den *Pinakes*,[171] die Tetralogien einer bestimmten Ausgabe, vielleicht der der Akademie, kritisierten und statt dessen die Trilogienordnung zur Geltung brachten. Nichts in diesem Satz weist auf eine in Alexandria besorgte Ausgabe hin.[172] Andererseits setzt sich ein späteres Kapitel mit kritischen σημεῖα auseinander, die möglicherweise in einer alexandrinischen Ausgabe standen; doch unterscheidet sich dieses System der σημείωσις völlig von dem des Aristophanes.[173] Wir haben somit nach dem gegenwärtigen Stand unserer Zeugnisse keine Ursache, Aristophanes für den ersten zu halten, der einen Prosaschriftsteller in die Reihe seiner Ausgaben aufnahm.

Sein großes lexikographisches Werk, die Λέξεις[174], erstreckte sich über alle Gebiete der Literatur, Prosa wie Dichtung; wir finden

171 So sehr vernünftig Nauck, p. 250, fr. VI; Pasquali, *Storia* 264; Erbse in *Geschichte der Textüberlieferung* I (1961) 221.

172 Wilamowitz, *Antigonos von Karystos* (1881) 286 ‹Ar. hätte keinen so zuverlässigen Text konstituieren können›; aber *Platon* II (1919) 324 richtig ‹an eine Ausgabe (sc. durch Aristoph. Byz.) ist nicht zu denken›. Zu Jachmann, *Der Platontext* (1942) 334, s. oben S. 91 Anm. 35. Zu den verschiedenen Versuchen einer Anordnung von Platons Schriften vom vierten bis zum ersten Jahrhundert v.Chr. s. A.-H. Chroust, ‹The Organization of the Corpus Platonicum in Antiquity›, *Herm.* 93 (1965) 34ff.

173 Diog. L. III 65f. Ein kleiner, aber sehr interessanter Florentiner Papyrus des zweiten Jahrhunderts n.Chr. ist vielleicht ein Teil der Quelle des Diog. L.; die Anordnung des Textes ist besser, und die kritischen Zeichen, die in unseren Handschriften fehlen, sind eingesetzt. Siehe V. Bartoletti in ‹Mélanges Eugène Tisserant› I, *Studi e Testi* 231 (1964) 25–30.

174 In Naucks Buch aus dem Jahre 1848 füllen die Fragmente im ganzen 274 Seiten, wovon 165 – also drei Fünftel – den Λέξεις gewidmet sind. Aber in einem Athos-Codex (jetzt cod. Par. suppl. Gr. 1164, 13./14. Jahrhundert) entdeckte E. Miller weitere umfangreiche Exzerpte aus verschiedenen Abteilungen der Λέξεις, die er in *Mélanges de littérature grecque* (1868) 427–34 veröffentlichte (neugedruckt in *Lexica Graeca Minora*, selegit K. Latte, disposuit et praefatus est H. Erbse [1965] 273–82) Aristophane de Byzance.); Nauck, *Bulletin de l'Acad. de St. Petersbourg* 1869 344ff = *Mélanges Gréco-Romains* III (1874) 166ff, erkannte ihre Bedeutung sofort; in Verbindung mit anderen Exzerpten aus einem Florentiner Codex behandelten sie A. Fresenius, *De* Λέξεων *Aristophanearum et Suetonianarum excerptis Byzantinis* (1875) und L. Cohn, ‹De Aristoph. Byz. et Suetonio Eustathi auctoribus› *Jahrbücher für class. Philologie*, Suppl. Bd. 12 (1881) 283ff; s. a. oben S. 171 Anm. 3, und Latte, ‹Glossographika› *Philol.* 80 (1925) 164ff. Zu Eustathios' Exzerpten aus den Λέξεις H. Erbse, ‹Untersuchungen zu den attizistischen Lexika›, *Abhandlungen der deutschen Akademie d. Wiss. zu Berlin*, phil.-hist. Kl., Jg. 1949, Nr. 2 (1950) 5 und passim.

Verweise auf Herodot, Thukydides, Xenophon, Isokrates, Demosthenes. Wir erwähnten sie bereits verschiedentlich, wenn die Frage sich stellte, ob gewisse erklärende Bemerkungen zu lyrischen, epischen und dramatischen Ausdrücken aus einem Kommentar oder aus den *Lexeis* stammten, und wir entschieden in jedem Fall, daß es unnötig wäre, das Vorhandensein eines Kommentars anzunehmen. Ebenso wie in seinen Ausgaben standen Aristophanes auch hier die Arbeiten des ganzen dritten Jahrhunderts zur Verfügung. Er war der wahre Nachfolger sowohl Zenodots als Glossograph als auch des Kallimachos als Kompilator verschiedener nach Gegenständen oder Örtlichkeiten geordneter Onomastika.[175] In diesem Fall jedoch müssen wir viel weiter zurückblicken, um die richtige Perspektive für seine geschichtliche Stellung zu erhalten.

Von ihren ersten Anfängen an hatte die Dichtung den Weg zu ihrem Verständnis selbst bereitet;[176] es war im epischen Zeitalter ein Teil der dichterischen Technik, schwierige oder zweideutige Ausdrücke durch exegetische oder etymologische Zusätze zu erhellen. In kaum einem der folgenden Zeitalter wurde der griechische Geist nicht von diesem Problem angezogen, die λέξεις zu erklären. Ihren Ursprung und ihre Wandlungen, die Unterscheidung verwandter Wörter, den Vergleich zwischen griechischen Dialekten oder zwischen griechischen und fremdsprachigen Wörtern behandelten die Sophisten, Demokrit und die großen attischen Philosophen.[177] In dem neuen Zeitalter haben die Dichter diese Studien mit Feuereifer zu neuem Leben erweckt, nicht nur Philitas und Simias, sondern auch Kallimachos und Apollonios;[178] sie schrieben selbst gelehrte Arbeiten oder regten Philologen wie Zenodot, Eratosthenes oder Neoptolemos an, dieses Forschungsgebiet zu betreten. Und alles, was im Laufe der Zeit stückweise hier und dort unternommen worden war, faßte nun Aristophanes in dem großen Unternehmen seiner Λέξεις zusammen.[179] Sammlungen von γλῶσσαι waren gewöhnlich auf veraltete oder unklare Ausdrücke beschränkt; unter dem neutralen Titel konnte nun jedes Wort, das nach seiner Form oder Bedeutung schwierig war und daher der Erklärung bedurfte, verzeichnet werden, ganz gleich, ob es veraltet oder noch in Gebrauch war. Die Fragmente, die aus Aristophanes' lexikographischem Werk zitiert wurden, erlauben uns, seine weitgespannte, umfassende Anlage, seine systematische Gliederung in Abteilungen und die Methode der Erklärung zu würdigen. Diese Methode vor allem wurde zum Muster für die

---

175 S. oben S. 147 und 169f; auch Kallimachos' Gedichte waren eine seiner Quellen, s. die Anm. zu Call. fr. 224; 487; 543; 587.

176 S. oben S. 18.

177 S. oben S. 60–65; 86–89; 105f.

178 S. oben S. 118f; 146f; 175f; 185.

179 Περὶ λέξεων in dem ‹Fragmentum Parisinum›, zuerst veröffentlicht von Boissonade 1819, wieder abgedruckt bei Nauck, pp. 79ff.

spätere griechische und römische Antike. Mit dem Blick auf die Vergangenheit und die Zukunft können wir Aristophanes' zentrale Stellung klar erkennen.[180]

Das erste, was ein Lexikograph braucht, ist ein zuverlässiger Text, der sich auf die besten Handschriften stützt; in dieser Hinsicht befand sich Aristophanes gegenüber all seinen Vorgängern im Vorteil, da ihm ja seine eigenen Ausgaben der griechischen Dichter von Homer bis Menander zur Verfügung standen. Das war natürlich von wechselseitigem Vorteil: die genauen Nachforschungen des Lexikographen nach der exakten Form und Bedeutung eines Wortes zu einer bestimmten Zeit und in einem bestimmten Dialekt halfen wiederum dem διορθωτής, seine Wahl zwischen den verschiedenen Lesarten in den Handschriften zu treffen.

Die – was die Methode betrifft – interessanteste Abteilung der Λέξεις trug den Titel Περὶ τῶν ὑποπτευομένων μὴ εἰρῆσθαι τοῖς παλαιοῖς, ‹Wörter, von denen man annimmt, daß sie den Alten unbekannt waren›; das wurde erst durch die von Miller entdeckte Athos-Handschrift bekannt.[181] In dieser Handschrift ist das erste Lemma des ersten Kapitels σάννας, was mit ὁ μωρός, ‹der Narr›, erklärt wird. Es war aus einem langen Exzerpt bei Eustathios schon bekannt, daß Aristophanes sich mit diesem ausgefallenen Wort beschäftigt hatte, mit seinen verschiedenen Formen und Ableitungen ebenso wie mit seinen möglichen Bedeutungen. Aber Nauck und alle anderen gingen fehl in der ganz natürlichen Annahme, daß es als einer der vielen Ausdrücke der Lästerung aufgeführt war.[182] Vor der Entdeckung von Millers Codex war es unmöglich, die Existenz eines Kapitels zu vermuten, das λέξεις unter chronologischem, um nicht zu sagen historischem Gesichtspunkt behandelte. Zwei Sorten von Wörtern wurden unterschieden: solche λέξεις, von denen es heißt, daß die παλαιοί sie gebraucht hätten, und solche, von denen gesagt wird, daß sie jenen unbekannt gewesen seien, die καινότεραι λέξεις.[183] Aristophanes besprach wahrscheinlich die Ansichten früherer Philologen und bestätigte oder verwarf sie. Wenn – um zu unserem Beispiel zurückzukehren – σάννας für ein Wort späteren Ursprungs ge-

180 Es ist überzeugend dargelegt worden, daß Aristophanes die Hauptquelle des *Antiatticista* war (K. Latte, *Herm.* 50 [1915] 374; 379,2; 384f; 392) wie auch des Helladios, *Chrestomath.* (K. Strecker, *Herm.* 26 [1891] 276f).

181 Miller, *Mélanges* 427f, Cohn, *Jahrbücher f. class. Philologie*, Suppl. Bd. 12 (1881) 288–98. Cf. Wilamowitz, *Einleitung* 163, 88, der sie zusammen mit den sogenannten Ἀττικαὶ λέξεις für Kritiken pseudo-attischer Fälschungen des dritten Jahrhunderts hält; aber unsere Fragmente weisen nicht in diese Richtung.

182 Es gab keine Abteilung Περὶ βλασφημιῶν in Aristoph. Λέξεις, s. unten S. 248 Anm. 203.

183 παλαιοί sind, wenn die wenigen Fragmente uns nicht irreführen, voralexandrinische Schriftsteller; Eust. p. 279,38, περὶ καινοτέρων λέξεων und p. 1761,24 καινοφώνους λέξεις scheint sich auf nachattische Autoren zu beziehen.

halten wurde, so können wir mit einiger Wahrscheinlichkeit aus Eustathios' Exzerpt schließen, daß Aristophanes seinen Gebrauch in der Alten Komödie durch Kratinos[184] erwähnte. Es besteht sogar eine geringe Möglichkeit, daß er noch weiter ins sechste Jahrhundert zurückging und ein epodisches Gedicht des Hipponax[185] zitierte, der jemanden mit dem Spitznamen ὦ Σάνν' anredete, was dessen ‹närrischen› Charakter voraussetzt; ein fragmentarischer sehr gelehrter Kommentar zu diesem Gedicht in einem Papyrus des zweiten Jahrhunderts v.Chr. enthält den Namen des Aristophanes[186] neben dem seines älteren Zeitgenossen Hermippos und des jüngeren Polemon. Wenn es auch bisher unmöglich ist anzugeben, zu welchem Vers oder Wort jenes Kommentarbruchstück gehört, so kann doch kaum Zweifel daran bestehen, daß sich die Erwähnung auf Aristophanes den Grammatiker, nicht auf den Komödiendichter bezieht. Mindestens bestätigt der Text seine Ansicht, daß das Wort σάννας den παλαιοί bekannt gewesen sein müsse.

In der gleichen ersten Abteilung der Λέξεις finden wir die seltsamen Verbformen ἐφεύγοσαν καὶ ἐλέγοσαν· ἀντὶ τοῦ ἔφευγον καὶ ἔλεγον.[187] Eustathios hat ein längeres Exzerpt mit Belegen bewahrt: παραδίδωσι δὲ ('Αριστοφάνης) καὶ ὅτι τὸ «ἐσχάζοσαν» παρὰ Λυκόφρονι (21) καὶ παρ' ἄλλοις τὸ «ἐλέγοσαν» καὶ τὸ «οἱ δὲ πλησίον γενομένων ‹ἐ›φεύγοσαν» φωνῆς Χαλκιδέων ἴδιά εἰσιν. Die Hauptsache daran scheint zu sein, daß es unter den παλαιοί keine literarische Autorität für die Endung -οσαν gab, wie Aristophanes richtig beobachtete; aber er fand sie bei einem der neueren Dichter und vermutete vielleicht,[188] daß dieser Dichter, Lykophron[189] von Chalkis, sie aus seinem heimatlichen Dialekt übernommen habe und daß andere ihm folgten. Ich zweifle daran, daß dies als kritischer Seitenhieb gegen

---

184 Cratin. fr. 337 K.

185 *P. Oxy.* XVIII (1941) 2176, fr. 1,1 = Hipponax ed. O. Masson (1962) fr. 118,1, mit Kommentar.

186 *P. Oxy.* 2176, fr. 8,21; s. Masson p. 86 und 162,1.

187 Miller, *Mélanges* p. 428,1, cf. Eust. p. 1761,30 (cf. 1759, 35); Tzetz. in Lyc. 21 und 253. Nauck p. 204, Fresenius p. 115.

188 Nauck p. 204, ‹fortasse›; er glaubte, daß es ein voralexandrinisches Beispiel gegeben habe, Eur. *Hec.* 574, wo Choer. II 64,25 Hilg., bei der Besprechung der Endungen auf -οσαν, δ' ἐπληροῦσαν liest (δὲ πληροῦσιν Eur. codd.). Von Nauck übernahmen es unsere Grammatiken und die kritischen Apparate der Euripides-Ausgaben; aber dieser Vulgarismus ist keine *varia lectio*, sondern eine schlechte Konjektur aus der Spätantike, die die *inconcinnitas temporum* in einem Vers des Euripides ‹verbessern› will.

189 Zu Lykophron s. o. S. 151ff. Wenn wir all die Exzerpte des Eustathios aus Aristophanes bedenken, die weit über die kurzen Auszüge der Athos-Handschrift hinausgehen, besteht nicht die geringste Wahrscheinlichkeit, daß er gerade diesen einen Hinweis auf Lykophron interpolierte, wie P. Maas, *Gnom.* 3 (1927) 320 annahm.

Lykophron gemeint war.[190] Wir wissen, daß Aristophanes ein besonderes Interesse an Dialekten hatte; wenn er aber -οσαν im Praeteritum der Verben auf -ω als lokale chalkidische Dialektform ansah, dann ging er fehl.[191] Es war eine ganz gebräuchliche Endung in der κοινή während der Spätantike und in byzantinischer Zeit vom dritten Jahrhundert v.Chr. an[192] und daher sicherlich eine καινόφωνος λέξις. In den beiden ganz verschiedenartigen Beispielen, σάννας und ἐσχάζοσαν, sehen wir Aristophanes mit der Lösung desselben Problems beschäftigt: der chronologischen Unterscheidung zwischen altem und modernem Sprachgebrauch und möglicherweise des lokalen Ursprungs des letzteren. Das war eine wertvolle vorbereitende Arbeit für das Studium der Entwicklung der griechischen Sprache.[193]

Die folgenden Kapitel hatten den Charakter von ὀνομαστικά,[194] das heißt der nach Gegenständen angeordneten Wörterverzeichnisse. Das umfangreichste davon, betitelt Ὀνόματα ἡλικιῶν oder Περὶ ὀνομασίας ἡλικιῶν[195], bezeichnete die unterschiedlichen Lebensalter von Männern und Frauen, von Herdentieren und wilden Tieren. Sogar in unseren recht armseligen Exzerpten tritt eine genaue Kenntnis der dichterischen Sprache und aller Dialekte zutage. Wie im Falle von σάννας und ἐσχάζοσαν sind bei Eustathios und bei anderen Autoren und Onomastika viel mehr wörtliche Zitate und Verweise bewahrt als in der Athos-Handschrift. Einer der Auszüge über die Jungen wilder Tiere zum Beispiel gibt verschiedene Namen für Wild an und fügt nur die kurze Bemerkung hinzu: τὰ δὲ νέα τούτων, ὄβρια καὶ ὀβρίκαλα.[196] Die längeren Exzerpte dagegen[197] erwähnen mehr Tiernamen und verweisen für diese beiden Formen auf Aischylos' *Agamemnon* (ὀβρίκαλα) und *Diktyulkoi* und auf Euripides' *Peliaden* (wahrscheinlich ὄβρια); in den *Diktyulkoi* hat ein Oxyrhynchus-

---

190 Wilamowitz (der Naucks Konjektur immer als bewiesene Tatsache hinnahm) *Hell. Dicht.* II (1924) 147,1 ‹dem Lykophron zum Tort›.

191 Zu ähnlichen Fehlern s. Latte, ‹Glossographika›, *Philol.* 80 (1925) 174.

192 E. Mayser, *Grammatik der griechischen Papyri aus der Ptolemäerzeit* I 2 (^{2}1938) 83f, mit Bibliographie.

193 S. unten S. 248f.

194 S. oben S. 243f.

195 Miller, *Mélanges* 428–31; Fresenius 82–89 und 166–22; Cohn 298–311.

196 Miller, *Mélanges* p. 431,9; Fresenius p. 26.

197 Ael. *n. a.* VII 47, Phot. *lex.* II 2,10 Nab., Eust. 1395,46ff und 1625,47; ὄβρια (Eur. fr. 616) und ὀβρίκαλα (Aesch. *Ag.* 143); Hesych v. 'ὀβρικάλοις'; Poll. V 15 πάντων τῶν ἀγρίων τέκνα ὀβρίκαλα οἱ ποιηταὶ καλοῦσι καὶ ὀβρικά (*sic* die gemeinsame Quelle der codd. SF, vor dem zwölften Jahrhundert n.Chr. geschrieben). Ist ὀβρικά ein leicht verderbtes ὄβριχα? H. Frisk, *Griech. etymol. Wörterbuch*, fasc. 14 (1963) 345, ist geneigt, in *P. Oxy.* 2161, 809 ὀβρίχοισι als Dat. plur. neut. aufzufassen, und verweist auf ähnliche Bildungen; vielleicht war die überraschende Form in dem Diktyulkoi-Papyrus nach all dem nicht neu, sondern nur in einer Variante des Pollux verborgen, der von Aristophanes abhängt, wie Cohn p. 311 gezeigt hat.

Papyrus eine dritte Form zutage gefördert, ὀβρίχοισι.[198] Das zeigt, wie schwierig es ist, Aristophanes' originalen Wortlaut wiederherzustellen, da besondere Formen von ὀνομασίαι schon ziemlich früh ausfielen; andererseits zeigen dieses Beispiel und viele andere, daß das, was bei Eustathios dazukommt, keineswegs seine Interpolationen sind, sondern auf Aristophanes zurückgeht. Das gleiche trifft für die nächsten Kapitel zu, ‹Über Ausdrücke der Verwandtschaft›, Περὶ συγγενικῶν ὀνομάτων, und ‹Über Ausdrücke des bürgerlichen Lebens›, Περὶ πολιτικῶν ὀνομάτων.[199] Keine Mühe wurde gescheut, sowohl den Gebrauch in epischer, lyrischer und dramatischer Dichtung sowie in den örtlichen Dialekten zu bestimmen, als auch Veränderungen in Form und Bedeutung aufzuweisen und sogar Wörter auf ihren Ursprung zurückzuführen.

Aristophanes scheint in der Tat mit der methodischen philologischen Behandlung der πάθη und ἔτυμα der Wörter begonnen zu haben; zwar trifft es zu, daß der Ausdruck πάθη τῆς λέξεως für die Abwandlungen in der Form der Wörter schon von Aristoteles gebraucht wurde, aber Varro verweist ausdrücklich auf ihre Behandlung durch Aristophanes,[200] und die oben zitierten Formen ὄβρια, ὄβριχα, ὀβρίκαλα sind ein ebenso gutes Beispiel wie Varros ‹in turdo turdario et turdelice›. Das alte Spiel des ἐτυμολογεῖν, d.h. das Analysieren eines Wortes und die Suche nach seinem Ursprung, spielte er zurückhaltend und nüchtern,[201] im Gegensatz zu seinen stoischen Zeitgenossen, von denen Chrysipp der erste war, der mehrere Bücher mit dem Titel Περὶ ἐτυμολογικῶν[202] schrieb.

Die Exzerpte aus den Λέξεις in der Athos-Handschrift und bei Eustathios enden nach den συγγενικά und πολιτικὰ ὀνόματα. Vier weitere Abteilungen hat Nauck in seiner Ausgabe konjiziert; doch als Verfasser von einer derselben, Περὶ βλασφημιῶν, entpuppte sich Sueton.[203] Für die anderen drei Kapitel sammelte der Herausgeber Fragmente aus verschiedenen Quellen und ordnete sie nach Gegenständen oder Örtlichkeiten unter den Titeln Περὶ προσφωνήσεων (‹Grußformen›) [204], 'Αττικαὶ λέξεις und Λακωνικαὶ γλῶσσαι.[205] Aristo-

198 *P. Oxy.* XVIII (1941) 2161 Aesch. *Dictyulc.* 809 ὑστρίχων ὀβρίχοισ[ι] = fr. 474, 809 Mette.

199 Miller, *Mélanges* 431, 13–432,22 und 432,23–434 ohne eigene Überschriften; die Überschrift Πολιτικὰ ὀνόματα wurde von Fresenius vorgeschlagen (pp. 12f und 123–7).

200 Varro, *L. L.* VI 2; Nauck p. 269.

201 Nauck pp. 268f; vgl. R. Schröter, ‹Studien zur varronischen Etymologie›, *Akademie der Wissenschaften und Literatur in Mainz*, Abh. der geistes- und sozialwissenschaftl. Kl. Jg. 1959, Nr. 12,53ff, bes. 60–63.

202 *SVF* II p. 9, 13; 14; cf. fr. 146, p. 44, 42; vgl. unten S. 294.

203 Naucks Kapitel pp. 163–80 muß gestrichen werden, s. Miller, *Mélanges* 413–26 Suétone.

204 Nauck pp. 151–62; cf. Cohn 321ff.

205 Nauck pp. 181–90; cf. Cohn pp. 288,6 und 322ff.

phanes erwähnte sicherlich einige προσφωνήσεις wie ἄππα, πάππα, μάμμα etc., aber für ein ganzes Kapitel der Λέξεις mit diesem besonderen Titel und Inhalt sind keine Zeugnisse vorhanden; andererseits sind von den wenigen Dialekt-Zitaten, die wir haben, vier als ἐν Ἀττικαῖς λέξεσιν und vielleicht fünf als ἐν Λακωνικαῖς γλώσσαις bezeichnet. Von welchem größeren Werk sie auch Unterabteilungen sein mögen, sie legen wiederum Zeugnis ab nicht nur für Aristophanes' Kenntnis der Dialektformen in der Literatur, sondern auch von seinem besonderen Interesse an der Umgangssprache seiner eigenen Zeit.[206] Wenn auch Bücher wie das seines Lehrers Dionysios Iambos Περὶ διαλέκτων oder des Sosibios Lakon ‹Über lakedaimonische Kulte› mit einer Sammlung lakonischer Glossen ihm vielleicht eine Art Anregung und Hilfe boten,[207] scheint es doch die Frucht seiner eigenen Beobachtungen zu sein, daß er den Lautstand lakonischer Wörter mitteilt, zum Beispiel ἅδδα für das ionische ἅζη.[208] Aristophanes war nach dem gegenwärtigen Stand unserer Kenntnis der erste, der neben seiner ungeheuren Belesenheit auf die Volkssprache hörte und so aus der Beschränkung auf die Literatur heraustrat.[209]

Die vielfältigen Studien, die in das Gebäude dieses reichen lexikalischen Schatzes eingingen, müssen von theoretischen Erwägungen begleitet gewesen sein, über die Aristophanes sich wohl gegenüber seinen Schülern erschöpfender geäußert haben mag. Uns wird nur einmal von einer Überlegung über ein formales grammatisches Problem berichtet. Er[210] entdeckte wiederkehrende Muster in der griechischen Deklination (κλίσις) und stellte allgemeine Gesetze der regelmäßigen Beugung auf; das Prinzip der ‹Regelmäßigkeit› wurde ἀναλογία genannt. Über diese kurze Feststellung hinaus lassen sich aus

---

206 Eust. pp. 877,49ff in einem langen Exzerpt, in dem Aristophanes zuerst sagt, daß bei Homer μῆλα auch die αἶγες bedeuten können, und dann fortfährt: «καὶ ἡμεῖς δέ», φησί (sc. Ἀριστοφάνης), «μηλωτὴν καλοῦμεν καὶ τὴν αἰγείαν δοράν»; cf. ibid. pp. 1828, 56ff (Nauck pp. 197–9); s. a. oben S. 247.

207 Zu Dionysios s. oben S. 213; cf. L. Weber, *Quaest. Lacon.* (Diss. Göttingen 1887) 55–64, der eine Liste von Sosibios' Glossen bringt, vielleicht aus der ersten Hälfte des dritten Jahrhunderts v.Chr.

208 Nauck p. 189, fr. 33; vgl. F. Bechtel, *Griech. Dialekte* II (1923) 323.

209 Zu diesem schwierigen Problem s. J. Wackernagel, *Berl. philol. Wochenschr.* (1896) 1399 = *Kleine Schriften* I (1953) 538, und Wilamowitz, *Geschichte der griechischen Sprache* (1928) 36f.

210 Nauck 264–71. Varro, *L. L.* X 68 ‹tertium genus (sc. analogiae) . . . in quo et res et voces similiter proportione dicuntur ut bonus malus, boni mali, de quorum analogia et Aristophanes et alii scripserunt›; cf. ibid IX 12 ‹Aristophanes improbandus, qui potius in quibusdam veritatem quam consuetudinem secutus?› – Charisius, *Ars grammatica* (ed. C. Barwick, 1925) p. 149,26 ‹huic (sc. analogiae) Aristophanes quinque rationes dedit vel, ut alii putant, sex; primo ut eiusdem sint generis . . . dein casus, tum exitus, quarto numeri syllabarum, item soni. sextum Aristarchus, discipulus eius, illud addidit, ne unquam simplicia compositis aptemus›; cf. Donatiani fragm. *GL* VI 276,5ff.

unseren Quellen, Varro und Donatian-Charisius,[211] keine klaren und zuverlässigen Informationen gewinnen, aber der Anstoß zu endlosen Spekulationen war gegeben. Es ist nicht beweisbar, daß Aristophanes den grammatischen Ausdruck ἀναλογία geprägt oder eine Monographie Περὶ ἀναλογίας[212] geschrieben hätte, und es ist nicht glaublich, daß er die Absicht gehabt hätte, Chrysipps drei oder vier Bücher Περὶ τῆς κατὰ τὰς λέξεις ἀνωμαλίας[213] zu widerlegen. Chrysippos von Soloi, der eine Berufung nach Alexandria abgelehnt hatte und als athenischer Bürger und Haupt der stoischen Schule zwischen 208 und 204 v.Chr. starb, entwickelte als Teil seiner formalen Logik die Theorie, daß die Wörter nicht in Harmonie mit den Dingen stehen, die sie ausdrücken, und nannte dies ἀνωμαλία; es ist unlogisch, wenn eine Pluralform ein einzelnes Objekt bezeichnet (wie der Plural Θῆβαι für eine Stadt), eine männliche Form eine weibliche Idee, und so fort. Er griff damit unter neuen Aspekten einen alten philosophischen Disput über das Verhältnis zwischen Wörtern und Dingen auf, der uns aus Platons und Aristoteles' Schriften wohlbekannt ist.[214] Aristophanes andererseits betrat nie den Kampfplatz, auf dem die Philosophen stritten, er beschränkte sich in diesem Fall wie in anderen auf das philologische Problem der Grammatik. Der Ausdruck ‹Grammatik›,[215] bisher bewußt gemieden, kann nun wirklich angewandt werden; wir können beobachten, daß als Teil der allgemeinen Philologie eine besondere Disziplin ausgebildet wurde, die ihre Gipfel in der zweiten Generation nach Aristophanes, in der τέχνη γραμματική des Aristarch-Schülers Dionysios Thrax, erreichte. Über die Art, wie die Deklinationsregeln in der Zwischenzeit gestaltet wurden, tappen wir im Dunkeln.[216] Das Prinzip der Analogie wurde von Aristarch offensichtlich auf die Interpretation von Texten ausgedehnt. Dann

---

211 H. Dahlmann, ‹Varro und die hellenistische Sprachtheorie›, *Problemata* 5 (1932) 52ff. H. J. Mette, *Parateresis* (1952) 11ff, der auch einen kritischen Text von Varro *L. L.* VII 109–X 84 beifügte. D. Fehling, ‹Varro und die grammatische Lehre von der Analogie und der Flexion›, *Glotta* 35 (1956) 214ff, 36 (1957) 48ff, mit Bibliographie S. 48. 1, 2, wozu noch A. Dihle, ‹Analogie und Attizismus›, *Herm.* 85 (1957) 170ff anzufügen wäre; ein Nachsatz S. 203ff mildert Fehlings übertriebene Behauptungen über Varros Unfähigkeit, seine Verwirrungen und Erfindungen. *Entretiens sur l'antiquité classique* IX (1962) ‹Varron›, s. F. Collart, ‹Analogie et anomalie›, pp. 117–40.

212 Er ist wohl kaum von dem mathematischen und philosophischen Begriff ἀναλογία (= Proportion) abgeleitet, den der Platonist Eratosthenes in seinem *Platonicus* gebraucht, s. oben S. 196.

213 *SVF* II p. 6,10; cf. ibid. Chrysipp. fr. 151, p. 45,23 und 26; cf. Barwick, *Stoische Sprachlehre* 53ff.

214 S. oben S. 83ff (Platon) und 102ff (Aristoteles).

215 Sext. Emp. *adv. math.* I 44 ed. Mau, vol. III p. 12,17ff (vielleicht aus Asklepiades von Myrlea) γραμματικὴ τοίνυν λέγεται . . . ἡ ἐντελὴς καὶ τοῖς περὶ Κράτητα τὸν Μαλλώτην Ἀριστοφάνην τε καὶ Ἀρίσταρχον ἐκπονηθεῖσα.

216 Zu Aristophanes' fünf Regeln fügte Aristarch eine sechste, negative hinzu (oben S. 249 Anm. 210).

muß sich auf dem Gebiet der Grammatik und Exegese ein Streit zwischen den Vertretern der Analogie und denen der Anomalie erhoben haben, der uns nur aus lateinischen Quellen bekannt ist; Aristophanes hatte damit nichts zu tun.[217] Wenn wir seine lexikalischen und seine formal linguistischen Studien im ganzen überblicken, wird es klar, daß sie Hilfsmittel für seine Tätigkeit als Herausgeber waren.

Aristophanes' Ausgaben beschränkten sich auf eine bestimmte Anzahl von Dichtern, und auch die Stellenverweise in den *Lexeis* gehen kaum über eine begrenzte Gruppe von Dichtern und Prosaschriftstellern hinaus. Das kann kein Zufall sein. Eine Art Sichtung der gesamten Literatur, wie sie in der Bibliothek gesammelt und in Kallimachos' *Pinakes* verzeichnet war, muß stattgefunden haben. In diesem Prozeß spielte Aristophanes eine entscheidende Rolle, wenn Quintilian (X 1,54) recht hat, der sagt: ‹Apollonius in ordinem a grammaticis datum non venit, quia Aristarchus atque Aristophanes, poetarum iudices,[218] neminem sui temporis in numerum redegerunt.› Ungefähr ein Jahrhundert früher hatte Cicero im selben Sinn an Atticus geschrieben (XVI 11,2) ‹cui ut Aristophani Archilochi iambus[219] sic epistula longissima quaeque optima videtur›. Diese lateinischen Texte,[220] deren griechische Quellen unbekannt sind, zeigen deutlich, daß einige Autoren in einen durch literarische Kritik (κρίσις, *iudicium*) etablierten *ordo* aufgenommen, andere davon ausgeschlossen wurden. Die Neigung, zu verschiedenen Zwecken die besten Autoren auszuwählen, ist sehr alt;[221] der leidenschaftliche Streit um den Vorrang bei den attischen Tragikern, der in Aristophanes' *Fröschen* noch andauert, muß etwa in der Mitte des vierten Jahrhunderts v.Chr. beigelegt gewesen sein, als Herakleides Pontikos Περὶ τῶν τριῶν τραγῳδοποιῶν[222] schrieb. Dieselbe Zahl muß man bei Aristophanes in der Hypothesis zu Euripides' *Medea* als voraus-

---

217 L. Lersch, *Die Sprachphilosophie der Alten, dargestellt an dem Streite über Analogie und Anomalie der Sprache* (Bonn 1838), gründete die ganze Geschichte der antiken Sprachphilosophie auf diesen von Aristophanes eröffneten Streit. Es lohnt immer noch, Naucks ironische vernichtende Kritik (p. 270) zu lesen, die mehr als ein Jahrhundert vor Fehling, *Glotta* 35 (1956) und 36 (1957) geschrieben ist, der heute die Möglichkeit verwirft, den Streit nach den lateinischen Quellen, besonders aus Varro, zu rekonstruieren. Sein Aufsatz ist ein typisches Beispiel der Reaktion gegen die übertriebene Quellen-Suche, jedoch nicht ganz überzeugend.

218 Cf. Quintil. I 4,3 ‹quo (sc. iudicio) . . . ita severe sunt usi veteres grammatici ut . . . auctores in ordinem redegerint, alios omnino exemerint numero›.

219 Quintilian X 1,59 ‹ex tribus receptis Aristarchi iudicio scriptoribus iamborum ad ἕξιν maxime pertinebit unus Archilochus›.

220 Nauck pp. 67 und 249; L. Radermacher, ‹Kanon›, *RE* X (1919) 1873ff, zu Quintil. und Dionys. Hal. und ihrer gemeinsamen Quelle.

221 S. oben S. 65ff (vgl. S. 31 Anm. 69), 99ff, 171f; zu κρίσις S. 149.

222 Fr. 179 Wehrli, *Die Schule des Aristoteles* 7 (1953) mit Kommentar p. 123.

gesetzt annehmen; παρ' οὐδετέρῳ κεῖται ἡ μυθοποιία kann nur bedeuten ‹weder bei Aischylos noch bei Sophokles›; und so blieb es für spätere Zeiten verbindlich. In den Hypotheseis zu Tragödien und Komödien finden wir noch kostbare Spuren seiner persönlichen Urteile über Dichtungen und Dichter.[223]

Drei Iambendichter wurden von Aristarch in den obersten Rang aufgenommen, und Archilochos[224] galt beiden, ihm und Aristophanes, als der vortrefflichste. Wir haben keinen weiteren Beleg für das Urteil der beiden alexandrinischen Grammatiker. Als die besten (praecipui, ἀξιόλογοι) der vielen alten Komödiendichter nennt Quintilian (X 1, 66) die drei, deren Namen Horaz benutzt hatte, um den klangvollen Eingangsvers seiner vierten Satire zu bauen: ‹Eupolis atque Cratinus Aristophanesque poetae/atque alii quorum comoedia prisca virorumst›. Diese berühmte Trias taucht immer wieder in der Literatur über die Alte Komödie auf, doch wurde sie nicht ausschließlich akzeptiert; Eratosthenes und Aristophanes erachteten zum Beispiel Pherekrates als jenen gleichwertig.[225] Auf dem Gebiet des Epos nahmen Homer als Verfasser der *Ilias* und *Odyssee* und Hesiod als Verfasser der *Theogonie* und der *Erga* immer den ersten Platz ein, den Aristoteles und seine Schule, gefolgt von Zenodot und seinen Schülern,[226] ihnen zugewiesen hatten; aber die gemeinsame Quelle von Dionys von Halikarnass und Quintilian (X 1, 53ff) und von späteren Verzeichnissen scheint vier oder fünf weitere Namen vorhellenistischer Epiker aufgeführt zu haben.[227]

Die Zahl von neun Lyrikern war fest eingeführt. Wie die Iambendichter von Archilochos, die Epiker von Homer angeführt wurden, so war Pindar immer der erste unter den Lyrikern, ‹novum lyricorum longe ... princeps›, wie wir es in einem anonymen hellenistischen Epigramm[228] finden, das etwa ein Jahrhundert nach Aristophanes entstanden sein mag und das unser erstes Zeugnis für die Neun ist: Pindar, Bakchylides, Sappho, Anakreon, Stesichoros, Simonides, Ibykos, Alkaios und Alkman. Diese verhältnismäßig große Zahl im Vergleich zu dem kleinen Kreis der epischen, iambischen und dramatischen Dichter gibt zu denken. Sie könnte zu dem Schluß führen – und hat es auch getan –, daß die Neun alle jene Lyriker darstellten, deren Werke aus der vorhellenistischen Zeit lebendig geblieben und in der alexandrinischen Bibliothek erhalten worden seien. Selbst

---

223 A. Trendelenburg, *Grammaticorum Graecorum de arte tragica iudiciorum reliquiae* (Bonn 1867) 23ff.

224 Vgl. oben S. 181ff.

225 S. *CGF* I pp. 3, 3; 58, 165; 81 ad test. 10 Kaibel; zu Eratosthenes s. oben S. 202.

226 S. oben S. 149f.

227 Regenbogen, ‹Pinax›, *RE* XX 1455ff.

228 *A. P.* IX 184. Die Zeugnisse stellte zusammen H. Färber, *Die Lyrik in der Kunsttheorie der Antike* (1936) II 22ff; vgl. I 25f.

wenn das in diesem einen Fall zuträfe, wäre es voreilig, es auf die anderen Gruppen von Dichtern zu übertragen, die wir gerade überblickten, und die Existenz von Auswahllisten neben den vollständigen *Pinakes* zu leugnen.[229] Aristophanes' folgenreichstes Werk war, wie wir sahen, das über die Lyriker. Obwohl sein Name in den spärlichen Zeugnissen nicht ausdrücklich erwähnt wird, können wir annehmen, daß seine Ausgabe die neun Dichter zusammenfaßte und daß aus diesem Grund die Zahl ebenso verbindlich wurde wie seine Terminologie, seine Klassifizierung und seine Kolometrie.[230] Mochte es auch Abweichungen in der Anordnung geben, die Namen waren dieselben in allen hellenistischen Epigrammen und Prosaverzeichnissen bis in die späteste byzantinische Zeit hinein. Darüber hinaus ist uns noch eine ganze Anzahl von Namen und kurzen Fragmenten anderer früher Lyriker bekannt.[231] Autoren über Musikgeschichte und Musiktheorie im vierten Jahrhundert v. Chr. wie Aristoxenos und Herakleides Pontikos zitieren sie recht freigebig, aber sie erscheinen auch bei den Metrikern und Enzyklopädisten. Sogar eine Ergänzung zu den Neun gab es – wir können nicht sagen, zu welcher Zeit –, eine boeotische Dichterin, δεκάτη Κορίννα; einige Fragmente ihrer Gedichte, neuartig in Sprache und Stil, tauchen in den Papyri auf. Es fällt schwer zu glauben, daß die Werke dieser Leute zeitweise oder für immer im Lauf des dritten und zweiten Jahrhunderts v. Chr. verlorengegangen sein sollten, als die kritischen Ausgaben besorgt und die Verzeichnisse zusammengestellt wurden. Viel natürlicher ist es anzunehmen, daß sie durch das strenge Urteil der großen Grammatiker zu ‹geringeren› Dichtern – die sie ja auch waren – abgestempelt und den höheren Rängen nicht mehr zugezählt wurden.

Wenn aus diesen Gründen das Bestehen von Auswahllisten für die Lyriker nicht länger geleugnet werden kann, so ist das für die anderen Gruppen noch viel weniger möglich. Diese Annahme stimmt völlig überein mit einer unvoreingenommenen Interpretation der oben zitierten Stellen aus den Büchern 1 und 10 des Quintilian, in denen er die großen Grammatiker ‹poetarum iudices› nannte. Wenn wir den Ursprung und die Entwicklung der Philologie in Alexandria und

---

229 Wilamowitz, ‹Die Textgeschichte der griechischen Lyriker›; *AGGW*, N. F. IV 3 (1900) 63–71 Der Alexandrinische Kanon; uneingeschränkte Zustimmung drückte aus D. L. Page, ‹Corinna›, The Society for the Promotion of Hellenic Studies *Supplementary Paper* No. 6 (1953) 68ff. Gut fundierte Einwände erhoben Radermacher, *RE* X 1873ff, Regenbogen *RE* XX 1455ff, und besonders J. Stroux, der nur insofern irrte, als er Platons Konzept der ὀρθότης (s. oben S. 101 Anm. 100) hereinbrachte; s. a. Färber, loc. cit., und W. Döring, ‹Zur pädagogischen Problematik des Begriffes des Klassischen›, *Göttinger Studien zur Pädagogik* 24 (1934) 20ff, der, wenn auch von seinem pädagogischen Gesichtspunkt aus, einen vernünftigen Überblick über das Problem bietet.

230 S. oben S. 225ff.

231 *PMG* p. 360: ‹Poetae melici minores›.

Aristophanes' persönliche Tätigkeit im besonderen im Auge behalten, überrascht es uns nicht, daß auch auf diesem Gebiet die Dichter zuerst behandelt wurden. Aber im Laufe der Zeit folgten Verzeichnisse der hervorragendsten Redner, Geschichtsschreiber und Philosophen, wenn auch nur die Listen der Redner denen der Dichter an Bedeutung gleichkamen; außerdem begannen nun neben Alexandria auch andere Orte wie Pergamon, Rhodos, Athen und Rom eine Rolle zu spielen.[232]

Der griechische Ausdruck für das Auswählen von Autoren und das Verzeichnen ihrer Namen in Auswahllisten hieß ἐγκρίνειν; man nannte sie dann ἐγκριθέντες. Dies ist zwar direkt nur für die Redner bezeugt,[233] doch muß es auch auf die Dichter angewandt worden sein. Denn wenn Horaz die erste Ode des ersten Buches mit der Floskel enden ließ: ‹quodsi me lyricis vatibus inseres›, spielte er bestimmt auf diesen Ausdruck an und nährte die Hoffnung, Maecenas werde ihn der Gruppe der ‹novem lyrici› ἐγκρῖνειν. Quintilians Begriff ‹ordo›, aus der Begriffswelt der sozialen Klassen in die literarische Sphäre übertragen, fand nicht den Beifall späterer Autoren. Aber bei Cicero[234] finden wir eine Unterscheidung von ‹Klassen›, wenn er einige stoische Philosophen im Vergleich zu Demokrit der fünften Klasse zurechnet; und es wurde in Rom üblich, die ἐγκριθέντες ‹classici› zu nennen, was soviel bedeutet wie ‹Autoren der *ersten* Klasse›, ‹primae classis› in der politischen und militärischen Ausdrucksweise. Wir werden später noch mehr über diesen Ausdruck hören, der uns dadurch, daß die Philologen der Renaissance ihn übernahmen, so wohlvertraut ist.

---

232 Jede Abteilung hat ihre besonderen Probleme der Chronologie und der örtlichen Zuordnung. In den späten byzantinischen Listen macht die Verflechtung von Verzeichnissen und Auswahllisten eine Rekonstruktion fast unmöglich; H. Usener konnte mit seinem kühnen und scharfsinnigen Versuch keinen Erfolg haben: Dion. Hal. *De Imitatione* (1889) 110ff. Die meisten Zeugnisse hat O. Kroehnert zusammengestellt, *Canonesne poetarum, scriptorum, artificum per antiquitatem fuerunt?* (Diss. Königsberg 1897). – J. Cousin, *Études sur Quintilien* I (1936, Neudr. Amsterdam 1967) 546ff, bes. 565–72, bespricht Quintilians Quellen sowie Ursprung und Codifizierung der Listen mit großer Ausführlichkeit; er betont die Aktivität Pergamons im zweiten Jahrhundert v.Chr. in bezug auf die Redner. Aber s. A. E. Douglas, *Mnemosyne* IV 9 (1956) 30ff, und unten S. 256 Anm. 243; cf. a. unten S. 295.

233 Suid. v. Δείναρχος . . . ῥήτωρ τῶν μετὰ Δημοσθένους ἐγκριθέντων εἷς; ibid. v. Πυθέας . . . οὐκ ‹ἐν›εκρίθη (recte suppl. Toup) μετὰ τῶν λοιπῶν ῥητόρων ὡς θρασὺς καὶ διεσπασμένος; Phot. *bibl.* 20b 25 Αἰσχίνην . . . καὶ Φρύνιχος . . . εἰς τοὺς ἀρίστους ἐγκρίνει, κανόνα μετά γε τοὺς πρώτους 'Αττικοῦ λόγου τοὺς ἐκείνου ἀποφαινόμενος λόγους. – Diodor. IX fr. 6 ἐκκρίνειν = ‹numero eximere›. Iambl. *Vit. Pythag.* 18,80 über die *selecti* sagt, daß Pythagoras τοὺς ἐγκριθέντας ὑφ' ἑαυτοῦ διῄρηκε χωρίς . . .; Plat. in *Rep.* und *Leg.* gebraucht ἐγκρίνειν und ἀποκρίνειν auch in bezug auf Literatur, cf. e. g., *Rep.* 377c τοὺς δ' ἐγκριθέντας, sc. μύθους. Die Grammatiker haben den Ausdruck vielleicht aus einer philosophischen Quelle entliehen.

234 Cic. *Acad.* II 73 ‹qui mihi cum illo collati quintae classis videntur›.

Die vollständigen Repertorien hießen πίνακες (Verzeichnisse), aber es gab kein entsprechendes griechisches oder lateinisches Wort für die Auswahllisten. Im Jahr 1768 n.Chr. prägte David Ruhnken[235] dafür den Ausdruck ‹canon›, als er schrieb: ‹Ex magna oratorum copia tamquam in canonem decem dumtaxat rettulerunt› (sc. Aristarchus et Aristophanes Byzantius). Dann ließ Ruhnken das vorsichtige ‹tamquam› fallen und fuhr fort, alle Auswahllisten ‹canones› zu nennen. Er hatte mit seiner Prägung einen weltweiten und dauernden Erfolg, da der Ausdruck als besonders passend empfunden wurde; man hat den Eindruck, daß die meisten ihn in dem Glauben gebrauchten, daß seine Anwendung griechischen Ursprungs sei. Aber κανών[236] wurde niemals in diesem Sinne gebraucht; das wäre auch gar nicht möglich gewesen. Aus seiner beständigen Anwendung in der Ethik behielt κανών immer die Bedeutung von Regel oder Vorbild. Aristophanes' grammatische Beobachtungen über die Analogie in der Deklination hätte man κανόνες, Regeln, nennen können, oder man hätte einen bestimmten Autor und seinen Stil als κανών, als Muster oder Vorbild, beschreiben können.[237] Nicht durch die antike, sondern allenfalls durch die biblische Tradition konnte Ruhnken die mißbräuchliche Anwendung von ‹canon› nahegelegt werden. Wenn auch der biblische Kanon nicht eine Liste von Autoren darstellt, so bedeutet er doch eine Liste von Büchern, die von der christlichen Kirche als echt und inspiriert anerkannt wurden,[238] und dieser Gebrauch war und ist in allen modernen Sprachen geläufig. Das Wort ‹Kanon› habe ich in diesem Kapitel über Aristophanes absichtlich gemieden; trotzdem steht es natürlich jedem frei, vom alexandrinischen Kanon der neun Lyriker oder der zehn Redner zu sprechen; der Ausdruck ist wegen seines Alters und seiner Angemessenheit allgemein anerkannt und wird, fürchte ich, nie verschwinden. Wenn man aber jene Verzeichnisse ‹canones› nennt, sollte man sich bewußt sein, daß dies nicht von der eigentlichen Bedeutung des griechischen κανών, sondern von einem modernen Mißbrauch aus dem achtzehnten Jahrhundert herrührt.

---

235 D. Ruhnken, ‹Historia critica oratorum Graecorum› in seiner Ausgabe des Rutilius Lupus 1768 und oft nachgedruckt: *Opuscula* I (^{2}1823) 386.

236 H. Oppel, ‹Κανών. Zur Bedeutungsgeschichte des Wortes und seiner lateinischen Entsprechungen (regula – norma)› *Philologus*, Suppl. XXX 4 (1937) passim; zu Ruhnken s. S. 47. Vgl. die Besprechung von K. v. Fritz, *AJP* 60 (1939) 112ff.

237 S. oben S. 249 (Beugung) und 254 Anm. 233 (Aischines' λόγοι als κανών).

238 Euseb. *hist. eccl.* VI 25,3 τὸν ἐκκλησιαστικὸν φυλάττων κανόνα, μόνα τέσσαρα εἰδέναι εὐαγγέλια μαρτύρεται (sc. Origenes) scheint der früheste Beleg des Wortes für den Kanon der Heiligen Schrift zu sein; Oppel, Κανών 70f, und andere verweisen auf eine Stelle bei Athanasios, geschrieben um 350 n.Chr., mindestens fünfundzwanzig Jahre nach Eusebios' *hist. eccl.*, Athanas. ‹de decr. Nic. syn.› 18 (*Werke*, hg. von der Preuß. Akad. d. Wiss. II 1, 1935, p. 15, 20) μὴ ὂν ἐκ τοῦ κανόνος (sc. Hermas).

Aus den ἐγκριθέντες wurden die πραττόμενοι;[239] sie wurden ‹behandelt›, das heißt von den Grammatikern kommentiert, und die ausgedehnte Tätigkeit Aristarchs in der nächsten Generation war dieser ‹Behandlung› der ἐγκριθέντες gewidmet. Ihre Schriften, oder wenigstens eine große Anzahl davon, wurden immer wieder abgeschrieben, um in Schulen oder vom gebildeten Publikum gelesen zu werden;[240] so wurden sie für alle Zeiten bewahrt, während die ἐκκριθέντες dem Untergang preisgegeben wurden. Es ist schwierig genug, die Tatsache des ἐγκρίνειν und den Inhalt der Listen festzustellen; so gern wir auch Aristophanes' eigene Kriterien kennen würden, der Versuch, sie aus den späten Quellen wiederzugewinnen, ist ganz und gar vergebens. Wenn er je derlei Listen veröffentlichte, so wären die Ergänzungen zu Kallimachos' *Pinakes* der passende Ort dafür gewesen.

Zum Schluß noch kurz ein Wort über die wenigen Titel und Fragmente von Aristophanes' Monographien;[241] sie ergänzten seine großen Arbeiten über die Literatur und waren selten rein antiquarischer Natur. Wir sahen, daß es sehr zweifelhaft ist, ob er ein Buch Περὶ αἰγίδος schrieb, über Athenes Schild (das dann zu seinen Homer-Studien gehört hätte) oder eine eigene grammatische Arbeit über die Analogie. Auf seine Abhandlung über den Ausdruck Ἀχνυμένη σκυτάλη in einer Epode des Archilochos wurde im Zusammenhang mit seinen Arbeiten zur lyrischen Dichtung hingewiesen, und die ‹Parallelen zu Menander und anderen Autoren› wurden als Teil seines Werkes über die Komödiendichter angesehen.[242] Zwei mehr antiquarische Sammlungen Περὶ προσώπων,[243] ‹Über Masken›, und Περὶ τῶν Ἀθήνησιν ἑταιρίδων, ‹Über athenische Hetären›,[244] in Weiterführung seiner Arbeiten zur Attischen Komödie, wurden noch nicht erwähnt. Zwei weitere Monographien standen in peripatetischer Tradition. Aristoteles hatte die Sprichwörter als Überreste früher Weisheit angesehen[245] und seine Schüler ermutigt, sie zu sammeln. Aristophanes dagegen, wenn er auch den volkstümlichen Ursprung der παροιμίαι nicht außer acht ließ, scheint mehr an ihrem vollstän-

---

239 Schol. Dionys Thr. p. 21,17 Hilg. λυρικοὶ οἱ καὶ πραττόμενοι ἐννέα; cf. Schol. Nic. *Th.* 11, Suid. v. Ἀριστοφάνης (com.) . . . δράματα δ' αὐτοῦ μδ'. ἅπερ δὲ πεπράχαμεν Ἀριστοφάνους δράματα ταῦτα Ἀχαρνεῖς κτλ.

240 Siehe Marrou 237ff, der zuviel Vertrauen in Cousins Argumente setzt (oben S. 254 Anm. 232).

241 Nauck pp. 264–83.

242 S. oben S. 225; 236f.

243 Das einzige Fragment befaßt sich mit dem komischen Charakter Μαίσων, *CGF* 1 p. 76 Kaibel; Poll. IV 133–54 hat möglicherweise einiges Material aus Aristophanes genommen, s. C. Robert, 25. *Hallisches Winckelmannsprogr.* (1911) 60ff.

244 Aristoph. Byz. *FGrHist* 347 F 1, cf. T 1 mit Verweisen auf vier weitere Autoren über denselben Gegenstand.

245 S. oben S. 111f.

digen und genauen Wortlaut und ihren unterschiedlichen Bedeutungen interessiert gewesen zu sein und sie in den literarischen Texten aufgespürt zu haben, besonders bei den Komödiendichtern.[246] Unter diesem Gesichtspunkt stellte er die erste wissenschaftliche Sammlung von Μετρικαὶ παροιμίαι in zwei Büchern und von Ἄμετροι παροιμίαι in vier Büchern zusammen;[247] es war ein großes Unternehmen, das dem Verfasser von Arbeiten über Λέξεις und über die Komödie wohl anstand. Aristophanes' zwei Bücher Περὶ ζῴων, die auf peripatetischen Quellen der Naturgeschichte und Paradoxographie beruhten – wir streiften sie bereits flüchtig am Anfang dieses Kapitels[248] –, blieben, wie wir sehen, eine vereinzelte Kompilation.

Wenn wir nun im Rückblick Aristophanes' Leistung im ganzen betrachten, so sind es zwei auffallende Züge, die unseren Blick auf sich ziehen: eine eindrucksvolle Reihe von Pionierleistungen auf vielen Gebieten und die zentrale Stellung seiner anderen Werke in einer langen geschichtlichen Entwicklung.

---

246 Cf. Eratosth. oben S. 200 Anm. 55.

247 Nauck pp. 235–42; fr. 9 muß gestrichen werden (s. *Exkurs IX*) und fr. 13 gehört zu den Λέξεις. – O. Crusius, *Analecta ad paroemiographos Graecos* (1883) 75ff, entdeckte eine Reihe von Sprichwörtern in der Athos-Handschrift (Miller, *Mélanges* 349ff) als Exzerpte aus Aristophanes; cf. K. Rupprecht, ‹Paroemiographi›, *RE* XVIII (1949) 1742ff; dieser wichtige Artikel bestätigt Crusius' Entdeckung und gibt weitere Ergänzungen.

248 S. oben S. 215.

VI

ARISTARCH: DIE KUNST DER INTERPRETATION

Aristophanes übte seinen Einfluß nicht nur durch seine unermüdliche Produktivität, sondern auch durch seine Nachfolger aus. Der älteste seiner persönlichen Schüler scheint Kallistratos gewesen zu sein,[1] der möglicherweise die mündlichen Erklärungen seines Lehrers wenigstens teilweise einem weiteren Publikum bekanntmachte und die Athetesen seines Mitschülers Aristarch zu widerlegen versuchte; aber noch im ersten Jahrhundert v.Chr. wurden Artemidor, der Sammler der bukolischen Gedichte, und Diodor von Tarsos Ἀριστοφάνειοι genannt. Die bedeutendste Gestalt unter ihnen war Aristarch.

Er stammte von der Insel Samothrake (φύσει oder ἄνωθεν Σαμοθρᾷξ), wurde aber Bürger von Alexandria (Ἀλεξανδρεύς θέσει), wo er unter Ptolemaios VI. Philometor (180–145 v.Chr.) lebte;[2] in der biographischen Tradition finden sich keine genauen Daten. Wenn Aristarch, wie Suidas sagt,[3] zweiundsiebzig Jahre alt wurde und wenn die Annahme richtig ist, daß er um 144 v.Chr. starb, dann ist er um 216 v.Chr. geboren. Als die Stelle des Bibliothekars vor oder nach Aristophanes' Tod 180 v.Chr. vakant wurde, folgte Apollonios ὁ εἰδογράφος,[4] und erst nach ihm wurde Aristarch ernannt, der fünfte Leiter der Bibliothek nach Zenodot.[5] Wie die meisten, vielleicht alle seiner Vorgänger hatte auch Aristarch als Erzieher in der königlichen Fa-

---

1 S. oben S. 235 Anm. 127.

2 Suid. v. Ἀρίσταρχος . . . ἐπὶ Πτολεμαίου τοῦ Φιλομήτορος; *P. Oxy.* 1241 II 15 Φιλοπάτορος ist einer der vielen Schreibfehler des Papyrus. Über Ptolemaios VI. bis IX., die in diesem Kapitel häufig vorkommen, s. H. Volkmann, *RE* XXIII (1959) 1702–43, dessen Artikel ‹Ptolemaios› auf den sorgfältigen Studien W. Ottos und H. Bengtsons beruht. Über Aristarchs Leben und Schriften ist L. Cohn, *RE* II (1896) 862–73 immer noch von Nutzen.

3 Suid. v. Ἀρίσταρχος . . . τελευτᾷ δ' ἐν Κύπρῳ . . . ἔτη δ' αὐτοῦ τῆς ζωῆς οβ'; aber in γέγονε δὲ κατὰ τὴν ρνς' Ὀλυμπιάδα (156–152 v.Chr.) muß die Zahl verderbt sein, da er zu dieser Zeit in den Sechzigern stand.

4 S. oben S. 214 Anm. 5.

5 Tzetz. *Proleg.* Ma pp. 25, 9ff Kaib. πρότερος δὲ ἦν Ζηνόδοτος, ε' ἢ δ' μετ' αὐτὸν Ἀρίσταρχος, cf. Mb p. 32, 37 Kaib. Das Schol. Plaut. (oben S. 129 Anm. 86) brachte, wie gewöhnlich, Unsinn hervor: ‹Aristarchus autem quattuor annis minor fuerit . . . Zenodoto›, etc. – Wenn man einen Apollonios zählt, wäre Aristarch der vierte nach Zenodot, wenn man zwei Apollonii zählt, der fünfte; die zweite Möglichkeit ist die richtige.

milie zu wirken, zuerst bei Philometors jüngerem Bruder, dem späteren Euergetes II.,[6] dann beim ältesten Sohn des Königs, Eupator, der 163 geboren war und als König von Cypern 150 v.Chr. starb, zuletzt bei dem jüngeren Sohn, der, wahrscheinlich 162/1 v.Chr. geboren, 145 seinem Vater als Ptolemaios VII. Neos Philopator[7] folgte und im folgenden Jahr am Tage der Heirat zwischen seiner verwitweten Mutter und dem jüngeren Bruder seines Vaters ermordet wurde. Der letztere bestieg den Thron als Ptolemaios VIII. und nannte sich selbst Euergetes II., wurde aber von den Alexandrinern Κακεργέτης[8] und von seinen gelehrten Gegnern Φύσκων, ‹Dickwanst›,[9] genannt, zweifellos in Anspielung auf den Spitznamen, den Alkaios[10] dem verhaßten Tyrannen Pittakos gegeben hatte. Alle Freunde seines ermordeten Neffen, die ‹fautores pueri›, wurden verfolgt, auch Aristarch, obwohl er der Erzieher des Thronräubers gewesen war; er entkam nach Cypern, wo er vermutlich wenig später starb.[11] Die beiden Söhne, die er hinterließ, waren einfältig, was man von ihrem Vater nicht sagen kann.

Über Aristarchs Leben und Gewohnheiten waren kaum Anekdoten oder Späße im Umlauf, außer vielleicht Kallistratos' indignierter Bemerkung, daß er nachlässig in seiner äußeren Erscheinung war, ἐπὶ τῷ μὴ εὐρύθμως ἀμπέχεσθαι.[12] Der Grund hierfür war vielleicht mangelnder Humor bei den Mitgliedern des Museion zu dieser Zeit oder auch das Fehlen jeglichen exzentrischen Wesenszugs in dem einfachen und ernsten Betragen des schwer arbeitenden Mannes selbst. Nach Suidas[13] hatte er nicht weniger als vierzig Schüler. Nur ein Dichter war Mitglied dieses großen und, wie wir sehen werden, berühmten Kreises, Moschos von Syrakus, wohlbekannt als Autor eines anmutigen Epos, *Europa*.[14] Von irgendwelchen von Aristarch

6 Athen. II 71 B Πτολεμαῖος ὁ Εὐεργέτης . . . εἷς ὢν τῶν Ἀριστάρχου μαθητῶν = *FGrHist* 234 T 1.

7 *P. Oxy.* XIX (1948) 2222, 1f lieferte die Lösung, daß man ihn als König mitzählen muß (s. C. H. Roberts ad loc.); daher war Euergetes II. richtig als Ptolemaios VIII. gezählt: *Script. Hist. Aug.* Caracalla 6.

8 Andron *FGrHist* 246 F 1; cf. Posidon. *FGrHist* 87 F 6.

9 Strab. XVII 759, Plut. *Coriolan.* 11.

10 Alc. fr. 129, 21 L.-P. (φυσγων pap.) und 429 (φύσκων).

11 Iustin. XXXVIII 8, 2 ‹fautores pueri›; cf. Andron *FGrHist* 246 οὐκ ὀλίγους φυγαδεύσας Suid. v. Ἀρίσταρχος. Es ist überraschend, daß er Cypern, das sich fest in Ptolemaios Hand befand, zum Asyl wählte. Rostagnis Vermutung, daß Aristarch zusammen mit dem König 131/30 v.Chr. nach Cypern ging, ist nicht annehmbar, *Scritti minori* II 1 pp. 211f.

12 Athen. I 21 C.

13 Suid. v. Ἀρίσταρχος . . . μαθηταὶ δὲ αὐτοῦ γραμματικοὶ περὶ τούς μ' ἐγένοντο . . . παῖδας . . . ἄμφω εὐήθεις.

14 Suid. v. Μόσχος, Συρακούσιος. γραμματικός, Ἀριστάρχου γνώριμος (zu γνώριμος vgl. S. 193) . . . ὁ δεύτερος ποιητὴς μετὰ Θεόκριτον κτλ.; seine Gedichte einschließlich der Fragmente in *Bucolici Graeci* rec. A. S. F. Gow (1952) 132ff; W. Bühler, ‹Die Europa des Moschos›, *Hermes*, Einzelschriften 13 (1960).

selbst verfaßten Versen fehlt jede Spur. Hätte man ihn gefragt, warum er, der selbst bei Homer Fehler fand, sich nicht im Gedichteschreiben versuche, er hätte vielleicht geantwortet: ‹ea re poemata non facio quia cuiusmodi volo non possum, cuiusmodi possum nolo›. Dieser Ausspruch, anonym zitiert in den *Rhetorica ad Herennium*, wird von den Scholiasten zu Horaz Aristarch zugeschrieben; sie glaubten in einem Vers der Epistel an Augustus[15] eine Anspielung darauf zu erkennen. Wenn der Ausspruch auch nicht authentisch ist, so ist er doch gut erfunden.

Aristarchs beste Schüler und viele andere Gelehrte der jüngeren Generation flohen an verschiedene Orte, die nicht unter ägyptischer Herrschaft standen, wie Rhodos, Pergamon, Athen. Diese *secessio doctorum* hatte die erste Krise in der Geschichte der Philologie zur Folge. Daß die Stelle des Vorstehers der Bibliothek an einen obskuren Offizier namens Kydas fiel, ἐκ τῶν λογχοφόρων,[16] spricht für sich selbst.

Ptolemaios VIII., ausschweifend und gewalttätig, war eine abstoßende Erscheinung; aber er war nicht unintelligent und an Bildung nicht uninteressiert, wie die Fragmente der vierundzwanzig Bücher seiner *Aufzeichnungen* über eine erstaunliche Vielfalt von Gegenständen zeigen und wie es Plutarch bestätigt (φιλομαθεῖν δοκοῦντι). Als Schüler Aristarchs wagte er sich sogar an die Konjektur λειμῶνες μαλακοὶ σίου (für ἴου) ἠδὲ σελίνου (ε 72), weil der Wasser-Pastinak, nicht das Veilchen, zu Kalypsos feuchten Wiesen zu passen schien.[17] Unter ihm und seinen Nachfolgern wurden alle Einrichtungen, das Museum und die beiden Bibliotheken,[18] weitergeführt; Papyrusdokumente und Inschriften enthalten einige Namen privilegierter Mitglieder und Verwaltungsbeamter.[19]

Wenn wir uns von dem Standort Aristarchs in den geschichtlichen Wirren des zweiten Jahrhunderts v.Chr. seinem literarischen Werk

---

15 *Rhet. ad Herenn.* IV 28, 39; Porphyrio ad Hor. *epist.* II 1, 257 ‹si, quantum cuperem, possem quoque›, cf. Schol. Pseudacr. ad loc. ‹iuxta Aristarchum›.

16 *P. Oxy.* 1241 II 16. M. Launey, ‹Recherches sur les armées hellénistiques›, *Bibliothèque des Écoles françaises d'Athènes et de Rome* 169 (1949/50) 273 und 1163, verzeichnet Kydas wegen seines Namens als Kreter und übernimmt unglücklicherweise Rostagnis Datierung; s. a. andere λογχοφόροι pp. 316; 565, und πρῶτοι φίλοι καὶ χιλίαρχοι λογχοφόροι p. 1279 (Index). Es scheint keine eindeutige Bestimmung des militärischen Dienstgrades dieser Gruppe und ihrer Beziehung zum königlichen Hof zu geben.

17 Ptolem. Euerg. II: *FGrHist* 234 F 11 = Eustathios' Epitome von Athen. II 61 C und wiederholt in seinem Kommentar zu ε 72 p. 1524, 52 (cf. l. 40 σίου . . . ὡς καὶ πολλοῖς ἀρέσκει τῶν παλαιῶν).

18 Cf. Müller-Graupa, ‹Museion›, *RE* XVI (1933) 815f, und Schmidt, *Pinakes* 15, über die Bibliotheken.

19 Über die vier γραμματικοί, die unter Ptolemaios IX. gelebt haben sollen, s. unten S. 309.

zuwenden, so erkennen wir sofort, daß er eine Lücke ausfüllte, die seine Vorgänger hinterlassen hatten; sie hatten mit ganz wenigen Ausnahmen[20] darauf verzichtet, die Texte, die sie herausgaben, zu kommentieren. Sie hatten sie zweifellos ihren persönlichen Schülern erklärt, wir können uns jedoch kein Urteil darüber bilden, wieweit die Hörer diese Vorlesungen nachschrieben und für ihre eigenen Veröffentlichungen benützten, weil kein Hinweis darauf erhalten ist,[21] obwohl zum Beispiel eine Monographie des Apollonios Rhodios schon auf die ὑπομνήματα[22] hinzudeuten scheint. Aristarch war imstande, fortlaufende Kommentare mit großem Mut und mit Erfolg auszuarbeiten. Λέγεται δὲ γράψαι ὑπὲρ ω' βιβλία ὑπομνημάτων μόνων, lesen wir bei Suidas, der keine anderen Schriften von ihm nennt. Der Satz kann kaum, wie F. A. Wolf[23] annahm, bedeuten, daß Aristarch nichts anderes als Kommentare schrieb, das hätte wahrscheinlich ω' βιβλία ὑπομνημάτων μόνα nicht μόνων geheißen. Der griechische Wortlaut, so wie er dasteht, besagt, daß er allein mehr als 800 Bücher Kommentare schrieb (d.h. wenn man nur die Kommentare zählt), und läßt es offen, was für andere Bücher in dieser Zahl nicht enthalten sind – wobei man sicher ein leichtes Unbehagen nicht los wird.[24] Selbst wenn der Homer-Kommentar achtundvierzig Bücher umfaßte, wenn man jeden Kommentar über ein einzelnes Theaterstück als eigenes Buch zählt und so weiter, bleibt es doch schwierig, auf 800 ὑπομνήματα zu kommen.

In der zumindest seit Apollonios Rhodios bestehenden Tradition schrieb Aristarch eine Anzahl von συγγράμματα genannten Monographien, wie Didymos sie von den fortlaufenden ὑπομνήματα unterschied, denen er geringeren Wert als den ersteren beimaß.[25] Sie waren meist polemisch: Πρὸς Φιλίταν[26] (Schol. A *A* 524, B 111), Πρὸς Κω-

20 S. oben S. 176; 183 (?), 200; 218; wir ließen in diesem Zusammenhang mündliche Erklärungen in den Schulen, die sich in den Vulgat-Scholien erhalten haben, außer acht.

21 Vgl. oben S. 138f; über Vorlesungen der Philologen und von Schülern angefertigte Abschriften s. H. Diels in ‹Didymos Kommentar zu Demosthenes›, bearb. von H. Diels und W. Schubart, *Berliner Klassikertexte* I (1904) XXXff, und G. Zuntz, *Byzantion* XIV (1939) 560ff.

22 Zu dem Wort ὑπόμνημα s. oben S. 48.

23 F. A. Wolf, *Prolegomena ad Homerum* (1795) CCXXIX ‹dicitur A. . . . conscripsisse . . . si Suidam recte intelligo, nihil aliud quam Commentarios›; cf. ibid A. 8 und p. CCXLIV A. 30.

24 In Suidas Vita des Kallimachos erscheint genau dieselbe konventionelle Zahl für sein Gesamtwerk: Call. II test. 1,6 βιβλία ὑπὲρ τὰ ὀκτακόσια. Zu den Schwankungen im Verhältnis der Casus von μόνος zu dem jeweiligen Nomen s. Kühner-Gerth, *Grammatik der griechischen Sprache* II 1 ‹Satzlehre› (1898) 275,3.

25 Schol. A *B* 111 εἰ . . . συγγράμματα τῶν ὑπομνημάτων προτάττομεν.

26 Vgl. oben S. 119.

μανόν[27] (*A* 97, *B* 798, Ω 110), Πρὸς τὸ Ξένωνος παράδοξον (*M* 435) (d.h. gegen Xenons Annahme, daß zwei Dichter *Ilias* und *Odyssee* verfaßt hätten); zwei davon waren speziellen Sachproblemen gewidmet: Περὶ Ἰλιάδος καὶ Ὀδυσσείας (*I* 349) und Περὶ τοῦ ναυστάθμου (*K* 53, *M* 258, *O* 449, cf. Λ 166, 807). Diese συγγράμματα waren auch Interpretationen, wenn auch in anderer Form als die ὑπομνήματα, und F. A. Wolf könnte leicht συγγράμματα und ὑπομνήματα zusammen als ‹commentarios› verstanden haben. Wenn er also sagt, daß Aristarch nichts anderes als Kommentare schrieb, so kann ‹nihil aliud› nur bedeuten: ‹keine gesonderten Ausgaben des Homer-Textes› (wie die von Zenodot, Aristophanes und einigen anderen). Wolfs einfacher Satz schließt eine Interpretation ein, die auch heute noch fraglich ist.

Durch einen einzigartigen Glücksfall sind uns umfangreiche Exzerpte aus Aristarchs ὑπομνήματα in einem venetianischen Codex der *Ilias* mit Text und reichen Rand- und Interlinearscholien erhalten,[28] deren wertvollste Teile auf den Arbeiten von vier Männern beruhen, Didymos, Aristonikos, Herodian und Nikanor, die zur Zeit des Augustus und des frühen römischen Kaiserreiches Auszüge aus hellenistischen Quellen angefertigt hatten. Zweien von ihnen verdanken wir wesentliche Teile authentischen, von Aristarch stammenden Materials: dem Didymos Περὶ τῆς Ἀρισταρχείου διορθώσεως und Aristonikos Περὶ σημείων (Ἰλιάδος καὶ Ὀδυσσείας).[29]

Das besondere Interesse der Franzosen an Handschriften und Paläographie, das Montfaucon geweckt hatte, führte J.-B. de Villoison 1781 zur Entdeckung der zwei wichtigsten Handschriften der *Ilias* in Venedig, die er 1788 veröffentlichte; und diese Entdeckung ermöglichte die neuzeitlichen Rekonstruktionen von Aristarchs Homer-Studien. F. A. Wolf erkannte das ‹insigne meritum Vil-

27 Der Name des naukratischen Grammatikers Κωμανός (Schol. Gen. Φ 363) wird in unseren Handschriften verschieden geschrieben und akzentuiert; s. a. meine Anm. zu Call. fr. 495 und P. M. Fraser, *Cl. Rev.* 67 (1953) 43. Ob man P. Yale inv. 446 (Pack² Nr. 2138) ihm zuschreiben kann, ist unsicher.

28 Codex Venet. Marc. 454 (A); vgl. H. Erbse, ‹Beiträge zur Überlieferung der Iliasscholien›, *Zetemata* 24 (1960), bes. 78ff und 123ff. Erbse bereitet eine neue Ausgabe der *Ilias*-Scholien vor, unterdessen müssen wir für Schol. A und B die Ausgabe von Dindorf, für T die von E. Maass benutzen, außerdem ist das Facsimile des cod. Ven. A in *Codices Graeci et Latini* photographice depicti VI ed. D. Comparetti (Leiden 1901) heranzuziehen.

29 Didymi Fragmenta coll. M. Schmidt (1854, Nachdr. 1964) 112ff; A. Ludwich, *Aristarchs homerische Textkritik nach den Fragmenten des Didymos* I (1884) II (1885). Aristonicus Περὶ σημείων Ἰλιάδος reliquiae ed. L. Friedlaender (1853) 39ff, Περὶ σημείων Ὀδυσσείας ed. O. Carnuth (1869). M. Van der Valk, *Researches on the Text and Scholia of the Iliad*, I (1963) 536ff ‹The critics transmitting the text and views of Aristarchus› (cf. H. Erbse, *Gnom.* 36 [1964] 549ff, bes. 555).

loisonii› an, als er den ersten Versuch zu einer Geschichte des Homer-Textes unternahm. Sein Kapitel über dessen Behandlung durch die alexandrinischen Grammatiker, besonders durch Aristarch, wurde zum Vorbild für künftige Autoren, die über die Geschichte irgendeines antiken Textes schrieben; es besitzt daher bleibenden Wert. Aber das war natürlich nicht der Teil von Wolfs *Prolegomena ad Homerum* (1795), der die Gemüter in der ganzen literarischen Welt erregte. Indem er zum erstenmal die Geschichte der Überlieferung des Homer-Textes von der hellenistischen Zeit bis ins Zeitalter der epischen Dichter zurückverfolgte, mußte er die Frage nach dem Ursprung der Epen, ihrer Einheit und Echtheit stellen. Wolf öffnete seinen Zeitgenossen und der Nachwelt die Augen für die einmalige *geschichtliche* Stellung der homerischen Dichtung. Man sollte seinen Ausgangspunkt von dem Reichtum an neuem Material, das der venetianische Codex bot, und dem neuen Geist kühner geschichtlicher Fragestellung im Bewußtsein behalten, auch wenn man sieht, wie er dann in einzelnen Argumenten und Folgerungen einen falschen Weg einschlug.

Nach dem allgemeinen Vorspiel in Wolfs *Prolegomena* legte 1833 die Monographie von K. Lehrs, *De Aristarchi studiis Homericis*, den Grund zu speziellen Aristarch-Studien. Lehrs, nicht Wolf, entdeckte die Bedeutung der Subskriptionen, die die Namen der ‹vier Männer› liefern; kein Wunder, daß er die Bedeutung des Codex A überschätzte und die Scholien in den anderen Handschriften vernachlässigte. Sie wurden alle (A B D L V) in I. Bekkers Ausgabe von 1825 zusammen abgedruckt und unglücklicherweise in einem fortlaufenden Text angeordnet; Lehrs Rekonstruktion von Aristarchs Arbeit leidet daran, daß sie auf diesem manchmal irreführenden Text beruht. Seine Interpretationen der wesentlichen Partien in den Scholien und in der gesamten grammatischen Literatur waren nichtsdestoweniger scharfsinnig; sie wurden in zwei späteren Auflagen vermehrt und verbessert, und Lehrs' Schüler setzten die Forschung auf diesem Gebiet fort.[30] Zuerst einmal erhob Lehrs Einspruch gegen Wolfs Behauptung, daß Aristarch nur ὑπομνήματα geschrieben hätte,[31] und gegen seine Annahme, daß es davon keinesfalls mehr als eine von Aristarch selbst besorgte Ausgabe gegeben hätte.[32] Lehrs folgerte, daß Didymos zwei von Aristarch besorgte Ausgaben des Homer-Textes vorgelegen hätten, denen zwei Ausgaben des Kommentars vorausgegangen wären; diese Folgerung fand allgemeine Zustim-

30 Zweite Auflage 1865, dritte 1882; s. bes. oben S. 262 Anm. 29. Ludwich zu Didymos, Friedlaender zu Aristonikos, Lentz zu Herodian.

31 Lehrs *Ar.*[3] 22 hatte unrecht, wenn er glaubte, daß Wolf nicht an die Monographien dachte, er erwähnte sie sogar direkt in *Proleg.* CCXLIV Anm. 30 als ὑπομνήματα.

32 Wolf p. CCXXXVII und Lehrs *Ar.*[3] 23ff.

mung, bis Erbse sie in Frage stellte.[33] Dieser verwendete große Sorgfalt darauf, die Bezugnahmen auf Aristarchs Schriften wie ἐκδόσεις, διορθώσεις und ὑπομνήματα in unseren Scholien neu zu interpretieren und die genaue Bedeutung dieser Ausdrücke, wie sie Didymos gebrauchte, herauszufinden. Diese Untersuchungen führten zu folgendem Schluß: Aristarch schrieb zwar ὑπομνήματα, in denen er oft auf frühere Rezensionen Bezug nahm, aber wahrscheinlich nur einmal;[34] sie enthielten natürlich Lemmata aus dem Homer-Text und ausgedehnte textkritische Partien neben dem eigentlichen erklärenden Teil. Andererseits besorgte er keine eigene neue Textausgabe, sondern übernahm den ‹gebräuchlichen› Text (die κοιναὶ ἐκδόσεις) für den allgemeinen Gebrauch. All das würde gut in unser Bild von den Homer-Studien im dritten und zweiten Jahrhundert v.Chr. passen. Gegen die Mitte des zweiten Jahrhunderts bestand kein dringender Bedarf mehr nach einer neuen Ausgabe des Textes, sondern nach einer Erklärung des Textes in seiner Gesamtheit; das Fehlen eines von dem γραμματικώτατος besorgten verbindlichen Textes läßt es leichter verstehen, warum die Textkritik der alexandrinischen Grammatiker einen vergleichsweise geringen Einfluß auf den Homer-Text selbst hatte, wie er uns in Papyri und Handschriften erhalten ist.[35] Ich habe den Eindruck, daß nun eine Art unbewußter Gegenrevolution Wolf wieder auf den Thron hebt, von dem ihn Lehrs vertrieben hatte; die Einzelheiten und noch mehr die Argumente sind andere, aber die beiden Hauptpunkte sind dieselben: es gab keine gesonderte Ausgabe des Textes, sondern nur einen Kommentar in nur einer von Aristarch selbst besorgten Ausgabe.

Die Bedeutung der Ausdrücke ἔκδοσις und διόρθωσις und der recht ungenaue Gebrauch grammatikalischer Ausdrücke im allgemeinen hat uns schon einige Schwierigkeiten gemacht.[36] Wenn Schol. A zu

---

33 H. Erbse, ‹Über Aristarchs Iliasausgaben›, *Herm.* 87 (1959) 275–303 (s. a. oben S. 262 Anm. 28). Erbse wiederholte das Resultat dieses Aufsatzes in seinem Beitrag zur *Geschichte der Textüberlieferung* I (1961) 224f. G. Zuntz widersprach ihm, erfolgreich, wie ich glaube, in seiner Besprechung *Gnom.* 35 (1963) 3. J. A. Davison, ‹Homeric Criticism› in *A Companion to Homer* (1963) 224, spricht ganz richtig davon, daß Aristarchs Kommentar geschaffen wurde, um seinen Text zu begleiten.

34 Ammonios hat vielleicht die ὑπομνήματα seines Meisters in einer Art zweiter Auflage (ἐπέκδοσις) ergänzt.

35 S. oben S. 141 Anm. 24, den Verweis auf *The Hibeh Pap.* I, worin pp. 70ff auch das Problem der nach-aristarchischen Homer-Vulgata besprochen wird. Ein gutes Beispiel zur Illustration des Verhältnisses zwischen den frühen Homer-Papyri, den kritischen alexandrinischen Ausgaben und der sogenannten Homer-Vulgata ist der Pap. Hamburg 153; s. *Griechische Papyri der Hamburger Staats- und Universitätsbibliothek* (1954) 98 mit Merkelbachs Kommentar.

36 S. o. S. 97; 122; 141; ich bin nicht wie Erbse loc. cit. p. 289 der Meinung, daß der Terminus διόρθωσις im Falle des Antimachos und Aristoteles korrekt verwendet ist. Über ‹Terminologie› und ihre Gefahren s. oben S. 199.

A 522 μή σε νοήσῃ anmerkt οὐχὶ «μή σε», ἀλλὰ «μή τι» αἱ Ἀριστάρχου καὶ αἱ ἄλλαι σχεδὸν πᾶσαι διορθώσεις, kommt man kaum darauf, daß irgend etwas anderes gemeint sein könne als ‹die Rezensionen von Aristarch und fast allen anderen›.

Es ist auch fast unmöglich, nicht ἐκδόσεις oder διορθώσεις im überlieferten Sinn von kritischen Ausgaben zu ergänzen in Schol. A Γ 126 καὶ αἱ Ἀριστάρχου καὶ ἡ Ζηνοδότου καὶ ἡ Ἀριστοφάνους «πορφυρέην» εἶχον, οὐ «μαρμαρέην», denn Zenodot und Aristophanes waren Urheber von Ausgaben, und nur διορθώσεις von Aristarch konnte man mit ihnen in einem Atem nennen, nicht Kommentare. In der Wendung κἀν ταῖς διορθώσεσι καὶ ἐν τοῖς ὑπομνήμασι (Schol. A *B* 192) stehen die Textrezensionen und die Kommentare säuberlich unterschieden nebeneinander, es muß also auf zwei verschiedene Werke Bezug genommen sein.[37] Andererseits kann ich in Didymos' Fragmenten kein eindeutiges Zeugnis für den Gebrauch des Ausdrucks ἔκδοσις als ‹Interpretation› finden. Es ist möglich, daß Apollonios Dyskolos ‹Erklärung› mit ἔκδοσις bezeichnet,[38] und in der christlichen Literatur scheint es tatsächlich im Sinne von ‹Interpretation› gebraucht worden zu sein,[39] aber das beweist durchaus nicht, daß Didymos es auf Aristarchs Kommentare angewandt hätte. Es macht auch Schwierigkeiten anzunehmen, die Gesamtheit aller in den ὑπομνήματα verstreuten Lemmata hätte Aristarchs Rezension des Homertextes ausgemacht, wie es der Fall sein müßte, wenn er keine eigene Ausgabe hinterlassen hätte.

Was die Zahl von Aristarchs Rezensionen und Kommentaren angeht, so finden wir, daß Didymos gewöhnlich von zwei Rezensionen spricht und die abweichenden Lesarten zitiert oder einfach anmerkt. Ammonios dagegen, Aristarchs persönlicher Schüler und ‹sein Nachfolger in der Schule› (διαδεξάμενος τὴν σχολήν), schrieb Περὶ τοῦ μὴ γεγονέναι πλείονας ἐκδόσεις τῆς Ἀρισταρχείου διορθώσεως.[40] Normal interpretiert bedeutet diese Überschrift, daß es nach Ammonios' Ansicht nur *eine* Ausgabe gab, nicht mehr, und auch der Textzusammenhang des Scholion legt keine andere Auffassung nahe.[41] Doch soll

---

37 Schol. A *B* 355 οὕτως Ἀρίσταρχος διὰ τοῦ ε̄ (das ist περ, nicht παρ) καὶ τὰ ὑπομνήματα ist von Erbse p. 284 überzeugend verbessert in κατὰ τὰ ὑπομνήματα (= in commentariis)

38 Apollon. Dysc., *Synt.* ed. G. Uhlig (1910) p. 513 Index s. v. ἔκδοσις und *Fragmenta* ed. R. Schneider (1910) p. 195 Index s. v. ἔκδοσις; ich glaube, man könnte einiges gegen Uhligs Erklärung von ἔκδοσις auf pp. 1ff seiner Ausgabe der *Syntax* sagen.

39 *A Patristic Greek Lexicon* ed. Lampe fasc. 2 (1962) s. v. ἔκδοσις 2. ‹interpretation› und ἐκδίδωμι 2. ‹interpret›.

40 Schol. A *K* 397–9.

41 Lehrs, *De Aristarchi stud. Hom.*[3] 24, faßte πλείονας hier als πλείονας τῶν δύο auf (wegen der beständigen Verweise auf zwei Ausgaben des Didymos); aber durch seine Einschaltung von τῶν δύο preßt er den einfachen Text in kaum gerechtfertigter Weise. Neuere Philologen folgten Lehrs (s. oben S. 263), mit

Ammonios auch Περὶ τῆς ἐπεκδοθείσης διορθώσεως[42] geschrieben haben, vielleicht in derselben Abhandlung. Wenn er sich nicht selbst widersprach, muß es sich bei der ‹neu herausgegebenen Rezension› um einen revidierten Text gehandelt haben, den nicht Aristarch selbst, sondern seine Schüler wie Ammonios anhand des vom Lehrer hinterlassenen Materials besorgt haben.

Was die ὑπομνήματα angeht, so setzt Schol. A *B* 133 ἐν τοῖς κατ' 'Αριστοφάνην[43] ὑπομνήμασιν einen Kommentar voraus, der auf Aristophanes' Text basiert und daher früher als Aristarchs eigene Rezension geschrieben wurde. Jedoch einer der sehr gelehrten Auszüge in Schol. A *B* 111 läßt an das Vorhandensein von mehr als einem Kommentar denken, wenn er zitiert, was Didymos ἔν τινι τῶν ἠκριβωμένων ὑπομνημάτων des Aristarch gefunden hatte; dieser ‹ausgefeilte› Kommentar scheint derselbe zu sein, der in Schol. H 130 ‹genau revidiert› genannt wird: ἐν τοῖς ἐξητασμένοις[44] 'Αριστάρχου. Es scheint somit vernünftig anzunehmen, daß der ältere Kommentar als weniger genau betrachtet wurde und daß er revidiert wurde, nachdem Aristarch seine Textrezension abgeschlossen hatte. Die Reihenfolge scheint diese gewesen zu sein: Aristarchs erste ὑπομνήματα, die auf Aristophanes' Text fußten, Aristarchs διόρθωσις, seine zweiten ὑπομνήματα, die seinen Text benutzten, und schließlich die revidierte Rezension, die andere besorgten.

Ob Didymos mit Abschriften dieser *originalen* διορθώσεις und ὑπομνήματα Aristarchs und seiner Monographien, den συγγράμματα, arbeiten konnte, das ist ein unlösbares Problem. F. A. Wolfs Zweifel wurden wieder aufgegriffen[45] und verstärkt vorgetragen, doch ließ sich nichts beweisen. Didymos stand mehreren verschiedenen

---

Ausnahme von Monro, Homer's *Odyssee* II (1901), Appendix p. 441. S. jetzt Erbses Aufsatz oben S. 264 Anm. 33.

42 Schol. A *T* 365; vgl. oben S. 264 Anm. 34.

43 Compendium in A; aber κατ' 'Αριστοφάνους ist in dem Kontext sehr unwahrscheinlich. Nauck, Aristoph. Byz. p. 23 ‹commentarios ex Aristophanis ore exceptos›, hat den Text mißverstanden.

44 ἐν ταῖς ἐξητασμέναις A, corr. Lehrs.

45 S. Ludwich, *Aristarchs Hom. Textkritik* 38ff; vgl. Wilamowitz, *Homerische Untersuchungen* 297f. Beide machten den Brand des Jahres 47 v.Chr. verantwortlich für den Verlust des Originals. Das ist immer ein sehr gelegenes Argument; was aber wirklich passierte, war, daß nahe beim Hafen Lagerhäuser, in denen Getreide und Bücher gelagert waren, durch Feuer zerstört wurden, s. Dio Cassius XLII 38 τάς τε ἀποθήκας καὶ τοῦ σίτου καὶ τῶν βίβλων ... καυθῆναι (cf. Schmidt, *Pinakes*, test. 32a–e pp. 13f). W. Schubart, *Das Buch bei den Griechen und Römern* (^{2}1921) 47, stellt richtig gegenüber der *communis opinio* fest: ‹Der viel beredete Brand ... hat der Bibliothek wenig geschadet.› Wie dem auch sei, die Verluste wären für Didymos rechtzeitig ausgeglichen worden durch die Stiftung des Mark Anton; s. aber unten S. 289. [S. a. C. Wendel, *Handbuch der Bibliothekswissenschaft*, III 1 (^{2}1953) 75f.]

Büchern Aristarchs gegenüber, wie wir sahen; und es ist verständlich, daß er manchmal verwirrt und im Zweifel darüber war, was nun eigentlich Aristarchs Homer-Text sein und wie er ihn interpretiert haben mochte; er klagt jedoch nie darüber, daß er keinen Zugang zu Abschriften der Originale oder daß er es mit Revisionen oder mit fehlerhaften ἀντίγραφα zu tun gehabt hätte. Es ist kaum richtig, wenn man Didymos' Schrift Περί τῆς Ἀρισταρχείου διορθώσεως als einen Versuch ansieht, das nicht mehr erhältliche Original der διόρθωσις zu rekonstruieren; ihr Titel und die erhaltenen Fragmente kennzeichnen sie als jener Gattung der Περὶ-Literatur angehörend, deren erster bekannter Vertreter in Alexandria Apollonios Rhodios war.[46] Didymos schrieb auch Ὑπομνήματα Ἰλιάδος καὶ Ὀδυσσείας;[47] und Περὶ τῆς Ἀρισταρχείου διορθώσεως konnte dazu im selben Verhältnis gestanden haben wie sein Buch Περὶ λυρικῶν ποιητῶν zu seinen ὑπομνήματα über eine Anzahl von lyrischen Dichtern. Fortlaufende Kommentare mußten dem Text des Autors Vers für Vers folgen, während es der Περί-Literatur freistand, einzelne Aspekte und Probleme des Textes, der Sprache oder des Gegenstandes herauszugreifen; es scheint, daß Didymos eine überlegte Auswahl traf. In der Annahme, daß er und sein jüngerer Zeitgenosse Aristonikos das Glück hatten, Abschriften der Originale vor sich zu haben, würden wir natürlich gern wissen, inwieweit sie gewissenhafte und intelligente Kompilatoren und Exzerptenschreiber waren. Diese heikle Frage kann später zur Sprache kommen, wenn wir auf das sogenannte Prinzip der aristarchischen Philologie zu sprechen kommen.

Die Randzeichen in Aristarchs ἐκδόσεις waren das Verbindungsglied zu seinen ὑπομνήματα. Er bediente sich der von Zenodot und Aristophanes eingeführten[48] σημεῖα mit einigen wenigen Abänderungen und Ergänzungen; wenn er anderer Meinung war als Zenodot, kennzeichnete er das mit der διπλῆ περιεστιγμένη, eigene bemerkenswerte Beobachtungen gegenüber anderen Ausgaben und Erklärungen durch die einfache διπλῆ; in den häufigen Fällen von Verswiederholungen bei Homer fügte er zum ἀστερίσκος noch den ὀβελός, wenn der wiederholte Vers nicht am Platze zu sein schien; wenn die Anordnung der Verse durcheinandergeraten war, setzte er anstelle von Aristophanes' σίγμα und ἀντίσιγμα das ἀντίσιγμα und die στιγμή; ein einfacher Punkt zeigte an, daß er einen Vers für unecht hielt, den zu obelisieren er zögerte. Die Auslegung dieser kritischen Zeichen blieb nicht weiter der mündlichen Tradition oder der Mutmaßung überlassen: Aristarch selbst sah dafür einen besonderen Teil seiner ὑπομνήματα vor, der uns in den Exzerpten des Aristonikos erhalten

46 S. oben S. 183 und bes. Anm. 147 über die ‹Entdeckung› Leos; er verweist p. 393 auf Didymos Περὶ τῆς Ἀρισταρχείου διορθώσεως.

47 M. Schmidt, Didym. Fragm. pp. 179–211.

48 S. oben S. 221; vgl. S. 218.

ist.[49] Solange Papyrusrollen verwendet wurden, so daß Text und Kommentar auf verschiedenen Rollen geschrieben werden mußten, markierten die Zeichen die Verse des kritischen Textes und wurden zusammen mit den entsprechenden Lemmata in den Kommentarrollen wiederholt, wenn auch gelegentlich kurze Bemerkungen am Rand oder zwischen die Kolumnen des Textes eingestreut wurden. Die Lage änderte sich erst mit der Einführung des Codex, dessen Rand Raum für Anmerkungen bot.

Bisher haben wir nur zwei der im Codex Venetus A erwähnten vier Männer berücksichtigt. Von den anderen beiden sagen die Subscriptionen zu den meisten Büchern der *Ilias*: τινὰ δὲ καὶ ἐκ τῆς Ἰλιακῆς προσῳδίας Ἡρωδιανοῦ καὶ ἐκ τῶν Νικάνορος Περὶ στιγμῆς (sc. παράκειται). Beide lebten ungefähr zweihundert Jahre nach Didymos, Nikanor unter Hadrian und Herodian unter Marc Aurel.[50] Wenn sie sich auch nicht ausschließlich mit der Akzentuierung und Interpunktion Aristarchs befassen, so berufen sie sich doch auf seine Autorität häufiger als auf andere Grammatiker. Aristophanes[51] war offensichtlich der erste gewesen, der die von ihm herausgegebenen Dichtertexte mit Akzenten versah; das Neue an Aristarchs Ausgaben war, daß er in seinen Kommentaren seine besonderen Gründe für seine Akzentuierung darlegen konnte.[52] Unsere Zeugnisse beschränken sich auf Homer, und wir können zweifeln, ob Aristarch selbst weit über die διαστολὴ τῆς ἀμφιβόλου λέξεως hinausging. Dasselbe trifft für seine Interpunktion zu. In der Praxis änderte sich nichts von seinem Lehrer Aristophanes bis zu seinem Schüler Dionysios Thrax; beide benutzten nur zwei Zeichen;[53] jedoch konnte Aristarch seine Interpunktion, wenn nötig, in seinen ὑπομνήματα rechtfertigen.

Im Vergleich zu der ungewöhnlich reichen Überlieferung in den Corpora der Homer-Scholien, wozu man noch den (oben oft zitierten) Eustathios hinzunehmen muß, haben die Papyri wenig neues Material erbracht. Das älteste größere Fragment eines ὑπόμνημα zu

---

49 S. oben S. 263; einige sind bei Suidas besser erhalten als im cod. Ven. A (vgl. Erbse, *Beiträge* 174ff).

50 Herodiani *Reliquiae* ed. A. Lentz II 1 (1868) 24–165 Περὶ Ὁμηρικῆς προσῳδίας; cf. I, pp. LXXIVff. – Nicanor Περὶ Ἰλιακῆς στιγμῆς ed. L. Friedlaender 1850; Περὶ Ὀδυσσειακῆς στιγμῆς ed. O. Carnuth 1875; cf. C. Wendel. *RE* XVII (1936) 274ff. Nicanor (1850 und 1875) nachgedruckt 1967.

51 S. oben S. 223f.

52 Lehrs *Ar.*³ pp. 247–300 ‹de accentibus›. Laum (oben S. 223 Anm. 62) versuchte vergebens, Lehrs' Argumente zu widerlegen und zu leugnen, daß Aristarch irgendein Interesse an der Akzentuierung gezeigt hätte. Erbse, der Laums viele Fehler in der Interpretation der Homer-Scholien streng kritisierte, stellte ein endgültiges Urteil über Aristarchs Behandlung prosodischer Probleme noch zurück. Eine neue Untersuchung könnte in der Tat von Nutzen sein; inzwischen sehe ich keinen Grund, Lehrs nicht beizustimmen.

53 S. oben S. 222f.

B 751–827,[54] um die Mitte des ersten Jahrhunderts v.Chr., wahrscheinlich vor Didymos und Aristonikos geschrieben, zeigt ein typisches Beispiel für die Vorausstellung der kritischen Zeichen Aristarchs vor seine Lemmata. Es enthält einige Zeichen wie auch Erklärungen, die in dem mittelalterlichen Codex Venetus A nicht wiedergegeben sind; das ist eben das, was wir bei dem gewöhnlichen Vorgang der immer weiteren Auswahl erwarten mußten. In zwei weiteren Kommentarfragmenten, die man ins zweite Jahrhundert n.Chr.,[55] die Zeit Nikanors und Herodians, datieren muß, scheint der aristarchische Einfluß schwächer zu sein; dafür ist mehr vermischtes gelehrtes Material angesammelt.

Es war gewiß berechtigt, wenn Aristarch ὁ Ὁμηρικός genannt wurde,[56] doch wäre es ungerecht, die Verdienste seiner Arbeit an anderen Texten geringzuachten. Denn er interpretierte auch nichthomerische Epen, lyrische Dichtung, Dramen und war der erste, der einen Prosaiker kommentierte. In der Hesiod-Kritik setzte Aristarch die Arbeit des dritten Jahrhunderts tatkräftig fort.[57] Er athetierte das Prooemium der *Erga*, das in einer von Praxiphanes entdeckten Abschrift fehlte;[58] und die σημεῖα, mit denen hesiodische Verse versehen waren, wurden von Aristonikos erklärt, der auch über die Zeichen im Homer-Text schrieb. Proben von Aristarchs Erklärungen der *Theogonie* und der *Erga* haben sich in unseren Scholien erhalten;[59] da er, anders als sein Vorgänger, keine Γλῶσσαι oder Λέξεις schrieb, müssen sie Reste von ὑπομνήματα sein. Er unterschied den ‹Katalogstil› der hesiodischen Gedichte von Homers Erzählstil, und als er an Stellen mit einem Ἡσιόδειος χαρακτήρ in *Ilias* und *Odyssee* kam, ver-

---

54 *P. Oxy.* VIII (1911) 1086 (= *P. Lit. Lond.* 176) mit A. Hunts Einführung und Anmerkungen. Der Papyrus aus dem ersten Jahrhundert v.Chr. ist ein weiterer Beweis dafür, daß die alexandrinischen Kritiker fortfuhren, sich für ihre Exegese der Paraphrasen zu bedienen (τὸ ἑξῆς zu *B* 819), wie die gewöhnlichen Kommentatoren es in den Schulen schon Generationen lang gehalten hatten (vgl. Rutherford, ‹Annotation› 336ff mit weiteren Verweisen). Da seine Vorgänger keine Kommentare geschrieben hatten, ist es sehr gut möglich, daß Aristarch es in Mode gebracht hat (s. a. Call. II p. LXXVIII zu Paraphrasen antiker Scholiasten).

55 *Pap. Hawara* (Pack² Nr. 616) und *P. Oxy.* II 221; O. Müller, *Über den Papyruskommentar zum Φ der Ilias* (Diss. München 1913), identifizierte erfolgreich Lemmata und verband kleine Bruchstücke; ich finde seine Verdienste nirgends anerkannt.

56 Schol. cod. Vindob. Γ 125 (Bekker p. 102).

57 S. oben S. 181.

58 Proleg. Ac in Hes. *Op.* p. 2,8 Pertusi (Schol. vet. in Hes. *Op.* 1955) = test. 47a in Hes. *Th.* ed. F. Jacoby, pp. 124f; Praxiphan. fr. 5 Brink; cf. F. Leo, ‹Hesiodea›, *Index Scholarum*, Gottingae 1894 = *Ausgew. Kleine Schriften* II (1960) 343ff, bes. 346; 354.

59 Suid. v. Ἀριστόνικος ... ἔγραψε Περὶ τῶν σημείων τῶν ἐν τῇ Θεογονίᾳ Ἡσιόδου; Schol. Hes. *Th.* 79, *Op.* 97; cf. Rzach, *RE* VIII 1226.

warf er sie als unhomerisch.[60] Das Vorhandensein seiner Ἀρχιλόχεια Ὑπομνήματα, das ausdrücklich bezeugt wird, ist ein wichtiger Beleg für den Übergang von Monographien Περὶ Ἀρχιλόχου zu einem fortlaufenden Kommentar.[61] Es soll wenigstens die Vermutung nahegelegt werden, daß der Hinweis in den Scholien zu Pindar περὶ δὲ τῆς σκυτάλης καὶ ἐν τοῖς Ἀρχιλόχου ὑπομνήμασιν εἴρηται (ohne den Namen eines Grammatikers) sich auf diesen Kommentar des Aristarch bezieht, da keine anderen Ἀρχιλόχεια ὑπομνήματα bekannt sind;[62] er könnte sich sogar von einem Selbstverweis des Aristarch in seinem Kommentar zu Pindar auf ein anderes seiner Bücher herleiten.

Aristophanes von Byzanz hatte in seinen kritischen Ausgaben der Lyrikertexte die Grundlagen der Terminologie, der Klassifikation, der Kolometrie und der metrischen Analyse für die ganze weitere Antike geschaffen.[63] Über Aristarchs Änderungen, Berichtigungen oder Textvarianten ist wenig bekannt. Aber in einem Kommentar zu Alkman aus der zweiten Hälfte des ersten Jahrhunderts n. Chr.[64] wird Aristarchs Anmerkung zu den kolaxaïschen und ibenischen Pferden im Louvre-Parthenion wörtlich zitiert, und die unmittelbar folgende Stelle, in der (im Gegensatz zu Sosibios Lakon, aber offensichtlich in Übereinstimmung mit Aristoteles) aus dem Namen der Ibener als eines lydischen Volkes der Schluß gezogen wird, daß der Dichter selbst Lyder gewesen sei, könnte gleichfalls von Aristarch stammen. Es kann deshalb kein Zweifel mehr bestehen, daß es von Aristarch ein ὑπόμνημα zu Alkman gab; es ist vielleicht auch noch erwähnenswert, daß Aristonikos,[65] der über Aristarchs kritische Zeichen zu Homer und Hesiod handelte, sich gleichfalls mit Alkmans Gedichten befaßte. Eine seiner Textvarianten ist am Rand des Louvre-Papyrus zitiert.[66] Ἐκδόσεις von Alkaios und Anakreon werden in Hephaistions metrischem Handbuch erwähnt, und bei Athenaios erscheint Aristarch als Interpret einer Passage eines Gedichtes des Anakreon (ἐξηγούμενος τὸ χωρίον).[67]

Ausführlichere Informationen jedoch erhalten wir nur aus den

---

60 Schol. A Σ 39, Ω 614, Schol. HQ ο 74; cf. Lehrs³ p. 337.

61 Clem. Al. *Strom.* I 117, 2; II p. 73, 25 Stählin = Archiloque ed. F. Lasserre (1958) test. 2d, p. CIV; vgl. oben S. 183 und 265ff zu Περὶ τοῦ δεῖνα.

62 Schol. Pind. *O.* VI 154a. Wenn Didymos oder Aristonikos in unseren Homer-Scholien anonyme ὑπομνήματα zitieren, dann meinen sie immer Aristarch, s. Ludwich, *Arist. Hom. Textkritik.* I 25f.

63 S. oben S. 224ff.

64 *P. Oxy.* XXIV ed. E. Lobel (1957) 2389 fr. 6, col. I 7 = *PMG* ed. Page (1962) p. 7 Schol. B 7 zu Alcm. fr. 1, 59; zu Sosibios s. oben S. 249, zu Aristoteles *P. Oxy.* 2389 fr. 9, col. I 12, zu Krates, der in diesem Fall mit Aristarch übereinstimmt, s. unten S. 295.

65 *P. Oxy.* XXIV 2387 fr. 1 marg. mit Lobels Kommentar.

66 Alcm. Schol. A zu fr. 1, 38 p. 6 Page.

67 Zu Alk. s. oben S. 229 Anm. 95, zu Anakr. Anm. 93 und Athen. XV 671 F; zu ἐξηγούμενος s. unten S. 272f.

Scholien zu Pindars *Epinikia* in unseren mittelalterlichen Handschriften und aus den Randnoten im großen Papyrus der *Paeane*.[68] Obwohl Aristarchs Name im ganzen etwa siebzigmal erscheint und obwohl wir gewiß sein können, daß eine Anzahl von Exzerpten unter Didymos' Namen im Kern von Aristarch stammt, findet sich weder auf eine ἔκδοσις noch auf ein ὑπόμνημα ein Hinweis. Wenn jemand behauptet, daß alle Beispiele seiner Wortkritik Teil eines Kommentars waren,[69] so kann er nicht widerlegt werden; andererseits wird ein Verfechter der ‹Nur-Kommentar-Theorie› nicht imstande sein zu beweisen, daß Aristarch keine neue Rezension des Pindar-Textes besorgte. Es war schwierig genug, im Falle Homers zu einer Entscheidung zu gelangen, wo doch die Überlieferung hundertmal reicher ist; in Hinsicht auf Pindar können wir nur die Möglichkeit feststellen, daß Aristarch den kurz zuvor von seinem Lehrer Aristophanes eingerichteten Text beibehielt und bei Gelegenheit seine abweichende Meinung anmerkte. Tatsächlich erfreute sich auch weiterhin Aristophanes' Pindar-Text eines Grades an Autorität, den kein Homer-Text je erlangte. Kallistratos war wahrscheinlich der erste gewesen, der einige von Pindars Gedichten kommentierte, und Historiker wie Timaios und Peripatetiker wie Chamaileon konnten hilfreiches Material anbieten.[70] Doch war es immer noch ein höchst anspruchsvolles Unterfangen, einen vollständigen Kommentar zu Pindars sämtlichen Gedichten zu schreiben. Aristarch, so vertraut er mit dem Wortschatz und, wenn auch in geringerem Grad, mit der Metrik war, hatte nicht die vollständige Kenntnis des geschichtlichen Hintergrundes und die Vertrautheit mit der Lokalgeschichte zu seiner Verfügung, die für die Interpretation Pindars unerläßlich waren. Es war für antike und moderne Kritiker leicht, an seinen offenbaren Unzulänglichkeiten herumzunörgeln;[71] aber es besteht mehr Anlaß, die mutigen Bemühungen des großen Homer-Philologen auf einem so ganz andersartigen Gebiet zu achten.

Ein Kommentar zu Bakchylides' *Dithyramben*, der in einem Papyrus des zweiten Jahrhunderts n.Chr. erhalten ist, stellt fest, daß Aristarch, im Gegensatz zu Kallimachos,[72] die *Kassandra* zu dieser Gruppe zählte. Der Verfasser des Kommentars, möglicherweise Didymos ἐν ὑπομνήματι Βακχυλίδου ἐπινίκων,[73] nennt nicht den Titel des betreffenden Buches; so kann es sich also auch um eine gelegent-

68 Schol. Pind. ed. Drachmann, vol. III pp. 313f v. 'Αρίσταρχος und v. Δίδυμος und *P. Oxy.* V p. 322 v. 'Αρίσταρχος.

69 J. Irigoin, *Histoire du texte de Pindare* 51ff.

70 R. Schmidt, *Commentatio de Callistrato Aristophaneo* pone Aristoph. Byz. Fragm. ed. Nauck (1848) p. 323; Timaios 566 *FGrHist* III B (1955) Kommentar b (Noten) p. 313, Anm. 29; Chamail. fr. 31f. Περὶ Πινδάρου, Wehrli, *Schule des Aristoteles* 9 (1957) 56 und 82.

71 Cf. Irigoin loc. cit. 54ff.

72 S. oben S. 164f.

73 Bacchyl.[8] ed. Snell, test. 10 p. 122.

liche Bemerkung gehandelt haben. Aristarchs[74] Name, aber nicht mehr, taucht auch in einem ziemlich langen, aber fragmentarischen Papyrus des ersten oder frühen zweiten Jahrhunderts n.Chr. auf, der sich mit Alkman, Stesichoros, Sappho und Alkaios beschäftigt. Sicher handelt es sich nicht um ein ὑπόμνημα im strengen Sinn eines ‹Kommentars›, wie es in der *editio princeps* heißt; ich bin ziemlich überzeugt, daß man es als ein neues Beispiel der älteren literarischen Form Περὶ τοῦ δεῖνα[75] ansehen muß, die neben dem entwickelten ὑπόμνημα weiterhin in Gebrauch war. Typisch für diese Form ist die enge Verbindung von biographischen Materialien und Problemen mit der Interpretation ausgewählter Partien, oft von langen Lemmata ausgehend; typisch sind auch die Verweise auf peripatetische Autoritäten (Aristoteles, Dikaiarch und besonders Chamaileon) an erster Stelle und erst dann auf alexandrinische Grammatiker, von deren Namen nur 'Αρίσταρχος lesbar ist (wahrscheinlich an zwei Stellen). So vervollständigt sich unsere Kenntnis von Aristarchs Arbeit an der Lyrik in dem Maß, wie neue Papyrusfunde langsam hinzukommen.[76]

Von seinen Arbeiten über das Drama kann man das nicht sagen. Für Aischylos müssen wir uns immer noch auf Schol. Theocr. X 18e verlassen: 'Αρίσταρχος[77] ἐν ὑπομνήσει Λυκούργου Αἰσχύλου[78] (mit Bezugnahme auf die μάντις καλαμαία im Satyrspiel *Lykurgos*). Die Erklärung einiger sophokleischer Ausdrücke wird Aristarch zugeschrieben. Der δερμηστής wurde gewöhnlich für einen ‹Haut oder Leder fressenden Wurm› angesehen; aber 'Αρίσταρχος τὸ Σοφόκλειον (*Niobe* fr. 449 P.) ἐξηγούμενος faßte ihn als ‹Schlange› auf.[79] Das Wort ἐξηγεῖσθαι an sich und alleinstehend läßt nicht an einen Kommentar denken;[80] es wird korrekt für Einzelinterpretationen gebraucht. Es

---

74 *P. Oxy.* XXIX ed. D. Page (1963) 2506, fr. 6a 6 und fr. 79,7 (?); preface p. V ‹an ancient commentary on Greek Lyric Poets›.

75 S. oben, bes. S. 266f mit dem Hinweis auf F. Leo.

76 Die Bezeichnung Σιμωνιδείων ὑπ(ομνημα) *P. Oxy.* XXV (1959) 2433 aus dem zweiten Jahrhundert n.Chr. bedeutet kaum einen Kommentar zu Simonides' Gedichten von einem der Grammatiker (Aristarch, Didymos, etc.), sondern eine volkstümliche Erklärung seiner berühmten ‹Aussprüche›.

77 Das ist die Lesart der codd. UEA; 'A. ἐν ὑπομνήματι Λυκούργου codd. GPT; aber unsere beste Handschrift, Ambrosianus K, liest 'Αριστοφάνης anstatt 'Αρίσταρχος und läßt die folgenden Worte weg. Wir müssen die längere Fassung annehmen; s. a. C. Wendel, ‹Überlieferung und Entstehung der Theokrit-Scholien›, *AGGW*, Phil.-hist. Kl., N. F. XVII 2 (1921) 145, und vgl. S. 151.

78 *TGF* p. 40 N.^{2} = fr. 100 Mette, aus dem Λυκοῦργος Σατυρικός vgl. Mette, *Der verlorene Aischylos* (1963) 141.

79 Harpocr. p. 55,2 Bekker, Hesych., Suid. s. v., al.; cf. Didym. *Fragm.* ed M. Schmidt, p. 21.

80 Den bemerkenswertesten Fehler dieser Art machten die, welche aus Sext. Emp. *Adv. math.* VII 93 ὁ Ποσειδώνιος τὸν Πλάτωνος Τίμαιον ἐξηγούμενος schlossen, daß Poseidonios einen ganzen ‹Kommentar› zum *Timaios* schrieb; dies und alles, was daraus folgt, hat K. Reinhardt, *Poseidonios* (1921) 416ff,

kann aber auch die Interpretation einer bestimmten Stelle oder eines Wortes im Laufe eines Kommentars bedeuten;[81] und da Aristarchs Interpretationen von Partien aus nicht weniger als drei Stücken – ἐλαιοῦται (*Troilos* fr. 624 P.), κρέας (*Chryses* fr. 728 P.), λυκοκτόνου θεοῦ (*El.* 6) – von Scholiasten und Lexikographen zitiert werden, können wir mit Grund schließen, daß er einen Kommentar zu Sophokles schrieb.[82] Gewagter wäre es, den gleichen Schluß aus dem einzigen Verweis auf Ions *Omphale* zu ziehen; Aristarch soll die μάγαδις als eine Art Flöte erklärt haben, das könnte sich aber auch auf die besondere Bedeutung von μάγαδις in Ions iambischem Vers (τὸ ἰαμβεῖον ἐξηγούμενος)[83] beziehen, die als Gegenbeispiel in einem seiner Kommentare zu lyrischen Dichtern eingeschaltet ist, wo μάγαδις als Saiteninstrument erscheint. Eine einzige Erwähnung findet sich auch in unseren umfangreichen Scholien zu Euripides; in der Stelle über die Nachtwachen im pseudo-euripideischen *Rhesos* 539ff soll Aristarch mit anderen (nicht namentlich aufgeführten) Grammatikern darin verschiedener Meinung gewesen sein, daß er in Koroibos den Führer der Paiones sah.[84] Das rechtfertigt kaum die Folgerung, daß er einen vollständigen Kommentar zu Euripides schrieb, da Priamos' verspäteter Verbündeter und Kassandras unglücklicher Freier Koroibos ein Held in einem Epos der νεώτεροι war, auf deren Werke Aristarch in seinen ὑπομνήματα zu den Epikern oft verwies. Es gibt immerhin Partien in den Euripides-Scholien, die mit Aristarchs Erklärungen in den Homer-Scholien fast identisch sind; möglicherweise sind sie aber auch durch Didymos von dorther entlehnt und keine Selbstzitate Aristarchs.[85] Einer der Grammatiker des zweiten Jahrhunderts v.Chr. muß doch den Grund zu all den späteren Kommentaren zu Euripides' Tragödien gelegt haben; wenn dafür auch einer seiner Schüler oder der ihm gleichaltrige Kallistratos in Frage kommt, so bleibt doch Aristarch selbst der wahrscheinlichste Kan-

---

und *RE* XXII (1953) 569 vollständig widerlegt. Die in den folgenden beiden Anmerkungen zitierten Belege bestätigen seine Interpretation von ἐξηγούμενος.

81 Cf. Schol. A *B* 111 (Didym.) κἀν τοῖς Λιταῖς ἐξηγούμενος «αὐτὰρ ἔπειτ' Αἴας» (*I* 169) ... ἔν τινι τῶν ἠκριβωμένων ὑπομνημάτων γράφει ταῦτα, sc. 'Αρίσταρχος; vgl. oben S. 270f.

82 In den Scholien zu Pindar (s. oben S. 271 Anm. 68) waren Aristarchs einzelne ἐξηγήσεις Teil seines ὑπόμνημα (cf. e.g. Schol. Pind. *O.* II 102b al.).

83 Ion fr. 23 N.^{2} = fr. 66 Blumenthal (1939) mit einer unmöglichen Konjektur.

84 Schol. [Eur.] *Rhes.* 539f, οἱ μὲν τοὺς Κίλικας καὶ τοὺς Μυσοὺς τοὺς αὐτοὺς ἤκουσαν· 'Αρίσταρχος δὲ Κόροιβον Παιόνων ἡγεμόνα καὶ τὴν φυλακὴν ποτὲ μὲν ἀπὸ τοῦ ἡγεμόνος, ποτὲ δὲ ἀπὸ τῶν ὑπηκόων (zum Text s. den kritischen Apparat bei E. Schwartz); A. scheint sich um die astronomische Debatte nicht gekümmert zu haben, cf. Wilamowitz, *De Rhesi Scholiis* (1877) = *Kl. Schriften* I (1935) 10, *Einleitung in die Trag.* (1889) 155,69.

85 W. Elsperger, ‹Reste und Spuren antiker Kritik gegen Euripides›, *Philol.* Suppl. Bd. XI 1 (1908) 98ff, gibt nicht mehr als einige Hinweise auf Partien, die möglicherweise von Aristarch stammen könnten.

didat. Es ist bitter, daß wir hier unsere Unkenntnis eingestehen müssen, um so mehr, als Aristarch in dem Rufe stand, imstande gewesen zu sein ‹alle Tragödien auswendig herzusagen›; wenigstens sein Schüler Dionysios Thrax, der eine Begabung für die Malerei mit der Kenntnis der Grammatik verband, stellte ihn mit der tragischen Muse auf der Brust dar διὰ τὸ ἀποστηθίζειν αὐτὸν πᾶσαν τὴν τραγῳδίαν.[86]

Es kann kaum eine Laune des Schicksals sein, daß unsere Quellen uns mehr über Aristarchs Untersuchungen zur Komödie berichten. Vom frühen dritten Jahrhundert an hatte nicht die Tragödie, sondern die Attische Komödie und besonders Aristophanes die alexandrinischen Grammatiker interessiert; es ist sogar bezeugt,[87] daß zu einigen wenigen Stücken des Euphronios und des Kallistratos ὑπομνήματα vor denen des Aristarch geschrieben wurden. Er selbst kommentiert mindestens acht Aristophanes-Komödien, vielleicht auch alle und nicht nur die elf, die sich mit Scholien in unseren mittelalterlichen Handschriften vollständig erhalten haben. Wie im Fall Pindars,[88] so kann man auch hier die Frage, ob er eine neue Rezension[89] des Textes besorgte, nicht beantworten; Lesarten, die von der Ausgabe des Aristophanes von Byzanz abweichen, oder Hinweise auf Verse, die mit dem Obelos gekennzeichnet sind, die sich in unseren Scholien unter Aristarchs Namen erhalten haben, können auch seinem Kommentar entnommen sein. Dieser Kommentar erfuhr dasselbe Schicksal wie der zu Pindar; er wurde wegen seiner gelegentlichen Unzulänglichkeiten in der Behandlung historischen und antiquarischen Materials immer wieder getadelt. Immerhin schuf er für die ganze Spätantike und die byzantinische Zeit eine feste Grundlage für unablässige Bemühungen, mit den Schwierigkeiten des Aristophanes-Textes fertig zu werden.

Die Begründer der Philologie in Alexandria waren Dichter, und sie hatten sich ganz natürlich auf die Dichtung der Vergangenheit konzentriert. Aber irgend jemand mußte sich nun auch den Prosaschriftstellern zuwenden – wenn man auch erst aus einem zu Beginn des zwanzigsten Jahrhunderts veröffentlichten Papyrus[90] erfahren hat, daß dies Aristarch war. Er, der selber keinen dichterischen Ehrgeiz besaß, war der erste, der Herodot kommentierte, der sich auf ihn

---

86 Schol. Dionys. Thr. ed. Hilgard, *Gr. Gr.* III 160,32 (von hier *Et. gen.* B = *Et. M.* p. 277,54); cf. Eust. p. 974,10 τῶν τις παλαιῶν γραμματικῶν ἐκστηθίζειν τὰ τραγικά.

87 Vgl. oben S. 235 Anm. 127

88 Oben S. 271.

89 Boudreaux, *Le texte d'Aristophane* (1919) 52–55, leugnete ihre Existenz; die 26 (oder vielleicht 28) wörtlichen Zitate aus Aristarch hat Rutherford, ‹Annotation› 423–26 zusammengestellt.

90 *Pap. Amherst* II (1901) ed. Grenfell und Hunt, Nr. 12 (drittes Jahrhundert n.Chr. aus Hermupolis); Nachdruck mit Bibliographie bei A. H. R. E. Paap, *De Herodoti reliquiis in papyris et membranis Aegyptiis servatis* (Diss. Utrecht 1948) 37ff.

als Ὁμηρικώτατος[91] berief. Es ist ein Glücksfall, daß in diesem Papyrusfragment der Schluß des ersten Buches mit der Subscriptio Ἀριστάρχου / Ἡροδότου / α̅ / ὑπόμνημα erhalten ist. Da auf Kap. 193–4 das Kap. 215 folgt, muß der Schreiber eine lückenhafte Abschrift als Vorlage benutzt haben oder ein willkürliches Exzerpt aus Aristarchs Kommentar. Zu dem Lemma ἄνιπποι (Herod. I 215, 1) vermerkte Aristarch neben seiner Erklärung und seiner Billigung noch die Lesart ἄμιπποι,[92] die in den Handschriften von Herodots *Historien* fehlt, wie so viele von Aristarchs Lesarten im Handschriftentext des Homer fehlen. Es ist charakteristisch für den Homer-Philologen, daß er das Reiten der Massageten sofort mit dem Gebrauch des Streitwagens bei den griechischen Helden verglich. Auch im nächsten Abschnitt findet sich eine Parallele aus der Dichtung: Herodots Satz ‹Eisen und Silber gebrauchen sie gar nicht› wird mit Sophokles' Ποιμένες (fr. 500 P.)[93] verglichen. Es ist bemerkenswert, Aristarchs ὑπόμνημα, wenn auch verkürzt, noch vier Jahrhunderte später mit dem Originaltitel abgeschrieben zu finden; da hier im Kommentar eine *varia lectio* angeführt und besprochen wird, sehen wir wieder, daß man aus gelegentlichen Erwähnungen von Varianten nicht auf eine eigene kritische Ausgabe des Textes schließen kann.[94] Es könnte nicht sehr überraschen, wenn Aristarch auch den ersten Kommentar zu Thukydides geschrieben hätte, denn es ist nicht mehr daran zu zweifeln, daß Didymos auf eine ältere alexandrinische philologische Arbeit zurückgreifen konnte;[95] es besteht jedoch bisher kein Grund zu der Annahme, daß er das gleiche für Xenophon und für die attischen Redner getan hätte. Eine Tatsache geht jedenfalls aus unseren Zeugnissen klar hervor und wird verständlich: die ὑπομνήματα zu den Prosaautoren mußten dem Vorbild derer zu den Dichtern, vor allem Homer, folgen.

---

91 W. Bühler, *Beiträge zur Erklärung der Schrift vom Erhabenen* (1964) 93f zu Π. ὕψ. 13, 2–3.

92 W. Crönert in seiner neuen Ausgabe von Passows *Wörterbuch d. griech. Sprache* (1913) 357 bietet die beste Zusammenstellung von Belegen für ἄμιππος; vgl. H. Erbse, *Untersuchungen zu den attizistischen Lexika* (1950) 159. Aber nur die Glosse in Bekkers erstem rhetorischen Lexikon, *AG* I 205, 5, hat eine deutliche Verwandtschaft mit Aristarchs Besprechung von ἄνιππος und ἄμιππος; cf. Pasquali, *Storia* 314.

93 Warum Aristarch Sophokles zitierte, ist uns nicht überliefert; da für die *Poimenes* jetzt mit ziemlicher Sicherheit das Jahr 464/3 festgesetzt werden kann, läßt sich der Sophokles-Vers nicht als neuer Beleg für Sophokles' Abhängigkeit von Herodot verwenden, wie Paap 49 es möchte.

94 Vgl. oben S. 271; F. Jacoby, ‹Herodotos›, *RE* Suppl. 2 (1913), 515, hält es für ‹sehr wahrscheinlich›, daß Aristarch auch eine Ausgabe des Textes besorgte; aber der Papyrus bietet keine Grundlage für diese Hypothese.

95 Siehe O. Luschnat, ‹Die Thukydidesscholien›, *Philol.* 98 (1954) 22ff; er irrt nur darin, daß er ἐξηγήσεις mit ὑπομνήματα identifiziert, s. oben S. 272f. Vgl. a. R. Stark, *Annales Universitatis Saraviensis*, Serie Philosophie 8 (1959) 41f und 47, 9–11.

Nachdem wir einen Überblick über den Umfang von Aristarchs Bemühungen als Herausgeber und Interpret gegeben haben (es bedarf kaum der Erwähnung, daß sie nicht über die ‹ausgewählten Autoren› hinausgingen)[96], haben wir nun die Richtung seiner Interpretation zu beschreiben. Die Erklärung eines literarischen Werkes war für ihn ein mindestens ebenso lohnendes Unternehmen wie die Herausgabe des Textes, wenn nicht gar ein lohnenderes.

Es ist zur allgemeinen Überzeugung geworden, daß Aristarch selbst ein festes Prinzip aussprach. Seit dem Ende des vergangenen Jahrhunderts bis in unsere Tage legt fast jedes Buch über die alexandrinische Philologie, wenn es zu Aristarch kommt, ihm die Maxime bei: ‹Jeder Autor ist selbst sein bester Interpret›; andere Versionen sagen ‹Homer› statt ‹jeder Autor› oder sagen es auf Griechisch: Ὅμηρον ἐξ Ὁμήρου σαφηνίζειν;[97] gewöhnlich wird keine Fundstelle angegeben.[98] Tatsächlich gibt es kein echtes Zeugnis dafür, daß Aristarch einen solchen Satz je geäußert hätte. Der allzu berühmte τόπος hat seinen Ursprung in den folgenden Worten des Porphyrios:[99] ἀξιῶν δὲ ἐγὼ (sc. Porphyrios) Ὅμηρον ἐξ Ὁμήρου σαφηνίζειν αὐτὸν ἐξηγούμενον ἑαυτὸν ὑπεδείκνυον, ποτὲ μὲν παρακειμένως, ἄλλοτε δ' ἐν ἄλλοις; eine lange Reihe homerischer Partien folgt, in denen sich der Dichter ‹unmittelbar›, παρακειμένως, selbst interpretiert.[100] Porphyrios schrieb seine gelehrten und nüchternen Ὁμηρικὰ ζητήματα[101] als

96 Vgl. oben S. 256.

97 W. Christ, *Geschichte der griech. Lit.* (1889) 453 ‹in der Exegese ging er ... von dem Grundsatz aus, daß man jeden Autor zunächst aus sich selbst erklären müsse› (wörtlich wiederholt in den späteren Auflagen von W. Schmid). L. Cohn (s. oben S. 258 Anm. 2) *RE* II (1896) 868,62 (Aristarch) ‹war der Ansicht, daß Homer nur aus sich selbst erklärt werden müsse›. Sandys I (1903) 131, A. ‹insisted that each author was his own best interpreter›, in der 2. und 3. Aufl. wiederholt. E. Heitsch, *Antike und Abendland* IX (1960) 21 ‹Die von A. für die methodische Erklärung aufgestellte Maxime lautet: Ὅμηρον ἐξ Ὁμήρου σαφηνίζειν›. H. Erbse in *Geschichte der Textüberlieferung* I (1961) 225 ‹Homer aus Homer zu erklären, lautet Aristarchs berühmter Leitsatz›. S. a. meine eigene Festrede *Philologia Perennis* (1961) 8 ‹A. vertrat die unanfechtbare Maxime ... Homer möglichst aus sich selbst zu erklären›.

98 Die Ausnahme ist A. Gudeman, *Grundriss der Geschichte der klass. Philologie* (1907) 40,1 ‹Sein kritisches Verfahren ... kann mit den Worten des Porphyrios bezeichnet werden› (Schrader pp. 297 und 281, s. d. folgenden Anm.); er fand ‹denselben Grundsatz› in Schol. D zu *E* 385 ausgedrückt (s. unten S. 277). A. Roemer, *Philol.* 70 (1911), 178 war weniger vorsichtig ‹die beiden Sätze (des Porphyrios) sind gewiß Aristarchischer Provenienz›. In seinen anderen Aufsätzen und Büchern erklärte er regelmäßig den σαφηνίζειν-Satz für aristarcheisch, ohne Quellennachweis.

99 Porphyr. *Qu. Hom.* (1880) p. 297,16 Schrader mit der wichtigen Fußnote: ‹Aristarchum hac in re Porphyrio praeiisse Aristonicus *Z* 194, 201 docet.›

100 Über ‹Selbst-Interpretationen› bei Homer s. oben S. 18f.

101 J. Bidez, *Vie de Porphyre* (1913) 31ff. [Jean Pépin, ‹Porphyre exégète d'Homère›, *Entretiens sur l'antiquité classique* 12 (1966) 229ff. A. R. Sodano,

junger Philosoph, in Athen Schüler des φιλόλογος und κριτικός Cassius Longinus; später, in seiner römischen Zeit nach 263 n.Chr., im Banne Plotins, hat er zwar seine Liebe zu Homer nie verloren, aber er näherte sich ihm als neuplatonischer Allegorist und faßte zum Beispiel in einer Monographie, die, im scharfen Gegensatz zu seinen früheren Studien, den Dichter nicht mehr ‹aus sich selbst› erklärt, die Grotte der Nymphen in der *Odyssee* (ν 102–12) als Allegorie des Universums auf. Nichts weist darauf hin, daß Porphyrios Aristarch im Sinne gehabt hätte, weder in der eben zitierten elften der *Homerischen Fragen* noch in seinem Widmungsbrief an Anatolios, wo er sagte: ἐμοῦ δεικνύναι πειρωμένου ὡς αὐτὸς μὲν ἑαυτὸν τὰ πολλὰ Ὅμηρος ἐξηγεῖται;[102] an dieser zweiten Stelle wiederholt er nur seine persönliche Einstellung als Homer-Interpret, ohne die Formel mit σαφηνίζειν zu wiederholen. Der Sinn seiner Formel steht dabei keineswegs in Widerspruch zu Aristarchs Meinung; man könnte zum Vergleich die ohne Parallele dastehende Stelle aus Scholion D zu *E* 385: Ἀρίσταρχος ἀξιοῖ τὰ φραζόμενα ὑπὸ τοῦ ποιητοῦ μυθικώτερον ἐκδέχεσθαι κατὰ τὴν ποιητικὴν ἐξουσίαν, μηδὲν ἔξω τῶν φραζομένων ὑπὸ τοῦ ποιητοῦ περιεργαζομένους heranziehen, wo die Interpreten des Mythos von Otos und Ephialtes ermahnt werden, ihn als Legendenerzählung mit poetischer Freiheit zu nehmen und ihre Zeit an nichts zu verschwenden, was der Dichter gar nicht gesagt hat.[103] Da weiterhin die Etymologie von Ἀλήϊον πεδίον (*Z* 201) von ἀλᾶσθαι, die Porphyrios in der elften *Homerischen Frage* gibt, mit der in Aristonikos' Exzerpt aus Aristarch Schol. A *Z* 201 ἀπὸ τῆς γενομένης ἐν αὐτῷ τοῦ Βελλεροφόντου πλάνης[104] übereinstimmt, ist es sehr wahrscheinlich, daß Porphyrios auch Aristarchs Interpretation jenes Verses bewahrte. All dies könnte die Vermutung stützen, daß Aristarch die Maxime des σαφηνίζειν τὸν ποιητήν irgendwann aufgestellt haben könnte; doch konnte er das wirklich? Philologen neigen nicht dazu, allgemeine Prinzipien auszusprechen; aber Philosophen tun das, und Porphyrios hatte immer, auch in seinen frühen grammatischen Studien, philosophische Neigungen. Zweierlei folgt daraus: die Formel Ὅμηρον ἐξ Ὁμήρου σαφηνίζειν[105] hat Porphyrios geprägt, man sollte sie nicht als authentische

---

‹Prolegomeni primi alle fonti delle Quaestiones Homericae di Porfirio›, *Annali del Pontificio Istituto di scienze e lettere S. Chiara* 14 (1964)].

102 p. 281, 3 Schrader; cf. p. 344.

103 Eust. ad loc. p. 561,29 Ἀρίσταρχος ἠξίου ... μηδέν τι τῶν παρὰ τῇ ποιήσει μυθικῶν περιεργάζεσθαι ἀλληγορικῶς ἔξω τῶν φραζομένων, wahrscheinlich ‹interpoliert› ἀλληγορικῶς; nach Schol. D war Aristarchs Satz mehr allgemein, nicht speziell gegen die Allegorie gerichtet.

104 S. bes. Schraders Anm. zu p. 298,17–20.

105 In unseren Scholien, soweit sie die alexandrinische Tradition wiedergeben, wird das seltene Wort σαφηνίζειν nicht für die Tätigkeit des Interpreten gebraucht; aber wenn der Dichter etwas deutlich macht, heißt es ποιητὴς σαφηνίζει. In der philosophischen und rhetorischen Literatur der rö-

Bemerkung Aristarchs nehmen, wenn sie auch seiner Grundhaltung nicht widerspricht; zum andern, daß man etwas vorsichtig sein sollte, ein geflügeltes Wort einem bestimmten Autor zuzuschreiben.

Aristarchs Hauptanliegen war die Erforschung des homerischen Sprachgebrauchs; zur Erklärung von Wörtern oder Tatsachen sammelte er alle Parallelen in *Ilias* und *Odyssee*, wobei er alles, was keine Parallele hatte, als ἅπαξ λεγόμενα des Dichters behandelte. Stieß er aber auf etwas, was überhaupt nicht in den Rahmen von Homers Sprache oder Homers Leben zu passen schien, dann nannte er es κυκλικώτερον im Gegensatz zu Ὁμηρικώτερον, das echt Homerische. Er ging weit über alle glossographischen, lexikographischen und antiquarischen Studien hinaus[106] und kritisierte ihre Mängel auf Grund eines größeren Überblicks über die ganze epische Periode.

Wir haben schon früher in einiger Ausführlichkeit[107] über den Text des *Ilias*-Prooemiums gesprochen und erwähnt, daß Aristarch Zenodots Lesart von V. 5, οἰωνοῖσί τε δαῖτα verwarf, weil er bei Homer keine Parallele für δαίς in der Bedeutung ‹Tier-Nahrung› finden konnte und weil die Ableitung des Wortes (von δατεῖσθαι ‹untereinander verteilen›) seinen Gebrauch ausschließlich für die Mahlzeiten zivilisierter Menschen zu rechtfertigen schien. So setzte Aristarch das unverbindliche οἰωνοῖσί τε πᾶσι in seinen Text und triumphierte insofern vollständig, als δαῖτα aus allen *Ilias*-Handschriften verschwand und nur in einem Zitat bei Athenaios erhalten blieb. Selbst wenn man überzeugt ist, daß δαῖτα und nicht πᾶσι die ursprüngliche Lesart ist und die einzige, die allen Tragikern bekannt war, illustriert dieses Beispiel schlagend die Überlegungen, die hinter Aristarchs Entscheidungen standen. In unzähligen anderen Fällen hat es nie einen Zweifel daran gegeben, daß das Ergebnis seiner scharfen Beobachtungen richtig gewesen sei: er wählte die richtigen Lesarten, er entdeckte in der Erklärung von Glossen Irrtümer, die jahrhundertelang mitgeschleppt worden waren, er faßte den Unterschied zwischen Synonymen schärfer, womit er frühere Bemühungen bei Prodikos und Aristoteles fortsetzte, und indem er die Forschungen des Aristophanes von Byzanz weiterführte, erkannte er, wieviel mehr Wörter – oft ganz gebräuchliche – seit dem epischen Zeitalter oder sogar erst seit dem attischen bis zu seiner eigenen Zeit ihre Bedeutung geändert hatten. Da Aristarch auf den Gebrauch einiger ‹attischer› Formen und Wörter in der epischen Sprache hinwies,[108] ist es einer der Gemeinplätze der modernen Homer-Literatur geworden, daß

---

mischen Kaiserzeit ist es ein ganz gebräuchlicher Ausdruck, s. z.B. Clem. Al. vol. IV 699 St.

106 S. oben S. 243f.

107 S. oben S. 142f.

108 Siehe e.g. J. Wackernagel, *Sprachliche Untersuchungen zu Homer* (1916) 156.

Aristarch Homer aus diesem Grunde für einen geborenen Athener gehalten hätte.[109] Wenn man in den Scholien nach Beweisen für diese Annahme sucht, findet man nichts Greifbareres als eine διπλῆ zu *N* 197,[110] die nach Aristonikos die Aufmerksamkeit auf den Dual Αἴαντε μεμάοτε lenkt; der Scholiast fügt den Satz hinzu, daß sein Vorkommen Beziehung zu seinem (des Dichters?) Vaterland habe, da er den Athenern eigen sei. Das heißt eigentlich nur, daß die athenische Herkunft aus anderen Quellen bekannt war und durch den Gebrauch des Dual nur bestätigt wird. Gewiß, die lange Liste von Geburtsorten in den volkstümlichen βίοι Homers enthält auch die Feststellung, daß er nach Aristarch und Dionysios Thrax Athener gewesen sei.[111] In seinem Archilochos-Kommentar,[112] das heißt in der ernsthaften grammatischen Literatur, datierte Aristarch Homer in die Zeit der Ionischen Wanderung; diese ionischen Siedler kamen, wie eine in der Antike allgemein angenommene Version besagt, aus Athen. Es ist somit nicht unwahrscheinlich,[113] daß Aristarch sich hier nicht nur auf die Zeit, sondern auch auf die Heimat Homers, nämlich Athen, bezieht. In einem der βίοι sind die beiden Dinge tatsächlich miteinander verbunden.[114]

Im Verlauf seiner unermüdlichen exegetischen Arbeit entdeckte Aristarch auch einige allgemeine grammatische und metrische Regeln. Es ist überliefert, daß er den von Aristophanes aufgestellten fünf Flexionsregeln[115] eine sechste hinzugefügt und acht Teile der Rede anerkannt haben soll.[116] Er beobachtete offensichtlich, daß es vermieden wird, ein Wort mit dem ‹vierten Trochaeus› des Hexameters enden zu lassen, da er in *I* 394 statt der gebräuchlichen Lesart

---

109 Wilamowitz, *Hom. Unters.* 258f, *Il. und Hom.* 9; 507.

110 Schol. A *N* 197 (ἡ διπλῆ) ὅτι συνεχῶς κέχρηται τοῖς δυϊκοῖς· ἡ δὲ ἀναφορὰ πρὸς τὰ περὶ τῆς πατρίδος· Ἀθηναίων γὰρ ἴδιον. G. W. Nitzsch, *De historia Homeri* Fasc. posterior (1837) 89, zögerte, aus diesem zweifelhaften Satz direkte Konsequenzen zu ziehen, wies aber richtig auf die Verbindung von Homers Leben mit der Ionischen Wanderung in der biographischen Überlieferung hin; cf. Aristonic. ed. L. Friedlaender p. 15,2 und Jacoby unten Anm. 113.

111 Homeri *Opera* ed. T. W. Allen, V (1911) p. 247,8 = *Vitae Hom. et Hes.* ed. Wilamowitz (1916) p. 29,9; cf. Allen p. 244,13 = Wil. p. 25,8.

112 S. oben S. 270 Anm. 61.

113 Cf. F. Jacoby, *FGrHist* III Suppl. (A Commentary on the ancient historians of Athens) 1577, II 474f.

114 Allen, Homeri *Opera* V p. 244,18 (und 13) = Wil. *Vitae Homeri* p. 25,13 (und 8).

115 S. oben S. 249f.

116 Quint. *Inst.* I 4,20 octo partes (ὄνομα, ῥῆμα, μετοχή, ἀντωνυμία, ἄρθρον, ἐπίρρημα, πρόθεσις, σύνδεσμος). Diese Liste unterscheidet sich von den von Aristoteles bestimmten Teilen der Rede, s. oben S. 103ff; über die Stoiker und Dionysios Thrax s. unten S. 325f.

γυναῖκα / γαμέσσεται vorschlug, γυναῖκά γε / μάσσεται[117] zu lesen, wenn er auch den Text nicht änderte.

Der Begriff der grammatikalischen Analogie ist für das begrenzte Gebiet der Deklination zum erstenmal für Aristophanes bezeugt; es scheint eine Art Leitprinzip für Aristarchs Interpretationsmethode gewesen zu sein und ihn in hitzige Debatten mit einer Opposition, die das Prinzip der Anomalie verteidigte, hineingezogen zu haben. Er war aber in seiner Suche nach Parallelen nicht pedantisch. Anders als alle seine Vorgänger war Aristarch, der den epischen Sprachgebrauch in seiner Gesamtheit überblickte, imstande, jene Wörter herauszugreifen, die nur einmal bei Homer vorkamen; Aristonikos hat in Schol. A Γ 54 die Äußerung Aristarchs überliefert: πολλὰ δέ ἐστιν ἅπαξ λεγόμενα παρὰ τῷ ποιητῇ.[118] Sich mit den Problemen dieser vielen Besonderheiten auseinanderzusetzen, war ein wesentlicher Bestandteil seiner Interpretation; das können wir nicht nur aus den Scholien, sondern auch aus dem Lexikon des Apollonios Sophista erkennen, der Aristonikos und vielleicht auch ältere Schriften in der Tradition Aristarchs als Quellen benutzte.

Wir müssen den Unterschied zwischen den als homerisch anerkannten ἅπαξ λεγόμενα und den Ausdrücken oder Passagen beachten, die aus verschiedenen Gründen als οὐχ Ὁμηρικῶς oder κυκλικῶς mit dem Obelos gekennzeichnet sind. Auch wenn man mit Aristarchs Entscheidungen nicht einverstanden ist, muß man seine nüchternen Argumente, die sich auf sorgfältig gesammelte Zeugnisse stützen, würdigen;[119] da sie in Exzerpten aus seinen eigenen Kommentaren erhalten sind, sind wir über ihn weit besser als über irgendeinen seiner Vorgänger informiert. Er zögerte, die παράδοσις, d.h. die Übereinstimmung der meisten Handschriften, durch Konjekturen oder das Auslassen von Versen zu ändern. Seine Vorsicht wird als übertrieben getadelt in dem (Didymos-)Schol. A *I* 222 ἄμεινον οὖν εἶχεν ἄν, φησὶν ὁ Ἀρίσταρχος, ‹εἰ› (add. Bekker) ἐγέγραπτο ... ἀλλ' ὅμως

117 *I* 394 Πηλεύς θήν μοι ἔπειτα γυναῖκαι γαμέσσεται αὐτός in allen antiken (Schol. T ad loc.) und mittelalterlichen Handschriften; γυναῖκά γε μάσσεται Aristarch Schol. A intermarg. ad loc. Beide Lesarten sind anfechtbar, s. P. Maas, *Greek Metre* § 87.

118 F. Martinazzoli, *Hapax Legomenon*, I 1 (1953), I 2 (1957) ‹Lexikon Homericum di Apollonio Sofista›; cf. H. Erbse, *Gnom.* 27 (1955) 52ff und 31 (1959) 216ff.

119 Der frühe ptolemäische *Pap. Hibeh* II (1955), ed. Turner 193 (c. 250 v.Chr.) bewahrte in *Z* 4 die Lesart, die Aristarch, nachdem er sie einmal gefunden hatte, in seinen Text aufnahm (Schol. ABT); vorher in seinen ὑπομνήματα hatte er eine andere Lesart angenommen, die mit einer dritten zusammen in den Scholien erwähnt wird (siehe A. Ludwich, *Aristarchs hom. Textkritik* I, 262f). Er prüfte sein Quellenmaterial gründlich, wie es durch den frühen Papyrus bezeugt wird (vgl. oben S. 146 über ähnliche Fälle bei Zenodot), und in diesem Fall wurde das letzte Ergebnis seiner Wahl auch die Lesart der mittelalterlichen Handschriften.

ὑπὸ περιττῆς εὐλαβείας οὐδὲν μετέθηκεν, ἐν πολλαῖς οὕτως εὑρὼν φερομένην τὴν γραφήν. Aristarch kennzeichnete wiederkehrende Verse mit dem Asteriskos; wenn er sie, was öfter vorkam, nicht nur nichtssagend, sondern an bestimmten Stellen, besonders in Reden, unpassend fand, fügte er zu den Asteriscis noch Obeli hinzu. So machte er es z. B. in Heras Rede (*B* 160–2 und 164)[120] ὅτι οἰκειότερον ἐν τῷ τῆς Ἀθηνᾶς λόγῳ ἑξῆς εἰσι τεταγμένοι (176–8 und 180), νῦν δὲ κυκλικώτερον[121] λέγονται (Aristonic. Schol. A *B* 160). Er war jedoch nicht mit Zenodots Auslassung der ganzen Rede einverstanden, sondern beurteilte sie als ῾Ομηρικῶς ἔχοντα und sah nur die wenigen zitierten Verse zur Auslassung vor, da sie wohl in Athenes Ermahnung an Odysseus, zu den einzelnen griechischen Helden zu gehen, paßten, nicht aber in Heras Anrede an Athene.

Der Gebrauch des Ausdrucks κυκλικώτερον oder κυκλικῶς[122] spiegelt die Unterscheidung wider, die als erster Aristoteles zwischen dem großen Dichter der *Ilias* und *Odyssee* und den Verfassern der übrigen frühen Epen, den κυκλικοί,[123] machte. Ursprünglich bezog sich dieses Wort auf den Gegenstand der Gedichte, besonders auf den trojanischen Sagenkreis von den Ursachen des Krieges bis zum Tode des Odysseus, des letzten Heimkehrers; nach Aristoteles aber galt alles ‹Kyklische› im Vergleich zu den zwei auserwählten Dichtungen Homers als minderwertig, das heißt zumindest als konventionell, oft als trivial. Zenodot,[124] Kallimachos[125] und alle die alexandrinischen Dichter und Philologen, die so oft im Gegensatz zum Peripatos standen, übernahmen in dieser Hinsicht Aristoteles' Lehre. Kallimachos' ärgerlicher Ausspruch ἐχθαίρω τὸ ποίημα τὸ κυκλικόν (*Ep.* 28) fand allenthalben Beifall und wurde oft wiederholt; selbst Horaz spielt in seinen berühmten Versen *A. P.* 132 ‹non circa vilem patulumque moraberis orbem› und 136 ‹ut scriptor cyclicus olim› darauf an.

Andererseits, wenn man *Ilias* und *Odyssee* als Schöpfungen der

---

120 Zenodot hatte einen abweichenden Text in *B* 156, dem *B* 169 folgte, wobei Heras Rede ganz wegblieb. Seither haben antike und moderne Kritiker nicht aufgehört, die ganze Passage zu diskutieren, s. P. Von der Mühll, *Krit. Hypomnema zur Ilias* (1952) 40.

121 Ich lese κυμικωτερ(ον) im Facsimile des cod. Ven. A p. 27^{r} letzte Zeile, was, wie ich meinen möchte, ein etwas verderbtes κυκλικώτερον ist. Villoisons κοινότερον wurde von Dindorf übernommen, Bekker liest (?) κωμικώτερον, Lehrs konjizierte ἀνοικειότερον (Herodiani *scripta tria*, Epimetrum, 1848, p. 459), Friedlaender, Aristonic. p. 62, folgte ihm.

122 Aristarch in Schol. A (Aristonikos) *O* 610 sagte von fünf Versen κυκλικῶς ταὐτολογεῖται und athetierte sie, während Zenodot sie ausgelassen hatte. Cf. Schol. A *Z* 325 κυκλικῶς κατακέχρηται, *I* 222 κυκλικώτερον; Schol. T *Ω* 628 κυκλικῶς (Wilamowitz: ἰδίως cod.); Schol. BEP *η* 115 οὐ κυκλικῶς ... ἀλλ... τὸ ἰδίωμα mit der Anmerkung der Herausgeber.

123 S. oben S. 99f.

124 Oben S. 149.

125 Oben S. 172.

höchsten Kunstfertigkeit eines einzigen Dichters ansah,[126] boten sich dem prüfenden Blick des Philologen nicht wenige Schwierigkeiten und Widersprüche. Verhältnismäßig leicht war es noch, Verse, die in einigen Handschriften fehlten, als nach-homerische Einschaltungen zu erkennen und zu entfernen. Dagegen gab es in allen Handschriften Verse oder sogar ganze Partien, die mit der Idee der Vollkommenheit und Einheit kaum vereinbar zu sein schienen und die deshalb genau bedacht und, wenn nötig, als unhomerisch oder in besonderen Fällen als ‹kyklisch› gekennzeichnet werden mußten. Die einzige Lösung war, sie nicht zu tilgen, sondern sie als unecht zu kennzeichnen, als ‹Interpolationen› (τὸ ἀθετεῖν); Aristarch hat sich der Athetese, die schon seine Vorgänger erfunden hatten, mit der größten Kühnheit bedient,[127] und seine Nachfolger fuhren zwei Jahrtausende lang fort, sie auf dem Gebiet der Homer-Kritik zu praktizieren.

Es konnte kein Wandel in der Methode eintreten, bis im achtzehnten Jahrhundert ein neues Geschichtsbewußtsein heraufdämmerte und die mündliche, volkstümliche Dichtung als Produkt eines früheren, seinem Wesen nach von den späteren unterschiedenen Zeitalters entdeckt wurde. Aristarch war imstande gewesen, bestimmte Züge der homerischen Sprache vom attischen und hellenistischen Sprachgebrauch zu unterscheiden und Unterschiede der Kultur herauszugreifen; die neue Geschichtsauffassung dagegen forderte den Versuch, den besonderen Charakter der epischen Dichtung als Ganzes zu verstehen, ihren Ursprung, ihre Entwicklung, ihre endgültige Gestalt. Manche Partien, die die alexandrinischen und späteren Philologen gestört hatten, wurden nicht länger als Interpolationen angesehen, sondern als Zeichen unterschiedlicher Schichten in der Struktur der großen Gedichte anerkannt. F. A. Wolf, von den neuentdeckten venezianischen Scholien ausgehend,[128] versuchte im Gegensatz zu den verschwommenen Allgemeinheiten der Homer-Enthusiasten, Schritt für Schritt Beweise für die neue geschichtliche Forschung zu liefern; er bahnte zumindest den Weg für die analytischen Arbeiten der nachfolgenden Gelehrtengenerationen, die die Geheimnisse der epischen Schichtungen zu enthüllen bemüht waren.

Es ergibt sich ganz von selbst, daß in diesem Kapitel der negative

---

126 Aristarch verwarf die Ansicht der ‹Zerteiler› (χωρίζοντες), die zwei Dichter für *Ilias* und *Odyssee* annahmen, als ein ‹Paradoxon› (s. oben S. 262). Er brachte Verweise von der *Ilias* auf die *Odyssee* bei; cf. Schol. Δ 354, Λ 147, etc. – J. W. Kohl, *De chorizontibus* (Diss. Gießen 1917), enthält ‹chorizontum fragmenta› mit Anmerkungen zum Text; ein zweiter Teil zu den allgemeinen Problemen war angekündigt, erschien aber nie.

127 Vgl. seinen Kommentar zu ψ 296 als τέλος der *Odyssee*, wo er mit Aristophanes übereinstimmt, oben S. 217. Seine vielleicht schlagendste Athetese ist die von Ω 25–30, dem schlimmsten Flickwerk in unserem Homer-Text.

128 S. oben S. 261f.

Aspekt von Aristarchs Homer-Kritik überwiegt; unsere Quellen[129] sagen fast nichts zum Lobe der positiven Werte, die er an dem größten aller Dichter bewunderte und liebte. Ähnlich wie Eratosthenes sah er in Homer einen Dichter voll Phantasie und Schöpferkraft, dessen Absicht es war zu erfreuen, nicht zu belehren.[130] Die verstreuten ästhetischen und rhetorischen Fachausdrücke, die auf uns gekommen sind, lassen nicht daran denken, daß Aristarch den Grundsätzen einer Theorie der Poetik gefolgt sei. Gelegentliche Wendungen wie διὰ παντός (Schol. A Θ 562, Λ 217 κτλ.), οἰκονομικῶς (Ψ 616, Schol. μ 103, υ 356), ἕνεκα τῆς ἀντικαταστάσεως (‹Gleichgewicht›? *O* 212) lenken die Aufmerksamkeit auf die Kunst der Komposition in der epischen Erzählung; andere Ausdrücke heben die Übereinstimmung zwischen der Redeweise und dem Charakter eines epischen Helden hervor, ἐν ἤθει λέγεται (*A* 117 κτλ.). Stilistische Beobachtungen erklären die jeweils besondere Funktion von Metaphern (πρὸς ἔμφασιν *B* 670) oder Gleichnissen (Ξ 16, Σ 207 ἐμφατικῶς, *I* 14 εἰς αὔξησιν) oder des ‹Unerwähntlassens einer Sache› (κατὰ τὸ σιωπώμενον *Z* 337, Π 432 κτλ.). Im Gegensatz zu Würdigungen dieser Art tauchen tadelnde Epitheta wie ἀπρεπές, εὐτελές, περισσόν immer wieder auf; doch ist seine tiefe Zuneigung immer gegenwärtig, auch wenn sie im Hintergrund bleibt. Er übernahm, wie viele seiner Interpretationen zeigen, ganz aufrichtig die von Aristoteles und Kallimachos eingeführte Unterscheidung zwischen der Überlegenheit Homers und dem Unvermögen der Kykliker und gebrauchte kritische Zeichen und Worte, um sie im Interesse der wahren Dichtung deutlich zu machen.

Aristarch erwarb als Kritiker und Interpret höchste Autorität. In der zweiten Hälfte des zweiten Jahrhunderts v.Chr. hat Panaitios, aus Rhodos gebürtig, eine führende Gestalt unter den Stoikern in Athen und Rom, die Leichtigkeit, mit der Aristarch den Sinn der schwierigen alten Dichtung traf, so sehr bewundert, daß er ihn einen ‹Seher› nannte: μάντιν ... διὰ τὸ ῥᾳδίως καταμαντεύεσθαι τῆς τῶν ποιημάτων διανοίας.[131] Im ersten Jahrhundert v.Chr. bezeugen Cicero und

---

129 Didymos hatte kaum eine Gelegenheit, ästhetische Urteile des Aristarch zu erwähnen, wohl aber hatte sie Aristonikos. Die exegetischen Scholien in b T enthalten wenig aristarchisches Material. W. Bachmann, ‹Die ästhetischen Anschauungen Aristarchs in der Exegese und Kritik der Homerischen Gedichte›, Beilage zum *Jahresbericht des Alten Gymnasiums Nürnberg* I (1901/2) II (1903/4), gibt eine zum Teil nützliche Sammlung der Zeugnisse. Weniger nützlich ist Atkins, *Literary Criticism* I (1934) 188ff; zur Kunst der Gesamtkomposition s. a. R. Griesinger, *Die ästhetischen Anschauungen der alten Homererklärer* (Diss. Tübingen 1907) 9ff.

130 S. oben S. 207f.

131 Athen. XIV 634 C = Panaet. Rhod. *Fragmenta* ed. M. Van Straaten (1962) fr. 93. Bentley spielt im Vorwort zu seinem Horaz (1711) XX auf diesen Ausspruch an: ‹opus ... est, ut de Aristarcho olim praedicabant, divinandi quadam peritia et μαντικῇ›.

Horaz, daß sein Name als der eines ernsthaften und lauteren Kritikers fast sprichwörtlich war.[132] Tatsächlich hatte die Fama von seiner Unfehlbarkeit in den unkritischen Tagen der Spätantike ihre Gefahren, und er selbst wäre schwerlich mit jenen naiven Bewunderern einverstanden gewesen, die ihm blindlings selbst gegen ihr besseres Wissen folgten.[133]

Nach Villoisons Entdeckung der venezianischen Codices und Lehrs' auf ihnen fußenden Studien erhob sich Aristarchs Autorität abermals zu überwältigender Höhe; im Jahr 1848 legte Nauck Protest ein gegen das, was er ‹Aristarchomania›[134] nannte. Wenn das Bild des Grammatikers, das man aus dem Viermänner-Kommentar des venezianischen Codex A gewonnen hatte, in den Augen der modernen Aristarcheer durch manche Trübungen verunstaltet schien, wurden die stumpfsinnigen Exzerptenschreiber, erst Didymos,[135] dann Aristonikos[136] getadelt: sie hätten das Original mißverstanden. Auf der Gegenseite gab es die Anti-Aristarcheer, die weder seine Textkritik noch seine exegetische Arbeit besonders hoch einschätzten.[137] Eines ist ganz sicher: auf dem Felde des unaufhörlichen Kampfes um Homer bleibt Aristarch eine herausragende umstrittene Erscheinung. Wir haben hier nur versucht, ihn und seine Vorgänger an den ihnen zustehenden Platz in der Geschichte zu rücken.

Am Anfang dieses Kapitels haben wir die Krise des Jahres 145/4

---

132 Cic. *ad Att.* I 14,3 ‹quarum (orationum) tu Aristarchus es› (cf. *in Pison.* 73, mehr scherzend, *fam.* III 11,5; IX 10,1). Hor. *A. P.* 450 ‹fiet Aristarchus›.

133 Die Bemerkungen zu Aristarchs Akzentuierung am Ende von Schol. A *B* 316 πτερύγος (entgegen dem κανών fügt das Scholion πειθόμεθα αὐτῷ ὡς πάνυ ἀρίστῳ γραμματικῷ hinzu) und Δ 235 ψευδέσσι (μᾶλλον πειστέον Ἀριστάρχῳ ἢ τῷ Ἑρμαππίᾳ, εἰ καὶ δοκεῖ ἀληθεύειν) sind natürlich nicht Teile des ursprünglichen Exzerptes aus Herodians προσῳδία, sondern spätere Zutaten (s. Herodian. I p. LXXIX n. Lentz, cf. Lehrs[3] 297). Man fühlt sich an einen erfreulich einfachen Satz Boccaccios in seiner äußerst gelehrten Sammlung *De montium, silvarum, fontium ... nominibus* (gedruckt hinter «Περὶ γενεαλογίας deorum» in ed. Basil. 1532, p. 503) erinnert, ‹ut mallem potius eorum autoritati quam oculis credere meis›, wenn das, was er in den geliebten Büchern der Alten las, mit dem, was er mit seinen eigenen Augen sah, nicht übereinstimmte.

134 Aristoph. Byz. Fragm. p. 56, Anm. 75. Er scheint die ‹Aristarchomania› geprägt zu haben.

135 A. Roemer griff in seinen zahlreichen Büchern und Artikeln unermüdlich Didymos an, s. bes. *Aristarchs Athetesen in der Homerkritik* (1912); Bibliographie in A. Roemer und E. Belzner, ‹Die Homerexegese Aristarchs in ihren Grundzügen›, *Studien zur Geschichte und Kultur des Altertums* 13 (1924) 267.

136 M. Van der Valk, *Researches on the Text and Scholia of the Iliad* I (1963) 553ff, versuchte Aristonikos zu diskreditieren.

137 Van der Valk zeigt in diesem und seinem früheren Buch über die *Odyssee* eine sehr geringe Meinung von den alexandrinischen Grammatikern, besonders von Aristarch; s. oben S. 135 Anm. 1.

v. Chr. beschrieben, in der die lebendige Kette bedeutender Persönlichkeiten abriß, die sich von Philitas und Zenodot bis zu Aristarch erstreckt hatte. Sie waren, wie wir sahen, persönlich miteinander verbunden, da die jüngeren Philologen die Schüler der vorangegangenen Generationen waren; aber es gab keine διαδοχαί wie in den Philosophenschulen mit ihren besonderen δόξαι. Die großen Alexandriner waren nicht durch eine Lehre, sondern durch ihre gemeinsame Liebe zur Literatur miteinander verbunden; jeder von ihnen war eine selbständige Individualität. Wir werden dazu nur eine Parallele finden, in der italienischen Renaissance des vierzehnten und fünfzehnten Jahrhunderts: die lebendige Kette in Freiheit verbundener Lehrer und Schüler durch fünf Generationen, von Petrarca bis Polizian, deren gemeinsame Liebe und Mühe die Philologie aus gefährlichem Verfall wieder zu Leben und Würde emporführte.

VII

PERGAMON: PHILOLOGIE UND PHILOSOPHIE NEUE HINWENDUNG ZU DEN ALTERTÜMERN

Die griechische Philologie erlitt, wie wir sahen, in Alexandria schwere Verluste in der ersten großen Krise ihrer Geschichte; immerhin konnte sie fortbestehen,[1] bis Ägypten nach einem Jahrtausend griechischer Kultur schließlich zum Orient zurückkehrte. Im Laufe des zweiten Jahrhunderts v.Chr., während die politische und wirtschaftliche Macht der Ptolemäer verfiel, erstarkten andere Orte der ägäischen Welt und gewannen auch als Sitz der Wissenschaften Bedeutung, allen voran Pergamon.[2]

Auch wenn wir die ganze Energie, den Ehrgeiz, die Geschicklichkeit der Attaliden in Rechnung stellen, erscheint es immer noch als eine erstaunliche Großtat, daß sie Pergamon für eineinhalb Jahrhunderte zu solcher Bedeutung führen konnten. Philetairos,[3] der Sohn des Attalos, Gouverneur der Burg von Pergamon, der im Jahre 282 v.Chr. Lysimachos, damals Herrn von Makedonien, Thrakien und Kleinasien, verraten und verlassen hatte, hinterließ seinen Neffen Eumenes und Attalos ein mehr oder weniger unabhängiges Fürstentum. Sie befestigten und erweiterten es zu einem Königreich, indem sie die wilden keltischen Eindringlinge und, mit Roms Hilfe, 190 v.Chr. sogar die Seleukiden vertrieben; sie machten ihre Hauptstadt zu einem neuen Zentrum kulturellen Lebens,[4] und in ihrem prächtigen Rahmen blühten Künste, Philosophie, exakte Wissenschaften und Philologie, bis im Jahre 133 v.Chr. Rom das Land ‹rechtmäßig› erbte.

Aber kein literarisches Denkmal konnte dem Glanz des kolossalen Marmoraltars gleichkommen, den Eumenes II. dem Zeus Soter errichtet hatte, um seinen endgültigen Sieg über die Barbaren zu verewigen. Zu keiner Zeit gab es in Pergamon Dichter, die denen in

---

1 Vgl. a. oben S. 213.

2 S. d. Verweise zur Geschichte des Hellenismus, oben S. 114 Anm. 2.

3 Strab. XIII 623f.

4 *Altertümer von Pergamon*, von A. Conze und anderen, vol. I–X (1885 bis 1937). H. Kähler, *Der große Fries von Pergamon* (1948), s. bes. T. III ‹Der große Fries und die Geschichte Pergamons›, S. 131ff, zur Datierung des Altars 142f, zur Frage der Allegorie 149. Vgl. a. Esther V. Hansen, ‹The Attalids of Pergamon›, *Cornell Studies in Classical Philology* 19 (1947) 353–94 die Attaliden als Schirmherren der Wissenschaften.

Alexandria vergleichbar gewesen wären, und die pergamenische Philologie kann man in ihrem Ursprung und ihrer Entwicklung nicht mit der alexandrinischen vergleichen. Zuerst hatten die Attaliden angesehene Mitglieder des Peripatos, Lakydes und Lykon, eingeladen, die es aber höflich ablehnten, in das neue Königreich am Hellespont auszuwandern. Aristophanes von Byzanz, der aus unbekannten Gründen ernstlich erwogen hatte, zu Eumenes II. zu fliehen, war am Verlassen Ägyptens gehindert worden.[5] Aber diesem unternehmenden König (197–158 v.Chr.) gelang es schließlich, vom Süden Kleinasiens einen stoischen Philosophen, Krates von Mallos in Kilikien,[6] in seine Hauptstadt zu ziehen. Es war nicht die Absicht des Königs, eine Art pergamenischer Schule als Konkurrenz zu den Alexandrinern zu gründen; es ergab sich eben so, daß frühere Einladungen abgelehnt wurden, und dann kamen die Stoiker. Die ‹Stoiker›, das heißt Krates und einige seiner persönlichen Schüler; man sollte überhaupt nicht, wie es so oft geschieht,[7] von einer ‹Schule› von Pergamon sprechen. Es gab dort eine Abfolge von Lehrern und Schülern wie in Alexandria, wo wir fünf Generationen aufeinander folgen sahen. Wie es scheint, ganz unabhängig, wurde in Pergamon gegen Ende des dritten Jahrhunderts v.Chr. unter der Regierung von Eumenes' Vorgänger Attalos I. (241–197 v.Chr.) eine neue Art von antiquarischer Forschung begonnen und während des ganzen zweiten Jahrhunderts fortgesetzt.

Bücher sind das unerläßliche Werkzeug des Philologen; die Ptolemäer[8] hatten, angespornt von den Dichterphilologen, Hunderttausende von Papyrusrollen in Alexandria gesammelt und aufbewahrt und die führenden Philologen nacheinander als Bibliothekare eingesetzt. In Pergamon ist nur Eumenes II. als Bibliotheksgründer bezeugt (Strabon XIII 624).[9] Die Ausgrabungen scheinen das zu bestätigen. Denn nach der Widmungsinschrift war es Eumenes II., der

---

5 S. oben S. 214. Wendel, *Buchbeschreibung* 60ff, versuchte vergebens zu beweisen, daß Aristophanes' Schüler Kallistratos nach Pergamon überwechselte und dort gegen Aristarch schrieb.

6 Sueton, *De grammaticis et rhetoribus* 2 (p. 4,4 Brugnoli 1963) ‹Crates ... missus ad senatum ab Attalo rege ... sub ipsam Ennii mortem› (169 v.Chr.); Attalos II. wurde 159/8 v.Chr. König und kann nicht 168 v.Chr. Krates nach Rom geschickt haben; es war Eumenes II. Dieselbe Verwechslung von Attalos und Eumenes in Lyd. *de mens.* I 28, der von Sueton abhängt. Varro nennt richtig Eumenes; Sandys I³ 111 (der Lydos' Zeugnis übersah) verstand durch eine weitere Verwechslung Eumenes I. (263–241 v.Chr.).

7 Sandys I³ 163, ‹The school of Pergamum› im Gegensatz zur ‹school of Alexandria›.

8 S. oben S. 127ff.

9 Schmidt, *Pinakes* test. 45–54, p. 16 über die Bibliothek von Pergamon, p. 28 über die pergamenischen Πίνακες; cf. pp. 43f. S. a. Kenyon, *Books and Readers* 68ff, und Wendel, *Buchbeschreibung* 90, und *Handbuch der Bibliothekswissenschaft* III 1 (²1955) 82ff.

dem großen Athene-Tempel auf der Akropolis das würdige Gebäude beigab, das seine Bibliothek aufnahm.[10] Krates mag seinem König bei der Einrichtung und Verwaltung der Bibliothek geholfen haben; diese Annahme wird dadurch nahegelegt, daß von ihm berichtet wird,[11] er habe eine Rolle bei der Entwicklung einer feineren Methode der Zubereitung von Schafshäuten als Schreibmaterial gespielt und deren Export nach Rom empfohlen.

Die Verwendung dieses besonderen Materials machte den Namen Pergamon unsterblich: Lydos Ῥωμαῖοι τὰ μέμβρανα Περγαμηνὰ καλοῦσιν, Suidas Περγαμηναί· αἱ μεμβρᾶναι; parchement, parchemin, Pergament. Es wurde im Altertum zur allgemein verbreiteten Legende, daß das Pergament in Pergamon ‹erfunden› wurde, als Ptolemaios V., der Zeitgenosse Eumenes' II., den Papyrusexport unterband.[12] Tatsächlich aber war das Schreiben auf Lederrollen im Vorderen Orient schon in früher Zeit durchaus verbreitet und war von den Griechen an der Westküste Kleinasiens schon vor dem fünften Jahrhundert übernommen worden.[13] Seit die Ausgrabungen von Dura-Europos am oberen Euphrat ein Dokument aus dem Jahr 195/4 v.Chr. ans Licht brachten,[14] das auf tadellos gefertigtem Pergament geschrieben ist, sind wir nicht länger berechtigt zu behaupten, daß die Pergamener zuerst die feinste Qualität davon hergestellt hätten. Dagegen scheinen sie es in größerer Menge hergestellt zu haben, wahrscheinlich, weil der Papyrusimport für die Skriptorien der wachsenden Bibliothek zu teuer wurde; auch waren sie wahrscheinlich die ersten, die es nach Westen ausführten, wie wir gerade hörten. Ob es wirklich für einige Zeit ein ägyptisches Papyrusembargo gab, bleibt eine offene Frage. Auf jeden Fall hatte das Pergament eine große Zukunft, besonders als die Form des Codex allmählich die der Schriftrolle verdrängte.[15]

Die literarischen Schätze mußte man katalogisieren; wir wiesen bereits darauf hin, daß es Περγαμηνοὶ πίνακες gab, als wir uns mit

---

10 *Altertümer von Pergamon* II und *RE* XIX (1937) 1258f.

11 Lydos, *De mensibus* ed. R. Wuensch (1898) I 28 = Mette, *Sphairopoiia* (1936) 105, test. 7; der oft zitierte Satz bei F. Boissonade, *Anecd. Graec.* I (1829) 420, geht auf Lydos zurück, s. Wuensch p. XXXI.

12 Varro (de bibliothecis?, s. Dahlmann *RE* Suppl. VI 1221) in Plin. *n.h.* XIII 70 ‹mox aemulatione circa bibliothecas regum Ptolemaei et Eumenis, supprimente chartas Ptolemaeo idem Varro membranas Pergami tradit repertas›; vgl. a. Lydos.

13 S. oben S. 36f.

14 F. Cumont, *Fouilles de Doura-Europos* 1922–23, Textes (1926) 281–5, Pergament-Zeugnis Nr. 1.

15 C. H. Roberts, ‹The Codex›, *Proc. Brit. Acad.* 40 (1954) 169ff; Terminologie ‹membrana›, ‹membranae›, etc. S. 174. – S. a. F. Wieacker, ‹Textstufen klassischer Juristen›, *Abh. Akad. d. Wiss. Göttingen*, Phil.-hist. Kl., 3. Folge, Nr. 45 (1960) 93ff, bes. 99.

ihrem großen alexandrinischen Vorbild beschäftigten.[16] Nur ein Bibliothekar, der Stoiker Athenodoros von Tarsos,[17] der im Jahre 70 v.Chr. nach Rom ging, ist namentlich bekannt. Zahlen von Büchern in den Bibliotheken muß man mit der nötigen Skepsis betrachten. Plutarch entnahm für sein *Leben des Marcus Antonius* einer Antonius und Kleopatra feindlich gesinnten Quelle die Geschichte, daß Kleopatra von ihrem letzten Liebhaber aus den pergamenischen Bibliotheken 200000 Bände zum Geschenk erhalten hätte;[18] moderne Gelehrte nehmen gewöhnlich an, daß durch diese Schenkung (um oder nach 41 v.Chr.)[19] die durch den Brand im Hafen von 47 v.Chr. verursachten Verluste der alexandrinischen Museumsbibliothek ausgeglichen wurden. Plutarch selbst bezweifelt die Zuverlässigkeit seiner Quelle (Calvisius?), und nirgends wird bestätigt, daß eine Überführung der ganzen Bibliothek stattgefunden hätte. Es ist zum Beispiel kaum vorstellbar, wie der berühmteste Sohn Pergamons im 2. Jahrhundert n.Chr., Galen, in dieser Stadt, in die er auch zweimal aus der Fremde wieder zurückkehrte, eine Anzahl seiner ungeheuer gelehrten Werke hätte schreiben können, wenn sie ihrer Bibliothek beraubt gewesen wäre; dasselbe könnte man von Galens älterem Zeitgenossen und Mitbürger Telephos sagen, einem fruchtbaren Autor über grammatische Fragen.[20]

Alexandria war teils Pergamons Vorbild, teils sein Rivale, und wir mußten schon mehrere Vergleiche anstellen. In der Philologie war, wie wir sahen, Krates die bestimmende Gestalt in Pergamon; im Gegensatz zu den alexandrinischen Dichterphilologen näherten er und seine Schüler sich dem literarischen Erbe als Philosophen, im besonderen als orthodoxe Stoiker.[21] Diese Verschiedenheit in der Annäherung im allgemeinen hinderte die jüngeren Pergamener nicht daran, aus den Fortschritten, die die alexandrinische Philologie in einem Jahrhundert oder mehr gemacht hatte, Nutzen zu ziehen.

Orthodoxe Stoiker waren notwendigerweise in der Interpretation von Dichtung Allegoristen. Der Allegorismus war nichts Neues. Echte Allegorie gibt es schon in der *Ilias*, in der Λιταί-Passage.[22] Frühe Homer-Erklärer im sechsten Jahrhundert v.Chr. beanspruchten für sich das Verdienst, verborgene Bedeutungen in vielen anderen

16 S. oben S. 167f.

17 H. v. Arnim, *RE* II (1896) 2045, Athenodoros Nr. 18.

18 Plut. *Anton.* 58 Καλουΐσιος ... καὶ ταῦτα τῶν εἰς Κλεοπάτραν ἐγκλημάτων Ἀντωνίῳ προὔφερε· χαρίσασθαι μὲν αὐτῇ τὰς ἐκ Περγάμου βιβλιοθήκας, ἐν αἷς εἴκοσι μυριάδες βιβλίων ἁπλῶν ἦσαν; cf. ibid. 59 ἀλλὰ τούτων μὲν ἐδόκει τὰ πλεῖστα καταψεύδεσθαι Καλουΐσιος. Zu Calvisius s. F. Münzer, *RE* III (1899) 1411f; vielleicht ist Clunius zu lesen. Plut. *Anton.* 58 sollte nicht ohne den zu Beginn von Kap. 59 gemachten Vorbehalt zitiert werden.

19 S. oben S. 266 Anm. 45.

20 Vgl. Wendel, *RE* V A (1934) 369.

21 Vgl. oben S. 176.

22 S. oben S. 20.

Partien entdeckt zu haben, besonders wenn sie Homer gegen seine Verleumder in Schutz zu nehmen bestrebt waren.[23] Im fünften und vierten Jahrhundert scheint Anaxagoras' Schüler Metrodor von Lampsakos ein echter Allegorist gewesen zu sein, nicht aber Demokrit oder einer der Sophisten. Platon und Aristoteles, folglich auch die Akademie und der Peripatos, lehnten den Allegorismus ab. Es gibt jedoch neuerlich Hinweise darauf, daß im vierten Jahrhundert Angehörige der orphischen Sekte einen allegorischen Kommentar zur *Kosmogonie* des Orpheus schrieben, auf den Euripides, Aristophanes und Platon anspielten; dieser Text war für die allegorische Behandlung, verbunden mit jener Art von Etymologie, die die ‹wahre› Bedeutung der Wörter herauszufinden versuchte, und mit der Erklärung von Glossen, außerordentlich geeignet.[24] Wenn auch elementarer, so liegt das doch auf der Linie Metrodors.

Seine weltweite Verbreitung aber verdankte der Allegorismus erst seiner Übernahme durch die stoische Schule. Führende stoische Philosophen (wenn auch nicht alle) nahmen die alten Fäden auf und verbanden sie mit ihren eigenen Grundlehren.[25] Da der λόγος (Vernunft) das Grundprinzip aller Dinge ist, muß er sich auch in der Dichtung manifestieren, wenn auch hinter dem Schleier von Mythen, Legenden und reiner Erdichtung verborgen. Zenon[26] und Kleanthes führten diese neue ‹Methode› ein und Chrysipp von Soloi vervollkommnete sie; ‹Chrysippus[27] ... vult Orphei, Musaei, Hesiodi Homerique fabellas accommodare ad ea quae ipse ... de deis immortalibus dixerat, ut etiam veterrimi poetae ... Stoici fuisse videantur›. Auf diese Weise versicherten sie sich für ihre eigene Philosophie des Beistandes Homers und anderer großer Dichter der Vergangenheit. Krates, dessen Lehrer noch unbekannt ist, stammte wie Chrysipp aus Kilikien; er stimmte im Prinzip mit ihm überein, doch seine Absichten waren andere. Die stoische Philosophie bedurfte nicht mehr der Bestätigung oder Erläuterung durch die alten Dichter; im Gegenteil, Krates konnte jetzt die Philosophie für eine ganz neue Erklärung der wahren Bedeutung der homerischen Gedichte benützen. Es war ihm sicher nicht bewußt, daß er der Dichtung Gewalt antat; und sicher wurden viele zukünftige Gelehrte bis herab zur Gegenwart durch sein Beispiel dazu verleitet, philosophische Lehren in verschiedener Form zur Erklärung von Dichtung und Prosaliteratur heranzuziehen.

Krates war nach Suidas Zeitgenosse Aristarchs unter der Herr-

---

23 S. oben Teil I, Kap. I–III passim.

24 Siehe Kapsomenos, Ἀρχ. Δελτ. 19, 22 (oben S. 132 Anm. 100); s. a. unten S. 292.

25 Pohlenz, *Stoa* I 97 und Belege II 55.

26 S. oben S. 193 zur Chronologie.

27 Cic. *de nat. deor.* I 41 = *SVF* II p. 316, Chrys. fr. 1077.

schaft des Ptolemaios Philometor, die ungefähr mit der Regierungszeit Eumenes' II. in Pergamon zusammenfiel.[28] Im bewußten Gegensatz zu den alexandrinischen γραμματικοί nahm der Στωϊκὸς φιλόσοφος wieder den Titel κριτικός an,[29] den er natürlich in dem weiteren philosophischen Sinn gebrauchte, den wir eben darzustellen versuchten. Aber unglücklicherweise gibt es nirgends ein Verzeichnis seiner Schriften; und die Zitate, die wir haben, erwähnen höchst selten einen Buchtitel. Suidas' biographischer Artikel bezeichnet ihn korrekt als Ὁμηρικός, bricht dann aber kurz nach einem entstellten Verweis auf ein Buch über Homer ab.

Allgemein nimmt man an, daß Krates einen ‹Kommentar› zu den beiden homerischen Gedichten schrieb. Als greifbare Hinweise darauf finden sich: Κράτη[ς δ' ἐν . Δ]ιορθωτικῶν ... φησίν zu einer Lesart in Φ 363;[30] Κράτης ἐν τοῖς Διορθωτικοῖς über das Prooemium der sogenannten *Ilias* des Apellikon;[31] Κράτης ἐν τοῖς Περὶ διορθώσεως zu der Bedeutung einer Glosse in μ 89.[32] Die zweifelhafte Bemerkung in allen unseren Suidashandschriften am Ende seines Krates-Artikels sollte uns nicht irreführen: συνέταξε †δὲ ὄρθωσιν† Ἰλιάδος καὶ Ὀδυσσείας βιβλία θ̄ καὶ ἄλλα; das läßt sich nur allzu leicht in διόρθωσιν (und in ἐν βιβλίοις) ändern und dann für den Schluß benützen, daß Krates eine kritische Textrezension gemacht hätte.[33] Die drei Zitate in der grammatischen Literatur deuten weder auf eine ἔκδοσις noch auf ein ὑπόμνημα hin, sondern auf eine Schrift zum Homer-Text im Stil der traditionellen Περί-Literatur.[34] Nur ein weiterer Titel wird zweimal zitiert: Κράτης ἐν β̄ τῶν Ὁμηρικῶν über den Okeanos in Φ 195f, (εἶπε

28 H. J. Mette, *Sphairopoiia. Untersuchungen zur Kosmologie des Krates von Pergamon* (1936) 103–10, test. 1–18. Test. 1 = Suid. s. v. Κράτης Τιμωκράτους Μαλλώτης; W. Kroll, *RE* XI (1922) 1634–41; Pohlenz, *Stoa* I 182f und II 92.

29 S. oben S. 197 Anm. 35 und S. 199 Anm. 53; vgl. bes. Sext. Emp. *adv. math.* I 79, 248.

30 *P. Oxy.* II (1899) 221 col. XVII 30, Scholia zu Φ, ed. Grenfell und Hunt, p. 74; zwischen ἐν und Δ]ιορθ. scheint ein Buchstabe zu fehlen, die Nummer des Buches. Krates wird auch col. XIV 9 zu Φ 282 zitiert. Derselbe Titel Schol. AT Ξ 255 Καλλίστρατος (Καλλίμαχος T) ἐν τοῖς Διορθωτικοῖς, vermutlich identisch mit seinem συγγράμμα Περὶ Ἰλιάδος (Schol. A *B* 111; 131; 435), und Schol. (HP) η 80 Χαῖρις ... ἐν Διορθωτικοῖς, offensichtlich kein ὑπόμνημα; cf. Schol. A *P* 607 Δίδυμος ἐν τοῖς Διορθωτικοῖς und Ω 557 Δ. ἐν πρώτῳ Διορθωτικῶν.

31 Ein Exzerpt in Osanns *Anecd. Roman.* nach der ‹Vita Romana› und der Abschnitt über die σημεῖα (s. unten S. 292 Anm. 39) verweisen auf besondere Prooemien der *Ilias*, s. T. W. Allen, Hom. *Il.* II (1931) p. 1 zu *A* 1; *Vitae Homeri* p. 32,20 Wil., der irrtümlich Κρ. ἐν διορθωτικαῖς druckte.

32 Schol. HM μ 89; zu διόρθωσις s. oben S. 264f.

33 Suid. v. Κράτης (oben Anm. 28). Die editio Basileensis druckte διόρθωσιν; βιβλία cod. G, βιβλίοις cett. codd.

34 S. oben S. 267.

δὲ τῷ γ̄ ibid.)[35] und Κράτης ἐν δευτέρῳ Ὁμηρικῶν zu einer Lesart in *O* 193, wo der Dichter von der Teilung der Welt in drei Bereiche spricht, von denen jeder einen göttlichen Herrscher hat.[36] Da Διορθωτικά und Ὁμηρικά kaum dasselbe sein können, ist es ziemlich wahrscheinlich, daß Krates zwei Monographien schrieb, deren jede mehr als ein Buch umfaßte, die erste möglicherweise in neun Büchern (βιβλία θ̄?). In den Διορθωτικά mögen Fragen der Textkritik im Vordergrund gestanden haben, in den Ὁμηρικά (sc. ζητήματα, προβλήματα?) kosmologische und geographische Probleme mit allegorischen Erklärungen; aber die Zitate weisen eher auf eine lose Vermengung in beiden Monographien hin. Man könnte vielleicht den orphischen Kommentar des vierten Jahrhunderts v.Chr. mit seiner ähnlichen Verbindung von allegorischen und lexikalischen Erklärungen zum Vergleich heranziehen, nur daß das Niveau bei Krates ein höheres ist. Es ist gut möglich, daß er über verwandte Gegenstände noch mehr Bücher geschrieben hat als die beiden, deren Titel bekannt sind.[37]

Die Ἀριστάρχειοι Didymos und Aristonikos schenkten Krates' ketzerischen Ansichten wenig Beachtung; unsere Hauptquellen für die Fragmente[38] sind daher nicht die Scholien im Venetus A, sondern die exegetischen Scholien in den anderen *Ilias*-Handschriften B (Ven. 453), T (Townleianus Brit. Mus. Burnley 86), Gen. (Genav. 44), und die verwandten Scholien in *P. Oxy.* 221 zusammen mit Scholien in einigen wenigen *Odyssee*-Handschriften (HM) und besonders Eustathios, der noch Scholien exzerpieren konnte, die uns verloren sind. Diese Quellen werden ergänzt durch die Monographien über die Allegorie, Ps.-Herakleitos ἀλληγορίαι und Ps.-Plutarch über Homer. Der Gegensatz zwischen Aristarch und Krates in den Lesarten des Textes und in den Interpretationsmethoden ist überall sichtbar, aber es ist nicht ganz sicher, welcher früher schrieb; wenn es besser bezeugt wäre, daß das Zeichen der διπλῆ περιεστιγμένη von Aristarch(?) πρὸς τὰς γραφὰς ... Κράτητος gebraucht wurde,[39] wäre die Priorität

35 Schol. Gen. Φ 195 = fr. 32a Mette; wenn εἶπε τῷ γ̄ bedeutet τῶν Ὁμηρικῶν, hatte das Werk mindestens drei Bücher.

36 Schol. A *O* 193.

37 Siehe E. Maass, ‹Aratea›, *Philolog. Untersuchungen* 12 (1892) 170ff; ich kann seine Folgerungen nicht annehmen.

38 Wir haben keine vollständige Sammlung der Fragmente; K. Wachsmuth, *De Cratete Mallota* (1860), ist veraltet; die sorgfältig edierten Texte bei Mette, *Sphairopoiia* (1936) 112–298, fortgeführt in Mette, *Parateresis*, Untersuchungen zur Sprachtheorie des Krates von Pergamon (1952) 65–185 mit Bibliographie und Quellenindex, sind sehr hilfreich; aber Mette betont in seiner Einleitung p. VI, 5, daß seine ‹Texte› keine Sammlung der Fragmente sind, sondern sich auf die in den zwei Büchern zur Diskussion stehenden Probleme beschränken und nur bestimmt sind, dem Leser zu helfen.

39 *Anecd. Roman.* (s. oben S. 221 Anm. 51) p. XLIII 15 Dind. Ἀριστάρχεια σημεῖα ... ἡ περιεστιγμένη διπλῆ πρὸς τὰς Ζηνοδοτείους γραφὰς (oben S. 267) καὶ Κράτητος καὶ αὐτοῦ Ἀριστάρχου κτλ.; cf. ibid. p. XLV 15 *Anecd. Ven.*; Mette,

von Krates' Διορθωτικά gegenüber Aristarchs zweiter ἔκδοσις gesichert.

Beispiele für Krates' Lesarten findet man in den oben zitierten Zeilen aus seinen beiden Homer-Monographien; das auffallendste Beispiel seiner Auslegung einer ganzen Episode ist seine allegorische Interpretation von Σ 483–608, der Anfertigung von Achilles' Schild durch Hephaistos. Das Aristonikos-Scholion zu Σ 483[40] verrät uns, daß Zenodot die ganze Stelle athetierte; warum er es tat, darüber kann jeder seine eigenen Vermutungen anstellen, wie bei all seinen anderen Athetesen und Konjekturen.[41] Offensichtlich hatte er etwas auszusetzen an der sehr detaillierten Schilderung von Hephaistos' Meisterstück, die in der homerischen Dichtung keine Parallele hat, und einen Obelos anzubringen war der einzige Ausweg, der ihm einfiel.[42] Seit diesem Tag war der ‹Schild› für alle Zeiten eine umstrittene Sache; Wilamowitz zum Beispiel bewunderte Zenodots Kühnheit und Scharfsinn. Krates, weit davon entfernt, die Schilderung als Interpolation zu verdächtigen, fand eine andere Lösung, dieselbe, die er auf den Schild des Agamemnon in Λ 32–40 anwandte: Homer meinte, wenn er zehn Teile eines Schildes beschrieb, etwas ganz anderes, nämlich die zehn Himmelskreise.[43] Die Einzigartigkeit der 125 Verse ist nach seiner Meinung gerechtfertigt, hierin drückt sich die tiefe kosmische Kenntnis und Weisheit des Dichters hinter dem Schleier der Worte aus, den nur der interpretierende Philosoph heben kann. Den Satz in Schol. Arat. *Ph.* 26 δημιουργῷ γὰρ τῷ Ἡφαίστῳ χρησάμενος τῆς Ἀχιλλέως ἀσπίδος ‹ταύτ›ην ὑπέθετο κόσμου μίμημα kann man mit Zuversicht Krates zuweisen, da er mit dem über Agamemnons Schild in Schol. T Λ 40 ταύτην δὲ ὁ Κράτης μίμημα τοῦ κόσμου φησὶν εἶναι identisch ist. Die nüchternen alexandrinischen Grammatiker hatten für derlei Phantastereien keine Verwendung; es ist aber verständlich, daß Krates spätere stoische Philosophen beeindruckte und sogar beeinflußte, wenn sie sich mit Homer auseinandersetzen mußten. Poseidonios wurde ein ‹gemäßigter Krateteer›[44] und meinte bei Homer die Kenntnis der Gezeiten des Ozeans entdeckt zu haben, durch die er seine Theorie bestätigt glaubte; das war sein Ziel, wie es das seiner Vorgänger von Zenon bis

---

Sphairop. test. 18 a, b; s. a. Wachsmuth. Varro *L. L.* VIII 68 (= Crat. fr. 64 a p. 100, 31 Mette) scheint Krates' Priorität zur Voraussetzung zu haben: ‹sic enim respondere voluit Aristarchus Crateti›.

40 S. oben S. 218 Anm. 27.

41 S. oben S. 138ff.

42 Vgl. oben S. 282; er stellte die wenigen Verse über Agamemnons Schild nicht in Frage.

43 Mette, *Sphairopoiia* 36ff zu Σ 468ff, 30ff zu Λ 32ff, fr. 23a–i pp. 172–88.

44 K. Reinhardt, ‹Posidonius› *RE* XXII 667ff, bes. 668,24ff; er hatte in seiner Dissertation *De Graecorum theologia capita duo* (1910) 59ff, ‹De Crate Mallota›, Krates' allegorischen Kommentar zum Schild des Achilles und Eustathios' (cf. bes. pp. 1154,35ff) Zwischenquelle rekonstruiert.

Chrysipp gewesen war, während es Krates als Philologen vor allem um die Erklärung Homers ging.

Was wir von Krates' Etymologien wissen,[45] legt den Gedanken nahe, daß sie Teil seiner Homer-Exegese sind. Im zweiten Jahrhundert v.Chr. war die Etymologie noch kein wesentlicher Bestandteil der Grammatik.[46] Chrysipp war der stoische Spezialist Περὶ ἐτυμολογικῶν,[47] aber sein Einfluß auf Krates scheint gering gewesen zu sein, wenn man von der Erklärung der Götternamen wie Ζεύς (fr. 2 und 3 Mette) und Ἤιε Φοῖβε (fr. 55) absieht. Als Ὁμηρικός steht Krates auf diesem Gebiet den alexandrinischen Grammatikern näher als Chrysipp, was nicht überrascht, wenn wir seine Haltung gegenüber verschiedenen anderen Problemen der Sprache vergleichen.

Einige Verweise auf epische, lyrische und dramatische Dichtung zeigen, daß er sich auch für verschiedene nicht-homerische Fragen interessierte; doch findet sich nirgends der Titel eines ὑπόμνημα oder einer Monographie zitiert, und neuere Versuche, die Fragmente Büchern mit erfundenen Titeln zuzuweisen, waren erfolglos.[48]

Als Verfechter der stoischen Kosmologie mußte Krates Hesiods Erzählung von Γῆ und Οὐρανός kritisieren (Schol. Hes. *Th.* 126 = fr. 47 Mette). Sein Interesse an Hesiods Gedichten ging jedoch viel weiter; er verwarf einen Vers über die göttergleichen Kyklopen (Hes. *Th.* 142) und war so kühn, eine Alternativlösung anzubieten, möglicherweise von eigener Hand.[49] Er athetierte nicht nur, wie schon Praxiphanes und Aristarch, das Prooemium der *Erga*, sondern auch das der *Theogonie*.[50] Aus der nachklassischen Dichtung erregten besonders Arats astronomische *Phainomena* seine Aufmerksamkeit, wenn auch die darauf bezogenen Fragmente zu seinen Homer-Schriften gehören.[51] In der verwirrenden Kontroverse um Alkmans Geburtsort[52] stand er wieder auf der Seite Aristarchs und auch Aristoteles', da er nach Suidas glaubte, jener sei ein Lyder aus Sardes gewesen; ein jüngst entdeckter Kommentar zu Alkman hat gezeigt, daß diese Ansicht von Partien in den Gedichten hergeleitet war,[53] während die Gegenpartei ihre Annahme von Alkmans lakonischer Herkunft auf Lokalpatriotismus gegründet zu haben scheint. Na-

---

45 R. Schröter, *Studien zur Varronischen Etymologie* (1959) 64ff.

46 Cf. R. Reitzenstein, ‹Etymologika›, *RE* VI (1909) 810.

47 S. oben S. 248 Anm. 202.

48 Wachsmuth, *De Crat. Mall.* 55ff; kritische Einwände E. Maass, *Aratea* 167ff; 213,4; vernünftig Kroll, *RE* XI 1635.

49 Jacoby ad loc.; ich kann nicht glauben, daß Zenodot epische Verse fabriziert hat, würde es aber bei Krates nicht für ausgeschlossen halten.

50 S. oben S. 269, zu den *Erga*; zur *Theogonie* s. Jacoby test. 47b (Vita Chisiana) p. 125.

51 Siehe Maass, *Aratea* 33ff; 165ff.

52 D. L. Page, Alcman *Partheneion* (1951) 167ff.

53 P. Oxy. 2389 (1957) fr. 9 (= *PMG* Alcm. fr. 13 p. 22) I 11; cf. fr. 6 (= *PMG* Alcm. fr. 1, Schol. B p. 7) I 6ff. Zu Aristarch s. oben S. 270.

türlich interessierte Krates sich für die astronomische Passage im *Rhesos*;[54] er kritisierte Euripides' Unkenntnis der Astronomie, entschuldigte ihn aber damit, daß das Stück ein frühes, eines des jungen Dichters sei; es ist zumindest wahrscheinlich, daß er dafür die διδασκαλίαι eingesehen hatte, die in den Einführungen des Aristophanes von Byzanz greifbar waren. Wie die Peripatetiker und die Alexandriner so zog auch er die Echtheit des Stückes nicht in Zweifel wie ‹einige› (ἔνιοι) in der Antike und viele in neuerer Zeit.[55] Krates soll sich mit den ‹Teilen der Komödie› (κατὰ Κράτητα ... μέρη κωμῳδίας)[56] beschäftigt haben, und sein Schüler Herodikos stellte eine Liste der Κωμῳδούμενοι auf[57] wie Ammonios, aber es besteht kein Grund, daraus zu schließen, daß die Pergamener[58] zwei Perioden der Attischen Komödie (ἀρχαία und νέα) aus stilistisch-rhetorischen Gründen unterschieden, im Gegensatz zu der gebräuchlichen hellenistischen Einteilung in drei Perioden (ἀρχαία, μέση, νέα).

Schon dieser kurze Überblick über die spärlichen Zeugnisse vermittelt den Eindruck, daß Krates ein ernstzunehmender Philologe war, fähig, solide Gelehrsamkeit zu entfalten. Er ging an den Ergebnissen früherer Forschungen nicht vorüber, auch wenn es sich um Arbeiten von Gelehrten handelte, die im Prinzip seine Gegner waren. Wenn man dies festhält, kann man die Ehrlichkeit und Ernsthaftigkeit seiner zuweilen befremdlichen Methode der allegorischen Interpretation kaum in Zweifel ziehen.

Alle vorhellenistischen Dichter, deren Namen in Krates' Fragmenten auftauchen, hatten ihren Platz in den alexandrinischen Auswahllisten, die er sicher kannte. Wenn die Pergamener eigene Listen von ἐγκριθέντες[59] hatten, so wie sie allgemeine Verzeichnisse hatten, können sich diese Listen, wenigstens was die Dichter betrifft, kaum wesentlich von den alexandrinischen unterschieden haben, obgleich in Pergamon ein größeres Interesse an den Rednern bestanden haben mag. Ob Krates selbst sich mit ἐγκρίνειν befaßte, wissen wir nicht; aber wir wissen genau, daß er, der stolz den Titel eines κριτικός, nicht eines einfachen[60] γραμματικός beanspruchte, die κρίσις ποιημάτων praktizierte. Da die Lesarten und Erklärungen des letzten

54 Schol. [Eur.] *Rhes.* 539f; vgl. oben S. 273 Anm. 84; zu Aristoph. Byz. und Dikaiarchos s. S. 238.

55 Siehe E. Fraenkels eingehende Besprechung von W. Ritchie, ‹The Authenticity of the *Rhesus* of Euripides› (1964) in *Gnom.* 37 (1965) 228–41.

56 Tzetz. *Proleg.* p. 21, 68 Kaibel.

57 Athen. 586 A, 591C.

58 G. Kaibel, *Herm.* 24 (1889) 56ff; cf. Susehmil I 426, 88; s. aber auch die Einwände von A. Körte, ‹Komödie› *RE* XI (1921) 1256f, bes. 1257, 48ff.

59 S. oben S. 254.

60 Sext. Emp. *adv. math.* I 79 = Crat. fr. 17 Mette τὸν μὲν κριτικὸν πάσης, φησί, δεῖ λογικῆς ἐπιστήμης ἔμπειρον εἶναι, τὸν δὲ γραμματικὸν ἁπλῶς γλωσσῶν ἐξηγητικῶν καὶ προσῳδίας ἀποδοτικὸν καὶ τῶν τούτων παραπλησίων εἰδήμονα; cf. ibid. I 248 = fr. 18 M.

Herausgebers des Philodemos-Papyrus Περὶ ποιημάτων offensichtlich durch eine sorgfältige Nachprüfung bestätigt wurden,[61] ist es nicht unwahrscheinlich, daß Krates, geleitet von Chrysipps Theorie der φωνή, den Anspruch erhob, den Wert eines Gedichtes nach dem Klang seiner Worte, nach der Euphonie, durch den bloßen Akt des Hörens (ἀκοή) beurteilen zu können.

Ein gegen Euphorion[62] gerichtetes unflätiges Epigramm, das anonym bei Planudes steht, bietet in *AP* XI 218 den Namen Κράτητος. Die zwei boshaften Distichen entbehren ganz der Pointe, wenn sie nicht während Euphorions Lebenszeit oder kurz danach geschrieben sind. Es war kein guter Gedanke,[63] diese Anhäufung obszöner Anspielungen dem Gelehrten aus Mallos zuzuschreiben, der kaum vor Euphorions Tod (um 200 v.Chr.) zu schreiben begonnen haben kann; man könnte auch erwarten, daß dieser Krates seine Theorie in die Praxis umgesetzt und nach Euphonie gestrebt hätte, die dem Epigramm gänzlich mangelt. Es gab viele Κράτητες,[64] unter ihnen sogar einen Epigrammatiker (Diog. L. IV 23); man kann den Malloten endgültig davon entlasten, diese Art Dichtkunst verbrochen zu haben. Es gibt kein Zeugnis dafür, daß er oder irgendeiner seiner Schüler Verse geschrieben haben.

Der Allegorismus, besonders wie Chrysipp ihn entwickelt hatte, war, wie wir sahen, ein wesentlicher Bestandteil des stoischen philosophischen Denkens;[65] dann wandte ihn Krates auf seine neue Art von Homer-Erklärung an. Auf dem Gebiet der Sprache gibt es eine bemerkenswerte Parallele. Chrysipp hatte in der Nachfolge von Zenon

---

61 Chr. Jensen, Philodemos *Über die Gedichte,* V. Buch (1923) 146ff, ‹Zur Poetik des Krates von Pergamon›; die Lesart von col. XXI 25, pp. 48f = fr. 86 Mette p. 182, 1, ist entscheidend, cf. 59f. S. jetzt F. Sbordone, ‹Filodemo e la teoria dell'eufonia›, *Rendiconti della Accademia di Archeologia, Lettere e Belle Arti,* N. S. XXX (Napoli 1955) 25–51. Wenn die Titel einiger Schriften des Demokrit über Μουσικά von Diog. L. richtig verzeichnet sind, scheint er sich in Περὶ καλλοσύνης ἐπέων und in Περὶ εὐφώνων καὶ δυσφώνων γραμμάτων (*Vors.* 68 B 18 a, b) mit der Euphonie befaßt zu haben. S. oben S. 63 Anm. 138 und cf. Licymn. *Art. script.* B XVI 3 κάλλος δὲ ὀνόματος κτλ.

62 S. oben S. 187.

63 A. Meineke, *Analecta Alexandrina* (1843) 7f; 30ff. Meinekes Autorität hat trotz gelegentlicher Einwände (s. M. Gabathuler, *Hellenistische Epigramme auf Dichter* [1937] 94; 172, und A. S. F. Gow, *The Greek Anthology* II (1965) 222f) ihren Einfluß nie eingebüßt. Zu dem Epigrammatiker Krates s. Geffcken, *RE* XI 1625.

64 Ein anderer dieser Κράτητες ist der Verfasser einer Schrift über attische Dialekte, die Athenaios häufig zitiert; es handelt sich fast mit Sicherheit um den Athener, der auch Περὶ τῶν 'Αθήνησι θυσιῶν schrieb, nicht um den pergamenischen Grammatiker. Mettes Argumente (*Parateresis* 48ff) für seine Autorschaft sind nicht überzeugend. Alle Fragmente sind jetzt zusammengestellt und kommentiert von F. Jacoby *FGrHist* 362 ‹Krates von Athen› (vol. III B 1950–5).

65 Siehe S. 290.

und Kleanthes innerhalb des größeren Systems seiner formalen Logik eine Sprachtheorie entwickelt;[66] in der nächsten Generation übernahm Krates sein System der linguistischen Anomalie und, wie alle Anhänger der stoischen Lehre, gewisse grammatische Regeln. Wir bemühten uns weiter oben herauszufinden, wie einige der ionischen Dichter Muster der Deklination und Etymologie in Ansätzen vorausnahmen,[67] und festzustellen, wieweit die Sophisten und Demokrit, Platon und Aristoteles sich linguistischen Studien widmeten. Aber erst bei den Stoikern wurde diesen Studien innerhalb ihres philosophischen Systems ein fester Platz eingeräumt; grammatische Regeln und Termini wurden nun streng festgelegt und die vorbereitenden Anstrengungen von Jahrhunderten vervollständigt und zusammengefaßt.

Nur wenige Beispiele[68] können hier gebracht werden, hauptsächlich um die Beziehungen der stoischen zu älteren Einteilungen und Termini zu zeigen. Vier Teile der Rede (μέρη τοῦ λόγου) übernahm man von Aristoteles:[69] ὄνομα, ῥῆμα, ἄρθρον, σύνδεσμος, aber im ersten Teil wurde eine neue Unterteilung vorgenommen (von Chrysipp?) zwischen dem ὄνομα als ‹Eigenname› (später κύριον ὄνομα) und dem προσηγορικόν, dem ‹Appellativum›. Der Gebrauch des Terminus πτῶσις, früher auf verschiedene Änderungen der Wortformen und Ableitungen angewandt,[70] wurde auf ὄνομα und ἄρθρον und ihre vier ‹Fälle›, eine ὀρθή und drei πλάγιαι, eingeschränkt. Dies ist besonders bemerkenswert, da die drei πλάγιαι πτώσεις schon in Anakreons Kleobulos-Gedicht vorhanden sind und alle vier in Archilochos' Leophilos-Iambos.[71] Der Rhetor Kleochares, der in der ersten Hälfte des dritten Jahrhunderts v.Chr. überraschend mit fünf Fällen eines Eigennamens mit Einschluß des Vokativs (Δημόσθενες) spielt, kann ein theoretisches System dieser Zeit, von dem wir nichts wissen, gekannt haben;[72] was wir in der frühen ionischen Dichtung des siebenten und sechsten Jahrhunderts v.Chr. finden, war offensichtlich nur ein freies Spiel mit den wechselnden Formen derselben Wörter.

Was die Benennungen der einzelnen πτώσεις betrifft, die wir alle noch immer in der Schule lernen, so verursachte der Name der αἰτιατικὴ πτῶσις, des ‹accusativus›, immer Unbehagen und wird noch dis-

---

66 Siehe S. 250 über das Verhältnis der Wörter zu den Dingen; Sprache war für ihn natürlich φύσει, nicht θέσει, cf. oben S. 87f.

67 S. oben S. 28ff.

68 Cf. Steinthal I 271ff, J. Wackernagel, *Vorlesungen über Syntax* I 14ff, R. H. Robins, *Ancient und Mediaeval Grammatical Theory* (1951) 25ff, Barwick, *Stoische Sprachlehre*, passim, und vor allem M. Pohlenz, ‹Begründung der abendländischen Sprachlehre durch die Stoa›, *NGG* 1939 = *Kleine Schriften* I (1965) 39ff, und *Die Stoa* (1948/9) I 37ff, II 21ff.

69 Oben S. 103.

70 Siehe S. 104f.

71 Siehe S. 29, Anm. 63 zu πτῶσις.

72 Siehe S. 30 Anm. 66.

kutiert. Die Schwierigkeit bestand darin, den Gebrauch dieses Falles mit der natürlichen Ableitung des Wortes αἰτιατική von αἰτιᾶσθαι, ‹anklagen›, (‹in accusandi› sc. casu, Varro, *L. L.* VIII 66) oder von αἴτιον, ‹Ursache›, in Einklang zu bringen; so wurde der Vorschlag gemacht,[73] der Name solle als von αἰτιατόν, ‹das Bewirkte› (Aristot. *An. post.* 98a 36, al.) abgeleitet werden, und dies wurde mit einstimmigem Beifall als passend für einen Casus, der das Ergebnis einer Handlung bezeichnet, angenommen. Aber erst kürzlich wurde mit großem Scharfsinn argumentiert,[74] daß es doch wenigstens eine Möglichkeit gibt, an der Herkunft der Bezeichnung von αἰτιᾶσθαι festzuhalten, und zwar über die Konstruktion des Akkusativ mit dem Infinitiv und des Akkusativ in der *oratio obliqua*, auf die Aristoteles in Περὶ σοφιστικῶν ἐλέγχων wiederholt Bezug nimmt.

In der traditionellen Einteilung der Nomina in drei Geschlechter hatte sich die Bezeichnung des dritten Geschlechts schon einmal geändert (von σκεῦος in μεταξύ);[75] jetzt wurde sie οὐδέτερον, ‹keines von beiden›, das heißt weder männlich noch weiblich.

Es gab vor Aristoteles keine klare Feststellung, daß die verschiedenen Formen des ῥῆμα, des Verbs, verschiedene zeitliche Beziehungen ausdrücken; die Stoiker mit ihrem feinen Sprachgefühl setzten sechs χρόνοι, ‹Zeiten› fest, vier ὡρισμένοι (Präsens, Imperfekt, Perfekt und Plusquamperfekt) und zwei ἀόριστοι (Futur und Aorist).

Viele Einzelheiten der Entwicklung bleiben für uns im dunkeln; aber die endgültige Normierung und Kodifizierung der τέχνη γραμματική ist erhalten, nicht in einem Buch eines stoischen Philosophen, sondern in dem Handbuch eines 'Αρισταρχειος, des Dionysios Thrax.[76] Wir erwähnten schon früher[77] den Streit zwischen den stoischen Anomalisten, zu denen Krates gehörte, und den sogenannten alexandrinischen Analogisten, einen Streit, der so oft in der späteren lateinischen[78] und in der modernen Literatur hervorgehoben wurde. Man sollte nicht allzuviel Gewicht auf ihn legen, denn es gab zu allen Zeiten eine lebhafte Wechselwirkung zwischen den sich befehdenden Lagern, die in Dionysios' Buch zu einer Art Ausgleich führte. Der wichtigste Berührungspunkt war dieser: wenn es auch Aristophanes' Hauptanliegen war, aus seiner Entdeckung analoger Muster in der

73 F. A. Trendelenburg, *Acta Societatis Graecae Lipsiensis* I (1836) 123; vgl. Wackernagel, *Vorlesungen über Syntax* I 19, Sandys I³ 147, Wilamowitz, *Griech. Lesebuch*, Erläuterungen, 2. Halbbd. 245 (zu Dionys. Thr. in Textband II 384,21).

74 E. Kapp. ‹Casus accusativus›, *Festschrift B. Snell* (1956) 17–21 [= *Ausgewählte Schriften*, 1968, 278ff].

75 S. oben S. 104.

76 Unten Kap. VIII.

77 Siehe S. 250.

78 Gell. *N. A.* II 25,4 ‹duo Graeci grammatici illustres Aristarchus et Crates summa ope ille ἀναλογίαν, hic ἀνωμαλίαν defensitavit› (= Crat. fr. 64b p. 138,12 Mette).

Deklination einige wenige allgemeine Beugungsregeln abzuleiten,[79] so beobachtete er doch auch mit wachem Sinn die Vielfalt der Formen in der gesprochenen Sprache, der συνήθεια. Und gerade in dieser Beobachtung der Unregelmäßigkeit tat sich Krates hervor. Sextus Empiricus nannte sie τὴν κατὰ τὴν κοινὴν τῶν πολλῶν συνήθειαν παρατήρησιν;[80] dieser Ausdruck, der in der Schule der medizinischen Empiriker so oft gebraucht wird, ist in den Zitaten von Krates selbst oder in denen seiner Schüler noch nicht aufgetaucht, aber er charakterisiert gut sein Vorgehen. Es kann sogar sein, daß diese empirische Beobachtungsweise selbst und ihre Bezeichnung auf einen neuen Einfluß der exakten Wissenschaften auf die Philologie zurückgehen.[81]

Die pergamenischen Philologen der nächsten Generation, die als Krates' eigene Schüler bekannt sind,[82] standen auf keinem sehr hohen Niveau. Aber der führende stoische Philosoph Panaitios ist auch als sein μαθητής bezeugt. Während andere sogenannte Κρατήτειοι fortfuhren, die Alexandriner bis zu einem gewissen Grad zu bekämpfen, wußte Panaitios Aristarchs Größe als Interpret voll zu würdigen[83] – wie auf der anderen Seite Aristarchs Schule die Überlegenheit der Pergamener auf dem Gebiet der Grammatik bereitwillig anerkannte.[84] Krates' weitreichendster Einfluß aber kam von seiner Sendung nach Rom im Jahre 168 v.Chr. Roms Fühlungnahme mit der griechischen Kultur hatte schon vier oder fünf Jahrhunderte vor dieser Gesandtschaft begonnen, und die Hellenisierung seiner Literatur wurde in der zweiten Hälfte des dritten Jahrhunderts v.Chr. durch die Übersetzung griechischer Dichtung ins Lateinische verstärkt. Rom hatte schon vor Krates' Besuch seine eigenen Dichterphilologen. Dieser Besuch fand eine unerwartete Verlängerung dadurch, daß Krates in einer schadhaften Kloake auf dem Palatin sich das Bein brach, und er benutzte die Zeit seiner Wiedergenesung zu Vorlesungen vor einem römischen Publikum; die Wirkung auf die Römer war, wie Sueton berichtet,[85] ‹ut carmina diligentius retractarent ac legendo commentandoque etiam ceteris nota facerent.› Es war kein schlechtes Omen, daß die erste persönliche Berührung mit den Römern zufällig durch einen stoischen Philologen geschah, denn die stoische Philosophie sprach den römischen Geist immer an.[86] Das beste Beispiel ist Panaitios' Vertrautheit mit dem jüngeren Scipio und seinen Freunden in der folgenden Generation.

---

79 S. oben S. 250f; vgl. S. 280.

80 Sext. Emp. *adv. math.* I 179 (= Crat. fr. 64e p. 140,33 Mette).

81 K. Deichgräber, *Die griechische Empirikerschule* (1930) 378 παρατηρεῖν; Mette, *Parateresis*, passim, aber s. die kritischen Einwände von R. Schröter, *Gnom.* 27 (1955) 328ff.

82 Kroll, *RE* XI (1922) 1640, 57ff.

83 S. oben S. 283.

84 S. unten S. 326.

85 Sueton, *De grammaticis et rhetoribus* c. 2, s. oben S. 287 Anm. 6.

86 M. Pohlenz, *Die Stoa* I 257ff, ‹Die Stoa in Rom›.

Im Vergleich zur Stoa waren andere Philosophenschulen in späterer hellenistischer Zeit in der Philologie und in anderer Hinsicht von sekundärer Bedeutung.[87] Als zum Beispiel zwölf Jahre nach Krates eine athenische Gesandtschaft in Rom ankam, in der Karneades die Akademie, Kritolaos den Peripatos vertrat, hören wir nichts von philologischer Tätigkeit oder einem entsprechenden Einfluß ihrerseits. Akademie und Peripatos begannen nicht vor dem ersten Jahrhundert v.Chr. die Schriften ihrer Gründer herauszugeben und zu erklären und in gewisser Weise das Werk Aristophanes' und Aristarchs als Herausgeber und Interpreten fortzusetzen.

Dieses Kapitel über Pergamon muß mit einem kurzen Blick auf ein Nebengebiet der Philologie schließen. Es gab nun eine Anzahl antiquarischer Autoren,[88] die ihre Sammelwerke weder aus literarischen Quellen noch aus den Erzählungen auswärtiger Besucher, sondern auf Grund eigener Anschauung zusammenstellten. Kallimachos für sein Teil hatte auf die Tatsache hingewiesen, daß er niemals das Meer überquert,[89] sondern seine ungeheure Gelehrsamkeit zu Hause in Alexandria angesammelt hätte, und seine Schüler folgten seinem Beispiel. Nun aber finden wir Reisende, die Orte, die sie selbst besichtigt hatten, mit all ihren Schätzen beschrieben. Der früheste in Pergamon könnte Antigonos von Karystos gewesen sein, den Attalos I. (241–197 v.Chr.) an seinen Hof berief; wenn die Identifizierung mindestens dreier Träger dieses Namens richtig ist,[90] muß er eine einmalige Erscheinung gewesen sein. Er prüfte Kunstwerke mit dem geschärften Blick des Künstlers – er war selbst Bildhauer – und beschrieb sie in seinen Schriften; Antigonos war es, der bemerkte, daß die berühmte Nemesis-Statue in Rhamnus ἔχει ἐν τῇ χειρὶ μηλέας

87 Die spärlichen Zeugnisse sammelte M. Gigante, ‹Poesia e critica letteraria nell' Accademia antica›, *Miscellanea di Studi Alessandrini in memoria di A. Rostagni* (1963) 234ff, C. O. Brink, ‹Peripatos› *RE* Suppl. Bd. VII (1940) 937ff; Ph. de Lacy, ‹The Epicurean Analysis of Language›, *AJP* 60 (1939) 85ff.

88 Zu den Ausdrücken ἀρχαιολογία und ‹antiquitates› s. oben, S. 74.

89 Call. fr. 178, 27ff, und vol. II p. XXXIX. Kallimachos beschrieb gern Werke der alten Kunst, holte sich seine Kenntnisse aber nur aus literarischen Quellen, s. fr. 114 mit Add. II (Delischer Apoll), fr. 100 (Samische Hera), fr. 197 (Hermes von Ainos).

90 Wilamowitz, *Antigonos von Karystos* (1881). H. Usener nahm die Widmung dieses Buches mit Freude an, s. *Usener und Wilamowitz*, Ein Briefwechsel 1870–1905 (1934), Nr. 12–14. H. Diels, *DLZ* III (1882) 604f, billigte seine kühnen Hypothesen. E. Rohde, *Lit. Zentralbl.* (1882) 56ff = *Kl. Schriften* I 356ff, erschien der ‹Stil› abstoßend, und das Selbstvertrauen des jungen Genies irritierte ihn. Im Hintergrund stand dabei, neben der alten Kontroverse zwischen Wilamowitz und Nietzsche, Rohdes eigene, ganz andere Auffassung des Hellenismus. Die Schärfe seines abschließenden Verdikts ‹Originalität des Humbugs› ist verständlich, aber trotzdem ungerecht. – Es besteht auch jetzt noch ein gewisser Zweifel an einigen Gleichsetzungen, da niemand alle Argumente Wilamowitz' nachgeprüft hat.

κλάδον· ἐξ οὗ ... πτύχιόν τι μικρὸν ἐξηρτῆσθαι τὴν ἐπιγραφὴν ἔχον «Ἀγοράκριτος Πάριος ἐποίησεν.»[91] Anderwärts finden wir ihn in der traditionellen Art Παράδοξα wörtlich aus Kallimachos abschreiben.[92] Als Biograph wiederum verwarf er das literarische Verfahren von Hermippos und Satyros[93] und ihresgleichen und entwarf persönlich authentische Charakterstudien seiner Zeitgenossen, besonders der Philosophen, denen er in Athen und anderen Städten begegnet war.

Verglichen mit dieser pittoresken und vielseitigen Persönlichkeit des späteren dritten Jahrhunderts war Polemon,[94] aus Ilion stammend und daher Untertan der Attaliden, ein ausgesprochener Spezialist, ein unwahrscheinlich gelehrter Antiquar, ὁ κληθεὶς Περιηγητής (Suid.). Die geographische Periegese ist so alt wie die Γῆς περίοδος, die ‹Reise um die Erde› des Hekataios von Milet im frühen fünften Jahrhundert v.Chr.; aber die ‹antiquarische› Periegese,[95] die sich nicht mit Geographie, sondern mit Altertümern, besonders Baudenkmälern befaßt, ist eine neue charakteristische Erscheinung des hellenistischen Zeitalters. Pausanias,[96] in der zweiten Hälfte des zweiten Jahrhunderts n.Chr., hat sie dankbar benützt; er verband das, was er gesehen hatte, mit dem, was er gelesen hatte, in seiner Ἑλλάδος Περιήγησις, der einzigen vollständig erhaltenen Periegese. Polemon wurde im Jahr 177/6 durch die Ernennung zum πρόξενος in Delphi geehrt, wahrscheinlich als Anerkennung für sein Buch Περὶ τῶν ἐν Δελφοῖς θησαυρῶν (fr. 27 Pr.); aus ähnlichen Gründen erhielt er das Bürgerrecht Athens und anderer Städte. Die delphische Inschrift ist das beste Zeugnis für seine Lebenszeit und zeigt ihn als Zeitgenossen von Aristophanes und Aristarch. Seine Ἐπιστολὴ πρὸς Ἄτταλον (fr. 70, 72 Pr.) war wohl an König Attalos I. (241–197 v.Chr.)[97] gerichtet.

Etwa dreißig Titel von Schriften Polemons sind bekannt; eine da-

91 Zenob. vulg. V 82; die Lexikographen, Phot. etc. unterließen den Hinweis auf Antigonos.

92 S. oben S. 170.

93 S. oben S. 188f.

94 Polemonis Periegetae *Fragmenta* coll. L. Preller, 1838 (Nachdruck 1964); vgl. die Besprechung von O. Jahn, *Jahrbücher für wissenschaftliche Kritik* 2 (1840) 585–605. K. Deichgräber, *RE* XXI (1952) 1288ff.

95 Die Unterscheidung stammt von F. Jacoby, 369 *FGrHist* (vol. III B [1955] pp. 132ff) Kommentar I und II pp. 90f; aber ich ziehe den Ausdruck ‹antiquarische Periegese› seiner ‹historischen Periegese› vor (cf. Polemo, ed. Preller, p. 155). Einen brauchbaren Überblick gibt H. Bischoff, *RE* XIX (1937) 725ff; vgl. E. Pernice, ‹Handbuch der Archäologie› = *Handbuch der Altertumswissenschaft* VI 1 (1939) 240ff, ‹Periegeten und Periegesen›.

96 G. Pasquali, ‹Die schriftstellerische Form des Pausanias›, *Herm.* 48 (1913) 161ff.

97 *SIG*³ 585, 114 Πολέμων Μιλησίου Ἰλιεύς: Suid. s. v. setzt ihn unter Ptolemaios V. (204–180 v. Chr.) als Zeitgenossen des Aristophanes von Byzanz an, fügt aber hinzu καὶ διήκουσε καὶ τοῦ Ῥοδίου Παναιτίου.

von in wenigstens sechs Büchern verbesserte die Beschreibung von Kunstwerken, die Antigonos von Karystos und Adaios gegeben hatten,[98] und es ist bekannt, daß er darin feststellte, die alte attische Aussprache sei Ἁζηνιεῖς, Ἑρχιεῖς, Ἁλιεῖς mit spiritus asper gewesen.[99] Ein neues Fragment aus dem oben erwähnten[100] Papyrus-Kommentar zu Hipponax ist uns willkommen als zusätzliches Zeugnis für die Aufmerksamkeit, die er Problemen der Sprache zuwandte: er wird für die Erklärung von σαννάδες als ‹Wildziegen› zitiert, eine Dialektform, die wahrscheinlich eine kretische Eigentümlichkeit ist.[101] Polemons Quellen waren die Inschriften. Sie waren von den Geschichtsschreibern von alters her nicht vernachlässigt worden; aber es ist unsicher, wieweit selbst Krateros,[102] als er um 300 v.Chr. seine ψηφισμάτων συναγωγή verfaßte, die Archive benutzte und wieweit er an den Steinen selbst arbeitete. Wir wissen aber, daß Polemon umherzog, um selbst Inschriften von den στῆλαι zu kopieren, und daß der Krates-Schüler Herodikos ihm den Spitznamen στηλοκόπας gab.[103] Es gab niemanden, der es ihm darin gleichtat, bis Cyriacus von Ancona im fünfzehnten Jahrhundert n.Chr. noch einmal begann, die Überreste der antiken Denkmäler und Inschriften ausfindig zu machen und zu verzeichnen.

Polemon besuchte Kleinasien, die Ägäis, das Mutterland, im Westen Magna Graecia und Sizilien; aber seine Studien konzen-

---

98 Πρὸς Ἀδαῖον καὶ Ἀντίγονον fr. 56–69 Pr., cf. pp. 193f; auch wenn der Text der Fragmente nicht ausdrücklich polemisch ist, ist es doch sehr wahrscheinlich, daß πρός ‹gegen› bedeutet, wie es sicher in einigen vergleichbaren Titeln, Πρὸς Τίμαιον (fr. 39ff), Πρὸς Ἐρατοσθένην (fr. 48f) und anderen der Fall ist. Zu πρός s. oben S. 168 Anm. 67.

99 Phot. Berol. pp. 38,11ff. Reitzenstein; Polem. fr. 65 Pr. aus Suid., der Photios abschrieb. Zur Aspiration s. K. Meisterhans, *Grammatik der attischen Inschriften* (^{3}1900) 86.

100 S. oben S. 246; *P. Oxy.* XVIII (1948) 2176, col. I 6; Deichgräber in seinem Artikel ‹Polemon›, *RE* XXI (1952) hat es übersehen, wo auch ein Hinweis auf *P. Oxy.* 1611, 101–11 fehlt. – *P. Oxy.* XXXI (1966) 2535, col. II 12 φησι Πο[λέμων, von Turner als Alternativlösung zu anderen Ergänzungen vorgeschlagen; Polemon, der über die athenische Akropolis sowie über Epigramme schrieb, könnte in diesem Kommentar zu dem Epigramm, das an der Bronzequadriga nahe den Propyläen der Akropolis angebracht gewesen sein soll, zitiert sein (ich verdanke den Hinweis auf diese mögliche, aber ungesicherte Ergänzung M. Treu).

101 Lattes Lesart und Ergänzung Κ̣ρ[ῆτ]α̣ς *Philol.* 97 (1948) 40 ist mit den Tintenspuren und mit dem vorhandenen Raum vereinbar.

102 342 *FGrHist.*

103 Fr. 78 Pr. mit ausführlichem Kommentar; aber niemand kann sagen, was Herodikos mit seinem Scherz genau gemeint hat (‹tablet-tapper› Sandys, ‹tablet-glutton› L–S etc.); Pasquali, *Herm.* 48,177, versteht das Kompositum durch Analogie mit λιθοκόπος als ‹Steinhauer›, was überhaupt nicht überzeugend ist.

trierten sich natürlich auf Athen. Vier seiner Schriften widmete er den Altertümern Athens, eine davon in vier Büchern den Weihgeschenken auf der Akropolis (fr. 1–5 Pr.); wir können seinen Angriff auf Eratosthenes Περὶ τῆς Ἀθήνησιν Ἐρατοσθένους ἐπιδημίας (fr. 47 bis 52 Pr., auch abgekürzt τὰ πρὸς Ἐρατοσθένην) als fünfte Nummer zu dieser Gruppe zählen. Polemon, der ein viel schärferer und geübterer Beobachter der Denkmäler war als der große Wissenschaftler und ‹philologus›, ertappte jenen so oft bei Fehlern, daß er es nicht lassen konnte, den halb humoristischen, halb boshaften Zweifel zu äußern, ob Eratosthenes überhaupt je in Athen gewesen sei;[104] mindestens drei der fünf gesicherten Fragmente scheinen sich auf Eratosthenes' zwölf Bücher Περὶ τῆς ἀρχαίας κωμῳδίας zu beziehen.[105] Die Attische Komödie war ein Lieblingsgegenstand der alexandrinischen, wenn auch nicht der pergamenischen Philologie gewesen. Polemon war in der glücklichen Lage, die Arbeiten der Alexandriner heranziehen und gleichzeitig aus seiner persönlichen Kenntnis der örtlichen Denkmäler, Feste und Bräuche Nutzen ziehen zu können. In derselben Weise förderte sein Besuch Siziliens seine Bekanntschaft mit Epicharm und der Dorischen Komödie, wie sich in seinem Werk in zwölf Büchern Πρὸς Τίμαιον (fr. 39–46 Pr.) zeigt. Hier führte er auch den Ursprung der Parodie auf Hipponax zurück, offensichtlich in Verbindung mit dem Studium der frühen Komödie (fr. 54); überall sehen wir ihn sich unbekümmert in Abschweifungen ergehen.

Wenn er auch ein unermüdlicher Reisender durch die ganze griechische Welt (nicht darüber hinaus) war, fehlte Polemon doch nicht ein gewisser Sinn für Lokalpatriotismus; Suidas eröffnet das Verzeichnis seiner Schriften mit ἔγραψε Περιήγησιν Ἰλίου ἐν βιβλίοις γ'. Aus diesen drei Büchern sind keine Zitate erhalten, aber möglicherweise kann man ihnen zwei Fragmente zuordnen, eines über den Kult des Apollon in Σμίνθος, τόπος τῆς Τρῳάδος (fr. 31 Pr.) und ein weiteres über den Stein – er wurde den Besuchern von Ilion noch gezeigt (fr. 32 Pr.) –, auf dem Palamedes Schach gespielt haben soll, das Spiel, das er in den ermüdenden Jahren des Trojanischen Krieges erfunden hatte. Das schließt ein, daß Polemon seinen Geburtsort mit der Lage des homerischen Troja und dem Schlachtfeld der *Ilias* gleichsetzte. Aber es findet sich in den Zitaten und Zeugnissen nicht der geringste Hinweis darauf, daß er dieses heikle Problem je erörtert hätte. Sein Name wird in der ausführlichen Abhandlung seines Landsmannes Demetrios von Skepsis[106] über diese Frage nicht erwähnt, obwohl frühere Autoren ausgiebig zitiert werden, und keine

104 *FGrHist* 241 T 10; zu Eratosthenes in Athen s. oben S. 192f.

105 S. oben S. 200ff.

106 R. Gaede, *Demetrii Scepsii quae supersunt* (Diss. Greifswald 1880); E. Schwartz, *RE* IV (1901) 2807ff = *Griechische Geschichtschreiber* (1957) 106ff.

Polemik zwischen den beiden περιηγηταί über die homerische Topographie[107] ist bezeugt.

Demetrios' Darstellung des Τρωϊκὸς διάκοσμος (Schlachtordnung der Trojaner)[108] muß in der Mitte des zweiten Jahrhunderts v.Chr. geschrieben worden sein, nach Krates, den Demetrios angriff (fr. 68 Gaede), und vor Apollodor, der das Buch für seinen Νεῶν κατάλογος zur Hand hatte.[109] Er lebte als reicher, unabhängiger Landedelmann[110] – ein Ausnahmefall für einen Philologen – in seiner kleinen Heimatstadt, die für sich in Anspruch nahm, von Skamandrios, dem Sohn Hektors, gegründet worden zu sein; das einzige Kompliment, das er an den pergamenischen Hof richtete, war sein Zitat aus einer Schrift König Attalos' I. (der bereits tot war), der berühmten Passage über die Καλὴ Πεύκη, die Riesenpinie, einer Grenzmarke der Troas.[111] Im Gegensatz zu Polemon beschränkte Demetrios sich auf die Topographie und die Altertümer seiner Heimat und veröffentlichte das Ergebnis seiner Untersuchungen in Gestalt einer Interpretation[112] von zweiundsechzig Versen aus dem zweiten Buch der *Ilias* (*B* 816–77), dem Katalog der Trojaner. Darin, daß er keine Monographie Περὶ τοῦ Τρωϊκοῦ διακόσμου[113] daraus machte, folgte er im Grunde dem Vorbild des alexandrinischen ὑπόμνημα, wie besonders Aristarch es entwickelt hatte; aber er blähte es zu dem monströsen Umfang von dreißig Büchern auf.[114] Alle Informationen über Völker und Örtlichkeiten, Dialektglossen und seltene literarische Formen – aber ohne stoische Allegorien und dergleichen – ordnete er nach der Reihenfolge der homerischen Verse an.[115]

Demetrios machte Hellanikos[116] den Vorwurf der Parteilichkeit für die Bewohner Ilions (χαριζόμενος τοῖς Ἰλιεῦσι), weil er in seinen

---

107 Sandys I³ 155f erweckt leider den Eindruck, daß Polemon und Demetrios den neuzeitlichen Kämpen auf diesem Feld zuvorgekommen seien; Hellanikos ‹von Milet› ist ein Schreibfehler.

108 Strab. XIII 609 ἐκ δὲ τῆς Σκήψεως καὶ ὁ Δημήτριός ἐστιν, οὗ μεμνήμεθα πολλάκις, ὁ τὸν Τρωϊκὸν διάκοσμον ἐξηγησάμενος γραμματικός, κατὰ τὸν αὐτὸν χρόνον γεγονὼς Κράτητι καὶ Ἀριστάρχῳ.

109 Strab. VIII 339 παρ' οὗ (sc. Demetr. Sceps.) μεταφέρει τὰ πλεῖστα (sc. Apollodor).

110 Diog. L. V 84 πλούσιος καὶ εὐγενὴς ἄνθρωπος καὶ φιλόλογος ἄκρως.

111 Strab. XIII 603 exzerpiert Demetrios; cf. W. Leaf, *Strabo on the Troad* (1923) XXVIIff und 204f.

112 ἐξηγησάμενος oben Anm. 108, ἐξήγησιν unten Anm. 114.

113 Strabon, der noch das Original benutzte (cf. Leaf, loc. cit.), zitierte nie Περὶ τοῦ Τρ. δ., sondern immer ἐν τῷ πρώτῳ (δευτέρῳ, etc.) τοῦ Τρ. δ.; Hestiaias Buch war eine Monographie Περὶ τῆς Ὁμήρου Ἰλιάδος.

114 Strab. XIII 603 ἀνδρὶ ἐμπείρῳ καὶ ἐντοπίῳ φροντίσαντί τε τοσοῦτον περὶ τούτων ὥστε τριάκοντα βίβλους συγγράψαι στίχων ἐξήγησιν μικρῷ πλειόνων ἑξήκοντα τοῦ καταλόγου τῶν Τρώων.

115 Gaede (oben S. 303 Anm. 106) 16.

116 *FGrHist* 4 T 22 und F 25ᵇ (cf. F 31).

Τρωϊκά (um 400 v.Chr.) die offenbar ortsübliche Meinung, daß die jetzige und die homerische Stadt dieselbe seien, unterstützt hatte. Er seinerseits wurde, weil er diese Ansicht verwarf, von Schliemann mit dem Vorwurf bedacht, er neide Ilion seinen Ruhm.[117] Aber tatsächlich führte Demetrios τὴν Ἀλεξανδρίνην Ἑστίαιαν, die Περὶ τῆς Ὁμήρου Ἰλιάδος, ... πυνθανομένην εἰ περὶ τὴν νῦν πόλιν ὁ πόλεμος συνέστη[118] geschrieben hatte, als Zeugin an, wenn er auch nicht sagt, ob die gelehrte alexandrinische Dame die erste war, die diese Frage stellte. Auf jeden Fall findet sich keine Spur von ‹Neid› in Demetrios' Fragmenten; er gab sich, wie immer, die größte Mühe, für seinen Standpunkt Gründe anzuführen. Er trat in diesem Fall in gutem Glauben für einen rund sechs Meilen weiter südlich gelegenen Hügel am anderen Ufer des Skamander bei Bunárbashi ein, und viele moderne Fachleute seit dem Ende des achtzehnten Jahrhunderts schlossen sich seiner Meinung an. Die Ergebnisse der Ausgrabungen seit Schliemanns goldenen Tagen bis zur Gegenwart haben indes gegen Demetrios gesprochen. Die endgültige Feststellung C. W. Blegens lautete:[119] ‹If there ever was a Troy (and who can really doubt it?), it must have stood on the hill at Hissarlik›, und das heißt, in der Gegend von Ilion.

Der weite Gesichtskreis echter antiquarischer Forschung in Pergamon erweckte im 19. Jahrhundert aufrichtige Bewunderung,[120] als der sogenannte ‹Realismus› die ‹Enge› der mit Kritik und Grammatik beschäftigten Philologie empfand und nach allen Manifestationen des Geistes der antiken Welt Ausschau hielt. Demetrios wurde insofern mit Recht gepriesen, als seine realistische Auslegung das Verständnis eines besonderen Teiles der *Ilias* förderte. Doch kann in einem Fall wie dem seinen die Dichtung nur allzu leicht hinter dem Gebirge von gelehrtem Material, das davor angehäuft wurde, dem Blick entschwinden. Fünf Generationen hatten die Alexandriner daran gearbeitet, die literarischen Schöpfungen der Vergangenheit um ihrer selbst willen wiederherzustellen und zu erklären. Wenn die Dichtungen zu bloßen Quellen für historische oder topographische Untersuchungen würden, dann wäre das, worauf es der klassischen Philologie ankommt, so gut wie verloren. Diese Gefahr wird zum erstenmal in Pergamon in der einseitig betriebenen Altertumsforschung sichtbar.

---

117 H. Schliemann, *Trojanische Altertümer* (1874) Einleitung p. XL, cf. R. Jebb, *JHS* 2 (1881) 36f.

118 Strab. XIII 598 (fr. 26 Gaede).

119 ‹The Principal Homeric Sites› in *A Companion to Homer* (1963) 385; dieser meisterhafte Überblick beruht auf seinem eigenen monumentalen Werk *Troy* 1–4 (1950–8) und verweist auf Schliemann, Dörpfeld, Leaf, Page.

120 S. oben, Preller und E. Schwartz sowie Jebbs überraschendes Loblied auf Demetrios, abgedruckt bei Sandys I³ 155.

VIII

DIE EPIGONEN: VON ARISTARCHS SCHÜLERN BIS DIDYMOS

Es ist ein auffallendes Zusammentreffen, daß die Philologie in derselben Generation an verschiedenen Orten durch Aristarch, Krates von Mallos und Demetrios von Skepsis vertreten war; aber nur Aristarchs Schule brachte junge Philologen von beachtlichem Rang hervor, Apollodor von Athen und Dionysios Thrax.

Die Gewalttätigkeit Ptolemaios' VIII. zwang Lehrer und Schüler zusammen mit vielen anderen, Alexandria zu verlassen;[1] diese ‹erste Krise in der Geschichte der Philologie›, wie wir sie nannten, führte nicht zu ihrem Erlöschen, sondern zu ihrer Ausbreitung und Erneuerung in anderen Teilen der griechischen Welt und zuletzt in Rom. Der einzige Bericht von dieser Krise ist in einem Exzerpt erhalten, das Athenaios aus den Χρονικά des Andron von Alexandria auszog, der seinerseits Menekles von Barka[2] zitiert zu haben scheint; jener war möglicherweise ein Zeitgenosse der Krise und selbst Emigrant. Dieser Bericht, bei Athenaios leicht in Unordnung geraten, braucht und verdient eine sorgfältigere Interpretation, als ihm bisher zuteil wurde. In Perikles' Leichenrede rühmt Thukydides (II 41,1) Athen: τὴν πᾶσαν πόλιν τῆς Ἑλλάδος παίδευσιν εἶναι, und Isokrates[3] liebte es, dieses Thema in vielen Variationen zu wiederholen. Die beiden hellenistischen Geschichtsschreiber[4] des späten zweiten oder frühen ersten Jahrhunderts v.Chr. hatten offenbar diese berühmten Worte im Sinn, als sie den noch stolzeren Anspruch erhoben, die Alexandriner εἰσιν οἱ παιδεύσαντες, πάντας τοὺς Ἕλληνας καὶ τοὺς βαρβάρους, nicht nur aller Griechen, wie die Athener, sondern aller Griechen und Nicht-Griechen, der ganzen Welt.[5] Nach einer Periode

---

1 S. oben S. 260.

2 *FGrHist* 246 F 1 Andron, 270 F 9 Menekles; Athen. IV 184 BC. F. Kühnert, ‹Allgemeinbildung und Fachbildung in der Antike›, Deutsche Akademie der Wissenschaften zu Berlin, *Schriften der Sektion für Altertumswissenschaft* 30 (1961) 31f, berücksichtigt Menekles.

3 Isocr. *or.* 15 Περὶ ἀντιδόσεως 293ff, etc.; s. oben S. 72f.

4 Die folgenden Zitate sind Teile der eben nachgewiesenen Fragmente.

5 J. Jüthner, ‹Hellenen und Barbaren›, *Das Erbe der Alten* N. F. VIII (1923) 7 und passim; es kommt nicht in Betracht, daß καὶ τοὺς βαρβάρους in diesem Zusammenhang die Römer bedeuten könnte, wie E. Schwartz, *RE* I 2160 (1899) 35, und F. Jacoby, *FGrHist* IIIa (1943) p. 223, anzunehmen geneigt sind.

des Verfalls (ἐκλειπούσης ἤδη τῆς ἐγκυκλίου παιδείας), heißt es an der Stelle weiter, fand eine Neubelebung statt, paradoxerweise als Folge der Tyrannei Ptolemaios' VIII.: ἐγένετο οὖν ἀνανέωσις πάλιν παιδείας ἁπάσης κατὰ τὸν ἕβδομον[6] ... Πτολεμαῖον ... καλούμενον Κακεργέτην. οὗτος γὰρ ... οὐκ ὀλίγους ... φυγαδεύσας ... ἐποίησε πλήρεις τάς τε νήσους καὶ πόλεις ἀνδρῶν γραμματικῶν, φιλοσόφων, γεωμετρῶν, μουσικῶν, ζωγράφων, παιδοτριβῶν τε καὶ ἰατρῶν καὶ ἄλλων πολλῶν τεχνιτῶν, οἳ διὰ τὸ πένεσθαι διδάσκοντες ἃ ἠπίσταντο πολλοὺς κατεσκεύασαν ἄνδρας ἐλλογίμους. Die παιδεία in Alexandria, mit der Eigenschaft ἐγκύκλιος, war also nicht identisch mit dem hohen Ideal der griechischen Kultur bei Thukydides und Isokrates, sondern bedeutete kaum mehr als ‹Allgemeinbildung›,[7] ein Bildungsprogramm mit verschiedenen Fächern. Daß hier gerade sieben Arten von Leuten zusammengestellt sind, die sie ausübten und lehrten, mag Zufall sein, besonders da die Liste mit den Worten ‹und vieler anderer τεχνῖται› endet; wir sollten aber beachten, daß die Liste angeführt wird von den γραμματικοί und daß ‹Grammatik› die erste der im Trivium vertretenen ‹Künste› blieb, als die Reihenfolge der ‹sieben freien Künste› festgelegt wurde.[8] Von Alexandria aus verbreiteten die vertriebenen und mittellosen γραμματικοί ihre τέχνη über die Inseln und Städte und regten das geistige Leben an – unter ihnen die beiden hervorragenden Aristarchschüler: Apollodor floh aus Alexandria wahrscheinlich nach Pergamon und kehrte möglicherweise später in seine Heimatstadt Athen zurück, Dionysios Thrax begab sich auf die Insel Rhodos; beide setzten ihre philologische Arbeit eifrig fort.

Wenn dieser Lauf der Dinge von beachtlichem Wert für die betroffenen Orte war, so war es auch ein besonderer Glücksumstand für Apollodor,[9] daß er in allen drei großen Kulturzentren seiner Zeit, dem alten sowohl als auch den beiden neuen, gelebt hatte. Alles, was wir an Daten und Tatsachen über seine Laufbahn sicher wissen, haben wir durch einen anonymen hellenistischen Geographen (um 100 v.Chr.), seit den Tagen von Lucas Holstein (1630) und Isaac Vossius (1639) gewöhnlich Skymnos genannt. In einem langen Abschnitt des Prooemiums von Ps.-Skymnos' Περιήγησις,[10] in komischen Trimetern geschrieben, wird ein ungenannter φιλόλογος ge-

---

6 Über die abweichenden Zahlen s. oben S. 259.

7 E. Norden, *Die antike Kunstprosa* II (1898) 670f, Marrou, s. unten Anm. 8.

8 S. oben S. 74f über den Sophisten Hippias und vgl. Marrou, 260f; 561f. Das wichtige hellenistische Zeugnis, wahrscheinlich aus der Zeit des Dionysios Thrax, wurde von F. Marx (S. 76 Anm. 204) nicht aufgeführt und deshalb in der späteren Literatur über die Artes übergangen. Die ἰατροί und ζωγράφοι erscheinen auch in anderen Listen.

9 *FGrHist* (1929) 244 T 1–20, F 1–356, mit Kommentar; cf. *RE* I 2 (1894) 855–75 von R. Münzel (Leben) und E. Schwartz (Schriften; abgedruckt in *Griechische Geschichtschreiber* 1957 S. 253ff).

10 *GGM* I 196f, Z. 16–48 = T 2 Jac.; Diogenes Babyl. *SVF* III 210ff.

schildert, in Athen geboren und dort Schüler eines großen Lehrers, des Stoikers Diogenes von Babylon (der im Jahre 155 v.Chr. mit einer Gesandtschaft nach Rom ging und um 151 v.Chr. starb), dann ‹lange Zeit› mit Aristarch in Alexandria zusammenarbeitete und Verfasser einer iambischen Chronik über die 1040 Jahre von Trojas Fall (1184/3) bis zu dem Jahr war, in dem das Werk König Attalos II. Philadelphos von Pergamon (144/3 v.Chr.) gewidmet wurde. Thomas Gale identifizierte diesen φιλόλογος im Jahre 1675 richtig mit Apollodor von Athen.[11] Wenn Apollodor in den frühen fünfziger Jahren Diogenes' Schule angehörte, muß er um 180 v.Chr. geboren sein. Da er die Chronik gerade ein Jahr nach der Katastrophe in Alexandria Attalos widmete, können wir den Schluß ziehen, daß diese Widmung entweder eine Bitte um Asyl in Pergamon unterstützen sollte oder ein Ausdruck des Dankes für die Aufnahme dort war. Pergamon war nach Alexandria nicht nur der geeignetste Ort für einen Gelehrten, sondern Attalos und vor ihm sein Bruder Eumenes waren auch die größten königlichen Wohltäter seiner Heimatstadt Athen.

Es ist Ps.-Skymnos' Angaben kaum noch etwas aus anderen Quellen hinzuzufügen. Die biographische Tradition bei Suidas,[12] die aus Apollodor einen Schüler des Panaitios macht, hat offensichtlich unrecht, da Panaitios sein Altersgenosse und selbst Angehöriger von Diogenes' Schule war. Stratokles' Exzerpt in dem Papyrus des ‹Index Stoicorum› legt jedoch, wenn auch nicht in der Passage über Panaitios' Schüler, die Vermutung nahe, daß der γραμματικός und der stoische φιλόσοφος miteinander bekannt waren. Tatsächlich beruht die heutzutage verbreitete Annahme, daß Apollodor von Pergamon nach Athen zurückgekehrt sei (nach 133 v.Chr.?), auf der Ergänzung der beschädigten Zeile ὁ δὲ Πα[ναί]τιος καὶ τὸν γραμμ[ατικὸν 'Α]πολλόδωρον ἀπ[εδέχετο,[13] was bedeuten könnte, daß Panaitios, nachdem er schließlich aus Rom zurückgekehrt (um 135 v.Chr.) und Leiter der stoischen Schule in Athen geworden war (um 130 v.Chr.), ‹ihn willkommen hieß›. Wenn Apollodor den ersten drei Büchern seiner Χρονικά, die (wie Polybios' Ἱστορίαι) 144/3 v.Chr. endeten, noch ein viertes hinzugefügt hat, das bis 120/19 v.Chr. oder sogar bis 110/9 v.Chr. herabreichte, wie die Fragmente 56 und 219 vermuten lassen, könnte er das gut in seinem letzten Lebensjahrzehnt in Athen getan haben. Aus der ‹Chrestomathie›, welche die γραμματικοί zwischen berühmten Malern und Kriegern aufzählte, ist keine Hilfe zu ge-

11 Th. Gale, *Historiae poeticae scriptores antiqui* (1675) 43ff.

12 *FGrHist* 244 T 1 = Panaet. fr. 148 van Straaten; sogar von Polemon, der der Generation des Aristophanes von Byzanz angehörte, wird gesagt, daß er διήκουσε καὶ τοῦ Ῥοδίου Παναιτίου = Panaet. fr. 7. Konjekturen sind völlig zwecklos; irgend jemand, der über Panaitios schrieb, hat falsche synchronistische Aufstellungen gemacht.

13 *Ind. Stoic. Hercul.* col. LXIX ed. A. Traversa (1952) 90 = Panaet. fr. 149.

winnen; nachdem der Kompilator seinen Katalog der Vorstände der alexandrinischen Bibliothek mit dem Namen des Offiziers Kydas beschlossen hat,[14] machte er noch die Bemerkung, daß ‹unter Ptolemaios IX. (116–80 v.Chr.) die Grammatiker Ammonios, Zeno[dot], Diokles und Apollodor ihre Blütezeit hatten (ἤκμασαν)›.[15] Es kann sein, daß er die zwei wohlbekannten Aristarch-Schüler Ammonios und Apollodor von Athen meinte; aber wenn, dann war ihm mit seinem ‹neunten› ein Fehler unterlaufen, was ihm mit den Zahlen und Namen der Könige vorher schon zweimal passiert war; es kann auch sein, daß er die Namen von Leuten, die zu einer späteren Generation gehörten und uns unbekannt sind, zusammenstellte.

Ps.-Skymnos verdanken wir nicht nur das verläßliche biographische Material, sondern auch eine Skizze des Inhalts der Χρονικά[16] (V. 25–32) sowie eine Erklärung für die ungebräuchliche Verwendung der metrischen Form an Stelle von Prosa (33–44); da er ein bewundernder und gewissenhafter Leser des Originals war, aus dem er sogar einen ganzen Vers mit sehr geringen Veränderungen übernahm (V. 21 ∼ Apollod. F 58, 3), können wir seine Worte als authentisch betrachten. Er wiederholte Apollodors eigenes Argument, daß der komische Trimeter aus mnemotechnischen Gründen gewählt worden sei.[17] Für seine Zeitgenossen muß es eine unerwartete Neuheit gewesen sein,[18] daß ein von Aristarch herkommender Philologe nach Popularität strebte und deshalb das Wagnis einging, ein hochgelehrtes Werk in einer ‹dichterischen› Form abzufassen, die als Gedächtnishilfe gedacht war. Apollodor entfaltete eine bemerkenswerte Geschicklichkeit darin, all die Eigennamen und Zahlen in Verse zu fassen, vielleicht machte es ihm auch Spaß. Seine Chronik hat jedoch weder mit den echten Gedichten der großen Dichterphilologen noch mit den Lehrgedichten Arats und seiner Nachfolger etwas gemeinsam. Als tadellose und akkurat in Verse gebrachte Zusammenfassung historischer Ereignisse in chronologischer Reihen-

---

14 S. oben S. 260.

15 *P. Oxy.* 1241, col. II 17ff; zu Ammonios s. oben S. 265f.

16 F. Jacoby, ‹Apollodors Chronik›, *Philologische Untersuchungen* 16 (1902); Teile dieses Buches (416 S.) sind immer noch unentbehrlich, trotz der erweiterten und revidierten Ausgabe der Fragmente in *FGrHist* 244.

17 T 2, 35 μέτρῳ . . . τῷ κωμικῷ . . . εὐμνημόνευτον; diese iambische Form ist mit den daktylischen Καρνεονῖκαι des Hellanikos Ath. XIV 635 E = 4 *FGrHist* 85a kaum vergleichbar.

18 Suid. = T 1 ἦρξε δὲ πρῶτος τῶν καλουμένων τραγιάμβων, ein Satz, in dem nur ‘τραγ’-ιάμβων ein Fehler ist. Das ἰαμβεῖον wurde von Aristoteles *Poet.* 1449 a 24 μάλιστα λεκτικὸν τῶν μέτρων, etc. genannt; vgl. F. Jacoby, ‹Apollodors Chronik› 60–74, über den ‹didaktischen Iambus› des Apollodor und seine Nachahmer; wenn wieder jemand die metrische Technik dieser Verse untersuchen sollte, wird er den neuen Menander berücksichtigen müssen, s. J. W. White, *The Verse of Greek Comedy* (1912) 58ff, und E. W. Handley, *The Dyscolos of Menander* (1965) 56ff.

folge wandte sie sich an eine breitere Leserschaft; ihr größter (wenn auch nicht durchaus wünschenswerter) Erfolg war, daß sie das grundlegende Werk der kritischen Chronologie, Eratosthenes' Χρονογραφίαι, verdrängte.[19]

Apollodor mußte natürlich seine Χρονικά auf Eratosthenes' Werk gründen, doch brachte er einige durchgreifende Änderungen an; da er kein Naturwissenschaftler war, ließ er den Teil über die Prinzipien der wissenschaftlichen Chronologie aus, genau wie sein Zeitgenosse Polybios den mathematischen Teil von Eratosthenes' Geographie übergangen hatte. Während Eratosthenes' letztes Datum das von Alexanders Tod 324/3 v.Chr. war, nahm Apollodor die Zeit nach Alexander, möglicherweise bis zum Ende seiner eigenen Lebenszeit, etwa 110/9 v.Chr. mit herein.[20] Er übernahm Eratosthenes'[21] frühestes Datum, Trojas Fall im Jahre 1184/3 v.Chr. (F 63), datierte jedoch Homer 240 Jahre später, 944/3 v.Chr., und folgte damit Ephoros, nicht Eratosthenes, der einen zeitlichen Abstand von hundert Jahren angenommen hatte.[22] Die Dauer der frühen Epochen der griechischen Geschichte wurde nach γενεαί berechnet, d.h. nach Generationen von Königen oder anderen führenden Persönlichkeiten; beide, Eratosthenes und Apollodor, mußten innerhalb dieses Systems arbeiten. Das Schwierige war, daß die Dauer der γενεά nicht genau festgelegt war, sondern nur annäherungsweise als eine Periode von 30 oder $33^1/_3$ Jahren, einem Dritteljahrhundert, oder auch länger angesehen wurde. Eine weitere Schwierigkeit bestand darin, daß die Geburts- und Todesdaten einzelner Personen oft unbekannt waren, dagegen waren die Daten der wichtigsten Ereignisse und Taten in ihrem Leben bekannt, und Apollodor nahm an, daß sie gewöhnlich auf der Höhe ihres Lebens, wenn sie vierzig Jahre alt waren, stattfanden, ein Alter, das man in der Sprache der Medizin mit ἀκμή bezeichnete. Es läßt sich noch nicht nachweisen, ob dieser Ausdruck von Apollodor selbst oder von späteren Chronographen auf die Chronographie über-

---

19 S. oben S. 203ff; vgl. Jacoby, ‹Apollodors Chronik› 39–59 über Apollodors Methode; s. a. E. Schwartz und H. Diels, der mit seinem Artikel ‹Chronologische Untersuchungen über Apollodors Chronika›, *Rh. M.* 31 (1876) 1ff, angefangen hatte, auf diesem Gebiet zu forschen.

20 Die metrischen Fragmente (52–59), die die Ereignisse nach 144/3 betreffen, zeigen keinen Unterschied in Stil und Technik. Es gibt wenigstens kein zwingendes Argument, das vierte Buch der Χρονικά einem geschickten Fortsetzer zuzuschreiben, obwohl es nicht im Bereich unserer Möglichkeiten liegt, auf diesem Gebiet der Literatur eine gelungene Nachahmung vom Original zu unterscheiden. F 58,2 γιγνώσκεις ist allgemein an den Leser gerichtet wie in Hermesianax fr. 7,49 und 73 Powell, nicht an eine bestimmte Person.

21 S. oben S. 204.

22 Aristarch setzte Homer zur Zeit der Ionischen Wanderung, 1044/3 an, s. a. S. 279.

tragen wurde. Indem er sich an die Zahl 40 hielt,[23] stand er in einer alten verbreiteten Tradition, deren frühester literarischer Zeuge Hesiod, *Op.* 441, ist, wo ein Mann im Vollbesitz seiner Kraft τεσσαρακονταετὴς αἰζηός genannt wird, was von den Grammatikern (und warum nicht auch von Apollodor?) ausdrücklich als ἀκμάζων[24] verstanden wurde. Ich glaube nicht, daß man die unmittelbare Quelle eines so allesverschlingenden Lesers wie Apollodor aufspüren kann,[25] aber der dauernde Erfolg seines Experiments ist noch in Suidas' biographischen Artikeln erkennbar, wo das Verwirrung stiftende Wort γέγονε sich fast immer auf das Datum der apollodorischen ἀκμή bezieht (‹floruit›), nicht auf das Geburtsdatum.[26]

Apollodors zweite Neuerung war, daß er versuchte, genauere Daten zu gewinnen, indem er die Archontenlisten zugrunde legte.[27] Die Archontennamen, die man leichter in Versen unterbringen konnte als die Zahlen der Olympiaden, waren von Aristoteles' Zeit an in den διδασκαλίαι zur Datierung herangezogen worden,[28] und Demetrios von Phaleron[29] hatte eine ausführliche Ἀρχόντων ἀναγραφή herausgebracht, die nun nicht nur der Chronikschreiber, sondern auch der Leser heranziehen konnte. Das häufige Zusammentreffen hervorstechender Daten trat als brauchbare Hilfe in vielen Fällen hinzu, so zum Beispiel das der ἀκμή des Pythagoras mit der Tyrannis des Polykrates.

Ps.-Skymnos zählt in seinem Überblick über die Χρονικά auf: πόλεων ἁλώσεις, ἐκτοπισμοὺς στρατοπέδων (V. 26) κτλ., und φυγάς, στρατείας, καταλύσεις τυραννίδων (V. 31). Die Fragmente selbst sind wahrscheinlich nicht sehr typisch, da sie sich verhältnismäßig wenig mit Politik und Geschichte, dagegen sehr viel mit Philosophie und Dichtung befassen. Daran ist natürlich hauptsächlich der grammatische Charakter der Quellen schuld, aus denen wir unsere Apollodor-Zitate gewinnen, es kann aber auch eine gewisse Vorliebe des Diogenes- und Aristarch-Schülers für die Literatur verraten. Wenn wir nur an das eine literarische Beispiel, drei Verse über Menander, denken, sehen wir, daß zwischen den Lebensdaten die vollständige

---

23 Zu dieser und anderen Zahlen s. den gut mit Belegen ausgestatteten und anmutigen Aufsatz von F. Boll, ‹Die Lebensalter›, *Neue Jahrbücher für das klassische Altertum* 31 (1913) 103,2 (= *Kleine Schriften* 1950, S. 172,5).

24 Hesych (Cyrill.) v. αἰζήϊος · ἀκμάζων, cf. *Et. Gud.* 42,16 Stef. mit vielen Parallelen.

25 Eine mögliche Quelle für die Zahl 40 könnte Aristoxenos über Pythagoras sein (s. fr. 16 Wehrli) und Apollod. F 339.

26 S. den berühmten Aufsatz von E. Rohde, ‹Γέγονε in den Biographica des Suidas›, *Rh. M.* 33 (1878) 161ff = *Kleine Schriften* I (1901) 114–84.

27 Jacoby, ‹Apollodors Chronik› 57ff.

28 S. oben S. 108, vgl. S. 166 (Kallimachos), 238 (Aristoph. Byz).

29 *FGrHist* 228 F 1–3, 10; cf. Apollod. 244 F 31 (ἐπὶ Καλλίου), 34 (ἐπὶ Ἀφεψίωνος und ἐπὶ Καλλιάδου).

Zahl seiner Stücke mit 105 angegeben ist: Κηφισιεὺς ὤν, ἐκ ‹δὲ› Διοπείθους πατρός, / πρὸς τοῖσιν ἑκατὸν πέντε γράψας δράματα / ἐξέλιπε πεντήκοντα καὶ δυεῖν ἐτῶν.[30] ‹ex istis tamen centum et quinque omnibus solis eum octo vicisse idem Apollodorus eodem in libro scribit›. Die Zahl πέντε (andere zählen 109 oder 108) ist für den Text der Χρονικά durch das Metrum gesichert, während Zahlen in Prosatexten leichter der Entstellung ausgesetzt sind. Die Information über die Stücke, an denen Apollodor besonders interessiert war, ist sicherlich den διδασκαλίαι in den revidierten Πίνακες und in den Ὑποθέσεις des Aristophanes von Byzanz entnommen; Apollodor mußte nur noch die Zahlen in seine nicht uneleganten Trimeter bringen.

Die iambischen Χρονικά wurden zur Autorität, wie Fortsetzungen, Nachahmungen und sogar Fälschungen beweisen. Eine offenkundige Fälschung war ein geographisches Handbuch, ebenfalls in komischen Trimetern und unter Apollodors Namen,[31] verfaßt im ersten Jahrhundert v.Chr. Unter den Fortsetzungen wurde eine am Ende des ersten Jahrhunderts v. Chr. über die orientalische Geschichte in Prosa geschriebene von christlichen Autoren von Klemens und Eusebios bis Synkellos häufig zitiert. Aber zum Unglück für unsere Kenntnis von Apollodors Werk wurde dieses in augusteischer Zeit von einem mehr auf die Praxis abgestimmten Handbuch, den Χρονικά des Kastor von Rhodos, verdrängt.[32]

Apollodor brachte noch zwei andere große Werke und einige kleinere heraus; für die Daten ihrer Entstehung oder Veröffentlichung gibt es keine Zeugnisse. Selbst die Chronik war, wie wir sahen, das Werk eines γραμματικός; in jenen anderen Werken finden wir ihn vollständig auf die Interpretation griechischer Dichtung konzentriert. Die Monographie Περὶ τοῦ τῶν νεῶν καταλόγου war eine gelehrte Abhandlung über homerische Geographie, und Περὶ θεῶν befaßte sich mit homerischer Religion.

Aristarch hatte in seiner Monographie Περὶ τοῦ ναυστάθμου die Absicht gehabt, die gesamte Anordnung der griechischen Schiffe auf der Reede aus den diesbezüglichen *Ilias*-Stellen zu rekonstruieren;[33] er hatte bereits da und dort in seinem Kommentar herauszubekommen versucht, wie der Dichter die verschiedenen Helden mit ihren Mannen am Strand verteilt hatte. Demetrios von Skepsis, der große Lokalspezialist, hatte in seinem Τρωϊκὸς διάκοσμος eine Aufstellung

30 Gell. *N. A.* XVII 4,5 = F 43 mit Kommentar; zu der problematischen Zahl der Komödien s. A. Körte, *RE* XV (1931) 713f. – Da der Vers vor Κηφισιεύς nicht bekannt ist, ist es schwierig, die fehlende kurze Silbe vor Διοπείθους zu ergänzen; ich würde δέ Casaubons τε vorziehen.

31 F 313–30, cf. T 16.

32 *FGrHist* 250; cf. E. Schwartz, ‹Die Königslisten des Eratosthenes›, *AGGW* 40 (1894/5) 93ff, zu Kastors Pseudochronologie.

33 S. oben S. 262; cf. Lehrs[3] 221ff.

der trojanischen Verbündeten in Kleinasien von minuziöser Genauigkeit gegeben.[34] Diese Untersuchungen haben Apollodor sicher beeinflußt; gewiß kannte er Demetrios gut.[35] Nach Ansicht Apollodors hatte der Dichter des Schiffskatalogs im zweiten Buch der *Ilias* eine Beschreibung des heroischen Griechenland gegeben, und es war Pflicht des Interpreten, all die Namen der Orte, Stämme und Helden dem Leser zu erklären.[36] Wir können sicher sein, daß er nicht so viele Mühe an seine zwölf Bücher verwendet haben würde, wenn er nicht an die Autorschaft Homers für den Katalog geglaubt hätte. Tatsächlich hat keiner der Grammatiker ihn als Teil ‹hesiodischen Charakters› oder ‹kyklischen› Ursprungs verdächtigt; sie begnügten sich damit, wie in anderen Partien der Dichtung, einige einzelne Verse zu athetieren. So hatte Apollodor es nicht mit der Frage zu tun, ob es da Einschaltungen aus späteren Quellen gäbe oder ob in dem Griechenkatalog eine vorhomerische Überlieferung erhalten wäre. Erst die moderne Homer-Kritik legte diese Möglichkeiten nahe, die noch immer nicht ohne harte Fehden und persönliche Invektiven erforscht werden.[37] Für Apollodor war der Katalog ein echter, ursprünglicher Teil von Homers Werk, und er zog alle ihm verfügbare Kenntnis nachhomerischer Geographie heran, um die im Katalog überlieferten Namen zu identifizieren.

Wieder ließ er sich von Eratosthenes' Genius leiten; die beschreibenden – nicht die theoretisch wissenschaftlichen – Teile von Eratosthenes' Γεωγραφικά, die mit Homer begannen, waren sein Vorbild und die Hauptquelle seiner zwölf Bücher Περὶ τοῦ τῶν νεῶν καταλόγου.[38] Das Verhältnis ist dem ähnlich, das wir zwischen den chronologischen Werken der beiden Philologen bemerkten. Die umfangreichsten Auszüge aus Apollodor sind bei Strabon erhalten, besonders in den Büchern VII–X seiner großen geographischen Kompilation[39] – ebenso wie er in anderen Teilen (I/II und XIII) unsere Hauptquelle für Eratosthenes und Demetrios ist. Strabon wies jedoch seine Auszüge aus Apollodor nur selten namentlich nach, so daß eine genaue

---

34 S. oben S. 304f.

35 T 14 οὐχ ὁμολογεῖ τοῖς ὑπὸ τοῦ Σκηψίου Δημητρίου λεγομένοις (cf. F 157d; 181).

36 F 154–207; cf. T 12–15.

37 Siehe G. Jachmann, *Der homerische Schiffskatalog* (1958), und D. L. Page, *History and the Homeric Iliad* (1959) 118ff, und Anm. S. 155ff, mit umfangreichen Verweisen auf die streitenden Parteien. Ich bin geneigt, Eduard Meyer, *Geschichte des Altertums* II 1 (^{2}1928) 294 Anm., beizustimmen, wo die Folgerung in T. W. Allens Monographie (*The Homeric Catalogue of Ships*, 1921, S. 168) ‹the Catalogue appears . . . the oldest Greek verse we possess›, freimütig als ‹Unfug› verworfen wird; desungeachtet kommt Allens Folgerung von Zeit zu Zeit in Mode.

38 T 13 τὰ πλεῖστα μετενέγκας παρὰ τοῦ 'Ερατοσθένους; vgl. oben S. 206f.

39 S. die Aufstellung in *FGrHist* II *Kommentar* S. 776f.

Analyse[40] ganzer Kapitel erforderlich sein wird, bevor die Auszüge aus Apollodor von denen aus anderen Autoren wie Ephoros, Artemidor und Demetrios unterschieden werden können. Wenn Strabon ein wörtliches Zitat mit dem Titel eines Werkes einführte, bediente er sich der Formel ἐν τοῖς (τῷ) Περὶ (τοῦ) νεῶν καταλόγου,[41] und wir können daraus schließen, daß Apollodor nicht einen fortlaufenden Kommentar, ein ὑπόμνημα, Vers für Vers zu *B* 494ff schrieb, sondern die einzelnen Teile des Katalogs in loser Form im Stil der Περί-Literatur behandelte.[42]

Seine außerordentliche Gelehrsamkeit und seine weitgespannte Übersicht über die epische Periode befähigten Apollodor, ein zusammenhängendes Bild des homerischen Griechenland und der seitdem eingetretenen Veränderungen zu entwerfen; sein Ziel war es, die geographischen Anschauungen des Dichters zu bestimmen, so wie Aristarch herauszufinden versucht hatte, wie Homer Worte und Tatsachen verwendete. Wie Eratosthenes[43] war auch er weit entfernt davon, dem Dichter irgendwelche ‹lehrhaften› Absichten zu unterschieben, und gemeinsam mit Eratosthenes und Aristarch ignorierte er die stoische Annahme ‹verborgener› Bedeutungen, die Krates – nicht nur auf dem Gebiet der Geographie – irregeleitet hatte. Aber – soweit wir nach unseren Fragmenten urteilen können – Apollodor machte als in jeder Hinsicht echter Aristarcheer sich keine Mühe damit, seine Prinzipien in einer systematischen Einleitung darzulegen, wenn er auch in einem Exkurs gelegentlich einen Hinweis darauf gegeben haben mag.[44] In einer Abschweifung über die *Odyssee* zum Beispiel[45] tadelte er Kallimachos hart dafür, daß er die Insel der Kalypso mit Γαῦδος, einer kleinen Insel bei Malta, und das phäakische Scheria mit Korkyra gleichgesetzt hatte. Kallimachos als einem Dichter, der ein γραμματικός zu sein beanspruchte (μεταποιούμενος), könne man es nicht nachsehen, wenn er sich über die grundlegende Unterscheidung zwischen den geschichtlichen Orten des Katalogs und den imaginären Örtlichkeiten von Odysseus' Wanderungen (παρὰ

---

40 Ist die Hoffnung zu kühn, daß diese Analyse, die vor fast einem Jahrhundert von Niese begonnen und inzwischen von anderen fortgeführt wurde, eines Tages abgeschlossen sein wird? Siehe B. Niese, ‹Apollodors Commentar zum Schiffskatalog›, *Rh. M.* 32 (1877) 267–307; E. Schwartz, *RE* I 2866ff, F. Jacoby in seinem Kommentar S. 776ff.

41 Steph. Byz., in mancher Hinsicht weniger genau als Strabon, aber doch wertvoll, sagt nur ἐν τῷ Νεῶν καταλόγῳ; s. G. Neumann, *Fragmente von Apollodors Kommentar zum homerischen Schiffskatalog im Lexikon des Stephanos von Byzanz* (Diss. Göttingen 1953, [Maschinenschr.]).

42 S. oben S. 261f mit weiteren Hinweisen.

43 Vgl. oben S. 207f.

44 Ich stimme mit Jacoby in seinem Kommentar, S. 779,20ff, überein gegen E. Schwartz 2864.

45 F 157 (a) und (d); Call. fr. 13 und 470.

τὸν ἐξωκεανισμὸν τῶν τόπων) hinwegsetzte, eine Unterscheidung, die Apollodor von Eratosthenes übernahm.

Ein Interpret eines epischen Textes mit Hunderten von Eigennamen hatte die Pflicht, die Form und den Sinn der Namen selbst zu erklären, nicht nur ihre geographische Bedeutung. Wir haben die immer wiederkehrenden Versuche der Griechen von epischer Zeit an erwähnt, die ἔτυμα der Eigennamen herauszufinden. Lange Zeit führte das zu wenig mehr als einem Spiel mit Klangähnlichkeiten; später wurde das Problem in Platons *Kratylos* sehr ernsthaft besprochen.[46] Die Stoiker setzten die philosophische Behandlung der Etymologie[47] fort und kamen im Gegensatz zu Platon zu dem Schluß, daß die Sprachanalyse den Weg zur Kenntnis der Dinge eröffnen könne. Vielleicht geschah es unter dem stoischen Einfluß seines Lehrers Diogenes von Babylon, daß Apollodor der erste Grammatiker in Alexandria wurde, der eine Monographie[48] über Etymologien schrieb; es findet sich jedoch in den Fragmenten nicht der geringste Anhaltspunkt dafür, daß er die überspannten linguistischen Lehren der Stoiker übernommen hätte.[49] Im Gegenteil, er scheint der durch Aristophanes von Byzanz gegebenen Führung gefolgt zu sein, der in seinen umfangreichen Λέξεις,[50] die als Hilfsmittel zur Auslegung der Dichtung gedacht waren, ein Beispiel für eine bescheidenere Behandlung der ἔτυμα gegeben hatte. Wir könnten erwarten, daß Apollodor versucht hätte, bestimmte Kriterien zu finden, um seine Studien auf eine festere Grundlage zu stellen. Es ist nicht leicht, sie deutlich zu erkennen, da Περὶ τοῦ τῶν νεῶν καταλόγου nicht vollständig rekonstruiert ist; einiges können wir jedoch erfahren, wenn wir vom Katalog weg auf das andere große Werk, Περὶ θεῶν, blicken, in dem sich die Etymologien der Namen von Göttern und Orten in großer Zahl finden. (Die Fragmente der Monographie Περὶ ἐτυμολογιῶν bieten keine Beispiele für Eigennamen, sondern nur für Substantive.)

Apollodor mißbilligte für gewöhnlich die Herleitung von Ortsnamen aus Heroennamen oder aus Ereignissen des heroischen Zeitalters. Attika (*Il. B* 546ff), so erklärte er, wird auch 'Ακτή genannt, nicht nach dem attischen Heros 'Ακταῖος, sondern weil es sich am Meer entlang erstreckt (F 185); sein Name kommt ἀπὸ τῆς τοῦ τόπου

46 S. oben S. 19f und 85f.

47 Chrysippos Περὶ ἐτυμολογιῶν, *SVF* II 9, 13f und ibid. 44, 42; cf. Diogen. Bab., *SVF* III 213, 5ff λέξις. Die Bildung ἐτυμολογία ist vor Chrysipp nicht bezeugt.

48 Der Streit zwischen E. Schwartz, der jeden stoischen Einfluß leugnete, und seinen philostoischen Widersachern sollte durch diesen Vorschlag beigelegt sein.

49 F 222–5 zwei Bücher 'Ετυμολογούμενα oder Περὶ ἐτυμολογιῶν; verschiedene der grammatischen Zitate ohne Buchtitel enthalten Etymologien (F 226–84).

50 S. oben S. 248.

φύσεως (F 188 zu *B* 532 Βῆσσα), wie er an einer anderen Stelle behauptet.[51] Die Frage ist nur, ob er in der Anwendung seiner Kriterien ganz konsequent war. Müssen wir den Text des Stephanos von Byzanz ändern, weil er Apollodor (F 192) den Namen der Ἐχῖναι oder Ἐχινάδες genannten Inseln (*B* 625) ἀπὸ Ἐχίνου μάντεως, d.h. nach einem ἥρως ἐπώνυμος ableiten läßt? Oder müssen wir Strabon wegen eines unsorgfältigen Exzerpts aus Apollodor tadeln, wenn er zuerst berichtet (IX 436), daß Πάγασαι seinen Namen den vielen πηγαί, nicht der ναυπηγία[52] des Schiffes *Argo* verdankt, aber gleich danach Ἀφέται als das ἀφετήριον τῶν Ἀργοναυτῶν erklärt, wobei er hier keine topographische, sondern eine mythologische Etymologie von der Art anwendet, wie er sie in anderen Fällen verwirft?[53] Wir sollten nie vergessen, daß Apollodor ein Interpret alter Dichtung, kein linguistischer Doktrinär war.

Bei der Besprechung des Schiffskatalogs gingen wir von allgemeinen Fragen der homerischen Geographie aus und endeten bei der Erklärung von Ortsnamen. Wenn wir uns nun den vierundzwanzig Büchern mit dem Titel Περὶ θεῶν[54] zuwenden, beginnen wir zu Recht mit den Namen der homerischen Götter und ihrer Etymologie; dies scheint Apollodors eigener Ausgangspunkt gewesen zu sein, wie die beträchtlichen Fragmente über Apollon (F 95ff) zeigen. Die Behandlung der einzelnen Namen wird schließlich zu allgemeinen Feststellungen über seine Ansichten zur homerischen Religion und über seine eigene religiöse Haltung führen. Die Frage, ob dieses Werk Apollodors von stoischen Lehren beeinflußt war, ist natürlich immer wieder erhoben und unterschiedlich beantwortet worden. Der Plan zu einer vollständigen Monographie über alle homerischen Götter mit dem Hauptakzent auf der Etymologie ihrer Namen mag Apollodor wohl durch gewisse Schriften stoischer Philosophen über den gleichen Gegenstand nahegelegt worden sein; aber das heißt noch lange nicht, daß er von ihren Theorien beeinflußt war oder mit ihnen übereinstimmte. Die Zitate beweisen im allgemeinen, daß dies nicht der Fall war; eine gelegentliche Ähnlichkeit in der Behandlung war

---

51 Cf. G. Neumanns Dissertation (s. oben S. 314 Anm. 41) 16ff.

52 Cf. Anm. zu Call. fr. 18,12f.

53 Sogar Jacoby, der seine Konjektur in den Text von F 192 aufnahm, scheint sich der Konsequenz Apollodors nicht ganz sicher zu sein: ‹daß in der Namenserklärung die mythologischen Ableitungen *stark oder ganz* [Hervorhebung von mir] abgelehnt werden›, Kommentar zu F 154ff, S. 778, 34.

54 T 9–11, F 88–153, cf. 352–6 (Zahl der Bücher F 103). Zu Περὶ θεῶν s. die spezielle Arbeit von Münzel (unten S. 317 Anm. 58 und S. 318 Anm. 65; vgl. a. E. Schwartz, *RE* I 2872, Reinhardt, *Graec. theol.* 83ff, die die Annahme eines stoischen Einflusses verwerfen; Jacoby in seinem Kommentar zu den Fragmenten, S. 753ff, ist sehr vorsichtig. Barwick, *Stoische Sprachlehre* 61, und besonders Pohlenz, *Stoa* I 182 und II 92 (mit vielen Belegen), erkennen den stoischen Einfluß an oder heben ihn sogar hervor.

unvermeidlich und ohne Bedeutung. Auch hier[55] kommen wir wahrscheinlich der Wahrheit am nächsten, wenn wir eine Mittelstellung einnehmen, bei der der stoische Einfluß nicht geleugnet, aber als streng begrenzt gedacht wird.

Wenn manche überrascht waren, daß Apollodor nichtgriechische Götter aus seinem umfangreichen Werk ausschloß, so darum, weil sie nicht gemerkt haben, daß auch dieses Werk im wesentlichen ein Werk über Homer war. Wie im Katalog so benützte er auch hier seine Kenntnis der nachhomerischen Literatur, um den homerischen Gebrauch deutlicher zu erklären, obwohl er das ihm als Aristarch-Schüler eigentümliche Mißtrauen gegenüber den νεώτεροι nicht ganz unterdrücken konnte. Die homerischen Epitheta und ἐπικλήσεις konnten, ebenso wie die Eigennamen selbst, die Eigenschaften und das Wirken der Götter enthüllen. So war Apollodor darauf bedacht, Epitheta der Götter nicht ‹von heiligen Orten› herzuleiten, οὐκ ἀπὸ τῶν ἱερῶν τόπων[56] ... ἀπὸ δὲ τῶν ψυχικῶν ἐνεργειῶν ἢ ... συμβεβηκότων περὶ τὸ σῶμα. Es scheint, daß er sein eigenes Kriterium konsequenter als im Schiffskatalog angewandt hat, wenigstens wenn die Quelle der berühmten Stelle über die Κούρητες bei Strabon X 466 Poseidonios, nicht Apollodor ist.[57] Selbst Apoll wird nach ihm Δήλιος nicht deswegen genannt, weil er auf der Insel Δῆλος geboren und verehrt wurde, sondern weil er alle Dinge ‹sichtbar›, δῆλα, macht (F 95,32). Diese Etymologie ist eine von den vielen bei Macrobius (*sat.* I, 17, 32), die Useners Schüler R. Münzel durch Konjektur Apollodor zuwies;[58] die Konjektur wurde über allen Zweifel hinaus durch die Genfer Scholien zur *Ilias* bestätigt, und die Zahl der bezeugten Fragmente über Apoll in den Büchern 13 und 14 von Περὶ θεῶν wuchs beträchtlich (F 95–99). Die bisher bedeutendsten Fragmente über Athene[59] sind in der Erörterung der Etymologie und Bedeutung von γλαυκῶπις enthalten, wo Apollodor uns sagt, daß man es nicht mit dem Ort Γλαυκώπιον auf der Akropolis in Zusammenhang bringen darf, wie es offensichtlich Kallimachos tat,[60] sondern daß es von dem γλαύσσειν ihrer Augen hergeleitet ist. Wir haben jetzt vielleicht eine wesentliche Ergänzung zu diesen dürftigen Überresten in zwei Kolumnen eines anonymen Papyrus,[61] von dem R. Merkelbach vermutet, daß er ein Stück von

55 Vgl. oben S. 315 Anm. 48.

56 F 353,11 und 354, 2,7.

57 K. Reinhardt, ‹Poseidonios über Ursprung und Entartung›, *Orient und Antike* 6 (1928) 34ff.

58 *De Apollodori* Περὶ θεῶν *libris* (Diss. Bonn 1883) 14ff.

59 F 353,11 und 354, 2;7; cf. F 105; 147.

60 Cf. Call. fr. 237,11.

61 *P. Oxy.* XX (1952) 2260 (frühes zweites Jahrhundert n.Chr.) ed. E. Lobel.

Περὶ θεῶν darstellt.[62] Der Autor übt strenge Kritik an der Verwendung von δολιχάορος als Epitheton für Pallas Athene in zwei Gedichten der νεώτεροι, weil sie gegen den homerischen Gebrauch von ἄορ gehe, was Schwert, nicht Speer bedeute; aber, so fährt er fort, den Speer schwingend (παλλομένη) entsprang sie (ἐξανέπαλτο) dem Haupt des Zeus, das Hephaistos durch den Schlag seiner Axt geöffnet hatte.[63] Alles scheint hier auf Apollodor als Autor hinzuweisen: das eindrucksvolle Ausbreiten von Gelehrsamkeit, die Polemik gegen den falschen Gebrauch eines Wortes in der nachhomerischen Dichtung und vor allem die Etymologie, die genau seinen Stil hat. Merkelbachs Argumente mögen durch ein weiteres ergänzt werden. Zwischen dem neuen Papyrus und einer Stelle in Philodems Περὶ εὐσεβείας über das Haupt des Zeus, das von Hephaistos' Axt für die Geburt der Pallas gespalten wird, besteht eine leichte Übereinstimmung; daß jene Stelle von Apollodor abgeleitet ist, hat schon vor langer Zeit R. Münzel sorgfältig und überzeugend dargelegt.[64] Philodem muß Apollodors Werk gekannt haben: seine Schrift Περὶ εὐσεβείας ist die einzige Quelle für unsere Kenntnis der Zahl der Bücher, in die Περὶ θεῶν eingeteilt war, und der Feststellung, daß Apollodor ‹gegen die συνοικειοῦντες stritt (μάχεται)› – stoische Philosophen, die stets bereit waren, unsinnige Identifizierungen verschiedener Götter, z. B. des Asklepios mit Apoll (F 116) vorzuschlagen. So könnte der Hinweis auf Philodem uns helfen, den neuen Papyrus über Pallas Athene seinem richtigen Autor zuzuweisen.

Zwei Folgerungen kann man vielleicht als Ergebnis unserer Beobachtung ziehen: In Apollodors Geographie brachten die Ortsnamen die Natur des Ortes zum Ausdruck (τὴν τοῦ τόπου φύσιν); in seiner Theologie enthüllt die Analyse des Namens die Natur des göttlichen Wesens. Eine Anspielung auf diese Lehre scheint die Bemerkung des Moschopulos zu enthalten, daß ein einzelner Name die δύναμις ebenso bezeichne wie den Gott τὴν δύναμιν ἐνεργοῦντα.[65] Doch vergebens schauen wir bei Apollodor selbst nach einem Bekenntnis seiner religiösen Haltung aus, obwohl es schwer zu glauben ist, daß

---

62 *APF* 16 (1956) 115ff. Es ist unmöglich zu entscheiden, ob die zwei Kolumnen Teil von Apollodors Original oder Teil eines sehr gelehrten Kommentars sind, in dem Περὶ θεῶν exzerpiert war. Die Paragraphos, der freie Zwischenraum und die ἔκθεσις werden nicht nur in ὑπομνήματα, sondern in allen Arten von Prosabüchern verwendet, s. z. B. Schubart, *Das Buch* (^{2}1921) 86.

63 Zur Etymologie von Παλλὰς ἀπὸ τοῦ πάλματος sind zahlreiche Belege aus der *Phoronis* (neue Fr.), Stesichoros (fr. 56 Page), Ibykos (fr. 17 P.), Euripides (fr. 1009^a Snell, Supplementum ad Nauck *TGF*, 1964, p. 19), Philitas (fr. 23 Pow.), Kallimachos (fr. 37) gegeben.

64 *Quaestiones mythographicae* (Berlin 1883) 18ff, Usener gewidmet.

65 Moschop. Schol. in Hes. *Op.* p. 36, 23ff Gaisf.; cf. Reinhardt, *De Graec. theol.* 109f, Wilamowitz, *Glaube d. Hell.* II 418. Es ist unwahrscheinlich, daß Aristophanes von Byzanz die Erkennung der homerischen εἰδωλοποιία vorwegnahm, s. *Exkurs IX*).

er ein theologisches Werk von höchster Gelehrsamkeit in Angriff genommen hätte, hätte er nicht ein echtes religiöses Empfinden besessen.

In all den bisher betrachteten Büchern über Chronologie, homerische Geographie und Theologie sahen wir den Geist des γραμματικός am Werk. Ein neuer, rein grammatischer Titel tauchte unlängst in einem Mailänder Papyrus auf,[66] der die Subscriptio ohne Text enthält: Ἀπολλοδώρου γραμματικοῦ Ἀθηναίου Ζητήματα γραμματικὰ εἰς τὴν Ξ τῆς Ἰλιάδος. Das ist ein merkwürdiger Titel,[67] der auf eine merkwürdige Tatsache hinweist; denn die periptatetische Gepflogenheit, Homer-Probleme in Form von ζητήματα und λύσεις[68] zu behandeln, fand bei den alexandrinischen Philologen wenig Anklang. Ich zweifle, ob es möglich ist, unter den nicht näher bezeichneten ‹grammatischen› Fragmenten (F 232–84)[69] ζητήματα deutlich von Γλῶσσαι (F 221), Λέξεις (F 240?) und Ἐτυμολογούμενα (F 222–25) zu unterscheiden; aber ein Versuch mag sich lohnen.

Apollodor folgte der alten alexandrinischen Tradition auch darin, daß er die Komödie zu seinem zweiten Forschungsbereich nach Homer machte; wie Aristophanes von Byzanz und andere[70] schrieb auch er eine Monographie über athenische Hetären, die hauptsächlich auf der attischen Komödie beruhte (T 17 und F 208–12). Aber seine Hauptarbeit war der sogenannten Dorischen Komödie gewidmet, den δράματα des Epicharm und den μῖμοι des Sophron (T 18 und F 213–18); auf diesem Gebiet war, wie wir bemerkten, sein Vorgänger ein pergamenischer Philologe, Polemon.[71] Die Zeugnisse für den Charakter von Apollodors Werk lassen mehrere Deutungen zu. Die Erklärung einer sizilischen Glosse ist aus dem sechsten Buch von Περὶ Ἐπιχάρμου (F 213) zitiert, und fünfmal ist der Titel eines Werkes über Sophron, Περὶ Σώφρονος, bezeugt (F 214–18), das mindestens vier Bücher hatte. Das deutet auf Monographien mit Interpretationen im Περί-Stil hin. Andererseits sagt Porphyrios,[72] daß Apol-

---

66 *PRIMI* I (1937) Nr. 19 ed. A. Vogliano, der von *FGrHist* 244 (1929/30), bes. von F 275 und 240, keine Notiz nahm.

67 Mir ist keine genaue Parallele bekannt; Porphyrios, der Apollodors Π. θεῶν beständig in seinen Ὁμηρικὰ ζητήματα benutzte, schrieb Γραμματικὰς ἀπορίας (Suid. s. v. am Ende des Schriftenverzeichnisses, cf. Bidez, *Vie de Porphyre* 71†).

68 S. oben S. 95f mit Belegen.

69 Schol. Nic. *Al.* 393 (von denen wir bisher keine kritische Ausgabe haben) verweist für die Glosse στρόμβος, gleichfalls im Ξ der *Ilias*, V. 413, auf Apollodor ἐν τοῖς Ὁμήρου (F 275); man würde entweder ἐν τοῖς ‹περὶ› Ὁμήρου oder ἐν τοῖς Ὁμηρ(ικοῖς) sc. ζητήμασι (?) erwarten, cf. Krates' Ὁμηρικά oben S. 291f.

70 S. oben S. 256 Anm. 244.

71 S. oben S. 303.

72 Porphyr. *Vit. Plot.* 24 = T 18 τὰ βιβλία (sc. Plotini) οὐ κατὰ χρόνους ἐᾶσαι φύρδην ἐκδεδομένα ἐδικαίωσα, μιμησάμενος δ' Ἀπολλόδωρον τὸν Ἀθηναῖον

lodor Epicharms Schriften gesammelt und in zehn Büchern angeordnet habe, nicht chronologisch, sondern thematisch, wie Andronikos es mit Aristoteles und Theophrast machte; und damit muß er wohl gemeint haben, daß es eine von Apollodor eingerichtete Ausgabe gab. Kann es sein, daß Apollodor sowohl eine Monographie Περὶ Ἐπιχάρμου schrieb als auch einen vollständigen Text der Stücke herausgab? Natürlich ist Andronikos' Aristoteles- und Theophrast-Ausgabe auch umstritten,[73] aber offensichtlich benutzte Porphyrios eine unter diesem Namen laufende Ausgabe für seine vielen philosophischen Schriften. Auch einige Werke Apollodors kannte er gut, und es ist nicht wahrscheinlich, daß er durch die Irrtümer einer Zwischenquelle irregeführt wurde. Es ist deshalb schwer, sein eindeutiges Zeugnis unberücksichtigt zu lassen, wie Jacoby[74] gern möchte. Ein neuer Papyrus,[75] der ein Fragment eines Verzeichnisses der Stücke Epicharms in iambischen Trimetern enthält, für dessen Autorschaft nur Apollodor in Frage kommt, bringt keine Lösung; es ist jedoch mindestens wahrscheinlicher, daß diese Iamben – die uns an die Iamben der Χρονικά erinnern – einen Text der Stücke[76] einleiteten als eine Monographie über den Dichter. Auf dem Papyrus-Fragment sind die Titel von sechs Stücken mit mythologischem Stoff lesbar, aber keine allegorischen oder realistischen; das würde mit Porphyrios' Behauptung übereinstimmen, daß Apollodor Epicharms δράματα nach Stoffen angeordnet hat. Und wenn die *Medea* als echtes Werk des Epicharm, nicht des Deinolochos[77] gezählt wurde, dann mußte der Herausgeber wahrscheinlich etwas über die umstrittene Autorschaft dieses und anderer Stücke und über das schon von Aristoxenos[78] berührte Problem der Ψευδεπιχάρμεια sagen. Aber all das kann zu seiner Monographie Περὶ Ἐπιχάρμου gehört haben; und dieses

καὶ τὸν Ἀνδρόνικον τὸν Περιπατητικόν, ὧν ὁ μὲν Ἐπίχαρμον τὸν κωμῳδιογράφον εἰς δέκα τόμους φέρων συνήγαγεν, ὁ δὲ τὰ Ἀριστοτέλους καὶ Θεοφράστου εἰς πραγματείας διεῖλε, τὰς οἰκείας ὑποθέσεις εἰς ταὐτὸν συναγαγών. Cf. Bidez, *Vie de Porphyre* 118ff.

73 Cf. O. Regenbogen, ‹Theophrastos›, *RE* Suppl. VII (1940) 1376, 60ff; Düring, *Aristotle* 412ff.

74 Commentary p. 795 mit vielen Belegen.

75 *P. Oxy.* XXV (1959) 2426 ed. E. Lobel; cf. B. Gentili, *Gnom.* 33 (1961) 332ff.

76 Es gibt da nicht nur das in Iamben geschriebene Verzeichnis der Gedichte des Kallimachos, das in einigen Handschriften den Text der Hymnen einleitet, auf das Lobel verweist und das lange vor Reitzenstein von H. Hagen, *Catalogus codd. Bernens.* (1875) 520 (= Call. II p. XCVIII test. 23) publiziert wurde, sondern es gibt auch andere sehr späte Inhaltsangaben von Büchern in iambischen Trimetern, gesammelt in *Anth. Pal.* vol. III ed. E. Cougny (1890) pp. 327–9 (s. Call. II p. LV).

77 *CGF* I p. 149 Kaib., Dinoloch. fr. 4 = fr. 3 Olivieri.

78 *CGF* I p. 133 Kaib., cf. p. 90; A. Olivieri, *Frammenti della commedia Greca e del mimo nella Sicilia* I (^{2}1946) pp. 108ff; cf. Aristoxenos fr. 45, Wehrli, *Schule des Aristot.* 2 (1945).

Buch war möglicherweise die Quelle späterer ὑπομνήματα, von denen wir ein willkommenes Beispiel in dem Papyrus-Kommentar zu Epicharms 'Οδυσσεὺς αὐτόμολος besitzen.[79]

Platon schätzte Sophrons μῖμοι,[80] die er in Syrakus kennenlernte und nach Athen mitbrachte, hoch; es gibt sogar im *Staat*[81] eine Anspielung auf ihre Einteilung in ἀνδρεῖοι (‹Die Thunfischer› zum Beispiel) und γυναικεῖοι (z. B. ‹Die Näherinnen›). Diese Szenen aus dem Alltag wurden in einigen Einzelheiten zum Vorbild für Theokrit und Herondas,[82] und nun versuchte Apollodor, auf der Spur der Dichter in seinem Buch Περὶ Σώφρονος eine grammatische Erklärung der seltenen syrakusanischen Dialektausdrücke und Formen. Nichts weist darauf hin, daß er eine Sophron-Ausgabe gemacht hätte; wir müssen, wenn wir Porphyrios trauen dürfen, sagen, daß Epicharms δράματα der einzige Text waren, den Apollodor edierte.

Apollodors geschichtliche Stellung kann nun bestimmt werden. Die fünf Generationen von Philitas und Zenodot bis Aristarch bildeten, wie wir sagten,[83] eine lebendige Kette; jede der führenden Persönlichkeiten übernahm das Beste von ihrem Lehrer und tat einen entscheidenden Schritt weiter, der der Philologie neue Aussichten eröffnete. Auch Apollodors Forschungsarbeit mangelte es nicht an Kraft und Eigenständigkeit, aber was dabei herauskam, war die Zusammenfassung und Ergänzung der schöpferischen Arbeit der vorangegangenen Generationen in großem Stil. Es scheint daher das richtige Verhältnis zu verfehlen, wenn man ihn auf eine Stufe mit Eratosthenes und Aristophanes von Byzanz stellt oder wenn man vermutet, er habe in bestimmten Fällen Aristarch angeregt, nicht Aristarch ihn.[84] In Apollodor müssen wir den ersten und vortrefflichsten der ‹Epigonen› sehen, den Kompilatoren der folgenden Jahrhunderte turmhoch überlegen.

Der Fall von Aristarchs anderem ihm besonders ergebenen Schüler Dionysios Thrax ist in einer Hinsicht paradox. Von allen hellenistischen Philologen existiert kein einziges Buch mehr – man muß sie aus Fragmenten und Testimonia rekonstruieren – mit der einzigen

---

79 *P. Oxy.* XXV (1959) 2429.

80 *CGF* 1 pp. 152ff Kaib.; Olivieri, *Frammenti* II (²1947) pp. 59ff A. Körte, *RE* III A (1927) 1100ff.

81 Plat. *Rep.* 451C; cf. Duris, *FGrHist* 76 F 72.

82 Theocritus ed. Gow II (1950), Kommentar pp. 33ff und 265f über das Verhältnis von Theokrits mimischen Gedichten zu Sophron, mit der nötigen Vorsicht. O. Crusius, *Untersuchungen zu den Mimiamben des Herondas* (1892) 187–9.

83 S. oben S. 285.

84 E. Schwartz, *RE* I 2875; sein begeistertes und gebieterisches Urteil machte großen Eindruck, z. B. auf Ferguson, *Hellenistic Athens* 340. Soweit unsere Zeugnisse reichen, besteht kein Grund, das Verhältnis von Apollodor, der nach allem der Jüngere war, zu Aristarch umzukehren; Strab. I 31 = Apollod. F 157e spricht unbedingt dagegen.

Ausnahme der Τέχνη γραμματική, die unter dem Namen des Dionysios Thrax läuft. Dennoch haben in der Spätantike und in jüngerer Zeit Kritiker versucht, Dionysios die Autorschaft abzusprechen und das Buch einem anonymen Kompilator einer späteren Zeit zuzuschreiben.

Dionysios[85] war, wie Apollonios ‹Rhodios›, einer der wenigen Philologen, die aus Alexandria stammten; er bekam den Beinamen Θρᾷξ, weil sein Vater Τήρης einen Namen hatte, den man für thrakisch hielt. Die Jahre seiner Ausbildung in Aristarchs Schule müssen 144/3 v.Chr., als die politische Umwälzung ihn von Alexandria nach Rhodos vertrieb, zu Ende gewesen sein:[86] Wir wissen, daß seine dankbaren Schüler auf Rhodos die Mittel sammelten für seine Rekonstruktion von Nestors Becher in Silber. Wenn der ältere Tyrannion,[87] der sich später in Rom hervortat, zu dem Publikum gehörte, vor dem Dionysios las, so muß das ungefähr um 90 v.Chr. gewesen sein. Es ist auch möglich, daß der Begründer der klassischen Philologie in Rom, L. Aelius Stilo, der im Jahr 100 v.Chr. Q. Metellus Numidicus in sein freiwilliges Exil nach Rhodos begleitete, durch Dionysios' Unterricht entscheidend beeinflußt wurde.[88] Die Insel Rhodos war lange Zeit eine Heimstatt der Philosophie und Rhetorik gewesen. Die peripatetische Tradition hatte dort seit den Tagen des Aristoteles-Schülers Eudemos in Blüte gestanden, und Praxiphanes,[89] wenn auch eingewandert, wurde unter die berühmten Rhodier gezählt. Die Stoa wurde vertreten durch die berühmten Namen des Panaitios, eines geborenen Rhodiers, im zweiten, und des Poseidonios im ersten Jahrhundert v.Chr. Rhetorenschulen wurden von einem Apollonios ‹Rhodios› (nicht dem Dichter), der aus Alabanda kam, um 120 v.Chr. und später von Molon gegründet, von dem Cicero lernte, beim Vortrag seiner Reden seine Stimme zu beherrschen und so seine Gesund-

---

85 Suid. v. Διονύσιος Ἀλεξανδρεύς, Θρᾷξ δὲ ἀπὸ τοῦ πατρὸς Τήρου κληθείς . . . Ἀριστάρχου μαθητής, γραμματικός. Der Text des Artikels ist teilweise verwirrt. Für biographische Daten und bibliographische Hinweise s. L. Cohn, *RE* V (1905) 977–83. Es gibt keine neuere Sammlung der Testimonia und Fragmente als die von M. Schmidt, *Philol.* 7 (1852) 360ff, bes. 369ff; s. a. unten, S. 328 Anm. 118.

86 S. oben S. 259. Cf. Strab. XIV 655 über Philosophen und Philologen aus Rhodos, Athen. XI 489 A zu Nestors Becher (Λ 632ff); vgl. unten S. 330 Tyrannion. Über das Verhältnis des berühmten mykenischen Tauben-Bechers zu Homers Beschreibung von Nestors Becher s. H. L. Lorimer, *Homer and the Monuments* (1950) 328ff.

87 Suid. v. Τυραννίων . . . γεγονὼς ἐπὶ Πομπηΐου τοῦ μεγάλου καὶ πρότερον (ca. 70 v.Chr.) . . . διήκουσε καὶ Διονυσίου τοῦ Θρᾳκὸς ἐν Ῥόδῳ . . . διαπρεπὴς δὲ γενόμενος ἐν Ῥώμῃ . . . Cf. unten S. 329f.

88 *Rhet. ad Herenn.* ed. F. Marx (1894) p. 139, F. Leo, *Geschichte der Röm. Lit.* I (1913) 362. G. Funaioli, ‹Lineamenti d'una storia della filologia attraverso i secoli›, *Studi di letteratura antica* I (1948) 204.

89 S. oben S. 171.

heit wiederherzustellen.[90] Mit Dionysios' Ankunft dehnte sich der geistige Austausch zwischen Ost und West auf rhodischem Boden auch auf die Philologie aus. Da die Römer nicht gern nach Alexandria gingen, war seine erzwungene *secessio* nach Rhodos eine glückliche Fügung, durch die das Beste der alexandrinischen Philologie als ein Gegengewicht zu dem früheren Einfluß der pergamenischen Lehren[91] nach Rom gelangte.

Dionysios war vor allem Homer-Interpret. Er folgte Aristarch darin, daß er Homer für einen Athener hielt;[92] doch aus Didymos' und Aristonikos' Exzerpten in den Scholien wird ersichtlich, wie oft er ihm in Einzelheiten widersprach, wenn er auf seine Lesarten, kritischen σημεῖα und Erklärungen sich bezog.[93] Aus Suidas erfahren wir, daß seine zahlreichen Schriften neben γραμματικά auch ὑπομνήματα (laufende Kommentare) und συνταγματικά (Abhandlungen) enthielten.[94] Eine polemische Schrift gegen Krates' Homer-Interpretationen, Πρὸς Κράτητα[95] (Schol. A *I* 464), und eine andere Schrift Περὶ ποσοτήτων (Schol. A *B* 111) gehören wahrscheinlich zu dieser Gruppe der Abhandlungen. Seine Μελέται (Schol. χ 9) können eine Sammlung homerischer ‹Übungen› oder rhetorischer ‹Deklamationen› gewesen sein.[96] Die Tatsache, daß er eine Glosse bei Hesiod erklärte (φερέοικος als κοχλία),[97] sowie die Tatsache, daß er an einer Stelle – wahrscheinlich aus Varro – über die drei gebräuchlichen Akzente als ‹lyricorum poetarum longe studiosissimus›[98] beschrieben wurde, besagen noch nicht, daß er Monographien oder Kommentare über nachhomerische epische oder lyrische Dichtung geschrieben hat; wahrscheinlich bezieht sich der Verweis in beiden Fällen auf seine linguistischen und prosodischen Studien. Wie es damit auch stehen mag, jene anderen Schriften waren ihrem Umfang ebenso wie ihrer kritischen Qualität nach beachtlich und verdienen es nicht, von

---

90 F. Klingner, ‹Ciceros Rede für den Schauspieler Roscius›, *Sitz. Ber. Bayer. Akad., Phil.-hist. Klasse* 1953,4 = *Studien zur griechischen und römischen Literatur* (1964) 548ff.

91 S. oben S. 299.

92 S. oben S. 278f.

93 Cohn, *RE* V 978f, bringt eine Liste der Zitate mit Hinweisen auf Ludwich und Lehrs.

94 Cohn *RE* V 977,62 ist geneigt, συγγράμματα zu konjizieren; aber wie σύνταγμα in der grammatischen Terminologie ‹Abhandlung› bedeutet (s. Apollonios Dyskolos *pron.* p. 65,17 Schn., *synt.* 56,5 Bekker-Uhlig), so συνταγματικά in den Kommentaren zu Aristoteles, s. L–S s. v.

95 Parmeniskos, ein Mitschüler des Dionysios, schrieb ungefähr zur selben Zeit ein Buch mit dem selben Titel, cf. C. Wendel, *RE* XVIII (1949) 1570ff.

96 Möglicherweise in *P. Würzburg* 2, col. I 16ff, wiederhergestellt von F. Della Corte (unten S. 326 Anm. 112).

97 Schol. Procl. in Hes. *Op.* 571.

98 [Sergius] in Donat., *GL* IV 529,17 = Varro, fr. 84 Goetz-Schoell, p. 214,4; cf. Dionys. Thr. p. 7,1 Uhlig.

der *cause célèbre* der Τέχνη γραμματική so völlig in den Schatten gestellt zu werden.[99]

Dieses schmale Buch von nicht mehr als fünfzig Druckseiten in Immanuel Bekkers *Anecdota Graeca*[100] steht am Ende einer langen Reihe von Sprachstudien von den Sophisten über die Philosophen bis hin zu den Philologen; es faßte in knapper Form die Resultate der Vergangenheit zusammen und wurde später zum Schulbuch, wobei es all den Verderbnissen und Änderungen unterworfen war, die bei dieser Literaturgattung unvermeidlich sind. Die kurzen und abrupten Sätze in einer Art Staccato-Stil forderten im Lauf der Jahrhunderte zu zahlreichen erklärenden Anmerkungen heraus; tatsächlich füllen diese aus verschiedenen byzantinischen Handschriften zusammengetragenen *Scholia* mehr als 300 Seiten bei Bekker und fast 600 in Hilgards großer kritischer Ausgabe.[101] Die ausgedehnten byzantinischen Anmerkungen enthalten manchen kostbaren Rest antiker Gelehrsamkeit; in einigen von ihnen wird sogar die Frage nach der Entstehung der *Techne* ausgeworfen.

Die *Techne* selbst beginnt mit einer Definition: Γραμματική ἐστιν ἐμπειρία τῶν παρὰ ποιηταῖς τε καὶ συγγραφεῦσιν ὡς ἐπὶ τὸ πολὺ λεγομένων.[102] ‹Grammatik ist die auf Erfahrung beruhende Kenntnis dessen, was meistens von den Dichtern und Prosaschriftstellern gesagt wird.› Diese Definition steht völlig in der alexandrinischen Tradition, wie jeder erkennen wird, der uns auf unserem Weg vom frühen dritten bis ins erste Jahrhundert v.Chr. gefolgt ist; sie paßt genau zu dem Aristarch-Schüler, und wir bedürfen kaum der Bestätigung ihrer Echtheit durch Varro und Sextus Empiricus.[103] Alle Begriffe des Satzes werden in den Scholien erörtert; indem sie zwischen einer niederen (μικρά) Grammatik, die sich auf die Kenntnis des Schreibens und Lesens beschränkt, und einer höheren (μεγάλη) unterschieden, fanden sie eine Formel für die letztere, die genau der Praxis der alexandrinischen Philologen entspricht: μεγάλην δὲ γραμματικὴν λέ-

---

99 M. Fuhrmann, *Das systematische Lehrbuch* (1960) 29ff (mit Bibliographie), 145ff; 152ff und 192 (Addenda); V. Di Benedetto, ‹Dionisio Trace e la techne a lui attributa›, *Annali della Scuola Normale di Pisa*, Ser. II, vol. 27 (1958) 169–210, vol. 28 (1959) 87–118.

100 Ed. princ. in I. A. Fabricius, *Bibliotheca Graeca* VII (1715) 26–34.

101 Dionys. Thr. *Ars grammatica*, ed. G. Uhlig, *Gr. Gr.* I 1 (1883); Scholia in Dionys. Thr. A. gr. ed. A. Hilgard, *Gr. Gr.* I 3 (1901), beide Bände 1965 nachgedruckt; cf. Cohn, *RE* V 982 über die Bedeutung der Scholien für die Geschichte der grammatischen Studien.

102 Dionys. Thr. p. 5,1f Uhlig, mit allen Varianten der Handschriften, Übersetzungen und antiken Zitate; ὡς om. *PSI* I 18,13, s. unten S. 326 Anm. 112.

103 Varro fr. 107 Goetz-Schoell p. 227, Sext. Emp. *adv. math.* I 58 D. Thr. ἐν τοῖς Παραγγέλμασί φησι ʽγραμματική . . . ἐμπειρία ὡς ἐπὶ τὸ πλεῖστον τῶν . . . λεγομένων (cf. 63; 72; 80f); s. a. Di Benedetto zu den Textvarianten. Παραγγέλματα scheint in Sextus' Abschrift der Titel gewesen zu sein.

γουσι τὴν καταγιγνομένην περὶ τὴν ἐμπειρίαν τῶν ποιητῶν;[104] tatsächlich sehen wir aus Cicero *de or.* I 187, wo der erste Punkt in einem System der *ars grammatica* ‹pertractatio poetarum› ist, daß diese Definition auf das erste Jahrhundert zurückgeht. Die Prosaschriftsteller sind in Dionysios' Einleitungssatz nicht ausgeschlossen; aber er setzte sie an die zweite Stelle, weil vor Aristarch kein Philologe sie behandelt hatte.

Der Satz, der gleich auf diese Definition folgt, unterscheidet sechs Teile[105] der γραμματική. Der erste ist die ἀνάγνωσις, das laute Lesen mit Beachtung der richtigen Modulation der Stimme, ein wichtiger Teil, der die Frage nach dem Verhältnis der geschriebenen Buchstaben zu den gesprochenen Worten beinhaltet. Die anderen Teile sind: die ἐξήγησις, die Erklärung der dichterischen Tropen, die Erklärung altertümlicher Wörter (γλῶσσαι) und des Stoffes (ἱστορίαι); das Herausfinden der Etymologien; die Feststellung von Analogien, ἀναλογίας[106] ἐκλογισμός; und, als Vornehmstes von allem, die κρίσις ποιημάτων, die ‹literarische Kritik›.[107] Von diesen sechs Teilen ist nur der erste, über das Lesen, die Akzente[108] und die Interpunktion, in den Paragraphen zwei bis vier der *Techne* ausgearbeitet, und jeder, der eine Ausarbeitung des Restes erwartet, wird enttäuscht werden.

Die falsche Stellung der Paragraphen vier und sechs ist offensichtlich. Dazwischen ist ein kurzer Paragraph (5) eingeschoben, der die ῥαψῳδία als ein Merkmal der homerischen Gedichte erwähnt und ihre beiden verbreiteten Etymologien von ῥάπτειν und ῥάβδος anführt; er scheint uns heute ziemlich deplaciert, aber vielleicht war er ursprünglich an dieser Stelle gar nicht so unpassend, wenn man voraussetzt, daß Dionysios' Hauptinteresse Homer galt und daß die Rhapsoden die ersten ‹Interpreten› epischer Dichtung waren.[109] Von Paragraph sechs an kommt wieder eine zusammenhängende Folge von Kapiteln bis zum Ende; sie enthalten ein einfaches System der grammatischen Technik, wie wir sagen würden. Ausgehend von den Buchstaben des Alphabets (στοιχεῖα) und ihrer Einteilung in Vokale, Diphthonge und Konsonanten (6), schreiten sie fort zu den Silben – langen, kurzen, anceps (7–10) – und endlich zu den acht Teilen der Rede (11), die nacheinander dargestellt werden (12–20). Wir treffen hier lauter alte Bekannte wieder, denen wir auf den verschiedenen Stationen unserer langen Reise vom fünften bis zum zweiten Jahrhundert v.Chr. begegnet sind, und finden sie hier offensichtlich in friedlicher Eintracht beisammen.

---

104 Schol. in Dionys. Thr. p. 114, 28 Hilg. (Prolegom. Schol. Vat.).

105 Rutherford ‹Annotation› 97–455 befaßte sich ausführlich mit allen sechs Teilen.

106 S. oben S. 249f und 280.

107 S. oben S. 197; Di Benedetto 179,4 übersetzt fälschlich ‹Textkritik›, was διόρθωσις heißen würde und in der *Techne* nicht vorkommt.

108 Die Stelle ist wahrscheinlich von Varro zitiert, s. oben S. 323 Anm. 98.

109 S. oben S. 21.

Die Teilnehmer an dieser Gesellschaft sind: das Nomen mit seinen drei Geschlechtern (das dritte trägt den stoischen Namen οὐδέτερον) und seinen fünf Casus – Beugungsformen, einschließlich Vokativ; das Appellativum (προσηγορία), das als besondere Gattung (εἶδος) des ὄνομα, nicht als selbständiger Teil der Rede aufgefaßt wird; das Verb mit seinen Zeiten; das Partizip, das als μετοχή formal die Kennzeichen von Nomen und Verb gemeinsam hat; das ἄρθρον, d.h. Artikel und Relativpronomen; das Pronomen, das anstelle des Nomens gebraucht wird; die Präposition (πρόθεσις), die anderen Redeteilen vorangestellt wird; das Adverb (ἐπίρρημα); der σύνδεσμος, nun einfach ‹Konjunktion›, darauf beschränkt, andere Teile der Rede miteinander zu verbinden.

Ein kurzer Blick zurück auf all die Stellen, an denen wir die Sprachstudien von Protagoras bis zu den Stoikern analysiert haben,[110] zeigt deutlich, was der Autor der *Techne* von seinen verschiedenen Vorgängern übernahm, was er verwarf und was er hinzufügte oder leicht veränderte. Es ist nicht nötig, alle Einzelheiten zu wiederholen, aber eine allgemeine Tatsache sollte man hervorheben: der stoische Einfluß ist im technischen Teil der Grammatik stärker als in den früheren Paragraphen. Das führt uns wieder auf die entscheidende Frage, ob Dionysios wirklich der Verfasser der *Techne* war, wie die Tradition behauptet, und ob ihre Anordnung, die alle unsere Handschriften bieten, die ursprüngliche Anordnung des Autors war.

Es ist verständlich, daß die rein stoischen Elemente des Buches, zum Beispiel die Casus-Beugung des Nomens und die Zeiten des Verbs, Zweifel daran aufkommen ließen, daß der Verfasser der Aristarch-Schüler Dionysios gewesen sei. In Wirklichkeit beweisen sie nur die Überlegenheit der stoischen Systematisierung und möglicherweise ihre Anerkennung durch die alexandrinische Schule; der grammatische Teil (περὶ τῆς φωνῆς τέχνη)[111] der Logik des Diogenes von Babylon, der Apollodors Lehrer in Athen war, scheint von besonderer Wirkung gewesen zu sein. Man kann hierin keinen stichhaltigen Einwand gegen Dionysios' Autorschaft erkennen. Die Papyri scheinen auf den ersten Blick stärkere Argumente zu bieten. Die wenigen Papyri vom ersten bis zum dritten und vierten Jahrhundert n.Chr., die Fragmente der grammatischen Technik enthalten, weichen einigermaßen von der *Techne* ab, und erst wenn wir ins fünfte Jahrhundert kommen, finden wir einen, der den Anfang der *Techne* enthält.[112] Aber das sind Argumente *e silentio*, aus denen sich

110 S. bes. S. 58f; 83ff; 103ff; 250f; 279f; 331ff.

111 S. oben S. 307 und bes. K. Barwick, *Remmius Palaemon* (1922) 99ff.

112 *PSI* I (1912) ed. G. Vitelli, Nr. 18; Pack² Nr. 344 und 345 Dionys. Thr., Nr. 2138–76 Grammatik. V. Di Benedetto 185–96 hat die Papyri peinlich genau nachgeprüft, als er in ihnen Stützen für seine Datierung der *Techne* suchte. *P. Lond.* (inv. Nr.) 126 sollte man nicht mehr als Codex aus dem fünften Jahrhundert zitieren; Kenyons Datierung in der ed. princ. (1891)

keine sicheren Schlüsse ziehen lassen. Es ist schon oft vorgekommen, daß Papyrologen und Archäologen auf dem Fehlen von Zeugnissen weitreichende Hypothesen aufgebaut hatten und daß, wenn diese dann doch plötzlich zum Vorschein kamen, die scharfsinnigsten Argumente und Folgerungen sich als Irrtümer erwiesen.[113]

Dionysios schrieb, wie wir sahen, eine Anzahl von Anmerkungen und linguistischen Studien, und spätere Grammatiker, vor allem Apollonios Dyskolos, bewahrten einige Fragmente davon, die über grammatische Fragen handeln. Die Scholien zur *Techne*[114] berichten, daß τινές – es war eine schlimme Gewohnheit der Grammatiker, ‹einige› zu sagen, anstatt den Namen der Quelle zu nennen – in diesen Werken drei kleine Punkte gefunden hätten, die zu den entsprechenden Stellen der *Techne* in Widerspruch standen, und daraus den Schluß gezogen hätten, daß sie kein echtes Werk des Aristarch-Schülers gewesen sei (μὴ γνήσιον εἶναι). Die Widersprüche sind jedoch keine grundlegenden, und Dionysios kann in weniger umstrittenen Punkten schließlich auch seine Meinung geändert haben.[115] Wenn er in einem Werk im Sinne der Stoa Appellativa und Eigennamen als zwei verschiedene Redeteile behandelt hatte,[116] kann er in der *Techne* sehr wohl zu Aristarchs Standpunkt zurückgekehrt sein, wo προσηγορία eine Unterabteilung (εἶδος) von ὄνομα ist, wenn er andernorts den Stoikern darin gefolgt war, daß er zwischen ἄρθρον und ἀντωνυμία nicht unterschied, kann er sie doch in der *Techne* als zwei von den acht Redeteilen aufgeführt haben, was offensichtlich die Art war, wie Aristarch sie behandelt hatte. Als dritter Punkt unterscheidet sich bei der Definition des Verbs, die Apollonios Dyskolos aus einem

---

wurde korrigiert von H. J. M. Milne, *Catalogue of the Lit. Papyri in the Brit. Mus.* (1927) p. 150, jetzt. *P. Lit. Lond.* 182, drittes/viertes Jahrhundert n.Chr. *P. Würzburg* 2, zweites Jahrhundert n.Chr. (U. Wilcken, ‹Mitteilungen aus der Würzburger Papyrussammlung› *Abh. d. Preuß. Akad. d. Wiss.* Phil.-hist. Kl. Jg. 1933, Nr. 6 [1934] 22ff) ist offensichtlich Di Benedettos Aufmerksamkeit entgangen; wenn der Dionysios col. I 14 Dionysios Thrax wäre und das, was folgt, ein wörtlicher Verweis auf die *Techne*, wie F. Della Corte, *Riv. fil. class.* 64 (1936) 406ff, glaubhaft machen möchte (mit Hilfe kühner Ergänzungen), könnte der Ursprung der *Techne* nicht in die späteren Jahrhunderte der Kaiserzeit gelegt werden.

113 Ein vereinzelter Papyrus-Codex des sechsten Jahrhunderts n.Chr., 1952 veröffentlicht, widerlegte die Annahme, daß ausgedehnte Randkommentare rund um den Text nicht vor der Zeit des Photios geschrieben worden sein könnten, s. Call. vol. II p. XXVII 3; eine kleine Lampe, die 1955 in einem protogeometrischen Grab gefunden wurde, machte der Debatte über die Nichtexistenz von Lampen im epischen Zeitalter auf einmal ein Ende, s. *Ausgewählte Schriften* S. 3, 5.

114 Schol. Dionys. Thr. pp. 124, 7–14 und 161, 2–8 Hilg. (Prolegom. Schol. Vat.), Apollon. Dysc. vol. III Fragm. ed. R. Schneider (1910) 71, 27ff.

115 Vgl. z.B. den Selbst-Widerspruch des Grammatikers Philoxenos in Et. Or., s. v. μοχλός (C. Wendel, *RE* XX, 1941, col. 200, 15).

116 S. oben S. 297.

Buch des Dionysios zitiert, der Wortlaut von dem der *Techne*, aber die Bedeutung (ῥῆμα als κατηγόρημα, d.h. ‹Prädikat›) ist damit gut vereinbar.

Kurz nach der Veröffentlichung der Scholien durch Bekker, 1822, hob K. W. Göttling, der als junger Professor der Universität Jena einer von Goethes Ratgebern in Fragen des Klassischen Altertums war, diese Abweichungen heraus; er versuchte mit großer Beredsamkeit, seine Leser davon zu überzeugen, daß die sogenannte *Ars grammatica* des Dionysios eine byzantinische Kompilation sei.[117] Die dadurch hervorgerufene Kontroverse brachte Moritz Schmidt,[118] der eigenwillige und gelehrte Herausgeber von Didymos' Fragmenten und von Hesych in fünf Bänden, zugunsten des Dionysios zum Verstummen, ebenso Uhlig, der Herausgeber der *Techne*. Tatsächlich nahmen Klassische Philologen und Linguisten[119] des späten neunzehnten und des zwanzigsten Jahrhunderts das Vorhandensein eines Problems kaum wahr, bis Di Benedetto es 1958 wieder in den Vordergrund rückte. Wir haben seine Hauptargumente bereits erwogen, ohne in ihnen einen wirklich entscheidenden Einwand gegen Dionysios' Autorschaft zu finden. Wenn er die *Techne* nicht um 100 v.Chr. schrieb, müßten die Philologen ein Jahrhundert später eine größere Rolle in der Systematisierung der Grammatik gespielt haben, als wir glaubten;[120] das ist aber keine sehr wahrscheinliche Annahme, weil unsere Überlieferung keine Anhaltspunkte dafür bietet.

Dagegen kann die Anordnung der *Techne*, wie sie unsere Handschriften zeigen, nicht die ursprüngliche gewesen sein; wir bemerkten es schon, als wir die Abfolge der Paragraphen untersuchten. Wir können nicht erraten, was geschehen ist; nach Paragraph vier scheint etwas verlorengegangen zu sein, und vielleicht hat ein übereifriger Redaktor versucht, vom Original soviel, als er nur bekommen konnte, zusammenzustellen. Wir müssen darauf hoffen, daß ein freundlicher Papyrus eines Tages die *fata libelli* enträtselt. Aber selbst in seiner schadhaften Verfassung ist der Aufbau der *Techne* dem Aufbau typischer Lehrbücher (εἰσαγωγαί) der hellenistischen Zeit nicht unähnlich, und ihre vor kurzem erfolgte vergleichende Untersuchung[121] ist für unsere Zwecke hochwillkommen.

Wenn ich mit dem oben Gesagten recht habe, ist die grammatische

---

117 Theodos. Alex. *Grammatica* ed. C. G. Goettling (1822) praef. pp. Vff.

118 M. Schmidt, ‹Dionys der Thraker›, *Philol.* 8 (1853) 231ff; 510ff; pp. 231f eine Bibliographie des Streites.

119 Hier nur eine kleine Auswahl von Verweisen: Steinthal, Wilamowitz, Rutherford, G. Murray, Robins, Barwick, Pohlenz, Marrou, Schwyzer; [aber s. Wackernagel, *Vorlesungen über Syntax* I 16.]

120 Siehe Di Benedetto 118.

121 Siehe Fuhrmann, *Das systematische Lehrbuch* (1960); cf. D. Fehling, *Gnom.* 34 (1962) 113ff, bes. 116.

Technik die letzte Leistung der hellenistischen Philologie. Sie wäre viel früher gekommen, wenn Aristoteles der Vater der Philologie gewesen wäre, für den ihn viele halten; aber die Dichter-Philologen, die ihre tatsächlichen Schöpfer waren, wandten sich der ἑρμηνεία τῶν ποιητῶν zu und sahen in Sprachstudien nur eine Dienerin der Textkritik und Interpretation. Sehr spät und unter dem Einfluß stoischer Lehren schuf ein alexandrinischer Philologe aus der Beobachtung (ἐμπειρία) der Sprache der Dichter und Prosaautoren heraus ein ‹System der γραμματική›, das heißt eine τέχνη.[122] Der späte Zeitpunkt ihrer Entstehung, der oft mit Erstaunen festgestellt wurde, steht im Einklang mit der Entwicklungslinie, die wir vom dritten bis zum ersten Jahrhundert v.Chr. verfolgt haben.

Mit Dionysios Thrax und seiner Schule auf Rhodos sind wir in das erste Jahrhundert v.Chr. eingetreten. Der Name des Didymos unter Augustus wird die Grenze unserer Wanderung durch das Zeitalter des Hellenismus bezeichnen. Aber zwischen den beiden gibt es wenigstens noch drei Philologen, die das Recht haben, kurz erwähnt zu werden.

Zwei kamen aus Kleinasien, Tyrannion aus Amisos in Pontos, und Asklepiades aus Myrlea in Bithynien. Tyrannion, der in Dionysios' Schule ging,[123] kehrte als Lehrer in seine Heimatstadt zurück; während des zweiten Mithridatischen Krieges wurde er 71 v.Chr. gefangengenommen und nach Italien gebracht und lebte etwa von 67 v.Chr. an in Rom. Wie sein Mitgefangener, der Dichter Parthenios,[124] fand auch er große Beschützer und Freunde: Caesar, Cicero, Atticus. In Suidas' Artikel sind die Titel seiner Bücher hoffnungslos mit denen eines jüngeren Tyrannion[125] durcheinandergebracht; aber wir können wenigstens zwei Gruppen von Schriften unterscheiden, eine über homerische Fragen und eine über Probleme der technischen Grammatik. Sein Ziel war es, die homerischen und grammatischen Schriften seines Lehrers zu verbessern. Asklepiades[126] hat möglicherweise einige seiner frühen Jahre in Alexandria zugebracht,

---

122 Zu ἐμπειρία und τέχνη s. oben S. 81f; 89f; 102.

123 S. oben S. 322 Anm. 87; cf. C. Wendel, *RE* VII A (1948) 1811–19. Testimonia mit Interpretationen und vielen Verweisen in *GRF* Prolegomena pp. XVf Nr. 26; ibid. XVII Nr. 27 Asklepiades, pp. XXf Nr. 39 Philoxenos.

124 Cf. ‹A Fragment of Parthenios' Arete›, *Cl. Qu.* 37 (1943) 30f = *Ausgewählte Schriften* (1960) 144.

125 In einem Kommentar zu Alkman, *P. Oxy.* 2390, fr. 2, col. II 5 = *PMG* Alcm. fr. 5 p. 22 wird auf eine besondere Lesart des Tyrannion Bezug genommen Θέων[καὶ Τ]υραννίων ἀναγιγνώσκου[σι χρυσῶ] κατὰ γενικήν; es heißt wahrscheinlich χρυσῶ πελας (nicht Dat. χρυσῷ πέλας); Theon könnte es in einem seiner vielen Kommentare aus einer grammatischen Schrift des Tyrannion zitiert haben, der selbst keine Kommentare schrieb, soviel wir wissen.

126 G. Wentzel, *RE* II (1896) 1628ff; B. A. Müller, *De Asclepiade Myrleano* (Diss. Leipzig 1903); A. Adler, ‹Die Kommentare des Asklepiades v. M.›, *Herm.* 49 (1914) 39ff.

obwohl dies nicht sicher ist; sicher ist dagegen, daß er nach Rom und sogar nach Spanien ging. Seine Interessen waren die gleichen wie die des Tyrannion; es ist aber nicht bezeugt, daß er ein Schüler des Dionysios gewesen wäre, und seine Homer-Monographien, in denen er, wie Dionysios, Nestors Becher (Λ 352ff) und die Stelle über die Pleiaden neu interpretierte, enthielten Polemiken gegen die Alexandriner ebenso wie gegen die Pergamener. Asklepiades' Biographiensammlung Περὶ γραμματικῶν war vielleicht die Quelle für die Peisistratos-Legende in Cicero, *de oratore*.[127] Seine systematische Abhandlung Περὶ γραμματικῆς[128] und Tyrannions Definition der γραμματική[129] wichen beide absichtlich von Dionysios' *Techne* ab; das zeigt, wie umstritten dieses Gebiet geworden war.

Im Rom erwartete Tyrannion eine ganz besondere und unerwartete Aufgabe: die Beschäftigung mit Theophrasts Bibliothek, die einen wesentlichen Teil von Aristoteles' Handschriften enthielt. Strabon,[130] der stolz darauf war, Tyrannions Vorlesungen in Rom gehört zu haben (einige Zeit nach 44 v.Chr., vielleicht um 30), lieferte einen recht unbefriedigenden Bericht über die Geschicke dieser einzigartigen peripatetischen Bibliothek. Sie wurde im Jahr 84 v.Chr. durch Sulla von Athen nach Rom überführt, offenbar in ungeordnetem und vernachlässigtem Zustand. Tyrannion, φιλαριστοτέλης ὤν, ‹hatte seine Hand im Spiel› (διεχειρίσατο) bei der Bibliothek, ‹nachdem er mit dem Bibliothekar Freundschaft geschlossen hatte› (θεραπεύσας τὸν ἐπὶ τῆς βιβλιοθήκης). Plutarch drückt sich in seinem Leben Sullas auch nicht genauer aus: λέγεται ... ἐνσκευάσασθαι τὰ πολλά, ‹er soll das meiste besorgt haben›, aber er informiert uns noch darüber, daß von Tyrannion (παρ' αὐτοῦ) die Arbeit der endgültigen Anordnung und Veröffentlichung einem Sachkenner, dem peripatetischen Philosophen Andronikos von Rhodos, übertragen wurde.[131]

Der letzte der drei Philologen, Philoxenos,[132] war in Alexandria geboren und kam von hier nach Rom. In bescheidener Weise hatte die alexandrinische Schule nach der großen ‹secessio› noch fortbestanden; Aristarchs Schüler Ammonios[133] stand ihr in der zweiten Hälfte des zweiten Jahrhunderts v.Chr. vor, und eine Inschrift gibt uns den Namen eines Bibliothekars, den Ptolemaios IX. um 100 v.Chr. einsetzte. Varros Beziehung zu Philoxenos macht es sehr

---

127 Siehe S. 21 Anm. 17.

128 S. oben S. 198 und 203.

129 Sext. Emp. *adv. math.* I 72f.

130 Strab. XIII 608f, Plut. *Vita Sullae* 26. Zu Aristoteles' Bibliothek s. oben S. 92. Alle hierzu gehörigen Zeugnisse sind gesammelt und kommentiert von A. Düring, *Aristotle* 337f und 412ff.

131 S. oben S. 319f zu Porphyrios' Zeugnis.

132 C. Wendel *RE* XX (1941) 194ff; R. Reitzenstein, *Geschichte der griech. Etymologika* (1897) 180ff; 338ff, ist immer noch wichtig.

133 Zu Ammonios s. oben S. 265f und 309; *OGI* 172 'Ονάσανδρος ἱερεὺς . . . τεταγμένος [ἐπὶ τῆς ἐν 'Α]λεξανδρείᾳ μεγάλης βιβλιοθήκης.

wahrscheinlich, daß er in die erste Hälfte des ersten Jahrhunderts gehörte. Er schrieb über homerische Gegenstände, aber diese Arbeiten wurden an Vielfalt und Originalität von seinen linguistischen Studien weit übertroffen. Unter seinen Abhandlungen über Dialekte fand sich eine Neuheit: Περὶ τῆς Ῥωμαίων διαλέκτου.[134] Aber es zeigt sich deutlich, daß er das Lateinische als eine Art griechischen Dialekts ansah und nicht, wie manchmal behauptet wird, das vergleichende Studium zweier verschiedener Sprachen einführte. Seine Grammatik konzentrierte sich auf die Verben, besonders die ῥήματα μονοσύλλαβα, von denen er andere Formen des Verbs und sogar des Nomens ableitete. Die Monosyllaba hatten als die ἀρχαί, die Urformen, einen besonderen Wert für die Erkenntnis der ἔτυμα und lieferten auch die Kriterien für den korrekten Gebrauch der griechischen Sprache (ἑλληνισμός). Das sind alte Probleme, denen man schon in einer Reihe philosophischer Diskussionen von Platons *Kratylos*[135] bis zu den Stoikern begegnet, aber der Schwerpunkt hatte sich verschoben. Das spezielle Verdienst dieser Generation war es, die Diskussion unter den griechischen Philologen in Gang zu halten und gleichzeitig den römischen Philhellenismus auf diesem Gebiet zu stärken.[136] Es ist nichts als eine moderne Legende, daß die Römer die griechische Wissenschaft und Philologie in Verfall gebracht hätten, auch wenn es immer wiederholt wird. Dagegen gab es, wie wir sahen, einen allgemeinen inneren Niedergang des griechischen Geistes, der in der Welt der rivalisierenden kleinen Königreiche und Städte und der verfallenden Ptolemäerherrschaft ganz natürlich war. Die Philologie gewann in Rom neues Leben, und selbst in Ägypten hatten das wachsende Interesse Caesars, Marc Antons und Augustus' und der lebendige Austausch zwischen Alexandria und Rom[137] eine ermutigende Wirkung auf die Philologen.

Es ist nicht sicher, ob Didymos, der in Alexandria geboren und aufgewachsen war,[138] sich jemals in Rom niederließ; Alexandria, wo

---

134 *GRF* 443–6; der Tyrannion, der denselben Gegenstand behandelte, war ein jüngerer, nach Philoxenos.

135 S. oben S. 85ff zu den ἀρχαί.

136 Vgl. oben S. 299. Das wird Gegenstand eines anderen Bandes sein, der auch Didymos' (jüngere) Zeitgenossen Tryphon, Theon, etc. in Verbindung mit Philologen der folgenden Generation behandeln wird.

137 Strab. XIV 674f.

138 Suid. v. Δίδυμος; L. Cohn, *RE* V (1905) 445ff. Didymi . . . *Fragmenta* coll. M. Schmidt (1854, Nachdruck 1964); zu den Didymos-Fragmenten in den Homer-Scholien, die A. Ludwich, *Aristarchs hom. Textkritik*, zusammenstellte, und zu Van der Valk, *Researches*, s. oben S. 262 Anm. 29. Die Forschung erfuhr einen starken Impuls durch die Veröffentlichung des Berliner Papyrus Διδύμου Περὶ Δημοσθένους (s. oben S. 261 Anm. 21 und S. 267 Anm. 46 zu Leos Besprechung); Bibliographie in Pack[2] Nr. 339 mit Verweisen auf andere Papyri, die kurze Didymos-Zitate enthalten. S. a. M. Lossau, ‹Untersuchungen zur antiken Demosthenesexegese›, *Palingenesia* II (1964) passim.

die Bibliotheken nur leicht beschädigt waren, war mit größerer Wahrscheinlichkeit der Schauplatz seiner erstaunlichen gelehrten Kraftleistungen. Ihnen zum Trotz – oder vielleicht gerade ihretwegen – war sein Ansehen nie sehr groß. Die Mitglieder des Museums, die in den goldenen Tagen der frühen Ptolemäer – jedoch nicht in der Zeit der Unruhen – immer zu Neckereien aufgelegt gewesen waren,[139] schienen ihren Sinn für Humor wiederentdeckt zu haben; wir finden sie jedenfalls wieder damit beschäftigt, boshafte Spitznamen zu prägen. Der Beiname Χαλκέντερος ‹der mit den eisernen Eingeweiden› blieb Didymos für immer anhaften; βιβλιολάθας charakterisierte ihn als einen Mann, der so viele Bücher geschrieben hatte, daß er sich gar nicht mehr an alle erinnern konnte. Die phantastische Zahl von 3500 oder 4000 Büchern stammt wahrscheinlich aus derselben Quelle. Sie war, wie der Name βιβλιολάθας, im ersten Jahrhundert n.Chr. bekannt.[140]

Welche treibende Kraft stand hinter Didymos' Produktivität, die sich offensichtlich von der anderer hellenistischer Philologen unterschied? Bevor wir diese Frage beantworten, müssen wir versuchen, die greifbaren Tatsachen über sein Leben und sein Werk festzuhalten.

Seine Lebenszeit und das Alter, das er erreichte, sind nicht genau bekannt; Suidas setzt seine ἀκμή ziemlich ungenau ‹unter Antonius und Cicero› an und sagt, daß sein Leben ‹bis Augustus› dauerte; Didymos soll gleichzeitig mit König Juba von Mauretanien, dem Geschichtsschreiber, gelebt haben;[141] wir können deshalb nicht mehr sagen, als daß er in der zweiten Hälfte des ersten Jahrhunderts vor und zu Beginn des ersten Jahrhunderts n.Chr. wirkte. Der jüngere Herakleides Pontikos und der Grammatiker Apion waren seine Schüler und Helfer – die Zahl seiner ‹Assistenten› muß wirklich beachtlich gewesen sein.

Es ist unmöglich, hier einen Überblick über Didymos' zahllose Veröffentlichungen zu geben,[142] und es ist auch nicht nötig, denn an ein paar Beispielen lassen sich die Richtung und der Wert seiner Arbeiten zeigen. Zweieinhalb Jahrhunderte lang war Homer der Hauptgegenstand hellenistischer Philologie gewesen, und Didymos' Trachten ging zuerst darauf, alle diese homerischen Studien zusammenzufassen. Wir wollen nicht wiederholen, was schon im Ari-

---

139 S. oben S. 212.

140 Quintil. *Inst.* I 8,20; Demetr. Troezen. bei Athen. IV 139C; cf. Sen. *ep.* 88,37.

141 *FGrHist* 275 T 1, cf. T 13 (ca. 50 v.Chr.–23 n.Chr. Jacoby). Vgl. E. Rohde, *Kleine Schriften* I 177,1, der ἐπὶ 'Αντωνίου als das Jahr 43 auffaßt; wenn Didymos zu dieser Zeit auf seinem Höhepunkt stand, muß er 83 geboren sein.

142 Der Abschnitt in Wilamowitz' *Einleitung in die Tragödie* 157–68 über Didymos ist immer noch wertvoll, da er ein großes Gebiet erfaßt, nicht nur die Tragödie.

starch-Kapitel gesagt wurde,[143] aber eine Feststellung soll noch einmal hervorgehoben werden. Didymos' Περὶ τῆς 'Αρισταρχείου διορθώσεως gehörte, wie der Titel zeigt, zur Περί-Literatur. Es brachte Auszüge aus Aristarchs kritischen Homer-Ausgaben und aus den jeweils entsprechenden Stellen in seinen Kommentaren und Monographien; gelegentlich war Didymos' eigene Meinung dazu angemerkt Es war nicht, wie oft behauptet wird, eine Rekonstruktion von Aristarchs kritischer Ausgabe, die vermutlich in der Zwischenzeit verlorengegangen war. Seine Bedeutung liegt vornehmlich in den wörtlichen Exzerpten, und Didymos' eigene Kommentare sind das Schwächste daran. Er überlieferte zum Beispiel die Übereinstimmung der Lesarten von Zenodot, Aristophanes und Aristarch (Γ 126) oder die Übereinstimmung Aristarchs mit ‹fast allen anderen Ausgaben› (*A* 522), und er vermerkte ihre Abweichungen, zum Beispiel bei *K* 306, wo der in unseren Handschriften gebräuchliche Text liest οἵ κεν ἀριστεύωσι: οὕτως 'Αρίσταρχος «οἳ κεν ἄριστοι ἔωσι»· ὁ δὲ Ζηνόδοτος «αὐτοὺς οἳ φορέουσιν ἀμύμονα Πηλείωνα». 'Αριστοφάνης «καλοὺς οἳ φορέουσι» (Schol. AT). Er bewahrte sorgfältig Varianten, die er entweder durch Vergleichung aller Ausgaben gewann oder aus der letzten Ausgabe übernahm. In seinen ὑπομνήματα, laufenden Kommentaren zu *Ilias* und *Odyssee*, sammelte er exegetisches, vor allem mythographisches[144] Material aus vielen Quellen sowie wertvolle Nachrichten wie die über die Ansichten des Aristophanes und Aristarch über das τέλος der *Odyssee*.[145]

Wie seine Vorgänger in Alexandria,[146] so widmete auch Didymos seine angestrengtesten Bemühungen nächst seinen Büchern über Homer der attischen Komödie; aus älteren Ausgaben, Kommentaren und Monographien trug er Lesarten und Erklärungen der Komödiendichter, besonders zu Aristophanes, zusammen.[147] Sein wertvollster Beitrag lag in der Zusammenstellung einer großen Menge literarischen, geschichtlichen, biographischen und prosopographischen[148] Materials, denn diesen nicht linguistischen Stoff hatte Aristarch[149] nur unzureichend behandelt. Für eine neue Textrezension gibt es kein Zeugnis. Obwohl sein Name siebenundsechzigmal in den Scholien zu Aristophanes genannt wird, steht das übliche ἐν ὑπομνήμασι nicht dabei. Es ist nur eine Vermutung,[150] daß er sich dafür

143 S. oben S. 263ff; auch der Text von Schol. Γ 126 und A 522 ist zitiert.

144 C. Wendel, ‹Mythographie›, *RE* XVI (1935) 1358–61.

145 S. oben S. 217ff.

146 S. oben S. 200ff und 274.

147 Cf. P. Boudreaux, *Le texte d'Aristophane* 91–137 zu Didymos.

148 Ammonios' κωμῳδούμενοι waren eine gebräuchliche Quelle, die Aristarch noch nicht zur Verfügung stand.

149 S. oben S. 274.

150 Athen. II 67 D Δίδυμος δ' ἐξηγούμενος τὸ ἰαμβεῖον (Aristoph. *Pl.* 720) muß nicht einen Kommentar zum *Plutos* bedeuten, wie allgemein angenommen wird; vgl. oben ἐξηγεῖσθαι S. 272f.

entschied, sein Material in Form von ὑπομνήματα zu veröffentlichen, aber eine sehr wahrscheinliche Vermutung, da man sich kaum vorstellen kann, daß die Zitate aus einer Reihe von Monographien stammen könnten. Aristophanes von Byzanz hatte in seiner grundlegenden Textrezension die überzeugende Verbesserung[151] Ἀλκαῖος für Ἀχαιός (Ar. *Thesm.* 162) angebracht; Didymos aber versuchte, das in den Handschriften Überlieferte mit Argumenten zu verteidigen, die ein späterer Kommentator in unseren Scholien mit Recht ‹töricht› genannt hat (λελήρηται). Dieses Beispiel ist typisch für Didymos' Mangel an gesundem Menschenverstand – und für die konservative Engstirnigkeit von Kompilatoren überhaupt.

Didymos' Kommentare zu Homer, Pindar und den Tragikern halten sich in denselben Grenzen; es wäre jedoch ungerecht, nur hiervon zu sprechen[152] und seine echten Verdienste davon verdunkeln zu lassen. Für die Erklärung von Pindars Epinikia[153] machte er Auszüge aus älteren Kommentaren, wie bei Aristophanes' Komödien, aber er durchforschte auch die Geschichtsschreiber, besonders die über Sizilien, und sogar den Antiquar Polemon, und ergänzte so, was Aristarch ohne Erklärung gelassen hatte. Didymos' ὑπομνήματα umfaßten die *Paeane* und die *Hymnen* und wahrscheinlich noch viel mehr aus den siebzehn Büchern, in die Aristophanes von Byzanz Pindars Gedichte eingeteilt hatte.[154] Von seinem ὑπόμνημα Βακχυλίδου ἐπινίκων[155] ist nur der Titel übriggeblieben. Die Klassifizierung der verschiedenen Gattungen mit all ihren Unterteilungen und Abgrenzungen war der Gegenstand seiner Monographie Περὶ λυρικῶν ποιητῶν.

Wir können nicht sicher sein, ob Didymos über Aischylos schrieb.[156] Sein Lieblings-Tragiker war Sophokles, und eine Analyse der außergewöhnlich gelehrten Scholien zu Sophokles' *Oedipus Coloneus* kann eine Vorstellung von seinem ὑπόμνημα vermitteln, wenn auch der Wortlaut kaum der seine ist. Sein Name wird dreimal genannt (Schol. *OC* 155; 237; 763), und die Verweise auf ältere ὑπομνηματισάμενοι (Schol. *OC* 388; 390; 681) sind in seinem Stil,[157] obwohl er wahrscheinlich selbst noch einiges über attische Altertümer, Mythographie und Geschichte dazutat. Während er günstige Tatsachen und Urteile

---

151 S. oben S. 234.

152 A. Roemer tat nicht nur das, sondern machte Didymos zum Sündenbock für alles, was er in den Scholien falsch fand; vgl. oben S. 284 Anm. 135.

153 Siehe Irigoin, *Histoire du texte de Pindare* 67–75.

154 S. oben S. 227.

155 S. oben S. 271.

156 W. Schmid, *Gesch. d. griech. Lit.* II (1934) 305, ist in seinen Argumenten zu zuversichtlich; durch ein Versehen schreibt er Aristophanes von Byzanz einen Kommentar zu Aischylos zu.

157 Scholia in Sophoclis *Oedipum Coloneum*, rec. V. de Marco (1952); praef. pp. XXII f werden die Übertreibungen J. Richters, *W. St.* 33 (1911) 37ff in ihre Grenzen gewiesen.

zu Sophokles zusammentrug, verband er in seinen Kommentaren zu Euripides' Stücken die kritischen Stimmen der Vergangenheit mit seiner eigenen Kritik.[158] Sein Name erscheint achtzehnmal in den Scholien zu sechs Stücken, aber wir können noch nicht sagen, wie viele Stücke er im ganzen kommentiert hat. Unter den διάφορα ἀντίγραφα, die in der Subscriptio der Scholien zur *Medea* zitiert werden, befand sich auch ein Exemplar des Didymos, aus dem Auszüge gemacht wurden. Diese ἀντίγραφα waren natürlich ὑπομνήματα; ein eindeutiger Hinweis auf eine ἔκδοσις oder διόρθωσις des Didymos von einem Lyriker oder Dramatiker konnte bisher nicht entdeckt werden.[159]

Sein Werk endet dort, wo er keine Vorgänger mehr hatte, die er hätte heranziehen können. So mußte er sich hauptsächlich auf die Erklärung der Dichter beschränken. Außer vielleicht den großen Geschichtsschreibern[160] waren die Redner, besonders Demosthenes, die einzigen Prosaiker, zu denen ihm Kommentare zum Exzerpieren und Kompilieren zur Verfügung standen. Das ist seltsam, wenn man bedenkt, daß ihr Studium üblicherweise eine Sache der Rhetorenschulen, nicht der γραμματικοί war. Einige Titel wie ein paar Fragmente von Didymos' Kommentaren zu den attischen Rednern[161] waren schon bekannt, bevor uns der große Berliner Papyrus einen wesentlichen Teil des Originals von Διδύμου Περὶ Δημοσθένους[162] bescherte. In dieser Monographie, die sich aus sporadisch herausgegriffenen Lemmata aus *Philippica* IX–XII zusammensetzt, denen erklärende Anmerkungen folgen, bezieht sich Didymos oft auf ἔνιοι oder τινές oder οἱ ὑπομνηματίσαντες, mit denen er gleicher oder verschiedener Ansicht war. Kallimachos' Πίνακες[163] hatten eine Abteilung über die Redner enthalten, er hatte auch verschiedentlich Fragen der Autorschaft aufgeworfen; später, zur Zeit des Aristophanes von Byzanz, hatte man Auswahllisten[164] der hervorragendsten Redner angelegt. Didymos' Verweise enthüllen die bedeutsame Tatsache, daß es schon vor seiner Zeit neben jenen exegetische Schriften über Demosthenes gab; sorgfältige Untersuchungen haben gezeigt, daß diese wahrscheinlich in das späte zweite oder das frühe

---

158 Siehe Elsperger, ‹Antike Kritik gegen Euripides›, *Philol.* Suppl. XI 1 (1908) 108ff; 114ff und Index p. 167. – Cf. Eur. *Hipp.* ed. W. S. Barrett (1964) p. 48.

159 G. Zuntz, *An Inquiry into the Transmission of the Plays of Euripides* (1965) 253f, glaubt an eine Ausgabe von ‹the text which Didymus issued for those students of his voluminous commentaries who cared to have the wording preferred by him at their elbows›.

160 S. oben S. 274f.

161 Didym. fragm. pp. 310–17 Schm.

162 S. oben S. 261 Anm. 21; die charakteristische Form von Περὶ Δημοσθένους erkannte F. Leo in seiner oft zitierten Kritik der *editio princeps*.

163 S. oben S. 162ff.

164 S. oben S. 253f.

erste Jahrhundert v.Chr. gehören und chronologische, geschichtliche und sprachliche Probleme behandelten.[165] So hatte er eben in diesem einen Zweig der Prosa-Literatur viel Material, das er ausbeuten konnte.[166]

Im übrigen konnte er nur die Interpreten der Dichtung heranziehen. So sind seine lexikalischen Schriften[167] am besten durch seine Λέξις κωμική und seine Λέξις τραγική vertreten. In der langen Reihe von glossographischen, lexikographischen und onomatologischen Sammlungen waren die Λέξεις des Aristophanes von Byzanz, die sich über weite Gebiete der Literatur erstreckten, die Glanzlichter gewesen. Didymos beschränkte sich bei seinen Exzerpten aus diesem Material und aus erklärenden Werken auf die komischen und tragischen Dichter. Aber sein Werk über die Sprache der Tragiker schwoll zu einem Umfang von mindestens achtundzwanzig Büchern an, deren Anordnung noch unbekannt ist;[168] es muß einer ungeheuren Schatzkammer geglichen haben, in der die Schätze früherer Forschungen aufgestapelt waren und auf die Zukunft warteten. Ein paar Titel anderer lexikalischer und grammatischer Sonderschriften[169] werden Didymos zugeschrieben, doch wird sich in einigen Fällen der Hinweis auf jüngere Grammatiker des gleichen Namens beziehen.[170]

Schließlich gibt es noch eine Gruppe von Monographien.[171] Die Monographie über die Einteilung der lyrischen Dichter wurde schon erwähnt, und wir werden nur noch auf zwei weitere verweisen. Περὶ παροιμιῶν[172] vermehrte die von Aristophanes von Byzanz zusammengetragene Sprichwörtersammlung; es verdankt den größten Teil seines Materials der attischen Komödie. Ein Miszellenwerk Συμποσιακά (oder Συμμεικτά) genannt, war ein Sammelsurium all dessen, was sonst nirgends Platz gefunden hatte; aber selbst hier finden sich kleine Beiträge echter Gelehrsamkeit zu Homer, Sappho und Anakreon.

Die Dichterphilologen und ihre Nachfolger im dritten und zweiten Jahrhundert v.Chr. wurden von ihrer Liebe zur Literatur und von ihrer eigenen Arbeit als Schriftsteller getrieben, das literarische Erbe

---

165 Lossau, *Palingenesia* II (1964) 66ff, ‹Die frühalexandrinische Demosthenesexegese (vor Didymos)›; zu σύγγραμμα, ὑπόμνημα etc. s. S. 261f.

166 Die gewöhnliche Annahme, daß seine Studien über die Redner origineller waren als die übrigen (Cohn *RE* V 458, 35ff), ist nicht bestätigt worden.

167 Didym. fragm. pp. 15–111 Schm.

168 Hesychios spricht im Widmungsbrief zu seinem Lexikon von ‹alphabetischer Anordnung› (κατὰ στοιχεῖον), aber Harpocrat. s. v. ξηραλοιφᾶν (Didym. p. 84 Schm. fr. 1) und Makrob. *Sat.* V 18, 9; 11 f sind mit dieser Behauptung kaum vereinbar. – [Siehe auch Daly, oben S. 147 Anm. 56.]

169 Didym. fragm. pp. 15–27 und 335–55 Schm.

170 Cohn, *RE* V 465f und 417f.

171 Didym. fragm. pp. 356–400 Schm.

172 S. O. Crusius, *Analecta ad Paroemiographos Graecos* (1883) 48ff; 92ff, und K. Rupprecht, *RE* XVIII (1949) 1747ff.

der epischen, ionischen und attischen Epoche zu bewahren;[173] sie glaubten fest an dessen bleibende Größe. Didymos seinerseits wurde von der Liebe zur Gelehrsamkeit getrieben, das philologische Erbe der hellenistischen Epoche zu bewahren; er bewunderte aufrichtig die Größe der Philologen und glaubte fest an ihre Autorität, obwohl er nicht ganz ohne kritisches Urteil war. Er wußte auch, daß man Ausgaben, Kommentare und Monographien nicht als unantastbare Literaturdenkmäler behandeln darf. Ihr Wesenskern, nicht ihre Form mußte bewahrt werden; die sorgfältige Zusammenstellung klug ausgewählter Exzerpte gab ihnen die beste Aussicht, in einer Zeit des Verfalls, die den kürzesten Weg zum Wissen gewiesen haben wollte, zu überleben.

Wir stellten oben die Antwort auf die Frage, ob die treibende Kraft hinter Didymos' staunenswerter Aktivität erkannt werden könne, zurück; die Antwort, wie wir sie jetzt gefunden haben, erklärt die Beziehung zwischen der hellenistischen Philologie im ganzen und seiner geschichtlichen Stellung am Ende des Zeitalters. Wir können mit einiger Sicherheit sagen, daß Didymos der wirksamste Diener einer antiken Gemeinschaft der Geister werden konnte, weil der Friede des Augustus eine verfallende Ordnung in der Mittelmeerwelt wiederhergestellt hatte.

---

173 S. oben S. 114f, vgl. S. 18.

EXKURSE

EXKURS I

Plat. *Phaedr.* 267 C (= *Vors.* 80 A 26 = *Art. script.* B III 4 Raderm.) Πρωταγόρεια δέ ... οὐκ ἦν μέντοι τοιαῦτ' ἄττα; – ὀρθοέπειά γέ τις ... καὶ ἄλλα πολλὰ καὶ καλά. Das war wahrscheinlich Protagoras' eigener Ausdruck, aber sicher kein Buchtitel, wie τις zeigt. Zu Demokrit s. oben S. 63ff. Zum späteren Gebrauch des Ausdrucks in rhetorischen Schriften s. Radermacher, *ad. loc.* Themistios, *or.* 23 p. 350, 19 Dind., versuchte es deutlicher zu machen, indem er καὶ ὀρθορρημοσύνη hinzufügte. – In Plat. *Crat.* 391 B (= *Vors.* 80 A 24 = *Art. script.* B III 9) sagt Sokrates διδάξαι σε τὴν ὀρθότητα περὶ τῶν τοιούτων (‹über solche Fragen der Sprache›) ἣν ἔμαθεν παρὰ Πρωταγόρου. Hermogenes antwortet, daß es absurd wäre, einzelne Lehren anzunehmen, wenn man ‹Die Wahrheit› des Protagoras im ganzen ablehnt: εἰ τὴν 'Αλήθειαν τὴν Πρωταγόρου ὅλως οὐκ ἀποδέχομαι. Also behandelte Protagoras wahrscheinlich solche Probleme in diesem Buch. Aber man sollte nicht τὴν ὀρθότητα περὶ τῶν τοιούτων einfach als περὶ ὀνομάτων ὀρθότητα nehmen (wie Diels-Kranz es anscheinend tun; zu ähnlichen Fehlinterpretationen von τῶν τοιούτων = τούτων bei Aristoteles s. M. Pohlenz, *Herm.* 84 [1956] 61) und annehmen, daß dies der Ausdruck des Protagoras gewesen sei. Soweit wir Zeugnisse darüber haben, ist es eher charakteristisch für den sogenannten Herakliteer Kratylos, den Platon als Hauptperson seines Dialogs einführt (*Cratyl.* 383 A = *Vors.* 65 A 5 Κρατύλος φησὶν ὅδε ... ὀνόματος ὀρθότητα εἶναι ἑκάστῳ τῶν ὄντων φύσει πεφυκυῖαν κτλ.; cf. 397 A), und wieder in anderer Weise für Prodikos (s. S. 60ff); wir sollten auch zögern, die ‹etymologischen› Argumente für die ‹Korrektheit› homerischer Namen in der Diskussion zwischen Sokrates und Hermogenes (*Cratyl.* 391 A–393 B) Protagoras zuzuweisen, da sie mit der Frage nach φύσις und νόμος (s. oben *Cratyl.* 383 A) verbunden sind; s. S. 60 und S. 120.

Hermeias (fünftes Jahrhundert n.Chr.) zu Plat. *Phaedr.* 267 CD p. 239, 14 Couvreur = *Art. script.* B III 5 erklärte ὀρθοέπεια als κυριολεξία; diese neuplatonische Erklärung wird durch keine andere Tradition gestützt, und es gibt keinen Grund, sie anzunehmen, besonders wenn wir seine Erklärung von Polos' und Likymnios' ‹Lehren› vergleichen, die der des Protagoras unmittelbar voranstehen. Zu den offensichtlichen Fehlern s. Radermacher, *Art. script.* B XIV 10 und B XVI 2: Hermeias schrieb die Bestimmung von κύρια, ἐπίθετα etc. Likymnios zu, den er den Lehrer anstatt den Schüler des Polos nannte, und er fuhr fort, dem Protagoras, der zur älteren Generation gehörte, die Vorschrift, daß man die κύρια, nicht die anderen Arten von ὀνόματα benutzen müsse, zuzuschreiben. Sogar Wilamowitz scheint von Hermeias irregeführt worden zu sein in seiner im übrigen bedeutenden Anmerkung zu Eur. *Herc. F.* 56 ὀρθῶς φίλος, wenn er sagt: ‹Protagoras hat mit der ὀρθοέπεια für die Rede verlangt τὸ τοῖς κυρίοις ὀνόμασιν χρῆσθαι.› H. Koller, ‹Die Anfänge der griechischen Grammatik›, *Glotta* 37 (1958) 5–40, rekonstruiert eine Theorie von Protagoras' ὀρθοέπεια auf der Grundlage der κυριολεξία, aber er verwirft Hermeias' eigene Erklärung von κύρια als ‹buchstäblich› im Gegensatz zu ‹bildlich› und gibt ihm eine andere Bedeutung: ‹das Wort der Alltagssprache›, ‹der allgemeinen Geltung› im Gegensatz zu poetischen, artistischen, veralteten oder schmückenden Wörtern. Der ganze Artikel beruht auf dem Buch desselben Verfassers, *Die Mimesis in der Antike* (Bern 1954). Wenn die Fundamente, die in dem Buch über die μίμησις gelegt sind, nicht tragfähig genug sind, und ich bin überzeugt, daß sie es nicht sind (s. a. W. J. Verdenius, *Mnemosyne* ser. IV, Bd. 10 [1957] 254–8 und H. Herter, *DLZ* 1959, 402ff), dann bricht fast alles zusammen, was in diesem Artikel über die Anfänge der griechischen Grammatik gesagt ist.

[*Addendum*. D. Fehling, ‹Zwei Untersuchungen zur griechischen Sprachphilosophie› 1. ‹Protagoras und die ὀρθοέπεια› *Rh. M.* 108 (1965) 212–17, kam wenigstens teilweise zu ähnlichen Schlüssen. 2. ‹Φύσις und θέσις› 218–29: Ich kann nur auf seine Polemik gegen übertriebene Vereinfachungstendenzen in Antike und Neuzeit hinweisen, ohne Partei zu ergreifen. Vgl. S. 250 Anm. 221].

EXKURS II

Plut. *Qu. conviv.* VII 10 p. 715 E καὶ τὸν Αἰσχύλον ἱστοροῦσι τὰς τραγῳδίας ἐμπίνοντα ποιεῖν, καὶ οὐχ, ὡς Γοργίας εἶπεν, ἓν τῶν δραμάτων αὐτοῦ «μεστὸν (μέγιστον cod.: em. Reiske) Ἄρεως» εἶναι, τοὺς Ἕπτ' ἐπὶ Θήβας, ἀλλὰ πάντα Διονύσου (Aesch. *trag.* ed. Wilamowitz 1914 p. 78; cf. ibid. pp. 14f, test. 43). Diese Polemik gegen Gorgias, die den Punkt hervorhebt, daß *alle* Stücke des Aischylos ‹voll des Dionysos› seien, leitet sich aus einer peripatetischen Quelle her, wahrscheinlich Chamaileon, Περὶ Αἰσχύλου, s. fr. 40a und b, F. Wehrli, *Die Schule des Aristoteles* 9 (1957) 61 und Kommentar 85f. Der erste, der die Identität des Gorgias-Zitats bei Plutarch mit der Stelle in den *Fröschen* bemerkte, soll Th. Stanley gewesen sein (der 1663 Aischylos herausgab); so Van Leeuwen in seinem Kommentar (1896) zu Aristoph. *Ran.* loc. cit., aber es war mir nicht möglich, diese Feststellung in einer von Stanleys Ausgaben zu verifizieren. [Einem Hinweis von R. Kassel wird die Identifizierung der Stelle verdankt: Aeschyli tragoediae ... cum commentario Th. Stanleii ... curante J. C. de Pauw, Hagae Comitum 1745, p. 704; danach gebührt die Priorität der Emendation Stanley.] – Ein anderes Zeugnis, das bisher fehlt, sollte unseren Sammlungen von Gorgias' Fragmenten angefügt werden: Philodem, *Herculan. Volum. coll. altera* (1873) T. VIII, p. 15 (Pap. Nr. 1578) τοῦ Αἰσχύλου δ[...] Ἄρεως ἔλεγε. Seine Beziehung zu Aristoph. *Ran.* 1021 wurde erkannt von J. Kemke, Philod. *de mus.* (1884) III fr. 16, p. 27; Th. Gomperz, *Zu Philodems Büchern von der Musik* (Wien 1885) 15, verwies auch auf Gorgias und schlug Ergänzungen vor; unabhängig davon wurde eine ähnliche Ergänzung von E. Scheel, *De Gorgianae disciplinae vestigiis* (Diss. Rostock 1890) 25,1 vorgeschlagen.

EXKURS III

Theo Smyrn., *Expositio rerum math.* ed. E. Hiller (1878) 49ff (lateinische Übersetzung in Chalcid. *Comment. in Plat. Tim.* c. 44, ed. J. H. Waszink, *Plato Latinus* IV, Leiden 1962, p. 92); Erich Frank, *Plato und die sogenannten Pythagoreer* (1923) 167ff, glaubte in dieser Passage ein vorplatonisches atomistisches System der ‹Musik› entdeckt zu haben und gab eine genaue Interpretation einiger Demokrit-Fragmente; aber er hat mich weder davon überzeugt, daß Adrastos von einer frühen atomistischen Quelle abhängt, noch davon, daß man aus den bei Diels unter der Überschrift Μουσικά (oben S. 63) verzeichneten spärlichen Titeln und Zitaten *so* viel herausbekommen kann. In Adrastos' wenigen Sätzen findet sich nichts, was über die gewöhnliche platonisch-peripatetische Tradition hinausgeht. H. Koller, ‹Stoicheion›, *Glotta* 34 (1955) 161ff, übernahm Franks Datierung der Adrastos-Stelle in Theo Smyrn., aber anstelle einer atomistischen Quelle erfand er ein vorplatonisches musikalisches System, in dem στοιχεῖον für ‹reihenbildende Töne› gebraucht wurde; er gab aber immerhin selbst zu, daß es keinen eindeutigen Beleg für στοιχεῖον als musikalischen Terminus im Sinne von ‹Tonleiter› gibt; s. a. die kurze Widerlegung von Kollers Argumenten durch W. Burkert, Στοιχεῖον, *Philol.* 103 (1959) 177f.

EXKURS IV

Die λύσεις zu dieser Frage (Schol. A *A* 50) werden von Schrader in Porphyr. *Quaest. Hom. in Il.* p. 4 eingeschoben; es gibt aber dafür keinen Beleg (s. a Schraders eigene Anmerkung zu Z. 6). Die erste in den Schol. zitierte Lösung ist selten und interessant: καὶ οἱ μὲν ῥητορικῶς λύοντές φασιν, ὅτι φιλάνθρωπον ὂν τὸ θεῖον ... πρότερον ἀπὸ τοιούτων ζῴων ἤρξατο μετάνοιαν τοῖς ἁμαρτήσασι διδούς. Dieses Schol. p. 13, 18 Dind. ist an den äußeren Rand in zwei Columnen geschrieben; vgl. auf dem inneren Rand p. 14, 11 Dind. φιλάνθρωπος ὢν ὁ θεὸς πρῶτον ... τὰ ἄλογα ζῷα ἀναιρεῖ, ἵνα διὰ τούτων εἰς δέος ἀγαγὼν τοὺς Ἕλληνας ἐπὶ τὸ εὐσεβεῖν παρασκευάσῃ (nichts von μετάνοια). Wenn ich diese Stelle früher gekannt hätte, wäre ich glücklich gewesen, sie als willkommenes neues Beweisstück für meine Interpretation von Kallimachos' fr. 114 zitieren zu können, wo ich schrieb: ‹The main point ... left out by the later paraphrases ... is expressed in the concluding distichon of Apollo's answer: the god is intentionally slow in practising retribution in order that there should be even a chance of μετανοεῖν for the evildoer – that is, of changing his mind› (‹The image of the Delian Apollo and Apolline ethics›, *The Journal of the Warburg and Courtauld Institutes* 25 [1952] 30 f = *Ausgewählte Schriften* [1960] 69). Das ist genau das, was der anonyme λυτικός sagt: ‹Der Gott als φιλάνθρωπος begann seine Rache erst bei den Tieren und ermöglichte dadurch den menschlichen Missetätern Reue μετάνοιαν τοῖς ἁμαρτήσασι διδούς›. Er bewahrte, was die anderen Paraphrasen ausließen. – Über λυτικοί im allgemeinen s. A. Gudeman, ‹Λύσεις›, *RE* XIII (1927) 2511ff, bes. 2517, 30 ῥητορικῶς λύοντες.

EXKURS V

Plat. *Leg.* 764 DE. Dies ist die *einzige* Stelle, wo die Ausdrücke μονῳδία und χορῳδία auf lyrische Lieder angewandt und einander gegenübergestellt werden. Moderne Gelehrte beziehen sich gewöhnlich auf sie, wenn sie sich mit der Einteilung der lyrischen Dichtung in ‹Monodie und Chorlied› befassen; so z. B. C. M. Bowra, *Greek Lyrik Poetry* (²1961) 4. Das ist jedoch ein traditioneller Fehler. Tatsächlich spricht Platon von der Übung der Solo-Sänger und der Chorsänger im Verlauf einer Diskussion über die musikalische Ausbildung. Die beiden Ausdrücke werden weder von ihm noch von irgendeinem anderen antiken Autor für die theoretische Klassifizierung gebraucht; χορῳδία taucht sonst überhaupt nirgends mehr auf, und μονῳδία wird nur auf den Gesang eines einzelnen Schauspielers in der Tragödie angewandt. Über den Mißbrauch des Wortes μονῳδός für einen einzelnen Rezitator eines ganzen tragischen Iambos wie Lykophron in der *Alexandra* s. Tzetz. in Lyc. p. 4, 15 Scheer (cf. Bekker,

AG III 1461 n). Die Einteilung in monodische und Chorlyrik ist neuzeitlich und mag zum Zweck der Literaturgeschichte wohl gebraucht werden. Andererseits ist es ganz unpassend, griechische Titel ‹μονῳδίαι› und ‹χορῳδίαι› (*sic*) für eine Ausgabe der Texte zu erfinden, wie es E. Diehl unglücklicherweise in seiner *Anthologia Lyrica* fasc. 4 ([2]1935) und 5 ([2]1942) tat; denn das erweckt den falschen Eindruck, daß es sich um Ausdrücke antiker Grammatiker handelt. Über antike Einteilungen s. unten S. 164f und 226ff.

EXKURS VI

Als ich 1954 den Londoner Vortrag über *Hellenistic Poetry* hielt, kannte ich nur zwei Stellen in G. Flauberts Briefen über den ‹Tour d'ivoire› (*Œuvres complètes. Correspondance*, Nouvelle édit. augmentée, II. Série Paris 1926, p. 396, 24. April 1852 an Louise Colet: ‹Il faut ... monter dans sa tour d'ivoire et là, comme une bayadère dans ses parfums, rester seuls dans nos rêves› und ibid. III (1927) p. 54, 22. Nov. 1952: ‹montons au plus haut de notre tour d'ivoire, sur la dernière marche, le plus près du ciel›). Ich war voreilig genug zu sagen, Flaubert habe ‹invented the ivory tower as a refuge for nineteenth-century littérateurs› (*JHS* 75 [1955] 73 = *Ausgewählte Schriften* 158). Später aber, aufgeschreckt durch meine Voreiligkeit, begann ich weitere Untersuchungen mit der Unterstützung von Hugo Friedrich, der mich auf E. R. Curtius, *Kritische Essays zur europäischen Literatur* (Bern 1950) 382, hinwies. Es gab keinen Zweifel, Sainte-Beuve, der größte französische Kritiker und ein Dichter von geringerem Rang, war der erste, der den Ausdruck für das Sich-Abschließen eines weltfremden Dichters, nämlich Alfred de Vigny, in einem Gedicht aus dem Jahr 1837 gebraucht hatte (Pensées d'août, 1837, in *Poésies complètes* II nouv. ed. 1863 p. 231, A. M. Villemain [epistula Horatiana]): ‹La poésie en France ... Lamartine, Hugo ... et Vigny plus secret, / Comme en sa tour d'ivoire, avant midi, rentrait.› Eine äußerst kühne neue Wendung war damit dem berühmten Bild aus dem Hohen Lied 7, 5 gegeben ὁ τράχηλός σου ὡς πύργος ἐλεφάντινος (Sulamith), das in der *Lauretanischen Litanei* auf die gebenedeite Jungfrau übertragen worden war: ‹Turris eburnea›. Ich hätte mir eine Menge Arbeit ersparen können, wenn ich gleich im *Shorter Oxford English Dictionary*, s. v. ivory nachgesehen hätte, wo auf Sainte-Beuve und A. de Vigny verwiesen ist (die französischen Lexika, die ich zu Rate gezogen hatte, halfen nicht weiter). Aber wer machte den elfenbeinernen Turm so populär, daß er zur gängigen Phrase in den Tageszeitungen in England und Deutschland wurde? Henry James begann vor dem Ersten Weltkrieg einen Roman zu schreiben, *The Ivory Tower*, brach ihn aber im August 1914 ab; das unvollendete Buch wurde 1917 in London publiziert, aber ‹no mention is made of the symbolic object itself› (s. Preface, p. VI). T. S. Eliot spricht in seiner Einführung zu Paul Valéry, Essays, *Collected Works*, ed. E. Mathews, vol. VII (1958) XIX von ‹a new conception of the poet ... The tower of ivory has been fitted up as a laboratory ... a solitary laboratory›.

EXKURS VII

Call. *hy*. II 110ff. Δηοῖ δ' οὐκ ἀπὸ παντὸς ὕδωρ φορέουσι μέλισσαι, / ἀλλ' ἥτις καθαρή τε καὶ ἀχράαντος ἀνέρπει / πίδακος ἐξ ἱερῆς ὀλίγη λιβὰς ἄκρον ἄωτον. Als Anna Fabri 1675 Kallimachos herausgab, verwies ihr gelehrter Vater sie auf Schol. Theocr. XV 94 τὰς ἱερείας (ἑταίρας codd.: em. T. Faber) αὐτῆς (sc. τῆς Κόρης) καὶ τῆς Δήμητρος μελίσσας λέγεσθαι. Seit diesem Tag wurden die μέλισσαι immer als ‹Priesterinnen› aufgefaßt, die Wasser zu einem Tempel der Demeter trugen, um das Götterbild zu waschen; s. bes. G. Pasquali, *Quaestiones Callimacheae* (1913) 86–92; cf. a. *P. Oxy.* XV (1922) 1802 col. II 29 = Apollod. *Π.* θεῶν 244 *FGrHist* 89, wo parische θεσμοφοριάζουσαι γυναῖκες «μέλισσαι» genannt werden und ein anonymer Hymnos auf Demeter (Page, *Greek Lit. Pap.* p. 408) V. 2 δεῦτε μέλισσαι. In meiner Ausgabe (1953) zitierte ich Hesych. μέλισσαι· αἱ τῆς Δήμητρος μυστίδες. Ich muß es jetzt nicht ohne Bedauern widerrufen. Μέλισσαι sind einfach Bienen, die das tun, was Aristoteles in *h. an.* VIII 1 p. 596b 18 sagt: ὕδωρ δ' ἥδιστα εἰς ἑαυτὰς λαμβάνουσιν, ὅπου ἂν καθαρὸν ἀναπηδᾷ (weitere Hinweise *RE* III 453, 29ff); s. a. Virg. *georg.* IV 54f ‹flumina libant / summa leves› (sc. apes), wo ‹summa› mit ἄκρον ἄωτον zusammenfällt. Wenn Vergil diese Verse des Hymnos im Sinne hatte (cf. F. Klingner, *Virgils Georgica*, 1963, pp. 166f), dann verstand er μέλισσαι gewiß nicht als Priesterinnen, sondern als Bienen. Es besteht kein Grund zu der Annahme, daß Hesychios' Glosse auf einen Kommentar zu Kallimachos zurückgeht. S. Schol. Theocr. XV 94 mit Wendels Anmerkungen. Wir sollten froh sein, die Priesterinnen loswerden und die dichterische Einfachheit der Stelle wiederherstellen zu können; andererseits müssen wir zugeben, daß wir nicht zu sagen vermögen, warum die Bienen ihre winzigen Wassertropfen der Demeter anbieten. (Über Demeter und Bienen s. Olck, *RE* III 448, 58ff.) Aber es gibt in Kallimachos' Gedichten viele Anspielungen, deren Bedeutung wir noch nicht erfassen. Eine ziemlich kühne Vermutung wäre zu erwägen. Kallimachos bezieht sich öfter, als wir aus den alten Fragmenten vermuten konnten, auf Philitas' *Demeter* (fr. 5–8 Kuchenmüller): die ὄμπνια θεσμοφόρος Call. fr. I 10 ist die Demeter des Philitas und die vieldiskutierte Glosse ἄεμμα für τόξον *hy.* II 33 ist aus dem Gedicht genommen, wie die neuen Scholien zeigten (Call. II p. 47). Die μέλισσαι als βουγενεῖς erscheinen in einem Hexameter des Philitas fr. 18 K., den Kallimachos wahrscheinlich in fr. 383, 4 nachahmte (s. meine Anmerkung ad loc.), aber wir kennen den Zusammenhang des Verses nicht; einige Philologen vermuten, daß er zur *Demeter* gehören könnte. So ist es möglich, daß die Verbindung der Bienen mit Demeter am Ende des zweiten *Hymnos* eine Reminiszenz an Philitas' *Demeter* ist, die ihm innerlich gegenwärtig war, als er die Hymnen und die Polemik gegen die Telchinen schrieb.

EXKURS VIII

Der Text wurde mißverstanden von Meineke, Wilamowitz und Wendel, der die Konjekturen seiner Vorgänger in seinem Apparat abdruckte; s. a. seinen Aufsatz ‹Die Überlieferung der Scholien zu Apoll. Rh.› *AGGW* III 1 (1932) 113; cf. H. Herter, *Rh. M.* 91 (1942) 313 und *Bursians Jahresberichte* 285 (1955) 227ff; P. Händel, *Herm.* 90 (1962) 431; Lesky (oben S. 115 Anm. 5) 666. Sie alle verstehen τῶν βιβλιοθηκῶν τοῦ Μουσείου ἀξιωθῆναι als Hinweis auf seine Tätigkeit als Bibliothekar; aber denselben Ausdruck gebraucht Euseb. *Hist. eccl.* III 9, 2 βιβλιοθήκης ἀξιωθῆναι oder *Praep. ev.* VIII 1. 8 τῶν κατὰ τὴν 'Αλεξάνδρειαν βιβλιοθηκῶν ἠξιώθη im Sinne von τῆς ἐν βιβλιοθήκαις ἀναθέσεως ... καταξιωθῆναι (*Hist. eccl.* II 18, 8); s. a. oben (S. 129) Aristeae *epist.* 9 ἄξια καὶ τῆς ... βιβλιοθήκης. Nach seinem ersten Mißerfolg und seiner Auswanderung nach Rhodos kehrte Apollonios ‹wie manche sagten› nach Alexandria zurück und trug seine *Argonautika* mit dem größten Erfolg vor, so daß er der Bibliotheken des Museums für würdig befunden und schließlich sogar neben Kallimachos begraben wurde. Das ist einfach eine Legende über die vollständige

Rehabilitierung in seiner Heimatstadt und die endliche Aussöhnung mit seinem Gegner im Grabe. Diese zweifelhafte Stelle am Ende der zweiten *Vita* kann man nicht vergleichen mit der ernsthaften Überlieferung in *P. Oxy.* 1241; die Geschichte von der ‹Rückkehr in die Heimat› mag auf eine Verwechslung mit dem späteren Apollonios, dem Eidographen und Bibliothekar nach Aristophanes von Byzanz zurückgehen; da aber die *Vita* gar nichts über eine solche Anstellung des Apollonios an der Bibliothek sagt, wird es noch zweifelhafter, ob man eine solche Verwechslung überhaupt annehmen muß.

EXKURS IX

Aufmerksame Leser von Wilamowitz' nachgelassenem Werk über die griechische Religion werden vielleicht stutzig gemacht durch eine Bemerkung zu Aristophanes von Byzanz in dem bedeutenden Paragraphen über ‹Personifizierungen› (Wilamowitz, *Der Glaube der Hellenen* I [1931] 26, wiederholt II [1932] 417). Aristophanes wird hier dafür gepriesen, daß er sich in einfühlsamer Weise mit der homerischen εἰδωλοποιία befaßt habe, weil er sagte, daß der Dichter mythische Bilder gewisser Gottheiten gebildet hätte, die dieselben Namen trugen wie menschliche πάθη und πράγματα, wie ἔρως, ἔρις, φόβος usw. Wilamowitz verweist auf Porphyrios über die *Ilias* (p. 42 Schrader) als Beleg. Aber tatsächlich war Eustathios der einzige, der das erste Auftreten der Theorie von den δαίμονες εἰδωλοποιούμενοι μυθικῶς einer Monographie des Aristophanes, Περὶ Αἰγίδος (Eust. p. 603,28 zu E 738) zuschrieb. In unseren B-Scholien zu Homer *B* 787 wird kein Autor zitiert, in denen zu *E* 741 Aristoteles (cf. Schol. BHQ zu λ 634; zweifelhaft Schol. A Λ 4). Naucks Verdacht, daß der Hinweis auf Aristophanes bei Eustathios ein Irrtum sei, wurde durch Schrader mit zwingenderen Argumenten verstärkt. (Nauck pp. 271–3; Porphyr. *Quaest. Hom. ad Il.* ed. H. Schrader [1880] 44f; unabhängig davon L. Cohn, *Jahrbb. f. class. Phil.* Suppl. 12 [s. S. 243, Anm. 174] 287, 4 kam zu derselben Folgerung wie Schrader, und Jacoby, *FGrHist* II [1930] 754, 36 zu Apollodor. Περὶ θεῶν tat recht daran, ihnen zu folgen. Cf. Aristot. Pseudepigr. ed. V. Rose [1863] 162f). Über Schraders fragwürdige Rekonstruktion des Porphyrios und über das mögliche Verhältnis von Porphyrios zu Aristoteles s. oben S. 96 Anm. 68. Eine Parallele ist die falsche Zuweisung der Erklärung des Sprichwortes Κερκυραίων μάστιξ an Aristoph. Byz. in Schol. (V, Ald.) Aristoph. *Av.* 1463; Zenob. Athen. III 14 (Miller, *Mélanges* p. 370) bestätigte mit dem Hinweis auf Ἀριστοτέλης ... ἐν τῇ Κερκυραίων Πολιτείᾳ die weniger genaue und daher verworfene Feststellung des Zenob. Par. IV 49 (cf. Aristot. fr. 513 R.). Eine weitere Parallele mag Erotian. *Voc. Hippocr.* s. v. πικερίῳ p. 73, 13 Nachmanson sein, der Rose, Aristot. fr. 636 folgend Ἀριστοτέλης ἐν τοῖς Ὑπομνήμασιν für Ἀριστοφάνης in den Handschriften liest. So ist es ganz unsicher, ob es ein σύγγραμμα des Aristophanes über die Aegis gab und ob er sich je mit diesem oder irgendeinem anderen grundlegenden Problem der griechischen Religion beschäftigt hat; zu Zeugnissen für εἰδωλοποιία s. a. K. Reinhardt, *De Graecorum theologia* (Diss. Berlin 1910) 107ff und *add. Plut. Colot.* II p. 1113 A οἱ ποιηταὶ ... ἀνειδωλοποιοῦντες ... (Σ 535), Schol. AD *I* 502 ἀνειδωλοποιεῖ τὰς Λιτὰς ὡς δαίμονάς τινας (cf. Schol. Eur. *Or.* 256).

ABKÜRZUNGEN

AG	*Anecdota Graeca* (Bachmann, Bekker, Boissonade)
AGGW	*Abhandlungen der Göttinger Gesellschaft der Wissenschaften*
AJA	*American Journal of Archaeology*
AJP	*American Journal of Philology*
AL(G)	*Anthologia Lyrica (Graeca)*, ed. E. Diehl, 1925ff
APF	*Archiv für Papyrusforschung*
Barwick, *Stoische Sprachlehre*	K. Barwick, ‹Probleme der stoischen Sprachlehre und Rhetorik›, *Abh. d. Sächs. Akad. d. Wissenschaften zu Leipzig, Phil.hist. Kl.* 49,3 (1957)
BCH	*Bulletin de Correspondance Hellénique*
Bursian	Bursians *Jahresbericht über die Fortschritte der klass. Altertumswissenschaft*
Call.	Callimachus I, II, ed. R. Pfeiffer, 1949–53 (Neudr. 1965/6)
CGF	*Comicorum Graecorum Fragmenta* I, ed. G. Kaibel, 1899
Cl. Phil.	*Classical Philology*
Cl. Qu.	*Classical Quarterly*
Cl. R.	*Classical Review*
CMG	*Corpus medicorum Graecorum*
DLZ	*Deutsche Literaturzeitung*
DMG	*Deutsche Morgenländische Gesellschaft*
Düring, ‹Aristotle›	I. Düring, ‹Aristotle in the ancient biographical tradition›, *Studia Graeca et Latina Gothoburgensia* 5 (1957)
FGrHist	*Die Fragmente der griechischen Historiker*, von F. Jacoby, 1923ff
FHG	*Fragmenta Historicorum Graecorum*, ed. C. Müller, 1841ff
GGA	*Göttingische Gelehrte Anzeigen*
GGM	*Geographi Graeci minores*, ed. C. Müller, 1855ff
GL	*Grammatici Latini*, ed. H. Keil, 1855ff
GRF	*Grammaticae Romanae Fragmenta*, rec. H. Funaioli, I (1907, Neudr. 1964)
Gr. Gr.	*Grammatici Graeci*, 1878–1910 (Neudr. 1965)
JHS	*Journal of Hellenic Studies*
Kenyon, *Books and Readers*	F. G. Kenyon, *Books and Readers in ancient Greece and Rome*, 2nd ed. (1951)
KZ	[Kuhn's] Zeitschrift für vergleichende Sprachforschung auf dem Gebiete der indogermanischen Sprachen
L-S	H. G. Liddell and R. Scott, *Greek-English Lexicon*. New edition by H. Stuart Jones, 1925–40

Marrou	H.-I. Marrou, *Geschichte der Erziehung im klassischen Altertum.* Hrsg. v. R. Harder (1957)
NGG	*Nachrichten von der Gesellschaft der Wissenschaften zu Göttingen*
NJb.	*Neue Jahrbücher für das klass. Altertum*
Pack²	R. A. Pack, *The Greek and Latin literary texts from Greco-Roman Egypt*, second revised and enlarged edition, 1965
Pasquali, *Storia*	G. Pasquali, *Storia della tradizione e critica del testo* (1934, Neudr. 1952)
*PLG*⁴	*Poetae Lyrici Graeci*, quartum ed. Th. Bergk, 1882
PMG	*Poetae Melici Graeci*, ed. D. L. Page, 1962
P. Oxy.	Oxyrhynchus Papyri
PRIMI	*Papiri della R. Università di Milano*, vol. I, ed. A. Vogliano, 1937
PSI	Papiri della Società Italiana
RAC	*Reallexikon für Antike und Christentum*
RE	Paulys *Real-Enzyklopädie der klassischen Altertumswissenschaft*, hg. v. Wissowa-Kroll-Mittelhaus, 1894ff
Rh. M.	*Rheinisches Museum für Philologie*
Rutherford, ‹Annotation›	W. G. Rutherford, ‹A Chapter in the History of Annotation›, *Scholia Aristophanica*, III (1905)
Sandys I³	J. E. Sandys, *A History of Classical Scholarship*, I. 3. ed. 1921
SB	*Sitzungsberichte* (*Berl. Akad.*, *Bayer. Akad.*, etc.)
Schmidt, ‹Pinakes›	F. Schmidt, ‹Die Pinakes des Kallimachos›, *Klass.-philol. Studien* 1 (1922)
*SIG*³	*Sylloge Inscriptionum Graecarum*, ed. W. Dittenberger, ed. tertia, 1915–24
Steinthal	H. Steinthal, *Geschichte der Sprachwissenschaft bei den Griechen und Römern mit besonderer Rücksicht auf die Logik*, 2 Bände, 2. Aufl. 1890 (Neudr. 1961)
Susemihl	F. Susemihl, *Geschichte der griechischen Literatur in der Alexandrinerzeit*, 2 Bände, 1891/2
SVF	*Stoicorum Veterum Fragmenta*, ed. I. de Arnim, 1905ff
TAPA	*Transactions of the American Philological Association*
*TGF*²	*Tragicorum Graecorum Fragmenta*, ed. A. Nauck, 2. Aufl., 1889 [Nachdruck mit einem ‹Supplementum continens nova fragmenta Euripidea et adespota apud scriptores veteres reperta adiecit Bruno Snell›, Hildesheim 1964]
Vors.	*Die Fragmente der Vorsokratiker*, von H. Diels, 6. Aufl., hg. v. W. Kranz, 1951/2
Wendel, ‹Buchbeschreibung›	C. Wendel, ‹Die griechisch-römische Buchbeschreibung verglichen mit der des vorderen Orients›, *Hallische Monographien* 3 (1949)
W. St.	*Wiener Studien*

INDICES

ALLGEMEINER INDEX

A. = Anmerkung; * bezeichnet die Hauptstellen.

INDEX GRIECHISCHER WÖRTER

INDEX EINGEHEND BESPROCHENER STELLEN

ÜBER DEN VERFASSER

Rudolf Pfeiffer wurde 1889 in Augsburg (im alten Hause des Humanisten Conrad Peutinger) geboren, wuchs früh in die Welt des christlich-humanistischen Geistes hinein, studierte seit 1908 in München Klassische Philologie, Archäologie, Geschichte und Germanistik und promovierte 1913 mit einer Arbeit über den Augsburger Meistersinger und Homerübersetzer Johannes Spreng. Verwundet aus dem Ersten Weltkrieg zurückgekehrt, habilitierte sich Pfeiffer nach kurzer Tätigkeit im Bibliotheksdienst und einem Berliner Studienaufenthalt, der ihn in den Bannkreis des alten Wilamowitz brachte und ihn Bekanntschaft mit der Papyrologie gewinnen ließ, 1921 in München mit ‹Kallimachos-Studien› (ersch. 1922). 1923 erhielt er seine erste ordentliche Professur an der Universität Hamburg, wo er dauernde und fruchtbare Verbindungen knüpfte, so mit seinem späteren Münchener Kollegen, dem Latinisten Friedrich Klingner, und der ‹Bibliothek Warburg›, in deren ‹Studien› 1931 die berühmte Abhandlung über die ‹Humanitas Erasmiana› erschien. Nach einer Zwischenstation in Freiburg (1927–29) erreichte ihn 1929 die Berufung nach München als Nachfolger von Eduard Schwartz. In Zusammenarbeit mit der damals besonders regen papyrologischen Forschung leistete Pfeiffer in meisterhaft geschliffenen Abhandlungen entscheidende Beiträge zur Wiedergewinnung und Interpretation des Aischylos, des Sophokles und der griechischen Lyriker. Nach Jahren einer reichen Lehrtätigkeit an der Seite großer Kollegen (Vossler, Paul Lehmann, Ernst Buschor, Ferdinand Sommer, Martin Grabmann) traf ihn 1937 die Amtsenthebung durch den nationalsozialistischen Staat. England bot dem Gelehrten von internationalem Ruf eine großzügige Zuflucht (seit 1939 am Corpus Christi College in Oxford). In diesen Oxforder Jahren reifte (wieder in Fühlung mit bedeutenden Kennern der Papyri wie E. Lobel) die monumentale zweibändige Kallimachos-Ausgabe heran (Oxford 1949–53), nach einhelligem Urteil der Fachwelt ein exemplarisches Werk der klassischen Philologie unseres Jahrhunderts. 1951 gelang die lange vorbereitete Rückberufung Pfeiffers auf seinen alten Lehrstuhl an der Universität München. 1960 erschienen zahlreiche seiner bedeutendsten Einzelarbeiten gesammelt in den ‹Ausgewählten Schriften›; sie stehen alle – wie eigentlich das gesamte Lebenswerk des Philologen und Humanisten Rudolf Pfeiffer – unter dem Thema ‹die Begegnungen der kritischen Philologie mit dem Humanismus›. Seit seiner Emeritierung 1957 konzentrierte Pfeiffer sich völlig auf die Verwirklichung des lange gehegten Planes einer Geschichte der klassischen Philologie von ihren Anfängen bis heute. Als erstes Ergebnis dieses weitgespannten Unternehmens (dessen ‹Grundriß› gewissermaßen in der Festrede der Bayerischen Akademie der Wissenschaften von 1961 ‹Philologia Perennis› gegeben wurde) konnte 1968 die – 1970 erstmals in deutscher Übersetzung vorgelegte – ‹History of Classical Scholarship. From the Beginnings to the End of the Hellenistic Age› (Oxford, Clarendon Press) erscheinen, deren 2. Auflage jetzt vorgelegt wird.